오직 스터디 카페 멤버에게만
주어지는 특별 혜택!

이기적 스터디 카페

 합격을 위한 기적 같은 선물
또기적 합격자료집

 혼자 공부하기 외롭다면?
온라인 스터디 참여

 모든 궁금증 바로 해결!
전문가와 1:1 질문답변

 1년 내내 진행되는
이기적 365 이벤트

 도서 증정 & 상품까지!
우수 서평단 도전

 간편하게 한눈에
시험 일정 확인

합격까지 모든 순간 이기적과 함께!

이기적 365 EVENT

QR코드를 찍어 이벤트에 참여하고 푸짐한 선물 받아가세요!

1. 기출문제 복원하기

이기적 책으로 공부하고 시험을 봤다면 7일 내로 문제를 제보해 주세요!

2. 합격 후기 작성하기

당신만의 특별한 합격 스토리와 노하우를 전해 주세요!

3. 온라인 서점 리뷰 남기기

온라인 서점에서 책을 구매하고 평점과 리뷰를 남겨 주세요!

4. 정오표 이벤트 참여하기

더 완벽한 이기적이 될 수 있게 수험서의 오류를 제보해 주세요!

※ 이벤트별 혜택은 변경될 수 있으므로 자세한 내용은 해당 QR을 참고해 주세요.

기출 복원 EVENT

기적의 적중률, 여러분의 참여로 완성됩니다

전원 지급

기출 복원하기 ▶

1. 이기적 수험서로 공부하고 시험에 응시했다면 누구나 참여 가능

2. 응시일로부터 7일 이내 복원 문제만 인정(수험표 첨부 필수!)

3. 중복, 누락, 허위 문제는 당첨 대상에서 제외

※ 이벤트별 혜택은 변경될 수 있으므로 자세한 내용은 해당 QR을 참고해 주세요.

도서 인증하면 고퀄리티 강의가 따라온다!
100% 무료 강의

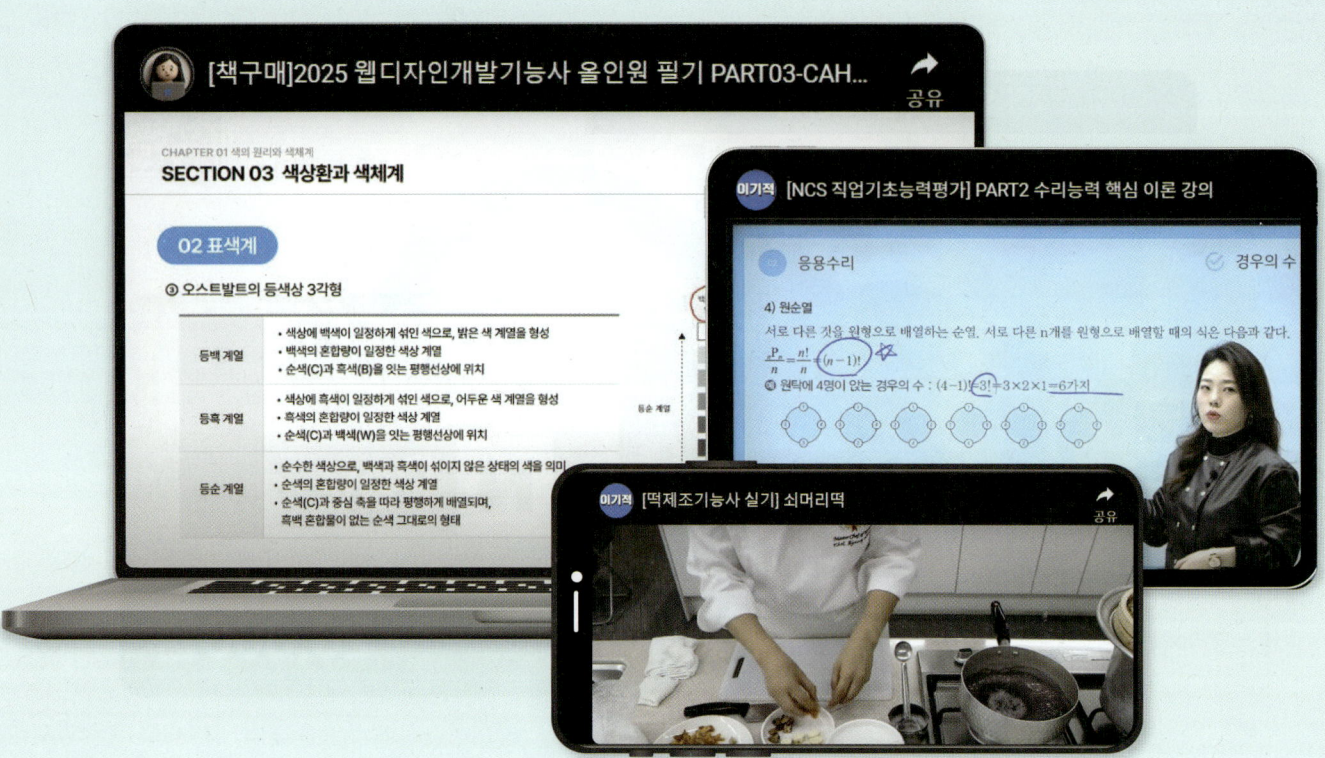

이용방법

STEP 1

이기적 홈페이지
(https://license.
youngjin.com/) 접속

STEP 2
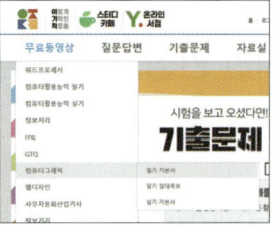

무료 동영상
게시판에서 도서와
동일한 메뉴 선택

STEP 3
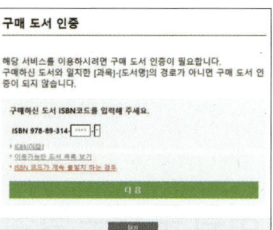

책 바코드 아래의
ISBN 코드와
도서 인증 정답 입력

STEP 4

이기적 수험서와
동영상 강의로
학습 효율 UP!

※ 도서별 동영상 제공 범위는 상이하며, 도서 내 차례에서 확인할 수 있습니다.

◀ 이기적 홈페이지 바로가기

영진닷컴 이기적

합격을 위해 모두 드려요.
이기적 합격 솔루션!

이기적이 여러분을 위해 준비했어요

저자가 직접 알려주는, 무료 동영상 강의

도서와 연계된 저자 직강을 100% 무료로 제공합니다.
도서 내에 수록된 QR 코드로 바로 접속하여 시청하세요.

도서 구매 인증 시 증정, 필기 핵심 요약 & 추가 문제

이기적 스터디 카페에서 구매를 인증하면 '또기적 합격자료집'을 드립니다.
핵심 요약과 기출문제뿐만 아니라 다양한 추가 자료가 준비되어 있습니다.

채점도 편리하게, 필기 자동 채점 서비스

QR 코드를 찍어 오픈된 모바일 답안지에 정답 번호만 찍어주세요.
1초 만에 자동으로 채점되고 오답은 해설을 제공해 드리는 서비스입니다.

여기로 물어보세요, 1:1 질문답변

학습하다가 모르는 문제가 있다면 혼자 고민하지 말고 선생님께 질문하세요.
이기적 스터디 카페에서 전문 강사님이 1:1로 답변해 드립니다.

※ 〈2026 이기적 컴퓨터활용능력 2급 올인원〉을 구매하고 인증한 회원에게만 드리는 혜택입니다.

◀ 모든 혜택 한 번에 보기

정오표 바로가기 ▶

또, 드릴게요! 이기적이 준비한 선물
또기적 합격자료집

1. **시험에 관한 A to Z 합격 비법서**
책에 다 담지 못한 혜택은 또기적 합격자료집에서 확인

2. **편리하고 똑똑한 디지털 자료**
PC · 태블릿 · 스마트폰으로 언제든 열람하고 필요한 부분만 출력 가능

3. **초보자, 독학러 필수 신청**
혼자서도 충분한 학습 플랜과 수험생 맞춤 구성으로 한 번에 합격

※ 도서 구매 시 추가로 증정되는 PDF용 자료이며 실제 도서가 아닙니다.

◀ 또기적 합격자료집 받으러 가기

이렇게
기막힌
적중률

컴퓨터활용능력
2급 올인원 필기

"이" 한 권으로 합격의 "기적"을 경험하세요!

필기 차례

▶ 표시된 부분은 동영상 강의가 제공됩니다. 이기적 수험서 사이트(license.youngjin.com)에 접속하여 시청하세요.
▶ 본 도서에서 제공하는 동영상은 1판 1쇄 기준 2년간 유효합니다. 단, 출제기준안에 따라 동영상 내용은 변경될 수 있습니다.

대표 기출 40선 ▶

1-20

출제 지문으로 구성한 핵심 암기 노트 ▶

1과목 컴퓨터 일반	1-40
2과목 스프레드시트 일반	1-65

해설과 함께 보는 기출문제 ▶

2024년 상시 기출문제 01회	1-84
2024년 상시 기출문제 02회	1-94
2024년 상시 기출문제 03회	1-104
2024년 상시 기출문제 04회	1-114
2024년 상시 기출문제 05회	1-123

해설과 따로 보는 기출문제 ▶

2025년 상시 기출문제 01회	1-134
2025년 상시 기출문제 02회	1-141
2025년 상시 기출문제 03회	1-148
2025년 상시 기출문제 04회	1-155
2025년 상시 기출문제 05회	1-162

정답 & 해설

1-171

또기적 합격자료집

시험장 스케치 & 스터디 플래너	PDF
기적의 기출 복원 강의 & CBT 온라인 문제집	링크
기출 OX 퀴즈 파일	Excel
시험장까지 함께 가는 핵심요약	PDF
2023년 상시 기출문제 01~05회	PDF

> **참여 방법**
> '이기적 스터디 카페' 검색 → 이기적 스터디 카페(cafe.naver.com/yjbooks) 접속
> → '구매 인증 PDF 증정' 게시판 → 구매 인증 → 메일로 자료 받기

실기 차례

합격 이론

1과목 기본작업	2-10
2과목 계산작업	2-26
3과목 분석작업	2-42
4과목 기타작업	2-54

상시 공략 문제

상시 공략 문제 01회	2-60
상시 공략 문제 02회	2-72
상시 공략 문제 03회	2-84
상시 공략 문제 04회	2-96
상시 공략 문제 05회	2-109
상시 공략 문제 06회	2-120
상시 공략 문제 07회	2-131
상시 공략 문제 08회	2-143
상시 공략 문제 09회	2-154
상시 공략 문제 10회	2-165

계산작업 문제

계산작업 문제 01회	2-178
계산작업 문제 02회	2-181
계산작업 문제 03회	2-184
계산작업 문제 04회	2-187
계산작업 문제 05회	2-190
계산작업 문제 06회	2-193
계산작업 문제 07회	2-196
계산작업 문제 08회	2-199
계산작업 문제 09회	2-202
계산작업 문제 10회	2-205

또기적 합격자료집

시험대비 모의고사 01~02회	PDF
핵심 이론	PDF

참여 방법
'이기적 스터디 카페' 검색 → 이기적 스터디 카페(cafe.naver.com/yjbooks) 접속 → '구매 인증 PDF 증정' 게시판 → 구매 인증 → 메일로 자료 받기

필기 | 이 책의 구성

STEP 01 대표 기출+암기 노트로 이론 정리

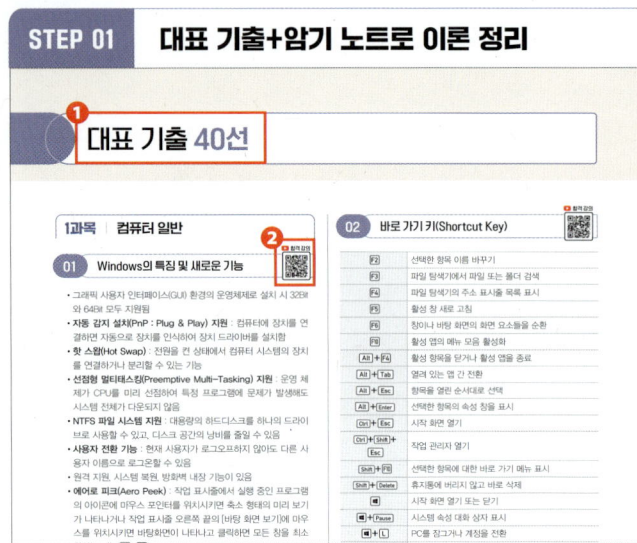

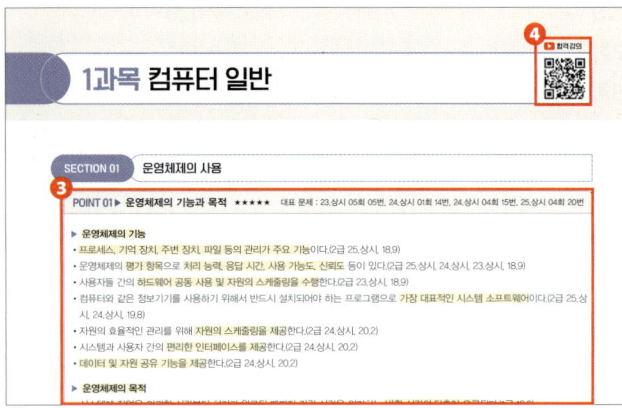

STEP 02 상시 기출문제 10회로 실전 대비

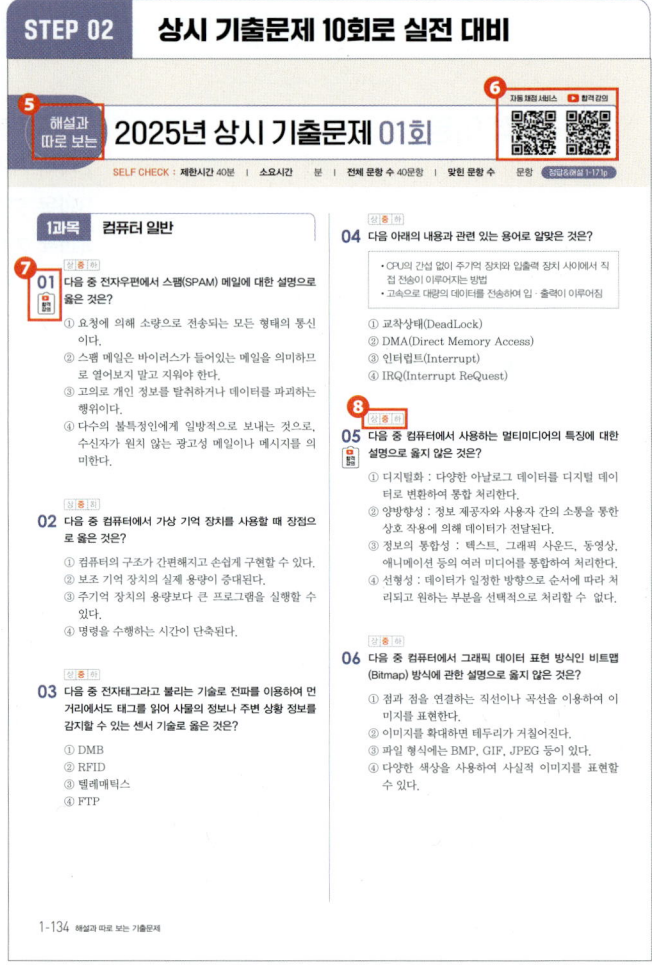

❶ 시험에 자주 출제되는 대표 기출문제 엄선
❷ QR 코드로 동영상 강의 바로 접속 가능
❸ 실제 출제되는 지문을 완벽 정리
❹ 저자 선생님의 동영상 강의 QR 제공

❺ 해설과 따로/함께 보는 상시 기출문제 10회 수록
❻ 자동 채점 서비스와 풀이 강의 QR 제공
❼ 중요 문제는 풀이 강의 QR 제공
❽ 난이도에 따라 상/중/하로 나누어 표기

또기적 합격자료집

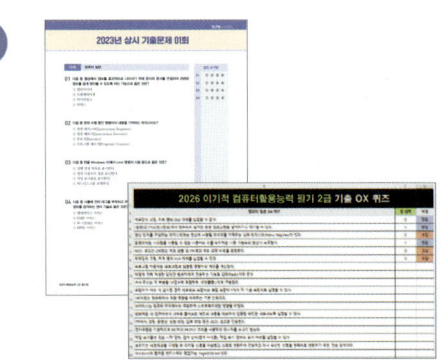

PDF 파일 2023년 상시 기출문제 01~05회

구매한 도서를 인증한 분에게 퀴즈 추가 학습 자료 PDF를 무료로 보내드립니다.

Excel 파일 기출 OX 퀴즈

주요 선지를 바탕으로 개발한 OX 퀴즈를 풀어보며 본격적인 문제 풀이로 돌입하기 전에 선지의 옳고 그름을 판단할 수 있는 능력을 기르세요.

[참여 방법] '이기적 스터디 카페' 검색 → 이기적 스터디 카페(cafe.naver.com/yjbooks) 접속 → '구매 인증 PDF 증정' 게시판 → 구매 인증 → 메일로 자료 받기

실기 | 이 책의 구성

STEP 03 핵심 이론만 빠르게 압축 정리

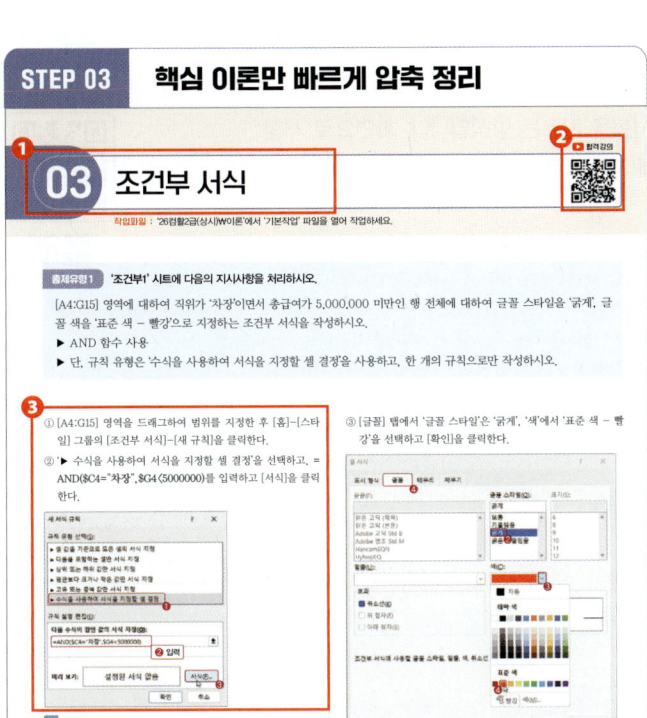

❶ 출제 기준을 반영한 핵심 이론
❷ QR 코드로 동영상 강의 바로 접속 가능
❸ 작업 과정을 따라하며 출제 유형 파악
❹ 보충 학습을 위한 기적의 TIP 제시

STEP 04 상시 공략 문제 10회로 최종 마무리

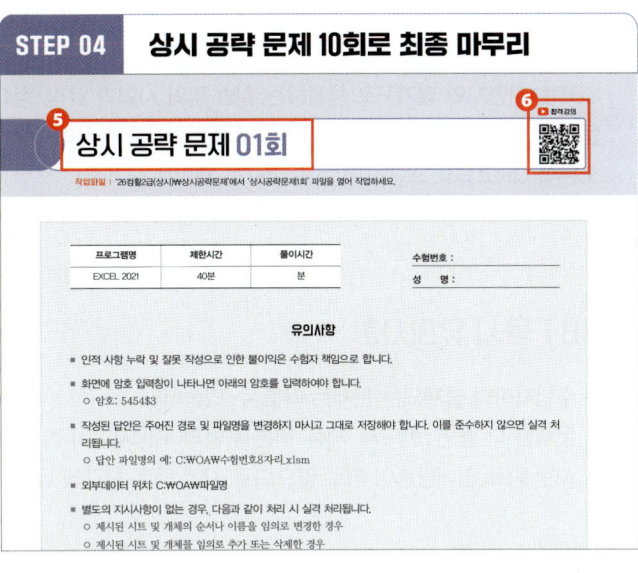

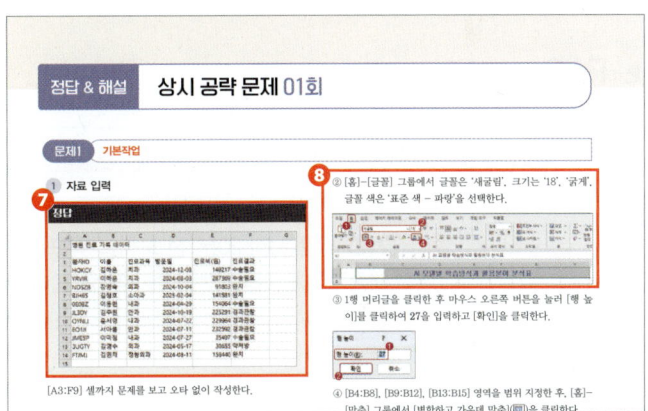

❺ 다양한 유형의 문제 제공
❻ 문제 풀이 강의 QR 제공
❼ 자동 채점 서비스로 틀린 부분 확인
❽ 문제를 따라하며 실력 점검

또기적 합격자료집

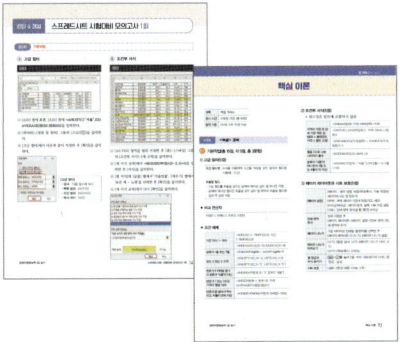

PDF 파일 시험대비 모의고사 01~02회

문제를 더 풀고 연습하고 싶으시다고요? 걱정마세요. 적중률 100% 모의고사까지 아낌없이 드립니다.

PDF 파일 핵심 이론

시험장에서 많이 떨리실 거예요. 마지막으로 가장 많이 출제되었던 핵심 개념을 정리해 보세요.

[참여 방법] '이기적 스터디 카페' 검색 → 이기적 스터디 카페(cafe.naver.com/yjbooks) 접속 → '구매 인증 PDF 증정' 게시판 → 구매 인증 → 메일로 자료 받기

필기 CBT 가이드

▶ CBT란?

CBT는 시험지와 필기구로 응시하는 일반 필기 시험과 달리, 컴퓨터로 시험을 치르는 방식입니다. 화면으로 시험 문제를 확인하고 정답 번호를 클릭하면 네트워크를 통하여 감독자 PC에 자동으로 수험자의 답안이 저장됩니다. 오른쪽 QR코드를 스캔하여 큐넷 CBT를 체험해 보세요!

큐넷 CBT 체험하기

▶ CBT 응시 유의사항

- 수험자마다 출제되는 문제는 다를 수 있습니다.
- 문제를 다 풀면, 반드시 '제출' 버튼을 눌러야만 시험이 종료됩니다.
- 시험 종료 안내방송이 따로 없으므로 시험 종료 시간에 유의하여야 합니다.

▶ FAQ

Q CBT 시험이 처음이에요! 시험 당일에는 어떤 것들을 준비해야 좋을까요?

A 시험 시간 시작 20분 전 도착을 목표로 출발하고 시험장에는 주차할 자리가 마땅하지 않은 경우가 많으므로, 대중교통을 이용하는 것을 추천합니다. 무사히 시험 장소에 도착했다면 수험자 입장 시간에 늦지 않게 시험실에 입실하고, 자신의 자리를 확인한 뒤 착석하세요.

Q 기존보다 더 어려워졌을까요?

A 랜덤으로 출제되는 CBT 시험 특성상 경우에 따라 유독 어려운 문제가 많이 출제될 수는 있습니다. 이러한 돌발 상황에 대비하기 위해 이기적 CBT 온라인 문제집으로 실제 시험과 동일한 환경에서 미리 연습해 두세요.

Q 풀었던 문제의 답안 수정은 어떻게 하나요?

A 마킹한 답안을 수정할 경우에는 문제지 화면에서 수정하고자 하는 문제의 답을 다시 클릭하면 먼저 체크한 번호는 없어지고 새로 선택한 번호가 검은색으로 마킹됩니다.

Q 문제를 다 풀고 나면 어떻게 하나요?

A 문제를 다 풀고 시험을 종료하려면, '시험 종료' 버튼을 클릭하면 됩니다. 마킹하지 않은 문제가 있을 경우 남은 문제의 문제번호 목록을 보여 주고, 남은 문제번호를 선택한 다음 [문항으로 이동] 버튼을 클릭하면 문제 화면에 클릭한 문제가 나타납니다. 남은 문제가 없을 경우 최종적으로 종료 여부를 확인하는 대화 상자가 나타나며 [예]를 클릭하면 시험이 종료되고 수험자가 작성한 답안은 자동으로 저장되어 서버로 전송됩니다.

▶ CBT 진행 순서

좌석 번호 확인 — 수험자 접속 대기 화면에서 본인의 좌석 번호를 확인합니다.

수험자 정보 확인 — 시험 감독관이 수험자의 신분을 확인합니다. 신분 확인이 끝나면 시험이 시작됩니다.

안내사항 확인 — 시험 안내사항을 확인하고, 다음을 클릭합니다.

유의사항 확인 — 시험과 관련된 유의사항을 확인합니다.

문제풀이 메뉴 설명 — 시험을 볼 때 필요한 메뉴에 대한 설명을 확인합니다.
메뉴를 이용해 글자 크기와 화면 배치를 조정할 수 있습니다.
남은 시간을 확인하며 답을 표기하고, 필요한 경우 아래의 계산기를 이용할 수 있습니다.

문제풀이 연습 — 시험 보기 전, 연습해 보는 단계입니다.
직접 시험 메뉴화면을 클릭하며, CBT가 어떻게 진행되는지 확인합니다.

시험 준비 완료 — 문제풀이 연습을 모두 마친 후 [시험 준비 완료] 버튼을 클릭하면 시험 감독관의 지시에 따라 시험이 시작됩니다.

시험 시작 — 시험이 시작되었습니다. 수험자는 제한 시간에 맞추어 문제 풀이를 시작합니다.

답안 제출 — 시험을 완료하면 [답안 제출] 버튼을 클릭합니다. 답안 수정을 위해 시험화면으로 돌아가고 싶으면 [아니오] 버튼을 클릭합니다.

답안 제출 최종 확인 — 답안 제출 메뉴에서 [예] 버튼을 클릭하면, 수험자의 실수를 방지하기 위해 한 번 더 주의 문구가 나타납니다. 시험 문제 풀이가 완벽히 끝났다면 [예] 버튼을 클릭하여 최종 제출합니다.

합격 발표 — CBT 시험이 모두 종료되면, 바로 퇴실할 수 있습니다.

이기적 CBT 바로가기

이제 완벽하게 CBT 필기 시험에 대해 이해하셨나요?
그렇다면 이기적이 준비한 CBT 온라인 문제집으로 학습해 보세요!
이기적 온라인 문제집 : https://cbt.youngjin.com

시험의 모든 것

▶ 컴퓨터활용능력 자격검정

- 사무자동화의 필수 프로그램인 스프레드시트(SpreadSheet), 데이터베이스(Database) 활용능력을 평가하는 국가기술자격 시험
- 시험에 사용되는 MS 오피스 프로그램 버전은 1급 시험 준비 시 MS 오피스 LTSC Professional plus 2021 버전이 필요하지만, 스프레드시트 과목만 있는 2급만 준비할 경우에는 MS 오피스 LTSC Standard 2021 버전을 구매하여도 문제 없음

▶ 응시 절차 안내

STEP 01 응시 자격 조건

- 필기 시험 : 제한 없음
- 실기 시험 : 필기 합격자(단, 필기 시험 합격 후 2년 이내 있는 실기 시험 응시 가능)

STEP 02 필기 원서 접수하기

- 원서 접수 : 대한상공회의소 자격평가사업단(license.korcham.net)에서 접수
- 상시 검정 : 매주 시행, 시험장 조회 후 원하는 날짜와 시간에 응시(21년부터 상시 검정만 시행)
- 검정 수수료 : 20,500원(인터넷 접수 시 수수료 1,200원이 가산되며, 계좌 이체 및 신용카드 결제 가능)

STEP 03 필기 시험 응시하기

- 준비물 : 신분증과 수험표
- 시험 시간 : 1급 60분, 2급 40분
- 시험 방식 : 컴퓨터로만 진행되는 CBT(Computer Based Test) 형식
- 합격 기준 : 각 과목 100점 만점에 과목당 40점 이상, 전체 평균 60점 이상

STEP 04 필기 합격 확인하기

- 대한상공회의소 자격평가사업단(license.korcham.net)에서 발표
- 시험일 다음날 오전 10시 발표

STEP 05 실기 원서 접수하기

- 원서 접수 : 대한상공회의소 자격평가사업단(license.korcham.net)에서 접수
- 상시 검정 : 매주 시행, 시험장 조회 후 원하는 날짜와 시간에 응시(21년부터 상시 검정만 시행)
- 검정 수수료 : 25,000원(인터넷 접수 시 수수료 1,200원이 가산되며, 계좌 이체 및 신용카드 결제 가능)

STEP 06 실기 시험 응시하기

- 준비물 : 신분증과 수험표
- 시험 시간 : 실기 1급 90분, 2급 40분
- 시험 방식 : 컴퓨터 작업형
- 합격 기준 : 100점 만점에 70점 이상(1급은 두 과목 모두 70점 이상)

STEP 07 실기 합격 확인하기

- 대한상공회의소 자격평가사업단(license.korcham.net)에서 발표
- 응시한 주를 제외하고 2주 뒤 금요일 오전 10시 발표

STEP 08 자격증 신청하기

- 휴대할 수 있는 카드 형태의 자격증 발급
- 취득(합격)확인서를 필요로 하는 경우 취득(합격)확인서 발급

형태	• 휴대하기 편한 카드 형태의 자격증 • 신청자에 한해 자격증 발급
신청 절차	인터넷(license.korcham.net)을 통해서만 자격증 발급 신청 가능
수수료	• 인터넷 접수 수수료 : 3,100원 • 우편 발송 요금 : 3,000원
수령 방법	방문 수령은 진행하지 않으며, 우편 등기배송으로만 수령할 수 있음
신청 접수 기간	자격증 신청 기간은 따로 없으며 신청 후 10~15일 후 수령 가능

※ 시험에 관한 내용은 시행처 사정에 따라 변경될 수 있으니 자세한 사항은 대한상공회의소 홈페이지(license.korcham.net)에서 확인하시기 바랍니다.

필기 시험 출제 경향

1과목 컴퓨터 일반 — 무조건 점수를 따고 들어가야 하는 컴퓨터 일반!   20문항

컴퓨터 시스템의 개요와 하드웨어, 하드웨어 운영에 필요한 PC 운영체제와 소프트웨어, 컴퓨터에 의한 처리 기능 외에 필수인 정보 통신과 인터넷, 그에 따른 정보화 사회와 컴퓨터 보안 및 멀티미디어에 대한 내용으로 구성됩니다. 자료의 표현과 처리, 기억 장치와 설정, 프로그래밍 언어 및 인터넷 개념과 서비스, 컴퓨터 범죄, 멀티미디어의 운용 등에서 출제 비율이 높은 경향을 보이고 있습니다.

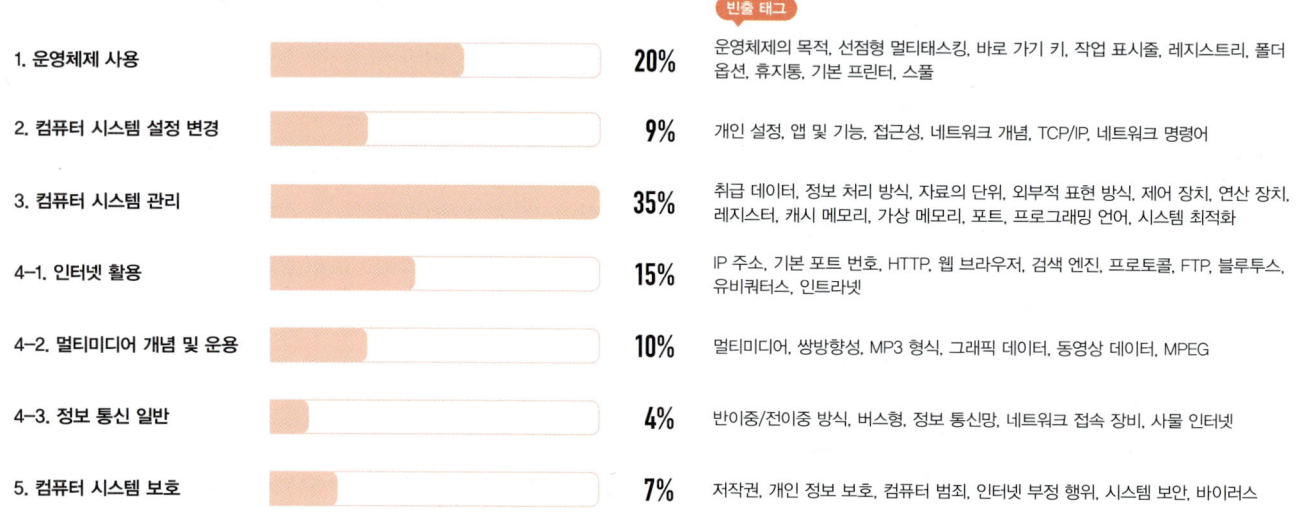

항목	비율	빈출 태그
1. 운영체제 사용	20%	운영체제의 목적, 선점형 멀티태스킹, 바로 가기 키, 작업 표시줄, 레지스트리, 폴더 옵션, 휴지통, 기본 프린터, 스풀
2. 컴퓨터 시스템 설정 변경	9%	개인 설정, 앱 및 기능, 접근성, 네트워크 개념, TCP/IP, 네트워크 명령어
3. 컴퓨터 시스템 관리	35%	취급 데이터, 정보 처리 방식, 자료의 단위, 외부적 표현 방식, 제어 장치, 연산 장치, 레지스터, 캐시 메모리, 가상 메모리, 포트, 프로그래밍 언어, 시스템 최적화
4-1. 인터넷 활용	15%	IP 주소, 기본 포트 번호, HTTP, 웹 브라우저, 검색 엔진, 프로토콜, FTP, 블루투스, 유비쿼터스, 인트라넷
4-2. 멀티미디어 개념 및 운용	10%	멀티미디어, 쌍방향성, MP3 형식, 그래픽 데이터, 동영상 데이터, MPEG
4-3. 정보 통신 일반	4%	반이중/전이중 방식, 버스형, 정보 통신망, 네트워크 접속 장비, 사물 인터넷
5. 컴퓨터 시스템 보호	7%	저작권, 개인 정보 보호, 컴퓨터 범죄, 인터넷 부정 행위, 시스템 보안, 바이러스

2과목 스프레드시트 일반 — 어려운 함수는 꼭 실습을 통해 학습하기!

20문항

엑셀에서 저장 가능한 파일 형식과 저장 옵션의 기능, 데이터를 입력하고 편집하는 방법이 자주 출제되고 있습니다. 함수를 이용한 결과 값의 산출을 묻는 문제가 비중 있게 출제되므로 실습을 통해 익혀 두는 것이 좋습니다. 아울러 필터, 부분합, 데이터 표, 데이터 통합의 기능, 정렬 및 피벗 테이블, 목표값 찾기, 차트 작성의 기본과 편집, 매크로 실행 방법도 높은 출제율을 보이고 있습니다.

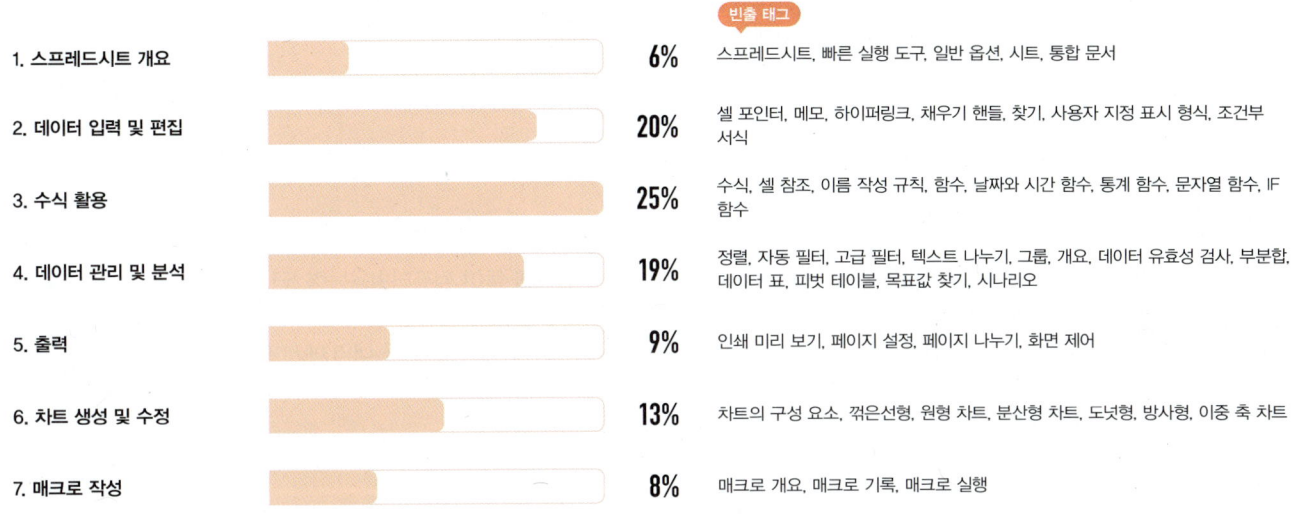

항목	비율	빈출 태그
1. 스프레드시트 개요	6%	스프레드시트, 빠른 실행 도구, 일반 옵션, 시트, 통합 문서
2. 데이터 입력 및 편집	20%	셀 포인터, 메모, 하이퍼링크, 채우기 핸들, 찾기, 사용자 지정 표시 형식, 조건부 서식
3. 수식 활용	25%	수식, 셀 참조, 이름 작성 규칙, 함수, 날짜와 시간 함수, 통계 함수, 문자열 함수, IF 함수
4. 데이터 관리 및 분석	19%	정렬, 자동 필터, 고급 필터, 텍스트 나누기, 그룹, 개요, 데이터 유효성 검사, 부분합, 데이터 표, 피벗 테이블, 목표값 찾기, 시나리오
5. 출력	9%	인쇄 미리 보기, 페이지 설정, 페이지 나누기, 화면 제어
6. 차트 생성 및 수정	13%	차트의 구성 요소, 꺾은선형, 원형 차트, 분산형 차트, 도넛형, 방사형, 이중 축 차트
7. 매크로 작성	8%	매크로 개요, 매크로 기록, 매크로 실행

필기 Q&A

Q 컴퓨터활용능력 자격증 취득 시 자격 특전이 있을까요?

A 컴퓨터활용능력 자격증 취득 시 자격 특전은 다음과 같습니다.
- 공무원 채용 가산점
  - 소방공무원(사무관리직) : 컴퓨터활용능력 1급(3%), 컴퓨터활용능력 2급(1%)
  - 경찰공무원 : 컴퓨터활용능력 1, 2급(2점 가점)
- 학점은행제 학점 인정 : 1급 14학점, 2급 6학점
- 300여개 공공기관·공기업 등 채용·승진 우대

Q 컴퓨터활용능력 필기 합격 유효 기간은 어떻게 되나요?

A 필기 합격 유효 기간은 필기 합격 발표일을 기준으로 만 2년입니다. 예를 들어 컴퓨터활용능력 1급 필기를 2025년 12월 30일에 합격하시면 필기 합격 유효 기간은 2027년 12월 29일입니다. 본인의 정확한 필기 합격 유효 기간은 대한상공회의소 자격평가사업단 홈페이지(license.korcham.net) 회원 가입 후 [마이페이지-취득 내역]에서 확인할 수 있습니다.

Q 컴퓨터활용능력 필기 합격 유효 기간을 연장할 수 있나요?

A 필기 합격 유효 기간은 국가기술자격법 시행령에 의하여 시행되는 것으로 기간의 변경이나 연장이 되지 않습니다.

Q 상시 검정 발표는 언제인가요?

A 응시 일자의 다음 날 오전 10시에 발표가 이뤄집니다. 필기 합격 후 실기 접수가 가능하며, 최소 4일 전에는 원서를 접수해야 합니다.

Q 자격증 신청은 어떻게 하나요?

A 자격증은 신청하신 분에 한하여 발급하고 있습니다. 자격증 신청 기간은 따로 없으며 필요할 때 신청하면 됩니다(단, 신청 후 10~15일 사이 수령 가능). 또한 자격증 신청은 인터넷 신청만 있으며, 홈페이지(license.korcham.net)의 자격증 신청 메뉴에서 가능합니다. 스캔 받은 여권 사진을 올리셔야 하며 전자 결제(신규 3,100원, 재발급 3,100원)를 하여야 합니다. 자격증 신청 시 수령 방법은 우편 등기 배송만 있으며, 배송료는 3,000원입니다.

※ 더욱 자세한 사항은 대한상공회의소 자격평가사업단 홈페이지(license.korcham.net)를 참고하시기 바랍니다.

실기 Q&A

Q 컴퓨터활용능력 실기시험에서 사용하는 프로그램의 버전은 어떻게 되나요?

A Microsoft office LTSC 2021로 응시할 수 있습니다.

Q 매크로가 실행되지 않는데 어떻게 해야 하나요?

A [파일] 탭의 [옵션]을 선택합니다. [Excel 옵션] 대화 상자에서 [보안센터]-[보안센터 설정]을 클릭하여 '매크로 설정'에서 'VBA 매크로 사용(권장 안 함, 위험한 코드가 시행될 수 있음)'에 체크해 주세요.

Q 원하는 셀로 가기 위해 방향키를 눌렀는데 스크롤바가 움직여요. 어떻게 해야 하나요?

A 키보드의 [Scroll Lock]이 켜져 있기 때문입니다. 다시 한 번 [Scroll Lock]을 눌러 꺼주세요.

Q 함수 입력 시 도움을 주는 스크린 팁이 보이게 하려면 어떻게 해야 하나요?

A [파일]-[옵션]-[고급]-[표시]에 '함수 화면 설명 표시'에 체크해주세요.

Q 셀에 서식을 지정하거나 함수를 입력하고 나니 값이 '####'으로 되었습니다. 어떻게 해야 하나요?

A 문제에서 별도의 지시사항이 없으면 그대로 두거나, 해당 열의 너비를 조정하여 데이터가 보이게 해도 됩니다.

Q [개발 도구] 메뉴가 없을 때 어떻게 해야 하나요?

A [파일]-[옵션]의 [Excel 옵션]-[리본 사용자 지정] 탭에서 '개발 도구'에 체크하세요.

※ 더욱 자세한 사항은 대한상공회의소 자격평가사업단 홈페이지(license.korcham.net)를 참고하시기 바랍니다.

대표 기출 40선

CONTENTS

- **1과목** 컴퓨터 일반
- **2과목** 스프레드시트 일반

대표 기출 40선

1과목 | 컴퓨터 일반

01 Windows의 특징 및 새로운 기능

- 그래픽 사용자 인터페이스(GUI) 환경의 운영체제로 설치 시 32Bit와 64Bit 모두 지원됨
- **자동 감지 설치(PnP : Plug & Play) 지원** : 컴퓨터에 장치를 연결하면 자동으로 장치를 인식하여 장치 드라이버를 설치함
- **핫 스왑(Hot Swap)** : 전원을 켠 상태에서 컴퓨터 시스템의 장치를 연결하거나 분리할 수 있는 기능
- **선점형 멀티태스킹(Preemptive Multi-Tasking) 지원** : 운영 체제가 CPU를 미리 선점하여 특정 프로그램에 문제가 발생해도 시스템 전체가 다운되지 않음
- **NTFS 파일 시스템 지원** : 대용량의 하드디스크를 하나의 드라이브로 사용할 수 있고, 디스크 공간의 낭비를 줄일 수 있음
- **사용자 전환 기능** : 현재 사용자가 로그오프하지 않아도 다른 사용자 이름으로 로그온할 수 있음
- 원격 지원, 시스템 복원, 방화벽 내장 기능이 있음
- **에어로 피크(Aero Peek)** : 작업 표시줄에서 실행 중인 프로그램의 아이콘에 마우스 포인터를 위치시키면 축소 형태의 미리 보기가 나타나거나 작업 표시줄 오른쪽 끝의 [바탕 화면 보기]에 마우스를 위치시키면 바탕화면이 나타나고 클릭하면 모든 창을 최소화하는 기능(■+D)

다음 중 Windows의 에어로 피크(Aero Peek) 기능에 대한 설명으로 옳은 것은?

① 파일이나 폴더의 저장된 위치에 상관없이 종류별로 파일을 구성하고 파일에 액세스할 수 있게 한다.
② 모든 창을 최소화할 필요 없이 바탕 화면을 빠르게 미리 보거나 작업 표시줄의 해당 아이콘을 가리켜서 열린 창을 미리 볼 수 있게 한다.
③ 바탕 화면의 배경으로 여러 장의 사진을 선택하여 슬라이드 쇼 효과를 주면서 번갈아 표시할 수 있게 한다.
④ 작업 표시줄에서 프로그램 아이콘을 마우스 오른쪽 단추로 클릭하여 최근에 열린 파일 목록을 확인할 수 있게 한다.

02 바로 가기 키(Shortcut Key)

키	기능
F2	선택한 항목 이름 바꾸기
F3	파일 탐색기에서 파일 또는 폴더 검색
F4	파일 탐색기의 주소 표시줄 목록 표시
F5	활성 창 새로 고침
F6	창이나 바탕 화면의 화면 요소들을 순환
F10	활성 앱의 메뉴 모음 활성화
Alt + F4	활성 항목을 닫거나 활성 앱을 종료
Alt + Tab	열려 있는 앱 간 전환
Alt + Esc	항목을 열린 순서대로 선택
Alt + Enter	선택한 항목의 속성 창을 표시
Ctrl + Esc	시작 화면 열기
Ctrl + Shift + Esc	작업 관리자 열기
Shift + F10	선택한 항목에 대한 바로 가기 메뉴 표시
Shift + Delete	휴지통에 버리지 않고 바로 삭제
■	시작 화면 열기 또는 닫기
■ + Pause	시스템 속성 대화 상자 표시
■ + L	PC를 잠그거나 계정을 전환
■ + D	바탕 화면 표시 및 숨김
■ + T	작업 표시줄의 앱을 순환
■ + E	파일 탐색기 열기
■ + R	실행 대화 상자 열기

다음 중 한글 Windows에서 사용하는 바로 가기 키에 대한 설명으로 옳지 않은 것은?

① Shift + F10 : 선택된 항목의 바로 가기 메뉴 표시
② Shift + Delete : 휴지통에 버리지 않고 바로 삭제하기
③ Ctrl + Esc : 실행 메뉴 부르기
④ Ctrl + Shift + Esc : 작업 관리자

03 바로 가기 아이콘

- 원본 프로그램에 대한 연결 정보를 가지고 있는 아이콘으로 왼쪽 아래에 화살표가 표시됨

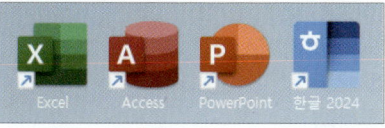

- 아이콘을 실행하면 연결된 프로그램이 실행되며, 바로 가기의 확장자는 '*.lnk'임
- 바로 가기를 삭제해도 연결된 프로그램은 삭제되지 않음
- 바로 가기 아이콘의 [속성]-[일반] 탭에는 바로 가기 아이콘의 위치, 이름, 크기, 수정된 날짜 등의 정보가 표시됨
- **바탕 화면에 바로 가기 아이콘을 만드는 방법** : [파일 탐색기] 창에서 실행 파일을 Ctrl+Shift를 누른 상태로 바탕 화면에 드래그 앤 드롭

다음 중 한글 Windows의 바탕화면에 있는 바로 가기 아이콘에 관한 설명으로 옳지 않은 것은?

① 바로가기 아이콘의 왼쪽 아래에는 화살표 모양의 그림이 표시된다.
② 바로 가기 아이콘을 삭제하면 연결된 실제의 대상 파일도 삭제된다.
③ 바로 가기 아이콘의 속성 창에서 연결된 대상 파일을 변경할 수 있다.
④ 바로가기 아이콘의 이름, 크기, 형식, 수정한 날짜 등의 순으로 정렬하여 표시할 수 있다.

04 휴지통

- 작업 도중 삭제된 자료들이 임시로 보관되는 장소로, 필요한 경우 복원이 가능함
- 각 드라이브마다 따로 설정이 가능
- 복원시킬 경우, 경로 지정을 하지 않아도 자동으로 원래 위치로 복원됨
- 휴지통 내에서의 데이터 실행 작업은 불가능
- **휴지통에 보관되지 않고 완전히 삭제되는 경우**
  - 플로피 디스크나 USB 메모리, DOS 모드, 네트워크 드라이브에서 삭제한 경우
  - 휴지통 비우기를 한 경우
  - Shift+Delete로 삭제한 경우
  - [휴지통 속성]의 [파일을 휴지통에 버리지 않고 삭제할 때 바로 제거]를 선택한 경우
  - 바로 가기 메뉴에서 Shift를 누른 채 [삭제]를 선택한 경우
  - 같은 이름의 항목을 복사/이동 작업으로 덮어 쓴 경우

다음 중 파일 삭제 시 파일이 [휴지통]에 임시 보관되어 복원이 가능한 경우는?

① 바탕 화면에 있는 파일을 [휴지통]으로 드래그 앤 드롭하여 삭제한 경우
② USB 메모리에 저장되어 있는 파일을 Delete로 삭제한 경우
③ 네트워크 드라이브의 파일을 바로 가기 메뉴의 [삭제]를 클릭하여 삭제한 경우
④ [휴지통 속성]의 [파일을 휴지통에 버리지 않고 삭제할 때 바로 제거]를 선택한 경우

05 설정

- **개인 설정** : 바탕화면 아이콘 설정, 마우스 포인터 변경, 테마, 바탕 화면 배경, 창색, 소리, 화면 보호기
- **디스플레이** : 화면 해상도 조정, 텍스트 및 기타 항목의 크기 변경
- **시스템의 정보** : 컴퓨터 시스템 정보 확인(Windows 버전, 프로세서(CPU)의 종류, RAM 용량, 시스템 종류, 컴퓨터 이름, Windows 정품 인증 등)
- **접근성** : 사용자의 시력, 청력, 기동성에 따라 컴퓨터 설정을 조정하고 음성 인식을 사용하여 음성 명령으로 컴퓨터를 조정함

다음 중 Windows의 [개인 설정]에서 설정할 수 있는 기능으로 옳지 않은 것은?

① 화면 보호기
② 마우스 포인터 변경
③ 바탕 화면 배경
④ 화면 해상도 조정

06 네트워크 명령어

- ⊞+R [실행]에서 『CMD』를 입력하여 실행
- 명령어는 대·소문자 상관없이 사용할 수 있음

명령	기능
ipconfig	사용자 자신의 컴퓨터 IP 주소를 확인하는 명령
ping	네트워크의 현재 상태나 다른 컴퓨터의 네트워크 접속 여부를 확인하는 명령
tracert	네트워크에 연결된 컴퓨터의 경로(라우팅 경로)를 추적할 때 사용하는 명령

다음 중 Windows의 [명령 프롬프트] 창에서 원격 장비의 네트워크 연결 상태 및 작동 여부를 확인할 때 사용하는 명령어로 옳은 것은?

① echo
② ipconfig
③ regedit
④ ping

07 연산 속도 단위

연산 속도(느린순 → 빠른순) : ms → μs → ns → ps → fs → as
- ms(milli second, 밀리세컨) : 10^{-3}초
- μs(micro second, 마이크로세컨) : 10^{-6}초
- ns(nano second, 나노세컨) : 10^{-9}초
- ps(pico second, 피코세컨) : 10^{-12}초
- fs(femto second, 펨토세컨) : 10^{-15}초
- as(atto second, 아토세컨) : 10^{-18}초

다음 중 컴퓨터의 처리 시간 단위가 빠른 것에서 느린 순서로 바르게 나열된 것은?

① ps-as-fs-ns-ms-μs
② as-fs-ps-ns-μs-ms
③ ms-μs-ns-ps-fs-as
④ fs-ns-ps-μs-as-ms

08 취급 데이터에 따른 분류

분류	디지털 컴퓨터	아날로그 컴퓨터
취급 데이터	숫자, 문자 등의 셀 수 있는 데이터	전류, 온도, 속도 등의 연속적인 물리량
구성 회로	논리 회로	증폭 회로
주요 연산	사칙 연산	미적분 연산
연산 속도	느림	빠름
정밀도	필요한 한도까지	제한적(0.01%까지)
기억 장치/프로그램	필요함	필요 없음

디지털 컴퓨터와 아날로그 컴퓨터의 장점만을 조합한 컴퓨터 → 하이브리드 컴퓨터

다음 중 디지털 컴퓨터와 아날로그 컴퓨터의 차이점에 관한 설명으로 옳은 것은?

① 디지털 컴퓨터는 전류, 전압, 온도 등 다양한 입력값을 처리하며, 아날로그 컴퓨터는 숫자 데이터만을 처리한다.
② 디지털 컴퓨터는 증폭 회로로 구성되며, 아날로그 컴퓨터는 논리 회로로 구성된다.
③ 아날로그 컴퓨터는 미분이나 적분 연산을 주로 하며, 디지털 컴퓨터는 산술이나 논리 연산을 주로 한다.
④ 아날로그 컴퓨터는 범용이며, 디지털 컴퓨터는 특수 목적용으로 많이 사용된다.

09 자료의 단위

- **자료의 크기**: 비트(Bit)<니블(Nibble)<바이트(Byte)<워드(Word)<필드(Field)<레코드(Record)<파일(File)<데이터베이스(Database)
- **비트(Bit)**: 정보 표현의 최소 단위로 2진수 0 또는 1을 나타냄
- **니블(Nibble)**: 4개의 Bit로 구성, $2^4(=16)$개의 정보를 표현할 수 있음
- **바이트(Byte)**: 문자를 표현하는 기본 단위로, 8개의 Bit로 구성됨
- **워드(Word)**: 바이트의 모임으로 컴퓨터 내부의 명령 처리 단위

Half Word	2Byte
Full Word	4Byte(=1Word)
Double Word	8Byte

- **필드(Field)**: 파일 구성의 최소 단위로, 아이템(Item) 또는 항목이라고 함
- **레코드(Record)**: 하나 이상의 필드들이 모여서 구성된 자료 처리 단위
- **파일(File)**: 여러 개의 레코드가 모여 구성되며, 디스크의 저장 단위로 사용함
- **데이터베이스(Database)**: 파일들의 집합으로 중복을 제거한 통합된 상호 관련 있는 데이터의 집합

다음 중 컴퓨터에서 사용하는 자료 표현 형식에 관한 설명으로 옳지 않은 것은?

① 비트(Bit)는 자료 표현의 최소 단위이며, 8Bit가 모여 니블(Nibble)이 된다.
② 워드(Word)는 바이트 모임으로 하프워드, 풀워드, 더블워드로 분류된다.
③ 필드(Field)는 자료 처리의 최소 단위이며, 여러 개의 필드가 모여 레코드(Record)가 된다.
④ 데이터베이스(Database)는 레코드 모임인 파일(File)들의 집합을 말한다.

10 문자 표현 코드

BCD 코드 (2진화 10진)	• Zone은 2비트, Digit는 4비트로 구성됨 • 6비트로 $2^6=64$가지의 문자 표현이 가능함 • 영문자의 대소문자를 구별하지 못함
ASCII 코드 (미국 표준)	• Zone은 3비트, Digit는 4비트로 구성됨 • 7비트로 $2^7=128$가지의 표현이 가능함 • 일반 PC용 컴퓨터 및 데이터 통신용 코드 • 대소문자 구별이 가능함 • 확장 ASCII 코드는 8비트를 사용하여 256가지의 문자를 표현함
EBCDIC 코드 (확장 2진화 10진)	• Zone은 4비트, Digit는 4비트로 구성됨 • 8비트로 $2^8=256$가지의 표현이 가능함 • 확장된 BCD 코드로 대형 컴퓨터에서 사용되는 범용 코드
유니코드(Unicode)	• 2바이트 코드로 세계 각 나라의 언어를 표현할 수 있는 국제 표준 코드 • 한글의 경우 조합, 완성, 옛 글자 모두 표현 가능함 • 16비트이므로 2^{16}인 65,536자까지 표현 가능함

※ **해밍 코드(Hamming Code)**: 에러 검출과 교정이 가능한 코드로, 최대 2비트까지 에러를 검출하고 1비트의 에러 교정이 가능한 방식

다음 중 개인용 컴퓨터에서 정보통신용으로 가장 많이 사용되는 코드로 3개의 Zone 비트와 4개의 Digit 비트로 구성된 코드는?

① BINARY
② BCD
③ EBCDIC
④ ASCII

11 제어 장치

구성 장치	기능
프로그램 카운터 (Program Counter)	다음에 수행할 명령어의 번지(주소)를 기억하는 레지스터
명령 해독기 (Instruction Decoder)	수행해야 할 명령어를 해석하여 부호기로 전달하는 회로
번지 해독기 (Address Decoder)	명령 레지스터로부터 보내온 번지(주소)를 해석하는 회로
부호기(Encoder)	명령 해독기에서 전송된 명령어를 제어에 필요한 신호로 변환하는 회로
명령 레지스터 (IR : Instruction Register)	현재 수행 중인 명령어를 기억하는 레지스터
번지 레지스터 (MAR : Memory Address Register)	주소를 기억하는 레지스터
기억 레지스터 (MBR : Memory Buffer Register)	내용(자료)을 기억하는 레지스터

다음 중 컴퓨터 구조에서 제어 장치(Control Unit)의 구성 요소로 옳지 않은 것은?

① 부호기(Encoder)
② 프로그램 카운터(Program Counter)
③ 보수기(Complementor)
④ 명령 해독기(Instruction Decoder)

12 연산 장치

구성 장치	기능
가산기(Adder)	2진수 덧셈을 수행하는 회로
보수기(Complementor)	뺄셈을 수행하기 위하여 입력된 값을 보수로 변환하는 회로
누산기(ACCumulator)	중간 연산 결과를 일시적으로 기억하는 레지스터
데이터 레지스터(Data Register)	연산한 데이터를 기억하는 레지스터
프로그램 상태 워드 (PSW : Program Status Word)	명령어 실행 중에 발생하는 CPU의 상태 정보를 저장하는 상태 레지스터(Status Register)

다음 중 컴퓨터에서 산술 논리 연산의 결과를 일시적으로 저장하는 임시 기억 장소로 옳은 것은?

① 프로그램 카운터
② 누산기
③ 가산기
④ 스택 포인터

13 주기억 장치

- ROM(Read Only Memory)
  - 한 번 기록한 정보에 대해 오직 읽기만을 허용하도록 설계된 비휘발성 기억 장치
  - 수정이 필요 없는 기본 입출력 프로그램이나 글꼴 등의 펌웨어(Firmware)를 저장
  - EPROM은 자외선을 이용, EEPROM은 전기를 이용
- RAM(Random Access Memory)
  - 실행 중인 프로그램이나 데이터를 저장하며, 자유롭게 읽고 쓰기가 가능한 주기억 장치
  - 전원이 공급되지 않으면 기억된 내용이 사라지는 휘발성(소멸성) 메모리

종류	특징
SRAM (Static RAM)	• 정적인 램으로, 전원이 공급되는 한 내용이 그대로 유지됨 • 가격이 비싸고, 용량이 적으나 속도가 빨라 캐시(Cache) 메모리 등에 이용됨
DRAM (Dynamic RAM)	• 구조는 단순하지만 가격이 저렴하고 집적도가 높아 PC의 메모리로 이용됨 • 일정 시간이 지나면 전하가 방전되므로 재충전(Refresh) 시간이 필요함

다음 중 EPROM에 관한 설명으로 옳은 것은?

① 제조 과정에서 한 번만 기록이 가능하며, 수정할 수 없다.
② 자외선을 이용하여 기록된 내용을 여러 번 수정할 수 있다.
③ 특수 프로그램을 이용하여 한 번만 기록할 수 있다.
④ 전기적 방법으로 기록된 내용을 여러 번 수정할 수 있다.

14 기타 기억 장치

- 캐시 메모리(Cache Memory)
  - 휘발성 메모리로, 속도가 빠른 CPU와 상대적으로 속도가 느린 주기억 장치 사이에 있는 고속의 버퍼 메모리
  - 자주 참조되는 데이터나 프로그램을 메모리에 저장
  - 컴퓨터의 처리 속도를 향상시켜 메모리 접근 시간을 감소시키는 데 목적이 있음
  - 캐시 메모리는 SRAM 등이 사용되며, 주기억 장치보다 소용량으로 구성
- 연관 메모리(Associative Memory)
  - 저장된 내용의 일부를 이용하여 기억 장치에 접근하여 데이터를 읽어오는 기억 장치
  - 캐시 메모리에서 특정 내용을 찾는 방식 중 매핑 방식에 주로 사용됨
  - CAM(Content Addressable Memory)이라고도 함
  - 메모리에 기억된 정보를 찾는데 저장된 내용에 의하여 접근함(병렬 탐색 가능)
- 가상 메모리(Virtual Memory)
  - 보조 기억 장치의 일부, 즉 하드디스크의 일부를 주기억 장치처럼 사용하는 메모리 사용 기법으로, 기억 장소를 주기억 장치의 용량으로 제한하지 않고, 보조 기억 장치까지 확대하여 사용함
  - 주기억 장치보다 큰 프로그램을 로드하여 실행할 경우에 유용함
  - 기억 공간의 확대에 목적이 있음(처리 속도 향상 아님)
  - 가상 기억 장치로는 임의 접근이 가능한 자기 디스크를 많이 사용함
- 플래시 메모리(Flash Memory)
  - RAM과 같은 ROM으로 기억된 내용은 전원이 나가도 지워지지 않고 쉽게 쓰기가 가능함
  - 읽기/쓰기가 수만 번 가능한 메모리(블록 단위로 기록됨)

다음 중 주기억 장치의 크기보다 큰 프로그램을 실행하기 위해 디스크의 일부 영역을 주기억 장치처럼 사용하게 하는 메모리 관리 방식으로 옳은 것은?

① 캐시 메모리
② 버퍼 메모리
③ 연관 메모리
④ 가상 메모리

15 저작권에 따른 소프트웨어의 구분

상용 소프트웨어 (Commercial Software)	정식 대가를 지불하고 사용하는 프로그램으로 해당 프로그램의 모든 기능을 사용할 수 있음
공개 소프트웨어 (Freeware)	개발자가 무료로 자유롭게 사용을 허용한 소프트웨어
셰어웨어 (Shareware)	정식 프로그램의 구매를 유도하기 위해 기능이나 사용 기간에 제한을 두어 무료로 배포하는 프로그램
애드웨어 (Adware)	광고가 소프트웨어에 포함되어 이를 보는 조건으로 무료로 사용할 수 있는 소프트웨어
데모 버전 (Demo Version)	정식 프로그램의 기능을 홍보하기 위해 사용 기간이나 기능을 제한하여 배포하는 프로그램
트라이얼 버전 (Trial Version)	상용 소프트웨어를 일정 기간 동안 사용해 볼 수 있는 체험판 소프트웨어
알파 버전 (Alpha Version)	베타 테스트를 하기 전에 제작 회사 내에서 테스트할 목적으로 제작하는 프로그램
베타 버전 (Beta Version)	정식 프로그램을 발표하기 전에 테스트를 목적으로 일반인에게 공개하는 프로그램
패치 프로그램 (Patch Program)	이미 제작하여 배포된 프로그램의 오류 수정이나 성능 향상을 위하여 프로그램 일부를 변경해 주는 프로그램
번들 프로그램 (Bundle Program)	특정한 하드웨어나 소프트웨어를 구매하였을 때 끼워주는 소프트웨어

다음 중 아래의 ㉠, ㉡, ㉢에 해당하는 소프트웨어의 종류를 올바르게 짝지어 나열한 것은?

> 홍길동은 어떤 프로그램이 좋은지 알아보기 위해 ㉠누구나 임의의 용도로 사용할 수 있는 프로그램과 ㉡주로 일정 기간 동안 일부 기능을 제한한 상태로 사용하는 프로그램을 먼저 사용해 보고, 가장 적합한 ㉢프로그램을 구입하여 사용하려고 한다.

① ㉠ – 프리웨어, ㉡ – 셰어웨어, ㉢ – 상용 소프트웨어
② ㉠ – 셰어웨어, ㉡ – 프리웨어, ㉢ – 상용 소프트웨어
③ ㉠ – 상용 소프트웨어, ㉡ – 셰어웨어, ㉢ – 프리웨어
④ ㉠ – 셰어웨어, ㉡ – 상용 소프트웨어, ㉢ – 프리웨어

16 웹 프로그래밍 언어

자바(Java)	특정 컴퓨터 구조와 무관한 가상 바이트 머신 코드를 사용하므로 플랫폼이 독립적임, 바이트 머신 코드를 생성함
ASP(Active Server Page)	• Windows 환경에서 동적인 웹 페이지를 제작할 수 있는 스크립트 언어 • HTML 문서에 명령어를 삽입하여 사용하며, 자바 스크립트와는 달리 서버측에서 실행됨
PHP(Professional Hypertext Preprocessor)	웹 서버에서 작동하는 스크립트 언어로, UNIX, Linux, Windows 등의 환경에서 작동함
JSP(Java Server Page)	ASP, PHP와 동일하게 웹 서버에서 작동하는 스크립트 언어
HTML5(Hyper Text Markup Language)	• 인터넷의 정보 검색 시스템인 월드와이드웹(WWW)의 홈페이지를 작성하는 데 사용되는 생성언어 • 액티브X나 플러그인 등의 프로그램 설치 없이 동영상이나 음악 재생을 실행할 수 있는 웹 표준 언어
DHTML(Dynamic HTML)	동적 HTML로 스타일 시트를 도입하여 텍스트의 폰트와 크기, 색상, 여백 형식 등 웹 페이지 관련 속성을 지정할 수 있음

다음 중 W3C에서 제안한 표준안으로 문서 작성 중심으로 구성된 기존 표준에 비디오, 오디오 등 다양한 부가 기능과 최신 멀티미디어 콘텐츠를 액티브X 없이 브라우저에서 쉽게 볼 수 있도록 한 웹의 표준 언어는?

① XML
② VRML
③ HTML5
④ JSP

17 IPv6 주소

- 인터넷에 연결된 컴퓨터의 고유한 주소
- IPv6 주소체계는 128비트를 16비트씩 8부분으로 나누어 각 부분을 콜론(:)으로 구분함
- IPv6은 IPv4와 호환이 되며 16진수로 표기, 각 블록에서 선행되는 0은 생략할 수 있으며 연속된 0의 블록은 : :으로 한 번만 생략 가능함
- IPv6의 주소 개수는 약 43억의 네제곱임
- 주소 체계는 유니캐스트(Unicast), 애니캐스트(Anycast), 멀티캐스트(Multicast) 등 세 가지로 나뉨
- 인증 서비스, 비밀성 서비스, 데이터 무결성 서비스를 제공함으로써 보안 문제를 해결할 수 있음

다음 중 인터넷에서 사용하는 IPv6 주소 체계에 대한 설명으로 옳지 않은 것은?

① 16비트씩 8부분으로 총 128비트로 구성된다.
② 각 부분은 16진수로 표현하고, 세미콜론(;)으로 구분한다.
③ 유니캐스트, 멀티캐스트, 애니캐스트 등의 3가지 주소 체계로 나누어진다.
④ IPv4의 주소 부족 문제를 해결해 줄 수 있다.

18 그래픽 데이터의 표현 방식

비트맵 (Bitmap)	• 이미지를 점(Pixel, 화소)의 집합으로 표현하는 방식 • 래스터(Raster) 이미지라고도 함 • 고해상도를 표현하는 데 적합하지만 파일 크기가 커지고, 이미지를 확대하면 계단 현상이 발생함 • 다양한 색상을 이용하기 때문에 사실적 이미지 표현이 용이함 • Photoshop, Paint Shop Pro 등이 대표적인 소프트웨어임 • 비트맵 형식으로는 BMP, JPG, PCX, TIF, PNG, GIF 등이 있음
벡터 (Vector)	• 이미지를 점과 점을 연결하는 직선이나 곡선을 이용하여 표현하는 방식 • 그래픽의 확대/축소 시 계단 현상이 발생하지 않지만 고해상도 표현에는 적합하지 않음 • Illustrator, CorelDraw, 플래시 등이 대표적인 소프트웨어 • 벡터 파일 형식으로는 WMF, AI, CDR 등이 있음

다음 중 컴퓨터에서 그래픽 데이터 표현 방식인 비트맵(Bitmap) 방식에 관한 설명으로 옳지 않은 것은?

① 점과 점을 연결하는 직선이나 곡선을 이용하여 이미지를 표현한다.
② 이미지를 확대하면 테두리가 거칠어진다.
③ 파일 형식에는 BMP, GIF, JPEG 등이 있다.
④ 다양한 색상을 사용하여 사실적 이미지를 표현할 수 있다.

19 그래픽 관련 용어

렌더링(Rendering)	컴퓨터 그래픽에서 3차원 질감(그림자, 색상, 농도 등)을 줌으로써 사실감을 추가하는 과정
디더링(Dithering)	표현할 수 없는 색상이 존재할 경우, 다른 색상들을 섞어서 비슷한 색상을 내는 효과
인터레이싱(Interlacing)	화면에 이미지를 표시할 때 한 번에 표시하지 않고 천천히 표시되면서 선명해지는 효과
모핑(Morphing)	사물의 형상을 다른 모습으로 서서히 변화시키는 기법으로 영화의 특수 효과에서 많이 사용
모델링(Modeling)	물체의 형상을 컴퓨터 내부에서 3차원 그래픽으로 어떻게 표현할 것인지를 정하는 과정
안티 앨리어싱(Anti-Aliasing)	3D의 텍스처에서 몇 개의 샘플을 채취해서 사물의 색상을 변경하므로 계단 부분을 뭉개고 곧게 이어지는 듯한 화질을 형성하게 만드는 것

다음 중 멀티미디어 기법에 대한 설명으로 옳지 <u>않은</u> 것은?

① 안티앨리어싱(Anti-Aliasing)은 2차원 그래픽에서 개체 색상과 배경 색상을 혼합하여 경계면 픽셀을 표현함으로써 경계면을 부드럽게 보이도록 하는 기법이다.
② 모델링(Modeling)은 컴퓨터 그래픽에서 명암, 색상, 농도의 변화 등과 같은 3차원 질감을 넣음으로써 사실감을 더하는 기법을 말한다.
③ 디더링(Dithering)은 제한된 색을 조합하여 음영이나 색을 나타내는 것으로 여러 컬러의 색을 최대한 나타내는 기법을 말한다.
④ 모핑(Morphing)은 한 이미지가 다른 이미지로 서서히 변화하는 과정을 나타내는 기법이다.

20 네트워크 접속 장비

허브(Hub)	네트워크에서 연결된 각 회선이 모이는 집선 장치로서 각 회선을 통합적으로 관리하는 방식
라우터(Router)	데이터 전송을 위한 최적의 경로를 찾아 통신망에 연결하는 장치
브리지(Bridge)	독립된 두 개의 근거리 통신망(LAN)을 연결하는 접속 장치
리피터(Repeater)	장거리 전송을 위해 신호를 새로 재생시키거나 출력 전압을 높여 전송하는 장치
게이트웨이(Gateway)	네트워크에서 다른 네트워크로 들어가는 관문의 기능을 수행하는 지점을 말하며, 서로 다른 프로토콜을 사용하는 네트워크를 연결할 때 사용하는 장치

다음 중 정보통신에서 네트워크 관련 장비에 대한 설명으로 옳지 <u>않은</u> 것은?

① 라우터 : 네트워크를 구성하기 위해 반드시 필요한 장비로 정보 전송을 위한 최적의 경로를 찾아 통신망에 연결하는 장치
② 허브 : 네트워크를 구성할 때 여러 대의 컴퓨터를 연결하고, 각 회선들을 통합 관리하는 장치
③ 브리지 : 네트워크를 구성할 때 디지털 신호를 아날로그 신호로 변환하여 전송하고 다시 수신된 신호를 원래대로 변환하기 위한 전송 장치
④ 게이트웨이 : 한 네트워크에서 다른 네트워크로 들어가는 입구 역할을 하는 장치로 근거리통신망(LAN)과 같은 하나의 네트워크를 다른 네트워크와 연결할 때 사용되는 장치

2과목 | 스프레드시트 일반

21 데이터 입력 방법

Enter	• 다음 행으로 셀 포인터를 이동 • [Excel 옵션]의 '고급', '편집 옵션'에서 Enter를 누를 때 이동할 셀의 방향을 지정할 수 있음
Shift + Enter	윗 행으로 셀 포인터를 이동
Esc	입력 중인 데이터를 취소
강제로 줄 바꿈	• 데이터 입력 후 Alt + Enter를 누르면 동일한 셀에서 줄이 바뀌며, 이 때 두 줄 이상의 데이터를 입력할 수 있음 • [셀 서식]의 [맞춤] 탭에서 [자동 줄 바꿈] 확인란을 선택하면 셀 너비에 맞추어 자동으로 줄이 바뀜
동일한 데이터 입력하기	범위를 지정하고 데이터 입력 후 Ctrl + Enter나 Ctrl + Shift + Enter를 누르면 선택 영역에 동일한 데이터가 한꺼번에 입력됨

다음 중 셀에 데이터를 입력할 때 사용하는 Enter에 대한 설명으로 옳지 않은 것은?

① [Excel 옵션]의 '고급', '편집 옵션'에서 Enter를 누를 때 이동할 셀의 방향을 지정할 수 있다.
② 여러 셀을 선택하고 값을 입력한 후 Ctrl + Enter를 누르면 선택된 셀에 동일한 값을 입력할 수 있다.
③ 셀에 값을 입력하고 Alt + Enter를 누르면 해당 셀 내에서 줄을 바꿔 입력할 수 있다.
④ 셀에 값을 입력하고 Shift + Enter를 누르면 셀을 한 번에 두 칸 씩 빨리 이동할 수 있다.

22 각종 데이터 입력

• **한자 입력** : 한자의 음을 한글로 입력한 다음 한자를 누르고 목록에서 원하는 한자를 선택함
• **특수 문자** : [삽입] 탭-[기호] 그룹-[기호]를 실행하거나 한글 자음(ㄱ,ㄴ,ㄷ,…,ㅎ) 중의 하나를 누르고 한자를 눌러 목록에서 원하는 특수 문자를 선택함
• 분수는 숫자와 공백으로 시작하여(한 칸 띄운 다음에) 입력(예 0 2/3)
• 숫자로만 된 데이터를 문자 데이터로 입력하려면 데이터 앞에 작은따옴표(')를 먼저 입력(예 '010, '007)
• 날짜 및 시간 데이터는 자동으로 오른쪽을 기준으로 정렬됨
• Ctrl + ; : 시스템의 오늘 날짜, Ctrl + Shift + ; : 현재 시간이 입력됨
• 숫자가 입력된 셀의 채우기 핸들을 Ctrl을 누른 채 아래쪽으로 끌면 1씩 증가함
• Ctrl + R : 왼쪽 셀의 내용과 서식을 복사
• Ctrl + D : 윗쪽 셀의 내용과 서식을 복사
• Ctrl + Q : 빠른 분석(서식, 차트, 합계, 테이블, 스파크라인)

다음 중 날짜 및 시간 데이터에 관한 설명으로 옳지 않은 것은?

① 날짜를 입력할 때 일을 입력하지 않으면 자동으로 해당 월의 1일로 입력된다.
② 셀에 4/9를 입력하고 Enter를 누르면 셀에 04월 09일로 표시된다.
③ 날짜 및 시간 데이터는 자동으로 왼쪽을 기준으로 정렬된다.
④ Ctrl + ;을 누르면 시스템의 오늘 날짜, Ctrl + Shift + ;을 누르면 현재 시간이 입력된다.

정답 21 ④ 22 ③

23 메모, 윗주

- 메모 입력 바로 가기 키 : Shift + F2
- 셀에 입력된 데이터를 삭제해도 메모가 삭제되지 않으므로 메모를 삭제하려면 [검토] 탭-[메모] 그룹-[삭제]를 선택하거나 바로 가기 메뉴에서 [메모 삭제]를 선택함
- 셀의 데이터를 삭제하면 윗주도 함께 삭제됨
- 숫자 데이터 위에 윗주를 입력한 경우 표시되지 않음
- 윗주에 입력된 텍스트 중 일부분의 서식을 별도로 변경할 수 없음

다음 중 메모에 대한 설명으로 옳지 않은 것은?

① 통합 문서에 포함된 메모를 시트에 표시된 대로 인쇄하거나 시트 끝에 인쇄할 수 있다.
② 메모에는 어떠한 문자나 숫자, 특수 문자도 입력 가능하며, 텍스트 서식도 지정할 수 있다.
③ 시트에 삽입된 모든 메모를 표시하려면 [검토] 탭의 [메모] 그룹에서 '메모 모두 표시'를 선택한다.
④ 셀에 입력된 데이터를 Delete 로 삭제한 경우 메모도 함께 삭제된다.

24 찾기/바꾸기

- 찾기 : Ctrl + F , Shift + F5
- 바꾸기 : Ctrl + H
- 와일드카드 문자(?, *)를 사용할 수 있음
- +, -, #, $ 등과 같은 특수 문자를 찾을 수 있음
- 영문자의 경우 대문자와 소문자를 구분함
- **찾는 위치** : 수식, 값, 메모
- 열을 선택하면 열에서 아래쪽으로, 행을 선택하면 행에서 오른쪽으로 검색함
- 열에서 위쪽으로 검색하거나 행에서 왼쪽으로 검색하려면 Shift 를 누른 채 [다음 찾기]를 클릭함
- 별표(*), 물음표(?) 및 물결표(~) 등의 문자가 포함된 내용을 찾으려면 '찾을 내용'에 물결표(~) 뒤에 해당 문자를 붙여 입력함
- 찾는 위치를 '수식', '값', '메모'로 설정할 수 있으며 '메모'로 설정한 경우 메모 안의 텍스트도 찾을 수 있음

다음 중 워크시트에 입력된 데이터 중 특정한 내용을 찾거나 바꾸는 [찾기 및 바꾸기] 기능에 대한 설명으로 옳지 않은 것은?

① 와일드카드 문자(?, *)를 사용할 수 있다.
② +, - 와 같은 특수 문자를 찾을 수 있다.
③ 와일드카드 문자(?, *) 자체를 찾을 경우는 % 기호를 와일드카드 문자 앞에 사용하면 된다.
④ 행 방향으로 먼저 검색할지, 열 방향으로 먼저 검색할지를 사용자가 설정할 수 있다.

25 사용자 지정 표시 형식

코드	기능
;	양수, 음수, 0값을 세미콜론(;)으로 구분함
,	• 천 단위 구분 기호로 쉼표를 삽입 • ,(쉼표) 이후에 더 이상 코드를 사용하지 않으면 천 단위 배수로 표시 • 12345 → #,##0, → 12
#	• 유효 자릿수만 나타내고 유효하지 않은 0은 표시하지 않음 • 012345 → #,### → 12,345
0	• 유효하지 않은 자릿수를 0으로 표시 • 12345 → 0.00 → 12345.00
yy	• 연도를 끝 두 자리만 표시 • 2026 → yy → 26
mmm	• 월을 Jan~Dec로 표시 • 06 → mmm → Jun
dd	• 일을 01~31로 표시 • 25 → dd → 25
@	• 문자 뒤에 특정한 문자열을 함께 표시 • 컴활 → @@"**" → 컴활컴활**
[글꼴색]	각 구역의 첫 부분에 지정하며 대괄호 안에 글꼴 색을 입력함
[조건]	조건과 일치하는 숫자에만 서식을 적용하고자 할 때 사용, 조건은 대괄호로 묶어 입력하며 비교 연산자와 값으로 이루어짐

다음 중 원본 데이터를 지정된 서식으로 설정하였을 때, 결과가 옳지 않은 것은?

① 원본 데이터 : 5054.2, 서식 : ### → 결과 데이터 : 5054
② 원본 데이터 : 대한민국, 서식 : @"화이팅" → 결과 데이터 : 대한민국화이팅
③ 원본 데이터 : 15:30:22, 서식 : hh:mm:ss AM/PM → 결과 데이터 : 3:30:22 PM
④ 원본 데이터 : 2013-02-01, 서식 : yyyy-mm-ddd → 결과 데이터 : 2013-02-Fri

- ③ 원본 데이터 : 15:30:22, 서식 : hh:mm:ss AM/PM → 결과 데이터 : 03:30:22 PM
- hh이므로 03으로 되어야 함

정답 23 ④ 24 ③ 25 ③

26 조건부 서식

- [홈] 탭–[스타일] 그룹–[조건부 서식]에서 선택하여 적용함
- 조건부 서식은 특정한 규칙을 만족하는 셀에 대해서만 각종 서식, 테두리, 셀 배경색 등의 서식을 설정함
- 규칙을 만족하는 데이터가 있는 행 전체에 서식을 지정할 때는 규칙 입력 시 열 이름 앞에만 '$'를 붙임
- 조건부 서식은 기존의 셀 서식에 우선하여 적용됨
- 여러 개의 규칙이 모두 만족될 경우 지정한 서식이 충돌하지 않으면 규칙이 모두 적용되며, 서식이 충돌하면 우선순위가 높은 규칙의 서식이 적용됨
- 규칙의 개수에는 제한이 없음
- 서식이 적용된 규칙으로 셀 값 또는 수식을 설정할 수 있음. 규칙을 수식으로 입력할 경우 수식 앞에 등호(=)를 반드시 입력해야 함

아래 워크시트와 같이 평점이 3.0 미만인 행 전체에 셀 배경색을 지정하고자 한다. 다음 중 이를 위해 조건부 서식 설정에서 사용할 수식으로 옳은 것은?

	A	B	C	D
1	학번	학년	이름	평점
2	20959446	2	강혜민	3.38
3	21159458	1	김경식	2.60
4	21059466	2	김병찬	3.67
5	21159514	1	장현정	1.29
6	20959476	2	박동현	3.50
7	21159467	1	이승현	3.75
8	20859447	4	이병훈	2.93
9	20859461	3	강수빈	3.84

① =$D2 < 3
② =$D&2 < 3
③ =D2 < 3
④ =D$2 < 3

- [홈] 탭–[스타일] 그룹–[조건부 서식]에서 [새 규칙] 선택하여 적용함
- [A2:D9] 영역을 마우스로 드래그하여 범위로 설정한 다음 [조건부 서식]–[새 규칙]–"수식을 사용하여 서식을 지정할 셀 결정"에서 수식과 서식을 설정함
- 평점이 3.0 미만인 행 전체에 셀 배경색을 지정 → =$D2<3

27 수식의 오류값

####	데이터나 수식의 결과를 셀에 모두 표시할 수 없을 경우 (열의 너비를 늘려주면 정상적으로 표시됨)
#VALUE!	• 수치를 사용해야 할 장소에 다른 데이터를 사용하는 경우 • 함수의 인수로 잘못된 값을 사용한 경우
#DIV/0!	0으로 나누기 연산을 시도한 경우
#NAME?	• 함수 이름이나 정의되지 않은 셀 이름을 사용한 경우 • 수식에 잘못된 문자열을 지정하여 사용한 경우
#N/A	• 수식에서 잘못된 값으로 연산을 시도한 경우 • 찾기 함수에서 결과값을 찾지 못한 경우
#REF!	셀 참조를 잘못 사용한 경우
#NUM!	숫자가 필요한 곳에 잘못된 값을 지정한 경우
#NULL!	교점 연산자(공백)를 사용했을 때 교차 지점을 찾지 못한 경우
순환 참조 경고	수식에서 직접 또는 간접으로 자체 셀을 참조하는 경우 발생

다음 중 오류값의 표시 내용에 대한 설명으로 옳지 않은 것은?

① #NUM! : 수식이나 함수에 잘못된 숫자 값을 사용할 때 발생한다.
② #VALUE : 셀에 입력된 숫자 값이 너무 커서 셀 안에 나타낼 수 없음을 의미한다.
③ #REF! : 유효하지 않은 셀 참조를 지정할 때 발생한다.
④ #NAME : 수식의 텍스트를 인식하지 못할 때 발생한다.

28 수학/통계 함수

함수	설명
ABS(수)	수의 절대값(부호 없는 수)을 구함
INT(수)	수를 가장 가까운 정수로 내린 값을 구함
SUM(수1, 수2, …)	인수로 지정한 숫자의 합계를 구함(인수는 1~255개까지 사용)
AVERAGE(수1, 수2, …)	인수로 지정한 숫자의 평균을 구함
MOD(수1, 수2)	수1을 수2로 나눈 나머지 값(수2가 0이면 #DIV/0! 오류 발생)을 구함
POWER(수1, 수2)	수1을 수2만큼 거듭제곱한 값을 구함
ROUND(수1, 수2)	수1을 반올림하여 자릿수(수2)만큼 반환함
COUNT(인수1, 인수2 …)	인수 중에서 숫자의 개수를 구함
COUNTA(인수1, 인수2 …)	공백이 아닌 인수의 개수를 구함
MAX(수1, 수2, …)	인수 중에서 최대값을 구함
MIN(수1, 수2, …)	인수 중에서 최소값을 구함
SMALL(배열, k)	인수로 지정한 숫자 중 k번째로 작은 값을 구함
LARGE(배열, k)	인수로 지정한 숫자 중 k번째로 큰 값을 구함
MODE.SNGL(수1, 수2, …)	주어진 수들 중 가장 빈번하게 발생하는 수(최빈수)를 구함
MEDIAN(수1, 수2, …)	주어진 수들의 중간값(중위수)을 구함
ODD(수)	주어진 수를 가장 가까운 홀수로, 양수인 경우 올림하고 음수인 경우 내림함
EVEN(수)	가장 가까운 짝수인 정수로 양수는 올림하고 음수는 내림함

다음 중 함수의 결과가 옳은 것은?

① =COUNT(1, "참", TRUE, "1") → 1
② =COUNTA(1, "거짓", TRUE, "1") → 2
③ =MAX(TRUE, "10", 8, ,3) → 10
④ =ROUND(215.143, −2) → 215.14

③ : =MAX(TRUE, "10", 8, ,3) → 10(인수 중 가장 큰 값을 구함)

오답 피하기
- ① : =COUNT(1, "참", TRUE, "1") → 3("참"을 제외한 숫자 인수의 개수를 구함)
- ② : =COUNTA(1, "거짓", TRUE, "1") → 4(모든 인수의 개수를 구함)
- ④ : =ROUND(215.143, −2) → 200(자릿수가 −2 음수이므로 소수점 왼쪽 2번째 자리에서 반올림 됨)

29 논리, 문자열 함수

함수	설명
IF(조건, 참, 거짓)	조건식이 참이면 값1, 거짓이면 값2를 반환함
IFS(조건식1, 참인 경우 값1, 조건식2, 참인 경우 값2, ……)	하나 이상의 조건이 충족되는지 확인하고 첫 번째 TRUE 조건에 해당하는 값을 반환함
SWITCH(변환할 값, 일치시킬 값1…[2–126], 일치하는 경우 반환할 값 1…[2–126], 일치하는 값이 없는 경우 반환할 값)	값의 목록에 대한 하나의 값(식이라고 함)을 계산하고 첫 번째 일치하는 값에 해당하는 결과를 반환함
AND(조건1, 조건2, …)	모든 조건이 참이면 TRUE, 나머지는 FALSE를 반환함
OR(조건1, 조건2, …)	조건중 하나 이상이 참이면 TRUE, 나머지는 FALSE를 반환함
LEFT(문자열, 개수)	문자열의 왼쪽에서 지정한 개수만큼 문자를 추출함
RIGHT(문자열, 개수)	문자열의 오른쪽에서 지정한 개수만큼 문자를 추출함
MID(문자열, 시작위치, 개수)	문자열의 시작 위치에서부터 지정한 개수만큼 문자를 추출함
TRIM(문자열)	단어 사이에 있는 한 칸의 공백을 제외하고, 문자열의 공백을 모두 삭제함
LOWER(문자열)	문자열을 모두 소문자로 변환함
UPPER(문자열)	문자열을 모두 대문자로 변환함
PROPER(문자열)	단어 첫 글자만 대문자로, 나머지는 소문자로 변환함
SEARCH(찾을 텍스트, 문자열, 시작 위치)	문자열에서 찾을 텍스트의 시작 위치를 반환함(시작 위치 생략 시 1로 간주함)

다음 중 아래 워크시트에서 가입일이 2000년 이전이면 회원등급을 '골드회원' 아니면 '일반회원'으로 표시하려고 할 때 [C19] 셀에 입력할 수식으로 옳은 것은?

	A	B	C
17		회원가입현황	
18	성명	가입일	회원등급
19	강민호	2000-01-15	골드회원
20	김보라	1996-03-07	골드회원
21	이수연	2002-06-20	일반회원
22	황정민	2006-11-23	일반회원
23	최경수	1998-10-20	골드회원
24	박정태	1999-12-05	골드회원

① =TODAY(IF(B19<=2000, "골드회원", "일반회원")
② =IF(TODAY(B19)<=2000, "일반회원", "골드회원")
③ =IF(DATE(B19)<=2000, "골드회원", "일반회원")
④ =IF(YEAR(B19)<=2000, "골드회원", "일반회원")

30 찾기, 참조 함수

- VLOOKUP(값, 범위, 열 번호, 방법) : 범위의 첫 번째 열에서 값을 찾아 지정한 열에서 대응하는 값을 반환함
- HLOOKUP(값, 범위, 행 번호, 방법) : 범위의 첫 번째 행에서 값을 찾아 지정한 행에서 대응하는 값을 반환함
- CHOOSE(인덱스 번호, 인수1, 인수2, …) : 인덱스 번호에 의해 인수를 순서대로 선택함
- INDEX(셀 범위, 행 번호, 열 번호) : 셀 범위에서 행, 열 번호 값을 산출함

다음 중 아래의 워크시트에서 '박지성'의 결석 값을 찾기 위한 함수식은?

	A	B	C	D
1	성적표			
2	이름	중간	기말	결석
3	김남일	86	90	4
4	이천수	70	80	2
5	박지성	95	85	5

① =VLOOKUP("박지성", $A$3:$D$5, 4, 1)
② =VLOOKUP("박지성", $A$3:$D$5, 4, 0)
③ =HLOOKUP("박지성", $A$3:$D$5, 4, 0)
④ =HLOOKUP("박지성", $A$3:$D$5, 4, 1)

- 찾을 값 → 박지성, 범위 → $A$3:$D$5, 열 번호 → 4(결석), 방법 → 0(정확한 값을 찾음), 1이면 찾을 값의 아래로 근사값
- =VLOOKUP("박지성", $A$3:$D$5, 4, 0) → 5

31 D 함수

- DSUM(데이터베이스, 필드, 조건 범위) : 조건을 만족하는 필드의 합계를 구함
- DAVERAGE(데이터베이스, 필드, 조건 범위) : 조건을 만족하는 필드의 평균을 구함
- DCOUNT(데이터베이스, 필드, 조건 범위) : 조건을 만족하는 필드의 개수(수치)를 구함
- DCOUNTA(데이터베이스, 필드, 조건 범위) : 조건을 만족하는 모든 필드의 개수를 구함
- DMAX(데이터베이스, 필드, 조건 범위) : 조건을 만족하는 필드의 최대값을 구함
- DMIN(데이터베이스, 필드, 조건 범위) : 조건을 만족하는 필드의 최소값을 구함

다음 중 아래의 워크시트에서 몸무게가 70Kg 이상인 사람의 수를 구하고자 할 때 [E7] 셀에 입력할 수식으로 옳지 않은 것은?

	A	B	C	D	E	F
1	번호	이름	키(Cm)	몸무게(Kg)		
2	12001	홍길동	165	67		몸무게(Kg)
3	12002	이대한	171	69		>=70
4	12003	한민국	177	78		
5	12004	이우리	162	80		
6						
7	몸무게가 70Kg 이상인 사람의 수?				2	

① =DCOUNT(A1:D5,2,F2:F3)
② =DCOUNTA(A1:D5,2,F2:F3)
③ =DCOUNT(A1:D5,3,F2:F3)
④ =DCOUNTA(A1:D5,3,F2:F3)

① : =DCOUNT(A1:D5,2,F2:F3) → 0(2열의 이름 필드는 문자라 카운트를 못 함)

32 정렬

- 오름차순 정렬은 숫자일 경우 작은 값에서 큰 값 순서로 정렬되며, 내림차순 정렬은 그 반대로 재배열됨
- 영문 대/소문자를 구분하여 정렬하는 기능을 제공하며, 오름차순 정렬 시 소문자가 우선순위를 가짐
- **오름차순 정렬** : 숫자 – 기호 문자 – 영문 소문자 – 영문 대문자 – 한글 – 빈 셀(단, 대/소문자 구분하도록 설정했을 때)
- **내림차순 정렬** : 한글 – 영문 대문자 – 영문 소문자 – 기호 문자 – 숫자 – 빈 셀(단, 대/소문자 구분하도록 설정했을 때)
- **정렬 전에 숨겨진 행 및 열 표시** : 숨겨진 열이나 행은 정렬 시 이동되지 않음
- 최대 64개의 열을 기준으로 정렬할 수 있음

다음 중 정렬에 관한 설명으로 옳지 않은 것은?

① 특정 글꼴 색이 적용된 셀을 포함한 행이 위에 표시되도록 정렬할 수 있다.
② 사용자 지정 목록을 사용하여 사용자가 정의한 순서대로 정렬할 수 있다.
③ 최대 64개의 열을 기준으로 정렬할 수 있다.
④ 위쪽에서 아래쪽으로 정렬 시 숨겨진 행도 포함하여 정렬할 수 있다.

33 필터

- **자동 필터** : 자동 필터를 이용하여 추출한 데이터는 항상 레코드(행) 단위로 표시, 같은 열에 여러 개의 항목을 동시에 선택하여 데이터를 추출할 수 있음
- 자동 필터는 워크시트의 다른 영역에 결과 테이블을 자동 생성할 수 없으며 고급 필터를 이용하여 다른 영역에 결과 테이블을 생성할 수 있음
- **고급 필터** : 조건 범위와 복사 위치는 고급 필터 명령을 실행하기 전에 설정해 놓아야 함, 결과를 '현재 위치에 필터'로 선택한 경우 복사 위치를 지정할 필요가 없으며, [자동 필터]처럼 현재 데이터 범위 위치에 고급 필터 결과를 표시함
- **단일 조건** : 첫 행에 필드명을 입력하고, 필드명 아래에 검색할 값을 입력
- **AND 조건** : 첫 행에 필드명을 나란히 입력하고, 동일한 행에 조건을 입력(그리고)
- **OR 조건** : 첫 행에 필드명을 나란히 입력하고, 서로 다른 행에 조건을 입력(이거나, 또는)
- **복합 조건(AND, OR 결합)** : 첫 행에 필드명을 나란히 입력하고, 동일한 행에 조건을 입력. 그리고 다음 동일한 행에 두 번째 조건을 입력
- 고급 필터에서 조건 범위를 만들 때 만능 문자(?, *)를 사용할 수 있음

다음 중 고급 필터를 이용하여 전기세가 '3만 원 이하'이거나 가스비가 '2만 원 이하'인 데이터 행을 추출하기 위한 조건으로 옳은 것은?

①

전기세	가스비
<=30000	<=20000

②

전기세	가스비
<=30000	
	<=20000

③

전기세	<=30000
가스비	<=20000

④

전기세	<=30000	
가스비		<=20000

34 부분합

- 워크시트에 있는 데이터를 일정한 기준으로 요약하여 통계 처리를 수행함
- 기준이 될 필드(열)로 먼저 정렬(오름차순 또는 내림차순)해야 함
- **그룹화할 항목** : 부분합을 계산할 기준 필드
- **사용할 함수** : 합계, 개수, 평균, 최대값, 최소값, 곱, 숫자 개수, 표본 표준 편차, 표준 편차, 표본 분산, 분산 등 계산 항목에서 선택한 필드를 계산할 방식을 지정함
- **새로운 값으로 대치** : 이미 부분합이 작성된 목록에서 이전 부분합을 지우고 현재 설정대로 새로운 부분합을 작성하여 삽입함
- **모두 제거** : 목록에 삽입된 부분합이 삭제되고, 원래 데이터 상태로 돌아감

다음 중 부분합에 관한 설명으로 옳지 않은 것은?

① 부분합을 작성할 때 기준이 되는 필드가 반드시 정렬되어 있지 않아도 제대로 된 부분합을 실행할 수 있다.
② 부분합에 특정한 데이터만 표시된 상태에서 차트를 작성하면 표시된 데이터에 대해서만 차트가 작성된다.
③ [부분합] 대화 상자에서 '새로운 값으로 대치'는 이미 작성한 부분합을 지우고, 새로운 부분합으로 실행할 경우에 설정한다.
④ 부분합 계산에 사용할 요약 함수를 두 개 이상 사용하기 위해서는 함수의 종류 수만큼 부분합을 반복 실행해야 한다.

35 피벗 테이블/피벗 차트 보고서

- 피벗 테이블은 방대한 양의 자료를 빠르게 요약하여 보여 주는 대화형 테이블을 의미
- 피벗 테이블 보고서는 각 필드에 다양한 조건을 지정할 수 있으며, 일정한 그룹별로 데이터 집계가 가능함
- 피벗 차트 작성 시 자동으로 피벗 테이블도 함께 만들어짐 즉, 피벗 테이블을 만들지 않고는 피벗 차트를 만들 수 없음
- 피벗 테이블과 피벗 차트를 함께 만든 후에 작성된 피벗 테이블을 삭제하면 피벗 차트는 일반 차트로 변경됨
- **데이터 새로 고침** : 피벗 테이블은 원본 데이터와 연결되어 있지만 원본 데이터가 변경될 때 자동으로 피벗 테이블 내용을 변경하지 못함

다음 중 피벗 테이블에 대한 설명으로 옳지 않은 것은?

① 원본의 자료가 변경되면 [모두 새로 고침] 기능을 이용하여 피벗 테이블에 반영할 수 있다.
② 작성된 피벗 테이블을 삭제하면 함께 작성한 피벗 차트도 삭제된다.
③ 피벗 테이블을 삭제하려면 피벗 테이블 전체를 범위로 지정하고 Delete 를 누른다.
④ 피벗 테이블 보고서에서는 값 영역에 표시된 데이터를 삭제하거나 수정할 수 없다.

36 목표값 찾기

- 수식의 결과값은 알고 있으나 그 결과값을 얻기 위한 입력값을 모를 때 목표값 찾기 기능을 이용함
- 수식에서 참조한 특정 셀의 값을 계속 변화시켜 수식의 결과값을 원하는 값으로 찾음
- [데이터] 탭 – [예측] 그룹 – [가상 분석]을 클릭한 후 [목표값 찾기] 메뉴를 선택하여 수식 셀, 찾는 값, 값을 바꿀 셀을 지정함
- 찾는 값은 수식 셀의 결과로, 원하는 특정한 값을 숫자 상수로 입력함

아래 시트에서 할인율을 변경하여 "판매가격"의 목표값을 150000으로 변경하려고 할 때, [목표값 찾기] 대화 상자의 수식 셀에 입력할 값으로 옳은 것은?

	A	B	C	D	E
1					
2	할인율	10%			
3	품명	단가	수량	판매가격	
4	박스	1,000	200	180,000	

① D4
② C4
③ B2
④ B4

37 시나리오

- 변경 요소가 많은 작업표에서 가상으로 수식이 참조하고 있는 셀의 값을 변화시켜 작업표의 결과를 예측하는 기능
- 변경 요소가 되는 값의 그룹을 '변경 셀'이라고 하며, 하나의 시나리오에 최대 32개까지 변경 셀을 지정할 수 있음
- 변경 셀로 지정한 셀에 계산식이 포함되어 있으면 자동으로 상수로 변경되어 시나리오가 작성됨
- '결과 셀'은 변경 셀 값을 참조하는 수식으로 입력되어야 함
- '병합'은 열려 있는 다른 통합 문서의 워크시트에서 시나리오를 가져와 현재 시트의 시나리오에 추가하는 것

다음 중 시나리오에 관한 설명으로 옳지 않은 것은?

① 하나의 시나리오에 최대 32개까지 변경 셀을 지정할 수 있다.
② 시나리오의 결과는 요약 보고서나 피벗 테이블 보고서로 작성할 수 있다.
③ 시나리오 병합을 통하여 다른 통합 문서나 다른 워크시트에 저장된 시나리오를 가져올 수 있다.
④ 시나리오는 입력된 자료들을 그룹별로 분류하고 해당 그룹별로 특정한 계산을 수행하는 기능이다.

38 페이지 설정

- [페이지] 탭에서 '자동 맞춤'의 용지 너비와 용지 높이를 각각 1로 지정하면 여러 페이지가 한 페이지에 인쇄됨
- 배율은 워크시트 표준 크기의 10%에서 400%까지 설정함
- 머리글/바닥글은 [머리글/바닥글] 탭에서 설정함
- 셀에 설정된 메모는 '시트에 표시된 대로' 인쇄할 수 있음

자료가 입력된 [Sheet1]을 인쇄하니 5장이 출력되었다. [Sheet1]의 모든 자료를 1장에 인쇄하려고 할 때 다음 중 가장 올바른 방법은?

① [페이지 설정]–[페이지]에서 '자동 맞춤'을 선택하여 용지 너비와 용지 높이를 각각 '1'로 설정한 후 인쇄한다.
② [인쇄]–[등록 정보]에서 '자동 맞춤'을 선택하여 용지와 높이를 각각 '1'로 설정한 후 인쇄한다.
③ [인쇄]–[등록 정보]–[기능]에서 '한 페이지에 여러 페이지 인쇄'를 선택한 후 인쇄한다.
④ [페이지 설정]–[페이지]에서 '한 페이지에 여러 페이지 인쇄'를 선택한 후 인쇄한다.

정답 36 ① 37 ④ 38 ①

39 차트

- **분산형(XY 차트)**: 데이터의 불규칙한 간격이나 묶음을 보여주는 것으로, 데이터 요소 간의 차이점보다는 큰 데이터 집합 간의 유사점을 표시하려는 경우에 사용함
  - 각 항목의 값을 점으로 표시함
  - 두 개의 숫자 그룹을 XY 좌표로 이루어진 한 계열로 표시(XY 차트라고도 함)
  - 주로 과학, 공학용 데이터 분석에서 사용함
  - 3차원 차트로 작성할 수 없음
  - 가로축은 항목 축이 아닌 값 축 형식으로 나타남
- **주식형 차트**: 주식 가격, 온도 변화와 같은 과학 데이터를 나타내는 데 사용하며 3차원 차트로 작성할 수 없음
- **영역형 차트**: 일정한 시간에 따라 데이터의 변화 추세(데이터 세트의 차이점을 강조)를 표시, 데이터 계열값의 합계를 표시하여 전체 값에 대한 각 값의 관계를 표시함
- **방사형 차트**: 많은 데이터 계열의 합계값을 비교할 때 사용하며 각 항목마다 가운데 요소에서 뻗어나온 값 축을 갖고, 선은 같은 계열의 모든 값을 연결, 3차원 차트로 작성할 수 없음
- **추세선 가능한 차트**: 비누적 2차원 영역형, 가로막대형, 세로막대형, 꺾은선형, 주식형, 분산형, 거품형 차트
- **추세선 불가능한 차트**: 누적 2차원 영역형, 3차원 효과의 영역형, 원형, 도넛형, 방사형, 표면형 차트

다음 중 아래의 차트와 같이 데이터를 선으로 표시하여 데이터 계열의 총값을 비교하고, 상호 관계를 살펴보고자 할 때 사용하는 차트 종류는?

① 도넛형 차트
② 방사형 차트
③ 분산형 차트
④ 주식형 차트

40 매크로

- 자주 사용하는 명령, 반복적인 작업 등을 매크로로 기록하여 해당 작업이 필요할 때마다 바로 가기 키(단축 키)나 실행 단추를 클릭하여 쉽고, 빠르게 작업을 수행할 수 있음
- 매크로는 해당 작업에 대한 일련의 명령과 함수를 Microsoft Visual Basic 모듈로 저장한 것으로 Visual Basic 언어를 기반으로 함

매크로 이름	• 기록할 매크로 이름을 지정하는 것 • 기본적으로는 매크로1, 매크로2와 같이 붙여짐 • 첫 글자는 반드시 문자이어야 하며, 나머지는 문자, 숫자, 밑줄 등을 사용하여 입력할 수 있음 • 공백이나 #, @, $, %, & 등의 기호 문자를 사용할 수 없음

- 매크로 실행: F5
- 한 단계씩 코드 실행: F8
- [매크로 보기]의 바로 가기 키: Alt + F8
- 모듈 창의 커서 위치까지 실행: Ctrl + F8
- Visual Basic Editor(Alt + F11)를 사용하여 매크로를 편집할 수 있음
- 기록한 매크로는 [보기] 탭-[매크로] 그룹-[매크로]-[매크로 보기]에서 [편집]을 클릭하여 수정할 수 있음

다음 중 매크로의 특징에 대한 설명으로 옳지 않은 것은?

① 매크로 기록을 시작한 후의 키보드나 마우스 동작은 VBA 언어로 작성된 매크로 프로그램으로 자동 생성된다.
② 기록한 매크로는 편집할 수 없으므로 기능과 조작을 추가 또는 삭제할 수 없다.
③ 매크로 실행의 바로 가기 키가 엑셀의 바로 가기 키보다 우선한다.
④ 도형을 이용하여 작성된 텍스트 상자에 매크로를 지정한 후 매크로를 실행할 수 있다.

출제 지문으로 구성한
핵심 암기 노트

CONTENTS

1과목 컴퓨터 일반

2과목 스프레드시트 일반

1과목 컴퓨터 일반

SECTION 01 운영체제의 사용

POINT 01 ▶ 운영체제의 기능과 목적 ★★★★★ 대표 문제 : 23.상시 05회 05번, 24.상시 01회 14번, 24.상시 04회 15번, 25.상시 04회 20번

▶ **운영체제의 기능**
- 프로세스, 기억 장치, 주변 장치, 파일 등의 관리가 주요 기능이다.(2급 25.상시, 18.9)
- 운영체제의 평가 항목으로 처리 능력, 응답 시간, 사용 가능도, 신뢰도 등이 있다.(2급 25.상시, 24.상시, 23.상시, 18.9)
- 사용자들 간의 하드웨어 공동 사용 및 자원의 스케줄링을 수행한다.(2급 23.상시, 18.9)
- 컴퓨터와 같은 정보기기를 사용하기 위해서 반드시 설치되어야 하는 프로그램으로 가장 대표적인 시스템 소프트웨어이다.(2급 25.상시, 24.상시, 19.8)
- 자원의 효율적인 관리를 위해 자원의 스케줄링을 제공한다.(2급 24.상시, 20.2)
- 시스템과 사용자 간의 편리한 인터페이스를 제공한다.(2급 24.상시, 20.2)
- 데이터 및 자원 공유 기능을 제공한다.(2급 24.상시, 20.2)

▶ **운영체제의 목적**
- 시스템에 작업을 의뢰한 시간부터 처리가 완료될 때까지 걸린 시간을 의미하는 반환 시간의 단축이 요구된다.(1급 18.9)
- 일정 시간 내에 시스템이 처리하는 일의 양을 의미하는 처리 능력의 향상이 요구된다.(1급 22.상시, 18.9)
- 시스템이 주어진 문제를 정확하게 해결하는 정도를 의미하는 신뢰도의 향상이 요구된다.(1급 22.상시, 18.9)

> **이것도 알아두세요**
> - 운영체제의 목적은 성능 평가 요소라고도 함
> - **운영체제의 목적(성능 평가 요소)** : 신뢰도, 사용 가능도, 처리 능력, 응답 시간

> **자주 출제되는 오답**
> - 운영체제는 컴퓨터가 작동하는 동안 하드디스크에 위치하여 실행된다.(2급 25.상시, 18.9) (×)
>   ➡ **바른정답** | 부팅에 필요한 파일들을 주기억 장치에 로드시켜 실행됨 (○)
> - 운영체제는 시스템을 사용할 수 있는 사용자의 수를 의미하는 사용 가능도의 향상이 요구된다.(1급 18.9) (×)
>   ➡ **바른정답** | 사용 가능도는 시스템을 얼마나 빠르게 사용할 수 있는가를 의미함 (○)
> - 운영체제는 시스템을 실시간으로 감시하여 바이러스 침입을 방지하는 기능을 제공한다.(2급 20.2) (×)
>   ➡ **바른정답** | 운영체제가 아닌 백신이 지원하는 기능임 (○)

> **기적의 TIP**
> - **신**뢰도, **사**용 가능도, **처**리 능력, **응**답 시간 ➡ '신사처(럼)응(해라)'로 암기하세요.
> - 신뢰도, 사용 가능도, 처리 능력은 높은 개념의 표현(향상, 증대)이, 응답 시간은 빠른 개념의 표현(단축, 최소)이 좋습니다.

POINT 02 ▶ 바로 가기 키 ★★★☆☆
대표 문제 : 23.상시 02회 12번, 23.상시 03회 10번, 24.상시 01회 02번, 24.상시 04회 18번

▶ Windows에서 사용하는 바로 가기 키
- Ctrl + Esc : Windows 시작 메뉴를 열 수 있다.(2급 19.3)
- 바탕 화면에서 아이콘을 선택한 후 Alt + Enter 를 누르면 선택된 항목의 속성 창을 표시한다.(2급 19.3)
- 바탕 화면에서 폴더나 파일을 선택한 후 F2 를 누르면 이름을 변경할 수 있다.(2급 19.3)
- Ctrl + Esc : 시작 메뉴를 표시(2급 20.7)
- Shift + F10 : 선택한 항목의 바로 가기 메뉴 표시(2급 20.7)
- ⊞ + E : 파일 탐색기 실행(1급 21.상시, 2급 20.7)

이것도 알아두세요
- Ctrl + Esc 와 ⊞는 시작 메뉴를 표시하는 같은 기능을 함
- Ctrl + A : 특정 폴더 내의 모든 파일이나 폴더를 선택
- Enter : 선택한 항목 실행

자주 출제되는 오답
- 폴더 창에서 Alt + Space Bar 를 누르면 특정 폴더 내의 모든 파일이나 폴더를 선택할 수 있다.(2급 19.3) (×)
  ➡ **바른정답** ǀ 활성 창의 창 조절(바로 가기) 메뉴를 표시함 (○)
- Alt + Enter : 선택한 항목 실행(2급 20.7) (×)
  ➡ **바른정답** ǀ 선택한 항목의 속성 창을 표시함 (○)

기적의 TIP
- Ctrl + Esc : 시작 메뉴 표시 ➡ 'Ctrl의 C, Esc의 E, 씨이(CE)작 메뉴'로 암기하세요.
- Alt + Enter : 항목의 속성 창을 표시 ➡ 'Alt(알트)의 알, 알고 싶다, 너의 속(성)을 마음속으로 들어가서(Enter)'로 암기하세요.
- Shift + F10 : 선택한 항목의 바로 가기 메뉴 표시 ➡ '열(10)메, 즉 F10은 메뉴를 표시하고 Shift 의 S가 선택의 의미'로 암기하세요.
- ⊞ + E : 파일 탐색기 실행 ➡ '탐색기의 ㅌ(티읕)과 영어 알파벳 E가 비슷한 모양'임을 연상하여 암기하면 됩니다. 또한 E는 Explorer(탐험가)를 의미합니다.

POINT 03 ▶ Windows의 [시스템 구성] ★★★☆☆

▶ Windows의 [시스템 구성]
- Windows가 제대로 시작되지 않는 문제를 식별하도록 도와주는 고급 도구이다.(1급 20.2)
- 한 번에 하나씩 공용 서비스 및 시작 프로그램을 끈 상태에서 Windows를 재시작한 후 다시 켤 때 문제가 발생하면 해당 서비스가 문제의 원인임을 알 수 있다.(1급 20.2)
- 부팅 옵션 중 '안전 부팅'의 '최소 설치'를 선택하면 중요한 시스템 서비스만 실행되는 안전 모드로 Windows를 시작하며, 네트워킹은 사용할 수 없다.(1급 20.2)

이것도 알아두세요
- Windows 10에서 F8 을 이용한 고급 부팅 옵션은 더 이상 지원되지 않음
- [시작(⊞)]–[Windows 관리 도구]–[시스템 구성]을 클릭하여 실행함
- [시작(⊞)]–[Windows 시스템]–[실행]에서 열기란에 'msconfig'를 입력하고 [확인]을 클릭하여 실행함

자주 출제되는 오답

시작 모드 선택에서 '선택 모드'는 기본 장치 및 서비스로만 Windows를 시작하여 발생된 문제를 진단하는 데 유용하다.(1급 20.2) (×)

➡ **바른정답** | '진단 모드'가 기본 장치 및 서비스만 로드됨 (○)

기적의 TIP

- 정상 모드는 '정상이기 때문에 모든 장치 드라이버 및 서비스를 로드한다.'고 암기해 주세요.
- 진단 모드는 '진단을 위해서 기본 장치 및 서비스만 로드한다.'고 암기해 주세요.
- 선택 모드는 '선택이므로 [시스템 서비스 로드], [시작 항목 로드], [원래 부팅 구성 사용] 중에서 선택한다.'고 암기해 주세요.

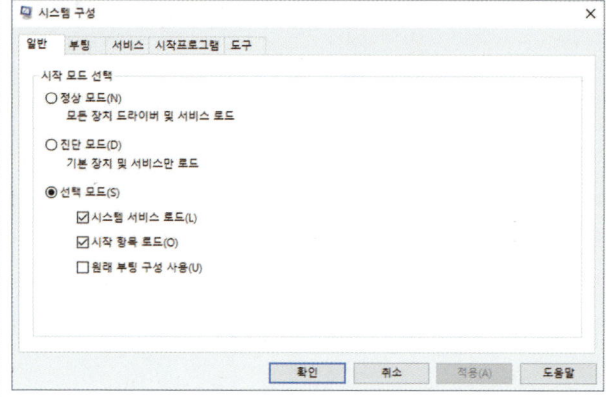

POINT 04 ▶ NTFS 파일 시스템 ★★☆☆☆

대표 문제 : 25.상시 05회 07번

▶ NTFS 파일 시스템

- FAT32 파일 시스템과 비교하여 성능 및 안전성이 우수하다.(1급 19.8, 2급 25.상시, 21.상시)
- 비교적 큰 오버헤드가 있기 때문에 약 400MB 이하의 볼륨에서 사용하는 것은 좋지 않다.(1급 19.8, 2급 25.상시)
- 파일 및 폴더에 대한 액세스 제어를 유지하고 제한된 계정을 지원한다.(1급 19.8, 2급 25.상시)
- 디스크 관련 오류의 자동 복구 기능과 대용량 하드디스크 지원 및 보안 강화(사용 권한, 암호화)로 특정 파일에 대한 특정 사용자의 액세스가 제한된다.(2급 25.상시)

이것도 알아두세요

- 하드디스크의 공간 낭비를 줄이고 시스템의 안정성이 향상됨(2급 21.상시)
- 최대 255자의 긴 파일 이름을 지원하며 공백의 사용도 가능함(2급 21.상시)
- 최대 파일 크기는 16TB이며 파티션(볼륨)의 크기는 256TB까지 지원됨

자주 출제되는 오답

하드디스크 논리 파티션의 크기에는 제한이 없다.(1급 19.8) (×)

➡ **바른정답** | 파티션(볼륨)의 크기는 256TB까지 지원됨 (○)

기적의 TIP

- NTFS는 New Technology File System(새로운 기술의 파일 시스템)의 약어이므로 이전의 FAT32보다 기능이 우수하다고 암기하면 됩니다.
- NTFS의 장점과 특징을 묻는 형식으로 출제되고 있습니다.

POINT 05 ▶ 바로 가기 아이콘 ★★☆☆☆

대표 문제 : 23.상시 05회 10번, 24.상시 05회 12번

▶ 바로 가기 아이콘

- 원본 파일이 있는 위치와 다른 위치에 만들 수 있다.(2급 25.상시, 18.9)
- 바로 가기 아이콘의 확장자는 *.LNK이다.(2급 25.상시, 18.9)
- 하나의 원본 파일에 대하여 여러 개의 바로 가기 아이콘을 만들 수 있다.(2급 18.9)
- 바로 가기 아이콘을 실행하면 연결된 원본 파일이 실행된다.(1급 20.7)
- 파일, 폴더뿐만 아니라 디스크 드라이브나 프린터에도 바로 가기 아이콘을 만들 수 있다.(1급 20.7)
- 일반 아이콘과 비교하여 왼쪽 아랫부분에 화살표가 포함되어 표시된다.(1급 20.7, 2급 25.상시, 21.상시)

▶ 바로 가기 아이콘을 만드는 방법

- 파일을 선택한 후 Ctrl + Shift 를 누른 채 다른 위치로 끌어다 놓으면 해당 파일의 바로 가기 아이콘이 만들어짐(2급 24.상시, 21.상시)
- 바로 가기를 만들 항목에서 마우스 오른쪽 단추를 클릭한 후 [바로 가기 만들기]를 클릭함
- 마우스 오른쪽 단추를 클릭하여 바로 가기를 만들 항목을 바탕 화면으로 드래그한 다음 [여기에 바로 가기 만들기]를 클릭함(1급 23.상시)
- 바로 가기를 만들 파일을 복사(Ctrl + C)한 다음 바탕 화면에서 마우스 오른쪽 단추를 클릭한 후 [바로 가기 붙여넣기]를 선택함(1급 23.상시)

자주 출제되는 오답

- 원본 파일을 삭제하여도 바로 가기 아이콘을 실행할 수 있다.(2급 25.상시, 18.9) (×)
  ➡ **바른정답 |** 원본 파일을 삭제하면 바로 가기 아이콘을 실행할 수 없음 (○)
- 하나의 바로 가기 아이콘에 여러 개의 원본 파일을 연결할 수 있다.(1급 20.7) (×)
  ➡ **바른정답 |** 하나의 바로 가기 아이콘에는 하나의 원본 파일만 연결할 수 있음 (○)

기적의 TIP

- 바로 가기 아이콘의 확장자인 *.LNK는 "연결"을 뜻하는 Link의 의미입니다.
- 바로 가기 아이콘의 개념과 특징, 만드는 방법을 묻는 형식으로 출제되고 있습니다.

POINT 06 ▶ 작업 표시줄 ★★★★☆
대표 문제 : 23.상시 05회 11번

▶ **작업 표시줄**
- 작업 표시줄 잠금을 설정하여 작업 표시줄의 위치나 크기를 변경하지 못하도록 할 수 있다.(2급 18.9)
- 마우스 포인터 위치에 따라 작업 표시줄이 표시되지 않도록 작업 표시줄 자동 숨기기를 설정할 수 있다.(1급 22.상시, 2급 18.9)
- 작업 표시줄의 오른쪽 끝에 있는 [바탕 화면 보기] 단추를 클릭하여 바탕 화면이 표시되도록 할 수 있다.(2급 18.9)
- 작업 표시줄의 위치나 크기를 변경할 수 있으며, 크기는 화면의 1/2까지만 늘릴 수 있다.(1급 20.2)
- 작업 표시줄에 있는 단추를 작은 아이콘으로 표시되도록 설정할 수 있다.(1급 20.2)
- 작업 표시줄을 자동으로 숨길 것인지의 여부를 선택할 수 있다.(1급 20.2)

이것도 알아두세요
- 작업 표시줄은 현재 수행 중인 프로그램(앱)들이 표시되는 부분으로 응용 프로그램 간 작업 전환이 한 번의 클릭으로 가능함
- 작업 표시줄의 빈 영역에서 마우스 오른쪽 단추 → [작업 표시줄 설정]을 클릭하여 작업 표시줄에 대한 여러 설정을 수행할 수 있음

자주 출제되는 오답
- [작업 표시줄 아이콘 만들기] 기능을 이용하여 작업 표시줄의 바로 가기 아이콘을 바탕 화면에 설정할 수 있다.(2급 18.9) (✕)
  ➜ **바른정답** | [작업 표시줄 아이콘 만들기] 기능은 지원되지 않음 (○)
- 작업 표시줄에 있는 시작 단추, 검색 상자(검색 아이콘), 작업 보기 단추의 표시 여부를 설정할 수 있다.(1급 20.2) (✕)
  ➜ **바른정답** | 시작 단추는 작업 표시줄에 고정된 것으로 표시 여부를 설정할 수 없음 (○)

기적의 TIP
작업 표시줄의 기능과 크기 변경, 숨기기 여부 등을 묻는 형식으로 출제되고 있습니다.

POINT 07 ▶ 레지스트리 ★★★☆☆
대표 문제 : 24.상시 05회 10번, 25.상시 05회 09번

▶ **레지스트리(Registry)**
- 컴퓨터에 설치된 모든 하드웨어와 소프트웨어의 실행 정보를 관리하는 데이터베이스이다.(1급 25.상시, 24.상시, 22.상시, 18.9, 2급 25.상시, 24.상시)
- 레지스트리 정보는 Windows가 작동하는 동안 지속적으로 참조된다.(1급 18.9, 2급 25.상시)
- 레지스트리에 문제가 발생하면 시스템 부팅이 안 될 수도 있다.(1급 25.상시, 18.9)
- 레지스트리 키와 레지스트리 값을 추가 및 편집하고, 백업으로부터 레지스트리를 복원한다.(2급 25.상시)
- 사용자 프로필과 관련된 부분은 'NTUSER.DAT' 파일에 저장된다.

이것도 알아두세요
- [시작(■)]-[Windows 관리 도구]-[레지스트리 편집기]를 클릭하여 실행함
- [시작(■)]-[Windows 시스템]-[실행]에서 열기란에 'regedit'를 입력하고 [확인]을 클릭하여 실행함(1급 25.상시, 24.상시, 2급 22.상시)

자주 출제되는 오답
Windows에 탑재된 레지스트리 편집기는 'reg.exe'이다.(1급 18.9, 2급 25.상시) (✕)
  ➜ **바른정답** | 레지스트리 편집기는 regedit32.exe임 (○)

기적의 TIP
- Registry는 '등기소, 등록소'의 의미로 컴퓨터에 설치된 모든 하드웨어와 소프트웨어의 실행 정보를 관리하는 데이터베이스라고 이해하면 쉬우며, Registry의 'Reg'와 편집의 'Edit'가 합쳐진 'regedit' 명령으로 실행합니다.
- 레지스트리의 실행 명령과 특징 중 옳고 그름을 묻는 형식으로 출제되고 있습니다.

POINT 08 ▶ 작업 관리자 ★★☆☆☆

▶ **작업 관리자**
- 실행 중인 응용 프로그램을 [작업 끝내기]로 종료할 수 있다.(2급 21.상시, 19.3)
- 현재 실행 중인 프로세스와 프로세스에서 실행되는 서비스를 볼 수 있다.(2급 19.3)
- CPU 사용 정도와 CPU 사용 현황을 확인할 수 있다.(2급 21.상시, 19.3)
- [성능] 탭에서 CPU, 메모리, 디스크, 이더넷의 성능을 모니터링할 수 있다.
- [앱 기록] 탭에서 앱의 리소스 사용량(CPU 시간, 네트워크, 타일 업데이트 등) 정보를 확인하고 사용 현황을 삭제할 수 있다.

이것도 알아두세요
- 바로 가기 키 : Ctrl + Shift + Esc
- [시작(■)]-[Windows 시스템]-[작업 관리자]를 클릭하여 실행함
- [시작(■)]-[Windows 시스템]-[실행]에서 열기란에 'taskmgr'을 입력하고 [확인]을 클릭하여 실행함

자주 출제되는 오답
실행 중인 응용 프로그램의 실행 순서를 변경할 수 있다.(2급 21.상시, 19.3) (×)
→ **바른정답 |** 실행 중인 응용 프로그램의 실행 순서를 변경할 수 없음 (○)

기적의 TIP
작업을 의미하는 'Task'와 관리자의 'Manager'가 합쳐진 'taskmgr' 명령으로 실행하며 작업 관리자에서 수행 가능한 작업을 묻는 형식으로 출제되고 있습니다.

SECTION 02 운영체제의 활용

POINT 09 ▶ 파일이나 폴더, 프린터, 드라이브 등 컴퓨터 자원의 공유 ★★★☆☆

▶ **파일이나 폴더, 프린터, 드라이브 등 컴퓨터 자원의 공유**
- 공유 폴더에 대한 접근 권한은 사용자에 따라 다르게 설정할 수 있다.(1급 20.7)
- 파일 탐색기의 주소 표시줄에 '₩₩localhost'를 입력하면 네트워크를 통해 공유한 파일이나 폴더를 확인할 수 있다.(1급 20.7)
- 파일 탐색기의 공유 기능을 이용하면 파일이나 폴더를 쉽게 다른 사용자와 공유할 수 있다.(1급 20.7)

자주 출제되는 오답
공유한 파일명 뒤에 '$'를 붙이면 네트워크의 다른 사용자가 해당 파일을 사용하고 있는지 여부를 바로 확인할 수 있다.(1급 20.7) (×)
→ **바른정답 |** 공유 이름 뒤에 '$'를 붙이면 공유 숨기기가 되므로 공유 여부를 알 수 없음 (○)

기적의 TIP
파일이나 폴더, 프린터, 드라이브 등의 컴퓨터 자원의 공유가 가능한 부분과 공유의 목적에 대해 이해하면 문제를 쉽게 풀 수 있습니다.

POINT 10 ▶ [폴더 옵션] 창 ★★★☆☆
대표 문제 : 24.상시 03회 09번

▶ [폴더 옵션] 창
- 숨김 파일이나 폴더의 표시 여부를 지정할 수 있다.(1급 24.상시, 20.2)
- 폴더에서 시스템 파일을 검색할 때 색인의 사용 여부를 선택할 수 있다.(1급 24.상시, 20.2)
- 알려진 파일 형식의 파일 확장명을 숨기도록 설정할 수 있다.(1급 24.상시, 20.2, 2급 24.상시, 22.상시)
- 폴더 옵션은 파일 및 폴더가 작동하는 방식과 컴퓨터에 항목을 표시하는 방법을 변경하고 폴더에 관한 각종 옵션을 지정하는 곳이다.

이것도 알아두세요
- 선택된 폴더에 암호를 설정하는 기능은 지원되지 않음(2급 22.상시)
- 한 번만 클릭해서 창을 열 수 있도록 설정할 수 있음(2급 22.상시)
- 새 창에서 폴더 열기를 할 수 있게 설정할 수 있음(2급 22.상시)
- [파일] 탭–[옵션]을 클릭하거나 [보기] 탭–[옵션]–[폴더 및 검색 옵션 변경]을 클릭하여 [폴더 옵션] 창을 열 수 있음

자주 출제되는 오답
[폴더 옵션] 창에서 탐색 창, 미리 보기 창, 세부 정보 창의 표시 여부를 선택할 수 있다.(1급 20.2) (×)
➡ **바른정답** | 파일 탐색기의 [보기] 탭–[창] 그룹에서 표시 여부를 선택할 수 있음 (○)

기적의 TIP
[폴더 옵션] 창에서 선택하거나 설정 가능한 작업을 구분하여 정확히 숙지해 두세요.

POINT 11 ▶ 휴지통 ★★★★★
대표 문제 : 23.상시 03회 14번, 23.상시 05회 14번, 24.상시 01회 20번, 25.상시 05회 17번

▶ 휴지통
- 휴지통은 하드디스크 드라이브마다 한 개씩 만들 수 있다.(2급 25.상시, 19.8)
- 휴지통에 보관된 파일이나 폴더의 이름은 변경할 수 없다.(2급 25.상시, 19.8)
- 휴지통에서 원하는 파일이나 폴더를 선택하여 실행할 수 없다.(2급 25.상시, 21.상시, 19.8)
- 작업 도중 삭제된 자료들이 임시적으로 보관되는 장소로, 필요한 경우 복원이 가능하다.(2급 25.상시)
- 복원시킬 경우, 경로 지정을 하지 않아도 자동으로 원래 위치로 복원된다.(2급 21.상시)
- 휴지통의 폴더 위치는 C:\$Recycle.Bin이다.(2급 21.상시)

▶ 파일 삭제 시 휴지통에서 보관되지 않고 완전히 삭제되는 경우
- USB 메모리에 저장되어 있는 파일을 Delete 로 삭제한 경우(1급 23.상시, 2급 24.상시, 23.상시, 22.상시, 20.7)
- 네트워크 드라이브의 파일을 바로 가기 메뉴의 [삭제]를 클릭하여 삭제한 경우(2급 22.상시, 20.7)
- 파일 탐색기의 [홈] 탭–[구성] 그룹–[삭제]에서 [완전히 삭제]로 삭제한 경우
- 휴지통 비우기를 한 경우
- Shift + Delete 로 삭제한 경우(1급 24.상시, 2급 22.상시)
- [휴지통 속성] 창에서 [파일을 휴지통에 버리지 않고 삭제할 때 바로 제거]를 선택한 경우
- 같은 이름의 항목을 복사/이동 작업으로 덮어쓴 경우

이것도 알아두세요
- 휴지통의 크기는 MB 단위로 설정함(1급 25.상시)
- 휴지통에서 복사는 지원되지 않으나 잘라내기는 가능함

기적의 TIP
휴지통에 보관되지 않고 완전히 삭제되는 경우를 정확히 이해하고 암기해 주세요.

POINT 12 ▶ OLE(Object Linking and Embedding) ★☆☆☆☆

▶ **OLE(Object Linking and Embedding)**
- 데이터와 데이터를 연결하여 원본 데이터를 수정할 때 연결된 데이터도 함께 수정되도록 지원하는 기능이다.(1급 19.8)
- 이 기능을 지원하는 그래픽 프로그램에서 그린 그림을 문서 편집기에 연결한 경우 그래픽 프로그램에서 그림을 수정하면 문서 편집기의 그림도 같이 변경된다.(1급 19.8)

기적의 TIP
OLE의 기능은 'Link의 연결', 'Embedding의 포함'의 의미로 이해하면 쉽게 숙지할 수 있습니다.

POINT 13 ▶ 메모장 ★★☆☆☆

대표 문제 : 24.상시 02회 19번

▶ **메모장**
- 작성한 문서를 저장할 때 확장자는 기본적으로 *.TXT가 부여된다.(2급 22.상시, 19.3)
- 특정한 문자열을 찾을 수 있는 찾기 기능이 있다.(2급 22.상시, 19.3)
- 현재 시간/날짜를 삽입하는 기능이 있다.(2급 22.상시, 19.3)
- 웹 페이지용 HTML 문서를 만들 때 사용할 수 있다.
- Windows 메모장은 파일의 크기와 상관없이 편집과 저장이 가능하다.
- 문서의 첫 줄 왼쪽에 '.LOG(대문자)'를 입력하고 저장한 다음 다시 그 파일을 열기하면 시간과 날짜가 자동으로 삽입된다.
- 시간/날짜 삽입 바로 가기 키 : F5 (2급 24.상시)

이것도 알아두세요
- [시작(⊞)]-[Windows 보조프로그램]-[메모장]을 클릭하여 실행함
- [시작(⊞)]-[Windows 시스템]-[실행]에서 열기란에 'notepad'를 입력하고 [확인]을 클릭하여 실행함
- [보기]-[상태 표시줄]을 실행하여 설정하면 메모장 하단에 상태 표시줄이 추가되어 현재 커서의 라인과 컬럼 번호를 알 수 있음
- 용지 크기와 용지 출력 방향, 여백, 머리글, 바닥글을 변경할 수 있음
- ASCII 형식의 문자열을 작성하여 저장할 수 있음

자주 출제되는 오답
그림, 차트 등의 OLE 개체를 삽입할 수 있다.(2급 22.상시, 19.3) (×)
➡ **바른정답** | 그림, 차트 등의 OLE 개체를 삽입할 수 없음 (○)

기적의 TIP
메모장은 의미 그대로 간단한 메모를 위한 기능입니다. 실행할 수 없는 기능을 정확히 알아 두세요.

POINT 14 ▶ 기본 프린터 ★★★★★

대표 문제 : 24.상시 05회 04번

▶ 기본 프린터

- 프로그램에서 사용할 프린터를 지정하지 않고 인쇄 명령을 내렸을 때 컴퓨터가 자동으로 문서를 보내는 프린터이다.(1급 19.3, 2급 21.상시)
- 현재 설정되어 있는 기본 프린터를 다른 프린터로 변경할 수 있다.(1급 19.3)
- 기본 프린터로 설정된 프린터도 삭제할 수 있다.(1급 19.3, 2급 21.상시)
- 인쇄 관리자는 인쇄 대기열에 있는 문서의 인쇄 순서를 변경할 수 있으며, 취소 및 일시 중지 등의 작업을 수행할 수 있다.(1급 22.상시, 2급 24.상시)
- 현재 인쇄 중인 문서가 인쇄가 완료되기 전에 다른 문서의 인쇄를 실행하면, 인쇄 대기열에 쌓이게 된다.

이것도 알아두세요

- Windows에서는 USB 프린터는 연결하면 자동으로 설치되므로 로컬 프린터 추가는 USB 프린터를 사용하지 않는 경우에만 선택함
- [장치 및 프린터]에는 사용자 컴퓨터, 하드디스크 드라이브, 컴퓨터의 USB에 연결하는 모든 장치, 컴퓨터에 연결된 호환 네트워크 장치가 표시됨(단, 사운드 카드는 표시되지 않음)
- 인쇄 작업에 들어간 것도 중간에 강제로 종료할 수 있음

자주 출제되는 오답

프린터가 여러 개 설치된 경우 네트워크 프린터와 로컬 프린터 1대씩 기본 프린터로 설정할 수 있다.(1급 19.3, 2급 24.상시, 21.상시) (×)

➡ **바른정답** | 기본 프린터는 한 대만 지정할 수 있음 (○)

기적의 TIP

기본 프린터의 의미와 기본 프린터는 한 대만 지정할 수 있는 점에 유의하세요.

SECTION 03 컴퓨터 시스템 설정 변경

POINT 15 ▶ [개인 설정] ★★☆☆☆
대표 문제 : 23.상시 04회 16번

▶ **[개인 설정]**
- 바탕 화면의 배경, 창 색, 소리 등을 한 번에 변경할 수 있는 테마를 선택할 수 있다.(1급 19.3, 2급 23.상시)
- 바탕 화면의 배경 이미지를 변경할 수 있다.(1급 19.3)
- 화면 보호기를 설정할 수 있다.(1급 19.3)

이것도 알아두세요
- [배경], [색], [잠금 화면], [테마], [글꼴], [시작], [작업 표시줄] 등에 대해 설정할 수 있음
- [설정]-[개인 설정]을 클릭하거나 [바탕 화면]의 [바로 가기 메뉴]에서 [개인 설정]을 클릭하여 실행함

자주 출제되는 오답
바탕 화면에 시계, 일정, 날씨 등과 같은 가젯을 표시하도록 설정할 수 있다.(1급 19.3) (×)
➡ **바른정답 |** [개인 설정]에서 시계, 일정, 날씨 등과 같은 가젯을 표시하도록 설정하는 기능은 지원되지 않음 (○)

기적의 TIP
[개인 설정]에서 실행 가능한 작업에 대해 묻는 경향을 보이고 있으므로 각 기능에 대한 정확한 숙지와 실습을 병행한 암기가 필요합니다.

POINT 16 ▶ [시스템]-[정보] ★★★★★
대표 문제 : 24.상시 05회 02번

▶ **[시스템]-[정보]**
- Windows의 버전과 시스템에 대한 기본 정보를 확인할 수 있다.(1급 18.9, 2급 24.상시)
- Windows 정품 인증을 위한 제품키를 변경할 수 있다.(1급 18.9)
- 네트워크에서 확인 가능한 사용자 컴퓨터 이름을 변경할 수 있다.(1급 18.9)
- PC가 모니터링되고 보호되는 사항, 장치 사양(디바이스 이름, 프로세서, 설치된 RAM, 장치 ID, 제품 ID, 시스템 종류(32비트/64비트), 펜 및 터치) 등을 알 수 있다.(2급 24.상시)
- 이 PC의 이름 바꾸기, Windows 사양(에디션, 버전, 설치 날짜, OS 빌드), 제품 키 변경 또는 Windows 버전 업그레이드 등을 실행할 수 있다.(2급 24.상시)

이것도 알아두세요
- [설정]은 Windows 운영체제의 작업 환경에 도움이 되는 여러 가지 컴퓨터 시스템의 환경 설정 작업 및 변경을 수행하는 기능을 제공함
- [설정]은 [시작(⊞)]-[설정]을 클릭하거나 ⊞+I를 클릭하여 실행함
- [설정]은 [시작(⊞)]-[Windows 시스템]-[실행]에서 열기란에 'ms-settings:'를 입력하고 [확인]을 클릭하여 실행함

자주 출제되는 오답
[설정]의 [시스템]-[정보]에서 컴퓨터에 설치된 응용 프로그램을 설치하거나 제거할 수 있다.(1급 18.9) (×)
➡ **바른정답 |** [설정]의 [앱]-[앱 및 기능]에서 제거할 수 있음 (○)

기적의 TIP
[설정]을 이용한 컴퓨터 시스템의 설정 변경 방법에 대한 정확한 이해와 숙지 위주의 학습이 필요합니다.

POINT 17 ▶ [계정] ★★★☆☆

▶ [계정]
- 관리자 계정의 사용자는 다른 계정의 컴퓨터 사용 시간을 제어할 수 있다.(2급 22.상시, 20.2)
- 관리자 계정의 사용자는 다른 계정의 계정 유형과 계정 이름, 암호를 변경할 수 있다.(2급 20.2)
- 표준 계정의 사용자는 컴퓨터에 설치된 대부분의 프로그램을 사용할 수 있고, 자신의 계정에 대한 암호 등을 설정할 수 있다.(2급 20.2)
- 계정에 대한 사용자 정보(계정 이름, 계정 유형)를 알 수 있으며 [사진 만들기]에서 카메라나 찾아보기로 사용자 사진을 만들 수 있다.

이것도 알아두세요
- 표준 사용자 : 컴퓨터에 설치된 대부분의 소프트웨어를 사용할 수 있으며, 다른 사용자나 컴퓨터의 보안에 영향을 주지 않는 시스템 설정을 변경할 수 있음(2급 22.상시)
- 관리자 : 컴퓨터에 대한 모든 제어 권한을 가지며 컴퓨터를 완전하게 제어할 수 있으며, 모든 설정을 변경하고 컴퓨터에 저장된 모든 파일 및 프로그램에 액세스할 수 있음

자주 출제되는 오답
표준 계정의 사용자는 컴퓨터 보안에 영향을 주는 설정을 변경할 수 있다.(2급 22.상시, 20.2) (×)
➡ 바른정답 | 표준 계정의 사용자는 컴퓨터 보안에 영향을 주는 설정을 변경할 수 없음 (○)

기적의 TIP
표준 사용자와 관리자에게 주어진 권한에 대한 구분을 묻는 문제가 출제되고 있습니다.

POINT 18 ▶ 네트워크 명령어 – tracert ★★★★☆

대표 문제 : 23.상시 03회 16번

▶ tracert 명령
- IP 주소, 목적지까지 거치는 경로의 수, 각 구간 사이의 데이터 왕복 속도를 확인할 수 있다.(1급 23.상시, 20.2)
- 특정 사이트가 열리지 않을 때 해당 서버가 문제인지 인터넷망이 문제인지 확인할 수 있다.(1급 23.상시, 20.2)
- 인터넷 속도가 느릴 때 어느 구간에서 정체를 일으키는지 확인할 수 있다.(1급 23.상시, 20.2)
- 네트워크에 연결된 컴퓨터의 경로(라우팅 경로)를 추적할 때 사용하는 명령이다.

이것도 알아두세요
- 형식 : C:\>tracert [목적지 IP / URL주소]
- 사용 예시 : C:\>tracert www.youngjin.com
- **ipconfig** : 사용자 자신의 컴퓨터 IP 주소를 확인하는 명령어(1급 23.상시)
- **ping** : 네트워크의 현재 상태나 다른 컴퓨터의 네트워크 접속 여부를 확인하는 명령어(1급 25.상시, 23.상시, 2급 23.상시)
- **finger** : 특정 네트워크에 접속된 사용자의 정보를 확인할 때 사용하는 명령어(1급 23.상시)

자주 출제되는 오답
tracert의 실행 결과로 현재 자신의 컴퓨터에 연결된 다른 컴퓨터의 IP 주소나 포트 정보를 확인할 수 있다.(1급 20.2) (×)
➡ 바른정답 | netstat의 실행 결과로 현재 자신의 컴퓨터에 연결된 다른 컴퓨터의 IP 주소나 포트 정보를 확인할 수 있음 (○)

기적의 TIP
ipconfig, ping, tracert 명령의 쓰임새에 대해 자주 출제되고 있으므로 실습을 통해 이해하여 암기해 두세요.

SECTION 04 컴퓨터 시스템 일반

POINT 19 ▶ ASCII 코드 ★★★★★
대표 문제 : 23.상시 04회 05번, 24.상시 02회 10번, 24.상시 03회 03번, 25.상시 04회 02번

▶ **ASCII 코드**
- 3개의 Zone 비트와 4개의 Digit 비트로 하나의 문자를 표현한다.(1급 25.상시, 20.2, 2급 25.상시)
- 데이터 통신용으로 사용하며, 128가지 문자를 표현할 수 있다.(1급 20.2, 2급 25.상시)
- 확장 ASCII 코드는 8비트를 사용하여 문자를 표현한다.(1급 23.상시, 2급 25.상시, 23.상시, 20.2)
- 각 문자를 7비트로 표현하며, 총 128개의 문자 표현이 가능하다.(1급 23.상시, 2급 19.8)
- 데이터 처리 및 통신 시스템 상호 간의 정보 교환을 위해 사용된다.(1급 19.8, 2급 25.상시)

이것도 알아두세요
- **EBCDIC 코드** : 확장 이진화 10진 코드로 BCD 코드를 확장한 것임. 4비트의 존 부분과 4비트의 디지트 부분으로 구성됨. 8비트로 256개의 문자를 표현함
- **유니코드** : 2바이트로 세계 각 나라의 언어를 표현하는 국제 표준 코드이며, 16비트이므로 2^{16}인 65,536자까지 표현 가능함(1급 24.상시, 23.상시, 2급 24.상시, 23.상시)
- **BCD 코드** : 6비트이므로 2^6인 64자까지 표현이 가능하며 영문 대소문자를 구별하지 못함

자주 출제되는 오답
- ASCII 코드는 2비트의 에러 검출 및 1비트의 에러 교정 비트를 포함한다. (×)
  ➡ **바른정답** | 해밍 코드가 2비트의 에러 검출 및 1비트의 에러 교정 비트를 포함함 (○)
- ASCII 코드는 각 나라별 언어를 표현할 수 있다. (×)
  ➡ **바른정답** | 각 나라별 언어를 표현할 수 있는 건 유니코드에 대한 설명임 (○)

기적의 TIP
- 아스키 ➡ '아새키 7(칠)칠맞은데 통신은 잘해'로 암기해 주세요.
- BCD, ASCII, EBCDIC, 유니코드의 특징과 기능을 묻는 형식으로 출제되고 있습니다.

POINT 20 ▶ 자료의 구성 단위 ★★★★☆
대표 문제 : 23.상시 02회 14번, 25.상시 04회 08번

▶ **자료의 구성 단위**
- 데이터베이스(Database)는 관련된 데이터 파일들의 집합을 말한다.(2급 19.8)
- 워드(Word)는 컴퓨터에서 한 번에 처리할 수 있는 명령 단위를 나타낸다.(2급 25.상시, 19.8)
- 니블(Nibble)은 4개의 비트(Bit)가 모여 1개의 니블을 구성한다.(2급 19.8)
- 1바이트(Byte)는 8비트(Bit)로 구성된다.(1급 23.상시, 2급 19.3)
- 일반적으로 영문자나 숫자는 1바이트로 한 글자를 표현하고, 한글 및 한자는 2바이트로 한 글자를 표현한다.(2급 19.3)
- 1바이트로는 256가지의 정보를 표현할 수 있다.(2급 19.3)

이것도 알아두세요
- **자료의 구성 단위** : 비트-니블-바이트-워드-필드-레코드-파일-데이터베이스
- **데이터의 논리적 단위**는 정보를 처리하고 저장하는 단위로 '필드, 레코드, 파일, 데이터베이스'가 해당됨

자주 출제되는 오답

- 비트(Bit)는 정보의 최소 단위이며, 5비트가 모여 1바이트(Byte)가 된다.(2급 19.8) (×)
  - ➡ **바른정답** | 8비트가 모여 1바이트가 됨 (○)
- 1바이트는 컴퓨터에서 각종 명령을 처리하는 기본 단위이다.(2급 19.3) (×)
  - ➡ **바른정답** | 워드(Word)가 컴퓨터 내부의 명령 처리 단위임 (○)

기적의 TIP

자료의 구성 단위별 특징에 대한 이해와 크기 순에 대해 정확하게 숙지하고 암기해 두세요.

POINT 21 ▶ 레지스터 ★★★★★

대표 문제 : 24.상시 01회 13번, 25.상시 05회 08번

▶ 제어 장치를 구성하는 레지스터

- **명령 레지스터(IR)** : 현재 실행 중인 명령을 기억한다.(1급 20.2, 2급 25.상시, 23.상시)
- **부호기(Encoder)** : 해독된 명령에 따라 각 장치로 보낼 제어 신호를 생성한다.(1급 20.2)
- **메모리 주소 레지스터(MAR)** : 기억 장치에 입출력되는 데이터의 번지를 기억한다.(1급 20.2, 2급 25.상시)
- **기억 레지스터(MBR)** : 내용(자료)을 기억하는 레지스터이다.(2급 25.상시)
- **프로그램 카운터(Program Counter)** : 다음에 수행할 명령어의 번지(주소)를 기억하는 레지스터이다.(1급 25.상시, 23.상시, 22.상시)
- **명령 해독기(Instruction Decoder)** : 수행해야 할 명령어를 해석하여 부호기로 전달하는 회로이다.

▶ 연산 장치를 구성하는 레지스터

- 2진수 덧셈을 수행하는 가산기(Adder)가 있다.(1급 23.상시, 18.9)
- 뺄셈을 수행하기 위해 입력된 값을 보수로 변환하는 보수기(Complementor)가 있다.(1급 23.상시, 18.9)
- 연산 결과를 일시적으로 저장하는 누산기(Accumulator)가 있다.(1급 25.상시, 23.상시, 18.9, 2급 25.상시, 24.상시, 23.상시)
- 데이터 레지스터(Data Register)는 연산에 사용될 데이터를 기억하는 레지스터이다.
- 프로그램 상태 워드(PSW : Program Status Word)는 명령어 실행 중에 발생하는 CPU의 상태 정보를 저장하는 상태 레지스터(Status Register)이다.

이것도 알아두세요

- **레지스터(Register)** : 중앙 처리 장치(CPU)에서 명령이나 연산 결과값을 일시적으로 저장하는 임시 기억 장소(1급 25.상시, 23.상시, 22.상시, 2급 23.상시, 21.상시)
- 레지스터의 크기는 한 번에 처리 가능한 데이터의 크기로 워드(Word) 크기 및 메모리 용량과 관계가 있음
- 메모리 중에서 레지스터가 가장 속도가 빠르다(레지스터 → 캐시 메모리 → 주기억 장치 → 보조 기억 장치).(1급 22.상시, 2급 22.상시, 21.상시)

자주 출제되는 오답

- 프로그램 카운터는 프로그램의 실행된 명령어의 개수를 계산한다.(1급 20.2) (×)
  - ➡ **바른정답** | 프로그램 카운터는 다음에 수행할 명령어의 번지(주소)를 기억하는 레지스터임 (○)
- 연산 장치를 구성하는 레지스터에는 연산에 사용될 데이터를 기억하는 상태 레지스터(Status Register)가 있다.(1급 18.9) (×)
  - ➡ **바른정답** | 데이터 레지스터(Data Register)가 연산에 사용될 데이터를 기억하는 레지스터임 (○)

기적의 TIP

제어 장치와 연산 장치에서 사용되는 각 레지스터의 구분과 기능에 대한 정확한 이해와 숙지가 필요합니다. 각 장치의 레지스터를 섞어놓고 해당하지 않는 것을 선별하는 유형으로 출제되고 있습니다.

POINT 22 ▶ 기억 장치 ★★★★★

대표 문제 : 23.상시 01회 09번, 24.상시 01회 12번, 24.상시 02회 14번, 25.상시 04회 05번

▶ 기억 장치
- 플래시(Flash) 메모리는 비휘발성 기억 장치로 주로 디지털카메라나 MP3, 개인용 정보 단말기, USB 드라이브 등 휴대용 기기에서 대용량 정보를 저장하는 용도로 사용된다.(1급 20.7, 2급 25.상시)
- 하드디스크 인터페이스 방식은 EIDE, SATA, SCSI 방식 등이 있다.(1급 20.7)
- 캐시(Cache) 메모리는 CPU와 주기억 장치 사이에 위치하여 두 장치 간의 속도 차이를 줄여 컴퓨터의 처리 속도를 빠르게 하기 위한 메모리이다.(1급 25.상시, 20.7)

▶ SSD(Solid State Drive)
- 반도체를 이용한 컴퓨터 보조 기억 장치로 크기가 작고 충격에 강하며, 소음 발생이 없는 대용량 저장 장치이다.(1급 23.상시, 20.2)
- 고속으로 데이터를 입출력할 수 있으며, 배드섹터가 발생하지 않는다.(1급 19.8)
- 컴퓨터에서 사용하는 일반 하드디스크에 비하여 속도가 빠르고 기계적 지연이나 에러의 확률 및 발열과 소음이 적으며, 소형화, 경량화할 수 있는 하드디스크 대체 저장 장치이다.(2급 24.상시, 19.3)
- HDD보다 빠른 속도로 데이터의 읽기나 쓰기가 가능하다.(2급 24.상시, 18.9)
- 작동 소음이 없으며 전력 소모가 적다.(2급 24.상시, 18.9)
- 자기 디스크가 아닌 반도체를 이용하여 데이터를 저장한다.(2급 24.상시, 18.9)

이것도 알아두세요
- SSD는 셀(Cell) 형태로 배열화되어 있는 반도체로 만들어진 기억 장치임(2급 21.상시)
- 펌웨어(Firmware)는 비휘발성 메모리인 ROM에 저장된 프로그램으로, 하드웨어의 교체 없이 소프트웨어의 업그레이드만으로 시스템의 성능을 높일 수 있음
- SATA 방식은 직렬 인터페이스 방식을 사용, PATA 방식보다 데이터 전송 속도가 빠르고 핫 플러그인 기능을 지원함
- 캐시 메모리(Cache Memory)는 중앙 처리 장치(CPU)와 주기억 장치 사이에 위치하여 컴퓨터 처리 속도를 향상시키는 메모리임
- 가상 메모리는 주기억 장치의 크기보다 큰 용량을 필요로 하는 프로그램을 실행해야 할 때 유용하게 사용됨(프로그램이 실행될 때 발생하는 메인 메모리 부족 문제를 보완하기 위해 하드디스크의 일부를 메인 메모리처럼 사용하게 하는 메모리 관리 기법)
- 플래시 메모리(Flash Memory)는 정보의 입출력이 자유롭고, 전송 속도가 빠른 비휘발성 기억 장치임(블록 단위로 저장, 전력 소모가 적음)

자주 출제되는 오답
- 연관(Associative) 메모리는 보조 기억 장치를 마치 주기억 장치와 같이 사용하여 실제 주기억 장치 용량보다 기억 용량을 확대하여 사용하는 방법이다.(1급 20.7) (✕)
  ➡ **바른정답** | 연관(Associative) 메모리는 저장된 내용의 일부를 이용하여 기억 장치에 접근하여 데이터를 읽어오는 기억 장치임 (○)
- SSD는 물리적인 외부 충격에 약하며 불량 섹터가 발생할 수 있다.(2급 18.9) (✕)
  ➡ **바른정답** | SSD는 물리적인 외부 충격에 강하고 불량 섹터가 발생하지 않음 (○)

기적의 TIP
각 기억 장치의 기능과 특징에 대한 정확한 숙지와 암기가 필요합니다. 기능과 특징 및 용도에 맞는 기억 장치를 선별하는 형식의 문제가 출제되고 있습니다.

POINT 23 ▶ 모니터 관련 용어 ★★★☆☆

대표 문제 : 24.상시 02회 06번, 24.상시 04회 05번

▶ **출력 장치인 디스플레이 어댑터와 모니터에 관련된 용어**
- **픽셀(Pixel)** : 화면을 이루는 최소 단위로서 같은 크기의 화면에서 픽셀 수가 많을수록 해상도가 높아진다.(1급 22.상시, 20.7, 2급 24.상시)
- **점 간격(Dot Pitch)** : 픽셀들 사이의 공간을 나타내는 것으로 간격이 가까울수록 영상은 선명하다.(1급 22.상시, 20.7, 2급 24.상시)
- **재생률(Refresh Rate)** : 픽셀들이 밝게 빛나는 것을 유지하기 위한 것으로, 재생률이 높을수록 모니터의 깜빡임이 줄어든다.(1급 20.7, 2급 24.상시)
- **해상도(Resolution)** : 모니터 화면의 이미지를 얼마나 세밀하게 표시할 수 있는가를 나타내는 정보로 픽셀 수에 따라 결정된다.(2급 24.상시, 20.2)

이것도 알아두세요
- **DPI(Dots Per Inch)** : 프린터에서 출력할 파일의 해상도를 조절하거나 스캐너를 이용해 스캔한 파일의 해상도를 조절하기 위해 쓰는 단위
- **화면의 크기** : 화면의 대각선의 길이를 인치(Inch) 단위로 표시함
- **백화 현상** : 주로 모니터의 AD보드나 액정상의 불량 문제로 백라이트만 켜지고 영상이 나타나지 않는 증세로 모니터의 화면이 하얗게 표시되는 현상

자주 출제되는 오답
해상도(Resolution)는 모니터 화면의 픽셀 수와 관련이 있으며 픽셀 수가 많을수록 표시할 수 있는 색상의 수가 증가한다.(1급 20.7) (×)
➡ **바른정답** | 픽셀 수가 많을수록 표시할 수 있는 색상의 수가 증가하는 것이 아니라 해상도가 높아짐 (○)

기적의 TIP
입출력 장치의 종류와 특징, 사용하는 용어에 대해 묻는 문제가 출제되므로 각 용어에 대한 숙지가 필요합니다.

POINT 24 ▶ USB(Universal Serial Bus) ★★★★☆

대표 문제 : 23.상시 02회 03번, 24.상시 01회 19번

▶ **USB 인터페이스**
- 직렬 포트보다 USB 포트의 데이터 전송 속도가 더 빠르다.(2급 23.상시, 20.2)
- USB는 컨트롤러당 최대 127개까지 포트의 확장이 가능하다.(2급 24.상시, 20.2)
- 핫 플러그 인(Hot Plug In)과 플러그 앤 플레이(Plug &Play)를 지원한다.(2급 24.상시, 20.2)
- USB 1.0에서는 1.5Mbps, USB 1.1에서는 최대 12Mbps, USB 2.0에서는 최대 480Mbps, USB 3.0에서는 최대 5Gbps, USB 3.1에서는 최대 10Gbps로 빨라진다.

▶ **BIOS(Basic Input Output System)**
- BIOS는 메인보드상에 위치한 EPROM, 혹은 플래시 메모리 칩에 저장되어 있다.(1급 20.2)
- 컴퓨터의 전원을 켜면 자동으로 가장 먼저 기동되며, 기본 입출력 장치나 메모리 등 하드웨어의 이상 유무를 검사한다.(1급 20.2)
- CMOS 셋업 프로그램을 이용하여 시스템의 날짜와 시간, 부팅 순서 등 일부 BIOS 정보를 설정할 수 있다.(1급 20.2)
- 기본 입출력 장치나 메모리 등 하드웨어 작동에 필요한 명령을 모아 놓은 프로그램이다.(2급 18.9)
- 전원이 켜지면 POST(Power On Self Test)를 통해 컴퓨터를 점검하고 사용 가능한 장치를 초기화한다.(2급 18.9)
- 칩을 교환하지 않고도 업그레이드를 할 수 있다.(2급 18.9)

> **이것도 알아두세요**
> - **채널(Channel)** : 컴퓨터에서 중앙 처리 장치와 입출력 장치 사이의 속도 차이로 인한 문제점을 해결해 주는 장치
> - **칩셋(Chip Set)** : 메인보드에 장착되어 있는 각 장치들을 제어하고 역할을 조율함

> **자주 출제되는 오답**
> - USB 커넥터를 색상으로 구분하는 경우 USB 3.0은 빨간색, USB 2.0은 파란색을 사용한다.(2급 20.2) (×)
>   ➡ **바른정답** | USB 3.0은 파란색, USB 2.0은 검정색이나 흰색을 사용함 (○)
> - BIOS는 주기억 장치의 접근 속도 개선을 위한 가상 메모리의 페이징 파일 크기를 설정할 수 있다.(1급 20.2) (×)
>   ➡ **바른정답** | BIOS는 주변 장치와 운영체제 간의 데이터 흐름을 관리함 (○)
> - BIOS는 RAM에 저장되며, 펌웨어라고도 한다.(2급 18.9) (×)
>   ➡ **바른정답** | BIOS는 EPROM이나 플래시 메모리 등에 저장됨 (○)

> **기적의 TIP**
> USB와 BIOS에 대한 문제가 자주 출제되고 있으므로 특징에 대한 이해와 숙지가 필수입니다.

SECTION 05 컴퓨터 시스템 활용

POINT 25 ▶ 저작권에 따른 소프트웨어의 구분 ★★★★☆
대표 문제 : 23.상시 05회 17번, 24.상시 04회 17번, 25.상시 04회 10번

▶ **저작권에 따른 소프트웨어의 구분**
- **패치(Patch) 버전** : 오류 수정이나 성능 향상을 위해 프로그램 일부를 변경해 주는 소프트웨어이다.(1급 25.상시, 24.상시, 20.7, 2급 23.상시, 22.상시)
- **오픈 소스 소프트웨어(Open Source Software)** : 소스 코드까지 제공되어 사용자들이 자유롭게 수정하거나 변경할 수 있는 소프트웨어이다.(1급 24.상시, 19.3, 2급 25.상시)
- **셰어웨어(Shareware)** : 특정 기능이나 사용 기간에 제한을 두고 무료로 배포하는 소프트웨어이다.(2급 23.상시, 20.2)
- **프리웨어** : 누구나 임의의 용도로 사용할 수 있는 프로그램이다.(2급 18.9)
- **상용 소프트웨어** : 프로그램을 구입하여 사용하는 프로그램이다.(2급 18.9)

> **이것도 알아두세요**
> - **데이터 마이닝(Data Mining)** : 대량의 데이터 안에서 일정한 패턴을 찾아내고, 이로부터 가치 있는 정보를 추출해내는 기술
> - Windows Update가 속한 사용권에 따른 소프트웨어 분류 유형으로 가장 적절한 것은 패치 버전임

> **기적의 TIP**
> 저작권에 따른 소프트웨어의 종류에 대한 특징을 묻는 문제가 출제되므로 소프트웨어별 쓰임새에 대해 정확히 구분하여 혼동하지 않도록 암기해 두세요.

POINT 26 ▶ 유틸리티 ★★☆☆☆

대표 문제 : 23.상시 05회 16번, 24.상시 03회 07번, 24.상시 05회 05번

▶ 유틸리티 프로그램
- 다수의 작업이나 목적에 대하여 적용되는 편리한 서비스 프로그램이나 루틴을 말한다.(2급 19.8)
- 컴퓨터 하드웨어, 운영 체제, 응용 소프트웨어를 관리하는 데 도움을 주도록 설계된 프로그램을 의미한다.(2급 19.8)
- Windows에서 제공하는 유틸리티 프로그램으로는 메모장, 그림판, 계산기 등을 예로 들 수 있다.(2급 19.8)

▶ 압축 프로그램
- 여러 개의 파일을 압축하면 하나의 파일로 생성되어 파일 관리를 용이하게 할 수 있다.(1급 22.상시, 20.7, 2급 24.상시)
- 대부분의 압축 프로그램에는 분할 압축이나 암호 설정 기능이 있다.(1급 22.상시, 20.7)
- 파일의 전송 시간과 비용을 절약하고, 디스크 공간을 효율적으로 사용할 수 있다.(1급 22.상시, 20.7, 2급 24.상시)

자주 출제되는 오답
- 유틸리티는 컴퓨터의 동작에 필수적이고, 컴퓨터를 이용하는 주목적에 대한 일부 특정 작업을 수행하는 소프트웨어들을 가리킨다.(2급 19.8) (×)
  ➡ **바른정답** | 유틸리티는 컴퓨터 동작에 필수적이고, 컴퓨터를 이용하는 주목적에 대한 특정 작업을 수행하는 소프트웨어가 아님 (○)
- 압축한 파일을 모아 재압축을 반복하면 파일 크기를 계속 줄일 수 있다.(1급 22.상시, 20.7) (×)
  ➡ **바른정답** | 압축한 파일을 모아 재압축을 반복하여도 파일의 크기를 계속 줄일 수 없음 (○)

🚩 기적의 TIP
유틸리티의 개념과 압축 프로그램의 사용 목적에 대해 숙지하세요.

POINT 27 ▶ 프로그래밍 언어 ★★★★☆

대표 문제 : 23.상시 05회 03번, 24.상시 01회 10번

▶ 객체 지향 프로그래밍 언어
- 객체 지향 프로그램은 코드의 재사용과 유지보수가 용이하다.(1급 20.2)
- 소프트웨어의 재사용으로 프로그램의 개발 시간을 단축할 수 있다.(1급 19.8)
- 대표적인 객체 지향 언어로 C++, Java 등이 있다.(1급 19.8)
- 상속성, 캡슐화, 추상화, 다형성 등의 특징이 있다.(1급 19.8, 2급 24.상시)
- 크고 복잡한 프로그램 구축이 어려운 절차형 언어의 문제점을 해결하기 위해 개발된 프로그래밍 기법이다.(2급 24.상시, 19.3)

이것도 알아두세요
- **Java Script** : 서버에 데이터를 전송하기 전 아이디나 비밀번호의 입력 여부 또는 수량 입력과 같은 입력 사항을 확인할 때 사용하는 웹 프로그래밍 언어
- **HTML5** : 차세대 웹 표준으로 텍스트와 하이퍼링크를 이용한 문서 작성 중심으로 구성된 기존 표준에 비디오, 오디오 등의 다양한 부가 기능을 추가하여 최신 멀티미디어 콘텐츠를 ActiveX 없이도 웹 서비스로 제공할 수 있는 언어

자주 출제되는 오답
객체 지향 프로그래밍 언어는 순차적인 처리가 중요시되며 프로그램 전체가 유기적으로 연결되도록 작성한다.(1급 19.8) (×)
➡ **바른정답** | 순차적인 처리와 프로그램 전체가 유기적으로 연결되는 것은 절차적 프로그래밍 언어의 특징임 (○)

🚩 기적의 TIP
객체 지향 프로그래밍 언어와 웹 프로그래밍 언어의 특징을 묻는 문제가 자주 출제되는 경향을 보이고 있습니다. 언어별 특징과 기능에 대해 암기해 두세요.

POINT 28 ▶ 드라이브 조각 모음 및 최적화 ★★★☆☆   대표 문제 : 23.상시 02회 16번, 23.상시 03회 11번, 24.상시 02회 08번

▶ 드라이브 조각 모음 및 최적화
- 하드디스크에 단편화되어 조각난 파일들을 모아준다.(2급 24.상시, 23.상시, 19.8)
- USB 플래시 드라이브와 같은 이동식 저장 장치도 조각화 될 수 있다.(2급 23.상시, 19.8)
- 일정을 구성하여 드라이브 조각 모음 및 최적화를 예약 실행할 수 있다.(2급 23.상시, 19.8)
- 시스템의 속도가 느려진 경우 문제를 해결하는 방법이다.(2급 20.2)
- 단편화를 제거하여 디스크의 수행 속도를 높여준다.(2급 24.상시, 21.상시)
- 처리 속도면에서는 효율적이나 총 용량이 늘어나지는 않는다.
- CD-ROM 드라이브, 네트워크 드라이브, Windows가 지원하지 않는 형식의 압축 프로그램 등은 디스크 조각 모음을 할 수 없다.(2급 21.상시)

이것도 알아두세요
- [시작(⊞)]-[Windows 관리 도구]-[드라이브 조각 모음 및 최적화]를 클릭하여 실행함
- [디스크 정리]를 수행할 때 정리 대상 파일 : 임시 인터넷 파일, 휴지통에 있는 파일, 다운로드한 프로그램 파일(1급 25.상시)
- [포맷] 창에서 설정 가능한 항목 : 볼륨 레이블 입력, 파일 시스템 선택, 빠른 포맷 선택 등

자주 출제되는 오답
드라이브 조각 모음 및 최적화를 수행한 후에는 디스크 공간의 최적화가 이루어져 디스크의 용량이 증가한다.(2급 19.8) (×)
➡ **바른정답 |** 드라이브 조각 모음 및 최적화를 수행하여도 디스크의 용량이 증가하지 않음, 단편화를 제거하여 수행 속도를 높임 (○)

기적의 TIP
Windows에서 PC 관리를 위한 프로그램의 용도에 대한 옳고 그름을 묻는 문제가 출제됩니다. 특히, 드라이브 조각 모음 및 최적화는 단편화를 제거하여 디스크의 수행 속도를 높여주는 점에 유의하면 됩니다.

SECTION 06 인터넷 자료 활용

POINT 29 ▶ IPv6 주소 ★★★★★
대표 문제 : 23.상시 02회 10번, 23.상시 03회 05번, 24.상시 01회 04번, 25.상시 04회 06번

▶ **IPv6 주소**
- 16비트씩 8부분으로 총 128비트로 구성된다.(1급 24.상시, 20.2, 2급 25.상시, 23.상시)
- 주소 체계는 유니캐스트, 멀티캐스트, 애니캐스트로 나누어진다.(1급 20.2, 2급 25.상시, 22.상시)
- 실시간 흐름 제어로 향상된 멀티미디어 기능을 지원한다.(1급 20.2, 2급 21.상시)
- IPv4 주소 체계의 주소 부족 문제를 해결하기 위하여 개발되었다.(1급 24.상시, 19.8, 2급 25.상시, 21.상시)
- IPv6 주소는 16비트씩 8부분으로 총 128비트로 구성되어 있다.(1급 23.상시, 19.8)
- 주소의 단축을 위해 각 블록에서 선행되는 0은 생략할 수 있다.(2급 23.상시, 19.3)
- IPv6은 128비트, IPv4는 32비트로 구성된 주소 체계 방식이다.(1급 24.상시, 18.9)

▶ **프로토콜(Protocol)**
- 통신망에 전송되는 패킷의 흐름을 제어해서 시스템 전체의 안전성을 유지한다.(1급 19.8)
- 정보를 전송하기 위해 송·수신기 사이에 같은 상태를 유지하도록 동기화 기능을 수행한다.(1급 19.8)
- 데이터 전송 도중에 발생하는 오류를 검출한다.(1급 19.8)
- 패킷 수를 조정하는 흐름 제어 기능(1급 20.2)
- 송/수신기를 같은 상태로 유지하는 동기화 기능(1급 20.2)
- 데이터 전송 도중에 발생하는 에러 검출 기능(1급 20.2)

이것도 알아두세요
- **URL** : 인터넷상에 존재하는 각종 자원이 있는 위치를 나타내는 표준 주소 체계이다.(1급 18.9, 2급 25.상시)
- **URL(Uniform Resource Locator)의 형식** : 프로토콜://호스트 서버 주소[:포트번호][/파일 경로](1급 24.상시, 2급 23.상시, 20.2)
- **도메인 네임(Domain Name)** : 숫자로 구성된 IP 주소를 사람(사용자)이 이해하기 쉬운 문자 형태로 표현한 것
- **DNS** : 도메인 네임을 IP 주소로 변환하거나 그 반대의 변환을 수행하는 시스템이다.(1급 18.9)
- **HTTP** : 인터넷에서 웹 서버와 사용자의 인터넷 브라우저 사이에 하이퍼텍스트 문서를 전송하기 위해 사용되는 통신 규약(2급 24.상시, 20.7)
- **OSI 7계층** : 이기종 단말 간 통신과 호환성 등 모든 네트워크상의 원활한 통신을 위해 최소한의 네트워크 구조를 제공하는 모델로 네트워크 프로토콜 디자인과 통신을 여러 계층으로 나누어 정의한 통신 규약 명칭(2급 20.2)

자주 출제되는 오답
- IPv6 주소는 각 부분을 10진수로 표현하며, 세미콜론(;)으로 구분한다.(1급 20.2, 2급 21.상시) (×)
  → **바른정답** | 각 부분을 16진수로 표현하며, 콜론(:)으로 구분함 (○)
- 프로토콜은 네트워크에 접속된 다양한 단말 장치를 자동으로 인식하여 호환성을 제공한다.(1급 19.8) (×)
  → **바른정답** | 네트워크에 접속된 다양한 단말 장치를 자동으로 인식하여 호환성을 제공하지 않음 (○)

기적의 TIP
IPv4와 IPv6의 차이점과 특징을 혼동하지 않도록 숙지하세요. 도메인 네임, DNS, URL 등 인터넷 관련 용어에 대한 부분도 자주 출제됩니다.

POINT 30 ▶ 인터넷 서비스 ★★★★☆
대표 문제 : 23.상시 05회 15번, 24.상시 03회 07번, 24.상시 03회 08번, 25.상시 04회 14번

▶ FTP(File Transfer Protocol)
- 컴퓨터와 컴퓨터 사이에 파일을 주거나 받을 수 있는 원격 파일 전송 프로토콜이다.(1급 23.상시, 19.3, 2급 24.상시, 23.상시, 21.상시)
- FTP 프로그램을 이용하여 FTP 서버에 파일을 전송하거나 수신하고, 파일의 삭제 및 이름 바꾸기 등을 할 수 있다.(1급 19.3)
- Anonymous FTP는 FTP 서버에 계정이 없는 익명의 사용자도 접속하여 사용할 수 있는 서비스이다.(1급 23.상시, 19.3)

▶ 전자우편(E-mail)
- 한 사람이 동시에 여러 사람에게 전자우편을 보낼 수 있다.(2급 20.2, 19.3)
- SMTP, POP3, MIME 등의 프로토콜이 사용된다.(1급 25.상시, 2급 25.상시, 24.상시, 23.상시, 20.2, 19.3)
- 전자우편 주소는 '사용자 ID@호스트 주소'의 형식이 사용된다.(2급 24.상시, 23.상시, 20.2, 19.3)

이것도 알아두세요
- 인트라넷(Intranet) : 인터넷 기술과 통신 규약을 기업 내의 전자우편, 전자 결재 등과 같은 정보 시스템에 적용한 것(2급 21.상시)
- 엑스트라넷(Extranet) : 인터넷 기반 기술을 이용하여 기업들이 외부 보안을 유지한 상태에서 협력 업체 간의 효율적인 업무 처리를 위해 사용하는 네트워크
- IPTV : 초고속 인터넷을 이용하여 동영상 콘텐츠, 정보 서비스 등 기본 텔레비전 기능에 인터넷 검색이 가능하게 한 서비스
- RFID : 사물에 전자 태그를 부착하고 무선 통신을 이용하여 사물의 정보 및 주변 상황 정보를 감지하는 센서 기술(2급 21.상시)

자주 출제되는 오답
- FTP에서 그림, 동영상, 실행 파일, 압축 파일 등은 ASCII 모드로 전송한다.(1급 19.3) (×)
  - ➡ 바른정답 | Binary 모드로 전송함(1급 19.3) (○)
- 전자우편은 기본적으로 8비트의 EBCDIC 코드를 사용하여 메시지를 보내고 받는다.(2급 20.2) (×)
  - ➡ 바른정답 | 기본적으로 7비트의 ASCII 코드를 사용하여 메시지를 보내고 받음 (○)
- 메일에 대해 작성한 답장만 발송자에게 전송하는 기능을 전달(Forward)이라 한다.(2급 19.3) (×)
  - ➡ 바른정답 | 전달이 아닌 답장(Reply)이라고 함 (○)

기적의 TIP
FTP, 전자우편 같은 인터넷 서비스의 기능과 특징을 묻는 문제가 출제됩니다. 인터넷 관련 용어에 대해 혼동하지 않을 정도로 암기하세요.

POINT 31 ▶ 멀티미디어의 개념 ★★★★☆
대표 문제 : 23.상시 05회 07번, 24.상시 05회 13번, 24.상시 05회 18번, 25.상시 05회 18번

▶ 멀티미디어의 개념
- 멀티미디어와 관련된 표준안은 그래픽, 오디오, 문서 등 매우 다양하다.(1급 24.상시, 19.3)
- 대표적인 정지 화상 표준으로는 손실, 무손실 압축 기법을 다 사용할 수 있는 JPEG와 무손실 압축 기법을 사용하는 GIF가 있다.(1급 19.3)
- 스트리밍이 지원되는 파일 형식은 ASF, WMV, RAM 등이 있다.(1급 24.상시, 19.3)
- 다양한 아날로그 데이터를 디지털 데이터로 변환하여 통합 처리한다.(2급 25.상시, 20.2)
- 정보 제공자와 사용자 간의 상호 작용에 의해 데이터가 전달된다.(2급 25.상시, 20.2)
- 텍스트, 그래픽, 사운드, 동영상 등의 여러 미디어를 통합 처리한다.(2급 25.상시, 20.2)

이것도 알아두세요

- **멀티미디어 특징** : 통합성, 디지털화, 쌍방향성, 비선형성(1급 25.상시)
- **비선형 콘텐츠** : 컴퓨터 게임이나 컴퓨터 기반 훈련과 같이 사용자와의 상호작용을 통해 진행 상황을 제어하는 멀티미디어의 특징을 나타내는 용어
- **VR** : 컴퓨터가 만들어 낸 가상 세계의 다양한 경험을 체험할 수 있도록 하는 컴퓨터 그래픽 기술과 시뮬레이션 기능 등 관련 기술을 통틀어 말함
- **VCS** : 화상회의 시스템으로 초고속 정보통신망을 이용하여 멀리 떨어져 있는 사람들과 비디오와 오디오를 통해 회의할 수 있도록 하는 멀티미디어 시스템
- **VOD** : 주문형 비디오로 보고 싶은 영화나 스포츠 뉴스, 홈 쇼핑 등 가입자가 원하는 시간에 원하는 프로그램을 선택하여 시청할 수 있도록 하는 멀티미디어 서비스(1급 23.상시)

자주 출제되는 오답

- MPEG는 Intel사가 개발한 동영상 압축 기술로 용량이 작고, 음질이 뛰어나다.(1급 19.3) (×)
  → **바른정답** | MPEG가 아닌 DVI에 대한 설명이며 MPEG는 동영상 전문가 그룹에서 제정했음 (○)
- 미디어별 파일 형식이 획일화되어 멀티미디어의 제작이 용이해졌다.(2급 20.2) (×)
  → **바른정답** | 미디어별 파일 형식이 다양화되어 멀티미디어 제작이 용이하지 않음 (○)

기적의 TIP

멀티미디어의 개념과 특징, 기술에 대해 이해하고 암기해 두세요.

POINT 32 ▶ 멀티미디어의 운용 ★★★★☆
대표 문제 : 23.상시 03회 06번, 23.상시 04회 03번, 24.상시 05회 11번, 25.상시 05회 10번

▶ 그래픽 기법

- 렌더링(Rendering)은 3차원 애니메이션을 만드는 작업의 일부이다.(1급 18.9)
- 모핑(Morphing)은 두 개의 이미지를 부드럽게 연결하여 변화하거나 통합하는 작업이다.(1급 24.상시, 18.9, 2급 24.상시)
- 디더링(Dithering)은 제한된 색상을 조합하여 새로운 색을 만드는 작업이다.(1급 23.상시, 18.9)
- 렌더링(Rendering)은 2차원 또는 3차원 물체의 모형에 명암과 색상을 입혀 사실감을 더해 주는 그래픽 기법이다.(1급 19.8)
- 안티앨리어싱(Anti-Aliasing)은 2차원 그래픽에서 개체 색상과 배경 색상을 혼합하여 경계면 픽셀을 표현함으로써 경계면 부드럽게 보이도록 하는 기법이다.(2급 25.상시, 23.상시, 19.8)

▶ 비트맵(Bitmap) 방식(래스터(Raster) 방식)

- 이미지를 확대하면 테두리가 거칠어진다.(2급 19.3)
- 파일 형식에는 BMP, GIF, JPEG 등이 있다.(2급 19.3)
- 다양한 색상을 사용하여 사실적 이미지를 표현할 수 있다.(2급 19.3)
- 이미지를 확대하면 테두리에 계단 현상과 같은 앨리어싱이 발생한다.(2급 18.9)
- 많은 픽셀로 정교하고 다양한 색상을 표시할 수 있다.(2급 18.9)

이것도 알아두세요

- **MPEG-21** : 디지털 콘텐츠의 생성·거래·전달·관리 등 전체 과정을 관리할 수 있는 기술로 멀티미디어 프레임워크의 MPEG 표준
- **벡터(Vector) 방식** : 점과 점을 연결하는 직선 또는 곡선을 이용하여 이미지를 표현함(1급 25.상시)

> **자주 출제되는 오답**
> - 앨리어싱(Aliasing)은 이미지 표현에 계단 현상을 제거하는 작업이다.(1급 18.9) (×)
>   ➡ **바른정답 |** 안티 앨리어싱(Anti-aliasing)에 대한 설명임 (○)
> - 비트맵 방식은 점과 점을 연결하는 직선이나 곡선을 이용하여 이미지를 표현한다.(2급 19.3) (×)
>   ➡ **바른정답 |** 벡터(Vector) 방식에 관한 설명임 (○)

> **기적의 TIP**
>
> 그래픽 기법과 그래픽 데이터의 표현 방식, 동영상 데이터, MPEG 규격 등 멀티미디어 데이터에 대한 전반적인 문제가 출제됩니다. 따라서 특징과 기법에 대해 잘 이해하고 암기해 두세요.

POINT 33 ▶ 정보 통신 일반 ★★★★☆

대표 문제 : 23.상시 02회 15번, 24.상시 03회 19번

▶ 네트워크 관련 장비

- **라우터(Router)** : 네트워크를 구성하기 위해 반드시 필요한 장비로 정보 전송을 위한 최적의 경로를 찾아 통신망에 연결하는 장치 (2급 25.상시, 24.상시, 23.상시, 18.9)
- **허브(Hub)** : 네트워크를 구성할 때 여러 대의 컴퓨터를 연결하고, 각 회선들을 통합 관리하는 장치(2급 22.상시, 18.9)
- **게이트웨이(Gateway)** : 한 네트워크에서 다른 네트워크로 들어가는 입구 역할을 하는 장치로 근거리통신망(LAN)과 같은 하나의 네트워크를 다른 네트워크와 연결할 때 사용되는 장치(2급 25.상시, 18.9)
- **브리지(Bridge)** : 두 개의 근거리 통신망을 상호 접속할 수 있도록 하는 통신망 연결 장치로 OSI 참조 모델의 데이터 링크 계층에 속함(1급 25.상시, 23.상시, 20.7, 2급 25.상시)

> **이것도 알아두세요**
> - **테더링(Tethering)** : 스마트폰을 모뎀처럼 활용하는 방법으로, 컴퓨터나 노트북 등의 IT 기기를 스마트폰에 연결하여 무선 인터넷을 사용할 수 있게 하는 기능
> - **웨어러블 컴퓨터** : 소형화, 경량화를 비롯해 음성과 동작인식 등 다양한 기술이 적용되어 장소에 구애받지 않고 컴퓨터를 활용할 수 있도록 몸에 착용하는 컴퓨터를 의미함
> - **단방향 통신** : 라디오와 같이 한쪽은 송신만, 다른 한쪽은 수신만 가능한 정보 전송 방식
> - **사물 인터넷(IoT)** : 모든 사물을 네트워크로 연결하여 소통하고 스마트 센싱 기술과 무선 통신 기술을 융합하여 실시간으로 데이터를 주고받으며 인터넷 기반으로 다양한 사물, 사람, 공간을 긴밀하게 연결하고 상황을 분석, 예측, 판단해서 지능화된 서비스를 자율 제공하는 제반 인프라 및 융복합 기술임

> **자주 출제되는 오답**
>
> 브리지(Bridge)는 네트워크를 구성할 때 디지털 신호를 아날로그 신호로 변환하여 전송하고 다시 수신된 신호를 원래대로 변환하기 위한 전송 장치이다.(2급 25.상시, 18.9) (×)
>   ➡ **바른정답 |** 모뎀(MODEM)에 대한 설명임 (○)

> **기적의 TIP**
>
> 네트워크 관련 장비의 기능에 대한 이해 여부와 사용 용도에 대한 옳고 그름을 묻는 형식으로 출제되고 있습니다. 각 네트워크 장비의 특징에 대해 정확하게 숙지하고 암기해 두세요. 또한 모바일 기기 관련 용어 부분이 4차 산업혁명 시대로 인해 꾸준한 출제가 예상됩니다.

SECTION 07 컴퓨터 시스템 보호

POINT 34 ▶ 비밀키 암호화 기법 ★★★☆☆
대표 문제 : 25.상시 04회 13번

▶ 비밀키 암호화 기법
- 암호화와 복호화의 속도가 빠르다.(1급 24.상시, 23.상시, 20.7, 2급 25.상시)
- 알고리즘이 단순하고 파일의 크기가 작다.(1급 24.상시, 23.상시, 20.7, 2급 25.상시)
- 사용자의 증가에 따라 관리해야 할 키의 수가 상대적으로 많아진다.(1급 24.상시, 23.상시, 20.7)
- 비밀키 암호화 기법의 안전성은 키의 길이 및 키의 비밀성 유지 여부에 영향을 많이 받는다.(1급 20.2)
- 암호화와 복호화 시 사용하는 키가 동일한 암호화 기법이다.(1급 20.2, 2급 25.상시)

이것도 알아두세요
- 송신자와 수신자가 서로 동일(대칭)한 하나(단일)의 비밀키를 가짐
- 알고리즘이 단순하고 파일의 크기가 작은 이유는 단일키이기 때문임
- 대표적인 방식은 DES가 있음
- DES 방식은 56비트의 키를 사용하여 64비트의 평문 블록을 암호화하는 방식임

자주 출제되는 오답
- 비밀키는 서로 다른 키로 데이터를 암호화하고 복호화한다.(1급 24.상시, 20.7) (×)
  ➡ **바른정답** | 공개키에 대한 설명임 (○)
- 비밀키는 복잡한 알고리즘으로 인해 암호화와 복호화 속도가 느리다.(1급 20.2) (×)
  ➡ **바른정답** | 공개키에 대한 설명임 (○)

기적의 TIP
- 비대단 ➡ 비(밀키)=대(칭)키=단(일)키로 암기해 주세요.
- 비밀키와 공개키의 특징을 섞어놓고 해당되지 않는 것을 고르는 문제 형식으로 자주 출제되고 있습니다.

POINT 35 ▶ 공개키 암호화 기법 ★★★☆☆
대표 문제 : 23.상시 02회 17번, 24.상시 03회 20번

▶ 공개키 암호화 기법
- 알고리즘이 복잡하며 암호화와 복호화 속도가 느리다.(1급 18.9)
- 키의 분배가 용이하고 관리해야 할 키의 수가 적다.(1급 18.9)
- 데이터를 암호화할 때 사용하는 키는 공개하고 복호화할 때 키는 비밀로 한다.(1급 18.9, 2급 24.상시, 23.상시)

이것도 알아두세요
- 암호화키와 복호화키가 서로 다른(비대칭) 두 개(이중키)의 키를 가짐
- 대표적인 방식은 RSA가 있음
- RSA 방식은 소인수분해의 원리를 이용한 방식임
- 전자우편 보안의 PGP 방식이 공개키와 RSA 방식을 이용함

자주 출제되는 오답
공개키 암호화 기법은 대표적으로 DES가 있다.(1급 18.9) (×)
➡ **바른정답** | 공개키 암호화 기법은 대표적으로 RSA가 있음 (○)

기적의 TIP

- 공개키와 비밀키의 특징을 섞어놓고 해당되지 않는 것을 고르는 문제 형식으로 출제되고 있습니다.
- 공비이 ➡ 공(개)키=비(대칭)키=이(중)키
- 암공복비 ➡ 암(호화)는 공(개키)로 복(호화)는 비(밀키)로
- RSA ➡ 공개(키)되어 R(알) SA(사)람은 다 안다로 암기해 두세요.

POINT 36 ▶ 방화벽 ★★★★☆

대표 문제 : 23.상시 02회 01번, 24.상시 04회 20번, 25.상시 04회 18번

▶ 방화벽(Firewall)

- 통신을 허용할 프로그램 및 기능에 대한 설정을 할 수 있다.(1급 18.9)
- 각 네트워크 위치 유형에 따른 외부 연결의 차단과 알림을 설정할 수 있다.(1급 18.9, 2급 25.상시)
- IP 주소 및 포트 번호를 이용하거나 사용자 인증을 기반으로 접속을 차단하여 네트워크의 출입로를 단일화한다.(1급 23.상시, 20.7, 2급 25.상시, 22.상시)
- 로그 정보를 통해 외부 침입의 흔적을 찾아 역추적할 수 있다.(1급 24.상시, 22.상시, 20.7, 2급 25.상시, 22.상시)

이것도 알아두세요

- 권한이 없는 사용자가 네트워크를 통해 컴퓨터에 액세스하는 것을 방지함
- 특정 연결 요청을 차단하거나 차단 해제하기 위해 사용자의 허가를 요청함
- 사용자가 원할 경우 기록을 만들어 컴퓨터에 대해 성공한 연결 시도와 실패한 연결 시도를 기록함
- '명백히 허용되지 않은 것은 금지한다'라는 적극적 방어 개념을 가지고 있음(1급 22.상시, 2급 22.상시)
- **프록시(Proxy) 서버의 기능** : 방화벽 기능과 캐시 기능
- **스니핑(Sniffing)** : 사용자가 전송하는 데이터를 훔쳐보는 것으로 네트워크의 패킷을 엿보면서 계정과 패스워드를 알아냄(2급 24.상시, 23.상시)
- **피싱(Phishing)** : 유명 기업이나 금융기관을 사칭한 가짜 웹 사이트나 이메일 등으로 개인의 금융정보와 비밀번호를 입력하도록 유도하여 예금 인출 및 다른 범죄에 이용하는 컴퓨터 범죄 유형
- **분산 서비스 거부 공격(DDoS)** : 여러 대의 장비를 이용하여 특정 서버에 대량의 데이터를 집중적으로 전송함으로써 서버의 정상적인 동작을 방해하는 행위(2급 24.상시)

자주 출제되는 오답

방화벽은 내 컴퓨터에서 외부로 나가는 패킷의 내용을 체크하여 인증된 패킷만 내보내도록 설정할 수 있다.(1급 18.9, 2급 25.상시) (×)
➡ **바른정답** | 방화벽은 외부에서 내부로 들어오는 패킷의 내용을 체크함 (○)

기적의 TIP

방화벽의 개념과 기능에 대한 이해 여부를 묻는 문제가 출제됩니다. 방화벽의 원리와 기능에 대해 정확히 숙지하고 암기해 두기 바랍니다.

POINT 37 ▶ 바이러스 예방과 치료 ★★★☆☆

대표 문제 : 23.상시 01회 08번, 23.상시 04회 15번, 24.상시 01회 16번

▶ 바이러스(Virus)
- 감염 부위에 따라 부트 바이러스와 파일 바이러스로 구분한다.(1급 19.8)
- 사용자 몰래 스스로 복제하여 다른 프로그램을 감염시키고, 정상적인 프로그램이나 다른 데이터 파일 등을 파괴한다.(1급 19.8)
- 주로 복제품을 사용하거나 통신 매체를 통하여 다운받은 프로그램에 의해 감염된다.(1급 19.8)

▶ 바이러스(Virus) 예방법
- 최신 버전의 백신 프로그램을 사용한다.(2급 24.상시, 23.상시, 20.7)
- 다운로드 받은 파일은 작업에 사용하기 전에 바이러스 검사 후 사용한다.(2급 24.상시, 23.상시, 20.7)
- 네트워크 공유 폴더에 있는 파일은 읽기 전용으로 지정한다.(2급 24.상시, 20.7)
- 의심이 가는 메일은 열지 않고 삭제한다.(2급 18.9)
- 방화벽을 설정하여 사용한다.(2급 18.9)

이것도 알아두세요

Windows Defender : Windows에 포함되어 있는 백신 프로그램으로 스파이웨어와 그 밖의 원치 않는 소프트웨어로부터 컴퓨터를 보호할 수 있음

자주 출제되는 오답

바이러스는 컴퓨터 하드웨어와 무관하게 소프트웨어에만 영향을 미친다.(1급 19.8) (×)

➡ **바른정답** | 바이러스는 하드웨어에도 영향을 미침 (○)

기적의 TIP

바이러스의 특징과 예방법에 대해 이해하시고 숙지하면 됩니다.

2과목 스프레드시트 일반

SECTION 01 스프레드시트 개요

POINT 38 ▶ 엑셀의 화면 구성 ★★★☆☆
대표 문제 : 23.상시 02회 25번, 23.상시 04회 36번, 25.상시 04회 24번

▶ **상태 표시줄**
- 상태 표시줄에서 워크시트의 보기 상태를 기본 보기, 페이지 레이아웃 보기, 페이지 나누기 미리 보기 중 선택하여 변경할 수 있다. (1급 20.7, 2급 25.상시)
- 상태 표시줄에는 확대/축소 슬라이더가 기본적으로 표시된다.(1급 20.7, 2급 25.상시)
- 상태 표시줄은 현재의 작업 상태에 대한 기본적인 정보가 표시되는 곳이다.(1급 20.7)
- 엑셀의 현재 작업 상태를 표시하며, 선택 영역에 대한 평균, 개수, 합계 등의 옵션을 선택하여 다양한 계산 결과를 표시할 수 있다. (1급 23.상시, 18.9, 2급 25.상시)
- 확대/축소 컨트롤을 이용하면 10~400% 범위 내에서 문서를 쉽게 확대/축소할 수 있다.(1급 18.9)
- 기본적으로 상태 표시줄 왼쪽에는 매크로 기록 아이콘(🔴)이 있으며, 매크로 기록 중에는 기록 중지 아이콘(☐)으로 변경된다.(1급 23.상시, 18.9)

▶ **[상태 표시줄 사용자 지정]에서 선택할 수 있는 자동 계산**
- 선택한 영역 중 숫자 데이터가 입력된 셀의 수(1급 24.상시, 23.상시, 20.2, 2급 23.상시)
- 선택한 영역 중 데이터가 입력된 셀의 수(1급 23.상시, 20.2, 2급 23.상시)
- 선택한 영역의 합계, 평균, 최소값, 최대값(1급 23.상시, 20.2, 2급 23.상시)

이것도 알아두세요
- 설정한 확대/축소 배율은 통합 문서의 모든 시트에 자동으로 적용되지 않고 현재 시트에만 적용됨
- 화면의 확대/축소는 단지 화면에서 보이는 상태만을 확대/축소하는 것으로 인쇄 시 적용되지 않음
- Ctrl 을 누른 채 마우스의 스크롤을 위로 올리면 화면이 확대되고, 아래로 내리면 화면이 축소됨

자주 출제되는 오답
- 상태 표시줄의 바로 가기 메뉴를 이용하여 셀의 특정 범위에 대한 이름을 정의할 수 있다.(1급 20.7, 2급 25.상시) (×)
  ➡ **바른정답** | 이름 상자에서 셀의 특정 범위에 대한 이름을 정의함 (○)
- 상태 표시줄에서 자주 사용하는 도구들을 모아서 간단히 추가하거나 제거할 수 있으며, 리본 메뉴 아래에 표시할 수도 있다.(1급 18.9) (×)
  ➡ **바른정답** | 빠른 실행 도구 모음 사용자 지정에서 가능함 (○)
- [상태 표시줄 사용자 지정]에서 선택할 수 있는 자동 계산 : 선택한 영역 중 문자 데이터가 입력된 셀의 수(1급 20.2) (×)
  ➡ **바른정답** | 문자 데이터가 입력된 셀의 수는 [상태 표시줄 사용자 지정]에서 선택할 수 있는 자동 계산에 해당되지 않음 (○)

📌 **기적의 TIP**
엑셀의 화면 구성에서 상태 표시줄과 빠른 실행 도구 모음에 대한 문제가 자주 출제되고 있으므로 실행 가능한 작업과 기능에 대해 정확히 파악하고 숙지해 두기 바랍니다.

POINT 39 ▶ 파일 및 워크시트 관리 ★★★★★

대표 문제 : 23.상시 01회 25번, 24.상시 02회 22번, 24.상시 02회 37번

▶ 워크시트
- 여러 개의 시트를 한 번에 선택하면 제목 표시줄의 파일명 뒤에 [그룹]이 표시된다.(2급 24.상시, 20.7)
- 선택된 시트의 왼쪽에 새로운 시트를 삽입하려면 Shift + F11 을 누른다.(2급 24.상시, 20.7)
- 동일한 통합 문서 내에서 시트를 복사하면 원래의 시트 이름에 '(일련번호)' 형식이 추가되어 시트 이름이 만들어진다.(2급 20.7)

▶ [검토] 탭-[보호] 그룹
- [시트 보호]를 설정하면 기본적으로 셀의 선택만 가능하다.(1급 18.3)
- 시트 보호 시 특정 셀의 내용만 수정 가능하도록 하려면 해당 셀의 [셀 서식]에서 '잠금' 설정을 해제한다.(1급 18.3, 2급 24.상시, 23.상시)
- [범위 편집 허용]을 이용하면 보호된 워크시트에서 특정 사용자가 범위를 편집할 수 있도록 허용할 수 있다.(1급 18.3)

이것도 알아두세요
- 차트 시트의 경우 차트 내용만 변경하지 못하도록 보호할 수 있음
- [셀 서식] 대화 상자의 [보호] 탭에서 '잠금'이 해제된 셀은 보호되지 않음
- 시트 보호 설정 시 암호의 설정은 필수 사항이 아님
- 시트 보호가 설정된 상태에서 데이터를 수정하면 경고 메시지가 나타남

자주 출제되는 오답
- 마지막 작업이 시트 삭제인 경우 빠른 실행 도구 모음의 '실행 취소(↶)' 명령을 클릭하여 되살릴 수 있다.(2급 20.7) (×)
  ➡ **바른정답 |** 삭제한 시트는 실행 취소 명령으로 되살릴 수 없음 (○)
- [통합 문서 보호]를 설정하면 포함된 차트, 도형 등의 그래픽 개체를 변경할 수 없다.(1급 18.3) (×)
  ➡ **바른정답 |** [통합 문서 보호]를 설정하더라도 포함된 차트, 도형 등의 그래픽 개체를 변경 및 이동/복사할 수 있음 (○)

기적의 TIP
파일과 워크시트의 관리 기능은 기본적으로 중요한 부분입니다. 수행 가능한 작업과 각 작업의 특징에 대해 실습을 통한 이해와 파악으로 잘 숙지해 두고 암기가 필요한 부분은 반드시 외워두어야 합니다.

SECTION 02 | 데이터 입력 및 편집

POINT 40 ▶ 데이터 입력 ★★★★☆
대표 문제 : 23.상시 05회 32번, 24.상시 03회 34번, 24.상시 05회 34번, 25.상시 05회 37번

▶ **날짜 및 시간 데이터 입력**
- <mark>날짜 데이터는 하이픈(-)이나 슬래시(/)를 이용</mark>하여 년, 월, 일을 구분한다.(1급 24.상시, 22.상시, 20.7, 2급 25.상시)
- 날짜의 연도를 생략하고 월과 일만 입력하면 자동으로 현재 연도가 추가된다.(1급 24.상시, 22.상시, 20.7, 2급 25.상시)
- 날짜의 연도를 두 자리로 입력할 때 <mark>연도가 30 이상이면 1900년대로 인식하고, 29 이하이면 2000년대로 인식</mark>한다.(1급 22.상시, 20.7, 2급 25.상시)
- 날짜 데이터를 입력할 때 연도와 월만 입력하면 일자는 자동으로 해당 월의 1일이 입력된다.(2급 24.상시, 19.3)
- 셀에 '4/9'를 입력하고 Enter 를 누르면 셀에는 '04월 09일'로 표시된다.(2급 24.상시, 19.3)
- Ctrl + ; 을 누르면 <mark>시스템의 오늘 날짜</mark>, Ctrl + Shift + ; 을 누르면 <mark>현재 시간</mark>이 입력된다.(1급 25.상시, 2급 24.상시, 19.3)

▶ **메모**
- 메모에는 <mark>어떠한 문자나 숫자, 특수 문자도 입력 가능</mark>하며, <mark>텍스트 서식도 지정할 수 있다</mark>.(2급 24.상시, 21.상시)
- 시트에 삽입된 모든 메모를 표시하려면 [검토] 탭의 [메모] 그룹에서 '메모 모두 표시'를 선택한다.(2급 24.상시, 21.상시)
- 통합 문서에 포함된 메모를 시트에 표시된 대로 인쇄하거나 시트 끝에 인쇄할 수 있다.(1급 25.상시, 24.상시, 21.상시)

> **이것도 알아두세요**
- 메모를 삭제하려면 [검토] 탭–[메모] 그룹–[삭제]를 선택하거나 바로 가기 메뉴에서 [메모 삭제]를 선택함
- **입력된 수식 보기** : Ctrl + ~ 를 누르거나 [수식]–[수식 분석]–[수식 표시]를 선택함
- 한자는 한자의 음을 한글로 입력한 다음 한자 를 누르고 목록에서 원하는 한자를 선택함
- 특수 문자는 [삽입] 탭–[기호] 그룹–[기호]를 실행하거나 한글 자음(ㄱ,ㄴ,ㄷ,…,ㅎ) 중의 하나를 누르고 한자 를 눌러 목록에서 원하는 특수 문자를 선택함
- **한 셀에 두 줄 이상 입력** : Alt + Enter 를 누르거나 [셀 서식]의 [맞춤] 탭에서 [자동 줄 바꿈] 확인란을 선택함(1급 23.상시, 2급 25.상시, 24.상시, 23.상시)
- **동일한 데이터 입력하기** : 범위를 지정하고 데이터 입력 후 Ctrl + Enter 를 누름(2급 24.상시)

> **자주 출제되는 오답**
- Ctrl + Shift + ; 을 누르면 오늘 날짜가 입력된다.(1급 20.7) (×)
  → **바른정답** | Ctrl + Shift + ; 을 누르면 시간이 입력됨 (○)
- 날짜 및 시간 데이터의 텍스트 맞춤은 기본 왼쪽 맞춤으로 표시된다.(2급 25.상시, 19.3) (×)
  → **바른정답** | 날짜 및 시간 데이터의 텍스트 맞춤은 기본 오른쪽 맞춤으로 표시됨 (○)
- 셀에 입력된 데이터를 Delete 로 삭제한 경우 메모도 함께 삭제된다.(2급 21.상시) (×)
  → **바른정답** | 셀에 입력된 데이터를 삭제해도 메모가 삭제되지 않음 (○)

> **기적의 TIP**

엑셀에서 사용할 수 있는 데이터의 종류와 입력 방법에 대한 정확하고 확실한 학습이 필요합니다. 실습을 통해 입력 결과를 확인하는 공부가 필수입니다.

POINT 41 ▶ 데이터 편집 ★★★★☆

대표 문제 : 23.상시 03회 33번, 24.상시 02회 38번, 24.상시 05회 32번, 25.상시 04회 22번

▶ 채우기 핸들
- 문자와 숫자가 혼합된 셀의 채우기 핸들을 Ctrl을 누른 채 드래그하면 동일한 내용으로 복사된다.(2급 23.상시, 19.3)
- 1개의 숫자와 문자가 조합된 텍스트 데이터는 숫자만 1씩 증가하고 문자는 그대로 복사되어 채워진다.(1급 20.2, 2급 25.상시, 24.상시)
- 채우기 핸들을 드래그하여 데이터를 채우는 경우 일반적인 문자 데이터는 그대로 복사되고 날짜 데이터는 1일 단위로 자동 증가하면서 채워진다.(1급 20.2)
- 채우기 핸들을 드래그하여 데이터를 채우는 경우 숫자 데이터는 그대로 복사된다.(1급 20.2)
- 채우기 핸들을 드래그하여 데이터를 채우는 숫자가 입력된 두 셀을 블록 설정하여 채우기 핸들을 드래그하면 두 숫자의 간격 만큼 증가하거나 감소하여 채워진다.(1급 20.2)

▶ 찾기 및 바꾸기
- '=A1*B1'과 같은 수식을 검색하려면 찾는 위치를 '수식'으로 선택한 후 찾을 내용에 '=A1~*B1'으로 입력한다.(1급 20.7)
- 찾을 내용과 바꿀 내용은 입력하지 않고, 찾을 서식과 바꿀 서식으로 설정할 수 있다.(1급 20.7)
- 셀 포인터 위치를 기준으로 앞에 위치한 데이터를 찾으려면 Shift를 누른 상태에서 [다음 찾기] 단추를 클릭한다.(1급 24.상시, 20.7)
- *와 ? 기호 자체를 찾아야 할 때는 ~ 기호 뒤에 입력한다.(1급 25.상시, 24.상시, 21.상시)

이것도 알아두세요
- Ctrl + * : 셀 포인터가 포함된 데이터 영역 전체를 블록으로 설정할 때 사용
- Ctrl + E : 일관된 패턴을 입력하는 경우를 검색하여 셀의 값을 자동으로 채움(빠른 채우기)(1급 24.상시)
- Ctrl + D : 윗쪽 셀의 내용과 서식을 복사함
- Ctrl + R : 왼쪽 셀의 내용과 서식을 복사함
- Ctrl + Alt + V : 선택하여 붙여넣기

자주 출제되는 오답
- 숫자가 입력된 첫 번째 셀과 두 번째 셀을 범위로 설정한 후 채우기 핸들을 드래그하면 두 번째 셀의 값이 복사된다.(2급 19.3) (✕)
  ➡ 바른정답 | 첫 번째 셀과 두 번째 셀의 데이터 사이의 차이에 의해 증가 또는 감소하면서 채워짐 (◯)
- 숫자가 입력된 셀에서 Ctrl을 누른 채 채우기 핸들을 오른쪽으로 드래그하면 숫자가 1씩 감소한다.(2급 19.3) (✕)
  ➡ 바른정답 | 오른쪽으로 드래그하면 1씩 증가함(왼쪽으로 드래그하는 경우 1씩 감소함) (◯)
- 사용자 정의 목록에 정의된 목록 데이터의 첫 번째 항목을 입력하고 Ctrl을 누른 채 채우기 핸들을 드래그하면 목록 데이터가 입력된다.(2급 19.3) (✕)
  ➡ 바른정답 | 첫 번째 항목이 복사됨 (◯)
- 찾을 내용에 '*수정*', 바꿀 내용에 '*변경*'으로 입력하고, [모두 바꾸기] 단추를 클릭하면 '수정'이라는 모든 글자를 '*변경*'으로 바꾼다.(1급 20.7) (✕)
  ➡ 바른정답 | '수정'이라는 글자를 포함한 모든 데이터를 '*변경*'으로 바꿈(*수정*의 *는 모든 글자를 의미하므로 수정 앞뒤로 글자가 있는 데이터를 의미함) (◯)

기적의 TIP
데이터를 편집하는 방법에 대해 옳고 그름을 묻는 형식으로 문제가 출제되므로 편집 방법과 기능에 대한 학습이 필수입니다. 특히, 채우기 핸들을 이용하는 경우와 바로 가기 키 등에 대한 부분은 실습으로 확인하는 습관을 들이면 좋습니다.

POINT 42 ▶ 사용자 지정 표시 형식 ★★★★★   대표 문제 : 23.상시 04회 34번, 24.상시 02회 32번, 24.상시 04회 34번, 25.상시 04회 35번

▶ 서식 코드를 셀의 사용자 지정 표시 형식으로 설정한 경우
- [입력 데이터] 3.75에 [서식 코드] # ???/???를 적용하면 3 3/4가 표시된다.(1급 20.7)
  - ☞ #에 의해 3이 표시되며 0.75를 분수로 나타내어 3/4가 표시됨
- [입력 데이터] −6789에 [서식 코드] 0.00#,를 적용하면 −0.007이 표시된다.(1급 20.7)
  - ☞ ,(쉼표) 이후 코드가 없으므로 −6789를 천 단위 배수로 표시하여 −6이 남고 반올림되어 −0.007이 표시됨
- [입력 데이터] −6789에 [서식 코드] ▲#;▼#;0을 적용하면 ▼6789가 표시된다.(1급 20.7)
  - ☞ −6789가 음수이므로 ▼#이 적용되어 ▼6789가 표시됨

▶ 입력 데이터와 표시 형식에 따른 결과 (2급 23.상시)

입력 데이터	표시 형식	표시 결과
7.5	#.00	7.50

(2급 20.7)

- ☞ **#** : 유효 자릿수만 나타내고 유효하지 않은 0은 표시하지 않음 / **0** : 유효하지 않은 자릿수를 0으로 표시함

입력 데이터	표시 형식	표시 결과
12,200,000	#,##0,	12,200

(1급 24.상시, 2급 20.7)

- ☞ **,** : 천 단위 구분 기호로 쉼표를 삽입하거나 쉼표 이후 더 이상 코드를 사용하지 않으면 천 단위 배수로 표시함

입력 데이터	표시 형식	표시 결과
상공상사	@ "귀중"	상공상사 귀중

(2급 25.상시, 20.7)

- ☞ **@** : 문자 뒤에 특정한 문자열을 함께 나타나게 함

이것도 알아두세요
- **?** : 유효하지 않은 자릿수를 공백으로 표시함
- **;** : 양수, 음수, 0값, 텍스트를 세미콜론(;)으로 구분함
- **[글꼴 색]** : 각 구역의 첫 부분에 지정하며 대괄호 안에 글꼴 색을 입력함
- **[조건]** : 조건과 일치하는 숫자에만 서식을 적용하고자 할 때 사용함
- 세미콜론 세 개(;;;)를 연속하여 사용하면 입력 데이터가 셀에 나타나지 않음(2급 23.상시)

자주 출제되는 오답
- [입력 데이터] 6789에 [서식 코드] *-#,##0을 적용하면 *−−−−6789가 표시된다.(1급 20.7, 2급 24.상시) (×)
  - ➔ **바른정답** | 셀의 빈 열 폭 만큼 원하는 문자를 넣을 때 *를 이용하여 * 다음에 원하는 문자를 위치시키므로 결과는 −−−−6,789로 표시됨 (○)

입력 데이터	표시 형식	표시 결과
44.398	???.???	044.398

(2급 20.7) (×)

- ➔ **바른정답** | ?는 소수점 왼쪽 또는 오른쪽에 있는 유효하지 않은 0 대신 공백을 추가하여 소수점을 맞추므로, 입력 데이터 44.398에 표시 형식 ???.???을 지정하면 표시 결과는 44.398이 됨 (○)

🄑 기적의 TIP
사용자 지정 표시 형식은 매우 중요합니다. 시험에서 입력 데이터를 주고 사용자 지정 표시 형식에 맞게 산출된 결과나 옳지 않은 결과를 선별하는 유형으로 출제됩니다. 숫자, 날짜 서식 등의 특징에 대해 정확히 숙지한 후 실습을 통한 완벽한 이해가 반드시 필요한 부분입니다.

SECTION 03 수식 활용

POINT 43 ▶ 수식 작성, 이름 상자, 수식의 오류값 ★★★★★
대표 문제 : 24.상시 02회 25번, 24.상시 05회 27번, 25.상시 04회 27번

▶ 셀에 수식을 입력하는 방법
- F9 : 열려 있는 통합 문서의 모든 워크시트를 재계산한다.(1급 20.상시)
- 통합 문서의 여러 워크시트에 있는 동일한 셀 범위 데이터를 이용하려면 수식에서 3차원 참조를 사용한다.(1급 20.7)
- 계산할 셀 범위를 선택하여 수식을 입력한 후 Ctrl + Enter 를 누르면 선택한 영역에 수식을 한 번에 채울 수 있다.(1급 24.상시, 20.7)

▶ 이름 상자
- 이름 상자는 Ctrl 을 누르고 여러 개의 셀을 선택한 경우 마지막 선택한 셀 주소가 표시된다.(1급 20.2)
- 이름 상자에 셀이나 셀 범위에 이름을 정의해 놓은 경우 이름이 표시된다.(1급 20.2)
- 이름 상자에 수식을 작성 중인 경우 최근 사용한 함수 목록이 표시된다.(1급 20.2)

▶ 수식의 오류값
- #VALUE! : 잘못된 인수나 피연산자를 사용했을 때(1급 25.상시, 24.상시, 23.상시, 2급 25.상시, 23.상시, 22.상시, 18.9)
- #DIV/0! : 특정 값(셀)을 0 또는 빈 셀로 나누었을 때(1급 23.상시, 2급 25.상시, 23.상시, 18.9)
- #NAME? : 함수 이름을 잘못 입력하거나 인식할 수 없는 텍스트를 수식에 사용했을 때(1급 25.상시, 23.상시, 2급 25.상시, 24.상시, 23.상시, 18.9)

이것도 알아두세요
- Shift + F9 : 현재 워크시트에서 마지막 계산 이후에 변경된 수식과 이러한 수식에 종속된 수식을 다시 계산함
- #### : 데이터나 수식의 결과를 셀에 모두 표시할 수 없는 경우(열의 너비를 늘려주면 정상적으로 표시됨)
- #N/A : 수식에서 잘못된 값으로 연산을 시도한 경우나 찾기 함수에서 결과값을 찾지 못한 경우
- #NUM! : 숫자가 필요한 곳에 잘못된 값을 지정한 경우(1급 25.상시)
- #NULL! : 교점 연산자(공백)를 사용했을 때 교차 지점을 찾지 못한 경우(1급 25.상시)
- 순환 참조 경고 : 수식에서 직접 또는 간접으로 자체 셀을 참조하는 경우 발생

자주 출제되는 오답
- 수식을 입력한 후 결과값이 상수로 입력되게 하려면 수식을 입력한 후 바로 Alt + F9 를 누른다.(1급 20.7) (×)
  ➡ 바른정답 | 수식을 입력한 후 결과값이 상수로 입력되게 하려면 수식을 입력한 후 바로 F9 를 누름 (○)
- 이름 상자에서 차트가 선택되어 있는 경우 차트의 종류가 표시된다.(1급 20.2) (×)
  ➡ 바른정답 | 차트가 선택되어 있는 경우 차트가 만들어진 순서대로 '차트 1', '차트 2', … 처럼 표시되며 차트의 종류가 표시되지는 않음 (○)
- #REF!는 숫자 인수가 필요한 함수에 다른 인수를 지정 했을 때 발생한다.(2급 18.9) (×)
  ➡ 바른정답 | 셀 참조를 잘못 사용한 경우에 발생함 (○)

기적의 TIP
수식 작성은 산술, 비교, 문자열, 참조 연산자의 종류 등 전반적인 학습이 필요한 부분입니다. 셀 참조와 이름 사용, 수식의 오류값 등에 대해 고르게 분포되어 출제되고 있습니다. 함수를 잘 활용하기 위한 기본이므로 그에 따른 완벽한 학습이 필요합니다.

POINT 44 ▶ 함수 ★★★★★

대표 문제 : 23.상시 05회 40번, 24.상시 02회 24번, 24.상시 03회 27번, 25.상시 01회 23번

▶ 수학 함수
- MOD(수1, 수2) : 수1을 수2로 나눈 나머지 값(수2가 0이면 #DIV/0! 오류 발생)을 구함(1급 23.상시, 20.2, 2급 25.상시, 24.상시, 23.상시)
- INT(수) : 수를 가장 가까운 정수로 내린 값을 구함(2급 25.상시, 23.상시, 20.7)
- TRUNC(수1, 수2) : 수1을 무조건 내림하여 자릿수(수2)만큼 반환함(2급 25.상시, 23.상시, 21.상시, 20.7)

▶ 합계 함수
- SUM(수1, 수2,…) : 인수로 지정한 숫자의 합계를 구함(인수는 1~255개까지 사용)(1급 23.상시, 2급 24.상시)
- SUMIFS(합계 범위, 셀 범위1, 조건1, 셀 범위2, 조건2,…) : 조건이 여러 개일 경우, 셀 범위1에서 조건1이 만족하고 셀 범위2에서 조건2가 만족되면 합계 범위에서 합을 산출함(1급 20.7, 2급 24.상시)

▶ 반올림 함수
- ROUND(수1, 수2) : 수1을 반올림하여 자릿수(수2)만큼 반환함(2급 20.7)
- ROUNDUP(수1, 수2) : 수1을 무조건 올림하여 자릿수(수2)만큼 반환함(1급 24.상시, 2급 23.상시)
- ROUNDDOWN(수1, 수2) : 수1을 무조건 내림하여 자릿수(수2)만큼 반환함(1급 24.상시, 2급 20.7)

▶ 통계 함수
- AVERAGE(수1, 수2,…) : 인수로 지정한 숫자의 평균을 구함(1급 24.상시, 23.상시, 20.7, 20.2, 2급 24.상시)
- LARGE(배열, k) : 인수로 지정한 숫자 중 k번째로 큰 값을 구함(1급 25.상시, 23.상시, 20.7, 20.2, 2급 24.상시)
- SMALL(배열, k) : 인수로 지정한 숫자 중 k번째로 작은 값을 구함(1급 23.상시, 20.7, 20.2)
- COUNT(인수1, 인수2,…) : 인수 중에서 숫자의 개수를 구함(1급 23.상시, 20.2, 2급 24.상시, 23.상시)
- COUNTIF(검색 범위, 조건) : 검색 범위에서 조건을 만족하는 셀의 개수를 구함(2급 25.상시, 23.상시, 20.2)
- RANK.EQ(수, 범위, 방법) : 대상 범위에서 수의 순위(방법을 생략하거나 0으로 지정하면 내림차순 순위, 0이 아닌 값으로 지정하면 오름차순 순위)를 구함(1급 19.8, 2급 25.상시, 23.상시)

▶ 문자열 함수
- LEFT(문자열, 개수) : 문자열의 왼쪽에서 지정한 개수만큼 문자를 추출함(1급 24.상시, 23.상시, 2급 25.상시, 20.2)
- RIGHT(문자열, 개수) : 문자열의 오른쪽에서 지정한 개수만큼 문자를 추출함(1급 24.상시, 2급 25.상시, 24.상시, 21.상시, 20.2)
- MID(문자열, 시작 위치, 개수) : 문자열의 시작 위치에서부터 지정한 개수만큼 문자를 추출함(1급 23.상시, 20.2, 2급 25.상시, 23.상시, 20.7, 20.2)
- VALUE(텍스트) : 텍스트 문자열 인수를 숫자로 바꿈(1급 24.상시, 20.2)
- SEARCH(찾을 텍스트, 문자열, 시작 위치) : 문자열에서 찾을 텍스트의 시작 위치를 반환함(시작 위치 생략 시 1로 간주함)(2급 20.7)
- REPT(반복할 텍스트, 반복 횟수) : 반복 횟수(정수)만큼 반복할 텍스트를 표시함(1급 24.상시, 2급 20.7)

▶ 논리 함수
- IF(조건식, 값1, 값2) : 조건식이 참이면 값1, 거짓이면 값2를 반환함(1급 25.상시, 24.상시, 20.2, 2급 25.상시, 21.상시, 20.7)
- IFS(조건식1, 참인 경우 값1, 조건식2, 참인 경우 값2, ……) : 하나 이상의 조건이 충족되는지 확인하고 첫 번째 TRUE 조건에 해당하는 값을 반환함(1급 24.상시)
- SWITCH(변환할 값, 일치시킬 값 1…[2-126], 일치하는 경우 반환할 값 1…[2-126], 일치하는 값이 없는 경우 반환할 값) : 값의 목록에 대한 하나의 값(식이라고 함)을 계산하고 첫 번째 일치하는 값에 해당하는 결과를 반환함
- OR(조건1, 조건2,…) : 조건 중 하나 이상이 참이면 TRUE, 나머지는 FALSE를 반환함(1급 25.상시, 20.2, 2급 25.상시)
- AND(조건1, 조건2,…) : 모든 조건이 참이면 TRUE, 나머지는 FALSE를 반환함(1급 25.상시, 2급 25.상시, 21.상시, 20.2)
- IFERROR(수식, 오류 발생 시 표시값) : 수식의 결과가 오류값일 때 다른 값(공백 등)으로 표시함(1급 25.상시, 2급 25.상시, 20.7)

▶ 찾기 및 참조 함수
- CHOOSE(검색 값, 값1, 값2, …) : 검색 값이 1이면 값1, 2이면 값2, 순서로 값을 반환함(1급 24.상시, 23.상시, 20.7, 20.2, 2급 23.상시, 22.상시)
- OFFSET(기준 셀 범위, 행 수, 열 수, 구할 셀 높이, 구할 셀 너비) : 셀 또는 셀 범위에서 지정한 행 수와 열 수인 범위에 대한 참조를 구함(1급 24.상시, 20.7, 20.2)
- INDEX(셀 범위나 배열, 행 번호, 열 번호) : 검색 범위의 참조 영역번호에 해당하는 영역에서 행, 열 번호와 교차하는 위치의 값을 구함(1급 25.상시, 24.상시, 20.7, 2급 25.상시, 23.상시, 20.7)
- COLUMN(열 번호를 구하려는 셀이나 셀 범위) : 참조의 열 번호를 반환함(1급 24.상시, 20.7, 20.2)
- ROW(행 번호를 구할 셀 또는 셀 범위) : 참조의 행 번호를 반환함(1급 21.상시, 20.7)
- MATCH(검색 자료, 배열, 검색 유형) : 찾고자 하는 자료 값과 일치하는 배열 요소를 찾아 상대 위치(몇 번째 행) 또는 열을 표시함(1급 25.상시, 2급 20.7)
- VLOOKUP(값, 범위, 열 번호, 방법) : 범위의 첫 번째 열에서 값을 찾아 지정한 열에서 대응하는 값을 반환함(1급 25.상시, 24.상시, 20.2, 2급 25.상시, 24.상시, 23.상시, 20.7, 20.2)
- HLOOKUP(값, 범위, 행 번호, 방법) : 범위의 첫 번째 행에서 값을 찾아 지정한 행에서 대응하는 값을 반환함(2급 24.상시, 23.상시)

▶ D(Database) 함수
- DSUM(데이터베이스, 필드, 조건 범위) : 조건을 만족하는 필드의 합계를 구함(1급 24.상시, 23.상시, 2급 25.상시)
- DAVERAGE(데이터베이스, 필드, 조건 범위) : 조건을 만족하는 필드의 평균을 구함(2급 21.상시, 20.7)
- DCOUNT(데이터베이스, 필드, 조건 범위) : 조건을 만족하는 필드의 개수(수치)를 구함(2급 25.상시, 23.상시)
- DCOUNTA(데이터베이스, 필드, 조건 범위) : 조건을 만족하는 모든 필드의 개수를 구함(2급 25.상시, 23.상시)
- DMAX(데이터베이스, 필드, 조건 범위) : 조건을 만족하는 필드의 최대값을 구함(1급 23.상시, 2급 25.상시, 24.상시)
- DMIN(데이터베이스, 필드, 조건 범위) : 조건을 만족하는 필드의 최소값을 구함

> **기적의 TIP**
> 수학, 합계, 반올림, 날짜와 시간, 통계, 문자열, 논리, 찾기와 참조, D 함수 등은 전반적으로 수식의 결과를 묻는 형식으로 출제되므로 각 함수의 기능과 사용법에 대해 실습을 병행하여 학습하는 방법이 좋습니다. 또한 실습 후 엑셀 없이도 결과를 산출하고 선별하는 연습도 해야 시험을 볼 때 당황하지 않습니다.

SECTION 04 | 데이터 관리 및 분석

POINT 45 ▶ 정렬 ★★★★☆
대표 문제 : 23.상시 01회 26번, 23.상시 04회 39번, 24.상시 01회 24번, 24.상시 02회 29번

▶ **정렬**

- 목록의 데이터를 특정 필드의 크기 순서에 따라 재배열하는 기능이다.(2급 22.상시)
- 대/소문자를 구분하여 정렬할 수 있다.(1급 24.상시, 23.상시, 20.2)
- 표 안에서 다른 열에는 영향을 주지 않고 선택한 한 열 내에서만 정렬하도록 할 수 있다.(1급 20.2)
- 정렬 기준으로 '조건부 서식 아이콘'을 선택한 경우 기본 정렬 순서는 '위에 표시'이다.(1급 20.2)
- **오름차순 정렬** : 숫자 – 기호 문자 – 영문 소문자 – 영문 대문자 – 한글 – 빈 셀(단, 대/소문자 구분하도록 설정했을 때)(1급 25.상시, 2급 21.상시)
- **내림차순 정렬** : 한글 – 영문 대문자 – 영문 소문자 – 기호 문자 – 숫자 – 빈 셀(단, 대/소문자 구분하도록 설정했을 때)
- 빈 셀(공백)은 정렬 순서와 관계없이 항상 가장 마지막으로 정렬된다.(1급 23.상시, 2급 23.상시, 22.상시)

이것도 알아두세요

- 숨겨진 열이나 행은 정렬 시 이동되지 않으므로 데이터를 정렬하기 전에 숨겨진 열과 행을 표시해야 함
- 기본적으로 행 단위 기준으로는 위에서 아래로, 행 기준으로는 왼쪽에서 오른쪽 방향으로 정렬됨
- 영숫자 텍스트는 왼쪽에서 오른쪽으로 정렬됨(예) 오름차순 정렬 A1 → A10 → A101 → A11)(1급 23.상시)
- 글꼴 색 또는 셀 색, 조건부 서식 아이콘의 기본 정렬 순서는 없으므로 각 정렬 작업에 대해 원하는 순서를 정의해야 함
- 표에 병합된 셀들이 포함되어 있는 경우 정렬 작업을 수행하려면 셀의 크기가 동일해야 함

자주 출제되는 오답

행을 기준으로 정렬하려면 [정렬] 대화 상자의 [옵션]에서 정렬 옵션의 방향을 '위쪽에서 아래쪽'으로 선택한다.(1급 20.2) (×)
➡ **바른정답** | '왼쪽에서 오른쪽'을 선택해야 됨 (○)

기적의 TIP

정렬은 자주 출제되는 내용이므로 개념과 기능에 대해 정확하게 이해한 후 숙지하기 바랍니다.

POINT 46 ▶ 필터 ★★★★☆

대표 문제 : 23.상시 02회 36번, 23.상시 03회 24번, 24.상시 01회 28번, 24.상시 04회 26번

▶ 필터
- 사용자가 설정하는 특정 조건을 만족하는 자료만 검색, 추출하는 기능을 필터(Filter)라고 한다.
- 단순한 조건 검색은 자동 필터를 사용하고, 보다 복잡한 조건으로 검색하거나 검색 결과를 다른 데이터로 활용하려면 고급 필터를 사용한다.
- 고급 필터는 필터링 한 결과를 원하는 위치에 별도의 표로 생성할 수 있다.(1급 20.2)

▶ 고급 필터의 AND(이고, 이면서) 조건
- 첫 행에 필드명을 나란히 입력하고 다음 동일한 행에 조건을 입력함(1급 25.상시, 2급 25.상시, 24.상시, 20.7)
- 예를 들어, 근무 기간이 15년 이상(>=)이면서 나이가 50세 이상(>=)인 조건은 다음과 같이 작성함(2급 20.7)

근무 기간	나이
>=15	>=50

▶ 복합 조건(AND, OR 결합)
- **AND(그리고, 이면서)** : 첫 행에 필드명(국사, 영어, 평균)을 나란히 입력하고, 다음 행에 첫 조건(>=80, >=85)을 나란히 입력함(2급 24.상시, 20.2)
- **OR(또는, 이거나)** : 다른 행에 두 번째 조건(>=85)을 입력함(2급 24.상시, 20.2)
- 예를 들어, 국사가 80 이상이면서(AND) 영어가 85 이상이거나(OR), 평균이 85 이상인 경우가 다음과 같이 작성함(2급 20.2)

국사	영어	평균
>=80	>=85	
		>=85

이것도 알아두세요
- 고급 필터의 복사 위치는 결과 옵션을 '다른 장소에 복사'로 선택했을 경우에 필요하며 현재 시트에만 복사할 수 있음
- '날짜 필터' 목록에서 필터링 기준으로 사용할 요일은 지원되지 않음
- 열 머리글의 드롭다운 화살표에는 해당 열에서 가장 많이 입력된 데이터 형식에 해당하는 필터 목록이 표시됨
- 검색 상자를 사용하여 숫자와 텍스트를 검색할 수 있음
- 텍스트나 배경에 색상 서식이 적용되어 있는 경우 셀의 색상을 기준으로 필터링이 가능함

자주 출제되는 오답
- 자동 필터는 각 열에 입력된 데이터의 종류가 혼합되어 있는 경우 날짜, 숫자, 텍스트 필터가 모두 표시된다.(1급 20.2) (×)
  → **바른정답** | 데이터의 종류가 혼합되어 있는 경우 많은 종류의 데이터 필터가 표시됨 (○)
- 고급 필터는 조건을 수식으로 작성할 수 있으며, 조건의 첫 셀은 반드시 필드명으로 입력해야 한다.(1급 20.2) (×)
  → **바른정답** | 조건의 첫 셀은 반드시 다른 필드명을 입력하거나 공백을 이용하여 생략해도 됨 (○)
- 자동 필터에서 여러 필드에 조건을 설정한 경우 필드 간은 OR 조건으로 처리되어 결과가 표시된다.(1급 20.2) (×)
  → **바른정답** | 여러 필드에 조건을 설정한 경우 필드 간은 AND 조건으로 처리되어 결과가 표시됨 (○)

기적의 TIP
필터의 개념을 파악한 후 필터와 고급 필터의 차이점과 사용 요령에 대해 이해하고 숙지해 두세요. 특히, 수식을 조건으로 사용하는 경우 필드명이 달라야 되는 점에 유의해야 합니다.

POINT 47 ▶ 기타 데이터 관리 기능 ★★★★★

▶ **텍스트 마법사**
- 한 셀에 입력된 데이터를 여러 셀로 분리시킨다.(1급 21.상시)
- 텍스트 마법사 3단계에서 '열 가져오지 않음(건너뜀)'을 이용하여 일부 열만 가져올 수 있다.(1급 21.상시)
- 텍스트 마법사가 아닌 함수를 사용하여 여러 셀로 텍스트를 분할할 수도 있다.(1급 21.상시)

이것도 알아두세요
- 범위에 포함되는 행 수는 제한을 두지 않지만, 열은 반드시 하나만 포함해야 함
- 선택한 열의 오른쪽에는 빈 열이 한 개 이상 있어야 하며, 없는 경우 선택한 열의 오른쪽에 있는 데이터가 덮어 써짐
- [그룹 및 개요 설정] : 그룹별로 요약된 데이터에서 [개요 지우기]를 실행하면 설정된 개요 기호가 지워지지만 개요 설정에 사용된 요약 정보는 제거되지 않음
- [데이터 유효성 검사]에서 데이터 유효성 검사 전에 입력된 데이터에 대해 유효성 검사를 설정하는 경우 유효성 조건에 맞지 않는 데이터는 삭제되지 않고 그대로 존재함

자주 출제되는 오답
구분 기호는 탭과 세미콜론만 설정할 수 있다.(1급 21.상시) (×)
➡ **바른정답** | 구분 기호는 탭, 세미콜론, 쉼표, 공백, 기타 등으로 설정 가능함 (○)

기적의 TIP
텍스트 나누기는 반드시 실습을 통해 익혀 두어야 합니다. 텍스트 마법사를 이용하는 방법에 대한 문제가 출제되고 있습니다.

POINT 48 ▶ 부분합/데이터 표/데이터 통합 ★★★★★

대표 문제 : 24.상시 04회 31번, 24.상시 05회 35번, 25.상시 04회 31번

▶ **부분합**
- 기준이 될 필드(열)로 먼저 정렬(오름차순 또는 내림차순)해야 한다.(1급 24.상시, 23.상시, 2급 25.상시)
- 부분합을 실행하면 각 부분합에 대한 정보 행을 표시하고 숨길 수 있도록 목록에 개요가 자동으로 설정된다.(2급 20.7)
- 부분합은 한 번에 한 개의 함수만 계산할 수 있으므로 두 개 이상의 함수를 이용하려면 함수의 개수만큼 부분합을 중첩해서 삽입해야 한다.(2급 24.상시, 20.7)
- '새로운 값으로 대치'를 선택하면 이전의 부분합의 결과는 제거되고 새로운 부분합의 결과로 변경한다.(2급 24.상시, 20.7)
- [새로운 값으로 대치]는 이전 부분합을 지우고 새로운 부분합을 삽입한다.(1급 21.상시)

▶ **데이터 표**
- 데이터 표는 특정 값의 변화에 따른 결과값의 변화 과정을 한 번의 연산으로 빠르게 계산하여 표의 형태로 표시해 주는 도구이다. (1급 24.상시, 18.9, 2급 24.상시, 23.상시)
- 데이터 표는 복잡한 형태의 상대 참조, 혼합 참조 수식을 보다 편리하게 작성할 수 있다.
- 데이터 표는 배열 수식을 이용하여 한 번에 여러 셀에 데이터를 입력하므로, 수식이 입력될 범위를 설정한 후 데이터 표 기능을 실행한다.
- 데이터 표 기능을 통해 입력된 셀의 일부분만 수정하거나 삭제할 수 없다(데이터 표 범위의 전체를 수정해야 함).(1급 23.상시, 2급 25.상시, 23.상시)

▶ **통합**
- 통합은 비슷한 형식의 여러 데이터의 결과를 하나의 표로 통합하여 요약해 주는 도구이다.(1급 18.9, 2급 24.상시)
- 데이터 통합은 위치를 기준으로 통합할 수도 있고, 영역의 이름을 정의하여 통합할 수도 있다.(2급 20.2)
- 다른 원본 영역의 레이블과 일치하지 않는 레이블이 있는 경우에 통합하면 별도의 행이나 열이 만들어진다.(2급 20.2)
- 여러 시트에 있는 데이터나 다른 통합 문서에 입력되어 있는 데이터를 통합할 수 있다.(2급 20.2)

이것도 알아두세요

- 부분합에서 사용할 함수로 백분율, 중간값, 순위는 사용할 수 없으며 사용자 지정 계산과 수식도 만들 수 없음
- 통합에서 '모든 참조 영역'에 다른 통합 문서의 워크시트를 추가하여 통합할 수 있음
- 통합에서 '사용할 레이블'을 모두 선택한 경우 각 참조 영역에 결과표의 레이블과 일치하지 않은 레이블이 있으면 통합 결과표에 별도의 행이나 열이 만들어짐
- 통합에서 지정한 영역에 계산될 요약 함수는 '함수'에서 선택하며, 요약 함수로는 합계, 개수, 평균, 최대값, 최소값 등이 있음

자주 출제되는 오답

- 그룹화할 항목으로 선택된 필드는 자동으로 오름차순 정렬하여 부분합이 계산된다.(2급 20.7) (×)
  - ➡ 바른정답 | 그룹화할 항목은 부분합을 실행하기 전에 오름차순이나 내림차순으로 정렬되어 있어야 함 (○)
- 통합에서 '원본 데이터에 연결' 기능은 통합할 데이터가 있는 워크시트와 통합 결과가 작성될 워크시트가 같은 통합 문서에 있는 경우에만 적용할 수 있다.(2급 20.2) (×)
  - ➡ 바른정답 | 서로 다른 경우도 적용됨 (○)

기적의 TIP

부분합의 선행 작업은 정렬임을 잊지 마세요. 사용할 수 없는 함수 먼저 암기하면 좋습니다. 데이터 표는 실습으로 이해하는 것이 도움됩니다. 또한 데이터 통합은 실무에서도 요긴하게 사용됩니다. 부분합, 데이터 표, 데이터 통합은 꾸준히 출제되는 경향을 보이고 있습니다.

POINT 49 ▶ 피벗 테이블/피벗 차트 보고서 ★★★★★

대표 문제 : 23.상시 04회 37번, 24.상시 02회 39번, 24.상시 03회 35번

▶ 피벗 테이블/피벗 차트 보고서

- 데이터베이스, 외부 데이터 등의 데이터를 사용할 수 있다.(1급 21.상시)
- 많은 양의 데이터를 한눈에 파악할 수 있도록 요약하거나 분석하여 보여주는 도구로 피벗 차트와 함께 작성할 수 있다.(1급 21.상시)
- 원본 데이터가 변경되면 피벗 테이블의 데이터도 변경되도록 지정할 수 있다.(1급 21.상시, 2급 22.상시)
- 새 워크시트에 피벗 테이블을 생성하면 보고서 필터의 위치는 [A1] 셀, 행 레이블은 [A3] 셀에서 시작한다.(1급 24.상시, 20.2)
- 피벗 테이블과 연결된 피벗 차트가 있는 경우 피벗 테이블에서 [피벗 테이블 분석]-[동작]의 [모두 지우기] 명령을 사용하면 피벗 테이블과 피벗 차트의 필드, 서식 및 필터가 제거된다.(1급 24.상시, 23.상시, 20.2)
- [피벗 테이블 옵션] 대화 상자에서 오류값을 빈 셀로 표시하거나 빈 셀에 원하는 값을 지정하여 표시할 수도 있다.(1급 20.2)

이것도 알아두세요

- 피벗 차트 작성 시 피벗 테이블도 자동으로 만들어지므로, 피벗 테이블을 만들지 않고 피벗 차트를 만들 수 없음(1급 24.상시, 23.상시)
- 피벗 테이블과 피벗 차트를 함께 만든 후에 작성된 피벗 테이블을 삭제하면 피벗 차트는 일반 차트로 변경됨(1급 24.상시, 23.상시)
- 피벗 테이블 보고서를 작성한 후 원본 데이터를 수정하면 피벗 테이블 보고서에 자동으로 반영되지 않음(2급 24.상시)
- [피벗 테이블 분석] 탭-[데이터] 그룹-[새로 고침]의 [새로 고침]이나 [모두 새로 고침]을 클릭하면 수정된 데이터가 반영됨

자주 출제되는 오답

- 값 영역에 표시된 데이터의 일부를 삭제하거나 필요한 데이터를 추가할 수 있다.(1급 21.상시) (×)
  - ➡ 바른정답 | 값 영역에 표시된 데이터의 일부를 삭제하거나 필요한 데이터를 추가할 수 없음 (○)
- 하위 데이터 집합에도 필터와 정렬을 적용하여 원하는 정보만 강조할 수 있으나 조건부 서식은 적용되지 않는다.(1급 20.2) (×)
  - ➡ 바른정답 | 하위 데이터 집합에도 필터와 정렬을 적용하여 원하는 정보만 강조할 수 있으며 조건부 서식 역시 적용 가능하므로 데이터를 시각적으로 탐색 및 분석할 수 있음 (○)

기적의 TIP

피벗 테이블의 기본 개념부터 마법사를 이용하는 단계와 레이아웃 만들기, 도구 모음에 대한 전반적인 이해와 숙지가 필요합니다. 특히, 옵션 부분도 꾸준히 출제되므로 유념해서 공부해 두세요.

POINT 50 ▶ 목표값 찾기/시나리오 ★★★★★   대표 문제 : 23.상시 05회 33번, 24.상시 01회 34번, 24.상시 03회 33번, 25.상시 05회 26번

▶ 목표값 찾기

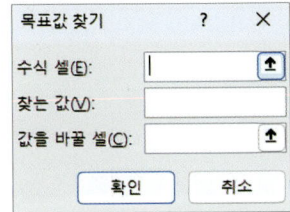

- [찾는 값]에는 구할 목표값을 입력한다.(1급 24.상시, 21.상시, 2급 25.상시)
- [수식 셀]에는 [값을 바꿀 셀]이 참조하고 있는 수식이 들어 있는 셀을 선택한다.(1급 24.상시, 21.상시, 2급 25.상시)
- [찾는 값]에는 셀 주소를 입력할 수 없다.(1급 24.상시, 21.상시, 2급 25.상시)
- 수식의 결과값은 알고 있으나 그 결과값을 얻기 위한 입력값을 모를 때 목표값 찾기 기능을 이용한다.(2급 23.상시)
- 수식에서 참조한 특정 셀의 값을 계속 변화시켜 수식의 결과값을 원하는 값으로 찾는다.

▶ 시나리오

- 여러 시나리오를 비교하여 하나의 테이블로 요약하는 보고서를 만들 수 있다.(1급 20.2, 2급 22.상시)
- 시나리오 요약 보고서를 생성하기 전에 변경 셀과 결과 셀에 이름을 정의하면 셀 참조 주소 대신 정의된 이름이 보고서에 표시된다. (1급 20.2, 2급 22.상시)
- 시나리오 요약 보고서는 자동으로 다시 갱신되지 않으므로 변경된 값을 요약 보고서에 표시하려면 새 요약 보고서를 만들어야 한다. (1급 20.2)

이것도 알아두세요
- 원본 데이터에서 변경 셀의 현재 값을 수정하면 시나리오 요약 보고서가 자동으로 업데이트되지 않음
- 시나리오의 값을 변경하면 해당 변경 내용이 기존 요약 보고서에 자동으로 다시 계산되어 표시되지 않으므로 시나리오 요약 보고서를 다시 작성해야 됨

자주 출제되는 오답
- [값을 바꿀 셀]에는 하나 이상의 셀을 입력할 수 있다.(1급 21.상시, 2급 25.상시) (×)
  - ➡ 바른정답 | [목표값 찾기]는 하나의 변수 입력값만 사용함 (○)
- 시나리오 요약 보고서를 만들 때에는 결과 셀을 반드시 지정해야 하지만, 시나리오 피벗 테이블 보고서를 만들 때에는 결과 셀을 지정하지 않아도 된다. (×)
  - ➡ 바른정답 | [시나리오 요약 보고서]를 만들 때 [결과 셀]을 지정하지 않아도 [결과 셀] 없이 만들어지지만, [시나리오 피벗 테이블 보고서]를 만들 때에는 [결과 셀]을 반드시 지정해야 됨 (○)

기적의 TIP
목표값 찾기 기능이 무엇인지 정확히 파악하고 다수의 문제를 접하면 어렵지 않은 개념입니다. 시나리오는 실습을 통한 이해가 필수입니다.

SECTION 05 출력

POINT 51 ▶ 인쇄 ★★★★☆
대표 문제 : 23.상시 01회 36번, 23.상시 02회 28번, 24.상시 01회 33번, 24.상시 02회 27번

▶ 인쇄 기능
- 기본적으로 워크시트의 눈금선은 인쇄되지 않으나 인쇄되도록 설정할 수 있다.(1급 20.2)
- [인쇄 미리 보기 및 인쇄] 화면을 표시하는 단축키는 Ctrl+F2이다.(1급 20.2)
- [인쇄 미리 보기 및 인쇄]에서 '여백 표시'를 선택한 경우 마우스로 여백을 변경할 수 있다.(1급 20.2)

▶ 페이지 설정
- [페이지 설정]-[시트] 탭에서 [간단하게 인쇄] 항목 : 차트나 도형, 테두리 등의 그래픽 요소를 인쇄하지 않음(1급 21.상시, 2급 25.상시, 24.상시)
- 셀 구분선은 기본값이 인쇄되지 않으며 인쇄하려면 [페이지 설정] 대화 상자의 [시트] 탭에서 [눈금선]을 클릭해서 선택함(1급 21.상시)
- **모든 자료를 한 장에 인쇄하기** : '자동 맞춤'을 선택하고 용지의 너비와 높이를 각각 1로 설정하면 모든 자료가 한 장에 인쇄된다.
- [페이지 나누기 미리 보기] 상태에서는 페이지 구분선과 페이지 번호가 나타나며, 마우스로 페이지 구분선을 끌어 원하는 위치로 이동할 수 있다. 수동으로 삽입된 페이지 나누기는 실선으로 표시된다(자동은 파선).

> **이것도 알아두세요**
- **페이지 나누기** : 워크시트를 인쇄할 수 있도록 페이지 단위로 나누는 구분 선이며, 용지 크기, 여백 설정, 배율 옵션, 사용자가 삽입한 수동 페이지 나누기 위치 등에 따라 자동 페이지 나누기가 삽입됨
- [인쇄 미리 보기]에서 [페이지 설정]을 클릭한 경우 [페이지 설정] 대화 상자의 [시트] 탭에서 '인쇄 영역', '반복할 행', '반복할 열'은 비활성 상태가 됨

> **자주 출제되는 오답**
[페이지 설정] 대화 상자의 [시트] 탭에서 '간단하게 인쇄'를 선택하면 셀의 테두리를 포함하여 인쇄할 수 있다.(1급 20.2) (×)
➡ **바른정답** | '간단하게 인쇄'를 선택하면 테두리나 그래픽 등을 생략하고 데이터만 인쇄함 (○)

> 🚩 **기적의 TIP**
인쇄 작업에 대해 옳고 그름을 묻는 형식과 페이지 설정 대화 상자의 각 탭의 기능을 묻는 유형으로 출제되므로 반드시 실습을 통해 하나씩 확인하는 공부 습관이 중요합니다.

POINT 52 ▶ 화면 제어 ★★★☆☆
대표 문제 : 23.상시 03회 27번, 24.상시 01회 29번, 24.상시 03회 30번, 24.상시 04회 37번

▶ [보기] 탭-[창] 그룹

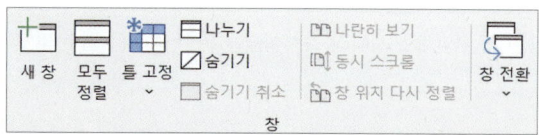

- [모두 정렬]은 현재 열려 있는 통합 문서를 바둑판식, 계단식, 가로, 세로 등 4가지 형태로 배열한다.(1급 20.7)
- [숨기기]는 현재 활성화된 통합 문서 창을 보이지 않도록 숨긴다.(1급 20.7)
- [나누기]를 클릭하면 워크시트를 최대 4개의 창으로 분할하여 멀리 떨어져 있는 여러 부분을 한 번에 볼 수 있다.(1급 24.상시, 20.7, 2급 24.상시, 23.상시)

▶ **화면 확대/축소 작업**
- 문서의 확대/축소는 10%에서 400%까지 설정할 수 있다. (1급 20.2, 2급 21.상시)
- 화면의 확대/축소는 단지 화면에서 보이는 상태만을 확대/축소하는 것으로 인쇄 시 적용되지 않는다. (1급 20.2)
- Ctrl 을 누른 채 마우스의 스크롤을 위로 올리면 화면이 확대되고, 아래로 내리면 화면이 축소된다. (1급 20.2, 2급 21.상시)

이것도 알아두세요
- **틀 고정** : 데이터 양이 많은 경우, 특정한 범위의 열 또는 행을 고정시켜 셀 포인터의 이동과 상관없이 화면에 항상 표시할 수 있도록 하는 기능 (2급 24.상시)
- 셀 편집 상태에서는 틀 고정을 실행할 수 없음

자주 출제되는 오답
- [새 창]을 클릭하면 새로운 빈 통합 문서가 표시된다. (1급 20.7) (×)
  ➡ **바른정답** | 동시에 여러 곳에서 작업할 수 있도록 문서를 다른 창에서 열기함 (○)
- 설정한 확대/축소 배율은 통합 문서의 모든 시트에 자동으로 적용된다. (1급 20.2) (×)
  ➡ **바른정답** | 설정한 확대/축소 배율은 통합 문서의 모든 시트에 자동으로 적용되지 않고 통합 문서의 해당 시트에만 적용됨 (○)

📌 **기적의 TIP**
창 나누기와 틀고정 부분이 꾸준히 출제되고 있습니다. 각 기능별로 실습을 통해 이해하고 숙지하세요.

SECTION 06 차트 생성 및 활용

POINT 53 ▶ 차트 종류 ★★★★★
대표 문제 : 24.상시 04회 22번, 24.상시 05회 30번, 25.상시 04회 33번, 25.상시 05회 27번

▶ **세로 막대형** (1급 20.2, 2급 19.3)
- 각 항목 간의 값을 비교하는 데 사용한다.
- 2차원, 3차원 차트로 작성할 수 있으며 누적과 비누적 형태로 구분된다.

▶ **꺾은선형** (1급 20.2, 2급 25.상시, 19.3/8)
- 시간이나 항목에 따라 일정한 간격으로 데이터의 추세나 변화를 표시한다.
- 데이터 계열 하나가 하나의 선으로 표시된다.

▶ **원형 차트** (1급 25.상시, 24.상시, 21.상시, 2급 25.상시, 24.상시, 23.상시, 21.상시, 19.3/8)
- 전체에 대한 각 값의 기여도를 표시한다.
- 항목의 값들이 합계의 비율로 표시되므로 중요한 요소를 강조할 때 사용한다.
- 항상 한 개의 데이터 계열만을 가지고 있으므로 축이 없다.
- 데이터 계열 요소 하나만 선택한 다음, 바깥쪽으로 드래그하여 조각을 분리할 수 있다.
- 첫째 조각의 시작 각도를 변경할 수 있으며, 조각마다 다른 색을 지정할 수 있다.
- 원형 차트의 계열 요소들의 값은 '데이터 테이블'로 나타낼 수 없다.

▶ **가로 막대형** (1급 20.2, 2급 22.상시)
- 세로 막대형 차트와 유사한 용도로 이용되며 값축과 항목 축의 위치가 서로 바뀌어 나타난다.
- 가로 막대형 차트는 여러 값을 가장 잘 비교할 수 있는 차트이다.
- 축 레이블이 긴 경우나 표시되는 값이 기간인 경우에 사용된다.

▶ **영역형** (1급 25.상시, 19.8, 18.9)
- 일정한 시간에 따라 데이터의 변화 추세(데이터 세트의 차이점을 강조)를 표시한다.
- 데이터 계열 값의 합계를 표시하여 전체 값에 대한 각 값의 관계를 표시한다.

▶ **분산형(XY 차트)** (1급 25.상시, 24.상시, 23.상시, 19.8, 18.9, 2급 21.상시, 19.8)
- 데이터의 불규칙한 간격이나 묶음을 보여주는 것으로, 데이터 요소 간의 차이점보다는 큰 데이터 집합 간의 유사점을 표시하려는 경우에 사용한다.
- 각 항목의 값을 점으로 표시한다.
- 두 개의 숫자 그룹을 XY 좌표로 이루어진 한 계열로 표시한다(XY 차트라고도 함).
- 주로 과학, 공학용 데이터 분석에서 사용한다.
- 3차원 차트로 작성할 수 없다.

기적의 TIP

차트의 종류별 쓰임새에 대해 묻는 형식으로 출제되고 있습니다. 각 차트별 특징과 기능에 대해 정확히 이해하고 암기해 두세요.

POINT 54 ▶ 차트 편집 ★★★★☆

대표 문제 : 23.상시 03회 31번, 23.상시 04회 29번, 24.상시 01회 23번, 24.상시 02회 26번

▶ **차트 편집**
- 차트와 연결된 워크시트의 데이터에 열을 추가하면 차트에 자동적으로 반영되지 않는다.(1급 20.7)
- 데이터 계열의 순서가 변경되면 범례의 순서도 자동으로 변경된다.(1급 20.7)

▶ **차트 도구의 [데이터 선택]**
- [차트 데이터 범위]에서 차트에 사용하는 데이터 전체의 범위를 수정할 수 있다.(1급 20.2)
- [행/열 전환]을 클릭하여 가로 (항목) 축의 데이터 계열과 범례 항목(계열)을 바꿀 수 있다.(1급 25.상시, 20.2)
- 데이터 범위 내에 숨겨진 행이나 열의 데이터도 차트에 표시할 수 있다.(1급 20.2)

▶ **차트 크기 조절 방법**
- Alt 를 누른 상태에서 차트 크기를 조절하면 차트의 크기가 셀에 맞춰 조절된다.(2급 20.2)
- Shift 를 누른 상태에서 차트 크기를 조절하면 정사각형 형태로 수평, 수직으로 크기가 조절된다.(2급 20.2)
- Ctrl 을 누른 상태에서 차트 크기를 조절하면 차트의 중심을 그대로 유지한 채 크기가 조절된다.(2급 20.2)

▶ **추세선** (1급 19.3, 2급 24.상시, 21.상시)
- 계열의 데이터 추세나 방향을 그림으로 표시하는 것을 의미하며, 회귀 분석과 같은 예측 문제에서 사용된다.
- 비누적 2차원 영역형, 가로 막대형, 세로 막대형, 꺾은선형, 주식형, 분산형, 거품형 차트에서 데이터 계열에 추세선을 추가할 수 있다.
- 누적 2차원 영역형, 3차원 효과의 영역형, 원형, 도넛형, 방사형, 표면형, 원통형, 원뿔형, 피라미드형 차트에서는 추가할 수 없다.
- 추세선의 종류에는 선형, 로그, 다항식, 거듭제곱, 지수, 이동 평균이 있다.
- 추세선이 추가된 데이터 계열의 차트 종류를 3차원으로 바꾸면 추세선이 사라진다.
- 추세선을 하나의 데이터 계열에 두 개 이상 동시에 나타낼 수 있다.

▶ **오차 막대** (1급 25.상시, 24.상시, 20.7, 2급 24.상시)
- 데이터 계열에 있는 각 데이터 표식의 잠정 오차나 불확실도를 그림으로 나타내는 막대이다.
- 2차원 영역형, 가로 막대형, 세로 막대형, 꺾은선형, 분산형, 거품형 차트 등의 데이터 계열에 Y 오차 막대를 추가할 수 있다.
- 3차원 차트는 오차 막대를 표시할 수 없다.(2급 21.상시)

이것도 알아두세요

- **보조 축 사용** : 2차원 차트에서 각 데이터 계열 값의 범위가 크게 다르거나 다른 종류의 데이터가 섞여 있을 때 사용함
- **차트만 용지 전체에 인쇄하는 방법** : 차트를 선택한 후 [파일] 탭–[인쇄]에서 '인쇄 대상'을 '선택한 차트 인쇄'로 선택함
- **차트 서식 파일** : 작성된 차트의 서식과 레이아웃을 나중에 만들 차트에 적용시킬 수 있는 서식 파일(확장자 : *.crtx)
- **추세선 삭제** : 차트에 표시된 추세선을 클릭하여 선택한 다음 Delete 를 누르거나 바로 가기 메뉴의 [삭제]를 선택하면 추세선이 삭제됨

자주 출제되는 오답

- 차트에 적용된 원본 데이터의 행이나 열을 숨겨도 차트에는 반영되지 않는다.(1급 20.7) (×)
  - ➡ **바른정답** ㅣ차트에 적용된 원본 데이터의 행이나 열을 숨기면 차트에 반영됨 (○)
- 범례에서 표시되는 데이터 계열의 순서를 바꿀 수 없다.(1급 20.2) (×)
  - ➡ **바른정답** ㅣ범례에서 표시되는 데이터 계열의 순서를 바꿀 수 있음 (○)

기적의 TIP

차트의 여러 편집 기능에 대한 전반적인 학습이 필요하며 추세선과 오차막대의 개념과 추가 가능한 차트와 아닌 차트를 혼동하지 않도록 숙지해 두세요.

SECTION 07 매크로

POINT 55 ▶ 매크로의 개념 및 작성 ★★★★☆ 대표 문제 : 24.상시 02회 21번, 24.상시 03회 24번, 24.상시 04회 24번, 25.상시 04회 26번

▶ **매크로**
- 자주 사용하는 명령, 반복적인 작업 등을 매크로로 기록하여 해당 작업이 필요할 때마다 바로 가기 키(단축 키)나 실행 단추를 클릭하여 쉽고, 빠르게 작업을 수행할 수 있다.
- 매크로는 해당 작업에 대한 일련의 명령과 함수를 Microsoft Visual Basic 모듈로 저장한 것으로 Visual Basic 언어를 기반으로 한다(따로 설치하지 않아도 됨).
- 매크로를 사용하면 반복적인 작업들을 빠르고 쉽게 실행할 수 있다.(1급 19.8, 2급 22.상시)

▶ **매크로 이름**
- 기록할 매크로 이름을 지정하는 것으로 기본적으로는 매크로1, 매크로2와 같이 붙여짐
- 첫 글자는 반드시 문자이어야 하며, 나머지는 문자, 숫자, 밑줄 등을 사용하여 입력할 수 있음
- 매크로 이름에 공백이나 #, @, $, %, & 등의 기호 문자를 사용할 수 없음
- 매크로 이름은 숫자나 공백으로 시작할 수 없다.(1급 19.8)

▶ **매크로 바로 가기 키**
- 기본적으로 Ctrl 이 지정되어 있으며, 바로 가기 키 조합 문자는 영문자만 가능함(2급 25.상시, 24.상시)
  - 소문자로 지정하면 Ctrl 을 누른 상태에서 해당 문자를 눌러 매크로를 실행함
  - 대문자로 지정하면 Ctrl + Shift 를 누른 상태에서 해당 문자를 누름(2급 24.상시)
- 바로 가기 키로 엑셀에서 지정되어 있는 바로 가기 키를 지정할 수 있으며, 매크로 실행 바로 가기 키가 엑셀의 바로 가기 키보다 우선하며 수정이 가능함(1급 23.상시, 2급 24.상시, 23.상시)
- 매크로 기록 시 바로 가기 키는 지정하지 않아도 됨(2급 24.상시)

▶ **매크로 보기**(Alt+F8) (2급 25.상시, 24.상시)

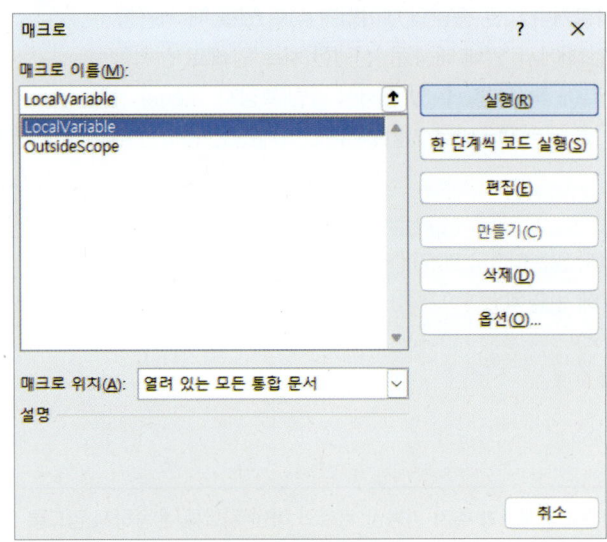

- [실행]은 지정된 매크로를 실행한다.(1급 21.상시)
- [편집]은 Visual Basic Editor에서 매크로를 열지만 코드는 시작되지 않는다.(1급 21.상시)
- [옵션]은 바로 가기 키 및 설명 등의 속성을 수정할 수 있다.(1급 21.상시)
- 그래픽 개체에 매크로를 지정한 후 개체를 클릭하여 매크로를 실행할 수 있다.(1급 19.8)

▶ **매크로 편집** (1급 20.7)
- Visual Basic Editor를 사용하여 매크로를 편집할 수 있다.
- **실행 방법** : [개발 도구] 탭-[코드] 그룹-[Visual Basic]을 실행하거나 바로 가기 키 Alt+F11을 누른다. 또는 [개발 도구] 탭-[코드] 그룹-[매크로]를 실행한 후 편집할 매크로를 선택하고 [편집]을 클릭해도 된다.(2급 24.상시)

이것도 알아두세요
- **리본 메뉴에 [개발 도구] 탭 표시** : [파일] 탭-[옵션]-[Excel 옵션]-[리본 사용자 지정]-[개발 도구] 확인란을 체크하면, 리본 메뉴에 [개발 도구] 탭을 표시함([개발 도구] 탭을 사용하면 매크로와 양식 컨트롤을 쉽게 사용할 수 있음)
- **Sub 프로시저** : 작업 수행 후 결과값을 반환하지 않는 프로시저로서, Sub 문으로 시작하여 End Sub문으로 끝남

자주 출제되는 오답
- [삭제]는 매크로를 임시로 삭제하므로 삭제한 매크로는 복원할 수 있다.(1급 21.상시) (×)
  → **바른정답** | [삭제]는 매크로를 영구적으로 삭제하며 삭제된 매크로는 복원할 수 없음 (○)
- 매크로 기록 시 리본 메뉴에서의 탐색도 매크로 기록에 포함된다.(1급 19.8) (×)
  → **바른정답** | 포함되지 않음 (○)

기적의 TIP

매크로 편집 방법과 바로 가기 키, 매크로 형식을 묻는 문제가 출제되므로 이 부분을 중점적으로 학습해 두세요.

해설과 함께 보는
기출문제

CONTENTS

- 2024년 상시 기출문제 01회
- 2024년 상시 기출문제 02회
- 2024년 상시 기출문제 03회
- 2024년 상시 기출문제 04회
- 2024년 상시 기출문제 05회

CBT 온라인 문제집

① 모바일로 QR 코드를 스캔합니다.
② 해당하는 시험을 클릭합니다.
③ 실제 시험처럼 CBT 문제를 풀어보세요.
④ 로그인해서 이용하면 성적 분석도 확인할 수 있습니다.

해설과 함께 보는 2024년 상시 기출문제 01회

SELF CHECK : 제한시간 40분 | 소요시간 분 | 전체 문항 수 40문항 | 맞힌 문항 수 문항

1과목 컴퓨터 일반

01 다음 중 정당한 사용자가 정상적으로 시스템을 종료하지 않고 자리를 떠났을 때 비인가된 사용자가 바로 그 자리에서 계속 작업을 수행하여 불법적 접근을 행하는 범죄 행위는?

① 스패밍(Spamming)
② 스푸핑(Spoofing)
③ 스니핑(Sniffing)
④ 피기배킹(Piggybacking)

피기배킹(Piggybacking) : 정상 계정을 비인가된 사용자가 불법적으로 접근하여 정보를 빼내는 편승식 불법적 공격 방법으로 주로 PC방이나 도서관, 사무실 등에서 정상적으로 시스템을 종료하지 않고 자리를 떠난 경우 타인이 그 시스템으로 불법적 접근을 행하는 범죄 행위를 의미함

오답 피하기
- 스패밍(Spamming) : 불특정 다수에게 스팸 메일을 보내는 행위
- 스푸핑(Spoofing) : '속임수'의 의미로 어떤 프로그램이 정상적으로 실행되는 것처럼 위장하는 것
- 스니핑(Sniffing) : 특정한 호스트에서 실행되어 호스트에 전송되는 정보(계정, 패스워드 등)를 엿보는 행위

02 다음 중 Windows 10에서 실행 중인 프로그램 사이의 작업 전환을 위해 사용되는 바로 가기 키로 옳은 것은?

① Alt + Tab
② Alt + Enter
③ Alt + F4
④ Shift + Delete

Alt + Tab : 열려 있는 앱 간 전환

오답 피하기
- Alt + Enter : 선택한 항목에 대해 속성 표시
- Alt + F4 : 활성 항목을 닫거나 활성 앱을 종료
- Shift + Delete : 휴지통을 사용하지 않고 완전 삭제

03 다음 중 컴퓨터의 인터럽트에 관한 설명으로 옳지 않은 것은?

① 프로그램 실행 중에 현재의 처리 순서를 중단시키고 다른 동작을 수행하도록 하는 것이다.
② 인터럽트 수행을 위한 인터럽트 서비스 루틴 프로그램이 따로 있다.
③ 하드웨어 결함이 생긴 경우에는 인터럽트가 발생하지 않는다.
④ 인터럽트 서브루틴이 끝나면 주프로그램으로 돌아간다.

하드웨어의 결함이 생긴 경우라도 인터럽트가 발생하며 기계가 고장인 경우도 해당

04 다음 중 IPv6 주소에 대한 설명으로 옳지 않은 것은?

① 각 부분은 세미콜론(;)으로 구분되어 있다.
② 각 부분은 16진수로 표현된다.
③ 총 128비트로 구성된다.
④ 8개 부분으로 구성된다.

IPv6 주소 체계 : 128비트를 16비트씩 8부분으로 나누어 각 부분을 콜론(:)으로 구분하며 16진수로 표기함

정답 01 ④ 02 ① 03 ③ 04 ①

05 다음 중 웹 서버와 사용자의 인터넷 브라우저 간에 하이퍼텍스트 문서 전송을 위해 사용되는 통신 규약으로 옳은 것은?

① FTP
② HTTP
③ SMTP
④ TCP

HTTP(HyperText Transfer Protocol) : 인터넷상에서 하이퍼텍스트를 주고받기 위한 프로토콜

오답 피하기
- FTP : 파일을 송수신하는 서비스
- SMTP : 사용자의 컴퓨터에서 작성한 메일을 다른 사람의 계정이 있는 곳으로 전송해 주는 전자우편을 송신하기 위한 프로토콜
- TCP : 메시지를 송수신의 주소와 정보로 묶어 패킷 단위로 나누고 전송 데이터의 흐름을 제어하고 데이터의 에러 유무를 검사함

06 다음 중 가상 현실(Virtual Reality)에 대한 설명으로 옳은 것은?

① 복잡한 데이터를 단순 가상화하여 컴퓨터 화면에 나타내는 기술이다.
② 여러 영상을 분해, 통합하여 2차원 그래픽으로 표현하는 기술이다.
③ 고화질 영상을 제작하여 TV로 전송하는 기술이다.
④ 고도의 컴퓨터 그래픽 기술과 3차원 기법을 통하여 현실의 세계처럼 구현하는 기술이다.

가상 현실(VR : Virtual Reality) : 컴퓨터를 이용하여 특정 상황을 설정하고 구현하는 기술인 모의실험(Simulation)을 통해 실제 주변 상황처럼 경험하고 상호 작용하는 것처럼 느끼게 할 수 있는 인터페이스 시스템

07 다음 중 롬(ROM)에 기록되어 하드웨어를 제어하는 기능을 수행하며, 하드웨어의 성능 향상을 위해 업그레이드할 수 있는 마이크로 프로그램의 집합은?

① 프리웨어(Freeware)
② 셰어웨어(Shareware)
③ 펌웨어(Firmware)
④ 에드웨어(Adware)

펌웨어(Firmware) : 비휘발성 메모리인 ROM에 저장된 프로그램으로, 하드웨어의 교체 없이 소프트웨어의 업그레이드만으로 시스템의 성능을 높일 수 있으며, 내용을 변경하거나 추가 또는 삭제할 수 있음

오답 피하기
- 프리웨어(Freeware) : 개발자가 무료로 자유로운 사용을 허용한 소프트웨어
- 셰어웨어(Shareware) : 정식 프로그램의 구매를 유도하기 위해 기능이나 사용 기간에 제한을 두어 무료로 배포하는 프로그램
- 에드웨어(Adware) : 광고가 소프트웨어에 포함되어 이를 보는 조건으로 무료로 사용할 수 있는 소프트웨어

08 다음 중 컴퓨터의 하드웨어가 올바르게 작동하는지 확인할 수 있고, 문제가 있거나 불필요한 하드웨어 장치를 제거할 수 있는 항목으로 옳은 것은?

① 앱 및 기능
② 장치 관리자
③ 디스플레이
④ 개인 설정

장치 관리자 : 하드웨어의 올바른 작동 여부를 확인할 수 있고, 하드웨어 장치를 제거할 수 있으며 컴퓨터에 설치된 디바이스 하드웨어 설정 및 드라이버 소프트웨어를 관리함

오답 피하기
- 앱 및 기능 : 앱을 이동하거나 수정 및 제거함
- 디스플레이 : 해상도, 디스플레이 방향 등을 설정함
- 개인 설정 : 배경, 색, 잠금 화면, 테마, 글꼴, 시작, 작업 표시줄 등에 대해 설정함

09 다음 중 정보의 기밀성을 저해하는 데이터 보안 침해 형태로 옳은 것은?

① 가로채기
② 가로막기
③ 변조/수정
④ 위조

> 가로채기 : 전송되는 데이터를 가는 도중에 도청 및 몰래 보는 행위로 정보의 기밀성을 저해함

오답 피하기
- 가로막기 : 데이터의 전달을 가로막아 수신자 측으로 정보가 전달되는 것을 방해하는 행위로 정보의 가용성을 저해함
- 변조/수정 : 원래의 데이터가 아닌 다른 내용으로 수정하여 변조시키는 행위로 정보의 무결성을 저해함
- 위조 : 사용자 인증과 관계되어 다른 송신자로부터 데이터가 온 것처럼 꾸미는 행위로 정보의 무결성을 저해함

10 다음 중 추상화, 캡슐화, 상속성, 다형성 등의 특징을 지니고 있으며, 크고 복잡한 프로그램 구축이 어려운 절차형 언어의 문제점을 해결하기 위해 개발된 프로그래밍 기법은?

① 구조적 프로그래밍
② 객체 지향 프로그래밍
③ 하향식 프로그래밍
④ 비주얼 프로그래밍

> 객체 지향 프로그래밍 : 프로그램에서 사용하는 데이터 구조의 데이터형과 사용하는 함수까지 정의하는 프로그래밍 기법으로 C++, Actor, SmallTalk, JAVA 등이 있음

오답 피하기
- 구조적 프로그래밍 : 하나의 입력과 출력을 갖는 구조로 GOTO문을 사용하지 않는 기법
- 하향식 프로그래밍 : 프로그램을 작성할 때 상위에서 하위 모듈순으로 작성해 나가는 기법
- 비주얼 프로그래밍 : GUI 환경에서 아이콘과 마우스를 이용하여 대화 형식으로 효율적이고 쉽게 프로그래밍하는 기법

11 다음 중 컴퓨터의 특징에 관한 설명으로 옳지 않은 것은?

① 컴퓨터에서 사용되는 용어 중 'GIGO'는 입력 데이터가 옳지 않으면 출력 결과도 옳지 않다는 의미의 용어로 'Garbage In Garbage Out'의 약자이다.
② 호환성은 컴퓨터 기종에 상관없이 데이터 값을 동일하게 공유하여 처리할 수 있는 것을 의미한다.
③ 컴퓨터의 처리 속도 단위는 KB, MB, GB, TB 등으로 표현된다.
④ 컴퓨터 사용에는 사무 처리, 학습, 과학 계산 등 다양한 분야에서 이용될 수 있는 특징이 있으며, 이러한 특징을 범용성이라고 한다.

> KB, MB, GB, TB 등은 기억 용량 단위임

오답 피하기
컴퓨터의 처리 속도 단위 : ms(Milli Second) → μs(Micro Second) → ns(Nano Second) → ps(Pico Second) → fs(Femto Second) → as(Atto Second)

12 다음 중 컴퓨터의 보조 기억 장치로 사용하는 SSD(Solid State Drive)의 특징으로 옳지 않은 것은?

① HDD보다 빠른 속도로 데이터의 읽기나 쓰기가 가능하다.
② 물리적인 외부 충격에 약하며 불량 섹터가 발생할 수 있다.
③ 작동 소음이 없으며 전력 소모가 적다.
④ 자기 디스크가 아닌 반도체를 이용하여 데이터를 저장한다.

> HDD보다 외부로부터의 충격에 강하며 불량 섹터가 발생하지 않음

정답 09 ① 10 ② 11 ③ 12 ②

13 다음 중 컴퓨터의 연산 장치에 있는 누산기(Accumulator)에 관한 설명으로 옳은 것은?

① 연산 결과를 일시적으로 기억하는 장치이다.
② 명령의 순서를 기억하는 장치이다.
③ 명령어를 기억하는 장치이다.
④ 명령을 해독하는 장치이다.

> 누산기(Accumulator) : 중간 연산 결과를 일시적으로 기억하는 레지스터
>
> 오답 피하기
> - ② : 프로그램 카운터(Program Counter) → 다음에 수행할 명령어의 번지(주소)를 기억하는 레지스터
> - ③ : 명령 레지스터(IR : Instruction Register) → 현재 수행 중인 명령어를 기억하는 레지스터
> - ④ : 명령 해독기(Instruction Decoder) → 수행해야 할 명령어를 해석하여 부호기로 전달하는 회로

14 다음 중 운영체제의 기능에 대한 설명으로 옳지 않은 것은?

① 자원의 효율적 관리를 위해 자원의 스케줄링 기능을 지원한다.
② 데이터 및 자원을 공유할 수 있는 기능을 제공한다.
③ 컴퓨터 시스템과 사용자 간에 시각적이고 편리한 인터페이스 기능을 제공한다.
④ 운영체제는 제어 프로그램과 감시 프로그램, 응용 프로그램으로 구성된다.

> 운영체제는 제어 프로그램(Control Program)과 처리 프로그램(Process Program)으로 구성됨

15 다음 중 아래 내용이 설명하는 네트워크 장비는?

> 네트워크에서 디지털 신호를 일정한 거리 이상으로 전송시키면 신호가 감쇠하므로 디지털 신호의 장거리 전송을 위해 수신한 신호를 재생하거나 출력 전압을 높여 전송한다.

① 라우터
② 리피터
③ 브리지
④ 게이트웨이

> 오답 피하기
> - 라우터(Router) : 데이터 전송을 위한 최적의 경로를 찾아 통신망에 연결하는 장치
> - 브리지(Bridge) : 독립된 두 개의 근거리 통신망(LAN)을 연결하는 접속 장치
> - 게이트웨이(Gateway) : 서로 구조가 다른 두 개의 통신 네트워크를 연결하는 데 쓰이는 장치

16 다음 중 컴퓨터 바이러스의 예방법으로 가장 거리가 먼 것은?

① 최신 버전의 백신 프로그램을 사용한다.
② 다운로드 받은 파일은 작업에 사용하기 전에 바이러스 검사 후 사용한다.
③ 전자우편에 첨부된 파일은 다른 이름으로 저장하고 사용한다.
④ 네트워크 공유 폴더에 있는 파일은 읽기 전용으로 지정한다.

> 전자우편에 첨부된 파일을 다른 이름으로 저장하더라도 컴퓨터 바이러스가 예방되지 않음

17 다음 중 외부로부터의 손상이나 변형을 대비할 수 있어 최근에 저작권을 보호하기 위한 기술 중 하나로 많이 사용되는 것은?

① 디지털 워터마크
② 방화벽
③ 펌웨어
④ 트랩 도어

> 디지털 워터마크(Digital Watermark) : 이미지(Image), 사운드(Sound), 영상, MP3, 텍스트(Text) 등의 디지털 콘텐츠에 사람이 식별할 수 없게 삽입해 놓은 비트 패턴 등을 말함
>
> 오답 피하기
> - 방화벽 : 외부 네트워크에서 내부로 들어오는 패킷을 체크하여 인증된 패킷만 통과시킴
> - 펌웨어 : 비휘발성 메모리인 ROM에 저장된 프로그램으로, 하드웨어의 교체 없이 소프트웨어의 업그레이드만으로 시스템의 성능을 높일 수 있으며, 내용을 변경하거나 추가 또는 삭제할 수 있음
> - 트랩 도어(Trap Door) : 백도어(Back Door)라고도 부르며, 시스템에서 보안이 제거되어 있는 통로

18 다음 중 TCP/IP 프로토콜에서 IP 프로토콜의 개요 및 기능에 관한 설명으로 옳은 것은?

① 메시지를 송수신의 주소와 정보로 묶어 패킷 단위로 나눈다.
② 패킷 주소를 해석하고 경로를 결정하여 다음 호스트로 전송한다.
③ 전송 데이터의 흐름을 제어하고 데이터의 에러 유무를 검사한다.
④ OSI 7계층 중 전송(Transport) 계층에 해당한다.

> IP 프로토콜 : 패킷 주소를 해석하고 경로를 결정하여 다음 호스트로 전송하며 OSI 7계층 중 네트워크(Network) 계층에 해당함
>
> 오답 피하기
> ①, ③, ④ : TCP 프로토콜의 기능

19 다음 중 컴퓨터에서 사용하는 USB 장치에 대한 설명으로 옳지 않은 것은?

① 최대 127개의 주변 기기 연결이 가능하다.
② 전원이 연결된 상태에서도 연결 및 제거가 가능하다.
③ 기존의 직렬, 병렬, PS/2 포트 등을 하나의 포트로 대체하기 위한 범용 직렬 버스 장치이다.
④ 한 번에 8비트의 데이터가 동시에 전송되는 방식이다.

> 병렬 포트 : 한 번에 8비트의 데이터가 동시에 전송되는 방식으로, 주로 프린터 등의 연결에 사용함

20 다음 중 삭제된 파일이 [휴지통]에 임시 보관되어 복원이 가능한 경우는?

① 바탕 화면에 있는 파일을 [휴지통]으로 드래그 앤 드롭하여 삭제한 경우
② USB 메모리에 저장되어 있는 파일을 Delete 로 삭제한 경우
③ 네트워크 드라이브의 파일을 바로 가기 메뉴의 [삭제]를 클릭하여 삭제한 경우
④ Shift + Delete 로 삭제한 경우

> 휴지통에 보관되지 않고 완전히 삭제되어 복원이 불가능한 경우
> - USB 메모리나 네트워크 드라이브에서 삭제한 경우
> - 휴지통 비우기를 한 경우
> - Shift + Delete 로 삭제한 경우
> - [휴지통 속성]의 [파일을 휴지통에 버리지 않고 삭제할 때 바로 제거]를 선택한 경우
> - 같은 이름의 항목을 복사/이동 작업으로 덮어쓴 경우

정답 17 ① 18 ② 19 ④ 20 ①

2과목 스프레드시트 일반

21 다음 중 함수식에 대한 결과가 옳지 않은 것은?

① =Trunc(-5.6) → -5
② =Power(2,3) → 6
③ =Int(-7.2) → -8
④ =Mod(-7,3) → 2

- =POWER(수1,수2) : 수1을 수2만큼 거듭제곱한 값을 구함
- =POWER(2,3) → 2^3(=2×2×2)=8

오답 피하기
- =Trunc(-5.6) → -5 : 음수에서 소수점 이하를 버리고 정수 부분(-5)을 반환함
- =Int(-7.2) → -8 : 소수점 아래를 버리고 가장 가까운 정수로 내리므로 -7.2를 내림. 음수는 0에서 먼 방향으로 내림
- =Mod(-7,3) → 2 : 나눗셈의 나머지를 구함

22 다음 중 아래의 워크시트에서 '=INDEX(B2:D11,3,3)' 수식을 실행한 결과로 옳은 것은?

	A	B	C	D
1	코드	정가	판매수량	판매가격
2	a-001	12,500	890	11,125,000
3	a-002	23,000	690	15,870,000
4	a-003	32,000	300	9,600,000
5	a-004	44,000	500	22,000,000
6	a-005	19,000	120	2,280,000
7	b-001	89,000	300	26,700,000
8	b-002	25,000	90	2,250,000
9	b-003	26,000	110	2,860,000
10	b-004	11,000	210	2,310,000
11	b-005	33,000	500	16,500,000

① 690
② 15,870,000
③ 9,600,000
④ 22,000,000

- INDEX(범위, 행, 열) : 범위에서 지정한 행, 열에 있는 값을 반환함
- B2:D11 범위에서 3행 3열의 값을 반환하므로 결과는 9,600,000이 됨

23 다음 중 아래의 차트에 대한 설명으로 옳지 않은 것은?

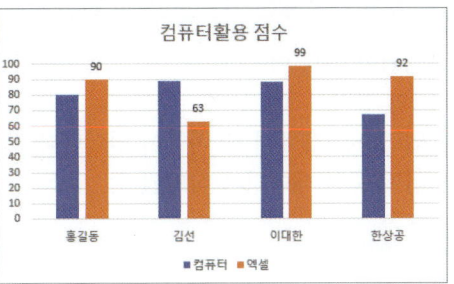

① 엑셀 계열에만 데이터 레이블이 표시되어 있다.
② '계열 겹치기' 값이 음수로 설정되어 있다.
③ [차트 디자인] 탭-[데이터] 그룹에서 '행/열 전환'을 실행하면 세로(값) 축과 가로(항목) 축이 상호 변경된다.
④ 범례는 아래쪽으로 설정되어 있다.

[차트 디자인] 탭-[데이터] 그룹에서 '행/열 전환'을 실행하면 아래와 같이 가로(항목) 축 레이블과 범례 항목(계열)이 상호 변경됨

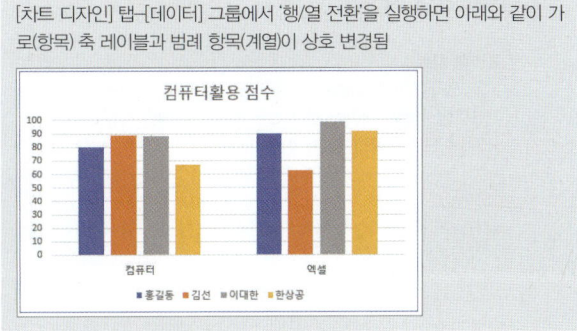

24 다음 중 정렬에 관한 설명으로 옳지 않은 것은?

① 특정 글꼴 색이 적용된 셀을 포함한 행이 위에 표시되도록 정렬할 수 있다.
② 사용자 지정 목록을 사용하여 사용자가 정의한 순서대로 정렬할 수 있다.
③ 최대 64개의 열을 기준으로 정렬할 수 있다.
④ 위쪽에서 아래쪽으로 정렬 시 숨겨진 행도 포함하여 정렬할 수 있다.

숨겨진 열이나 행은 정렬 시 이동되지 않으므로 데이터를 정렬하기 전에 숨겨진 열과 행을 표시해야 됨

25 다음 중 워크시트에서 셀에 데이터를 입력하는 중에 Alt+Enter를 누른 경우 발생하는 현상으로 옳은 것은?

① 다음 입력할 셀로 이동한다.
② 데이터의 입력이 종료된다.
③ 현재 입력하는 셀에서 줄 바꿈이 일어난다.
④ 이미 입력 중인 데이터가 삭제된다.

Alt+Enter : 자동 줄 바꿈

26 다음 중 3차원 차트로 작성이 가능한 차트로 옳은 것은?

① 주식형 차트
② 방사형 차트
③ 도넛형 차트
④ 표면형 차트

표면형 차트
- 두 개의 데이터 집합에서 최적의 조합을 찾을 때 사용함
- 표면형 차트는 데이터 계열이 두 개 이상일 때만 작성 가능함
- 3차원 표면형(골격형)으로 작성 가능함

오답 피하기
3차원 모양이 불가능한 차트 : 분산형, 도넛형, 방사형, 주식형 차트

27 다음 중 피벗 테이블에 대한 설명으로 옳지 않은 것은?

① 예상 값을 계산하는 데 유용하다.
② 원본 데이터가 변경되어도 피벗 테이블은 자동으로 변경되지 않는다.
③ 합계, 평균, 최대값, 최소값을 구할 수 있다.
④ 원본 데이터 목록의 행이나 열의 위치를 변경하여 다양한 형태로 표시할 수 있다.

예상 값을 계산하는 데 사용하는 것은 시나리오임

28 다음 중 자동 필터가 설정된 표에서 사용자 지정 필터를 사용하여 검색이 불가능한 조건은?

① 성별이 '남자'인 데이터
② 성별이 '남자'이고, 주소가 '서울'인 데이터
③ 나이가 '20'세 이하이거나 '60'세 이상인 데이터
④ 주소가 '서울'이거나 직업이 '학생'인 데이터

④ : 자동 필터가 설정된 표에서 사용자 지정 필터를 사용하여 검색할 때 서로 다른 열(주소, 직업)의 경우 '이거나'에 해당하는 데이터는 검색이 불가능함

29 다음 중 워크시트의 [틀 고정] 기능에 관한 설명으로 옳지 않은 것은?

① 워크시트에서 화면을 스크롤할 때 행 또는 열 레이블이 계속 표시되도록 설정하는 기능이다.
② 행과 열을 모두 잠그려면 창을 고정할 위치의 오른쪽 아래 셀을 클릭한 후 '틀 고정'을 실행한다.
③ [틀 고정] 기능에는 현재 선택 영역을 기준으로 하는 '틀 고정' 외에도 '첫 행 고정', '첫 열 고정' 등의 옵션이 있다.
④ 화면에 표시되는 틀 고정 형태는 인쇄 시에도 그대로 적용되어 출력된다.

화면에 표시되는 틀 고정 형태는 인쇄 시에 나타나지 않음

30 다음 중 새 매크로를 기록할 때의 과정에 대한 설명으로 옳지 않은 것은?

① Alt+F8을 눌러 매크로 기록 대화 상자를 실행시켰다.
② 매크로 이름을 '서식변경'으로 지정하였다.
③ 바로 가기 키를 Ctrl+Shift+C로 지정하였다.
④ 매크로 저장 위치를 '새 통합 문서'로 지정하였다.

- 새 매크로 기록 : [개발 도구] 탭-[코드] 그룹-[매크로 기록]을 선택하여 매크로를 기록함
- Alt+F8 : [매크로] 대화 상자 실행

정답 25 ③ 26 ④ 27 ① 28 ④ 29 ④ 30 ①

상 중 하

31 다음 중 아래 워크시트에서 [A1:A2] 영역은 '범위1', [B1:B2] 영역은 '범위2'로 이름이 정의되어 있는 경우 각 수식의 결과로 옳지 않은 것은?

	A	B
1	1	2
2	3	4

① =COUNT(범위1, 범위2) → 4
② =AVERAGE(범위1, 범위2) → 2.5
③ =MODE.SNGL(범위1, 범위2) → 4
④ =SUM(범위1, 범위2) → 10

=MODE.SNGL(범위1, 범위2) → #N/A : 최빈수가 존재하지 않으므로 #N/A 가 발생함

오답 피하기
- =COUNT(범위1, 범위2) → 4 : 범위1, 범위2의 숫자의 개수를 구함
- =AVERAGE(범위1, 범위2) → 2.5 : 범위1, 범위2의 산술평균을 구함
- =SUM(범위1, 범위2) → 10 : 범위1, 범위2의 합을 구함

상 중 하

32 다음 중 메모에 대한 설명으로 옳지 않은 것은?

① 통합 문서에 포함된 메모를 시트에 표시된 대로 인쇄하거나 시트 끝에 인쇄할 수 있다.
② 메모에는 어떠한 문자나 숫자, 특수 문자도 지정하여 표현할 수 있다.
③ 모든 메모를 표시하려면 [검토] 탭의 [메모] 그룹에서 '메모 모두 표시'를 클릭한다.
④ 셀에 입력된 데이터를 지우면 메모도 자동으로 삭제된다.

- 메모 입력 : Shift + F2
- 메모는 셀에 입력된 데이터를 지울 경우 자동으로 삭제되지 않음
- [검토]-[메모]-[삭제]에서 삭제할 수 있음
- [홈]-[편집]-[지우기]-[메모 지우기]에서도 삭제할 수 있음

상 중 하

33 다음 중 [페이지 설정] 대화 상자에서 실행 가능한 작업이 아닌 것은?

① [페이지] 탭에서 '자동 맞춤' 옵션을 이용하여 한 장에 모아서 인쇄할 수 있다.
② [여백] 탭에서 '페이지 나누기' 옵션을 이용하여 새 페이지가 시작되는 위치를 설정할 수 있다.
③ [머리글/바닥글] 탭에서 머리말과 꼬리말이 짝수와 홀수 페이지에 다르게 표시되도록 설정할 수 있다.
④ [시트] 탭에서 '간단하게 인쇄' 옵션을 이용하여 워크시트에 삽입된 차트나 일러스트레이션 개체 등이 인쇄되지 않도록 설정할 수 있다.

[여백] 탭에서는 위쪽, 아래쪽, 왼쪽, 오른쪽, 머리글, 바닥글, 페이지 가운데 맞춤 등의 설정 작업을 수행함

상 중 하

34 아래 워크시트에서 할인율을 변경하여 '판매가격'의 목표값을 800,000으로 변경하려고 할 때, [목표값 찾기] 대화 상자의 수식 셀에 입력할 값으로 옳은 것은?

	A	B	C	D
1	할인율	10%		
2	제품명	수량	단가	판매가격
3	마이크	10	100,000	900,000

① D3
② C3
③ B1
④ B3

수식 셀은 수량과 단가의 곱에 할인율이 적용된 판매가격이므로 [D3] 셀이 수식 셀에 입력되어야 함

정답 31 ③ 32 ④ 33 ② 34 ①

35 다음 중 워크시트 관리에 대한 설명으로 옳지 않은 것은?

① Shift 를 이용하여 시트 그룹을 설정할 수 있다.
② 여러 개의 워크시트를 선택한 후 Ctrl 을 누른 채 시트 탭을 드래그하면 선택된 시트들이 복사된다.
③ 시트 이름에는 공백을 사용할 수 없으며, 최대 256자까지 지정할 수 있다.
④ 시트 보호를 설정해도 시트의 이름 바꾸기 및 숨기기 작업을 수행할 수 있다.

> 시트 이름은 공백을 포함하여 31자까지 사용 가능하며 : ₩ / ? * [ ]는 사용할 수 없음

36 다음 중 근무 기간이 15년 이상이면서 나이가 50세 이상인 직원의 데이터를 조회하기 위한 고급 필터의 조건으로 옳은 것은?

①
근무 기간	나이
>=15	>=50

②
근무 기간	나이
>=15	
	>=50

③
근무 기간	>=15
나이	>=50

④
근무 기간	>=50	
나이		>=50

> **고급 필터의 AND(이고, 이면서) 조건**
> • 첫 행에 필드명을 나란히 입력하고 다음 동일한 행에 조건을 입력함
> • 따라서, 근무 기간이 15년 이상()=)이면서 나이가 50세 이상()=)인 조건은 다음과 같이 작성됨
>
> | 근무 기간 | 나이 |
> |---|---|
> | >=15 | >=50 |
>
> **오답 피하기**
> • ② : 근무 기간이 15년 이상이거나(또는) 나이가 50세 이상인 경우(OR 조건)
> • ③, ④ : 첫 행에 필드명을 나란히 입력하고 다음 동일한 행에 조건을 입력해야 함

37 다음 중 부분합에 대한 설명으로 옳지 않은 것은?

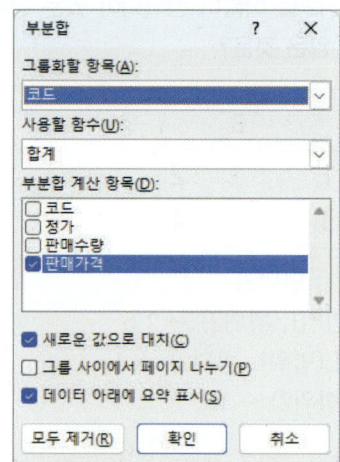

① 부분합을 실행하면 각 부분합에 대한 정보 행을 표시하거나 숨길 수 있도록 목록에 개요가 자동으로 설정된다.
② 부분합은 한 번에 한 개의 함수만 계산할 수 있으므로 두 개 이상의 함수를 이용하려면 함수의 개수만큼 부분합을 중첩해서 삽입해야 한다.
③ '새로운 값으로 대치'를 선택하면 이전의 부분합의 결과는 제거되고 새로운 부분합의 결과로 변경된다.
④ 그룹화할 항목으로 선택된 필드는 자동으로 오름차순 정렬하여 부분합이 계산된다.

> 그룹화할 항목은 부분합을 실행하기 전에 오름차순이나 내림차순으로 정렬되어 있어야 함

정답 35 ③ 36 ① 37 ④

38 다음 중 학점 [B3:B10]을 이용하여 [E3:E7] 영역에 학점별 학생 수만큼 '♣' 기호를 표시하고자 할 때, [E3] 셀에 입력해야 할 수식으로 옳은 것은?

	A	B	C	D	E
1	엑셀 성적 분포				
2	이름	학점		학점	성적그래프
3	김현미	A		A	♣
4	조미림	B		B	♣♣♣
5	심기훈	F		C	♣
6	박원석	C		D	
7	이영준	B		F	♣♣
8	최세종	F			
9	김수현	B			
10	이미도	B			
11					

① =REPT("♣", COUNTIF(D3, $B$3:$B$10))
② =REPT(COUNTIF(D3, $B$3:$B$10), "♣")
③ =REPT("♣", COUNTIF($B$3:$B$10, D3))
④ =REPT(COUNTIF($B$3:$B$10, D3), "♣")

> ③ =REPT("♣", COUNTIF($B$3:$B$10, D3)) → ♣
> - COUNTIF(검색 범위, 조건) : 검색 범위에서 조건을 만족하는 셀의 개수를 구함
> - COUNTIF($B$3:$B$10, D3) : [$B$3:$B$10] 범위에서 [D3] 셀의 값인 "A"의 개수를 구하므로 결과는 1이 됨
> - REPT(반복할 텍스트, 반복 횟수) : 반복 횟수만큼 반복할 텍스트를 표시함
> - REPT("♣", 1) : "♣" 기호를 1번 나타냄

39 다음 중 엑셀에서 사용하는 바로 가기 키와 같은 키로 매크로의 바로 가기 키를 지정했을 경우, 해당 바로 가기 키를 눌렀을 때 실행되는 것은?

① 충돌하므로 오류 메시지가 표시된다.
② 매크로의 바로 가기 키가 동작한다.
③ 엑셀의 바로 가기 키가 동작한다.
④ 아무런 동작도 수행되지 않는다.

> 매크로 실행 바로 가기 키가 엑셀의 바로 가기 키보다 우선함

40 아래 표에서 원금 [C4:F4]과 이율 [B5:B8]을 각각 곱하여 수익금액 [C5:F8]을 계산하기 위해서, [C5] 셀에 수식을 입력하고 나머지 모든 셀은 [자동 채우기] 기능으로 채우려고 한다. 다음 중 [C5] 셀에 입력할 수식으로 옳은 것은?

	A	B	C	D	E	F
1			이율과 원금에 따른 수익금액			
2						
3			원금			
4			5,000,000	10,000,000	30,000,000	500,000,000
5		1.5%				
6	이	2.3%				
7	율	3.0%				
8		5.0%				

① =C4*B5
② =$C4*B$5
③ =C$4*$B5
④ =$C$4*$B$5

> - 원금이 [C4], [D4], [E4], [F4] 셀에 입력되어 있으므로 C, D, E, F열은 상대참조로 하고 공통인 4행을 절대참조($4)로 함 → C$4
> - 이율이 [B5], [B6], [B7], [B8] 셀에 입력되어 있으므로 공통인 B열을 절대참조($B)로 하고 5, 6, 7, 8행은 상대참조로 함 → $B5
> - 따라서, [C5] 셀에 입력할 수식은 =C$4*$B5가 됨

	A	B	C	D	E	F
1			이율과 원금에 따른 수익금액			
2						
3			원금			
4			5000000	10000000	30000000	500000000
5		0.015	=C$4*$B5	=D$4*$B5	=E$4*$B5	=F$4*$B5
6	이	0.023	=C$4*$B6	=D$4*$B6	=E$4*$B6	=F$4*$B6
7	율	0.03	=C$4*$B7	=D$4*$B7	=E$4*$B7	=F$4*$B7
8		0.05	=C$4*$B8	=D$4*$B8	=E$4*$B8	=F$4*$B8

정답 38 ③ 39 ② 40 ③

2024년 상시 기출문제 02회

SELF CHECK : 제한시간 40분 | 소요시간   분 | 전체 문항 수 40문항 | 맞힌 문항 수   문항

1과목 컴퓨터 일반

01 다음 중 비정상적 접근을 탐지할 위장 서버를 의도적으로 설치하여 해커를 유인한 뒤, 추적 장치를 통해 해킹에 대비하고 사이버 테러를 방지하는 기술은?

① 방화벽
② DDoS
③ 허니팟(Honeypot)
④ 루트킷(Rootkit)

오답 피하기
- 방화벽 : 외부로부터의 불법적인 침입을 막을 수는 있으나 내부의 해킹 행위에는 무방비하다는 단점이 있음
- DDoS : 분산 서비스 거부 공격
- 루트킷(Rootkit) : 해커가 시스템의 해킹 여부를 사용자가 알 수 없도록 하기 위해 사용하는 프로그램

02 다음 중 마이크로소프트사의 엑셀이나 워드와 같은 파일을 매개로 하고 특정 응용 프로그램으로 매크로가 사용되면 감염이 확산하는 형태의 바이러스는?

① 부트(Boot) 바이러스
② 파일(File) 바이러스
③ 부트(Boot) & 파일(File) 바이러스
④ 매크로(Macro) 바이러스

매크로(Macro) 바이러스 : Microsoft 사에서 개발된 엑셀과 워드 프로그램에서 사용하는 문서 파일에 감염되는 바이러스로, 일반 응용 프로그램에서 사용하는 매크로를 통하여 문서를 읽을 때 감염됨(예 Laroux, Extras)

오답 피하기
- 부트(Boot) 바이러스 : 메모리 상주형 바이러스로, 컴퓨터가 처음 가동될 때 하드디스크의 가장 처음 부분인 부트 섹터에 감염되는 바이러스(예 브레인, 미켈란젤로 등)
- 파일(File) 바이러스 : 실행 가능한 프로그램에 감염되는 바이러스를 말하며, COM, EXE, SYS 등의 확장자를 가진 파일에 감염됨(예 CIH, 예루살렘 등)
- 부트(Boot) & 파일(File) 바이러스 : 부트 섹터와 파일에 모두 감염되는 바이러스로, 스스로 복제가 가능하게 설계된 바이러스(예 Ebola, 데킬라)

03 다음 중 컴퓨터 내부에서 중앙 처리 장치와 메모리 사이의 데이터 전송을 위해 사용되는 버스(Bus)로 옳지 않은 것은?

① 제어 버스(Control Bus)
② 프로그램 버스(Program Bus)
③ 데이터 버스(Data Bus)
④ 주소 버스(Address Bus)

버스는 컴퓨터 내에서 중앙 처리 장치와 주기억 장치, 입출력 장치 간에 정보를 전송하는 데 사용되는 전기적 공통 선로이며 사용 용도에 따라 내부, 외부(시스템), 확장 버스로 분류되며 외부(시스템)버스는 주소 버스(Address Bus), 데이터 버스(Data Bus), 제어 버스(Control Bus)로 나누어짐

04 다음 중 멀티미디어 파일 형식 중에서 형식이 다른 것은?

① .wmv   ② .png
③ .gif   ④ .jpg

WMV(Windows Media Video) : MS 사가 개발한 스트리밍이 가능한 오디오 및 비디오 포맷

오답 피하기
②, ③, ④ : 그래픽 파일 형식

05 다음 중 플래시 메모리(Flash Memory)에 관한 설명으로 옳지 않은 것은?

① 비휘발성 메모리이다.
② 전송 속도가 빠르다.
③ 트랙 단위로 저장된다.
④ 전력 소모가 적다.

플래시 메모리(Flash Memory) : 비휘발성 EEPROM의 일종으로 PROM 플래시라고도 하며 전기적으로 내용을 변경하거나 일괄 소거도 가능함. 전력 소모가 적고 데이터 전송 속도가 빨라 디지털카메라, MP3 Player와 같은 디지털 기기에서 사용됨. 데이터를 저장하는 최소 단위는 셀(Cell)이며 블록 단위로 기록되므로 수정이 쉬움

정답 01 ③ 02 ④ 03 ② 04 ① 05 ③

06 다음 중 모니터 화면의 이미지를 얼마나 세밀하게 표시할 수 있는가를 나타내는 정보로 픽셀 수에 따라 결정되는 것은?

① 재생률(Refresh Rate)
② 해상도(Resolution)
③ 색깊이(Color Depth)
④ 색공간(Color Space)

해상도(Resolution)
• 디스플레이 모니터 내에 포함되어 있는 픽셀(Pixel)의 숫자
• 일반적으로 그래픽 화면의 선명도를 나타내는 것으로, 픽셀의 수가 많아질수록 해상도는 높아짐

07 다음 중 컴퓨터 범죄에 해당하지 않는 것은?

① 인터넷 쇼핑몰 상품 가격 비교표 작성
② 전자 문서의 불법 복사
③ 전산망을 이용한 개인 정보 유출
④ 컴퓨터 시스템 해킹을 통한 중요 정보의 위조나 변조

인터넷 쇼핑몰 상품 가격 비교표 작성은 컴퓨터 범죄에 해당하지 않음

08 다음 중 한글 Windows에서 하드디스크에 저장된 파일을 다시 정렬하는 단편화 제거 과정을 통해 디스크의 파일 읽기/쓰기 성능을 향상시키는 프로그램으로 옳은 것은?

① 디스크 검사
② 디스크 정리
③ 디스크 포맷
④ 드라이브 조각 모음 및 최적화

드라이브 조각 모음 및 최적화 : 디스크에 프로그램이 추가되거나 제거되고 파일들이 수정되거나 읽기, 쓰기가 반복되면서 디스크에 비연속적으로 분산 저장된 단편화된 파일들을 모아서 디스크를 최적화함

오답 피하기
• 디스크 검사 : 파일과 폴더 및 디스크의 논리적, 물리적인 오류를 검사하고 수정함
• 디스크 정리 : 디스크의 사용 가능한 공간을 늘리기 위하여 불필요한 파일들을 삭제하는 작업
• 디스크 포맷 : 하드디스크나 플로피 디스크를 초기화하는 것으로 트랙과 섹터로 구성하는 작업

09 다음 중 디지털 컴퓨터와 아날로그 컴퓨터의 차이점에 대한 설명으로 옳은 것은?

① 아날로그 컴퓨터는 미분이나 적분 연산을 수행한다.
② 디지털 컴퓨터는 전류, 전압, 온도 등 다양한 입력값을 처리한다.
③ 아날로그 컴퓨터는 범용이다.
④ 디지털 컴퓨터는 증폭 회로로 구성된다.

• 아날로그 컴퓨터의 특징 : 연속적인 물리량(전류, 온도, 속도 등), 증폭 회로, 미적분 연산, 특수 목적용 등
• 디지털 컴퓨터의 특징 : 숫자, 문자 등의 셀 수 있는 데이터를 취급, 구성 회로는 논리 회로, 주요 연산은 사칙 연산 등을 수행, 기억 장치와 프로그램이 필요, 범용 등

10 다음 중 컴퓨터에서 문자 데이터를 표현하는 코드로 옳지 않은 것은?

① BCD
② ASCII
③ EBCDIC
④ Hamming Code

Hamming Code : 에러 검출과 교정이 가능한 코드로, 최대 2비트까지 에러를 검출하고 1비트의 에러 교정이 가능한 방식

오답 피하기
• BCD : Zone은 2비트, Digit는 4비트로 구성됨, 6비트로 64가지의 문자 표현이 가능함
• ASCII : Zone은 3비트, Digit는 4비트로 구성됨, 7비트로 128가지의 표현이 가능함
• EBCDIC : Zone은 4비트, Digit는 4비트로 구성됨, 8비트로 256가지의 표현이 가능함

11 다음 중 한글 Windows 10에서 하드디스크를 포맷하기 위한 [포맷] 창에서 수행 가능한 작업으로 옳지 않은 것은?

① 파일 시스템 선택
② 볼륨 레이블 입력
③ 파티션 제거
④ 빠른 포맷

[포맷] 창에서 파티션 제거 기능은 지원되지 않음

오답 피하기
용량, 파일 시스템, 할당 단위 크기, 장치 기본값 복원, 볼륨 레이블, 빠른 포맷 등이 지원됨

12 다음 중 컴퓨터에서 사용하는 캐시 메모리에 관한 설명으로 옳은 것은?

① RAM의 종류 중 DRAM이 캐시 메모리로 사용된다.
② 주기억 장치의 용량보다 큰 프로그램을 로딩하여 실행시킬 경우에 사용된다.
③ 보조 기억 장치의 일부를 주기억 장치처럼 사용하는 메모리이다.
④ 중앙 처리 장치와 주기억 장치 사이에 위치하여 컴퓨터의 처리 속도를 향상시키는 역할을 한다.

> 캐시 메모리(Cache Memory) : CPU와 주기억 장치 사이에 있는 고속의 버퍼 메모리, 자주 참조되는 데이터나 프로그램을 메모리에 저장, 메모리 접근 시간을 감소시키는 데 그 목적이 있음

> **오답 피하기**
> RAM의 종류 중 SRAM이 캐시 메모리로 사용됨

13 다음 중 한글 Windows 10의 [설정]-[접근성]에서 설정할 수 없는 기능은?

① 다중 디스플레이 설정으로 두 대의 모니터에 화면을 확장하여 표시할 수 있다.
② 돋보기를 사용하여 화면에서 원하는 영역을 확대하여 크게 표시할 수 있다.
③ 내레이터를 사용하여 화면의 모든 텍스트를 소리내어 읽도록 설정할 수 있다.
④ 키보드가 없어도 입력 가능한 화상 키보드를 표시할 수 있다.

> 다중 디스플레이 설정 : [설정]-[시스템]-[디스플레이]의 '여러 디스플레이'에서 설정함

14 다음 중 컴퓨터에서 사용하는 일반 하드디스크에 비하여 속도가 빠르고 기계적 지연이나 에러의 확률 및 발열 소음이 적으며, 소형화, 경량화할 수 있는 하드디스크 대체 저장 장치로 옳은 것은?

① DVD   ② HDD
③ SSD   ④ ZIP

> SSD(Solid State Drive) : 기존 HDD에서 발생하는 기계적 소음이 없는 무소음이며, 소비 전력이 저전력이고, 고효율의 속도를 보장해 주는 보조 기억 장치

15 다음 중 한글 Windows 10의 파일 탐색기에서 파일이나 폴더를 선택하는 방법으로 옳은 것은?

① 폴더 내의 모든 항목을 선택하려면 Alt + A 를 누른다.
② 선택한 항목 중에서 하나 이상의 항목을 제외하려면 Ctrl 을 누른 상태에서 제외할 항목을 클릭한다.
③ 연속되어 있지 않은 파일이나 폴더를 선택하려면 Shift 를 누른 상태에서 선택하려는 각 항목을 클릭한다.
④ 연속되는 여러 개의 파일이나 폴더 그룹을 선택하려면 첫째 항목을 클릭한 다음 Ctrl 을 누른 상태에서 마지막 항목을 클릭한다.

> **오답 피하기**
> • 폴더 내의 모든 항목을 선택하려면 Ctrl + A 를 누름
> • 연속되어 있지 않은 파일이나 폴더를 선택하려면 Ctrl 을 누른 상태에서 선택하려는 각 항목을 클릭함
> • 연속되는 여러 개의 파일이나 폴더 그룹을 선택하려면 첫째 항목을 클릭한 다음 Shift 를 누른 상태에서 마지막 항목을 클릭함

16 다음 중 사물 인터넷(IoT)에 대한 설명으로 옳지 않은 것은?

① 전기 생산부터 소비까지 전 과정에 정보 통신 기술을 접목하여 에너지 효율성을 높인다.
② 스마트 센싱 기술과 무선통신 기술을 융합하여 실시간으로 데이터를 주고받는다.
③ 모든 사물을 네트워크로 연결하여 소통하는 정보 통신 환경을 의미한다.
④ 개방형 정보 공유에 대한 부작용을 최소화하기 위해 정보보안 기술의 적용이 필요하다.

> 스마트 그리드(Smart Grid) : 전기 생산부터 소비까지 전 과정에 정보통신기술(ICT)을 결합한 지능형 전력망으로 공급자와 소비자가 쌍방 간 실시간으로 정보를 교환하여 고품질의 전력을 제공받고 에너지 효율을 최적화하는 차세대 지능형 전력망 시스템

> **오답 피하기**
> 사물 인터넷(IoT) : Internet Of Things의 약어로 인간 대 사물, 사물 대 사물 간에 인터넷으로 연결되어 정보의 소통이 가능한 기술

정답 12 ④ 13 ① 14 ③ 15 ② 16 ①

17 다음 중 인터넷상에 존재하는 각종 자원들의 위치를 같은 형식으로 나타내기 위한 표준주소 체계를 뜻하는 용어로 옳은 것은?

① DNS
② URL
③ HTTP
④ NIC

URL(Uniform Resource Locator) : 인터넷에서 정보의 위치를 알려주는 표준 주소 체계

오답 피하기
- DNS : 문자 형태로 된 도메인 네임을 컴퓨터가 인식할 수 있는 숫자로 된 IP 어드레스로 변환해 주는 컴퓨터 체계
- HTTP : 인터넷상에서 하이퍼텍스트를 주고받기 위한 프로토콜
- NIC : 인터넷 정보 센터(Network Information Center)

18 다음 중 소형화, 경량화 등 음성과 동작을 인식하는 기술이 적용되어 장소에 구애받지 않고 컴퓨터를 이용할 수 있도록 몸에 착용하는 컴퓨터를 의미하는 것으로 옳은 것은?

① 인공 지능 컴퓨터
② 마이크로 컴퓨터
③ 서버 컴퓨터
④ 웨어러블 컴퓨터

웨어러블 디바이스(Wearable Device) : 컴퓨터 칩이 내장되어 있는 입거나 몸에 착용 가능한 형태의 기기나 액세서리(시계, 안경 등)로 인터넷이 가능하며 스마트기기와의 정보 공유가 가능한 서비스

19 다음 중 [메모장]의 기능에 대한 설명으로 옳지 않은 것은?

① 자동 줄 바꿈 기능이 지원된다.
② 머리글/바닥글을 설정할 수 있다.
③ F5를 눌러 시간과 날짜를 입력할 수 있다.
④ 문단 정렬과 문단 여백을 설정할 수 있다.

문단 정렬과 문단 여백 설정 기능은 지원되지 않음

20 다음 중 차세대 웹 표준으로 텍스트와 하이퍼링크를 이용한 문서 작성 중심으로 구성된 기존 표준에 비디오, 오디오 등의 다양한 부가 기능을 추가하여 최신 멀티미디어 콘텐츠를 ActiveX 없이도 웹 서비스로 제공할 수 있는 언어는?

① XML
② VRML
③ HTML5
④ JSP

HTML5(HyperText Markup Language 5) : 액티브X나 플러그인 등의 프로그램 설치 없이 동영상이나 음악 재생을 실행할 수 있는 웹 표준 언어

오답 피하기
- XML(eXtensible Markup Language) : 기존 HTML의 단점을 보완하고 문서의 구조적인 특성들을 고려하여 문서들을 상호 교환할 수 있도록 설계된 프로그래밍 언어
- VRML(Virtual Reality Modeling Language) : 입체적인 이미지를 갖는 3차원의 가상적 세계를 인터넷상에 구축하는 언어
- JSP(Java Server Page) : ASP, PHP와 동일하게 웹 서버에서 작동하는 스크립트 언어로 작성된 프로그램은 자바 서블릿 코드로 변환되어서 실행됨

2과목 스프레드시트 일반

21 다음 중 매크로의 바로 가기 키에 관한 설명으로 옳지 않은 것은?

① 기본적으로 조합키 Ctrl과 함께 사용할 영문자를 지정한다.
② 바로 가기 키 지정 시 영문자를 대문자로 입력하면 조합키는 Ctrl + Shift로 변경된다.
③ 바로 가기 키로 영문자와 숫자를 함께 지정할 때는 조합키로 Alt를 함께 사용해야 한다.
④ 바로 가기 키를 지정하지 않아도 매크로를 기록할 수 있다.

> 바로 가기 키는 기본적으로 Ctrl이 지정되며 영문자만 가능함

22 다음 중 워크시트에 대한 설명으로 옳지 않은 것은?

① 여러 개의 시트를 한 번에 선택하면 제목 표시줄의 파일명 뒤에 [그룹]이 표시된다.
② 선택된 시트의 왼쪽에 새로운 시트를 삽입하려면 Shift + F11을 누른다.
③ 마지막 작업이 시트 삭제인 경우 빠른 실행 도구 모음의 '실행 취소(↶)'를 클릭하여 되살릴 수 있다.
④ 동일한 통합 문서 내에서 시트를 복사하면 원래의 시트 이름에 '(일련번호)' 형식이 추가되어 시트 이름이 만들어진다.

> 삭제한 시트는 실행 취소 명령으로 되살릴 수 없음

23 다음 중 하이퍼링크에 대한 설명으로 옳지 않은 것은?

① 단추에는 하이퍼링크를 지정할 수 있지만 도형에는 하이퍼링크를 지정할 수 없다.
② 다른 통합 문서에 있는 특정 시트의 특정 셀로 하이퍼링크를 지정할 수 있다.
③ 특정 웹사이트로 하이퍼링크를 지정할 수 있다.
④ 현재 사용 중인 통합 문서의 다른 시트로 하이퍼링크를 지정할 수 있다.

> 도형이나 그림 등에 하이퍼링크를 지정할 수 있음

24 다음 중 [A7] 셀에 수식 '=SUMIFS(D2:D6, A2:A6, "연필", B2:B6, "서울")'을 입력한 경우 그 결과값은?

	A	B	C	D
1	품목	대리점	판매계획	판매실적
2	연필	경기	150	100
3	볼펜	서울	150	200
4	연필	서울	300	300
5	볼펜	경기	300	400
6	연필	서울	300	200

① 100 ② 500
③ 600 ④ 750

> • =SUMIFS(합계구할 범위, 셀범위1, 조건1, 셀범위2, 조건2) : 셀범위1에서 조건1이 만족하고, 셀범위2에서 조건2가 만족되는 경우 합계를 구할 범위에서 합을 구함
> • =SUMIFS(D2:D6, A2:A6, "연필", B2:B6, "서울") → 500

정답 21 ③ 22 ③ 23 ① 24 ②

25 워크시트의 [F8] 셀에 수식 "=E8/$F5"를 입력하는 중 '$'를 한글 'ㄴ'으로 잘못 입력하였다. 이 경우 [F8]셀에 나타나는 오류 메시지로 옳은 것은?(단, [E8] 셀과 [F5] 셀에는 숫자 100과 20이 입력되어 있다.)

① #N/A
② #NAME?
③ #NULL!
④ #VALUE!

> #NAME? : 함수 이름이나 정의되지 않은 셀 이름을 사용한 경우, 수식에 잘못된 문자열을 지정하여 사용한 경우

오답 피하기
- #N/A : 수식에서 잘못된 값으로 연산을 시도한 경우나 찾기 함수에서 결과값을 찾지 못한 경우
- #NULL! : 교점 연산자(공백)를 사용했을 때 교차 지점을 찾지 못한 경우
- #VALUE! : 수치를 사용해야 할 장소에 다른 데이터를 사용하는 경우

26 다음 차트는 엑셀 점수에 대한 예측을 표시한 것이다. 이때 사용한 기능으로 옳은 것은?

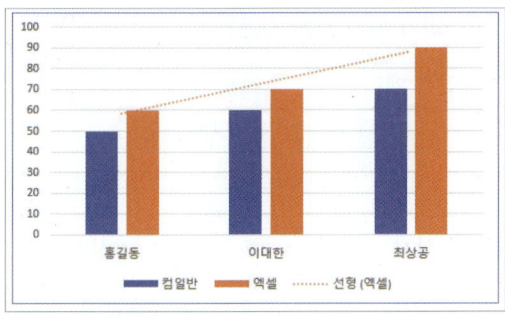

① 자동 합계
② 추세선
③ 오차 막대
④ 평균 구하기

- 추세선은 계열의 추세에 대한 예측 가능한 흐름을 표시한 것
- 추세선의 종류에는 지수, 선형, 로그, 다항식, 거듭제곱, 이동 평균 등 6가지 종류로 구성됨
- 방사형, 원형, 도넛형 차트에는 추세선을 사용할 수 없음
- 하나의 데이터 계열에 두 개 이상의 추세선을 동시에 사용할 수 있음

27 다음 중 [페이지 설정] 대화 상자의 [시트] 탭에 대한 설명으로 옳지 않은 것은?

① [행/열 머리글] 항목은 행/열 머리글이 인쇄되도록 설정하는 기능이다.
② [인쇄 제목] 항목을 이용하면 특정 부분을 페이지마다 반복적으로 인쇄할 수 있다.
③ [눈금선] 항목을 선택하여 체크 표시하면 작업시트의 셀 구분선은 인쇄되지 않는다.
④ [메모] 항목에서 '(없음)'을 선택하면 셀에 메모가 있더라도 인쇄되지 않는다.

> [눈금선] 항목을 선택하여 체크 표시하면 작업시트의 셀 구분선이 인쇄됨

28 다음 아래의 왼쪽 시트에서 번호 열의 3행을 삭제하더라도 오른쪽 시트처럼 번호 순서가 1, 2, 3, 4, 5처럼 유지되게 하는 방법으로 옳은 것은?

	A	B
1	번호	
2	1	
3	2	
4	3	
5	4	
6	5	
7	6	
8		

▶

	A	B
1	번호	
2	1	
3	2	
4	3	
5	4	
6	5	
7		
8		

① [A2] 셀에 =row()를 입력하고 채우기 핸들을 [A7] 셀까지 복사한다.
② [A2] 셀에 =column()을 입력하고 채우기 핸들을 [A7] 셀까지 복사한다.
③ [A2] 셀에 =row()-1을 입력하고 채우기 핸들을 [A7] 셀까지 복사한다.
④ [A2] 셀에 =column()-1을 입력하고 채우기 핸들을 [A7] 셀까지 복사한다.

- ROW(행 번호를 구할 셀) : 참조의 행 번호를 반환함
- [A2] 셀에 =row()-1을 입력하고 채우기 핸들을 [A7] 셀까지 복사하면 해당 행 번호에서 1을 뺀 결과가 번호가 되므로 3행을 삭제하더라도 번호 1, 2, 3, 4, 5가 유지됨

29 다음 중 정렬 기능에 대한 설명으로 옳지 않은 것은?

① 워크시트에 입력된 자료들을 특정한 순서에 따라 재배열하는 기능이다.
② 정렬 옵션 방향은 '위쪽에서 아래쪽' 또는 '왼쪽에서 오른쪽' 중 선택하여 정렬할 수 있다.
③ 오름차순 정렬과 내림차순 정렬에서 공백은 맨 처음에 위치하게 된다.
④ 선택한 데이터 범위의 첫 행을 머리글 행으로 지정할 수 있다.

> 오름차순 정렬과 내림차순 정렬에서 공백은 맨 마지막에 위치하게 됨

30 다음 중 아래 워크시트에서 [E2] 셀의 함수식이 =CHOOSE (RANK.EQ(D2, $D$2:$D$5), "천하", "대한", "영광", "기쁨")일 때 결과값으로 옳은 것은?

	A	B	C	D	E
1	성명	이론	실기	합계	수상
2	김나래	47	45	92	
3	이석주	38	47	85	
4	박명호	46	48	94	
5	장영민	49	48	97	

① 천하 ② 대한
③ 영광 ④ 기쁨

> 성적이 높은 순(내림차순)으로 석차를 구하는 수식 RANK.EQ(D2, $D$2:$D$5)에 의해 1, 2, 3, 4가 결과로 나오게 되면 CHOOSE 함수에 의해 1등인 경우 "천하", 2등인 경우 "대한", 3등인 경우 "영광", 4등인 경우 "기쁨"이 되므로 [E2] 셀의 김나래는 석차가 3등, 즉 "영광"이 결과값이 됨

31 다음 중 아래의 워크시트에서 '박지성'의 결석 값을 찾기 위한 함수식은?

	A	B	C	D
1		성적표		
2	이름	중간	기말	결석
3	김남일	86	90	4
4	이천수	70	80	2
5	박지성	95	85	5

① =VLOOKUP("박지성", $A$3:$D$5, 4, 1)
② =VLOOKUP("박지성", $A$3:$D$5, 4, 0)
③ =HLOOKUP("박지성", $A$3:$D$5, 4, 0)
④ =HLOOKUP("박지성", $A$3:$D$5, 4, 1)

> • =VLOOKUP(찾을 값, 범위, 열 번호, 방법) : 범위의 첫 번째 열에서 찾을 값을 찾아서 지정한 열에서 같은 행에 있는 값을 표시함
> • 찾을 값 → 박지성, 범위 → $A$3:$D$5, 열 번호 → 4(결석), 방법 → 0(정확한 값을 찾음), 1이면 찾을 값의 아래로 근사값
> • =VLOOKUP("박지성", $A$3:$D$5, 4, 0) → 5

32 다음 중 입력 데이터에 주어진 표시 형식으로 지정한 경우 그 결과가 옳지 않은 것은?

	입력 데이터	표시 형식	표시 결과
①	7.5	#.00	7.50
②	44.398	???.???	044.398
③	12,200,000	#,##0,	12,200
④	상공상사	@ "귀중"	상공상사 귀중

> • ? : 소수점 왼쪽 또는 오른쪽에 있는 유효하지 않은 0 대신 공백을 추가하여 소수점을 맞춤
> • 따라서, 입력 데이터 44.398에 표시 형식 ???.???을 지정하면 표시 결과는 44.398이 됨

오답 피하기

• ①

| 7.5 | #.00 | 7.50 |

– # : 유효 자릿수만 나타내고 유효하지 않은 0은 표시하지 않음
– 0 : 유효하지 않은 자릿수를 0으로 표시함

• ③

| 12,200,000 | #,##0, | 12,200 |

– , : 천 단위 구분 기호로 쉼표를 삽입하거나 쉼표 이후 더 이상 코드를 사용하지 않으면 천 단위 배수로 표시함

• ④

| 상공상사 | @ "귀중" | 상공상사 귀중 |

– @ : 문자 뒤에 특정 문자열을 함께 나타나게 함

33 다음 중 통합 문서 저장 시 설정할 수 있는 [일반 옵션]에 대한 설명으로 옳지 않은 것은?

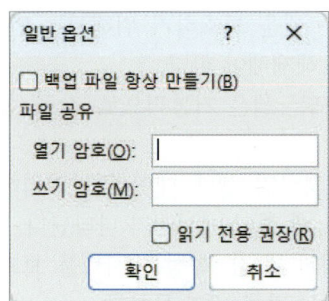

① '백업 파일 항상 만들기'에 체크 표시한 경우에는 파일 저장 시 자동으로 백업 파일이 만들어진다.
② '열기 암호'를 지정한 경우에는 열기 암호를 입력해야 파일을 열 수 있고 암호를 모르면 파일을 열 수 없다.
③ '쓰기 암호'가 지정된 경우에는 파일을 수정하고 다른 이름으로 저장 시 '쓰기 암호'를 입력해야 한다.
④ '읽기 전용 권장'에 체크 표시한 경우에는 파일을 열 때 읽기 전용으로 열지 여부를 묻는 메시지가 표시된다.

'쓰기 암호'가 지정된 경우라도 파일을 수정하고 다른 이름으로 저장하는 경우는 '쓰기 암호'를 입력하지 않아도 됨

34 다음 중 [데이터 유효성] 대화 상자의 [설정] 탭에서 '제한 대상' 목록에 해당하지 않는 것은?

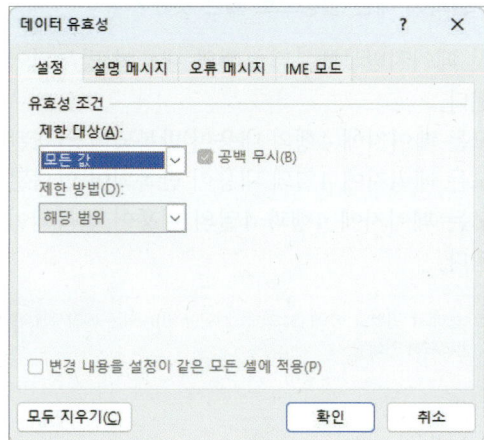

① 정수
② 소수점
③ 목록
④ 텍스트 형식

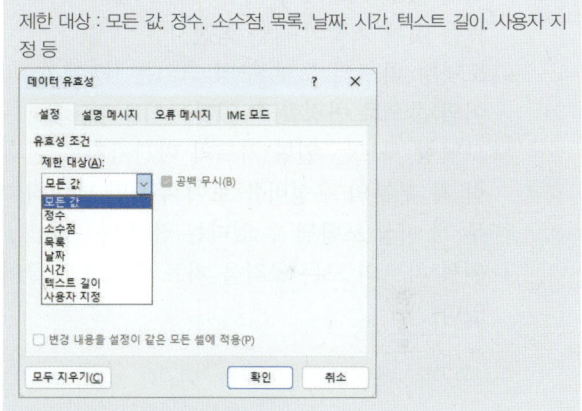

35
[페이지 설정] 대화 상자의 [시트] 탭에서 '반복할 행'에 [$4:$4]을 지정하고 워크시트 문서를 출력하였다. 다음 중 출력 결과에 대한 설명으로 옳은 것은?

① 첫 페이지만 1행부터 4행의 내용이 반복되어 인쇄된다.
② 모든 페이지에 4행의 내용이 반복되어 인쇄된다.
③ 모든 페이지에 4열의 내용이 반복되어 인쇄된다.
④ 모든 페이지에 4행과 4열의 내용이 반복되어 인쇄된다.

[시트] 탭에서 '반복할 행'에 [$4:$4]을 지정한 경우 모든 페이지에 4행의 내용이 반복되어 인쇄됨

36
다음 중 항목의 구성비를 표현하는 데 적합한 원형 차트와 도넛형 차트에 대한 설명으로 옳지 않은 것은?

① 원형 차트는 첫째 조각의 각을 0도에서 360도 사이의 값을 이용하여 회전시킬 수 있으나 도넛형 차트는 첫째 조각의 각을 회전시킬 수 없다.
② 도넛형 차트의 도넛 구멍 크기는 0%에서 90% 사이의 값으로 변경할 수 있다.
③ 도넛형 차트는 원형 차트와 마찬가지로 전체에 대한 각 부분의 구성비를 보여 주지만 데이터 계열이 두 개 이상 포함될 수 있다는 점이 다르다.
④ 원형 차트의 모든 조각을 차트 중심에서 끌어낼 수 있다.

도넛형 차트 : 첫째 조각의 각 0~360도 회전 가능

37
다음 중 [시트 보호] 기능에 대한 설명으로 옳지 않은 것은?

① 워크시트에 있는 셀을 보호하기 위해서는 먼저 셀의 '잠금' 속성을 해제해야 한다.
② 새 워크시트의 모든 셀은 기본적으로 '잠금' 속성이 설정되어 있다.
③ 시트 보호를 설정하면 셀에 데이터를 입력하거나 수정하려고 했을 때 경고 메시지가 나타난다.
④ 셀의 '잠금' 속성과 '숨김' 속성은 시트를 보호하기 전까지는 아무런 효과를 내지 못한다.

셀 잠금 또는 수식 숨기기를 적용하려면 워크시트를 보호해야 하며, 워크시트를 보호하려면 [검토] 탭에서 [변경 내용] 그룹을 선택한 다음 [시트 보호] 단추를 클릭함

38
다음 중 아래 시트에서 [A1] 셀을 선택하고 채우기 핸들을 [A4] 셀까지 드래그했을 때 [A4] 셀에 입력되는 값은?

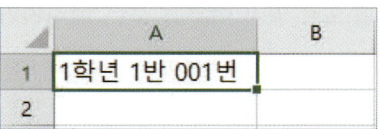

① 1학년 1반 001번
② 1학년 1반 004번
③ 1학년 4반 001번
④ 4학년 4반 004번

1학년 1반은 복사되며 마지막의 001번이 1씩 증가함

	A	B
1	1학년 1반 001번	
2	1학년 1반 002번	
3	1학년 1반 003번	
4	1학년 1반 004번	
5		

정답 35 ② 36 ① 37 ① 38 ②

39 다음 중 피벗 테이블과 피벗 차트에 대한 설명으로 옳지 않은 것은?

① 새 워크시트에 피벗 테이블을 생성하면 보고서 필터의 위치는 [A1] 셀, 행 레이블은 [A3] 셀에서 시작한다.
② 피벗 테이블과 연결된 피벗 차트가 있는 경우 피벗 테이블에서 [피벗 테이블 분석]의 [모두 지우기] 명령을 사용하면 피벗 테이블과 피벗 차트의 필드, 서식 및 필터가 제거된다.
③ 하위 데이터 집합에도 필터와 정렬을 적용하여 원하는 정보만 강조할 수 있으나 조건부 서식은 적용되지 않는다.
④ [피벗 테이블 옵션] 대화 상자에서 오류값을 빈 셀로 표시하거나 빈 셀에 원하는 값을 지정하여 표시할 수도 있다.

하위 데이터 집합에도 필터와 정렬을 적용하여 원하는 정보만 강조할 수 있으며 조건부 서식 역시 적용 가능하므로 데이터를 시각적으로 탐색 및 분석할 수 있음

40 다음 중 윗주에 대한 설명으로 옳지 않은 것은?

① 윗주에 입력된 텍스트 중 일부분의 서식을 별도로 변경할 수 있다.
② 윗주는 삽입해도 바로 표시되지 않고 [홈] 탭-[글꼴] 그룹-[윗주 필드 표시/숨기기]를 선택해야만 표시된다.
③ 윗주는 셀에 대한 주석을 설정하는 것으로 문자열 데이터가 입력되어 있는 셀에만 표시할 수 있다.
④ 셀의 데이터를 삭제하면 윗주도 함께 삭제된다.

윗주에 입력된 텍스트 중 일부분의 서식을 별도로 변경할 수 없음

2024년 상시 기출문제 03회

SELF CHECK : 제한시간 40분 | 소요시간   분 | 전체 문항 수 40문항 | 맞힌 문항 수   문항

1과목 컴퓨터 일반

01 다음 중 컴퓨터에서 사용하는 언어 번역 프로그램으로 옳지 않은 것은?

① 인터프리터
② 유틸리티
③ 컴파일러
④ 어셈블러

> 유틸리티(Utility) : 컴퓨터를 더 효율적으로 사용하기 위한 프로그램 압축 소프트웨어)
>
> **오답 피하기**
> - 인터프리터(Interpreter) : 대화식 언어로 작성된 프로그램을 필요할 때마다 매번 기계어로 번역하여 실행하는 프로그램
> - 컴파일러(Compiler) : 고급 언어를 기계어로 번역하는 프로그램
> - 어셈블러(Assembler) : 어셈블리 언어를 기계어로 번역하는 프로그램

02 다음 중 프로그램이 실행될 때 발생하는 메인 메모리 부족 문제를 보완하기 위해 하드디스크의 일부를 메인 메모리처럼 사용하게 하는 메모리 관리 기법을 의미하는 것은?

① 캐시 메모리
② 디스크 캐시
③ 연관 메모리
④ 가상 메모리

> 가상 메모리(Virtual Memory) : 보조 기억 장치의 일부 즉, 하드디스크의 일부를 주기억 장치처럼 사용하는 메모리 사용 기법으로 기억 장소를 주기억 장치의 용량으로 제한하지 않고, 보조 기억 장치까지 확대하여 사용함

03 다음 중 유니코드(Unicode)에 대한 설명으로 옳은 것은?

① 문자를 2Byte로 표현한다.
② 표현 가능한 문자 수는 최대 256자이다.
③ 영문자를 7비트, 한글이나 한자를 16비트로 처리한다.
④ 한글은 KB 완성형으로 표현한다.

> 유니코드(Unicode)
> - 2바이트 코드로 세계 각 나라의 언어를 표현할 수 있는 국제 표준 코드
> - 한글의 경우 조합, 완성, 옛 글자 모두 표현 가능함
> - 16비트이므로 2^{16}인 65,536자까지 표현 가능함
> - 한글은 초성 19개, 중성 21개, 종성 28개가 조합된 총 11,172개의 코드로 모든 한글을 표현함

04 다음 중 미디(MIDI)에 대한 설명으로 틀린 것은?

① 미디는 전자 악기와 컴퓨터 간의 상호 정보 교환을 위한 규약이다.
② 미디는 음을 어떻게 연주할 것인지에 대한 정보 즉, 음의 높이 및 음표의 길이, 음의 강약 등에 대한 정보를 표현한다.
③ 실제 음을 듣기 위해서는 그 음을 발생시켜 주는 장치(신디사이저)가 필요하다.
④ 미디 파일은 음성이나 효과음을 저장할 수 있어 재생이 빠르지만 용량이 크다는 단점이 있다.

> MIDI(Musical Instrument Digital Interface) : 용량이 작으며 사람의 목소리나 자연음을 재생할 수 없음
>
> **오답 피하기**
> WAVE : 자연의 음향과 사람의 음성 표현이 가능하며 음질이 뛰어나기 때문에 파일의 용량이 큼

정답 01 ② 02 ④ 03 ① 04 ④

05 다음 중 영상 신호와 음향 신호를 압축하지 않고 통합하여 전송하는 고선명 멀티미디어 인터페이스로 S-비디오, 컴포지트 등의 아날로그 케이블보다 고품질의 음향 및 영상을 감상할 수 있는 것은?

① DVI
② USB
③ HDMI
④ IEEE-1394

HDMI(High-Definition Multimedia Interface)
- 고선명 멀티미디어 인터페이스로 비압축 방식이므로 영상이나 음향 신호 전송 시 소프트웨어나 디코더 칩(Decoder Chip) 같은 별도의 디바이스가 필요 없음
- 기존의 아날로그 케이블보다 고품질의 음향이나 영상을 전송함

오답 피하기
- DVI(Digital Video Interactive) : 디지털 TV를 만들기 위해 개발되었던 것을 인텔에서 인수하여 동영상 압축 기술(최대 144:1정도)로 개발함
- USB(Universal Serial Bus) : 허브(Hub)를 사용하면 최대 127개의 주변 기기 연결이 가능한 범용 직렬 버스 장치
- IEEE-1394 : 미국전기전자학회(IEEE)가 표준화한 직렬 인터페이스 규격의 포트

06 다음 중 한글 Windows 10에서 시각 장애가 있는 사용자가 컴퓨터를 사용하기에 편리하도록 설정할 수 있는 기능은?

① 동기화 센터
② 사용자 정의 문자 편집기
③ 접근성
④ 프로그램 호환성 마법사

접근성 : 사용자의 시력, 청력, 기동성에 따라 컴퓨터 설정을 조정하고 음성 인식을 사용하여 음성 명령으로 컴퓨터를 조정함

오답 피하기
- 동기화 센터 : 컴퓨터의 파일이 네트워크 서버의 파일(오프라인 파일)과 동기화되도록 설정한 경우 동기화 센터를 사용하여 최신 동기화 작업의 결과를 확인할 수 있음
- 사용자 정의 문자 편집기 : 문자를 직접 만들어서 문자표로 문서에 삽입할 수 있음
- 프로그램 호환성 관리자 : 이전 프로그램에서 알려진 호환성 문제를 검색. 이 Windows 버전에서 이전 프로그램을 실행하면 프로그램 호환성 관리자는 문제가 있는지 알려주고 다음에 프로그램을 실행할 때 문제를 해결할 수 있게 해 줌

07 유틸리티에 대한 설명 중 가장 옳지 않은 것은?

① 알집 프로그램은 파일을 압축하거나 압축을 풀 때 사용하는 프로그램이다.
② FTP는 파일 전송 프로토콜로 서버에 파일을 올릴 때 사용하는 프로그램이다.
③ V3 유틸리티는 파일 감염 여부를 점검은 하지만 치료는 하지 못한다.
④ PDF 뷰어는 PDF(Portable Document Format) 형식의 파일을 볼 수 있는 프로그램이다.

V3 유틸리티는 파일 감염 여부의 점검과 치료를 담당함

08 다음 중 인터넷을 이용한 전자 우편에 관한 설명으로 옳지 않은 것은?

① 기본적으로 8비트의 유니코드를 사용하여 메시지를 전달한다.
② 전자 우편 주소는 '사용자ID@호스트 주소'의 형식으로 이루어진다.
③ SMTP, POP3, MIME 등의 프로토콜을 사용한다.
④ 보내기, 회신, 첨부, 전달, 답장 등의 기능이 있다.

전자 우편은 기본적으로 7비트의 ASCII 코드를 사용하여 전송함

09 다음 중 한글 Windows의 [폴더 옵션] 창에서 할 수 있는 작업으로 옳지 않은 것은?

① 선택된 폴더에 암호를 설정할 수 있다.
② 한 번 클릭해서 창 열기를 하도록 설정할 수 있다.
③ 새 창에서 폴더 열기를 할 수 있게 설정할 수 있다.
④ 알려진 파일 형식의 파일 확장명 숨기기를 설정할 수 있다.

한글 Windows의 [폴더 옵션] 창에서 선택된 폴더에 암호를 설정하는 기능은 지원되지 않음

10 다음 중 국제 표준화 기구에서 네트워크 통신의 접속에서부터 완료까지의 과정을 구분하여 정의한 통신 규약 명칭은?

① Network 3계층
② Network 7계층
③ OSI 3계층
④ OSI 7계층

OSI 7계층 : 물리 계층, 데이터 링크 계층, 네트워크 계층, 전송 계층, 세션 계층, 표현 계층, 응용 계층

11 다음 중 중앙 컴퓨터와 일정 지역의 단말 장치까지는 하나의 통신 회선으로 연결시키고, 이웃하는 단말 장치는 일정 지역 내에 설치된 중간 단말 장치로부터 다시 연결시키는 형태로 분산 처리 환경에 적합한 망의 구성 형태는?

① 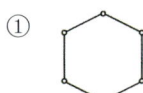 ②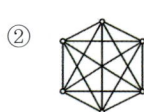

③ 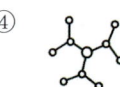 ④

④ 트리(Tree)형 : 중앙의 컴퓨터와 일정 지역의 단말기까지는 하나의 통신 회선으로 연결되어 이웃 단말기는 이 단말기로부터 근처의 다른 단말기로 회선이 연장되는 형태. 분산 처리 시스템이 가능하고 통신 선로가 가장 짧음. 단방향 전송에 적합. CATV망 등에 사용. 성(Star)형이 아님에 주의해야 함

오답 피하기
① : 링(Ring)형, ② : 망(Mesh)형, ③ : 버스(Bus)형

12 다음 중 처리할 데이터를 일정한 분량이 될 때까지 모아서 한꺼번에 처리하는 시스템으로 옳은 것은?

① 일괄 처리 시스템
② 실시간 처리 시스템
③ 시분할 시스템
④ 분산 처리 시스템

일괄 처리 시스템(Batch Processing System) : 발생한 자료를 일정 기간 모아 두었다가 한꺼번에 처리하는 방식

오답 피하기
• 실시간 처리 시스템 : 발생한 자료를 바로 처리하는 시스템
• 시분할 시스템 : 다수의 이용자가 여러 개의 입출력 장치를 동시에 사용할 수 있는 방식
• 분산 처리 시스템 : 각 지역별로 발생한 자료를 분산 처리하는 방식

13 다음 중 가로 300픽셀, 세로 200픽셀 크기의 256 색상으로 표현된 정지 영상을 10:1로 압축하여 JPG 파일로 저장하였을 때 이 파일의 크기는 얼마인가?

① 3KB
② 4KB
③ 5KB
④ 6KB

• $(300 \times 200 \times 1) \div 10 = 6000 \text{Byte} = 6\text{KB}$
• 256색상은 8비트(2^8)로 표현이 가능하며, 8비트는 1바이트이므로 픽셀당 저장 용량은 1이 됨

14 TCP/IP 프로토콜의 설정에 있어 서브넷 마스크(Subnet Mask)의 역할은?

① 호스트의 수를 식별
② 사용자의 수를 식별
③ 네트워크 ID 부분과 호스트 ID 부분을 구별
④ 도메인명을 IP 주소로 변환해 주는 서버를 지정

서브넷 마스크(Subnet Mask)
• 네트워크 ID와 호스트 ID를 구분해 주는 역할을 함
• Subnet은 여러 개의 LAN에 접속하는 경우 하나의 LAN을 의미함
• Subnet Mask는 IP 수신자에게 제공하는 32비트 주소
• 대부분 255.255.255.0의 C 클래스(Class)로 정의함

15 다음 중 전시장이나 쇼핑 센터 등에 설치하여 방문객이 각종 안내를 받을 수 있도록 한 것으로, 터치 패널을 이용해 메뉴를 손가락으로 선택해서 정보를 얻을 수 있는 것이 특징인 것은?

① 킨들
② 프리젠터
③ 키오스크
④ UPS

키오스크(Kiosk) : 고객의 편의를 위하여 공공장소에 설치된 컴퓨터 자동화 시스템

16 다음 중 인터넷 기능을 결합한 TV로 각종 앱을 설치하여 웹 서핑, VOD 시청, 게임 등 다양한 기능을 활용할 수 있는 다기능 TV를 의미하는 용어는?

① HDTV
② Cable TV
③ IPTV
④ Smart TV

Smart TV : TV 안에 중앙 처리 장치(CPU)가 설치되고 운영체제(OS)에 의해 구동되며 TV 방송뿐만 아니라 PC처럼 인터넷이 가능하여 검색 기능과 게임, VOD 등이 가능한 TV로 '쌍방향 TV, 인터넷 TV 또는 커넥티드 TV'라고도 함

오답 피하기
- HDTV(High Definition TeleVision) : 고화질 텔레비전
- Cable TV : 유선 방송 텔레비전
- IPTV(Internet Protocol TV) : 초고속 인터넷을 이용한 TV로 방송 등 다양한 콘텐츠를 제공받는 TV

17 정보 전송 방식 중 반이중 방식(Half-Duplex)에 해당하는 것은?

① 라디오
② TV
③ 전화
④ 무전기

반이중(Half Duplex) 방식 : 양쪽 방향에서 데이터 전송은 가능하지만 동시 전송은 불가능한 방식(예 무전기)

오답 피하기
- 단방향(Simplex) 방식 : 한쪽 방향으로만 데이터 전송이 가능한 방식(예 라디오, TV 방송)
- 전이중(Full Duplex) 방식 : 양쪽 방향에서 동시에 데이터 전송이 가능한 방식(예 전화)

18 다음 중 멀티미디어와 관련된 기술인 VOD(Video On Demand)에 대한 설명으로 옳지 않은 것은?

① 비디오를 디지털로 압축하여 비디오 서버에 저장하고, 가입자가 원하는 콘텐츠를 제공하며 재생, 제어, 검색, 질의 등이 가능하다.
② 사용자의 요구에 따라 영화나 뉴스 등의 콘텐츠를 통신 케이블을 통하여 서비스하는 영상 서비스이다.
③ 사용자 간 커뮤니케이션을 목적으로 원거리에서 영상을 공유하며, 공간적 시간적 제약을 극복할 수 있다.
④ VCR 같은 기능의 셋톱박스는 비디오 서버로부터 압축되어 전송된 디지털 영상과 소리를 복원, 재생하는 역할을 한다.

VOD(Video On Demand)는 사용자의 주문에 의해 데이터베이스로 구축되어 있는 영화나 드라마, 뉴스 등의 비디오 정보를 실시간으로 즉시 전송해 주는 서비스로 사용자 간의 커뮤니케이션을 목적으로 하지 않음

19 다음 중 네트워크 연결 장치와 관련하여 패킷의 헤더 정보를 보고 목적지를 파악하여 다음 목적지로 전송하기 위한 최선의 경로를 선택할 수 있는 것으로 옳은 것은?

① 허브(Hub)
② 브리지(Bridge)
③ 스위치(Switch)
④ 라우터(Router)

라우터(Router) : 데이터 전송을 위한 최적의 경로를 선택함

오답 피하기
- 허브(Hub) : 집선 장치로서 각 회선을 통합적으로 관리함
- 브리지(Bridge) : 독립된 두 개의 근거리 통신망을 연결하는 접속 장치

20 다음 중 공개키 암호 기법의 설명으로 옳지 않은 것은?

① 메시지를 암호화할 때와 복호화할 때 사용되는 키가 서로 다르다.
② 복호화할 때 사용되는 키는 공개하고 암호키는 비공개한다.
③ 비대칭키 또는 이중키 암호 기법이라고도 한다.
④ 많이 사용되는 기법은 RSA 기법이다.

복호화는 비밀키로 하고 암호화는 공개키로 함

2과목　스프레드시트 일반

21 다음 중 다양한 상황과 변수에 따른 여러 가지 결과값의 변화를 가상의 상황을 통해 예측하여 분석할 수 있는 도구는?

① 시나리오 관리자
② 목표값 찾기
③ 부분합
④ 통합

> 시나리오 관리자 : 변경 요소가 많은 작업표에서 가상으로 수식이 참조하고 있는 셀의 값을 변화시켜 작업표의 결과를 예측하는 기능
>
> **오답 피하기**
> - 목표값 찾기 : 수식의 결과값은 알고 있으나 그 결과값을 얻기 위한 입력값을 모를 때 사용함
> - 부분합 : 워크시트에 있는 데이터를 일정한 기준으로 요약하여 통계 처리를 수행하며 정렬 작업이 선행되어야 함
> - 통합 : 데이터 통합은 하나 이상의 원본 영역을 지정하여 하나의 표로 데이터를 요약함

22 다음 중 [통합] 데이터 도구에 대한 설명으로 옳지 않은 것은?

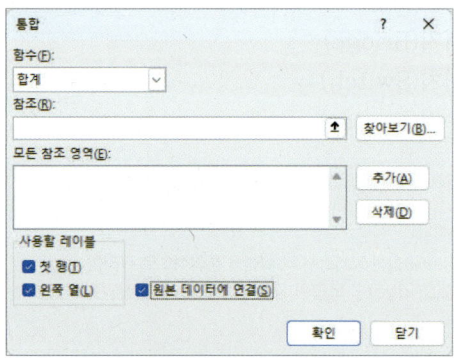

① '모든 참조 영역'에 다른 통합 문서의 워크시트를 추가하여 통합할 수 있다.
② '사용할 레이블'을 모두 선택한 경우 각 참조 영역에 결과표의 레이블과 일치하지 않은 레이블이 있으면 통합 결과표에 별도의 행이나 열이 만들어진다.
③ 지정한 영역에 계산될 요약 함수는 '함수'에서 선택하며, 요약 함수로는 합계, 개수, 평균, 최대값, 최소값 등이 있다.
④ '원본 데이터에 연결' 확인란을 선택하여 통합한 경우 통합에 참조된 영역에서의 행 또는 열이 변경될 때 통합된 데이터 결과도 자동으로 업데이트된다.

> 원본 데이터에 연결 : 원본 데이터가 변경될 때 통합된 데이터 결과가 자동으로 업데이트됨
>
> **오답 피하기**
> - 범위의 범위를 변경해야 하는 경우(또는 범위를 바꾸려면) 통합 팝업에서 범위를 클릭하고 통합 단계를 사용하여 업데이트하며, 이 경우 새 범위 참조가 만들어지므로 다시 통합하기 전에 이전 참조를 삭제해야 함(이전 참조를 선택하고 Delete 를 누름)
> - 원본 및 대상 영역이 동일한 시트에 있는 경우에는 연결을 만들 수 없음

23 다음 중 아래 그림의 표에서 조건 범위로 [A9:B11] 영역을 선택하여 고급 필터를 실행한 결과의 레코드 수는 얼마인가?

	A	B	C	D
1	성명	이론	실기	합계
2	김진아	47	45	92
3	이은경	38	47	85
4	장영주	46	48	94
5	김시내	40	25	65
6	홍길동	49	48	97
7	박승수	37	43	80
8				
9	합계	합계		
10	<95	>90		
11		<70		

① 0
② 3
③ 4
④ 6

> - AND 조건 : 첫 행에 필드명을 나란히 입력하고, 동일한 행에 조건을 입력함
> - OR 조건 : 첫 행에 필드명을 나란히 입력하고, 서로 다른 행에 조건을 입력함
> - 조건 범위 [A9:B11]에 의해 합계가 '90보다 크고 95보다 작은' 김진아(합계 92), 장영주(합계 94)와 '70보다 작은' 김시내(합계 65)가 필터링되므로 결과의 레코드 수는 3이 됨
>
> | 성명 | 이론 | 실기 | 합계 |
> |---|---|---|---|
> | 김진아 | 47 | 45 | 92 |
> | 장영주 | 46 | 48 | 94 |
> | 김시내 | 40 | 25 | 65 |

정답 21 ① 22 ④ 23 ②

24 다음 중 매크로와 관련된 바로 가기 키에 대한 설명으로 옳지 않은 것은?

① Alt + M 을 누르면 [매크로 기록] 대화 상자가 표시되어 매크로를 기록할 수 있다.
② Alt + F11 을 누르면 Visual Basic Editor가 실행되며, 매크로를 수정할 수 있다.
③ Alt + F8 을 누르면 [매크로] 대화 상자가 표시되어 매크로 목록에서 매크로를 선택하여 실행할 수 있다.
④ 매크로 기록 시 Ctrl 과 영문 문자를 조합하여 해당 매크로의 바로 가기 키를 지정할 수 있다.

Alt + M 을 누르면 [수식] 탭이 선택됨

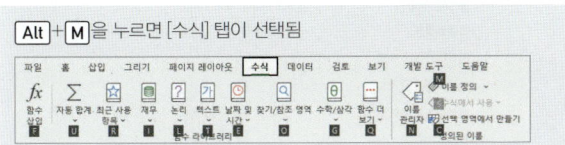

25 다음 중 [페이지 설정] 대화 상자의 [시트] 탭에 대한 설명으로 옳은 것은?

① '메모'는 셀에 설정된 메모의 인쇄 여부를 설정하는 것으로 '없음'과 '시트에 표시된 대로' 중 하나를 선택하여 인쇄할 수 있다.
② 워크시트의 셀 구분선을 그대로 인쇄하려면 '눈금선'에 체크하여 표시하면 된다.
③ '간단하게 인쇄'를 체크하면 설정된 글꼴색은 모두 검정으로, 도형은 테두리 색만 인쇄하여 인쇄 속도를 높인다.
④ '인쇄 영역'에 범위를 지정하면 특정 부분만 인쇄할 수 있으며, 지정한 범위에 숨겨진 행이나 열도 함께 인쇄된다.

눈금선
- 워크시트 눈금선을 인쇄에 포함하려면 눈금선 확인란을 선택함
- 눈금선은 워크시트에 표시할지 여부에 관계 없이 기본적으로 인쇄되지 않음

오답 피하기
- ① 메모 : '(없음)', '시트 끝', '시트에 표시된 대로' 중 하나를 선택하여 인쇄할 수 있음
- ③ 간단하게 인쇄 : 인쇄 시 테두리나 그래픽 등을 생략하고 데이터만 인쇄함
- ④ 인쇄 영역 : 숨겨진 행이나 열은 인쇄되지 않음

26 다음 수식의 결과값으로 옳은 것은?

=ROUNDDOWN(165.657,2) − ABS(POWER(−2,3))

① 156.65
② 157.65
③ 156.66
④ 157.66

- ROUNDDOWN(수1, 수2) : 수1을 무조건 내림하여 자릿수(수2)만큼 반환함
- ROUNDDOWN(165.657, 2) : 165.657을 무조건 내림하여 2자릿수만큼 반환함 → 165.65
- POWER(−2, 3) : −2의 3제곱을 구함 → −8
- ABS(−8) : −8의 절대값을 구함 → 8
- 따라서 165.65 − 8 = 157.65가 됨

27 다음 시트에서 =SUM(INDEX(B2:C6,4,2),LARGE(B2:C6,2))의 결과값으로 옳은 것은?

	A	B	C
1	지원자명	필기	실기
2	이상공	67	76
3	홍범도	90	88
4	엄지홍	50	60
5	신정미	80	100
6	김민서	69	98

① 190
② 198
③ 200
④ 210

- INDEX(B2:C6,4,2) : [B2:C6] 범위에서 4행 2열의 값 → 100
- LARGE(B2:C6,2) : [B2:C6] 범위에서 2번째로 큰 값 → 98
- =SUM(100,98) : 합을 구함 → 198

28. 다음 중 괄호 안에 들어갈 바로 가기 키로 옳은 것은?

> 통합 문서 내에서 (ㄱ)키는 다음 워크시트로 이동, (ㄴ)키는 이전 워크시트로 이동할 때 사용된다.

① (ㄱ) Home , (ㄴ) Ctrl + Home
② (ㄱ) Ctrl + Page Down , (ㄴ) Ctrl + Page Up
③ (ㄱ) Ctrl + ← , (ㄴ) Ctrl + →
④ (ㄱ) Shift + ↑ , (ㄴ) Shift + ↓

Ctrl + Page Up / Ctrl + Page Down : 활성 시트의 앞/뒤 시트로 이동함

오답 피하기
- ① (ㄱ) Home : 해당 행의 A열로 이동함, (ㄴ) Ctrl + Home : 워크시트의 시작 셀(A1)로 이동함
- ③ (ㄱ) Ctrl + ← : 현재 영역의 좌측 마지막 셀로 이동, (ㄴ) Ctrl + → : 현재 영역의 우측 마지막 셀로 이동함
- ④ (ㄱ) Shift + ↑ : 위쪽으로 범위가 설정됨, (ㄴ) Shift + ↓ : 아래쪽으로 범위가 설정됨

29. 아래 그림과 같이 차트에서 '전기난로' 계열의 직선을 부드러운 선으로 나타내는 방법으로 옳은 것은?

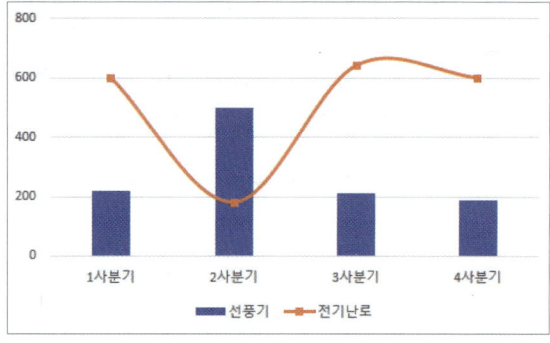

① [데이터 계열 서식] 대화 상자의 [채우기 및 선]에서 [완만한 선]을 설정한다.
② [데이터 계열 서식] 대화 상자의 [효과]에서 [완만한 선]을 설정한다.
③ [데이터 계열 서식] 대화 상자의 [계열 옵션]에서 [곡선]을 설정한다.
④ [데이터 계열 서식] 대화 상자의 [계열 옵션]에서 [부드러운 선]을 설정한다.

[계열 차트 종류 변경]을 이용하여 꺾은선형으로 변경한 다음 [데이터 계열 서식] 대화 상자의 [채우기 및 선]에서 [완만한 선]을 설정함

30. 다음 중 틀 고정 및 창 나누기에 대한 설명으로 옳지 않은 것은?

① 화면에 나타나는 창 나누기 형태는 인쇄 시 적용되지 않는다.
② 창 나누기를 수행하면 셀 포인트의 오른쪽과 아래쪽으로 창 구분선이 표시된다.
③ 창 나누기는 셀 포인트의 위치에 따라 수직, 수평, 수직/수평 분할이 가능하다.
④ 첫 행을 고정하려면 셀 포인트의 위치에 상관없이 [틀 고정]-[첫 행 고정]을 선택한다.

창 나누기를 수행하면 셀 포인트의 왼쪽과 위쪽으로 창 구분선이 표시됨

상 | 중 | 하

31 다음 중 수식의 결과값이 옳지 않은 것은?

① =RIGHT("Computer",5) → puter
② =POWER(2,3) → 8
③ =TRUNC(5.96) → 5
④ =AND(6〈5, 7〉5) → TRUE

=AND(6<5, 7>5) → FALSE(AND함수는 두 조건이 모두 만족할 때만 TRUE가 됨)

오답 피하기

- =RIGHT("Computer",5) → puter(오른쪽에서 5개를 추출)
- =POWER(2,3) → 8(2의 세제곱)
- =TRUNC(5.96) → 5(=TRUNC(수1, 수2)는 수1을 무조건 내림하여 수2만큼 반환함. 수2 생략 시 0으로 처리되므로 5가 됨)

상 | 중 | 하

32 다음 중 셀 참조에 관한 설명으로 옳은 것은?

① 수식 작성 중 마우스로 셀을 클릭하면 기본적으로 해당 셀이 절대 참조로 처리된다.
② 수식에 셀 참조를 입력한 후 셀 참조의 이름을 정의한 경우에는 참조 에러가 발생하므로 기존 셀 참조를 정의된 이름으로 수정한다.
③ 셀 참조 앞에 워크시트 이름과 마침표(.)를 차례로 넣어서 다른 워크시트에 있는 셀을 참조할 수 있다.
④ 셀을 복사하여 붙여 넣은 다음 [붙여넣기 옵션]의 [연결하여 붙여넣기] 명령을 사용하여 셀 참조를 만들 수도 있다.

오답 피하기

- ① : 수식 작성 중 마우스로 셀을 클릭하면 기본적으로 해당 셀이 상대 참조로 처리됨
- ② : 수식에 셀 참조를 입력한 후 셀 참조의 이름을 정의한 경우에는 참조 에러가 발생하지 않음
- ③ : 셀 참조 앞에 워크시트 이름과 느낌표(!)를 차례로 넣어서 다른 워크시트에 있는 셀을 참조함

상 | 중 | 하

33 다음 중 목표값 찾기 기능에 대한 설명으로 옳지 않은 것은?

① 목표값 찾기는 특정한 결과를 얻기 위해 데이터가 어떻게 변하는지 알아보는 기능이다.
② 목표값 찾기에서 변하는 데이터를 여러 개 지정할 수 있다.
③ 목표값은 사용자가 원하는 데이터를 입력해야 한다.
④ 목표값은 사용자가 원하는 데이터의 셀 주소를 입력할 수 없다.

목표값 찾기에서 변하는 데이터는 한 개만 지정해야 함

오답 피하기

목표값 찾기 : 수식의 결과값은 알고 있으나 그 결과값을 얻기 위한 입력값을 모를 때 이용하는 기능

상 | 중 | 하

34 다음 중 데이터 입력에 대한 설명으로 옳지 않은 것은?

① 데이터를 입력하는 도중에 입력을 취소하려면 [Esc]를 누른다.
② 셀 안에서 줄을 바꾸어 데이터를 입력하려면 [Alt]+[Enter]를 누른다.
③ 텍스트, 텍스트/숫자 조합, 날짜, 시간 데이터는 셀에 입력하는 처음 몇 자가 해당 열의 기존 내용과 일치하면 자동으로 입력된다.
④ 여러 셀에 동일한 데이터를 입력하려면 해당 셀을 범위로 지정하여 데이터를 입력한 후 [Ctrl]+[Enter]를 누른다.

텍스트, 텍스트/숫자 조합은 셀에 입력하는 처음 몇 자가 해당 열의 기존 내용과 일치하면 자동으로 입력되지만 날짜, 시간 데이터는 자동으로 입력되지 않음

정답 31 ④ 32 ④ 33 ② 34 ③

35 다음 중 피벗 테이블에 대한 설명으로 옳지 않은 것은?

① 원본의 자료가 변경되면 [모두 새로 고침] 기능을 이용하여 일괄 피벗 테이블에 반영할 수 있다.
② 작성된 피벗 테이블을 삭제하는 경우 함께 작성한 피벗 차트는 자동으로 삭제된다.
③ 피벗 테이블을 삭제하려면 피벗 테이블 전체를 범위로 지정한 후 Delete를 누른다.
④ 피벗 테이블의 삽입 위치는 새 워크시트뿐만 아니라 기존 워크시트에서 시작 위치를 선택할 수도 있다.

> 작성된 피벗 테이블을 삭제하는 경우 함께 작성한 피벗 차트는 일반 차트로 변경됨

36 다음 중 문서를 인쇄했을 때 문서의 위쪽에 '-1 Page-' 형식으로 페이지 번호를 표시하는 방법으로 옳은 것은?

① -#[페이지 번호] Page-
② #-[페이지 번호] Page-
③ -&[페이지 번호] Page-
④ &-[페이지 번호] Page-

> • [페이지 설정]-[머리글/바닥글] 탭-[머리글 편집]에서 설정함
> • &[페이지 번호] : 현재 페이지 번호를 자동으로 삽입함
> • -&[페이지 번호] Page-의 결과는 '-1 Page-'처럼 표시됨

37 다음 중 아래 시트에서 각 수식을 실행했을 때의 결과값으로 옳은 것은?

	A	B	C	D	E
1	이름	국어	영어	수학	평균
2	홍길동	83	90	73	82
3	이대한	65	87	91	81
4	한민국	80	75	100	85
5	평균	76	84	88	82.66667

① =SUM(COUNTA(B2:D4), MAXA(B2:D4)) → 102
② =AVERAGE(SMALL(C2:C4, 2), LARGE(C2:C4, 2)) → 75
③ =SUM(LARGE(B3:D3, 2), SMALL(B3:D3, 2)) → 174
④ =SUM(COUNTA(B2,D4), MINA(B2,D4)) → 109

> ③ =SUM(LARGE(B3:D3, 2), SMALL(B3:D3, 2)) → 174
> • LARGE(B3:D3, 2) → 87(B3:D3 범위에서 2번째로 큰 수를 구함)
> • SMALL(B3:D3, 2) → 87(B3:D3 범위에서 2번째로 작은 수를 구함)
> • SUM(87,87) → 174(인수로 지정한 숫자의 합계를 구함)
>
> **오답 피하기**
> ① =SUM(COUNTA(B2:D4), MAXA(B2:D4)) → 109
> • COUNTA(B2:D4) → 9(B2:D4 범위에서 공백이 아닌 인수의 개수를 구함)
> • MAXA(B2:D4) → 100(B2:D4 범위의 인수 중에서 최대값을 구함)
> • SUM(9,100) → 109(인수로 지정한 숫자의 합계를 구함)
> ② =AVERAGE(SMALL(C2:C4, 2), LARGE(C2:C4, 2)) → 87
> • SMALL(C2:C4, 2) → 87(C2:C4 범위에서 2번째로 작은 수를 구함)
> • LARGE(C2:C4, 2) → 87(C2:C4 범위에서 2번째로 큰 수를 구함)
> • AVERAGE(87,87) → 87(인수로 지정한 숫자의 평균을 구함)
> ④ =SUM(COUNTA(B2,D4), MINA(B2,D4)) → 85
> • COUNTA(B2,D4) → 2(B2와 D4, 2개의 인수 개수를 구함)
> • MINA(B2,D4) → 83(B2셀의 값 83, D4셀의 값 100에서 작은 값을 구함)
> • SUM(2,83) → 85(인수로 지정한 숫자의 합계를 구함)

38 다음 중 날짜 및 시간 데이터에 관한 설명으로 옳지 않은 것은?

① 날짜 데이터를 입력할 때 연도와 월만 입력하면 일자는 자동으로 해당 월의 1일로 입력된다.
② 셀에 '4/9'를 입력하고 Enter를 누르면 셀에는 '04월 09일'로 표시된다.
③ 날짜 및 시간 데이터의 텍스트 맞춤은 기본 왼쪽 맞춤으로 표시된다.
④ Ctrl + ;을 누르면 시스템의 오늘 날짜, Ctrl + Shift + ;을 누르면 현재 시간이 입력된다.

> 날짜 및 시간 데이터의 텍스트 맞춤은 기본 오른쪽 맞춤으로 표시됨

39 다음 중 [B3:E6] 영역에 대해 아래 시트와 같이 배경색을 설정하기 위한 조건부 서식의 규칙으로 옳은 것은?

▲	A	B	C	D	E
1					
2		자산코드	내용연수	경과연수	취득원가
3		YJ7C	10	8	660,000
4		S2YJ	3	9	55,000
5		TS1E	3	6	134,000
6		KS4G	8	3	58,000

① =MOD(COLUMNS($B3),2)=0
② =MOD(COLUMNS(B3),2)=0
③ =MOD(COLUMN($B3),2)=0
④ =MOD(COLUMN(B3),2)=0

- MOD(수1, 수2) : 수1을 수2로 나눈 나머지 값을 구함
- COLUMN(열 번호를 구하려는 셀) : 참조의 열 번호를 반환함
- =MOD(COLUMN(B3),2)=0 : COLUMN(B3)에 의해 B열의 열 번호 2를 가지고 2로 나눈 나머지가 0이면 참이 되므로 조건부 서식이 적용됨, 따라서 B열과 D열(열 번호 4)은 나머지가 0이 되어 조건부 서식이 적용됨

오답 피하기
COLUMNS(배열이나 배열 수식 또는 열 수를 구할 셀 범위에 대한 참조) : 배열이나 참조에 들어 있는 열의 수를 반환함

40 아래 시트에서 [표1]의 할인율 [B3]을 적용한 할인가 [B4]를 이용하여 [표2]의 각 정가에 해당하는 할인가 [E3:E6]를 계산하고자 한다. 다음 중 이때 가장 적합한 데이터 도구는?

▲	A	B	C	D	E	F
1	[표1] 할인 금액			[표2] 할인 금액표		
2	정가	₩ 10,000		정가	₩ 9,500	
3	할인율	5%			₩ 10,000	
4	할인가	₩ 9,500			₩ 15,000	
5					₩ 24,000	
6					₩ 30,000	
7						

① 통합
② 데이터 표
③ 부분합
④ 시나리오 관리자

데이터 표 : 워크시트에서 특정 데이터를 변화시켜 수식의 결과가 어떻게 변하는지 보여주는 셀 범위를 데이터 표라고 함

오답 피하기
- 통합 : 하나 이상의 원본 영역을 지정하여 하나의 표로 데이터를 요약
- 부분합 : 워크시트에 있는 데이터를 일정한 기준으로 요약하여 통계 처리를 수행
- 시나리오 관리자 : 변경 요소가 많은 작업표에서 가상으로 수식이 참조하고 있는 셀의 값을 변화시켜 작업표의 결과를 예측하는 기능

2024년 상시 기출문제 04회

SELF CHECK : 제한시간 40분 | 소요시간 　 분 | 전체 문항 수 40문항 | 맞힌 문항 수 　 문항

1과목　컴퓨터 일반

01 다음 중 데이터 분산 처리 기술을 이용한 '공공 거래 장부'로 비트코인, 이더리움 같은 가상 암호 화폐가 탄생한 기반 기술이며 거래할 때 발생할 수 있는 불법적인 해킹을 막는 기술로 옳은 것은?

① 핀테크(FinTech)
② 블록체인(Block Chain)
③ 전자봉투(Digital Envelope)
④ 암호화 파일 시스템(Encrypting File System)

> 블록체인(Block Chain) : '공공 거래 장부'로 불리며 데이터를 블록이라는 형태로 분산시켜 저장하고 각 블록을 체인으로 묶는 방식으로 임의로 수정이 불가능한 분산 컴퓨터 기반의 기술
>
> **오답 피하기**
> - 핀테크(FinTech) : '금융(Finance)'과 '기술(Technology)'의 합성어로 기존 정보기술을 금융업에 도입 및 융합시킨 것으로 핀테크에는 단순 결제 서비스나 송금, 대출 및 주식 업무, 모바일 자산 관리 등 다양한 종류가 있음
> - 전자봉투(Digital Envelope) : 전자서명의 확장 개념으로 데이터를 비밀키로 암호화하고 비밀키를 수신자의 공개키로 암호화하여 전달하는 방식으로 기밀성(Confidentiality)까지 보장함
> - 암호화 파일 시스템(Encrypting File System) : NTFS 버전 3.0부터 지원되는 파일 시스템 암호화 기능으로 파일이나 폴더를 암호화하여 보호할 수 있음

02 TCP/IP는 인터넷의 기본적인 통신 프로토콜로서, 인트라넷이나 엑스트라넷과 같은 사설망에서도 사용된다. 다음 중 TCP/IP의 상위 계층 프로토콜로 볼 수 없는 것은?

① SMTP　　② HTTP
③ FTP　　　④ SNA

> SNA(System Network Architecture) : IBM Host와 Terminal 간의 통신을 위한 네트워크 구조로 OSI 7계층과는 대응되는 형태이므로 TCP/IP의 상위 계층 프로토콜과는 상관 없음
>
> **오답 피하기**
> - SMTP(Simple Mail Transfer Protocol) : 인터넷에서 전자 우편을 송신하기 위한 표준 프로토콜
> - HTTP(HyperText Transfer Protocol) : WWW에서 사용하며 하이퍼텍스트 문서를 송수신하기 위한 프로토콜
> - FTP(File Transfer Protocol) : 인터넷에서 파일을 전송하기 위한 파일 전송 규약

03 다음 중 터치 스크린(Touch Screen)의 작동 방식으로 옳지 않은 것은?

① 저항식
② 정전식
③ 광학식
④ 래스터 방식

> 래스터 방식(Raster Method) : 전자빔을 주사하여 미세한 점으로 분해하는 방법으로 음극선관(CRT) 등에서 화상을 만들 때 사용함
>
> **오답 피하기**
> - 저항식 : 투명한 전극 사이에 압력을 가하여 터치를 감지하는 방식
> - 정전식 : 몸의 정전기를 이용하여 터치를 감지하는 방식
> - 광학식 : 빛을 이용하여 터치를 감지하는 방식

04 다음 중 한글 Windows 10에서 '하드디스크 여유 공간이 부족하다.'는 메시지가 표시되는 경우의 해결 방법으로 가장 옳지 않은 것은?

① [휴지통 비우기]를 수행하여 여유 공간을 확보한다.
② [디스크 정리]를 통해 임시 파일들을 지운다.
③ 시스템에서 사용하지 않는 응용 프로그램을 하드디스크에서 삭제하여 여유 공간을 확보한다.
④ 시스템을 완전히 종료하고 다시 부팅한다.

> 시스템을 완전히 종료하고 다시 부팅하여도 하드디스크의 여유 공간 부족을 해결할 수 없음

정답 01 ② 02 ④ 03 ④ 04 ④

05 다음 중 컴퓨터 출력 장치인 모니터에 관한 용어의 설명으로 옳지 않은 것은?

① 픽셀(Pixel) : 화면을 이루는 최소의 단위로서 그림의 화소라는 뜻을 의미하며 픽셀 수가 많을수록 해상도가 높아진다.
② 해상도(Resolution) : 모니터 화면의 명확성을 나타내는 것으로 1인치(Inch) 사각형에 픽셀의 수가 많을수록 표시할 수 있는 색상의 수가 증가한다.
③ 점 간격(Dot Pitch) : 픽셀들 사이의 공간을 나타내는 것으로 간격이 가까울수록 영상은 선명하다.
④ 재생률(Refresh Rate) : 픽셀들이 밝게 빛나는 것을 유지하도록 하기 위한 1초당 재충전 횟수를 의미한다.

> 해상도는 모니터 등 출력 장치의 선명도를 나타내는 것으로, 픽셀 수에 따라 그 정밀도와 선명도가 결정되며 색상의 수가 증가하는 것이 아님

06 다음 중 Serial ATA 방식의 장점으로 옳지 않은 것은?

① 정교하게 Master/Slave 점퍼 설정을 할 수 있다.
② 프로토콜 전체 단계에 CRC를 적용하여 데이터의 신뢰성이 높아졌다.
③ 데이터 선이 얇아 내부에 통풍이 잘된다.
④ 핫 플러그인 기능으로 시스템 운용 도중에 자유롭게 부착이 가능하다.

> 직렬 ATA(Serial AT Attachment)는 한 개의 케이블에 하나의 하드디스크만 연결하므로 마스터/슬레이브의 점퍼 설정을 할 필요가 없음

> **오답 피하기**
> 직렬 ATA(Serial AT Attachment)는 에러 체크 기능(CRC), 냉각 효과, 핫 플러그(Hot Plug)의 기능이 있음

07 다음 중 컴퓨터에서 가상 기억 장치를 사용할 때 장점으로 옳은 것은?

① 컴퓨터의 구조가 간편해지고 손쉽게 구현할 수 있다.
② 보조 기억 장치의 실제 용량이 증대된다.
③ 주기억 장치의 용량보다 큰 프로그램을 실행할 수 있다.
④ 명령을 수행하는 시간이 단축된다.

> 가상 기억 장치 : 보조 기억 장치를 주기억 장치처럼 사용하여 주기억 장치 용량의 기억 용량을 확대하여 사용하는 방식으로 주기억 장치의 용량보다 큰 프로그램을 실행할 수 있음

08 다음 중 기억 용량 단위가 가장 큰 것으로 옳은 것은?

① 1TB
② 1GB
③ 1PB
④ 1EB

> KB(Kilo Byte) → MB(Mega Byte) → GB(Giga Byte) → TB(Tera Byte) → PB(Peta Byte) → EB(Exa Byte)

09 다음 중 멀티미디어의 특징에 관한 설명으로 옳지 않은 것은?

① 데이터 처리의 선형성
② 데이터 전달의 쌍방향성
③ 데이터의 디지털화
④ 정보의 통합성

> 선형성이 아니라 비선형성이 멀티미디어의 특징임

10 다음 중 2진수 001010011100을 8진수로 변환한 것으로 옳은 것은?

① 0123
② 3210
③ 1234
④ 4321

> 2진수를 001010011100을 오른쪽부터 3자리씩 묶어서 가중치 421을 적용하면 1234가 됨

2진수	001	010	011	100
가중치	421	421	421	421
8진수	1	2	3	4

정답 05 ② 06 ① 07 ③ 08 ④ 09 ① 10 ③

11 다음 중 디지털 데이터 신호를 변조하지 않고 직접 전송하는 방식으로 일반적으로 근거리통신망에 사용되는 것은?

① 단방향 전송
② 반이중 전송
③ 베이스밴드 전송
④ 브로드밴드 전송

> 베이스밴드(Baseband) 전송 : 디지털 신호를 직접 전송하는 방식
>
> 오답 피하기
> - 단방향 전송 : 한쪽 방향으로만 데이터를 전송함(예 라디오, TV 방송)
> - 반이중 전송 : 양쪽 방향에서 데이터를 전송하지만 동시 전송은 불가능함 (예 무전기)
> - 브로드밴드(Broadband) 전송 : 통신 경로를 여러 개의 주파수 대역으로 나누어 쓰는 방식

12 다음 중 폴더의 [속성] 창에서 수행할 수 있는 기능으로 옳지 않은 것은?

① 폴더의 특성을 '읽기 전용'으로 설정하거나 해제할 수 있다.
② 폴더 안에 있는 하위 폴더 중 특정 폴더를 삭제할 수 있다.
③ 폴더 안에 있는 파일과 하위 폴더의 개수를 알 수 있다.
④ 폴더를 다른 컴퓨터에서 네트워크를 통해 접근할 수 있도록 공유시킬 수 있다.

> 폴더 안에 있는 하위 폴더 중 특정 폴더를 삭제하는 기능은 지원되지 않음

13 다음 중 컴퓨터 보안을 위한 관련된 기술에 해당하지 않는 것은?

① 인증(Authentication)
② 브리지(Bridge)
③ 방화벽(Firewall)
④ 암호화(Encryption)

> 브리지(Bridge) : 독립된 두 개의 근거리 통신망(LAN)을 연결하는 접속 장치로 컴퓨터 보안을 위한 관련된 기술에 해당하지 않음
>
> 오답 피하기
> - 인증(Authentication) : 네트워크 보안 기술로 전송된 메시지가 확실히 보내졌는지 확인하는 것과 사용자 또는 발신자가 본인인지 확인하는 것
> - 방화벽(Firewall) : 인터넷의 보안 문제로부터 특정 네트워크를 격리하는 데 사용되는 시스템으로 내부망과 외부망 사이의 상호 접속이나 데이터 전송을 안전하게 통제하기 위한 보안 기능
> - 암호화(Encryption) : 데이터에 암호 알고리즘을 적용하여 허가받지 않은 사람들이 정보를 쉽게 이해할 수 없도록 데이터를 암호문이라고 불리는 형태로 변환하는 기법

14 공용 업무를 위한 컴퓨터에서 A 사용자와 B 사용자는 모두 계정이 등록된 상태이다. 이때 A 사용자가 공용 컴퓨터를 사용하는 도중에 잠시 B 사용자가 사용할 수 있도록 하는 방법으로 옳은 것은?

① 전원을 종료한 다음 재부팅한다.
② 로그오프를 수행한다.
③ 사용자 전환을 수행한다.
④ 시스템을 다시 시작한다.

> 사용자 전환 : 실행 중인 앱을 닫지 않고 사용자를 전환함

15 다음 중 컴퓨터에서 사용하는 운영체제의 목적으로 옳지 않은 것은?

① 반환 시간(Turnaround Time) 증가
② 처리 능력(Throughput) 증가
③ 신뢰도(Reliability) 증가
④ 사용 가능도(Availability) 증가

> 반환 시간(Turnaround Time)은 작업을 완료하는 데 걸리는 시간을 의미하며, 반환 시간은 짧을수록 좋음

16 다음 중 컴퓨터 하드웨어를 업그레이드하고자 할 때 수치가 작을수록 성능이 좋은 것은?

① RAM 접근 속도
② CPU 클릭 속도
③ 모뎀 전송 속도
④ SSD 용량

> RAM 접근 속도(ns)는 수치가 작을수록 성능이 좋음

오답 피하기
- CPU 클릭 속도 : MHz, GHz
- 모뎀 전송 속도 : bps
- SSD 용량 : GB, TB

17 다음 중 정식 프로그램의 구매를 유도하기 위해 특정 기능이나 사용 기간에 제한을 두어 무료로 공개하고 배포하는 프로그램은?

① 상용 소프트웨어(Commercial Software)
② 셰어웨어(Shareware)
③ 에드웨어(Adware)
④ 알파 버전(Alpha Version)

오답 피하기
- 상용 소프트웨어(Commercial Software) : 정식 대가를 지불하고 사용하는 프로그램으로 해당 프로그램의 모든 기능을 사용할 수 있음
- 에드웨어(Adware) : 광고가 소프트웨어에 포함되어 이를 보는 조건으로 무료로 사용할 수 있는 소프트웨어
- 알파 버전(Alpha Version) : 베타 테스트를 하기 전에 제작 회사 내에서 테스트할 목적으로 제작하는 프로그램

18 다음 중 한글 Windows 10에서 활성 항목을 닫거나 활성 앱을 종료하는 바로 가기 키로 옳은 것은?

① Alt + Enter
② Alt + F4
③ Shift + Delete
④ Alt + Tab

오답 피하기
- Alt + Enter : 선택한 항목에 대해 속성 표시
- Shift + Delete : 휴지통을 사용하지 않고 완전 삭제
- Alt + Tab : 열려 있는 앱 간 전환

19 다음 중 전자우편에서 사용하는 POP3 프로토콜에 대한 설명으로 옳은 것은?

① 사용자의 컴퓨터에서 작성한 메일을 다른 사람의 계정이 있는 곳으로 전송해 주는 전자우편을 송신하기 위한 프로토콜이다.
② 사용자가 메일 서버에서 메일을 관리하고 수신하기 위한 프로토콜로 전자우편의 헤더(머리글) 부분만 수신한다.
③ 메일 서버에 도착한 E-mail을 사용자 컴퓨터로 가져올 수 있도록 메일 서버에서 제공하는 전자우편을 수신하기 위한 프로토콜이다.
④ 전자우편으로 멀티미디어 정보를 전송할 수 있도록 해 주는 멀티미디어 지원 프로토콜이다.

오답 피하기
① : SMTP, ② : IMAP, ④ : MIME

20 인터넷 부정 행위에 대한 설명으로 옳지 않은 것은?

① 스니핑(Sniffing)은 특정한 호스트에서 실행되어 호스트에 전송되는 정보(계정, 패스워드 등)를 엿보는 행위를 의미한다.
② DDoS는 MS-DOS 운영체제를 이용하여 어떤 프로그램이 정상적으로 실행되는 것처럼 위장하는 것이다.
③ 키로거(Key Logger)는 악성 코드에 감염된 시스템의 키보드 입력을 저장 및 전송하여 개인 정보를 빼내는 크래킹 행위이다.
④ 트로이 목마는 자기 복제를 하지 않는다는 점에서 바이러스와는 구별되며, 상대방의 컴퓨터 화면을 볼 수도 있고, 입력 정보 취득, 재부팅, 파일 삭제 등을 할 수 있다.

> DDoS(Distributed Denial of Service, 분산 서비스 거부 공격) : 여러 분산된 형태로 동시에 DoS(서비스 거부) 공격을 하는 기법으로 공격의 근원지를 색출하기가 어려움

오답 피하기
스푸핑(Spoofing) : '속임수'의 의미로 어떤 프로그램이 정상적으로 실행되는 것처럼 위장하는 것

2과목 스프레드시트 일반

21 다음 워크시트는 '부서명'을 기준으로 오름차순 정렬을 수행한 결과이다. 이후 '사원명'을 기준으로 내림차순 정렬을 수행할 경우 '일련번호'가 그대로 유지되도록 하기 위해 [A2] 셀에 입력할 수식으로 옳은 것은?(단, 수식이 입력된 [A2] 셀의 채우기 핸들을 [A7] 셀까지 드래그하여 복사함)

	A	B	C
1	일련번호	사원명	부서명
2	1	한대한	기획부
3	2	이기적	기획부
4	3	김선	상담부
5	4	나예지	상담부
6	5	홍길동	홍보부
7	6	김상공	홍보부

① =ROW()-1
② =ROWS()-1
③ =COLUMN()-1
④ =COLUMNS()-1

=ROW()-1 : ROW() 함수는 행 번호를 구하므로 [A2] 셀의 행 번호 2에서 1을 빼면 1이 되고 수식을 복사하면 각 행 번호에서 1을 뺀 결과가 일련번호가 되므로 정렬을 수행하더라도 일련번호는 그대로 유지됨

오답 피하기
- ROWS() : 참조 영역이나 배열에 있는 행 수를 구함
- COLUMN() : 참조 영역의 열 번호를 구함
- COLUMNS() : 참조 영역이나 배열에 있는 열 수를 구함

22 다음 중 아래의 기능을 수행하는 차트로 옳은 것은?

- 데이터를 시각적으로 표현하는 워크시트 셀의 작은 차트이다.
- 계절별 증감이나 경기 순환과 같은 값 계열의 추세를 표시할 수 있다.
- 최대값 및 최소값을 강조 표시할 수 있다.

① 히스토그램 차트
② 트리맵 차트
③ 스파크라인 차트
④ 선버스트 차트

오답 피하기
- 히스토그램 차트 : 히스토그램 차트에 그려진 데이터는 분포 내의 빈도를 나타내며, 계급구간이라고 하는 차트의 각 열을 변경하여 데이터를 더 세부적으로 분석할 수 있음
- 트리맵 차트 : 색과 근접성을 기준으로 범주를 표시하며 다른 차트 유형으로 표시하기 어려운 많은 양의 데이터를 쉽게 표시할 수 있음
- 선버스트 차트 : 계층적 데이터를 표시하는 데 적합하며, 하나의 고리 또는 원이 계층 구조의 각 수준을 나타내며 가장 안쪽에 있는 원이 계층 구조의 가장 높은 수준을 나타냄

23 다음 중 아래 워크시트의 [A] 열을 오름차순으로 정렬하는 경우 결과로 옳은 것은?

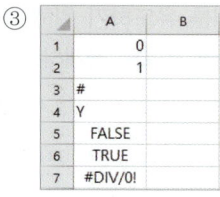

	A	B
1	TRUE	
2	1	
3	FALSE	
4	0	
5	#DIV/0!	
6	Y	
7	#	

①
	A	B
1	#DIV/0!	
2	TRUE	
3	FALSE	
4	Y	
5	#	
6	1	
7	0	

②
	A	B
1	TRUE	
2	FALSE	
3	1	
4	0	
5	#DIV/0!	
6	#	
7	Y	

③
	A	B
1	0	
2	1	
3	#	
4	Y	
5	FALSE	
6	TRUE	
7	#DIV/0!	

④
	A	B
1	Y	
2	#	
3	FALSE	
4	0	
5	#DIV/0!	
6	1	
7	TRUE	

오름차순으로 정렬하는 경우 '숫자(0, 1) → 특수문자(#) → 영문(Y) → 한글 → 논리값(FALSE, TRUE) → 오류값(#DIV/0!) → 빈 셀(공백)' 순으로 정렬되므로 ③처럼 정렬됨

오답 피하기
① : 내림차순으로 정렬한 경우의 결과임

24 다음 중 매크로 기록에 대한 설명으로 옳지 않은 것은?

① 매크로 기록 시 매크로 이름에는 공백이 포함될 수 없다.
② 매크로는 반복적인 작업을 자동화하여 복잡한 작업을 단순하게 실행할 수 있도록 한다.
③ 바로 가기 키는 기본적으로 Ctrl과 조합하여 사용하지만 대문자를 사용하는 경우는 Shift가 자동으로 추가된다.
④ 엑셀에서 기존에 사용하는 바로 가기 키는 매크로의 바로 가기 키로 지정할 수 없다.

엑셀에서 기존에 사용하는 바로 가기 키를 매크로의 바로 가기 키로 지정할 수 있으며 지정된 매크로 기능이 우선함

정답 21 ① 22 ③ 23 ③ 24 ④

25 다음 워크시트는 문자열 형식으로 입력된 '판매입력'에서 '개수'만 따로 추출하기 위해 [C2] 셀에 '=LEFT(B2,2)' 수식을 입력하고 채우기 핸들을 이용하여 수식을 [C6] 셀까지 복사한 경우이다. '개수'의 합계를 구하기 위해 [C7] 셀에 '=SUM(C2:C6)' 수식을 입력했을 때의 결과로 옳은 것은?

	A	B	C
1	성명	판매입력	개수
2	이대한	60개	60
3	한상공	70개	70
4	김선	89개	89
5	지혜원	90개	90
6	이기적	88개	88
7		합계	

① 397 ② #VALUE!
③ #REF! ④ 0

LEFT 함수는 텍스트 함수이므로 추출된 개수는 문자 데이터로 취급되어 합계의 결과는 0이 됨

오답 피하기

[C2] 셀에 텍스트 문자열 인수를 숫자로 바꿔주는 VALUE 함수를 사용하여 '=VALUE(LEFT(B2,2))'처럼 입력하는 경우 합계의 결과는 397이 됨

26 다음 중 '상위 10 자동 필터'에 대한 설명으로 옳지 않은 것은?

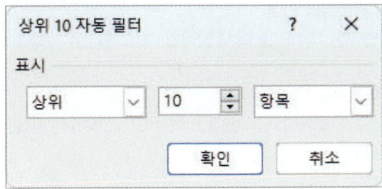

① 숫자 데이터에서만 사용할 수 있다.
② 상위/하위 및 항목, %(백분율) 값의 방식을 지정하여 필터링할 수 있다.
③ 데이터 범위는 1부터 500까지 설정할 수 있다.
④ '상위 10 자동 필터'의 결과는 자동으로 정렬되어 표시된다.

'상위 10 자동 필터'의 결과는 자동으로 정렬되어 표시되지 않음

27 다음 중 워크시트에서 [A1] 셀부터 아래로 각 셀에 (c), (e), (ks), (r), (tel)을 입력했을 때 결과가 아래 워크시트처럼 표시되도록 하는 기능은?

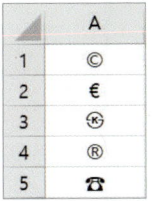

① 자동 교정 기능
② 빠른 교정 동작 기능
③ 자동 고침 기능
④ 맞춤법 검사 기능

[Excel 옵션]-[언어 교정]-[자동 고침 옵션]-[자동 고침] 기능

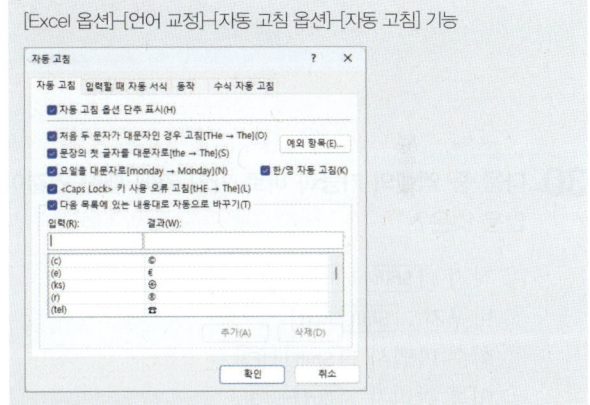

28 다음 중 시나리오에 대한 설명으로 옳지 않은 것은?

① 시나리오 결과는 요약 보고서나 피벗 테이블 보고서로 작성할 수 있다.
② 하나의 시나리오에는 최대 32개까지 변경 셀을 지정할 수 있다.
③ 입력된 데이터를 정렬하여 그룹별로 분류하고, 해당 그룹별로 지원되는 함수를 선택하여 계산 결과를 산출한다.
④ 다른 통합 문서나 다른 워크시트에 저장된 시나리오를 가져올 수 있는 기능은 시나리오 병합 기능이다.

입력된 데이터를 정렬하여 그룹별로 분류하고, 해당 그룹별로 지원되는 함수를 선택하여 계산 결과를 산출하는 것은 부분합에 대한 기능임

정답 25 ④ 26 ④ 27 ③ 28 ③

29 다음 시트에서 [B2:D6] 영역이 '점수'로 이름이 정의되었을 경우 =AVERAGE(INDEX(점수,2,1),MAX(점수))의 결과 값으로 옳은 것은?

	A	B	C	D
1	성명	필기	실기	면접
2	지호영	88	90	77
3	고동기	75	90	68
4	이진아	90	80	70
5	차은서	56	78	69
6	이경아	77	100	99

① 75 ② 87.5
③ 100 ④ 86.5

- AVERAGE는 평균, INDEX는 행과 열이 교차하는 곳의 값, MAX는 최대값을 반환함
- '=평균(점수의 2행 1열, 점수의 최대값)'이므로 =AVERAGE(75,100)이 됨
- 결과값은 (75+100)/2=87.5가 됨

30 다음 중 엑셀의 기능과 바로 가기 키에 대한 연결이 옳지 않은 것은?

① 찾기 : Shift + F5
② 바꾸기 : Shift + H
③ 함수 마법사 : Shift + F3
④ 이름 관리자 : Ctrl + F3

바꾸기의 바로 가기 키는 Ctrl + H 임

31 다음 중 [데이터 표]에 관한 설명으로 옳지 않은 것은?

① [데이터 표] 기능을 이용하여 계산된 결과는 참조하고 있는 셀의 데이터가 수정되더라도 자동으로 갱신되지 않는다.
② 수식이 입력될 범위를 반드시 먼저 설정한 후 [데이터 표] 기능을 실행해야 올바른 결과를 얻을 수 있다.
③ [데이터 표] 기능을 통해 입력된 셀의 일부분만 수정하거나 삭제할 수 없다.
④ '열 입력 셀'만 지정되는 경우는 수식에서 참조되어야 하는 데이터가 하나의 열에 입력되어 있는 경우이다.

[데이터 표] 기능을 이용하여 계산된 결과는 참조하고 있는 셀의 데이터가 수정되면 자동으로 갱신됨

32 다음 중 엑셀의 오차 막대에 대한 설명으로 옳지 않은 것은?

① 3차원 세로 막대형에서 사용 가능하다.
② 차트에 고정 값, 백분율, 표준 편차, 표준 및 오차, 사용자 지정 중 선택하여 오차량을 표시할 수 있다.
③ 오차 막대를 화면에 표시하는 방법에는 3가지로 모두, 음의 값, 양의 값이 있다.
④ 세로형 막대 차트는 세로 오차 막대만 사용할 수 있다.

3차원 차트는 오차 막대를 표시할 수 없음

33 다음 중 [A6] 셀에서 학과명을 입력할 때 [A2:A5] 영역에 입력된 학과명의 목록을 표시하여 입력하기 위한 바로 가기 키와 바로 가기 메뉴가 옳게 짝지어진 것은?

	A	B
1	학과명	
2	인공지능학과	
3	컴퓨터공학과	
4	전자공학과	
5	드론응용학과	
6		
7	드론응용학과	
8	인공지능학과	
9	전자공학과	
10	컴퓨터공학과	
	학과명	

① Alt + ↑, 선택하여 붙여넣기
② Alt + ↓, 드롭다운 목록에서 선택
③ Shift + ↑, 표/범위에서 데이터 가져오기
④ Shift + ↓, 윗주 필드 표시

드롭다운 목록에서 선택하여 입력
- 같은 열에 이미 입력한 데이터를 다시 입력할 때 드롭다운 목록에서 선택하여 입력함
- 바로 가기 키 : Alt + ↓
- 마우스 오른쪽 단추를 클릭하고 [드롭다운 목록에서 선택]을 선택한 후 입력할 데이터를 선택함

정답 29 ② 30 ② 31 ① 32 ① 33 ②

34
서식 코드를 데이터에 사용자 지정 표시 형식으로 설정한 후 표시된 결과이다. 다음 중 결과로 옳지 않은 것은?(단, 열의 너비는 기본값인 '8.38'로 설정되어 있음)

	서식 코드	데이터	결과
①	*-#,##0	123	-------123
②	*0#,##0	123	*******123
③	**#,##0	123	*******123
④	**#,##0	-123	-******123

123에 *0#,##0 서식 코드를 설정하면 * 다음의 0이 반복되므로 결과는 00000 123이 됨

35
다음 중 빠른 실행 도구 모음에 대한 설명으로 옳지 않은 것은?

① [빠른 실행 도구 모음 사용자 지정]을 클릭한 후 추가할 도구를 선택한다.
② 리본 메뉴에서 추가할 도구를 선택한 후 마우스 오른쪽 단추를 클릭하여 [빠른 실행 도구 모음에 추가]를 클릭한다.
③ [빠른 실행 도구 모음]에서 삭제할 도구를 선택한 후 마우스 오른쪽 단추를 클릭하여 [빠른 실행 도구 모음에서 제거]를 클릭한다.
④ [보기] 탭 [표시] 그룹에서 [기타] 명령을 선택하여 [빠른 실행 도구 모음]을 편집한다.

- [보기] 탭 [표시] 그룹에는 [기타] 명령이 없음
- [파일]-[옵션]-[빠른 실행 도구 모음] 탭에서 [빠른 실행 도구 모음]을 편집함

36
다음 중 엑셀에서 날짜 데이터의 입력 방법을 설명한 것으로 옳지 않은 것은?

① 날짜 데이터는 하이픈(-)이나 슬래시(/)를 이용하여 년, 월, 일을 구분한다.
② 날짜의 연도를 생략하고 월과 일만 입력하면 자동으로 올해의 연도가 추가되어 입력된다.
③ 날짜의 연도를 두 자리로 입력할 때 연도가 30이상이면 1900년대로 인식하고, 29이하면 2000년대로 인식한다.
④ 오늘의 날짜를 입력하고 싶으면 Ctrl + Shift + ; (세미콜론)을 누르면 된다.

오늘의 날짜를 입력하고 싶으면 Ctrl + ; (세미콜론)을 누르면 됨

[오답 피하기]
Ctrl + Shift + ; (세미콜론) : 시간 입력

37
다음 중 엑셀의 틀 고정에 대한 기능 설명으로 옳지 않은 것은?

① 틀 고정은 특정 행 또는 열을 고정할 때 사용하는 기능으로 주로 표의 제목 행 또는 제목 열을 고정한 후 작업할 때 유용하다.
② 선택된 셀의 왼쪽 열과 바로 위의 행이 고정된다.
③ 틀 고정 구분선을 마우스로 잡아끌어 틀 고정 구분선을 이동시킬 수 있다.
④ 틀 고정 방법으로 첫 행 고정을 실행하면 선택된 셀의 위치와 상관없이 첫 행이 고정된다.

틀 고정 구분선을 마우스로 잡아끌어 틀 고정 구분선을 이동시킬 수 없음

38 다음 중 아래의 워크시트에서 지원자가 0이 아닌 셀의 평균을 구하는 [B9] 셀의 수식으로 옳지 않은 것은?

	A	B
1	지원부서	지원자
2	개발	450
3	영업	261
4	마케팅	880
5	재무	0
6	기획	592
7	생산	0
8	전체 평균	364
9	0 제외 평균	

① =SUMIF(B2:B7,"<>0")/COUNTIF(B2:B7,"<>0")
② =SUMIF(B2:B7,"<>0")/COUNT(B2:B7)
③ =AVERAGEIF(B2:B7,"<>0")
④ =AVERAGE(IF(B2:B7<>0,B2:B7))

=SUMIF(B2:B7,"<>0")/COUNT(B2:B7) → COUNT 함수는 숫자가 포함된 셀의 개수를 구하므로 0도 포함되어 전체 평균과 같은 결과가 나오게 됨

39 다음 중 [인쇄 미리 보기]에 관한 설명으로 옳지 않은 것은?

① [인쇄 미리 보기] 창에서 셀 너비를 조절할 수 있으나 워크시트에는 변경된 너비가 적용되지 않는다.
② [인쇄 미리 보기]를 실행한 상태에서 [페이지 설정]을 클릭하여 [여백] 탭에서 여백을 조절할 수 있다.
③ [인쇄 미리 보기] 상태에서 '확대/축소'를 누르면 화면에는 적용되지만 실제 인쇄 시에는 적용되지 않는다.
④ [인쇄 미리 보기]를 실행한 상태에서 [여백 표시]를 체크한 후 마우스 끌기를 통하여 여백을 조절할 수 있다.

[인쇄 미리 보기] 창에서 셀 너비를 조절하는 경우 워크시트에 변경된 너비가 적용됨

40 다음 중 동일한 통합 문서에서 Sheet1의 [C5] 셀, Sheet2의 [C5] 셀, Sheet3의 [C5] 셀의 평균을 구하는 수식으로 옳은 것은?

① =AVERAGE([Sheet1:Sheet3]!C5)
② =AVERAGE(Sheet1:Sheet3![C5])
③ =AVERAGE(Sheet1:Sheet3!C5)
④ =AVERAGE(['Sheet1:Sheet3'!C5])

• 다른 워크시트의 셀 참조 시 워크시트 이름과 셀 주소 사이는 느낌표(!)로 구분함(예) =AVERAGE(Sheet1:Sheet3!C5))
• 다른 통합 문서의 셀 참조 시 통합 문서의 이름은 대괄호([ ])로 묶음(예) =AVERAGE([성적표.xlsx]Sheet1:Sheet3!C5))

정답 38 ② 39 ① 40 ③

2024년 상시 기출문제 05회

SELF CHECK : 제한시간 40분 | 소요시간   분 | 전체 문항 수 40문항 | 맞힌 문항 수   문항

1과목 컴퓨터 일반

01 다음 중 인터넷 관련 기술의 실생활 사용 사례에 대한 설명으로 옳은 것은?

① RFID : 도서관에서 도서에 태그를 부착하여 도서의 대출이나 반납 등을 실시간으로 관리한다.
② NFC : 핫스팟 기능을 이용하여 노트북을 인터넷에 연결한다.
③ Bluetooth : 내장된 태그를 이용하여 회사에서 출·퇴근의 근태를 관리한다.
④ WiFi : 무선이어폰과 스마트폰을 연결한다.

RFID(Radio Frequency IDentification) : 무선 인식이라고도 하며 모든 사물에 반도체 칩이 내장된 태그(Tag)를 부착하여 언제 어디서나 정보를 처리, 제공할 수 있도록 지원하는 유비쿼터스 서비스로 서점이나 도서관에서 재고 및 도서 관리 등에 사용됨

오답 피하기
- NFC(Near Field Communication) : 근거리 무선 통신 기술로 스마트폰을 이용하여 신용카드나 교통카드 대용으로 사용할 수 있으며 다른 기기와 데이터를 주고 받을 수 있는 기술
- 블루투스(Bluetooth) : 무선 기기(이동 전화, 컴퓨터, PDA 등) 간 정보 전송을 목적으로 하는 근거리 무선 접속 프로토콜로 IEEE 802.15.1 규격을 사용하는 PANs(Personal Area Networks)의 산업 표준
- WiFi(Wireless Fidelity) : 일정 영역의 공간에서 무선 인터넷의 사용이 가능한 근거리 무선 통신 기술

02 다음 중 한글 Windows 10의 [설정]-[시스템]-[정보]에서 확인이 가능한 내용으로 옳지 않은 것은?

① 현재 로그인한 사용자 계정 및 로그인 옵션
② 설치된 운영체제인 Windows의 사양(에디션 및 버전)
③ 장치(컴퓨터) 이름 및 프로세서의 종류와 설치된 RAM의 용량
④ Windows의 설치 날짜 및 시스템의 종류(32, 64 비트 운영체제 등)

현재 로그인한 사용자 계정 및 로그인 옵션은 [설정]-[계정]에서 확인이 가능

03 다음 중 보기의 네트워크 장비와 관련된 OSI 7계층으로 옳은 것은?

- 허브나 리피터 등의 전기적 신호를 재발생시키는 장비
- MODEM, CODEC 등 디지털/아날로그 신호 변환기

① 데이터 링크 계층
② 물리 계층
③ 네트워크 계층
④ 전송 계층

물리 계층은 OSI 7계층에서 최하위 계층으로 데이터 전송을 위하여 물리적인 링크를 설정하고 유지 등과 관련된 층으로 트랜시버, DSU, CSU, 리피터, 허브, 모뎀 등이 있음

04 다음 중 한글 Windows 10에서 인쇄 시 지원되는 인쇄 기능에 대한 설명으로 옳은 것은?

① 인쇄 대기 중인 경우 작업을 취소할 수 없다.
② 기본 프린터는 사용자의 필요에 따라 2대 이상을 동시에 지정할 수 있다.
③ 프린터 속성 창에서 공급 용지의 종류, 공유, 포트 등을 설정할 수 있다.
④ 인쇄 중인 작업은 취소할 수는 없으나 잠시 중단시킬 수 있다.

오답 피하기
- ① : 인쇄 대기 중인 경우 작업을 취소할 수 있음
- ② : 기본 프린터는 1대만 지정할 수 있음
- ④ : 인쇄 중인 작업도 취소할 수 있으며 잠시 중단시킬 수 있음

정답 01 ① 02 ① 03 ② 04 ③

05 다음 중 압축 파일을 사용하는 이유로 거리가 먼 것은?

① 디스크 저장 공간을 효율적으로 활용하기 위해
② 연관된 여러 파일을 하나로 묶어 관리하기 위해
③ 디스크의 논리적인 결함이나 물리적인 결함을 발견하기 위해
④ 파일 전송 시 시간 및 비용을 절약하기 위해

압축 파일을 사용하더라도 디스크의 논리적인 결함이나 물리적인 결함을 발견하지 못함

오답 피하기
디스크 검사 : 파일과 폴더 및 디스크의 논리적, 물리적인 오류를 검사하고 수정함

06 다음 중 고급 언어로 작성된 프로그램을 한 줄씩 번역하여 실행하며, 목적 프로그램을 만들지 않는 언어번역 프로그램은?

① 컴파일러 ② 어셈블러
③ 프리프로세서 ④ 인터프리터

인터프리터(Interpreter) : 대화식 언어로 작성된 프로그램을 필요할 때마다 매번 기계어로 번역하여 실행하는 프로그램

오답 피하기
- 컴파일러 : 고급 언어로 작성된 프로그램을 기계어로 번역하는 언어 번역기로 목적프로그램 생성함
- 어셈블러 : 어셈블리 언어로 작성된 프로그램을 기계어로 번역하는 언어 번역기
- 프리프로세서 : 프로그램을 컴파일하기 전에 필요한 작업을 수행해 주는 전처리기

07 다음 중 Shift를 이용한 작업에 대한 설명으로 옳지 않은 것은?

① Shift + F10 : 선택한 항목에 대한 바로 가기 메뉴를 표시한다.
② Shift + Delete : 삭제한 파일을 휴지통에 임시로 보관한다.
③ Ctrl + Shift + Esc : 작업 관리자를 실행한다.
④ Shift + Insert : 선택한 항목을 붙여 넣는다.

Shift + Delete : 휴지통을 사용하지 않고 완전 삭제

08 다음 중 감염 대상을 갖고 있지는 않으나 연속으로 자신을 복제하여 시스템의 부하를 높이는 악성 프로그램은?

① 웜(Worm)
② 해킹(Hacking)
③ 스푸핑(Spoofing)
④ 스파이웨어(Spyware)

오답 피하기
- 해킹(Hacking) : 컴퓨터 시스템에 불법적으로 접근, 침투하여 정보를 유출하거나 파괴하는 행위
- 스푸핑(Spoofing) : '속임수'의 의미로 어떤 프로그램이 정상적으로 실행되는 것처럼 위장하는 것
- 스파이웨어(Spyware) : 사용자의 동의 없이 광고 등을 목적으로 무분별하게 배포되는 것

09 다음 중 컴퓨터 시스템에서 사용하는 채널(Channel)에 관한 설명으로 옳지 않은 것은?

① 주변 장치에 대한 제어 권한을 CPU로부터 넘겨받아 CPU 대신 입출력을 관리한다.
② 입출력 작업이 끝나면 CPU에게 인터럽트 신호를 보낸다.
③ CPU와 주기억 장치의 속도 차이를 해결하기 위하여 사용된다.
④ 채널에는 셀렉터(Selector), 멀티플랙서(Multiplexer), 블록 멀티플랙서(Block Multiplexer) 등이 있다.

CPU와 주기억 장치의 속도 차이를 해결하기 위하여 사용 되는 것은 캐시 메모리(Cache Memory)에 대한 설명임

정답 05 ③ 06 ④ 07 ② 08 ① 09 ③

10 다음 중 한글 Windows 10에서 설치된 모든 하드웨어와 소프트웨어의 실행 정보를 모아 관리하는 계층적인 시스템 데이터베이스를 의미하는 것은?

① Registry
② File System
③ Zip Drive
④ Partition

> 레지스트리(Registry) : 운영체제에서 환경 설정 및 각종 시스템 구성 정보를 모아 관리하는 계층인 시스템 데이터베이스
>
> **오답 피하기**
> - 파일 시스템(File System) : 파일에 이름을 붙이고, 저장이나 검색을 위해 파일을 어디에 배치해야 할 것인지 등을 나타내는 방법
> - 집 드라이브(Zip Drive) : 파일을 백업하거나 보관할 때 사용하는 휴대용 디스크 드라이브
> - 파티션(Partition) : 하드디스크 한 개의 공간을 여러 개로 나눠 사용하는 것을 말하며, 분할된 파티션은 포맷해야 사용할 수 있고 운영체제에서는 파티션이 하나의 드라이브로 인식됨

11 다음 중 애니메이션의 모핑(Morphing)에 대한 설명으로 옳은 것은?

① 찰흙 및 지점토를 사용하는 애니메이션 기법이다.
② 키 프레임을 사용하는 애니메이션 기법이다.
③ 사물의 형상을 다른 모습으로 서서히 변화시키는 기법으로 영화의 특수 효과에서 많이 사용한다.
④ 종이에 그린 그림에 셀룰로이드를 이용하여 수작업으로 채색하고 촬영하는 기법이다.

> **오답 피하기**
> - ① : 클레이 애니메이션
> - ② : 키 프레임 애니메이션
> - ④ : 셀 애니메이션

12 다음 중 [파일 탐색기]에서 파일을 선택한 다음 Ctrl + Shift 를 누른 채 다른 위치로 드래그 앤 드롭한 결과로 옳은 것은?

① 선택한 파일의 바로 가기 아이콘이 만들어진다.
② 선택한 파일이 휴지통으로 보내진다.
③ 선택한 파일이 이동된다.
④ 선택한 파일이 복사된다.

> Ctrl + Shift 를 누른 채 다른 위치로 드래그 앤 드롭하면 선택한 파일의 바로 가기 아이콘이 생성됨

13 다음 중 네트워크를 통해 전송되는 멀티미디어 데이터 파일의 용량이 크기 때문에 생겨난 기술로, 사용자가 전체 파일을 다운로드 받을 때까지 기다릴 필요 없이 전송되는 대로 재생시키는 기술을 무엇이라고 하는가?

① MPEG 기술
② 디더링(Dithering) 기술
③ VOD(Video On Demand) 기술
④ 스트리밍(Streaming) 기술

> 스트리밍(Streaming) : 오디오 및 비디오 파일을 모두 다운로드 받기 전이라도 다운을 받으면서 파일을 재생할 수 있는 기술로, 멀티미디어의 실시간 처리가 가능함
>
> **오답 피하기**
> - MPEG 기술 : 동화상 전문가 그룹에서 제정한 동영상 압축 기술에 관한 국제 표준 규격으로, 동영상뿐만 아니라 오디오 데이터도 압축할 수 있음
> - 디더링(Dithering) 기술 : 표현할 수 없는 색상이 존재할 경우, 다른 색상들을 섞어서 비슷하거나 새로운 색상을 내는 효과
> - VOD(Video On Demand) 기술 : 사용자의 주문에 의해 데이터베이스로 구축된 영화나 드라마, 뉴스 등의 비디오 정보를 실시간으로 즉시 전송해 주는 서비스

14 다음 중 레지스터에 관한 설명으로 옳은 것은?

① CPU 내부에서 특정한 목적에 사용되는 일시적인 기억 장소이다.
② 메모리 중에서 가장 속도가 느리며, 플립플롭이나 래치 등으로 구성된다.
③ 컴퓨터의 유지 보수를 위한 시스템 정보를 저장한다.
④ 시스템 부팅 시 운영체제가 로딩되는 메모리이다.

> 레지스터(Register) : CPU에서 명령이나 연산 결과값을 일시적으로 저장하는 임시 기억 장소로 기본 소자인 플립플롭(Flip-Flop)이나 래치(Latch) 등으로 구성되며 메모리 중에서 가장 속도가 빠름

정답 10 ① 11 ③ 12 ① 13 ④ 14 ①

15 다음 중 컴퓨터에서 사용되는 바이트(Byte)에 대한 설명으로 옳지 않은 것은?

① 1바이트는 8비트로 구성된다.
② 일반적으로 영문자나 숫자는 1Byte로 한 글자를 표현하고, 한글 및 한자는 2Byte로 한 글자를 표현한다.
③ 1바이트는 컴퓨터에서 각종 명령을 처리하는 기본 단위이다.
④ 1바이트로는 256가지의 정보를 표현할 수 있다.

컴퓨터에서 각종 명령을 처리하는 기본 단위는 워드(Word)임

오답 피하기
바이트(Byte) : 문자를 표현하는 기본 단위로 8개의 비트로 구성되며 256개의 정보를 표현함

16 다음 중 시퀀싱(Sequencing)에 대한 설명으로 옳은 것은?

① 컴퓨터를 이용하여 오디오 파일이나 여러 연주, 악기 소리 등을 프로그램에 입력하여 녹음하는 방법으로 음악을 제작, 녹음, 편집하는 작업을 의미한다.
② 전자 악기 사이의 데이터 교환을 위한 규약으로 음의 강도, 악기 종류 등과 같은 정보를 기호화하여 코드화한 방식이다.
③ 아날로그 신호를 디지털화하여 나타내는 것으로, 소리의 파장이 그대로 저장되며, 자연의 음향과 사람의 음성 표현이 가능하다.
④ 오디오 데이터 압축 파일 형식으로 무손실 압축 포맷이며 원본 오디오의 음원 손실이 없다.

시퀀싱(Sequencing) : 오디오 파일이나 여러 연주, 악기 소리 등을 프로그램에 입력하여 녹음하는 방법으로 음의 수정이나 리듬 변형 등의 여러 편집 작업이 가능함

오답 피하기
② : MIDI 형식, ③ : WAVE 형식, ④ : FLAC(Free Lossless Audio Codec)

17 다음 중 LAN(Local Area Network)에 대한 설명으로 옳지 않은 것은?

① 근거리 통신망으로 비교적 전송 거리가 짧아 에러 발생률이 낮다.
② 자원 공유를 목적으로 컴퓨터들을 상호 연결하여 사용한다.
③ 프린터나 보조 기억 장치 등의 주변 장치들을 공유하여 사용할 수 있다.
④ 전송 방식으로 반이중 방식을 사용하여 상호 동시에 통신할 수 있다.

근거리 통신망(LAN)은 상호 동시에 통신이 가능한 전이중 방식을 사용함

18 다음 중 실감 미디어에 대한 설명으로 옳지 않은 것은?

① 가상 현실(VR) : 컴퓨터를 이용하여 특정 상황을 설정하고 구현하는 기술인 모의실험(Simulation)을 통해 실제 주변 상황처럼 경험하고 상호 작용하는 것처럼 느끼게 할 수 있는 인터페이스 시스템이다.
② 혼합 현실(MR) : 현실 세계에 가상 현실(VR)을 접목한 것으로 현실적인 물리적 객체와 가상 객체가 상호 작용할 수 있는 환경을 구현한다.
③ 증강 현실(AR) : 가상 세계에서 현실 세계와 같은 사회적, 경제적, 문화적 활동 및 일상생활이 이뤄지는 가상 온라인 시공간을 의미한다.
④ 홀로그램(Hologram) : 빛의 간섭 원리를 이용하는 기술로 레이저와 같이 간섭성이 있는 광원을 이용, 간섭 패턴을 기록한 결과물로 3차원 이미지를 만들거나 광원을 이용하여 재생하면 3차원 영상으로 표현이 가능한 기술이다.

③은 메타버스(Metaverse)를 의미하며 '초월(Meta)'과 '우주'를 뜻하는 유니버스(Universe)의 합성어로, VR(가상 현실)이나 AR(증강 현실)의 상위 개념으로서 가상 자아인 아바타를 통해 사회 경제적 활동 등이 가능한 4차원의 가상 온라인 시공간을 의미함

오답 피하기
증강 현실(AR : Augmented Reality) : 사람이 눈으로 볼 수 있는 실세계와 관련된 3차원의 부가 정보를 제공받을 수 있는 기술

19 다음 중 컴퓨터나 정보기기, 스마트폰 등을 사용하기 위해서 반드시 설치되어야 하는 프로그램으로 가장 대표적인 시스템 소프트웨어는?

① 유틸리티
② 운영체제
③ 컴파일러
④ 라이브러리

> 운영체제(Operating System) : 컴퓨터 시스템의 각종 하드웨어적인 자원과 소프트웨어적인 자원을 효율적으로 운영, 관리함으로써 사용자가 시스템을 이용하는 데 편리함을 제공하는 시스템 소프트웨어

오답 피하기
- 유틸리티 : 사용자가 컴퓨터를 쉽고 편리하게 사용할 수 있도록 유용한 기능을 제공하는 프로그램
- 컴파일러 : 고급 언어를 기계어로 번역하는 프로그램으로 목적 프로그램을 생성함
- 라이브러리 : 컴퓨터 프로그램에서 자주 사용되는 부분들을 모아 놓은 관련된 파일의 집합

20 다음 중 사용자의 기본 설정을 사이트가 인식하도록 하거나, 사용자가 웹 사이트로 이동할 때마다 로그인해야 하는 번거로움을 생략할 수 있도록 사용자 환경을 향상시키는 것은?

① 쿠키
② 즐겨찾기
③ 웹 서비스
④ 히스토리

> 쿠키(Cookie) : 인터넷 웹 사이트의 방문 정보를 기록하는 텍스트 파일로, 인터넷 사용자가 웹 사이트에 접속한 후 이 사이트 내에서 어떤 정보를 읽고 어떤 정보를 남겼는지에 대한 정보가 사용자의 PC에 저장되며, 고의로 사용자의 정보를 빼낼 수 있는 통로 역할을 할 수도 있음

2과목 스프레드시트 일반

21 다음 중 차트의 기능에 대한 설명으로 옳은 것은?

① 차트는 데이터가 입력되어 있는 같은 워크시트나 별도의 차트 시트에 만들 수 있다.
② 3차원 차트에 추세선을 추가하여 데이터의 흐름을 쉽게 파악할 수 있다.
③ 차트 작성 후에 원본 데이터가 변경되더라도 이미 작성된 차트의 모양은 변경되지 않는다.
④ [Ctrl]을 누른 상태에서 차트의 크기를 변경하면 워크시트의 셀에 맞춰서 조절된다.

> - [Alt]+[F1] : 데이터가 입력되어 있는 같은 워크시트에 차트를 생성함
> - [F11] : 별도의 차트 시트에 차트를 생성함

오답 피하기
- ② : 3차원 차트에는 추세선을 추가할 수 없음
- ③ : 원본 데이터가 변경되면 작성된 차트의 모양이 자동으로 변경됨
- ④ : [Alt]를 누른 상태에서 차트의 크기를 변경하면 워크시트의 셀에 맞춰서 조절됨

22 다음 중 부분합에 대한 설명 중 옳지 않은 것은?

① 부분합에서는 합계, 평균, 개수 등의 함수 이외에도 다양한 함수를 선택할 수 있다.
② 부분합에서 그룹으로 사용할 데이터는 반드시 오름차순으로 정렬되어 있어야 한다.
③ 부분합에서 데이터 아래에 요약을 표시할 수 있다.
④ 부분합에서 그룹 사이에 페이지를 나눌 수 있다.

> 부분합을 실행하기 전에 오름차순 또는 내림차순과 관계없이 정렬해야 함

23 아래 워크시트에서 [D2] 셀에 사원의 실적에 따른 평가를 구하고자 한다. 각 사원의 실적이 전체 실적의 평균 이상이면 평가는 "실적우수", 그렇지 않으면 "실적미달"로 표시할 경우 [D2] 셀에 입력할 수식으로 옳은 것은?(단, [D2] 셀에 수식을 입력한 후 [D6] 셀까지 채우기 핸들을 이용하여 수식을 복사함)

	A	B	C	D
1	사원번호	사원명	실적	평가
2	11a	홍길동	89	
3	22b	이대한	70	
4	33c	한상공	65	
5	44d	지호영	90	
6	55e	안예지	100	

① =IF(C2>=AVERAGE(C2:C6),"실적우수","실적미달")
② =AVERAGEIF(C2:C6,">=","실적우수","실적미달")
③ =IF(C2>=AVERAGE($C$2:$C$6),"실적우수","실적미달")
④ =AVERAGEIF($C$2:$C$6,">=","실적우수","실적미달")

- 형식 : =IF(조건, 참, 거짓)
- 조건은 C2>=AVERAGE($C$2:$C$6), 참일 경우 "실적우수", 거짓일 경우는 "실적미달"이므로 [D2] 셀에 입력될 수식은 =IF(C2>=AVERAGE($C$2:$C$6),"실적우수","실적미달")이 되며 수식을 채우기 핸들로 복사하기 위해서 각 사원의 실적은 상대참조(C2)로, 평균을 구하는 범위는 절대참조($C$2:$C$6)로 작성함

 =IF(C2>=AVERAGE($C$2:$C$6),"실적우수","실적미달")

	A	B	C	D	E	F	G	H	I
1	사원번호	사원명	실적	평가					
2	11a	홍길동	89	실적우수					
3	22b	이대한	70	실적미달					
4	33c	한상공	65	실적미달					
5	44d	지호영	90	실적우수					
6	55e	안예지	100	실적우수					

24 다음 중 조건부 서식에 대한 설명으로 옳지 않은 것은?

① 조건부 서식은 기존에 적용된 셀 서식보다 우선하여 적용된다.
② 조건에 맞는 경우와 조건에 맞지 않는 경우에 대한 서식을 함께 지정할 수 있다.
③ 조건을 수식으로 입력할 경우 수식 앞에는 반드시 등호(=)를 입력해야 한다.
④ 조건부 서식이 적용된 후에 셀의 값이 변경되어 규칙에 맞지 않으면 적용된 서식이 해제된다.

조건에 맞지 않는 경우에 대한 서식은 지정할 수 없음

25 다음 중 함수식에 대한 결과가 옳지 않은 것은?

① =TRUNC(8.79) → 8
② =MOD(11, 2) → 1
③ =POWER(5, 3) → 15
④ =COLUMN(C6) → 3

- POWER(수1, 수2) : 수1을 수2만큼 거듭제곱한 값을 구함
- =POWER(5, 3) → 5×5×5=125가 됨

오답 피하기

- TRUNC(수1, 수2) : 수1의 소수점 이하(수2)를 버리고 정수로 변환(수2를 생략하면 0으로 처리)함
- =TRUNC(8.79, 0)이 되어 소수점 이하를 모두 버리므로 결과는 8이 됨
- MOD(수1, 수2) : 수1을 수2로 나눈 나머지 값(수2가 0이면 #DIV/0! 오류 발생)을 구함
- =MOD(11, 2)는 11을 2로 나눠서 몫은 5가 되고 나머지는 1이므로 결과는 1이 됨
- COLUMN(열 번호를 구하려는 셀이나 셀 범위) : 참조의 열 번호를 반환함
- =COLUMN(C6)의 결과는 C열이므로 3이 됨

26
매크로 기록 시 매크로 실행을 위한 바로 가기 키를 Y로 지정하고자 한다. 다음 중 사용되는 키로 옳지 않은 것은?

① Y
② Ctrl
③ Shift
④ Alt

> 바로 가기 키가 Y처럼 대문자인 경우는 Ctrl+Shift+Y가 되므로 Alt는 해당되지 않음

27
다음 중 '=SUM(A3:A9)' 수식이 '=SUM(A3A9)'와 같이 범위 참조의 콜론(:)이 생략된 경우 나타나는 오류 메시지로 옳은 것은?

① #N/A
② #NULL!
③ #REF!
④ #NAME?

> #NAME? : 잘못된 함수명이나 정의되지 않은 셀 이름을 사용한 경우, 수식에 잘못된 문자열을 지정하여 사용한 경우
>
> **오답 피하기**
> - #N/A : 수식에서 잘못된 값으로 연산을 시도한 경우, 찾기 함수에서 결과 값을 찾지 못한 경우
> - #NULL! : 교점 연산자(공백)를 사용했을 때 교차 지점을 찾지 못한 경우
> - #REF! : 셀 참조를 잘못 사용한 경우

28
다음 중 [페이지 설정] 대화 상자의 [시트] 탭에 대한 설명으로 옳지 않은 것은?

① 인쇄 영역을 지정하지 않으면 기본적으로 워크시트의 모든 내용을 인쇄한다.
② 반복할 행은 "$1:$3"과 같이 행 번호로 나타낸다.
③ 메모의 인쇄 방법을 '시트 끝'으로 선택하면 원래 메모가 속한 각 페이지의 끝에 모아 인쇄된다.
④ 여러 페이지가 인쇄될 경우 열 우선을 선택하면 오른쪽 방향으로 인쇄를 마친 후에 아래쪽 방향으로 진행된다.

> '시트 끝'을 선택하면 각 페이지의 메모가 문서의 마지막에 한꺼번에 인쇄됨

29
다음 중 아래의 워크시트에서 연수점수와 고과점수가 각각 90점 이상인 평균의 최대값을 구하는 수식으로 옳은 것은?

	A	B	C	D
1	사원명	연수점수	고과점수	평균
2	김선	89	63	76
3	지혜원	98	100	99
4	한상공	77	79	78
5	이대한	95	90	93
6				
7	연수점수	고과점수		
8	>=90	>=90		
9				

① =MIN(A1:D5,4,A7:B8)
② =MAX(A1:D5,4,A7:B8)
③ =DMIN(A1:D5,4,A7:B8)
④ =DMAX(A1:D5,4,A7:B8)

> - =DMAX(범위, 열 번호, 조건) : 범위에서 조건에 맞는 데이터 중 지정된 열에서 숫자가 있는 셀의 최대값을 구함
> - =DMAX(A1:D5,4,A7:B8) → 결과는 99가 산출됨
> - 범위 : 데이터가 있는 범위 → [A1:D5]
> - 열 번호 : '평균'이 있는 열 번호 → 4
> - 조건 : 조건이 있는 범위 → [A7:B8]

30 다음 중 하나의 계열만 표시할 수 있는 차트로 옳은 것은?

① 원형 ② 분산형
③ 영역형 ④ 방사형

> **원형 차트**
> - 항상 한 개의 데이터 계열만을 가지고 있으므로 축이 없음
> - 전체에 대한 각 값의 기여도를 표시함
> - 항목의 값들이 합계의 비율로 표시되므로 중요한 요소를 강조할 때 사용함
>
> **오답 피하기**
> - 분산형 : 데이터의 불규칙한 간격이나 묶음을 보여주는 것으로, 데이터 요소 간의 차이보다는 큰 데이터 집합 간의 유사점을 표시하려는 경우에 사용함
> - 영역형 : 데이터 계열 값의 합계를 표시하여 전체 값에 대한 각 값의 관계를 표시함
> - 방사형 : 많은 데이터 계열의 합계 값을 비교할 때 사용함

31 다음과 같은 셀 서식이 지정된 셀에 −23456을 입력하였을 때 셀에 나타나는 결과값으로 옳은 것은?

0.0,

① −23456.0 ② −23.0
③ −23.4 ④ −23.5

> - 0 : 유효하지 않은 자릿수를 0으로 표시
> - , : 천 단위 구분 기호로, (쉼표) 이후에 더 이상 코드를 사용하지 않으면 천 단위 배수로 표시
> - 0.0,을 적용한 경우 : −23.5

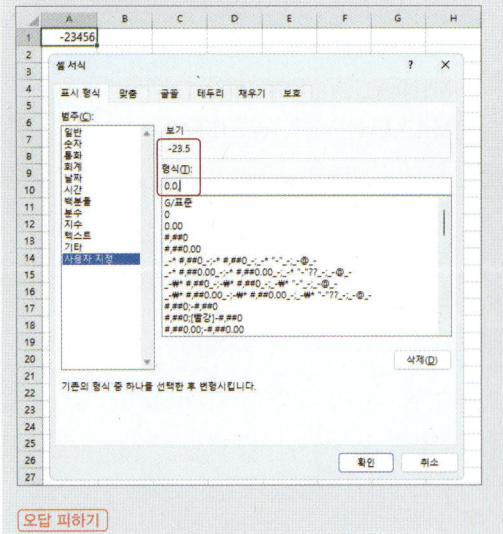

> **오답 피하기**
> 0.0을 적용한 경우 : −23456.0

32 다음 워크시트처럼 셀 값을 입력하기 위해서 [A1] 셀에 숫자 1.5를 입력하고, [A1] 셀에서 채우기 핸들을 아래로 드래그하려고 한다. 이때 숫자가 증가하여 입력되도록 하기 위해 함께 눌러줘야 하는 키로 옳은 것은?

	A	B
1	1.5	
2	2.5	
3	3.5	
4	4.5	
5	5.5	
6	6.5	
7	7.5	
8	8.5	
9	9.5	
10	10.5	

① Alt ② Ctrl
③ Shift ④ Tab

> 채우기 핸들을 사용할 때 Ctrl을 함께 누르면 숫자가 증가하면서 입력됨
>
> **오답 피하기**
> Ctrl을 누르지 않고 채우기 핸들을 드래그하면 숫자가 복사됨

33 다음 중 워크시트에서 함수식 '=COUNTIFS(B2:B8,B3,C2:C8,C3)'을 사용한 결과값으로 옳은 것은?

	A	B	C
1	성명	부서	직급
2	김선	상담부	실장
3	홍길동	홍보부	과장
4	이대한	상담부	대리
5	한상공	기획부	부장
6	지호영	홍보부	대리
7	박정영	상담부	과장
8	차은서	홍보부	과장

① 1 ② 2
③ 3 ④ 4

> - =COUNTIFS(범위1, 조건1, 범위2, 조건2) : 범위1에서 조건1을 만족하고 범위2에서 조건2를 만족하는 경우의 개수를 구함
> - =COUNTIFS(B2:B8,B3,C2:C8,C3) : 부서([B2:B8])에서 홍보부([B3])이고 직급([C2:C8])에서 과장([C3])인 경우의 인원수를 구함 → 2(홍길동, 차은서)

정답 30 ① 31 ④ 32 ② 33 ②

34 다음 중 데이터 입력 및 바로 가기 키 기능에 대한 설명으로 옳은 것은?

① 시트를 실수로 삭제하더라도 Ctrl+Z를 눌러서 취소하면 복원시킬 수 있다.
② 숫자는 입력 시 기본적으로 오른쪽으로 정렬되지만 숫자 데이터를 문자로 취급하도록 하려면 숫자 앞에 큰따옴표(")를 입력해야 한다.
③ Alt+Enter를 누르면 빠른 채우기가 수행된다.
④ Ctrl+;(세미콜론)을 누르면 시스템의 오늘 날짜가 입력된다.

Ctrl+;(세미콜론) : 시스템의 오늘 날짜가 입력됨

오답 피하기
- ① : 삭제된 시트는 Ctrl+Z를 눌러서 취소할 수 없음
- ② : 작은따옴표(')를 입력해야 됨
- ③ : Alt+Enter를 누르면 자동 줄 바꿈이 실행됨

35 다음 중 아래의 괄호 안에 들어갈 기능으로 옳게 짝지어진 것은?

- (㉠)은/는 특정 값의 변화에 따른 결과값의 변화 과정을 한 번의 연산으로 빠르게 계산하여 표의 형태로 표시해 주는 도구이다.
- (㉡)은/는 비슷한 형식의 여러 데이터의 결과를 하나의 표로 통합하여 요약해 주는 도구이다.

① ㉠ : 데이터 표, ㉡ : 통합
② ㉠ : 정렬, ㉡ : 시나리오 관리자
③ ㉠ : 부분합, ㉡ : 피벗 테이블
④ ㉠ : 해 찾기, ㉡ : 데이터 유효성 검사

- 데이터 표 : 워크시트에서 특정 데이터를 변화시켜 수식의 결과가 어떻게 변하는지 보여 주는 셀 범위를 데이터 표라 하며 데이터 표의 수식은 데이터 표를 작성하기 위해 필요한 변수가 하나인지 두 개인지에 따라 수식의 작성 위치가 달라짐
- 통합 : 하나 이상의 원본 영역을 지정하여 하나의 표로 데이터를 요약하는 기능

36 인쇄할 때 페이지의 바닥글로 1/5과 같이 '페이지 번호/전체 페이지 수'가 표시되도록 하기 위해 바닥글 편집에서 "/"의 앞뒤에 선택해야 할 아이콘을 순서대로 나열한 것은?

㉮ ㉯   ㉰ ㉱

① ㉮, ㉯
② ㉰, ㉱
③ ㉯, ㉮
④ ㉱, ㉰

- 가 : &[페이지 번호] → 현재 페이지 번호를 자동으로 삽입
- 나 : &[전체 페이지 수] → 인쇄 범위의 전체 페이지 수를 삽입

오답 피하기
- 다 : &[파일] → 통합 문서 파일의 이름을 삽입
- 라 : &[탭] → 해당 워크시트의 이름을 삽입

37 다음 중 카메라 기능에 대한 설명으로 옳지 않은 것은?

① 카메라는 특정 셀 범위를 그림으로 복사하여 붙여넣는 기능이다.
② 카메라를 이용한 경우, 원본 셀 내용이 변경되어도 그림은 변하지 않는다.
③ 카메라 기능은 기본적으로 메뉴 또는 도구 모음에 표시되지 않는다.
④ 복사하려는 셀 범위를 선택하고, [카메라] 도구 단추를 누르면 자동으로 붙여넣기 된다.

카메라는 원본 셀 범위에 입력한 값이 변경되면 함께 변경됨

38 다음 중 워크시트에 숫자 데이터 24600을 입력한 후 아래의 표시 형식을 적용했을 때 표시되는 결과로 옳은 것은?

> #0.0,"천원";(#0.0,"천원");0.0;@"님"

① 24.6천원
② 24,600
③ 25,000천원
④ (25.0천원)

- 양수 서식;음수 서식;0 서식;텍스트 서식
- # : 하나의 자릿수를 의미하며 해당 자릿수에 숫자가 없을 경우 표시하지 않음
- 0 : 하나의 자릿수를 의미하여 해당 자릿수에 숫자가 없을 경우 0을 표시함
- . : 소수점의 자리 표시에 사용
- , : 천 단위 구분 기호로 쉼표를 삽입하거나 ,(쉼표) 이후 더 이상 코드를 사용하지 않으면 천 단위 배수로 표시함
- 24600은 양수이므로 #0.0,"천원"이 적용되고 ,(쉼표)에 의해 24600.0이 24.6으로 되며 텍스트 "천원"이 붙어서 24.6천원이 됨

39 다음 중 열려 있는 통합 문서의 모든 워크시트를 재계산하기 위한 바로 가기 키로 옳은 것은?

① F1
② F2
③ F4
④ F9

F9 : 열려 있는 통합 문서의 모든 워크시트를 재계산함

40 인쇄해야 할 범위가 2페이지 이상이 되는 표를 인쇄하고자 한다. 첫 페이지에 있는 표의 제목줄 [A1:H1] 셀을 2쪽 이후에도 인쇄하려면, 다음 중 어떠한 순서로 작업을 해야 하는가?

① [페이지 설정]-[시트] 탭의 '반복할 행'에서 제목줄의 범위 지정
② [페이지 설정]-[시트] 탭의 '반복할 열'에서 제목줄의 범위 지정
③ [페이지 설정]-[시트] 탭의 '인쇄 영역'에서 제목줄의 범위 지정
④ [페이지 설정]-[시트] 탭의 '행/열 머리글'에서 체크 표시

첫 페이지에 있는 표의 제목줄 [A1:H1] 셀을 2쪽 이후에도 인쇄하려면 [페이지 설정]-[시트] 탭의 '반복할 행'에서 제목줄의 범위를 지정하면 됨

정답 38 ① 39 ④ 40 ①

해설과 따로 보는
기출문제

CONTENTS

- 2025년 상시 기출문제 01회
- 2025년 상시 기출문제 02회
- 2025년 상시 기출문제 03회
- 2025년 상시 기출문제 04회
- 2025년 상시 기출문제 05회

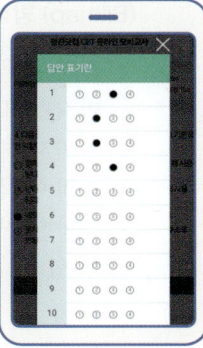

자동 채점 서비스
① 모바일로 기출문제 상단에 QR 코드를 스캔합니다.
② 답안 표기란에 나의 답안을 입력합니다.
③ 우측 상단에 ×를 누른 후, 답안 제출을 클릭합니다.
④ 합격 여부&채점 결과를 바로 확인해 보세요.

2025년 상시 기출문제 01회

SELF CHECK : 제한시간 40분 | 소요시간   분 | 전체 문항 수 40문항 | 맞힌 문항 수   문항   정답&해설 1-171p

1과목 컴퓨터 일반

01 다음 중 전자우편에서 스팸(SPAM) 메일에 대한 설명으로 옳은 것은?

① 요청에 의해 소량으로 전송되는 모든 형태의 통신이다.
② 스팸 메일은 바이러스가 들어있는 메일을 의미하므로 열어보지 말고 지워야 한다.
③ 고의로 개인 정보를 탈취하거나 데이터를 파괴하는 행위이다.
④ 다수의 불특정인에게 일방적으로 보내는 것으로, 수신자가 원치 않는 광고성 메일이나 메시지를 의미한다.

02 다음 중 컴퓨터에서 가상 기억 장치를 사용할 때 장점으로 옳은 것은?

① 컴퓨터의 구조가 간편해지고 손쉽게 구현할 수 있다.
② 보조 기억 장치의 실제 용량이 증대된다.
③ 주기억 장치의 용량보다 큰 프로그램을 실행할 수 있다.
④ 명령을 수행하는 시간이 단축된다.

03 다음 중 전자태그라고 불리는 기술로 전파를 이용하여 먼 거리에서도 태그를 읽어 사물의 정보나 주변 상황 정보를 감지할 수 있는 센서 기술로 옳은 것은?

① DMB
② RFID
③ 텔레매틱스
④ FTP

04 다음 아래의 내용과 관련 있는 용어로 알맞은 것은?

- CPU의 간섭 없이 주기억 장치와 입출력 장치 사이에서 직접 전송이 이루어지는 방법
- 고속으로 대량의 데이터를 전송하여 입·출력이 이루어짐

① 교착상태(DeadLock)
② DMA(Direct Memory Access)
③ 인터럽트(Interrupt)
④ IRQ(Interrupt ReQuest)

05 다음 중 컴퓨터에서 사용하는 멀티미디어의 특징에 대한 설명으로 옳지 않은 것은?

① 디지털화 : 다양한 아날로그 데이터를 디지털 데이터로 변환하여 통합 처리한다.
② 양방향성 : 정보 제공자와 사용자 간의 소통을 통한 상호 작용에 의해 데이터가 전달된다.
③ 정보의 통합성 : 텍스트, 그래픽 사운드, 동영상, 애니메이션 등의 여러 미디어를 통합하여 처리한다.
④ 선형성 : 데이터가 일정한 방향으로 순서에 따라 처리되고 원하는 부분을 선택적으로 처리할 수 없다.

06 다음 중 컴퓨터에서 그래픽 데이터 표현 방식인 비트맵(Bitmap) 방식에 관한 설명으로 옳지 않은 것은?

① 점과 점을 연결하는 직선이나 곡선을 이용하여 이미지를 표현한다.
② 이미지를 확대하면 테두리가 거칠어진다.
③ 파일 형식에는 BMP, GIF, JPEG 등이 있다.
④ 다양한 색상을 사용하여 사실적 이미지를 표현할 수 있다.

07 다음 기억 장치의 기억 용량 단위 중 가장 용량이 큰 것은?

① 1EB
② 1MB
③ 1GB
④ 1TB

08 다음 중 해킹 공격에 대비하는 침입 탐지 기법 중 하나로, 공격 경로 및 공격 수법을 알아내기 위해 정상적이지 않은 접근을 탐지하기 위한 위장 서버를 의도적으로 설치하여 해커를 유인하고 추적 장치를 통해 사이버 테러를 방지하는 기술은?

① 베스천 호스트(Bastion Host)
② 프록시(Proxy) 서버
③ 방화벽(Firewall)
④ 허니팟(Honeypot)

09 다음 중 컴퓨터를 이용한 정보 통신에서 사용하는 용어에 대한 설명으로 옳지 않은 것은?

① 흐름 제어(Flow Control) : 자료를 송수신할 때 버퍼를 사용하여 그 속도의 흐름을 조절하는 기능이다.
② 정지 비트(Stop Bit) : 데이터 전송의 끝을 알리기 위해 보내는 비트이다.
③ 패리티 비트(Parity Bit) : 데이터 전송 시 에러 검출을 위해 데이터 비트에 붙여서 보내는 비트이다.
④ 전송 속도(bps) : Bytes Per Second의 약자로 초당 전송되는 바이트 수를 의미한다.

10 다음 중 한글 Windows에서 임의의 폴더 아이콘을 선택하고 Alt+Enter를 누른 경우와 같은 결과를 보여주는 작업으로 옳은 것은?

① 선택된 폴더의 바로 가기 메뉴에서 [속성]을 선택한다.
② 선택된 폴더를 더블클릭한다.
③ 마우스의 오른쪽 단추를 누른다.
④ Alt+F4를 누른다.

11 다음 중 Windows 관리 도구인 [디스크 정리] 기능에 대한 설명으로 옳은 것은?

① 불필요한 파일을 삭제하여 디스크의 여유 공간을 확보한다.
② 디스크 단편화를 제거하여 디스크의 여유 공간을 확보한다.
③ 불필요한 디스크를 검색하여 시스템에서 삭제한다.
④ 디스크의 저장 공간을 공유하여 여유 공간을 확보한다.

12 다음 중 Microsoft Edge처럼 인터넷을 사용하기 위한 웹 브라우저가 아닌 것은?

① 사파리(Safari)
② 오페라(Opera)
③ 파이어폭스(Firefox)
④ 안드로이드(Android)

13 다음 중 영상의 표현과 압축 방식에 대해서는 관여하지 않으며 특징 추출을 통해 디지털 방송과 전자도서관, 전자상거래 등에서 멀티미디어 데이터를 효과적으로 검색할 수 있는 영상 압축 기술은?

① MPEG-1
② MPEG-4
③ MPEG-7
④ MPEG-21

14 다음 중 컴퓨터를 업그레이드할 때 수치가 클수록 좋은 것에 해당하지 않는 것은?

① 하드디스크의 용량
② RAM의 접근 속도
③ CPU의 클럭 속도
④ DVD의 배속

15 다음 중 한글 Windows의 [실행] 창에서 아래처럼 'cmd' 명령을 실행했을 때의 결과로 옳은 것은?

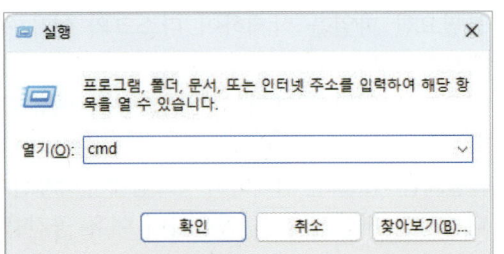

① 문자표가 실행된다.
② 명령 프롬프트 창이 실행된다.
③ 설정이 실행된다.
④ 파티션 설정이 실행된다.

16 다음 중 언어 번역 프로그램인 컴파일러와 인터프리터의 차이점에 대한 설명으로 옳지 않은 것은?

① 컴파일러는 프로그램 전체를 번역하고, 인터프리터는 한 줄씩 번역한다.
② 컴파일러는 목적 프로그램을 생성하고, 인터프리터는 생성하지 않는다.
③ 컴파일러는 실행 속도가 빠르고, 인터프리터는 실행 속도가 느리다.
④ 컴파일러는 번역 속도가 빠르고, 인터프리터는 번역 속도가 느리다.

17 다음 중 컴퓨터에서 사용하는 객체 지향 언어의 특징으로 옳지 않은 것은?

① 그룹화
② 캡슐화
③ 다형성
④ 상속성

18 다음 중 사용자가 눈으로 보는 현실 화면이나 실제 영상에 문자나 그래픽과 같은 가상의 3차원 정보를 실시간으로 겹쳐 보여주는 새로운 멀티미디어 기술을 의미하는 용어는?

① 가상 장치 인터페이스(VDI)
② 가상 현실 모델 언어(VRML)
③ 증강 현실(AR)
④ 주문형 비디오(VOD)

19 다음 중 디지털 이미지, 오디오, 비디오 등의 파일에 저작권 정보를 식별할 수 있도록 삽입된 특정한 비트 패턴을 의미하는 것은?

① 디지털 기록(Digital Recording)
② 디지털 워터마크(Digital Watermark)
③ 디지털 인증서(Digital Certificate)
④ 디지털 서명(Digital Signature)

20 다음 중 한글 Windows의 [설정]-[개인 설정]에서 지원되는 기능으로 옳지 않은 것은?

① 배경, 색, 소리, 마우스 커서 등의 설정으로 사용자 지정 테마를 저장할 수 있다.
② 디스플레이 해상도, 디스플레이 방향(가로, 세로, 가로(대칭 이동), 세로(대칭 이동) 등을 설정할 수 있다.
③ 바탕 화면의 배경 화면을 설정할 수 있다.
④ [화면 보호기 설정]에서 화면 보호기와 전원 설정 변경 등을 할 수 있다.

2과목 스프레드시트 일반

21 다음 중 워크시트에서 참조의 대상 범위로 이름을 정의하여 사용할 때 기능적으로 옳은 것은?

① 이름은 한글, 영문 모두 가능하며 영문의 경우 대소문자를 구분하고 단어 사이에 공백을 줄 수 있다.
② 같은 통합 문서에서 시트마다 동일한 이름을 지정할 수 있다.
③ 이름은 기본적으로 상대 참조가 아닌 절대 참조로 대상 범위를 참조한다.
④ 이름은 셀의 범위를 의미하는 주소이므로 숫자로 시작해야 한다.

22 다음 중 매크로 편집 시 주석문이나 매크로 기록의 일부가 수행되지 않도록 하기 위해 사용되는 기호로 옳은 것은?

① @
② !
③ &
④ 작은따옴표(')

23 아래 워크시트에서 코드표[E3:F6]를 참조하여 과목 코드에 대한 과목명[B3:B5]을 구하되 코드표에 과목 코드가 존재하지 않으면 과목명을 공백으로 표시하고자 한다. 다음 중 [B3] 셀에 수식을 입력한 후 나머지 셀은 채우기 핸들을 이용하여 입력하고자 할 때 [B3] 셀의 수식으로 옳은 것은?

	A	B	C	D	E	F
1	시험결과				코드표	
2	과목코드	과목명	점수		코드표	과목명
3	W	워드	85		W	워드
4	P	파워포인트	90		E	엑셀
5	X		75		P	파워포인트
6					A	액세스
7						

① =IFERROR(VLOOKUP(A3,E3:F6,2,TRUE),"")
② =IFERROR(VLOOKUP(A3,$E$3:$F$6,2,FALSE),"")
③ =IFERROR("", VLOOKUP(A3,$E$3:$F$6,2,TRUE))
④ =IFERROR("", VLOOKUP(A3,E3:F6,2,FALSE))

24 다음 중 엑셀의 각종 데이터 입력에 관한 설명으로 옳지 않은 것은?

① 오늘 날짜를 간단히 입력하기 위해서는 TODAY 함수나 Ctrl + ; 을 누르면 된다.
② 시간 데이터는 콜론(:)으로 시, 분, 초를 구분하여 입력한다.
③ 범위를 지정하고 데이터를 입력한 후 Ctrl + Alt + Enter를 누르면 동일한 데이터가 한 번에 입력된다.
④ 날짜 데이터 입력 시 연도를 생략하고 월, 일만 입력하면 자동으로 올해의 연도가 추가되어 입력된다.

25 다음 중 시트 탭에 관한 설명으로 옳지 않은 것은?

① 시트 탭의 색을 변경할 수 있으나 각 시트의 색은 반드시 다른 색으로 설정해야 한다.
② 시트 탭을 더블클릭하여 시트 이름을 변경할 수 있다.
③ 시트 탭의 바로 가기 메뉴에서 [숨기기]를 클릭하여 시트를 숨길 수 있다.
④ 시트 탭의 바로 가기 메뉴에서 [삭제]를 클릭하여 시트를 삭제할 수 있다.

26 아래와 같이 데이터 계열의 합계값을 비교할 때 사용하는 것으로 데이터를 선으로 표시하여 상호 관계를 분석할 때 사용하는 차트로 다음 중 옳은 것은?

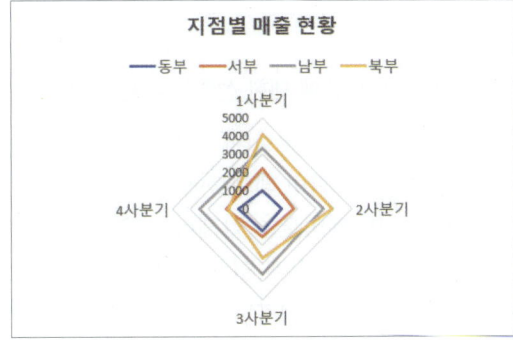

① 도넛형 차트
② 주식형 차트
③ 분산형 차트
④ 방사형 차트

27 다음 중 엑셀의 시트 선택에 대한 설명으로 옳은 것은?

① 모든 시트를 한 번에 선택할 때는 시트 탭에서 마우스 오른쪽 단추를 클릭하여 [모든 시트 선택] 메뉴를 선택한다.
② 떨어져 있는 여러 개의 시트를 선택할 때는 Alt 를 누른 채 시트 탭을 클릭하면 된다.
③ 연속된 여러 개의 시트를 선택할 때는 첫 번째 시트를 선택하고 Ctrl 을 누른 상태에서 마지막 시트 탭을 클릭하면 된다.
④ 워크시트를 삽입하거나 삭제할 때 한 번에 여러 개의 시트를 대상으로 작업할 수는 없다.

28 다음 중 아래와 같이 조건을 설정한 고급 필터의 실행 결과에 대한 설명으로 옳은 것은?

부서	근무 경력
〈〉상담부	〉=20

① 부서가 '상담부'가 아니면서 근무 경력이 20년 이상인 사원 정보
② 부서가 '상담부'이면서 근무 경력이 20년 이상인 사원 정보
③ 부서가 '상담부'가 아니거나 근무 경력이 20년 이상인 사원 정보
④ 부서가 '상담부'이거나 근무 경력이 20년 이상인 사원 정보

29 다음 중 피벗 테이블에 대한 설명으로 옳지 않은 것은?

① 원본의 자료가 변경되면 [모두 새로 고침] 기능을 이용하여 일괄 피벗 테이블에 반영할 수 있다.
② 작성된 피벗 테이블을 삭제하는 경우 함께 작성한 피벗 차트는 자동으로 삭제된다.
③ 피벗 테이블을 삭제하려면 피벗 테이블 전체를 범위로 지정한 후 Delete 를 누른다.
④ 피벗 테이블의 삽입 위치는 새 워크시트뿐만 아니라 기존 워크시트에서 시작 위치를 선택할 수도 있다.

30 다음 중 아래 그림과 같이 [목표값 찾기]를 실행했을 때 이에 대한 의미로 옳은 것은?

① 평균이 50이 되려면 노트북의 판매량이 얼마가 되어야 하는가?
② 노트북 판매량이 50이 되려면 평균은 얼마가 되어야 하는가?
③ 평균이 50이 되려면 컴퓨터의 판매량은 얼마가 되어야 하는가?
④ 컴퓨터 판매량이 50이 되려면 복합기의 판매량은 얼마가 되어야 하는가?

31 다음 중 부분합에 관한 설명으로 옳지 않은 것은?

① 그룹별로 페이지를 달리하여 인쇄하기 위해서는 [부분합] 대화 상자에서 '그룹 사이에서 페이지 나누기'를 선택한다.
② 부분합을 작성한 후 개요 기호를 눌러 특정한 데이터가 표시된 상태에서 차트를 작성하면 화면에 표시된 데이터만 차트에 표시된다.
③ 부분합을 실행하기 전에 그룹을 원하는 필드를 기준으로 정렬되어 있어야 올바른 결과를 얻을 수 있다.
④ 여러 함수를 이용하여 부분합을 작성하려면 두 번째부터 실행하는 [부분합] 대화 상자에서 '새로운 값으로 대치'가 반드시 선택되어 있어야 한다.

32 다음 중 아래 시트에서 수식 =DMAX(A1:C6,2,E1:E2)를 실행하였을 때의 결과값으로 옳은 것은?

	A	B	C	D	E	F
1	성명	키(cm)	체중(kg)		체중(kg)	
2	이대한	184	82		>=70	
3	한민국	165	73			
4	이다정	168	56			
5	홍길동	170	67			
6	김상공	173	80			
7						

① 165
② 168
③ 173
④ 184

33 다음의 시트에서 [원본] 결재란을 그림 형태로 [복사본]처럼 복사할 때 [원본] 결재란에 입력된 결재자명에 따라 [복사본]에도 표시되도록 하는 방법은?

	A	B	C	D	E	F	G	H
1		[원본]						
2		결재	사원	대리	과장	부장	사장	
3			홍길동					
4								
5		[복사본]						
6		결재	사원	대리	과장	부장	사장	
7			홍길동					
8								
9								

① [원본]의 [B2:G3]를 범위로 설정하고 복사한 후 [홈] 탭-[클립보드] 그룹-[붙여넣기]의 [기타 붙여넣기 옵션]에서 [연결하여 붙여넣기]를 선택한다.
② [원본]의 [B2:G3]를 범위로 설정하고 복사한 후 [홈] 탭-[클립보드] 그룹-[붙여넣기]의 [기타 붙여넣기 옵션]에서 [연결된 그림]을 선택한다.
③ [원본]의 [B2:G3]를 범위로 설정하고 복사한 후 [삽입] 탭-[일러스트레이션] 그룹-[그림]-[이 디바이스]를 선택한다.
④ [원본]의 [B2:G3]를 범위로 설정하고 복사한 후 [홈] 탭-[클립보드] 그룹-[붙여넣기]의 [기타 붙여넣기 옵션]에서 [그림]을 선택한다.

34 다음 중 조건부 서식에 대한 설명으로 옳지 않은 것은?

① 조건부 서식은 기존의 셀 서식에 우선하여 적용된다.
② 조건부 서식의 규칙을 수식으로 입력할 경우 수식 앞에 등호(=)를 반드시 입력해야 한다.
③ 조건부 서식 규칙으로 설정된 해당 셀의 값들이 변경되어 규칙을 만족하지 않더라도 이미 적용된 서식은 해제되지 않는다.
④ 두 개의 조건부 서식 규칙이 서로 충돌하는 경우 목록에서 순서가 더 높은 규칙이 적용되고 목록에서 순서가 더 아래에 있는 규칙은 적용되지 않는다.

35 다음 중 아래 워크시트에서 '직무'가 90 이상이거나, '국사'와 '상식'이 모두 80 이상이면 '평가'에 "통과"를 표시하고 그렇지 않으면 공백을 표시하는 [E2] 셀의 함수식으로 옳은 것은?

	A	B	C	D	E
1	이름	직무	국사	상식	평가
2	이몽룡	87	92	84	
3	성춘향	91	86	77	
4	조방자	78	80	75	

① =IF(AND(B2>=90, OR(C2>=80, D2>=80)), "통과","")
② =IF(OR(AND(B2>=90, C2>=80), D2>=80)), "통과","")
③ =IF(OR(B2>=90, AND(C2>=80, D2>=80)), "통과","")
④ =IF(AND(OR(B2>=90, C2>=80), D2>=80)), "통과","")

36 다음 중 페이지 나누기에 대한 설명으로 옳지 않은 것은?

① 페이지 나누기는 워크시트를 인쇄할 수 있도록 페이지 단위로 나누는 구분선이다.
② [페이지 나누기 미리 보기] 상태에서 마우스로 페이지 나누기 구분선을 클릭하여 끌면 페이지를 나눌 위치를 조정할 수 있다.
③ [페이지 나누기 미리 보기] 상태에서 파선은 자동 페이지 나누기를 나타내고 실선은 사용자 지정 페이지 나누기를 나타낸다.
④ 행 높이와 열 너비를 변경해도 자동 페이지 나누기 구분선의 위치는 변경되지 않는다.

37 다음 중 머리글 편집과 바닥글 편집에서 명령 단추와 기능의 연결이 옳지 않은 것은?

① ▧ : 그림 서식
② ▧ : 페이지 번호 삽입
③ ▧ : 시간 삽입
④ ▧ : 시트 이름 삽입

38 다음 중 데이터 유효성 검사에 대한 설명으로 옳지 않은 것은?

① 목록의 값들을 미리 지정하여 데이터 입력을 제한할 수 있다.
② 목록으로 값을 제한하는 경우 드롭다운 목록의 너비를 지정할 수 있다.
③ 유효성 조건 변경 시 변경 내용을 범위로 지정된 모든 셀에 적용할 수 있다.
④ 입력할 수 있는 정수의 범위를 제한할 수 있다.

39 다음 중 데이터를 시각적으로 표현하기 위해 워크시트의 단일 셀에 작성할 수 있는 미니 차트로 옳은 것은?

① 히스토그램 차트
② 선버스트 차트
③ 스파크라인 차트
④ 트리맵 차트

40 다음 중 잘못된 인수나 피연산자를 사용했을 때 나타나는 오류로 옳은 것은?

① #DIV/0!
② #VALUE!
③ #NAME?
④ #REF!

2025년 상시 기출문제 02회

SELF CHECK : 제한시간 40분 | 소요시간 　 분 | 전체 문항 수 40문항 | 맞힌 문항 수 　 문항

1과목　컴퓨터 일반

01 다음 중 영상 신호와 음향 신호를 압축하지 않고 통합하여 전송하는 고선명 멀티미디어 인터페이스로 S-비디오, 컴포지트 등의 아날로그 케이블보다 고품질의 음향 및 영상을 감상할 수 있는 것은?

① DVI
② USB
③ HDMI
④ IEEE-1394

02 다음 중 컴퓨터의 중앙 처리 장치가 한 번의 연산 처리에서 사용하는 데이터의 단위를 나타내는 것으로 옳은 것은?

① BIT
② BYTE
③ BPS
④ WORD

03 다음 중 컴퓨터에서 사용하는 유니코드(Unicode)에 대한 설명으로 옳은 것은?

① 문자를 2Byte로 표현한다.
② 표현 가능한 최대 문자수는 256자이다.
③ 영문자는 7Bit, 한글이나 한자는 16Bit로 표현한다.
④ 한글은 KS 완성형으로 표현한다.

04 다음 중 인터넷 기술을 적용한 인트라넷에 관한 설명으로 옳은 것은?

① 핸드폰, 노트북 등과 같은 단말 장치의 근거리 무선 접속을 지원하기 위한 통신 기술이다.
② 인터넷 기술을 기업 내의 전자우편, 전자결재 등과 같은 정보 시스템에 적용한 것이다.
③ 납품 업체나 고객 업체 등 관련 기업 간의 원활한 통신을 위한 시스템이다.
④ 분야별 공통의 관심사를 가진 인터넷 사용자들이 서로의 의견을 주고받을 수 있게 하는 서비스이다.

05 다음 중 컴퓨터의 내부 기억 장치에 관한 설명으로 옳은 것은?

① RAM은 일시적으로 전원 공급이 없더라도 내용은 계속 기억된다.
② SRAM이 DRAM 보다 접근 속도가 느리다.
③ 주기억 장치의 접근 속도 개선을 위하여 가상 메모리가 사용된다.
④ ROM에는 BIOS, 기본 글꼴, POST 시스템 등이 저장되어 있다.

06 다음 중 디지털 컴퓨터와 아날로그 컴퓨터의 차이점에 관한 설명으로 옳은 것은?

① 디지털 컴퓨터는 전류, 전압, 온도 등 다양한 입력 값을 처리하며, 아날로그 컴퓨터는 숫자 데이터만을 처리한다.
② 디지털 컴퓨터는 증폭 회로로 구성되며, 아날로그 컴퓨터는 논리 회로로 구성된다.
③ 아날로그 컴퓨터는 미분이나 적분 연산을 주로 하며, 디지털 컴퓨터는 산술이나 논리 연산을 주로 한다.
④ 아날로그 컴퓨터는 범용이며, 디지털 컴퓨터는 특수 목적용으로 많이 사용된다.

07 다음 중 컴퓨터 범죄 예방에 대한 설명으로 옳지 않은 것은?

① 해킹 방지를 위해 패스워드는 가급적 변경하지 않는다.
② 정보 누출이나 해킹 방지를 위해 방화벽 체제를 정비한다.
③ 암호는 가급적이면 알파벳과 숫자, 특수문자 등을 섞어서 만든다.
④ 지속적인 해킹 감시 및 접근 통제 도구를 개발한다.

08 다음 중 Windows의 에어로 피크(Aero Peek) 기능에 대한 설명으로 옳은 것은?

① 파일이나 폴더의 저장된 위치에 상관없이 종류별로 파일을 구성하고 파일에 액세스할 수 있게 한다.
② 모든 창을 최소화할 필요 없이 바탕 화면을 빠르게 미리 보거나 작업 표시줄의 해당 아이콘을 가리켜서 열린 창을 미리 볼 수 있게 한다.
③ 바탕 화면의 배경으로 여러 장의 사진을 선택하여 슬라이드 쇼 효과를 주면서 번갈아 표시할 수 있게 한다.
④ 작업 표시줄에서 프로그램 아이콘을 마우스 오른쪽 단추로 클릭하여 최근에 열린 파일 목록을 확인할 수 있게 한다.

09 다음 중 컴퓨터의 보조 기억 장치로 사용하는 SSD(Solid State Drive)의 특징으로 옳지 않은 것은?

① HDD보다 빠른 속도로 데이터의 읽기나 쓰기가 가능하다.
② 물리적인 외부 충격에 약하며 불량 섹터가 발생할 수 있다.
③ 작동 소음이 없으며 전력 소모가 적다.
④ 자기 디스크가 아닌 반도체를 이용하여 데이터를 저장한다.

10 다음 중 현재 수행 중인 명령어의 내용을 기억하는 레지스터는?

① 명령 레지스터(Instruction Register)
② 명령 해독기(Instruction Decoder)
③ 부호기(Encoder)
④ 프로그램 계수기(Program Counter)

11 다음 중 미디(MIDI)에 대한 설명으로 틀린 것은?

① 미디는 전자 악기와 컴퓨터 간의 상호 정보 교환을 위한 규약이다.
② 미디는 음을 어떻게 연주할 것인지에 대한 정보 즉, 음의 높이 및 음표의 길이, 음의 강약 등에 대한 정보를 표현한다.
③ 실제 음을 듣기 위해서는 그 음을 발생시켜 주는 장치(신디사이저)가 필요하다.
④ 미디 파일은 음성이나 효과음을 저장할 수 있어 재생이 빠르지만 용량이 크다는 단점이 있다.

12 다음 중 컴퓨터 내부에서 중앙 처리 장치와 메모리 사이의 데이터 전송을 위해 사용되는 버스(Bus)로 옳지 않은 것은?

① 제어 버스(Control Bus)
② 프로그램 버스(Program Bus)
③ 데이터 버스(Data Bus)
④ 주소 버스(Address Bus)

13 다음 중 여러 대의 컴퓨터를 일제히 동작시켜 대량의 데이터를 한 곳의 서버 컴퓨터에 집중적으로 전송시키는 방식으로 특정 서버가 정상적으로 동작하지 못하게 하는 공격은?

① 스니핑(Sniffing)
② 분산 서비스 거부(DDoS)
③ 백도어(Back Door)
④ 해킹(Hacking)

14 다음 중 서버의 일정 부분을 임대하여 사용자가 직접 웹 서버를 이용하여 웹 사이트를 운영하는 것과 같은 효과를 낼 수 있도록 해 주는 서비스는?

① 그룹웨어(Groupware)
② 미러 사이트(Mirror Site)
③ 넷미팅(Netmeeting)
④ 웹 호스팅(Web Hosting)

15 다음 중 Windows의 사용자 계정을 통해 사용할 수 있는 기능으로 옳지 않은 것은?

① 관리자 계정의 사용자는 다른 계정의 컴퓨터 사용 시간을 제어할 수 있다.
② 관리자 계정의 사용자는 다른 계정의 등급 및 콘텐츠, 제목별로 게임을 제어할 수 있다.
③ 표준 계정의 사용자는 컴퓨터 보안에 영향을 주는 설정을 변경할 수 있다.
④ 표준 계정의 사용자는 컴퓨터에 설치된 프로그램 대부분을 사용할 수 있고, 자신의 계정에 대한 암호 등을 설정할 수 있다.

16 다음 중 지하철이나 버스 정류장에서 지역과 관련된 지도나 주변 상가 정보 또는 특정 정보를 인터넷과 연결하여 효과적으로 전달하는 입간판 형태의 정보 안내 기기는?

① 주문형 비디오(VOD)
② CAI(Computer Assisted Instruction)
③ 키오스크(Kiosk)
④ 화상 회의 시스템(VCS)

17 다음 중 컴퓨터 고장으로 인한 작업 중단에 대비하고, 업무 처리의 신뢰도를 높이기 위해서 2개의 CPU가 같은 업무를 동시에 처리하여 그 결과를 상호 점검하면서 운영하는 시스템은?

① 듀플렉스 시스템
② 클러스터링 시스템
③ 듀얼 시스템
④ 다중 처리 시스템

18 다음 중 E-Mail을 보내서 수신자의 컴퓨터를 감염시키는 악성 컴퓨터 바이러스로 첨부된 파일을 실행하지 않고 메일의 본문에 해당하는 내용을 보기만 해도 자동으로 감염되는 바이러스이며 시스템의 실행 속도가 느려지고 원격으로 컴퓨터 시스템을 조정할 수 있는 바이러스는?

① Nimda
② Love
③ Melisa
④ 부트 바이러스

19 다음 중 1GB(Giga Byte)에 해당하는 것은?

① 1,024Bytes
② 1,024×1,024Bytes
③ 1,024×1,024×1,024Bytes
④ 1,024×1,024×1,024×1,024Bytes

20 다음 중 파일 삭제 시 파일이 [휴지통]에 임시 보관되어 복원이 가능한 경우는?

① 바탕 화면에 있는 파일을 [휴지통]으로 드래그 앤 드롭하여 삭제한 경우
② USB 메모리에 저장되어 있는 파일을 Delete로 삭제한 경우
③ 네트워크 드라이브의 파일을 바로 가기 메뉴의 [삭제]를 클릭하여 삭제한 경우
④ [휴지통 속성]의 [파일을 휴지통에 버리지 않고 삭제할 때 바로 제거]를 선택한 경우

2과목 스프레드시트 일반

21 다음 대화 상자는 필터의 '상위 10 자동 필터'이다. 지원되는 기능으로 옳지 않은 것은?

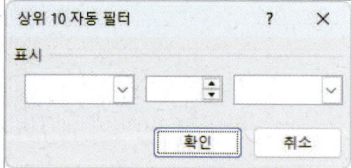

① '상위 10 자동 필터'는 숫자 데이터에만 적용할 수 있다.
② 상위, 중위, 하위로 표시할 수 있으며 필터 결과는 자동으로 정렬된다.
③ 항목이나 백분율(%)로 필터링할 수 있다.
④ 필터 범위에서 가장 큰 값이나 가장 작은 값을 필터링할 수 있다.

22 다음 중 새 매크로를 기록할 때의 과정에 대한 설명으로 옳지 않은 것은?

① Alt + F8 을 눌러 매크로 기록 대화 상자를 실행시켰다.
② 매크로 이름을 '서식 변경'으로 지정하였다.
③ 바로 가기 키를 Ctrl + Shift + C 로 지정하였다.
④ 매크로 저장 위치를 '새 통합 문서'로 지정하였다.

23 다음 중 [A1:C4] 영역에 대한 수식의 실행 결과가 다르게 나타나는 것은?

	A	B	C	D
1	바나나	7	2500	
2	오렌지	6	1500	
3	사과	5	1200	
4	배	3	1300	

① =COUNTIF(B1:B4,"<" & B3)
② =COUNTIF(B1:B4,">3")
③ =INDEX(A1:C4,4,2)
④ =TRUNC(B3/2)

24 다음 아래의 시트처럼 범위를 설정한 경우 셀 포인터의 이동이 옳지 않은 것은?

① [B3] 셀에서 Shift + Enter 를 누르면 셀 포인터는 [C6] 셀로 이동한다.
② [B3] 셀에서 Ctrl + Enter 를 누르면 셀 포인터는 [C6] 셀로 이동한다.
③ [B3] 셀에서 Enter 를 3번 누르면 셀 포인터는 [B6] 셀로 이동한다.
④ [B3] 셀에서 Enter 를 4번 누르면 셀 포인터는 [C3] 셀로 이동한다.

25 다음 중 매크로 편집에 사용되는 Visual Basic Editor에 관한 설명으로 옳지 않은 것은?

① Visual Basic Editor는 바로 가기 키 Alt + F11을 누르면 실행된다.
② 작성된 매크로는 한 번에 실행되며, 한 단계씩 실행될 수는 없다.
③ Visual Basic Editor는 프로젝트 탐색기, 속성 창, 모듈 시트 등으로 구성되어 있다.
④ 실행하고자 하는 매크로 구문 내에 커서를 위치시키고 F5를 누르면 매크로가 바로 실행된다.

26 다음 중 함수식에 대한 결과가 옳지 않은 것은?

① =Trunc(-5.6) → -5
② =Power(2,3) → 6
③ =Int(-7.2) → -8
④ =Mod(-7,3) → 2

27 다음 중 〈보기〉의 기능을 수행하는 차트로 옳은 것은?

〈보기〉

- 데이터를 계층 구조 보기로 제공하므로 다른 범주 수준을 비교하기에 간편함
- 색과 근접성을 기준으로 범주를 표시하며 다른 차트 유형으로 표시하기 어렵고 많은 양의 데이터를 쉽게 표시할 수 있음
- 계층 안에서 비율을 비교하는 데 유용함

① 히스토그램
② 스파크라인
③ 트리맵
④ 폭포

28 다음 중 엑셀의 [페이지 설정] 대화 상자에 대한 설명으로 옳은 것은?

① 인쇄 배율을 수동으로 설정할 수 있으며, 배율은 워크시트 표준 크기의 10%에서 200%까지 설정 가능하다.
② [시트] 탭에서 머리글/바닥글과 행/열 머리글이 인쇄 되도록 설정할 수 있다.
③ [페이지] 탭에서 '자동 맞춤'의 용지 너비와 용지 높이를 각각 1로 지정하면 여러 페이지가 한 페이지에 인쇄된다.
④ 셀에 설정된 메모는 시트에 표시된 대로 인쇄할 수는 없으나 시트 끝에 인쇄되도록 설정할 수 있다.

29 다음 중 차트 제목으로 [B1] 셀의 텍스트를 연결하는 과정으로 옳은 것은?

① 차트에서 차트 제목을 클릭한 후 등호(=)를 입력한 후 [B1] 셀을 선택한다.
② 차트에서 차트 제목을 클릭한 후 수식 입력줄에서 등호(=)를 입력한 후 [B1] 셀을 선택한다.
③ 차트에서 차트 제목을 클릭한 후 수식 입력줄에서 [B1] 셀을 선택한다.
④ 차트에서 차트 제목을 클릭한 후 수식 입력줄에서 '=TEXT(B1)'을 입력한다.

30 다음 중 [시트 보호] 기능에 대한 설명으로 옳지 않은 것은?

① 새 워크시트의 모든 셀은 기본적으로 '잠금' 속성이 설정되어 있다.
② 워크시트에 있는 셀을 보호하기 위해서는 먼저 셀의 '잠금' 속성을 해제해야 한다.
③ 시트 보호를 설정하면 셀에 데이터를 입력하거나 수정하려고 했을 때 경고 메시지가 나타난다.
④ 셀의 '잠금' 속성과 '숨김' 속성은 시트를 보호하기 전까지는 아무런 효과를 내지 못한다.

31 다음 중 근무 기간이 15년 이상이면서 나이가 50세 이상인 직원의 데이터를 조회하기 위한 고급 필터의 조건으로 옳은 것은?

①
근무 기간	나이
>=15	>=50

②
근무 기간	나이
>=15	
	>=50

③
근무 기간	>=15
나이	>=50

④
근무 기간	>=50	
나이		>=50

32 다음 중 다양한 상황과 변수에 따른 여러 가지 결과값의 변화를 가상의 상황을 통해 예측하여 분석할 수 있는 도구는?

① 시나리오 관리자
② 목표값 찾기
③ 부분합
④ 통합

33 다음 중 원 단위로 입력된 숫자를 백만 원 단위로 표시하기 위한 사용자 지정 표시 형식으로 옳은 것은?

① #,###
② #,###,
③ #,###,,
④ #,###,,,

34 아래 시트는 평균 [D2:D6]을 이용하여 순위 [E2:E6]를 계산한 것이다. [E2] 셀에 수식을 입력하고 자동 채우기 핸들을 이용하여 [E6] 셀까지 드래그하였다면, 다음 중 [E2] 셀에 들어갈 수식으로 옳은 것은?

▲	A	B	C	D	E
1	성명	과목1	과목2	평균	순위
2	이다정	86	90	88	3
3	한상공	100	99	99.5	1
4	김대한	42	78	60	5
5	홍길동	95	85	90	2
6	차은서	89	76	82.5	4

① =RANK.EQ($D$2:$D$6, D2, 0)
② =RANK.EQ($D$2:$D$6, D2, 1)
③ =RANK.EQ(D2, $D$2:$D$6, 0)
④ =RANK.EQ(D2, $D$2:$D$6, 1)

35 상품 가격이 3,000원인 상품에 대하여 아래 수식을 이용하여 계산된 판매 금액이 4,000,000원이었다. 판매 금액이 4,500,000원이 되기 위해서는 판매 수량이 얼마가 되어야 하는지 알고 싶을 때 사용할 기능으로 다음 중 옳은 것은?

판매 금액 = 상품 가격 * 판매 수량

① 목표값 찾기
② 데이터 표
③ 시나리오
④ 부분합

36 다음 중 셀 서식의 사용자 지정 표시 형식 중 코드와 설명이 옳지 않은 것은?

① # : 유효한 자릿수만 표시하고, 유효하지 않은 0은 표시하지 않는다.
② ? : 유효하지 않은 자릿수에 0 대신 공백을 표시하고, 소수점을 기준으로 정렬한다.
③ ss : 초 단위의 숫자를 00~59로 표시한다.
④ dddd : 요일을 Sun~Sat로 표시한다.

37 다음 중 추세선을 사용할 수 있는 차트 종류는?

① 3차원 묶은 세로 막대형 차트
② 분산형 차트
③ 방사형 차트
④ 표면형 차트

38 정렬 시 오름차순과 내림차순이 아닌 사용자가 지정한 기준으로 정렬이 가능하다. 다음 중 이러한 정렬 방법을 미리 정의하기 위한 방법으로 옳은 것은?

① [Excel 옵션]-[고급]-[사용자 지정 목록 편집]
② [데이터] 탭-[정렬 및 필터] 그룹-[고급]
③ [파일] 탭-[정보]-[사용자 지정 목록]
④ [데이터] 탭-[정렬 및 필터] 그룹-[사용자 지정 목록]

39 다음 중 'Sheet1'에서 'Sheet1'의 [A10] 셀과 '2월 매출' 시트의 [A1] 셀을 곱하는 수식으로 옳은 것은?

① =A1*2월 매출!A1
② =A10*[2월 매출]!A1
③ =A10*'2월 매출'!A1
④ =A10*"2월 매출"!A1

40 다음 중 창 나누기 기능에 대한 설명으로 옳지 않은 것은?

① 화면에 표시되는 창 나누기 형태는 인쇄 시에는 적용되지 않는다.
② 셀 포인터의 위치에 따라 수직, 수평, 수직·수평 분할이 가능하다.
③ 창 나누기를 수행하여 나누기 한 각각의 구역의 확대/축소 비율을 다르게 설정할 수 있다.
④ 나누기를 취소하려면 창을 나누고 있는 분할 줄을 아무 곳이나 두 번 클릭한다.

빠른 정답표 확인하기

① 모바일로 QR 코드를 스캔합니다.
② 해당 회차의 정답표를 확인합니다.
③ 빠르고 간편하게 채점해 보세요.

2025년 상시 기출문제 03회

SELF CHECK : 제한시간 40분 | 소요시간   분 | 전체 문항 수 40문항 | 맞힌 문항 수   문항

1과목 컴퓨터 일반

01 다음 중 실감 미디어에 대한 설명으로 옳지 않은 것은?

① 증강 현실(Augmented Reality) : 일상생활이나 경제적 활동이 가능한 가상 세계이며, 사용자를 대신하는 캐릭터로 가상 세계에서의 사회적 책임과 의무를 요구하고 있다.
② 홀로그램(Hologram) : 레이저와 같이 간섭성이 있는 광원을 이용하는 것으로 기록 매체에 간섭 패턴을 기록하여 광원을 이용하면 3차원 영상으로 재생되어 표현된다.
③ 혼합 현실(Mixed Reality) : 현실 세계와 가상 현실(VR)을 합쳐서 새로운 환경을 구성한 것으로 현실의 물리적인 객체와 가상의 객체가 상호 작용할 수 있도록 구현한 기술이다.
④ 가상 현실(Virtual Reality) : 컴퓨터를 이용하여 만든 가상 세계로 현실에서 체험이 어렵고 위험한 여러 가지의 다른 경험을 체험할 수 있도록 한 것으로 마치 자신이 그 속에 존재하는 것과 같은 착각을 일으키게 하는 기술이다.

02 다음 중 데이터가 발생하는 즉시 처리하여 결과를 바로 확인할 수 있으며, 항공사나 여행사의 좌석 예약이나 조회 업무 등에 이용되는 처리 방식으로 옳은 것은?

① 일괄 처리 시스템
② 실시간 처리 시스템
③ 분산 처리 시스템
④ 시분할 시스템

03 다음 중 컴퓨터에서 사용하는 레이저 프린터에 관한 설명으로 옳지 않은 것은?

① 회전하는 드럼에 토너를 묻혀서 인쇄하는 방식이다.
② 비충격식이라 비교적 인쇄 소음이 적고 인쇄 속도가 빠르다.
③ 인쇄 방식에는 드럼식, 체인식, 밴드식 등이 있다.
④ 인쇄 해상도가 높으며 복사기와 같은 원리를 사용한다.

04 다음 중 지역별로 발생한 자료를 분산 처리하는 방식으로 시스템의 과부하를 방지할 수 있으며 시스템의 확장성, 유연성, 안전성, 신뢰성 등에서 유리한 것은?

① 클라이언트/서버 시스템
② 다중 처리 시스템
③ 일괄 처리 시스템
④ 실시간 처리 시스템

05 다음 중 컴퓨터에서 사용하는 연산 속도 단위 중 가장 빠른 것은?

① 1ms
② 1μs
③ 1ns
④ 1ps

06 컴퓨터 부팅 시 삑-삑삑삑(길게 한 번, 짧게 세 번)하는 신호음이 발생하는 경우는?

① RAM 불량
② CPU 불량
③ 그래픽 카드 불량
④ 특정 주변기기의 고장이나 카드 간의 충돌

07 다음 중 인터넷 주소 체계인 IPv6에 대한 설명으로 옳은 것은?

① 주소의 각 부분은 10진수로 표현한다.
② 주소의 각 부분은 세미콜론(;)으로 구분한다.
③ 주소의 전체 길이가 64비트이다.
④ 0이 연속되는 경우 연속된 0은 '::'으로 생략할 수 있다.

08 다음 중 멀티미디어 정보의 특징에 관한 설명으로 옳지 않은 것은?

① 선형성을 가지고 데이터가 일정한 방향으로 순차 처리된다.
② 다양한 아날로그 데이터를 디지털 데이터로 변환하며 통합 처리한다.
③ 정보 제공자와 사용자 간의 상호 작용이 쌍방향성으로 전달된다.
④ 텍스트, 그래픽, 사운드, 동영상, 애니메이션 등의 여러 미디어를 통합 처리한다.

09 다음 중 괄호 안에 들어갈 용어로 올바르게 짝지어진 것은?

- (ⓐ)는/은 생활 속 현실에서 관찰이나 측정을 통해 수집한 값(문자나 그림, 숫자 등)을 의미한다.
- 사용자들이 (ⓐ)을/를 정리 및 가공하여 의미 있는 이용 가능한 형태로 바꾸면 (ⓑ)이/가 된다.
- (ⓒ)란 정보통신기술(ICT)의 혁신과 빠른 발전을 배경으로 경제와 사회의 중심이 물질이나 에너지로부터 벗어나 정보의 생산이나 전달, 유통 등이 중요한 자원이 되어 사회의 전 분야로 널리 확산되고 중요한 가치로 취급되는 것을 말한다.

① ⓐ 자료, ⓑ 지식, ⓒ DB화
② ⓐ 정보, ⓑ 지식, ⓒ 정보화
③ ⓐ 정보, ⓑ 자료, ⓒ 스마트
④ ⓐ 자료, ⓑ 정보, ⓒ 정보화

10 다음 중 처리하는 데이터에 따라 분류되는 디지털 컴퓨터의 특징으로 옳은 것은?

① 산술이나 논리 연산을 한다.
② 증폭 회로를 사용한다.
③ 프로그래밍이 필요 없다.
④ 기억 기능이 없다.

11 다음 중 한글 Windows의 [마우스 속성]에서 설정할 수 있는 기능으로 옳지 않은 것은?

① 왼손잡이를 위한 마우스 단추를 설정할 수 있다.
② 세 번 클릭 속도를 조절할 수 있다.
③ 마우스 포인터가 움직이는 속도를 조절할 수 있다.
④ 휠을 한 번 돌렸을 때 스크롤할 양을 설정할 수 있다.

12 다음 중 한글 Windows에서 사용하는 바로 가기 키로 옳지 않은 것은?

① ⊞+V : [접근성 센터] 열기
② ⊞+E : [파일 탐색기] 열기
③ ⊞+R : [실행] 대화 상자 열기
④ ⊞+D : 바탕 화면을 표시하거나 숨김

13 다음 중 패치 프로그램에 대한 설명으로 옳은 것은?

① 프로그램의 오류 수정이나 성능 향상을 위해 프로그램의 일부를 변경해 주는 프로그램이다.
② 컴퓨터 하드웨어 및 소프트웨어 성능을 비교 평가하는 프로그램이다.
③ 베타 테스트를 하기 전에 프로그램 개발사 내부에서 미리 평가하고 오류를 찾아 수정하기 위해 시험해 보는 프로그램이다.
④ 정식으로 프로그램을 공개하기 전에 한정된 집단 또는 일반인에게 공개하여 기능을 시험하는 프로그램이다.

14 다음 중 중앙 처리 장치의 구성 요소에 해당하지 않는 것은?

① ALU(Arithmetic Logic Unit)
② CU(Control Unit)
③ 레지스터(Register)
④ SSD(Solid State Drive)

15 다음 중 비트맵 이미지를 확대하였을 때 이미지의 경계선이 매끄럽지 않고 계단 형태로 나타나는 현상을 의미하는 용어는?

① 디더링(Dithering)
② 앨리어싱(Aliasing)
③ 모델링(Modeling)
④ 렌더링(Rendering)

16 다음 중 아래의 설명에 해당하는 것으로 가장 적절한 것은?

- 국제 표준화 기구(ISO)가 규정
- 잉크젯 프린터의 속도 측정 방식으로 일반(보통) 모드에서 출력 속도를 측정
- 1분 동안 출력할 수 있는 흑백/컬러 인쇄의 최대 매수를 의미

① CPS
② PPM
③ LPM
④ IPM

17 다음 중 매크로 바이러스에 해당하는 것은?

① 웜(Worm) 바이러스
② 예루살렘 바이러스
③ CIH 바이러스
④ 멜리사 바이러스

18 다음 중 IoT(사물 인터넷) 디바이스에서 사용되는 저전력 광역 무선 네트워크 기술로 소량의 데이터를 장거리로 전송할 수 있는 기술은?

① LTE
② LPWA
③ WiFi
④ USN

19 다음 중 데이터 보안 침해 형태 중 위협 보안 요건으로 옳은 것은?

① 가로막기(Interruption) : 정보의 기밀성(Secrecy) 저해
② 가로채기(Interception) : 정보의 무결성(Integrity) 저해
③ 변조/수정(Modification) : 정보의 무결성(Integrity) 저해
④ 위조(Fabrication) : 정보의 가용성(Availability) 저해

20 다음 중 Windows에서 드라이브 최적화 및 디스크 조각 모음을 수행할 수 있는 대상으로 옳은 것은?

① CD-ROM 드라이브
② Windows가 지원하지 않는 형식의 압축 프로그램
③ 외장 하드디스크 드라이브
④ 네트워크 드라이브

2과목 스프레드시트 일반

21 다음 중 필터의 기능에 대한 설명으로 옳지 않은 것은?

① 데이터에 필터를 적용하면 지정한 조건에 맞는 행만 표시되고 나머지 행은 숨겨진다.
② 자동 필터를 사용하여 데이터를 필터링하면 셀 범위나 표 열에서 원하는 데이터를 쉽고 빠르게 찾아 작업할 수 있다.
③ 자동 필터에서는 여러 열에 동시에 조건을 설정하고 '또는(OR)'으로 결합할 수는 없다.
④ 필터를 사용하려면 기준이 되는 필드를 반드시 오름차순이나 내림차순으로 정렬해야 한다.

22 다음 중 수식에서 발생하는 각 오류에 대한 원인으로 옳지 않은 것은?

① #NULL! - 배열 수식이 들어 있는 범위와 행 또는 열수가 같지 않은 배열 수식의 인수를 사용하는 경우
② #VALUE! - 수식에서 잘못된 인수나 피연산자를 사용한 경우
③ #NUM! - 수식이나 함수에 잘못된 숫자 값이 포함된 경우
④ #NAME? - 수식에서 이름으로 정의되지 않은 텍스트를 큰따옴표로 묶지 않고 입력한 경우

23 다음 중 데이터 통합에 대한 설명으로 옳지 않은 것은?

① 데이터 통합은 여러 셀 범위를 통합하여 합계, 평균, 최대값, 최소값, 표준편차 등을 계산할 수 있는 기능이다.
② 서로 다른 통합 문서에 분산 입력된 데이터를 통합하기 위해서는 모든 통합 문서를 열어 놓고 실행해야 한다.
③ 참조 영역의 범위에 열 이름표와 행 이름표를 복사할 것인지를 설정하려면 '사용할 레이블'에서 옵션을 체크한다.
④ '원본 데이터에 연결' 옵션을 선택하면 원본 데이터의 변경이 통합된 데이터에 즉시 반영된다.

24 다음 중 셀 참조에 관한 설명으로 옳은 것은?

① 수식 작성 중 마우스로 셀을 클릭하면 기본적으로 해당 셀이 절대 참조로 처리된다.
② 수식에 셀 참조를 입력한 후 셀 참조의 이름을 정의한 경우에는 참조 에러가 발생하므로 기존 셀 참조를 정의된 이름으로 수정한다.
③ 셀 참조 앞에 워크시트 이름과 마침표(.)를 차례로 넣어서 다른 워크시트에 있는 셀을 참조할 수 있다.
④ 셀을 복사하여 붙여 넣은 다음 [붙여넣기 옵션]의 [연결하여 붙여넣기] 명령을 사용하여 셀 참조를 만들 수도 있다.

25 다음 중 아래 시트에서 [C2:C5] 영역에 수행한 결과가 다르게 나타나는 것은?

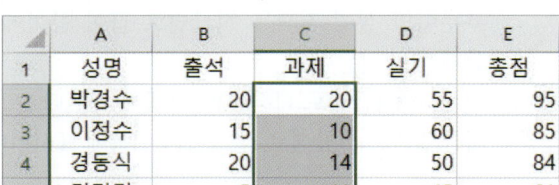

① 키보드의 Back Space 를 누른다.
② 마우스의 오른쪽 버튼을 눌러서 나온 바로가기 메뉴에서 [내용 지우기]를 선택한다.
③ [홈]-[편집]-[지우기] 메뉴에서 [내용 지우기]를 선택한다.
④ 키보드의 Delete 를 누른다.

26 다음 중 아래의 부분합 대화 상자에 대한 설명으로 옳지 않은 것은?

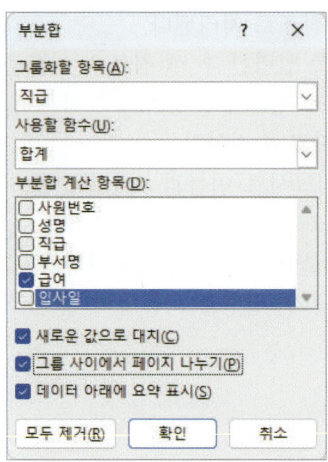

① 부분합을 실행하기 전에 직급 항목으로 정렬되어 있어야 올바른 결과를 얻을 수 있다.
② 부분합의 실행 결과는 직급별로 급여 항목에 대한 합계가 표시된다.
③ 인쇄 시 직급별로 다른 페이지에 인쇄된다.
④ 계산 결과는 그룹별로 각 그룹의 위쪽에 표시된다.

27 다음 워크시트에서 [A]열의 사원코드 중 첫 문자가 A이면 50, B이면 40, C이면 30의 기말수당을 지급하고자 할 때 수식으로 옳은 것은?

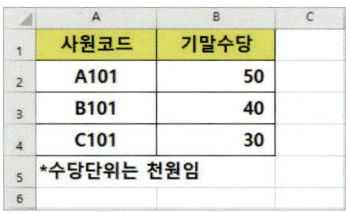

① =IF(LEFT(A2,1)="A",50,IF(LEFT(A2,1)="B",40,30))
② =IF(RIGHT(A2,1)="A",50,IF(RIGHT(A2,1)="B",40,30))
③ =IF(LEFT(A2,1)='A',50,IF(LEFT(A2,1)='B',40,30))
④ =IF(RIGHT(A2,1)='A',50,IF(RIGHT(A2,1)='B',40,30))

28 다음 중 매크로에 관한 설명으로 옳지 않은 것은?

① 서로 다른 매크로에 동일한 이름을 부여할 수 없다.
② 매크로는 반복적인 작업을 자동화하여 복잡한 작업을 단순한 명령으로 실행할 수 있도록 한다.
③ 매크로 기록 시 사용자의 마우스 동작은 기록되지만 키보드 작업은 기록되지 않는다.
④ 현재 셀의 위치를 기준으로 매크로가 실행되도록 하려면 '상대 참조로 기록'을 설정한 후 매크로를 기록한다.

29 다음 중 [인쇄 미리 보기] 화면에서 설정할 수 없는 기능은?

① 상하좌우의 여백 조정
② 머리글과 바닥글의 여백 조정
③ 셀의 행 높이 조정
④ 셀의 열 너비 조정

30 다음 중 아래 워크시트에서 [A1:A2] 영역을 선택한 후 Ctrl을 누른 채 채우기 핸들을 아래쪽으로 드래그하는 경우 [A5] 셀에 입력되는 값은?

	A	B
1	10	
2	8	
3		
4		
5		

① 2
② 16
③ 8
④ 10

31 다음 중 워크시트에 입력된 사원별 생년월일이 아래와 같이 표시되는 사용자 지정 서식으로 옳은 것은?

	A	B	C
1	사원명	생년월일	
2	이다정	1988-06-09 (목요일)	
3	김대한	2002-12-09 (월요일)	
4	한상공	1997-08-03 (일요일)	
5	홍길동	1972-12-02 (토요일)	
6			

① yyyy-mm-dd (aaa)
② yyyy-mm-dd (aaaa)
③ yyyy-mm-dd (ddd)
④ yyyy-mm-dd (dddd)

32 다음 중 워크시트에서 입력한 데이터가 텍스트 형태로 입력되지 않는 것은?

① 1월17일
② 12:20am
③ 010-1234-5678
④ 0 1/2

33 다음 중 [페이지 설정]의 [시트] 탭에 대한 설명으로 옳지 않은 것은?

① '행/열머리글' 항목은 행/열머리글이 인쇄되도록 설정하는 기능이다.
② '인쇄제목' 항목을 이용하면 특정 부분을 페이지마다 반복적으로 인쇄할 수 있다.
③ '눈금선' 항목을 선택하면 작업 시트의 셀 구분선은 인쇄되지 않는다.
④ '메모' 항목에서 '없음'을 선택하면 셀에 메모가 있더라도 인쇄되지 않는다.

34 다음 표는 어린이 비타민 한 알에 포함된 비타민의 성분표이다. 다음 중 전체 항목의 합에 대한 각 항목의 비율을 가장 잘 나타낼 차트는?

비타민 성분	함량(mg)
A	0.1
B1	0.35
B2	0.45
B3	4.5
B6	0.1
C	3
E	2

① 방사형 차트
② 주식형 차트
③ 원형 차트
④ 표면형 차트

35 아래 워크시트에서 상품코드에 대한 단가를 [D3:D12] 영역에 표시하려고 할 때 [D3] 셀에 사용된 함수식으로 옳은 것은?(단가표는 [B16:C19] 영역에 있으며, [D4:D12] 영역은 [D3] 셀에 입력한 함수식을 복사하여 표시함)

	A	B	C	D	E	F
1						
2	판매일	상품코드	수량	단가	금액	
3	05월 01일	A01	50	100	5000	
4	05월 02일	A02	300			
5	05월 03일	A01	45			
6	05월 04일	A02	30			
7	05월 05일	B01	74			
8	05월 06일	B02	20			
9	05월 07일	A01	50			
10	05월 08일	B01	70			
11	05월 09일	A02	65			
12	05월 10일	B02	51			
13						
14						
15		상품코드	단가			
16		A01	100			
17		A02	500			
18		B01	300			
19		B02	200			
20						

① =VLOOKUP($B$16:$C$19, 2, B3, TRUE)
② =VLOOKUP(B3, $B$16:$C$19, 2, FALSE)
③ =VLOOKUP($B$3, B16:C19, 3, FALSE)
④ =VLOOKUP($B$16:$C$19, B3, 2, TRUE)

36 다음 중 [정렬 및 필터] 그룹-[필터]에서 조건 설정에 관한 설명으로 옳지 않은 것은?

① 문자열 데이터의 경우 와일드카드 문자(*, ?)를 사용하여 조건을 설정할 수 있다.
② 고급 필터에서 다른 필드와의 결합을 OR 조건으로 지정하려면 조건을 모두 같은 행에 입력한다.
③ 자동 필터는 항목이나 백분율로 지정한 범위 안에 들어가는 행을 표시할 수 있다.
④ 고급 필터는 다양한 조건을 사용자가 직접 설정하여 추출할 수 있다.

37 다음 중 매크로의 바로 가기 키에 관한 설명으로 옳지 않은 것은?

① 기본적으로 조합키 Ctrl과 함께 사용할 영문자를 지정한다.
② 바로 가기 키 지정 시 영문자를 대문자로 입력하면 조합키는 Ctrl + Shift로 변경된다.
③ 바로 가기 키로 영문자와 숫자를 함께 지정할 때는 조합키로 Alt를 함께 사용해야 한다.
④ 바로 가기 키를 지정하지 않아도 매크로를 기록할 수 있다.

38 다음 중 차트의 데이터 계열 서식에 대한 설명으로 옳지 않은 것은?

① 계열 겹치기 수치를 양수로 지정하면 데이터 계열 사이가 벌어진다.
② 차트에서 데이터 계열의 간격을 넓게 또는 좁게 지정할 수 있다.
③ 특정 데이터 계열의 값이 다른 데이터 계열 값과 많이 차이 나거나 데이터 형식이 혼합되어 있는 경우에 하나 이상의 데이터 계열을 보조 세로(값)축에 표시할 수 있다.
④ 보조 축에 그려지는 데이터 계열을 구분하기 위하여 보조 축의 데이터 계열만 선택하여 차트 종류를 변경할 수 있다.

39 다음 중 통합 문서에 대한 설명으로 옳지 않은 것은?

① 시트 보호는 통합 문서 전체가 아닌 특정 시트만을 보호한다.
② 공유된 통합 문서는 여러 사용자가 동시에 변경 및 병합할 수 있다.
③ 통합 문서 보호 설정 시 암호를 지정하면 워크시트에 입력된 내용을 수정할 수 없다.
④ 사용자가 워크시트를 추가, 삭제하거나 숨겨진 워크시트를 표시하지 못하도록 통합 문서의 구조를 잠글 수 있다.

40 다음 중 워크시트에 입력된 데이터 중 특정한 내용을 찾거나 바꾸는 [찾기 및 바꾸기] 기능에 대한 설명으로 옳지 않은 것은?

① 와일드카드 문자(?, *)를 사용할 수 있다.
② +, - 와 같은 특수 문자를 찾을 수 있다.
③ 와일드카드 문자(?, *) 자체를 찾을 경우는 % 기호를 와일드카드 문자 앞에 사용하면 된다.
④ 행 방향으로 먼저 검색할지, 열 방향으로 먼저 검색할지 사용자가 설정할 수 있다.

> **빠른 정답표 확인하기**
>
>
> ① 모바일로 QR 코드를 스캔합니다.
> ② 해당 회차의 정답표를 확인합니다.
> ③ 빠르고 간편하게 채점해 보세요.

2025년 상시 기출문제 04회

SELF CHECK : 제한시간 40분 | 소요시간 분 | 전체 문항 수 40문항 | 맞힌 문항 수 문항

1과목 컴퓨터 일반

01 다음 중 한글 Windows 10에서의 프린터 스풀 기능에 대한 설명으로 가장 옳지 않은 것은?

① 스풀링은 인쇄할 내용을 하드디스크를 거치지 않고 프린터로 전송하기 때문에 효율적이다.
② 프린터가 인쇄 중이라도 다른 응용 프로그램을 실행할 수 있다.
③ 한 페이지 단위로 스풀링하여 인쇄하는 방법과 인쇄할 문서 전부를 한 번에 스풀링한 후 프린터로 전송하여 인쇄하는 방법이 있다.
④ 프린터와 같은 저속의 입출력 장치를 CPU와 병행하여 작동시켜 컴퓨터의 전체 효율을 향상시켜 준다.

02 다음 아래의 내용에 해당하는 코드로 옳은 것은?

- 3개의 Zone 비트와 4개의 Digit 비트로 하나의 문자를 표현한다.
- 데이터 통신용으로 사용하며, 128가지 문자를 표현할 수 있다.
- 확장 ASCII 코드는 8비트를 사용하여 문자를 표현한다.
- 데이터 처리 및 통신 시스템 상호 간의 정보 교환을 위해 사용된다.

① ASCII 코드
② EBCDIC 코드
③ BCD 코드
④ 유니(Uni) 코드

03 다음 중 한글 Windows10의 바로 가기 아이콘에 대한 설명으로 옳지 않은 것은?

① 바로 가기 아이콘의 확장자는 *.LNK이다.
② 원본 파일이 있는 위치와 다른 위치에 만들 수 있다.
③ 원본 파일을 삭제하여도 바로 가기 아이콘을 실행할 수 있다.
④ 일반 아이콘과 비교하여 왼쪽 아랫 부분에 화살표가 포함되어 표시된다.

04 다음 중 컴퓨터의 주기억 장치인 RAM에 관한 설명으로 옳은 것은?

① 전원이 공급되지 않더라도 기억된 내용이 지워지지 않는다.
② 시스템에서 사용하는 BIOS, POST 등이 저장된다.
③ 현재 사용 중인 응용 프로그램이나 데이터가 저장된다.
④ 주로 하드디스크에서 사용되는 기억 장치이다.

05 다음 중 플래시 메모리에 대한 설명으로 옳지 않은 것은?

① 소비 전력이 작다.
② 휘발성 메모리이다.
③ 정보의 입출력이 자유롭다.
④ 휴대 전화, 디지털카메라, 게임기, USB 메모리 등에 널리 이용된다.

06 다음 중 인터넷상에 존재하는 각종 자원들의 위치를 같은 형식으로 나타내기 위한 표준 주소 체계를 뜻하는 용어로 옳은 것은?

① DNS
② URL
③ HTTP
④ NIC

07 다음 중 컴퓨터의 인터럽트에 관한 설명으로 옳지 않은 것은?

① 프로그램 실행 중에 현재의 처리 순서를 중단하고 다른 동작을 수행하도록 하는 것이다.
② 인터럽트 수행을 위한 인터럽트 서비스 루틴 프로그램이 따로 있다.
③ 하드웨어 결함이 생긴 경우에는 인터럽트가 발생하지 않는다.
④ 인터럽트 서브루틴이 끝나면 주프로그램으로 돌아간다.

08 다음 중 연속적인 소리 신호인 아날로그 신호를 일정 간격으로 측정한 다음 측정한 값을 디지털화시키는 작업은?

① 시퀀싱(Sequencing)
② 샘플링(Sampling)
③ PCM(Pulse Code Modulation)
④ BPS(Bit Per Second)

09 다음 중 처리할 데이터를 일정한 분량이 될 때까지 모아서 한꺼번에 처리하는 시스템으로 옳은 것은?

① 일괄 처리 시스템
② 실시간 처리 시스템
③ 시분할 시스템
④ 분산 처리 시스템

10 다음 중 소스 코드까지 제공되어 사용자들이 자유롭게 수정하거나 변경할 수 있는 소프트웨어로 옳은 것은?

① 셰어웨어(Shareware)
② 오픈 소스 소프트웨어(Open Source Software)
③ 패치(Patch) 버전
④ 데모(Demo) 버전

11 다음 중 네트워크 관련 장비에 대한 설명으로 옳지 않은 것은?

① 라우터(Router)는 네트워크를 구성하기 위해 반드시 필요한 장비로 정보 전송을 위한 최적의 경로를 찾아 통신망에 연결하는 장치이다.
② 브리지(Bridge)는 네트워크를 구성할 때 디지털 신호를 아날로그 신호로 변환하여 전송하고 다시 수신된 신호를 원래대로 변환하기 위한 전송 장치이다.
③ 게이트웨이(Gateway)는 한 네트워크에서 다른 네트워크로 들어가는 입구 역할을 하는 장치로 근거리 통신망(LAN)과 같은 하나의 네트워크를 다른 네트워크와 연결할 때 사용되는 장치이다.
④ 리피터(Repeater)는 장거리 전송을 위해 신호를 새로 재생시키거나 출력 전압을 높여 전송하는 장치이다.

12 다음 중 중앙 컴퓨터와 일정 지역의 단말 장치까지는 하나의 통신 회선으로 연결하고, 이웃하는 단말 장치는 일정 지역 내에 설치된 중간 단말 장치로부터 다시 연결하는 형태로 분산 처리 환경에 적합한 망의 구성 형태는?

① 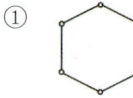   ②

③ 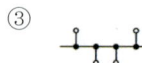   ④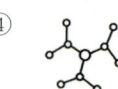

13 다음 중 비밀키 암호화 기법에 대한 설명으로 옳지 않은 것은?

① 암호화와 복호화의 속도가 빠르다.
② 알고리즘이 단순하고 파일의 크기가 작다.
③ 암호화와 복호화 시 사용하는 키가 동일한 암호화 기법이다.
④ 대표적인 방식으로는 RSA가 있다.

14 다음 중 인터넷 메일과 관련성이 가장 적은 프로토콜은?

① MIME
② IMAP
③ POP3
④ SNMP

15 다음 중 컴퓨터의 자료 표현과 관련하여 보수(Complement)를 사용하는 이유로 옳은 것은?

① 가산기를 이용하여 뺄셈을 처리하기 위하여 사용한다.
② 큰 수를 저장하기 위하여 사용한다.
③ 덧셈의 빠른 처리를 위하여 사용한다.
④ 지수를 저장하기 위하여 사용한다.

16 다음 중 인터넷과 관련하여 사람이 사용하는 도메인 네임을 컴퓨터가 인식할 수 있도록 IP 주소로 바꾸어 주는 것으로 옳은 것은?

① DNS 서버
② 프록시 서버
③ 웹 서버
④ 메일 서버

17 다음 중 정보 사회의 특징에 대한 설명으로 가장 옳지 않은 것은?

① 컴퓨터를 이용한 정보 처리 기술의 발달로 정보의 양이 감소하였다.
② 인터넷의 사이버 공간으로 인해 새로운 인간관계 및 문화가 형성되었다.
③ 정보를 처리하는 기술이 발달하여 사회적 변화 속도가 빨라졌다.
④ 정보 통신 기술의 발달로 시간 및 공간의 제약에서 벗어나게 되었다.

18 다음 중 방화벽(Firewall)에 대한 설명으로 옳지 않은 것은?

① IP 주소 및 포트 번호를 이용하거나 사용자 인증을 기반으로 접속을 차단하여 네트워크의 출입로를 단일화한다.
② 로그 정보를 통해 외부 침입의 흔적을 찾아 역추적할 수 있다.
③ 방화벽은 내 컴퓨터에서 외부로 나가는 패킷의 내용을 체크하여 인증된 패킷만 내보내도록 설정할 수 있다.
④ 각 네트워크 위치 유형에 따른 외부 연결의 차단과 알림을 설정할 수 있다.

19 다음 중 컴퓨터에서 자료 처리 방식의 발달 과정을 순서대로 나열한 것으로 옳은 것은?

① 실시간 처리 시스템 → 일괄 처리 시스템 → 분산 처리 시스템
② 일괄 처리 시스템 → 실시간 처리 시스템 → 분산 처리 시스템
③ 분산 처리 시스템 → 실시간 처리 시스템 → 일괄 처리 시스템
④ 실시간 처리 시스템 → 분산 처리 시스템 → 일괄 처리 시스템

20 다음 중 운영체제의 기능으로 옳지 않은 것은?

① 프로세스, 기억 장치, 주변 장치, 파일 등의 관리가 주요 기능이다.
② 컴퓨터와 같은 정보기기를 사용하기 위해서 반드시 설치되어야 하는 프로그램으로 가장 대표적인 시스템 소프트웨어이다.
③ 운영체제의 평가 항목으로 처리 능력, 응답 시간, 사용 가능도, 신뢰도 등이 있다.
④ 운영체제는 컴퓨터가 작동하는 동안 하드디스크에 위치하여 실행된다.

2과목 스프레드시트 일반

21 다음 중 가상 분석 도구인 [데이터 표]에 대한 설명으로 옳지 않은 것은?

① 테스트할 변수의 수에 따라 변수가 한 개이거나 두 개인 데이터 표를 만들 수 있다.
② 데이터 표를 이용하여 입력된 데이터는 부분적으로 수정 또는 삭제할 수 있다.
③ 워크시트가 다시 계산될 때마다 데이터 표도 변경 여부와 관계없이 다시 계산된다.
④ 데이터 표의 결과값은 반드시 변화하는 변수를 포함한 수식으로 작성해야 한다.

22 다음 중 아래 워크시트에서 [A1:B1] 영역을 선택한 후 채우기 핸들을 이용하여 [B3] 셀까지 드래그했을 때 [A3] 셀, [B3] 셀의 값으로 옳은 것은?

	A	B
1	가-011	01월15일
2		
3		
4		

① 다-011, 01월17일
② 가-013, 01월17일
③ 가-013, 03월15일
④ 다-011, 03월15일

23 다음 중 매크로 작성 시 [매크로 기록] 대화 상자에서 선택할 수 있는 매크로의 저장 위치로 옳지 않은 것은?

① 새 통합 문서
② 개인용 매크로 통합 문서
③ 현재 통합 문서
④ 작업 통합 문서

24 다음 중 상태 표시줄에 대한 설명으로 옳지 않은 것은?

① 상태 표시줄에서 워크시트의 보기 상태를 기본 보기, 페이지 레이아웃 보기, 페이지 나누기 미리 보기 중 선택하여 변경할 수 있다.
② 상태 표시줄에는 확대/축소 슬라이더가 기본적으로 표시된다.
③ 엑셀의 현재 작업 상태를 표시하며, 선택 영역에 대한 평균, 개수, 합계 등의 옵션을 선택하여 다양한 계산 결과를 표시할 수 있다.
④ 상태 표시줄의 바로 가기 메뉴를 이용하여 셀의 특정 범위에 대한 이름을 정의할 수 있다.

25 다음 중 날짜 및 시간 데이터의 입력에 대한 설명으로 옳지 않은 것은?

① 날짜 데이터는 하이픈(-)이나 슬래시(/)를 이용하여 년, 월, 일을 구분한다.
② 날짜의 연도를 생략하고 월과 일만 입력하면 자동으로 현재 연도가 추가된다.
③ 날짜 및 시간 데이터의 텍스트 맞춤은 기본 왼쪽 맞춤으로 표시된다.
④ 날짜의 연도를 두 자리로 입력할 때 연도가 30 이상이면 1900년대로 인식하고, 29 이하이면 2000년대로 인식한다.

26 다음 중 매크로를 실행하는 방법으로 옳지 않은 것은?

① 매크로 기록 시 Alt 조합 바로 가기 키를 지정하여 매크로를 실행한다.
② 빠른 실행 도구 모음에 매크로 아이콘을 추가하여 매크로를 실행한다.
③ Alt + F8 을 눌러 매크로 대화 상자를 표시한 후 매크로를 선택하고 [실행] 단추를 클릭하여 실행한다.
④ 그림, 클립아트, 도형 등의 그래픽 개체에 매크로 이름을 연결한 후 그래픽 개체 영역을 클릭하여 실행한다.

27 다음 중 수식의 오류값에 대한 발생 원인으로 옳지 않은 것은?

① #### : 수식에서 잘못된 값으로 연산을 시도한 경우나 찾기 함수에서 결과값을 찾지 못한 경우
② #NAME? : 함수 이름을 잘못 입력하거나 인식할 수 없는 텍스트를 수식에 사용했을 때
③ #DIV/0! : 특정 값(셀)을 0 또는 빈 셀로 나누었을 때
④ #VALUE! : 잘못된 인수나 피연산자를 사용했을 때

28 다음 중 [데이터 유효성] 대화 상자의 [설정] 탭에서 '제한 대상' 목록에 해당하지 않는 것은?

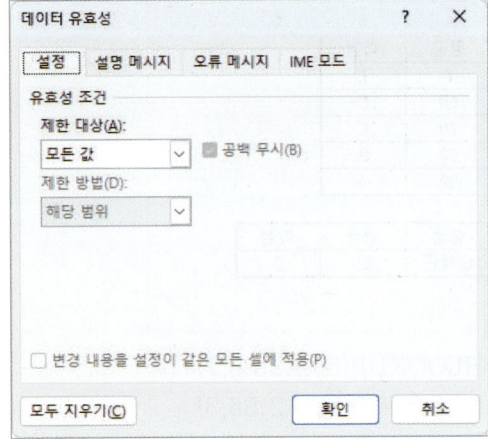

① 정수
② 소수점
③ 목록
④ 텍스트

29 다음 중 =SUM(E4:F7,Sheet2!C6:E12)의 수식에 대한 설명으로 옳은 것은?

① 현재 시트의 셀 주소 [E4], [F7], [C6], [E12]를 더한다.
② 현재 시트의 셀 주소 [E4]에서 [F7]까지, [C6]에서 [E12]까지를 더한다.
③ 현재 시트의 셀 주소 [E4], [F7], Sheet2의 [C6], Sheet2의 [E12]를 더한다.
④ 현재 시트의 셀 주소 [E4]에서 [F7]까지, Sheet2의 [C6]에서 [E12]까지를 더한다.

30 아래 시트에서 [C9] 셀에 학점을 구하려고 한다. 다음 수식 중 옳은 것은?

	A	B	C	D
1	평균	학점		
2	0	F		
3	60	D		
4	70	C		
5	80	B		
6	90	A		
7				
8	성명	평균	학점	
9	김혜민	85	B	
10				
11				

① =HLOOKUP(B9,A2:B6,2)
② =HLOOKUP(B9,A2:B6,3)
③ =VLOOKUP(B9,A2:B6,2)
④ =VLOOKUP(B9,A2:B6,3)

31 [데이터] 탭–[개요] 그룹의 [부분합] 대화 상자이다. 다음 중 옳지 않은 것은?

① 그룹화할 항목 : 그룹으로 묶을 기준이 되는 항목으로 반드시 오름차순으로 정렬되어 있어야 한다.
② 사용할 함수 : 그룹에 적용할 함수로 합계, 평균 등이 있다.
③ 부분합 계산 항목 : 어떤 열에 대해서 함수를 적용할지를 밝히는 항목으로 여러 열을 선택할 수 있다.
④ 데이터 아래 요약 표시 : 그룹별로 계산된 항목을 그룹의 아래에 표시할지 위에 표시할지를 설정할 수 있다.

32 다음 중 [페이지 설정] 대화 상자에서 시트 내의 인쇄 영역, 페이지마다 반복 인쇄할 영역, 인쇄 시 행/열 머리글, 눈금선, 간단하게 인쇄 등의 출력 여부를 설정할 수 있는 기능을 제공하는 탭은?

① [페이지] 탭
② [여백] 탭
③ [머리글/바닥글] 탭
④ [시트] 탭

33 다음 중 시간의 흐름에 따라 각 항목의 변화나 경향을 파악하고자 할 때 가장 적합한 차트는?

① 원형
② 꺾은선형
③ 방사형
④ 가로 막대형

34 다음 중 시나리오에 대한 설명으로 옳지 않은 것은?

① 시나리오 관리자에서 시나리오를 삭제하면 시나리오 요약 보고서의 해당 시나리오도 자동으로 삭제된다.
② 특정 셀의 변경에 따라 연결된 결과 셀의 값이 자동으로 변경되어 결과값을 예측할 수 있다.
③ 여러 시나리오를 비교하기 위해 시나리오를 피벗 테이블로 요약할 수 있다.
④ 변경 셀과 결과 셀에 이름을 지정한 후 시나리오 요약 보고서를 작성하면 결과에 셀 주소 대신 지정한 이름이 표시된다.

상 중 하

35 다음 워크시트에서 [A] 열에 [셀 서식]–[표시 형식]–[사용자 지정]에서 [C] 열과 같이 나타내고자 한다. 다음 중 입력해야 할 사용자 지정 형식으로 옳은 것은?

	A	B	C
1	이대한	→	이대한님
2	한상공		한상공님
3	홍길동		홍길동님
4	김혜진		김혜진님

① G/표준님
② @'님'
③ G/표준'님'
④ @"님"

상 중 하

36 다음 중 자동 필터에 대한 설명으로 옳지 않은 것은?

① 사용자 지정 필터는 비교 연산자(〈, 〉, =) 등을 사용하여 조건에 만족하는 레코드만 표시하는 기능이다.
② '상위 10' 기능은 범위가 '10'으로 고정되어 있어서 다른 범위는 고급 필터를 이용해서 구한다.
③ '상위 10' 기능은 문자 데이터 열에는 적용할 수 없다.
④ '상위 10' 기능은 퍼센트를 지정해서 일정한 비율 안에 포함되는 레코드만 표시할 수 있다.

상 중 하

37 다음 그림과 같이 범위를 지정하려고 할 때 어떤 키를 누른 상태에서 마우스를 클릭해야 하는지 다음 중 옳은 것은?

	A	B	C	D
1	제품명	등급	판매량	단가
2	TV	고급형	10	1200
3	비디오	고급형	14	800
4	오디오	고급형	10	1500

① Shift
② Ctrl
③ Alt
④ Tab

상 중 하

38 [A2] 셀에 다음과 같은 수식을 입력하였을 때 다음 중 결과값으로 옳은 것은?

```
=LEFT(A1,3)+MID(A1,11,2)
```

	A	B
1	900208-***2345-135	
2		
3		

① 23
② 29
③ 902
④ 923

상 중 하

39 다음 중 피벗 테이블에 대한 설명으로 옳지 않은 것은?

① 피벗 테이블 결과가 표시된 장소는 동일한 시트 내에만 지정된다.
② 피벗 테이블로 작성된 목록에서 행 필드를 열 필드로 편집할 수 있다.
③ 피벗 테이블 작성 후에도 사용자가 새로운 수식을 추가하여 표시할 수 있다.
④ 피벗 테이블은 많은 양의 데이터를 손쉽게 요약하기 위해 사용되는 기능이다.

상 중 하

40 다음 중 함수의 결과가 옳지 않은 것은?

① =SUBSTITUTE("Computer","R","D") → Computed
② =CONCAT("Apple","jam") → Applejam
③ =POWER(2,3) → 8
④ =PROPER("LOVE") → Love

2025년 상시 기출문제 05회

SELF CHECK : 제한시간 40분 | 소요시간 분 | 전체 문항 수 40문항 | 맞힌 문항 수 문항

1과목 컴퓨터 일반

01 다음 중 정보 통신을 위한 네트워크 장비인 라우터(Router)에 관한 설명으로 옳은 것은?

① 네트워크에서 다른 네트워크로 들어가는 관문의 기능을 수행하는 장치이다.
② 입출력을 담당하여 CPU의 부담을 덜어주는 장치이다.
③ 여러 대의 컴퓨터를 연결하는 장치로, 더미허브(Dummy Hub)와는 달리 노드가 늘어나도 속도에는 변화가 없다.
④ 서로 독립적으로 동작하면서 같은 프로토콜을 사용하는 서로 다른 LAN을 연결하는 네트워크 장치이다.

02 다음 중 컴퓨터에서 고급 언어로 프로그래밍하는 과정의 순서로 옳은 것은?

> 가. 원시 프로그램 작성
> 나. 로딩(Loading)
> 다. 링킹(Linking)
> 라. 번역(Compile)
> 마. 프로그램 실행

① 가 - 라 - 다 - 나 - 마
② 가 - 다 - 라 - 나 - 마
③ 가 - 나 - 다 - 라 - 마
④ 가 - 라 - 마 - 다 - 나

03 다음 중 한글 Windows 10에서 하드웨어 장치를 추가할 때 사용자가 직접 설정하지 않고, 시스템이 자동으로 설정해 주는 기능은?

① 파일 탐색기
② 마법사(Wizard)
③ 플러그 앤 플레이(Plug and Play)
④ 드래그 앤 드롭(Drag and Drop)

04 다음 중 컴퓨터의 CPU에 있는 레지스터(Register)에 관한 설명으로 옳지 않은 것은?

① CPU 내에서 자료를 일시적으로 저장하는 저장 장치이다.
② 주기억 장치보다 저장 용량이 적고 속도가 느리다.
③ ALU(산술/논리 장치)에서 연산된 자료를 일시적으로 저장한다.
④ 레지스터는 명령 레지스터, 주소 레지스터, 프로그램 카운터 등 여러 유형의 레지스터가 있다.

05 다음 중 인터넷에서 사용하는 IPv6 주소 체계에 대한 설명으로 옳지 않은 것은?

① 16비트씩 8부분으로 총 128비트로 구성된다.
② 각 부분은 16진수로 표현하고, 세미콜론(;)으로 구분한다.
③ 유니캐스트, 멀티캐스트, 애니캐스트 등의 3가지 주소 체계로 나누어진다.
④ IPv4의 주소 부족 문제를 해결하여 줄 수 있다.

06 다음 중 한글 Windows 10에서 사용하는 바로 가기 키에 대한 설명으로 옳지 않은 것은?

① ⊞+T : 빠른 링크 메뉴 열기
② ⊞+I : 설정 열기
③ ⊞+V : 클립보드 열기
④ ⊞+E : 파일 탐색기 열기

07 다음 중 NTFS에 대한 설명으로 옳지 않은 것은?

① FAT32 파일 시스템과 비교하여 성능 및 안전성이 우수하다.
② 비교적 작은 오버헤드가 있으므로 약 400MB 이하의 볼륨에서 사용하는 것이 좋다.
③ 파일 및 폴더에 대한 액세스 제어를 유지하고 제한된 계정을 지원한다.
④ 디스크 관련 오류의 자동 복구 기능과 대용량 하드 디스크 지원 및 보안 강화(사용 권한, 암호화)로 특정 파일에 대한 특정 사용자의 액세스가 제한된다.

08 다음 중 레지스터가 수행하는 기능에 대한 설명으로 옳지 않은 것은?

① MAR은 주소를 기억하는 레지스터이다.
② IR은 현재 수행 중인 명령어를 보관하는 레지스터이다.
③ MBR은 연산 장치의 핵심적 레지스터로, 중간 계산된 결과값을 일시적으로 기억한다.
④ PC는 다음에 수행할 명령어의 메모리 번지를 보관하는 레지스터이다.

09 다음 중 레지스트리(Registry)에 대한 설명으로 옳지 않은 것은?

① Windows에 탑재된 레지스트리 편집기는 'reg.exe'이다.
② 컴퓨터에 설치된 모든 하드웨어와 소프트웨어의 실행 정보를 관리하는 데이터베이스이다.
③ 레지스트리 키와 레지스트리 값을 추가 및 편집하고, 백업으로부터 레지스트리를 복원한다.
④ 레지스트리 정보는 Windows가 작동하는 동안 지속적으로 참조된다.

10 다음 중 2차원 그래픽에서 개체의 경계면 픽셀을 개체의 색상과 배경의 색상을 혼합해서 표현함으로써 경계면을 부드럽게 보이도록 하는 기법으로 옳은 것은?

① 디더링(Dithering)
② 안티 앨리어싱(Anti-Aliasing)
③ 렌더링(Rendering)
④ 모델링(Modeling)

11 다음 중 용어에 대한 설명으로 옳지 않은 것은?

① Ubiquitous : 시간과 장소에 상관없이 자유롭게 네트워크에 접속할 수 있는 정보 통신 환경
② Wibro : 고정된 장소에서 초고속 인터넷을 이용할 수 있는 무선 휴대 인터넷 서비스
③ VoIP : 음성 데이터를 인터넷 프로토콜 데이터 패킷으로 변화하여 일반 데이터망에서 통화를 가능하게 해 주는 통신 서비스 기술
④ RFID : 전파를 이용해 정보를 인식하는 기술로 출입 관리, 주차 관리에 주로 사용

12 다음 중 인터넷에서 방화벽을 사용하는 이유로 적절하지 않은 것은?

① 외부로부터 허가받지 않은 불법적인 접근이나 해커의 공격으로부터 내부의 네트워크를 효과적으로 보호할 수 있다.
② 방화벽의 접근제어, 인증, 암호화와 같은 기능으로 네트워크를 보호할 수 있다.
③ 역추적 기능이 있어서 외부의 침입자를 역추적하여 흔적을 찾을 수 있다.
④ 방화벽을 이용하면 외부의 보안이 완벽하며, 내부의 불법적인 해킹도 막을 수 있다.

13 다음 중 컴퓨터가 부팅되지 않을 때의 원인으로 가장 적절하지 않은 것은?

① 전원 공급 장치의 이상
② 롬 바이오스의 이상
③ 키보드 연결의 이상
④ 바이러스의 감염

14 다음 중 학교를 나타내는 기관 도메인과 종류에 대한 연결이 옳지 않은 것은?

① es – 초등학교
② ms – 중학교
③ sc – 고등학교
④ ac – 대학교

15 다음 중 인터넷 기능을 결합한 TV로 각종 앱을 설치하여 웹 서핑, VOD 시청, 게임 등 다양한 기능을 활용할 수 있는 다기능 TV를 의미하는 용어는?

① HDTV
② Cable TV
③ IPTV
④ Smart TV

16 다음 중 어떤 장치가 다른 장치의 일을 잠시 중단시키고 자신의 상태 변화를 알려주는 것을 뜻하는 용어로 옳은 것은?

① 클라이언트/서버
② 인터럽트
③ DMA
④ 채널

17 다음 중 휴지통에 대한 설명으로 옳지 않은 것은?

① 휴지통에 보관된 파일이나 폴더의 이름은 변경할 수 없다.
② 휴지통은 하드디스크 드라이브마다 한 개씩 만들 수 있다.
③ 휴지통에서 원하는 파일이나 폴더를 선택하여 실행할 수 있다.
④ 작업 도중 삭제된 자료들이 임시로 보관되는 장소로, 필요한 경우 복원이 가능하다.

18 다음 중 멀티미디어 정보의 특징에 관한 설명으로 옳지 않은 것은?

① 선형성을 가지고 데이터가 일정한 방향으로 순차 처리된다.
② 다양한 아날로그 데이터를 디지털 데이터로 변환하며 통합 처리한다.
③ 정보 제공자와 사용자 간의 상호 작용이 쌍방향성으로 전달된다.
④ 텍스트, 그래픽, 사운드, 동영상, 애니메이션 등의 여러 미디어를 통합 처리한다.

19 다음 중 웹 사이트에 접속했던 기록 및 사용자의 기본 설정에 대한 정보를 저장하고 있는 텍스트 파일로 옳은 것은?

① 스팸(Spam)
② 패스워드(Password)
③ 쿠키(Cookie)
④ SMTP

20 다음 중 한글 Windows 10의 [파일 탐색기]에서 바탕 화면에 바로 가기 아이콘을 만드는 바로 가기 키로 옳은 것은?

① Ctrl + Insert 를 누른 상태로 드래그 앤 드롭한다.
② Alt + Shift 를 누른 상태로 드래그 앤 드롭한다.
③ Ctrl + Esc 를 누른 상태로 드래그 앤 드롭한다.
④ Ctrl + Shift 를 누른 상태로 드래그 앤 드롭한다.

2과목 스프레드시트 일반

21 다음 중 [A1] 셀에 100, [A2] 셀에 "=A1"이 입력된 상태에서 [A2] 셀을 복사한 후 [A3] 셀에서 아래와 같이 '선택하여 붙여넣기'를 실행한 경우 [A3] 셀의 결과로 옳은 것은?

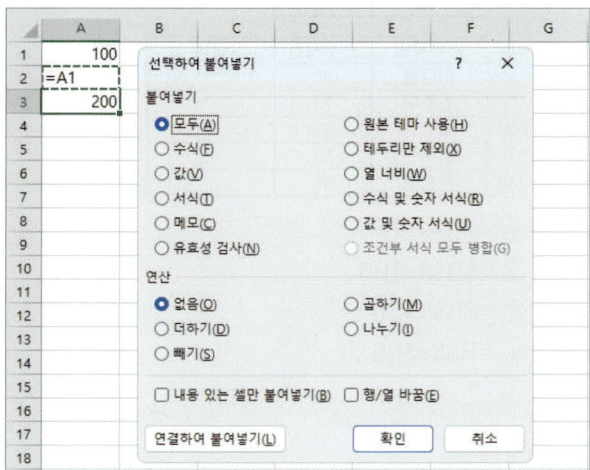

① 0
② 100
③ 150
④ 200

22 다음 중 워크시트의 인쇄에 대한 설명으로 옳지 않은 것은?

① 모든 페이지의 열 또는 행에 동일한 제목을 인쇄할 수 있다.
② 셀 구분선인 눈금선을 인쇄물에 포함시킬 수 있다.
③ 행/열 머리글을 함께 인쇄할 수 있다.
④ 인쇄 부수를 페이지마다 다르게 설정할 수 있다.

23 다음 시트에서 [A7], [A8], [A9] 셀에 입력된 함수식의 결과값이 순서대로 바르게 나열된 것은?

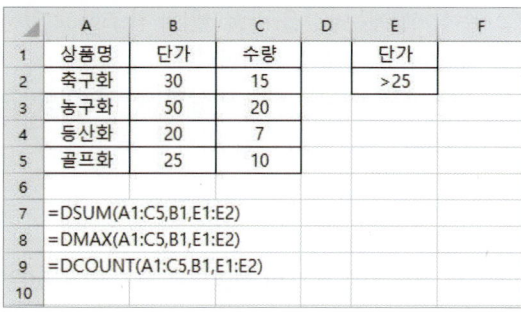

① 80, 20, 0
② 80, 50, 2
③ 35, 20, 2
④ 25, 25, 2

24 다음 중 조건부 서식에 대한 설명으로 옳지 않은 것은?

① 조건부 서식에서 사용하는 수식은 등호(=)로 시작해야 한다.
② 규칙에 맞는 셀 범위는 해당 규칙에 따라 서식이 지정되고 규칙에 맞지 않는 셀 범위는 서식이 지정되지 않는다.
③ 조건부 서식이 적용된 후 셀 값이 바뀌어 규칙과 일치하지 않아도 셀 서식 설정은 해제되지 않는다.
④ 고유 또는 중복값에 대해서만 서식을 지정할 수도 있다.

25 다음 중 엑셀에서 사용하는 바로 가기 키를 매크로에서 바로 가기 키로 설정한 경우 해당 바로 가기 키를 눌렀을 때의 결과로 옳은 것은?

① 충돌하므로 아무런 동작도 수행되지 않는다.
② 엑셀이 우선이므로 엑셀의 바로 가기 키가 실행된다.
③ 충돌하므로 오류 메시지가 표시된다.
④ 매크로의 바로 가기 키가 실행된다.

26 다음 중 목표값 찾기에 대한 설명으로 옳지 않은 것은?

① [찾는 값]에는 구할 목표값을 입력한다.
② [수식 셀]에는 [값을 바꿀 셀]이 참조하고 있는 수식이 들어 있는 셀을 선택한다.
③ [값을 바꿀 셀]에는 하나 이상의 셀을 입력할 수 있다.
④ [찾는 값]에는 셀 주소를 입력할 수 없다.

27 다음 중 원형 차트에 대한 설명으로 옳지 않은 것은?

① 각 항목의 값을 전체에 대한 백분율로 전환하여 차트를 생성하므로 항목별 기여도를 비교하고자 할 때 사용한다.
② 값 축 및 항목 축을 가지지 않으며 3차원 차트로 작성할 수 있다.
③ 원형 차트를 구성하는 각 조각을 분리할 수 있고 첫 번째 조각의 각을 조정할 수 있다.
④ 여러 계열을 데이터 범위로 지정하면 항목별 계열의 합이 산출되어 차트에 표시된다.

28 다음 중 피벗 테이블에 대한 설명으로 옳지 않은 것은?

① 예상값을 계산하는 데 유용하다.
② 합계, 표준편차, 분산 등의 값을 구할 수 있다.
③ 피벗 테이블의 행, 열, 필터 영역에 설정된 항목을 이동시키거나, 새로운 항목을 추가할 수 있다.
④ 원본 데이터가 변경되었을 때 피벗 테이블에 반영하려면 '새로 고침'을 실행해 주어야 한다.

29 다음 아래의 시트에서 시급이 입력된 [B3] 셀을 이용하여 근무자별 근무시간에 따른 급여를 계산하고자 한다. [C6] 셀에 입력될 수식으로 옳지 않은 것은?(단, [C6] 셀의 수식을 [C10] 셀까지 채우기 핸들로 복사함)

	A	B	C
1	아르바이트 급여 계산		
2			
3	시급	10,030	
4			
5	근무자명	근무시간	급여
6	이다정	30	
7	김준이	28	
8	이수정	50	
9	김혜진	55	
10	차은서	60	

① =$B3*B6
② =$B$3*$B6
③ =$B$3*B6
④ =B$3*$B6

30 다음 중 자동 필터와 고급 필터에 대한 설명으로 옳지 않은 것은?

① 고급 필터를 이용하여 중복되지 않게 고유 레코드만 추출할 수 있다.
② 자동 필터 목록의 (상위 10…) 기능을 항목이나 퍼센트를 기준으로 500까지 표시할 수 있다.
③ 고급 필터에서 다른 행에 입력된 조건은 AND 조건으로 결합된다.
④ 자동 필터에서 두 개 이상의 필드에 조건이 설정된 경우 AND 조건으로 결합된다.

31 다음 중 환자번호[C2:C5]를 이용하여 성별[D2:D5]을 표시하기 위해 [D2] 셀에 입력할 수식으로 옳지 않은 것은?(단, 환자번호의 4번째 문자가 'M'이면 '남', 'F'이면 '여'임)

	A	B	C	D
1	번호	이름	환자번호	성별
2	1	박상훈	01-M0001	
3	2	서윤희	07-F1002	
4	3	김소민	02-F5111	
5	4	이진	03-M0224	
6				
7	코드	성별		
8	M	남		
9	F	여		

① =IF(MID(C2, 4, 1)="M", "남", "여")
② =INDEX($A$8:$B$9, MATCH(MID(C2, 4, 1), $A$8:$A$9, 0), 2)
③ =VLOOKUP(MID(C2, 4, 1), $A$8:$B$9, 2, FALSE)
④ =IFERROR(IF(SEARCH(C2, "M"), "남"), "여")

32 다음 중 아래 차트에 대한 설명으로 옳지 않은 것은?

구분	남	여	합계
1반	23	21	44
2반	22	25	47
3반	20	17	37
4반	21	19	40
합계	86	82	168

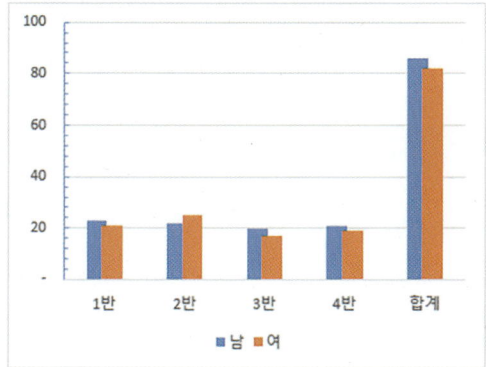

① 차트의 종류는 묶은 세로 막대형으로 계열 옵션의 '계열 겹치기'가 적용되었다.
② 세로(값)축의 [축 서식]에는 주 눈금과 보조 눈금이 '안쪽'으로 표시되도록 설정되었다.
③ 데이터 계열로 '남'과 '여'가 사용되고 있다.
④ 표 전체 영역을 데이터 원본으로 사용하여 차트를 작성하였다.

33 다음 중 셀에 입력된 데이터에 사용자 지정 표시 형식을 설정한 후의 표시 결과로 옳은 것은?

① 0.25 → 0#.#% → 0.25%
② 0.57 → #.# → 0.6
③ 90.86 → #,##0.0 → 90.9
④ 100 → #,###;@"점" → 100점

34 다음 중 시트의 특정 범위만 항상 인쇄하는 경우의 설명으로 옳지 않은 것은?

① 인쇄할 영역을 블록 설정한 후 [페이지 레이아웃] 탭-[페이지 설정] 그룹의 [인쇄 영역]-[인쇄 영역 설정]을 클릭한다.
② 인쇄 영역으로 설정되면 페이지 나누기 미리 보기에서는 설정된 부분만 표시된다.
③ 인쇄 영역을 설정하면 자동으로 Print_Area라는 이름이 작성되며, 이름은 Ctrl+F3 혹은 [수식] 탭-[정의된 이름] 그룹-[이름 관리자]에서 확인할 수 있다.
④ 인쇄 영역 설정은 [페이지 설정] 대화 상자의 [시트] 탭에서 지정할 수도 있다.

35 특정 셀 범위를 대상으로 이름을 지정할 수 있다. 다음 중 이름과 관련된 설명으로 옳지 않은 것은?

① 이름은 이름 상자를 이용하여 정의할 수 있다.
② 수식에 사용된 이름을 지울 경우 '#NAME?' 오류가 발생하므로 이름 삭제 시 주의한다.
③ [A1:A4]는 영어, [B1:B4]는 수학으로 이름이 지정되었을 때, 두 범위 합계를 구하기 위해서 '=SUM(영어, 수학)'이라는 수식을 사용하면 된다.
④ 정의된 이름은 참조 시 상대 참조 방식으로 사용된다.

36 다음 중 부분합에 대한 설명으로 옳지 않은 것은?

① 항목 및 하위 항목별로 데이터를 요약하며, 사용자 지정 계산과 수식을 만들 수 있다.
② 첫 행에는 열 이름표가 있어야 하며, 데이터는 그룹화할 항목을 기준으로 정렬되어 있어야 한다.
③ 부분합은 SUBTOTAL 함수를 사용하여 합계나 평균 등의 요약값을 계산한다.
④ 부분합을 제거하면 부분합과 함께 표에 삽입된 윤곽 및 페이지 나누기도 제거된다.

37 다음 중 아래 그림과 같이 하나의 셀에 두 줄 이상의 데이터를 입력하고자 할 때 줄을 바꾸기 위하여 사용하는 바로 가기 키는?

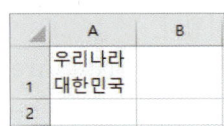

① Ctrl + Enter
② Alt + Enter
③ Ctrl + Shift + Enter
④ Shift + Enter

38 다음 중 시트 관리에 대한 설명으로 옳지 않은 것은?

① Shift 를 이용하여 시트 그룹을 설정할 수 있다.
② 여러 개의 워크시트를 선택한 후 Ctrl 을 누른 채 시트 탭을 드래그하면 선택된 시트들이 복사된다.
③ 시트 이름에는 공백을 사용할 수 없으며, 최대 31자까지 지정할 수 있다.
④ 시트 보호를 설정해도 시트의 이름 바꾸기 및 숨기기 작업을 수행할 수 있다.

39 다음 중 매크로에 관한 설명으로 옳지 않은 것은?

① 사용자의 마우스 동작은 그대로 기록되지만, 키보드 동작은 그대로 기록되지 않는다.
② 매크로는 반복적인 작업을 자동화하여 복잡한 작업을 단순한 명령으로 실행할 수 있도록 한다.
③ 서로 다른 매크로에 동일한 이름을 부여할 수 없다.
④ 현재 셀의 위치를 기준으로 실행되게 하려면 상대 셀 참조를 사용하여 매크로를 기록하면 된다.

40 다음 중 메모에 대한 설명으로 옳지 않은 것은?

① 통합 문서에 포함된 메모를 시트에 표시된 대로 인쇄하거나 시트 끝에 인쇄할 수 있다.
② 메모에는 어떠한 문자나 숫자, 특수 문자도 지정하여 표현할 수 있다.
③ 모든 메모를 표시하려면 [검토] 탭의 [메모] 그룹에서 '메모 모두 표시'를 클릭한다.
④ 셀에 입력된 데이터를 지우면 메모도 자동으로 삭제된다.

빠른 정답표 확인하기

① 모바일로 QR 코드를 스캔합니다.
② 해당 회차의 정답표를 확인합니다.
③ 빠르고 간편하게 채점해 보세요.

정답 & 해설

빠른 정답 찾기

2025년 상시 기출문제 01회

01 ④	02 ③	03 ②	04 ②	05 ④
06 ①	07 ①	08 ④	09 ④	10 ④
11 ①	12 ④	13 ③	14 ②	15 ②
16 ④	17 ①	18 ③	19 ②	20 ②
21 ③	22 ④	23 ②	24 ③	25 ①
26 ④	27 ①	28 ①	29 ③	30 ①
31 ④	32 ④	33 ②	34 ③	35 ③
36 ④	37 ④	38 ②	39 ③	40 ②

2025년 상시 기출문제 04회

01 ①	02 ①	03 ③	04 ③	05 ②
06 ②	07 ③	08 ②	09 ①	10 ②
11 ②	12 ④	13 ④	14 ④	15 ①
16 ①	17 ①	18 ③	19 ②	20 ④
21 ②	22 ②	23 ④	24 ④	25 ③
26 ②	27 ②	28 ②	29 ④	30 ③
31 ①	32 ④	33 ②	34 ①	35 ④
36 ②	37 ④	38 ④	39 ①	40 ①

2025년 상시 기출문제 02회

01 ③	02 ④	03 ①	04 ②	05 ④
06 ③	07 ①	08 ②	09 ②	10 ①
11 ④	12 ②	13 ②	14 ④	15 ③
16 ③	17 ③	18 ①	19 ②	20 ①
21 ②	22 ①	23 ④	24 ②	25 ②
26 ②	27 ③	28 ②	29 ②	30 ②
31 ①	32 ①	33 ③	34 ②	35 ①
36 ④	37 ②	38 ①	39 ③	40 ③

2025년 상시 기출문제 05회

01 ④	02 ①	03 ③	04 ②	05 ②
06 ①	07 ②	08 ②	09 ①	10 ②
11 ②	12 ④	13 ②	14 ③	15 ④
16 ②	17 ③	18 ①	19 ③	20 ④
21 ②	22 ④	23 ②	24 ③	25 ④
26 ③	27 ②	28 ①	29 ①	30 ③
31 ④	32 ④	33 ②	34 ②	35 ④
36 ①	37 ②	38 ③	39 ①	40 ④

2025년 상시 기출문제 03회

01 ①	02 ②	03 ③	04 ①	05 ④
06 ③	07 ④	08 ①	09 ④	10 ①
11 ②	12 ①	13 ①	14 ④	15 ②
16 ④	17 ④	18 ②	19 ③	20 ③
21 ④	22 ①	23 ②	24 ④	25 ①
26 ④	27 ①	28 ③	29 ③	30 ④
31 ②	32 ①	33 ③	34 ③	35 ④
36 ②	37 ③	38 ①	39 ③	40 ③

정답 & 해설

2025년 상시 기출문제 01회

01 ④	02 ③	03 ②	04 ②	05 ④
06 ①	07 ①	08 ④	09 ④	10 ①
11 ①	12 ④	13 ③	14 ②	15 ②
16 ④	17 ①	18 ③	19 ②	20 ②
21 ③	22 ④	23 ②	24 ③	25 ①
26 ④	27 ①	28 ①	29 ②	30 ①
31 ④	32 ④	33 ②	34 ⑤	35 ③
36 ④	37 ④	38 ②	39 ③	40 ②

1과목 컴퓨터 일반

01 ④
스팸(Spam) 메일
- 수신자의 의지와 관계없이 일방적으로 전달되는 광고성 전자우편으로 발신자의 신원을 교묘하게 감춘 채 불특정 다수의 사람에게 보내기 때문에 피해를 당해도 대처하기가 쉽지 않음
- 스팸 메일은 정크 메일(Junk Mail) 또는 벌크 메일(Bulk Mail)이라고도 함

오답 피하기
- ① : 요청하지 않아도 대량으로 전송함
- ② : 스팸 메일에는 바이러스가 들어 있지 않음
- ③ : 스팸 메일의 기능이 아닌 해킹 행위에 해당함

02 ③
가상 기억 장치
보조 기억 장치를 주기억 장치처럼 사용하여 주기억 장치 용량의 기억 용량을 확대하여 사용하는 방법으로 주기억 장치의 용량보다 큰 프로그램을 실행할 수 있음

오답 피하기
- 가상 기억 장치는 주기억 장치보다 컴퓨터 구조가 복잡해지고 수행 시간은 길어짐
- 가상 기억 장치를 사용하여 주기억 장치를 확장하는 것이지, 보조 기억 장치의 용량이 늘어나지는 않음

03 ②
RFID(Radio Frequency Identification)
- 물체를 식별하고 정보를 기록할 때 전파를 이용하는 무선 식별 시스템으로 전자태그라고 함
- 주파수(전파가 공간을 이동할 때 1초 동안에 진동하는 횟수)를 이용하므로 먼 거리의 정보도 인식이 가능함
- 개체별 추적 관리가 가능하므로 교통카드, 신용카드, 물류 관리, 재고 관리, 출입 통제 관리, 도서 및 물건의 도난 방지 등 여러 분야에서 활용됨

오답 피하기
- DMB(Digital Multimedia Broadcasting) : 디지털 멀티미디어 방송으로 동영상 전송이 가능한 모바일 방송 규격
- 텔레매틱스(Telematics) : 통신(Telecommunication)과 정보과학(Informatics)의 합성어로 자동차에서 이동통신과 위성 항법 시스템인 GPS 기술 서비스를 제공받을 수 있는 차량 무선 인터넷 서비스
- FTP(File Transfer Protocol) : 파일을 전송할 때 쓰는 파일 전송 프로토콜

04 ②
오답 피하기
- 교착상태(Deadlock) : 동일한 자원을 공유하고 있는 두 개의 컴퓨터 프로그램들이 상대방이 자원에 접근하는 것을 서로 방해함으로써 두 프로그램 모두 기능이 중지되는 상황
- 인터럽트(Interrupt) : 컴퓨터에서 정상적인 프로그램을 처리하고 있는 도중에 특수한 상태가 발생했을 때 현재 실행하고 있는 프로그램을 일시 중단하고, 그 특수한 상태를 처리한 후 다시 원래의 프로그램을 처리하는 과정
- IRQ(Interrupt Request Line) : 주변 기기마다 0~15번까지의 고유의 IRQ 번호를 가지고 있으며, IRQ 번호가 같으면 충돌이 발생하여 동작이 정지됨

05 ④
멀티미디어는 데이터가 일정한 방향으로 순차적으로 처리되는 것이 아니라 사용자의 선택에 따라 다양한 방향으로 처리되는 비선형성 특징을 가지고 있음

06 ①
점과 점을 연결하는 직선이나 곡선을 이용하는 그래픽 데이터는 벡터(Vecter)임

07 ①

EB(Exa Byte)는 2^{60}(Byte)으로 1,024(PB)이므로 보기의 기억 용량 단위 중 가장 큼

오답 피하기
- 1KB(Kilo Byte) : 2^{10}(Byte)=1,024(Byte)
- 1MB(Mega Byte) : 2^{20}(Byte)=1,024(KB)
- 1GB(Giga Byte) : 2^{30}(Byte)=1,024(MB)
- 1TB(Tera Byte) : 2^{40}(Byte)=1,024(GB)
- 1PB(Peta Byte) : 2^{50}(Byte)=1,024(TB)

08 ④

오답 피하기
- 베스천 호스트(Bastion Host) : 방화벽 시스템의 중요 기능으로서 액세스 제어 및 응용 시스템 게이트웨이로서 프록시 서버의 설치, 인증, 로그 등을 담당함
- 프록시(Proxy) 서버 : PC 사용자와 인터넷 사이의 중개자 역할을 수행하는 서버로, 캐시와 방화벽의 기능을 가짐
- 방화벽(Firewall) : 외부에서 내부 네트워크로 들어오는 패킷을 엄밀히 체크하여 인증된 패킷만 통과시키는 기술로 내부망과 외부망 사이의 상호 접속이나 데이터 전송을 안전하게 통제하기 위한 보안 기능

09 ④

전송 속도(bps)는 Bits Per Second의 약자로, 초당 전송되는 비트 수를 의미함

10 ①

Alt + Enter : 폴더의 속성을 보여주므로 선택된 폴더의 바로 가기 메뉴에서 [속성]을 선택한 결과와 같음

11 ①

디스크 정리 : 디스크의 사용 가능한 공간을 늘리기 위한 작업으로, 불필요한 파일(임시 파일, 휴지통에 있는 파일, 다운로드한 프로그램 파일, 임시 인터넷 파일 등)을 삭제하여 디스크 공간을 늘림

12 ④

안드로이드(Android) : 구글이 개발한 스마트폰 운영체제(OS)로 제조사에 상관없이 무료로 탑재할 수 있음

오답 피하기
- 사파리(Safari) : 애플(Apple)사에서 제공하는 웹 브라우저로 사용자의 개인 정보와 보안이 강화됨
- 오페라(Opera) : 노르웨이의 오페라 소프트웨어사가 개발한 멀티 플랫폼 웹 브라우저
- 파이어폭스(Firefox) : 미국의 모질라 재단이 출시한 오픈 소스 기반의 웹 브라우저

13 ③

MPEG-7 : 인터넷상에서 멀티미디어 동영상의 정보 검색이 가능, 정보 검색 등을 효율적으로 사용하기 위한 콘텐츠 저장 및 검색을 위한 표준

오답 피하기
- MPEG-1 : 비디오 CD나 CD-I의 규격, 저장 매체나 CD 재생의 용도로 이용함
- MPEG-4 : 멀티미디어 통신을 위해 만들어진 영상 압축 기술, 동영상의 압축 표준안 중에서 IMT-2000 멀티미디어 서비스, 차세대 대화형 인터넷 방송의 핵심 압축 방식으로 비디오/오디오를 압축하기 위한 표준
- MPEG-21 : MPEG 기술을 통합한 디지털 콘텐츠의 제작, 유통, 보안 등 모든 과정을 관리할 수 있는 규격

14 ②

RAM의 접근 속도 단위는 ns(나노 초)로 접근 속도 단위가 작은 것이 성능이 좋음

15 ②

cmd : 명령 프롬프트 창이 실행됨

16 ④

컴파일러는 프로그램 전체를 번역하므로 번역 속도가 느리고, 인터프리터는 한 줄씩 번역하므로 번역 속도가 빠름

17 ①

객체 지향 언어의 특징 : 추상화, 다형성, 캡슐화, 정보 은폐, 계층성, 상속성, 모듈성, 재사용성 등

18 ③

증강 현실(Augmented Reality) : 사람이 눈으로 볼 수 있는 실세계와 관련된 3차원의 부가 정보를 제공받을 수 있는 기술

오답 피하기
- 가상 장치 인터페이스(Virtual Device Interface) : 가상 장치를 이용한 인터페이스 기술
- 가상 현실 모델 언어(Virtual Reality Modeling Language) : 3차원 도형 데이터의 기술 언어로, 3차원 좌표값이나 기하학적 데이터 등을 기술한 문서(Text) 파일의 서식(Format)이 정해져 있음
- 주문형 비디오(Video On Demand) : 각종 영상 정보(뉴스, 드라마, 영화, 게임 등)를 데이터베이스로 구축하여 사용자의 요구에 따라 프로그램을 즉시 전송하여 가정에서 원하는 정보를 이용

19 ②

디지털 워터마크(Digital Watermark) : 이미지(Image), 사운드(Sound), 영상, MP3, 텍스트(Text) 등의 디지털 콘텐츠에 사람이 식별할 수 없게 삽입해 놓은 비트 패턴 등을 의미

20 ②

② : [설정]-[시스템]-[디스플레이]에서 설정할 수 있음

2과목 스프레드시트 일반

21 ③

이름은 기본적으로 절대 참조로 대상 범위를 참조함

오답 피하기
- ① : 영문의 경우 대소문자를 구분하지 않으며 단어 사이에 공백을 줄 수 없음
- ② : 같은 통합 문서에서 시트마다 동일한 이름을 지정할 수 없음
- ④ : 이름은 숫자로 시작할 수 없음

22 ④

매크로 편집 시 주석문이나 매크로 기록의 일부가 수행되지 않도록 하기 위해서 작은따옴표(')를 사용함

23 ②
- =IFERROR(VLOOKUP(A3,$E$3:$F$6,2,FALSE),"")
- =IFERROR(수식, 오류 발생 시 표시값)
- 수식 → VLOOKUP(A3,$E$3:$F$6,2,FALSE) : [A3] 셀의 값인 "W"를 [$E$3:$F$6] 범위의 첫 열에서 반드시 똑같은 값(FALSE에 의해)을 찾아서 같은 행의 2열 값인 "워드"를 검색
- 오류 발생 시 표시값 → " "(과목 코드 X의 경우)

	A	B	C	D	E	F	G	H
1	시험결과				코드표			
2	과목코드	과목명	점수		코드표	과목명		
3	W	워드	85		W	워드		
4	P	파워포인트	90		E	엑셀		
5	X		75		P	파워포인트		
6					A	액세스		
7								

24 ③

범위를 지정하고 데이터를 입력한 후 Ctrl + Enter 를 눌러야 동일한 데이터가 한 번에 입력됨

25 ①

시트 탭의 색을 같은 색으로 변경할 수 있음

26 ④

방사형 차트
- 많은 데이터 계열의 합계 값을 비교할 때 사용함
- 항목마다 가운데 요소에서 뻗어 나온 값 축을 갖고, 선은 같은 계열의 모든 값을 연결함(가로·세로축 없음)
- 3차원 차트로 작성할 수 없음

오답 피하기
- 도넛형 차트 : 전체 합계에 대한 각 항목의 구성 비율을 표시하고 원형 차트와 비슷하지만 여러 데이터 계열을 표시할 수 있다는 점이 다름
- 주식형 차트 : 주식 가격을 표시할 때 사용하며, 온도 변화와 같은 과학 데이터를 나타내는 데 사용되기도 함
- 분산형 차트 : 데이터의 불규칙한 간격이나 묶음을 보여주는 것으로, 데이터 요소 간의 차이점보다는 큰 데이터 집합 간의 유사점을 표시하려는 경우에 사용하고 각 항목의 값을 점으로 표시함

27 ①

모든 시트 선택 : 시트 탭에서 마우스 오른쪽 단추를 클릭한 후 [모든 시트 선택]을 클릭하여 전체 시트를 선택함

오답 피하기
- ② : 떨어져 있는 여러 개의 시트를 선택할 때는 Ctrl 을 누른 채 시트 탭을 클릭함
- ③ : 연속된 여러 개의 시트를 선택할 때는 첫 번째 시트를 선택하고 Shift 를 누른 상태에서 마지막 시트 탭을 클릭함
- ④ : 워크시트를 삽입하거나 삭제할 때 한 번에 여러 개의 시트를 대상으로 작업할 수 있음

28 ①
- AND 조건 : 첫 행에 필드명을 나란히 입력하고, 동일한 행에 조건을 입력함
- <> : 같지 않음, >= : 이상(크거나 같다)
- 부서가 '상담부'가 아니면서(AND) 근무 경력이 20년 이상인 사원 정보를 필터링함

29 ②

작성된 피벗 테이블을 삭제하는 경우 함께 작성한 피벗 차트는 일반 차트로 변경됨

30 ①
- 목표값 찾기 : 수식의 결과값은 알고 있으나 그 결과값을 얻기 위한 입력값을 모를 때 사용함
- 수식 셀 : $F$3(평균), 찾는 값 : 50, 값을 바꿀 셀 : $B$3(노트북 판매량)
- "평균이 현재 40에서 50이 되려면 노트북 판매량이 얼마가 되어야 하는가?"를 의미함

	A	B	C	D	E	F	G
1	2025년 판매현황						
2	품목	노트북	복합기	마이크	컴퓨터	평균	
3	판매량	71	26	63	40	50	

- 평균이 50이 되려면 노트북 판매량이 71이 되어야 함

31 ④

'새로운 값으로 대치'는 이미 부분합이 작성된 목록에서 이전 부분합을 지우고 현재 설정대로 새로운 부분합을 작성하여 삽입하므로, 여러 함수를 이용하여 부분합을 작성하려면 두 번째부터 실행하는 [부분합] 대화 상자에서 '새로운 값으로 대치'의 선택을 해제해야 함

32 ④
=DMAX(A1:C6,2,E1:E2) : =DMAX(데이터베이스, 필드, 조건 범위) 형식이며 필드값이 2이므로 키(cm)에서 조건 범위 E1:E2에 의해 체중이 70 이상인 184, 165, 173 키(cm) 중 최대값은 184가 됨

33 ②
[원본] 결재란을 그림 형태로 [복사본]처럼 복사하고 [원본] 결재란에 입력된 결재자명에 따라 [복사본]에도 표시되도록 하기 위해서는 [원본]의 [B2:G3]를 범위로 설정하고 복사한 후 [홈] 탭-[클립보드] 그룹-[붙여넣기]의 [기타 붙여넣기 옵션]에서 [연결된 그림]을 선택함

34 ③
조건부 서식 규칙으로 이미 설정된 해당 셀의 값들이 변경되어 규칙을 만족하지 않을 경우 적용된 서식은 해제됨

35 ③
- =IF(조건식, 값1, 값2) : 조건식이 참이면 값1, 거짓이면 값2를 반환함
- =AND(조건1, 조건2,…) : 모든 조건이 참이면 TRUE, 나머지는 FALSE를 반환함
- =OR(조건1, 조건2,…) : 조건 중 하나 이상이 참이면 TRUE, 나머지는 FALSE를 반환함
- '직무'가 90 이상이거나 → OR(B2)=90,
- '국사'와 '상식'이 모두 80 이상이면 → AND(C2>=80, D2>=80)
- =IF(OR(B2>=90, AND(C2>=80, D2>=80)), "통과", "") → 두 조건이 만족하는 경우 "통과," 그렇지 않은 경우 공백을 표시

36 ④
행 높이와 열 너비를 변경하면 자동 페이지 나누기 구분선의 위치도 같이 변경됨

37 ④
시트 이름 삽입 : 🗔

오답 피하기

🗐 : 파일 이름 삽입

38 ②
[데이터 유효성 검사]에서 목록으로 값을 제한하는 경우 드롭다운 목록의 너비를 지정하는 기능은 지원되지 않음

39 ③
스파크라인 차트
- 데이터를 시각적으로 표현하는 워크시트 셀의 작은 차트
- 스파크라인을 사용하여 계절별 증감이나 경기 순환과 같은 값 계열의 추세를 표시하거나 최대값 및 최소값을 강조하여 표시할 수 있음

오답 피하기

- 히스토그램 차트 : 차트에 그려진 데이터는 분포 내의 빈도를 나타내며 계급구간이라고 하는 차트의 각 열을 변경하여 데이터를 보다 세부적으로 분석할 수 있음
- 선버스트 차트 : 하나의 고리 또는 원이 계층 구조의 각 수준을 나타내며 가장 안쪽에 있는 원이 계층 구조의 가장 높은 수준을 나타냄
- 트리맵 차트 : 색과 근접성을 기준으로 범주를 표시하며 다른 차트 유형으로 표시하기 어려운 많은 양의 데이터를 쉽게 표시할 수 있음

40 ②
#VALUE! : 함수의 인수로 잘못된 값을 사용한 경우나 수치를 사용해야 할 장소에 다른 데이터를 사용한 경우

오답 피하기

- #DIV/0! : 특정 값(셀)을 0 또는 빈 셀로 나누었을 때
- #NAME? : 함수 이름을 잘못 입력하거나 인식할 수 없는 텍스트를 수식에 사용했을 때
- #REF! : 셀 참조를 잘못 사용한 경우에 발생함

2025년 상시 기출문제 02회

01 ③	02 ④	03 ①	04 ②	05 ④
06 ③	07 ①	08 ②	09 ②	10 ①
11 ④	12 ②	13 ②	14 ④	15 ③
16 ③	17 ③	18 ①	19 ③	20 ①
21 ②	22 ①	23 ④	24 ②	25 ②
26 ②	27 ③	28 ③	29 ①	30 ②
31 ①	32 ①	33 ③	34 ③	35 ①
36 ④	37 ②	38 ①	39 ③	40 ③

1과목 컴퓨터 일반

01 ③

HDMI(High-Definition Multimedia Interface)
- 고선명 멀티미디어 인터페이스로 비압축 방식이므로 영상이나 음향 신호 전송 시 소프트웨어나 디코더 칩(Decoder Chip) 같은 별도의 디바이스가 필요 없음
- 기존의 아날로그 케이블보다 고품질의 음향이나 영상을 전송함

오답 피하기
- DVI(Digital Video Interactive) : 디지털 TV를 만들기 위해 개발되었던 것을 인텔에서 인수하여 동영상 압축 기술(최대 144:1정도)로 개발함
- USB(Universal Serial Bus) : 허브(Hub)를 사용하면 최대 127개의 주변 기기 연결이 가능한 범용 직렬 버스 장치
- IEEE-1394 : 미국전기전자학회(IEEE)가 표준화한 직렬 인터페이스 규격의 포트

02 ④

WORD : 컴퓨터 내부의 명령 처리 단위, 한 번에 처리할 수 있는 데이터의 양을 의미함

오답 피하기
- BIT : 정보 표현의 최소 단위로 2진수 0 또는 1을 나타냄
- BYTE : 문자를 표현하는 기본 단위로, 8개의 비트로 구성됨
- BPS(Bit Per Second) : 1초에 전송되는 비트 수

03 ①

유니코드(Unicode)
- 2바이트 코드로 세계 각 나라의 언어를 표현할 수 있는 국제 표준 코드
- 한글의 경우 조합, 완성, 옛 글자 모두 표현이 가능함
- 16비트이므로 2의 16제곱인 65,536자까지 표현이 가능함
- 한글은 초성 19개, 중성 21개, 종성 28개가 조합된 총 11,172개의 코드로 모든 한글을 표현함

04 ②

인트라넷(Intranet) : 인터넷의 기술을 기업 내 정보 시스템에 적용한 것. 전자우편 시스템, 전자 결재 시스템 등을 인터넷 환경으로 통합하여 사용하는 것

오답 피하기
① : 블루투스, ③ : 엑스트라넷, ④ : 유즈넷

05 ④

ROM에는 BIOS, 기본 글꼴, POST 시스템 등과 같이 수정이 필요 없는 펌웨어(Firmware)가 저장됨

오답 피하기
- ① : RAM은 일시적으로 전원 공급이 없으면 내용이 사라지는 휘발성(소멸성) 메모리임
- ② : SRAM이 DRAM 보다 접근 속도가 빠름
- ③ : 주기억 장치의 접근 속도 개선을 위하여 캐시(Cache) 메모리가 사용되며 속도가 빠른 SRAM이 사용됨

06 ③

오답 피하기
- ① : 디지털 컴퓨터는 셀 수 있는 데이터(숫자, 문자 등), 아날로그 컴퓨터는 연속적인 물리량(전류, 전압, 온도, 속도 등)
- ② : 디지털 컴퓨터는 논리 회로, 아날로그 컴퓨터는 증폭 회로
- ④ : 아날로그 컴퓨터는 특수 목적용, 디지털 컴퓨터는 범용

07 ①

정보 누출이나 해킹 방지를 위해 방화벽 체제를 정비하더라도 해킹 방지를 위한 패스워드는 주기적인 변경이 필요함

08 ②

에어로 피크(Aero Peek) : 작업 표시줄 오른쪽 끝의 [바탕 화면 보기]에 마우스를 위치시키면 바탕 화면이 나타나며 클릭하면 모든 창을 최소화하는 기능으로 바탕 화면 일시적으로 미리 보기와 열린 창 미리 보기가 가능함

09 ②

HDD보다 외부로부터의 충격에 강하며 불량 섹터가 발생하지 않음

10 ①

오답 피하기
- 명령 해독기(Instruction Decoder) : 명령 레지스터에 있는 명령어를 해독하는 회로
- 부호기(Encoder) : 명령 레지스터에 있는 명령어를 암호화하는 회로
- 프로그램 계수기(Program Counter) : 현재 실행하고 있는 명령을 끝낸 후 다음에 실행할 명령의 주소를 기억하고 있는 레지스터

11 ④

MIDI(Musical Instrument Digital Interface) : 용량이 작으며 사람의 목소리나 자연음을 재생할 수 없음

[오답 피하기]
자연의 음향과 사람의 음성 표현이 가능하며 음질이 뛰어나기 때문에 파일의 용량이 큰 것은 WAVE에 대한 설명

12 ②

- 버스는 컴퓨터 내에서 중앙 처리 장치와 주기억 장치, 입출력 장치 간에 정보를 전송하는 데 사용되는 전기적 공통 선로임
- 사용 용도에 따라 내부, 외부(시스템), 확장 버스로 분류되며, 외부(시스템) 버스는 주소 버스(Address Bus), 데이터 버스(Data Bus), 제어 버스(Control Bus)로 나누어짐

13 ②

분산 서비스 거부(DDoS : Distributed Denial of Service) : 분산되어 있는 여러 대의 일반 사용자 PC에 바이러스나 악성코드를 몰래 감염시켜 좀비 PC로 만든 다음 특정 정해진 시간대에 동시에 서비스 거부 공격을 실행함

[오답 피하기]
- 스니핑(Sniffing) : 특정한 호스트에서 실행되어 호스트에 전송되는 정보(계정, 패스워드 등)를 엿보는 행위
- 백도어(Back Door) : 시스템 관리자의 편의를 위한 경우나 설계상 버그로 인해 시스템의 보안이 제거된 통로를 말하며, 트랩 도어(Trap Door)라고도 함
- 해킹(Hacking) : 컴퓨터 시스템에 불법적으로 접근, 침투하여 정보를 유출하거나 파괴하는 행위를 뜻하며, 해킹을 하는 사람을 해커(Hacker)라고 부름

14 ④

[오답 피하기]
- 그룹웨어(Groupware) : 기업 내에서 업무에 활용되는 전자결재, 전자우편, 게시판 등의 네트워크 소프트웨어
- 미러 사이트(Mirror Site) : 특정 사이트에 동시에 많은 이용자가 접속을 시도하여 다운되는 것을 방지하기 위해 동일한 내용을 복사해서 다수의 이용자가 보다 빨리 자료를 다운로드 받을 수 있도록 해 주는 사이트
- 넷미팅(Netmeeting) : 인터넷에 연결되어 있는 친구와 화상 통신을 하며 정보를 주고받을 수 있도록 해 주는 통신 서비스

15 ③

표준 계정의 사용자는 컴퓨터 보안에 영향을 주는 설정을 변경할 수 없음

16 ③

키오스크(Kiosk) : 무인 자동화 정보 안내 시스템으로 주로 공공장소에 설치되며 터치스크린 방식을 이용함

[오답 피하기]
- 주문형 비디오(VOD : Video On Demand) : 사용자의 주문에 따라 데이터베이스로 구축된 영화나 드라마, 뉴스 등의 비디오 정보를 실시간으로 즉시 전송해 주는 서비스
- CAI(Computer Assisted Instruction) : 컴퓨터를 응용한 학습 지원 시스템으로 많은 수의 사람을 동시에 교육할 수 있으며 개인에 따른 맞춤형 교육까지 가능한 자동 교육 시스템
- 화상 회의 시스템(VCS : Video Conference System) : 원거리에 있는 사람들끼리 TV 화면을 통한 화상을 통해 원격으로 회의를 할 수 있는 시스템

17 ③

듀얼(Dual) 시스템 : 두 개의 CPU가 동시에 같은 업무를 처리하는 방식, 업무의 신뢰도를 높이는 작업에 이용됨

[오답 피하기]
- 듀플렉스(Duplex) 시스템 : 두 개의 CPU 중 한 CPU가 작업 중일 때 다른 하나는 예비로 대기하는 시스템
- 클러스터링(Clustering) 시스템 : 두 대 이상의 컴퓨터 시스템을 단일 시스템처럼 묶어서 사용하는 시스템
- 다중 처리(Multi-Processing) 시스템 : 두 개 이상의 CPU로 동시에 여러 개의 프로그램을 처리하는 시스템

18 ①

[오답 피하기]
- Love : 웜(worm)의 일종으로 전자우편을 통해 전파되며 감염된 파일을 실행하면 윈도 시작 시 실행되도록 시스템의 레지스트리를 변경함
- Melisa : 전자우편으로 첨부된 파일을 클릭하는 순간 시스템이 감염되는 워드 매크로 바이러스
- 부트 바이러스 : 하드디스크의 부트 섹터에 감염되는 바이러스

19 ③

- 1GB(Giga Byte) : 2^{30}(Byte)=1,024(MB)=1,073,741,824(Byte)
- 1,024×1,024×1,024=1,073,741,824(Byte)

20 ①

휴지통에 보관되지 않고 완전히 삭제되어 복원이 불가능한 경우
- USB 메모리, DOS 모드, 네트워크 드라이브에서 삭제한 경우
- 휴지통 비우기를 한 경우
- Shift + Delete 로 삭제한 경우
- [휴지통 속성]의 [파일을 휴지통에 버리지 않고 삭제할 때 바로 제거]를 선택한 경우
- 같은 이름의 항목을 복사/이동 작업으로 덮어쓴 경우

2과목 스프레드시트 일반

21 ②
상위, 하위만 표시할 수 있으며 필터 결과는 자동으로 정렬되지 않음

22 ①
Alt+F8 : '매크로 기록' 대화 상자가 아닌 '매크로 보기'로 사용할 수 있는 매크로 목록을 표시함

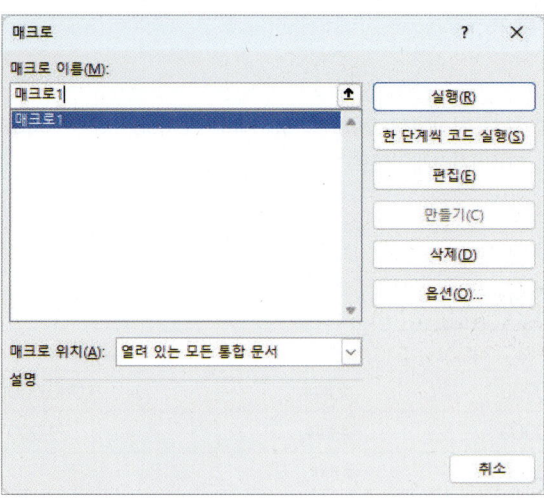

오답 피하기
매크로 기록 대화 상자 : [개발 도구] 탭-[코드] 그룹-[매크로 기록]을 클릭함

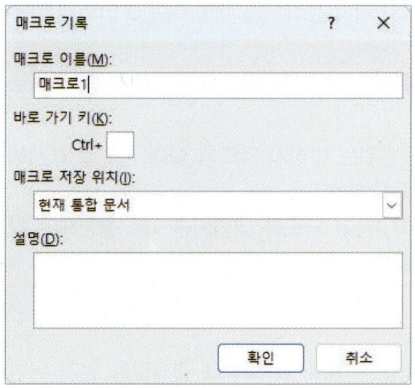

23 ④
=TRUNC(B3/2) → 2(B3/2의 결과는 2.5가 되고 TRUNC(지정한 자릿수만을 소수점 아래에 남기고 나머지 자리는 버림)에 의해 지정한 자릿수가 생략이므로 2가 됨)

오답 피하기
- =COUNTIF(B1:B4,"<>" & B3) → 3(지정한 범위 내(B1:B4)에서 조건에 맞는(5와 같지 않은) 셀의 개수를 구함)
- =COUNTIF(B1:B4,">3") → 3(지정한 범위 내(B1:B4)에서 조건에 맞는(3보다 큰) 셀의 개수를 구함)
- =INDEX(A1:C4,4,2) → 3(범위(A1:C4) 내에서 값(4행 2열)을 구함)

24 ②
[B3] 셀에서 Ctrl+Enter를 누르면 셀 포인터는 [C6] 셀로 이동하지 않음

25 ②
- [한 단계씩 코드 실행]에서 한 단계씩 실행 가능함
- 한 단계씩 코드 실행의 바로 가기 키 : F8

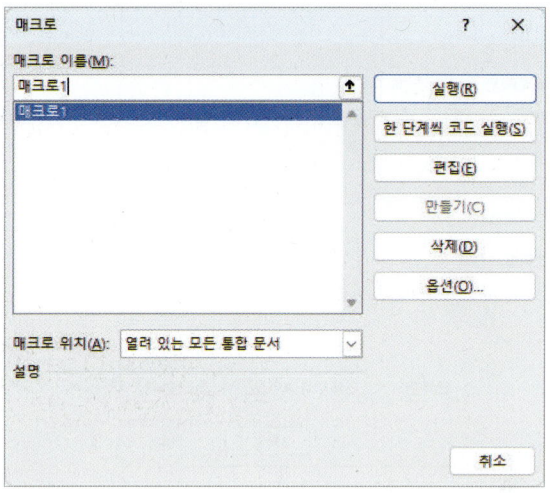

26 ②
- =POWER(수1,수2) : 수1을 수2 만큼 거듭제곱한 값을 구함
- =POWER(2,3) → 2^3(= 2×2×2) = 8

오답 피하기
- =Trunc(-5.6) → -5 : 음수에서 소수점 이하를 버리고 정수 부분(-5)을 반환함
- =Int(-7.2) → -8 : 소수점 아래를 버리고 가장 가까운 정수로 내리므로 -7.2를 내림, 음수는 0에서 먼 방향으로 내림
- =Mod(-7,3) → 2 : 나눗셈의 나머지를 구함

27 ③
오답 피하기
- 히스토그램 : 데이터는 분포 내의 빈도를 보여주며 계급구간이라고 하는 차트의 각 열을 변경하여 데이터를 보다 세부적으로 분석할 수 있음
- 스파크라인 : 데이터를 시각적으로 표현하기 위해 워크시트의 단일 셀에 작성할 수 있는 미니 차트
- 폭포 : 값을 더하거나 뺄 때 재무 데이터의 누적 합계를 보여주며 막대는 색으로 구분되므로 양수와 음수를 빠르게 구분할 수 있음

28 ③

[페이지] 탭에서 '자동 맞춤'의 용지 너비와 용지 높이를 각각 1로 지정하면 여러 페이지가 한 페이지에 인쇄됨

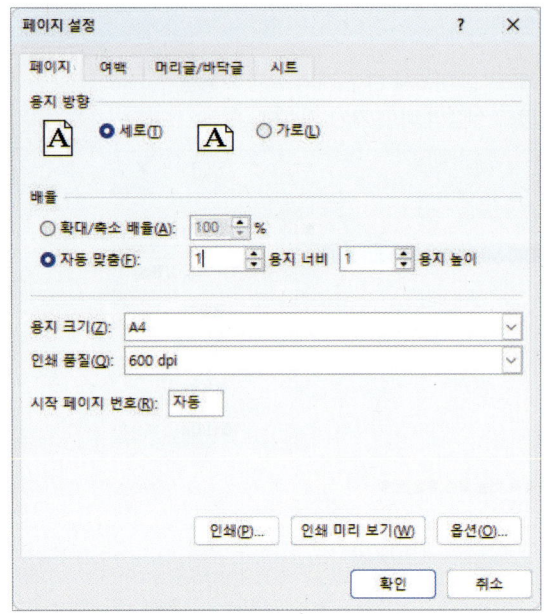

오답 피하기
- ① : 배율은 워크시트 표준 크기의 10%에서 400%까지 설정함
- ② : 머리글/바닥글은 [머리글/바닥글] 탭에서 설정함
- ④ : 셀에 설정된 메모는 '시트에 표시된 대로' 인쇄할 수 있음

29 ②

차트에서 차트 제목을 클릭한 후 수식 입력줄에서 등호(=)를 입력한 후 [B1] 셀을 선택하면 차트 제목으로 연결됨

30 ②

워크시트에 있는 셀을 보호하기 위해서는 먼저 셀의 '잠금' 속성을 설정해야 함

31 ①

고급 필터의 AND(이고, 이면서) 조건
- 첫 행에 필드명을 나란히 입력하고 다음 동일한 행에 조건을 입력함
- 따라서, 근무기간이 15년 이상(>=)이면서 나이가 50세 이상(>=)인 조건은 다음과 같이 작성됨

근무 기간	나이
>=15	>=50

오답 피하기
- ② : 근무기간이 15년 이상이거나(또는) 나이가 50세 이상인 경우 (OR 조건)
- ③, ④ : 첫 행에 필드명을 나란히 입력하고 다음 동일한 행에 조건을 입력해야 함

32 ①

시나리오 관리자 : 변경 요소가 많은 작업표에서 가상으로 수식이 참조하고 있는 셀의 값을 변화시켜 작업표의 결과를 예측하는 기능

오답 피하기
- 목표값 찾기 : 수식의 결과값은 알고 있으나 그 결과값을 얻기 위한 입력값을 모를 때 사용함
- 부분합 : 워크시트에 있는 데이터를 일정한 기준으로 요약하여 통계 처리를 수행하며 정렬 작업이 선행되어야 함
- 통합 : 데이터 통합은 하나 이상의 원본 영역을 지정하여 하나의 표로 데이터를 요약함

33 ③

사용자 지정 표시 형식에서 ,(콤마)를 마지막에 표시하는 경우 3자리씩 생략하며 ,(콤마)가 2개이므로 1000000의 결과는 1이 됨

입력값	서식	결과
1000000	#,###,,	1

오답 피하기

입력값	서식	결과
1000000	#,###	1,000,000
1000000	#,###,	1,000
1000000	#,###,,,	

34 ③

- =RANK.EQ(인수, 범위, 순위 결정 방법) : 범위에서 인수의 순위를 구함. 순위 결정 방법이 0이거나 생략되면 내림차순, 0 이외의 값은 오름차순으로 표시함
- 인수 : 각 수험번호에 해당하는 평균을 입력하기 위해 상대 주소로 입력함 → D2
- 범위 : 전체 평균이 있는 범위는 변하지 않도록 절대 참조로 표시해야 하므로 $를 붙임 → $D$2:$D$6
- 순위 결정 방법 : 큰 값이 1등이 되도록 내림차순으로 설정해야 하므로 0을 입력하거나 생략함

35 ①

목표값 찾기 : 수식의 결과값은 알고 있으나 그 결과값을 얻기 위한 입력값을 모를 때 목표값 찾기 기능을 이용함

오답 피하기
- 데이터 표 : 워크시트에서 특정 데이터를 변화시켜 수식의 결과가 어떻게 변하는지 보여주는 셀 범위를 데이터 표라고 함
- 시나리오 : 변경 요소가 많은 작업표에서 가상으로 수식이 참조하고 있는 셀의 값을 변화시켜 작업표의 결과를 예측하는 기능
- 부분합 : 워크시트에 있는 데이터를 일정한 기준으로 요약하여 통계 처리를 수행함

36 ④

dddd : 요일을 Sunday~Saturday로 표시함

37 ②
- 추세선 사용 가능 차트 : 비누적 2차원 영역형, 가로 막대형, 세로 막대형, 꺾은선형, 주식형, 분산형, 거품형
- 추세선 사용 불가능 차트 : 누적 2차원 영역형, 3차원 효과의 영역형, 원형, 도넛형, 방사형, 표면형, 원통형, 원뿔형, 피라미드형

38 ①
사용자가 원하는 목록으로 지정하여 편집하는 기능은 [Excel 옵션]-[고급]-[사용자 지정 목록 편집]에서 지정함

39 ③
다른 시트의 셀 주소를 참조할 때 시트 이름에 공백이 있는 경우는 작은따옴표(')로 표시하고 시트 이름과 셀 주소는 ! 기호로 구분해서 표시함

40 ③
창 나누기를 수행하여 나누기 한 각각의 구역의 확대/축소 비율을 다르게 설정할 수 없음

2025년 상시 기출문제 03회

01 ①	02 ②	03 ③	04 ①	05 ④
06 ③	07 ④	08 ①	09 ④	10 ①
11 ②	12 ①	13 ①	14 ④	15 ②
16 ④	17 ④	18 ②	19 ③	20 ①
21 ④	22 ①	23 ②	24 ④	25 ①
26 ④	27 ①	28 ②	29 ③	30 ④
31 ②	32 ④	33 ④	34 ③	35 ②
36 ②	37 ③	38 ①	39 ③	40 ③

1과목 컴퓨터 일반

01 ①
①은 메타버스(Metaverse)를 의미함. 메타버스(Metaverse)란 1992년 닐 스티븐슨이 출간한 소설 『스노 크래시』에서 사용한 인터넷 신조어로, 현실과 가상을 연결하여 가상 자아인 아바타(Avatar)를 사용하는 실제 생활과 연결된 3차원의 가상 세계나 현실감 있는 4차원 가상 시공간을 의미하는 것

오답 피하기
증강 현실(Augmented Reality) : 카메라를 이용하여 찍은 실제 이미지에 가상의 그래픽을 증강시켜 합성된 이미지를 디스플레이 장치를 통해 볼 수 있도록 하는 기술

02 ②
오답 피하기
- ① 일괄 처리 시스템 : 발생한 자료를 일정 기간 모아 두었다가 한꺼번에 처리하는 방식
- ③ 분산 처리 시스템 : 지역별로 발생한 자료를 분산 처리하는 방식
- ④ 시분할 시스템 : 한 CPU를 여러 사용자가 사용하는 경우 사용권을 일정 시간(Time Slice) 동안 할당하여 혼자 독점하여 사용하는 것처럼 하는 기법

03 ③
드럼식, 체인식, 밴드식은 잉크 리본에 활자 충격을 이용하는 활자식 라인 프린터의 인쇄 방식임

04 ①
분산 처리 방식
- 지역별로 발생한 자료를 분산 처리하는 방식
- 시스템의 과부하를 방지할 수 있으며 시스템의 안전성, 유연성, 신뢰성, 확장성 등에서 유리함
- 예로 클라이언트/서버 시스템 등이 있음

오답 피하기
- 다중 처리 시스템 : 두 개 이상의 CPU로 동시에 여러 개의 프로그램을 처리하는 기법
- 일괄 처리 시스템 : 발생한 자료를 일정 기간 모아 두었다가 한꺼번에 처리하는 방식
- 실시간 처리 시스템 : 발생한 자료를 바로 처리하는 방식

05 ④
컴퓨터의 연산 속도 단위(느린 순 → 빠른 순)
ms(10^{-3}초) → μs(10^{-6}초) → ns(10^{-9}초) → ps(10^{-12}초) → fs(10^{-15}초) → as(10^{-18}초)

06 ③
- 하드웨어에 이상이 생길 경우 컴퓨터를 부팅할 때 비프 음으로 이상 유무를 알 수 있음
- '삑–삑삑삑'은 그래픽 카드와 메인보드가 결합이 잘못되어 있거나 불량일 경우 발생함

오답 피하기
RAM이 불량일 경우는 '삑삑'처럼 신호음을 발생함

07 ④
IPv6에서 0이 연속되는 경우 연속된 0은 더블 콜론(::)으로 생략할 수 있음

오답 피하기
- ① : 주소의 각 부분은 16진수로 표현함
- ② : 주소의 각 부분은 콜론(:)으로 구분함
- ③ : 주소의 전체 길이는 16비트씩 8부분으로 구성된 128비트임

08 ①
- 멀티미디어는 통합성, 디지털화, 쌍방향성, 비선형성의 특성이 있음
- 비선형성은 데이터가 일정한 방향으로 처리되는 것이 아니라 사용자의 선택에 따라 다양한 방향으로 처리되는 것

09 ④
- 자료 : 생활 속 현실에서 관찰이나 측정 등을 통해 수집한 값
- 정보 : 자료들을 의미 있게 정리 및 가공 처리한 것
- 정보화 : 정보가 사회의 전 분야로 확산되고 중요한 가치가 되는 현상

오답 피하기
- 지식 : 자료를 처리하여 정리 및 가공한 정보를 가치 있게 분석하고 보편성을 갖도록 체계적으로 가공한 것
- DB(Database)화 : 공유를 목적으로 데이터를 체계화하여 통합, 관리하는 것

10 ①

디지털 컴퓨터 : 숫자, 문자 등의 셀 수 있는 데이터를 취급하며 구성 회로는 논리 회로, 주요 연산은 사칙 연산 등을 수행, 기억 장치와 프로그램이 필요함

오답 피하기

②, ③, ④ : 아날로그 컴퓨터의 특징임

11 ②

[단추] 탭 : 오른쪽 단추와 왼쪽 단추의 기능 바꾸기, 두 번 클릭 속도, 클릭 잠금 등을 설정함

12 ①

⊞+V : [클립 보드] 열기

오답 피하기

[접근성 센터] 열기 : ⊞+U

13 ①

패치 프로그램(Patch Program) : 이미 제작하여 배포된 프로그램의 오류 수정이나 성능 향상을 위하여 프로그램 일부를 변경해 주는 프로그램

오답 피하기

② : 벤치마크(Benchmark), ③ : 알파(Alpha) 버전, ④ : 베타(Beta) 버전

14 ④

SSD(Solid State Drive) : 하드디스크를 대체할 무소음, 저전력, 소형화, 경량화, 고효율의 속도를 지원하는 반도체 보조 기억 장치로 HDD보다 외부로부터의 충격에 강하며, 기계적인 디스크가 아닌 반도체 메모리에 데이터를 저장하므로 배드 섹터(Bad Sector)가 생기지 않음

오답 피하기

- 연산 장치(ALU : Arithmetic Logic Unit) : 연산에 필요한 자료를 입력받아 산술, 논리, 관계, 이동(Shift) 연산 등 다양한 실제적 연산을 수행하는 장치
- 제어 장치(CU : Control Unit) : 전체 컴퓨터 시스템의 작동을 통제 및 지시하는 장치로, 적절한 순서로 명령을 꺼내고, 각 명령을 해석하여 그 해석에 따라서 산술 논리 연산 장치나 기타의 부분으로 적절한 신호를 보내는 장치
- 레지스터(Register) : 기본 소자인 플립플롭(Flip-Flop)이나 플립플롭의 기본 구성 요소인 래치(Latch)를 직렬이나 병렬로 연결한 구조로 중앙처리장치(CPU)에서 명령이나 연산 결과값을 일시적으로 저장하는 임시 기억 장소

15 ②

앨리어싱(Aliasing) : 화면의 해상도가 낮아 도형이나 문자를 그릴 때 각이 계단처럼 층이 나면서 테두리가 거칠게 표현되는 현상

오답 피하기

- 디더링(Dithering) : 표현할 수 없는 색상이 존재하는 경우, 다른 색상들을 섞어서 비슷한 색상을 내는 효과
- 모델링(Modeling) : 물체의 형상을 다른 모습으로 서서히 변화시키는 기법으로 영화의 특수 효과에서 많이 사용함
- 렌더링(Rendering) : 컴퓨터 그래픽에서 3차원 질감(그림자, 색상, 농도 등)을 줌으로써 사실감을 추가하는 과정

16 ④

IPM(Images Per Minute) : ISO(국제 표준화 기구)에서 규정한 잉크젯 속도 측정 방식으로 각 프린터 업체의 자체 기준에 맞춘 고속 모드로 출력된 PPM과는 달리 일반(보통) 모드에서 ISO 규격 문서를 측정함

오답 피하기

- CPS(Characters Per Second) : 1초당 인쇄되는 문자 수(도트 매트릭스 프린터, 활자식 프린터 등)
- PPM(Pages Per Minute) : 1분당 인쇄되는 페이지 수(잉크젯 프린터, 레이저 프린터 등)
- LPM(Lines Per Minute) : 1분당 인쇄되는 라인 수(활자식 프린터, 잉크젯 프린터 등)

17 ④

멜리사 바이러스

- 1999년 3월 26일에 발견된 최초의 매크로 바이러스
- 전자우편을 열람하면 사용자 주소록의 50개 주소에 자동으로 전염시킴

오답 피하기

- 웜(Worm) 바이러스 : 초기의 바이러스로, 감염 능력이 없으며 자기 자신만을 복제함
- 예루살렘 바이러스 : 확장자가 COM, EXE인 파일에 감염되며, 13일의 금요일에 실행되는 파일을 삭제함
- CIH 바이러스 : 매년 4월 26일 플래시 메모리(Flash Memory)의 내용과 모든 하드디스크의 데이터를 파괴함

18 ②

LPWA(Low Power Wide Area) : 저전력 광역 통신 기술이라고 하며 사물 인터넷 분야에서 사용하는 기술로 소량의 데이터를 저비용, 저전력을 기반으로 안정적인 무선 통신을 통해 장거리까지 전송이 가능한 IoT 기술

오답 피하기

- LTE : 3G 이동 통신 기술을 오랫동안 진화(Evolution)시킨 기술
- WiFi : 일정 영역의 공간에서 무선 인터넷의 사용이 가능한 근거리 무선 통신 기술
- USN : 유비쿼터스 센서 네트워크 기술

19 ③

변조/수정(Modification)은 정보의 무결성(Integrity)을 저해함

오답 피하기

- ① 가로막기(Interruption) : 정보의 가용성(Availability) 저해
- ② 가로채기(Interception) : 정보의 기밀성(Secrecy) 저해
- ④ 위조(Fabrication) : 정보의 무결성(Integrity) 저해

20 ③

CD-ROM 드라이브, Windows가 지원하지 않는 형식의 압축 프로그램, 네트워크 드라이브 등은 디스크 조각 모음을 수행할 수 없음

2과목 스프레드시트 일반

21 ④
필터를 사용할 때 기준이 되는 필드를 반드시 오름차순이나 내림차순으로 정렬하지 않아도 됨

22 ①
#NULL! : 교점 연산자(공백)를 사용했을 때 교차 지점을 찾지 못한 경우

23 ②
- 통합할 다른 문서가 열려있지 않더라도 데이터 통합 작업을 할 수 있음
- [통합] 대화 상자에서 [찾아보기] 단추를 클릭하여 열리지 않은 통합 문서도 불러올 수 있음

24 ④
오답 피하기
- ① : 수식 작성 중 마우스로 셀을 클릭하면 기본적으로 해당 셀이 상대 참조로 처리됨
- ② : 수식에 셀 참조를 입력한 후 셀 참조의 이름을 정의한 경우에는 참조 에러가 발생하지 않음
- ③ : 셀 참조 앞에 워크시트 이름과 느낌표(!)를 차례로 넣어서 다른 워크시트에 있는 셀을 참조함

25 ①
키보드의 Back Space를 누르면 [C2:C5] 영역에서 [C2]셀의 데이터만 삭제됨

	A	B	C	D	E
1	성명	출석	과제	실기	총점
2	박경수	20		55	95
3	이정수	15	10	60	85
4	경동식	20	14	50	84
5	김미경	5	11	45	61

26 ④
[데이터 아래에 요약 표시]가 설정되어 있으므로 부분합의 계산 결과는 그룹별로 각 그룹의 아래쪽에 표시됨

27 ①
- =IF(조건,참,거짓), LEFT : 왼쪽에서 텍스트 추출, RIGHT : 오른쪽에서 텍스트 추출
- =IF(LEFT(A2,1)="A",50,IF(LEFT(A2,1)="B",40,30)) → A2셀의 텍스트 데이터 "A101"의 왼쪽에서 1자리를 추출하여 "A"와 같으면 50, "B"이면 40, 아니면 30을 결과로 나타냄

28 ③
매크로 기록 시 사용자의 마우스 동작과 키보드 작업 모두 기록됨

29 ③
셀의 행 높이는 조정할 수 없음

30 ④
[A1:A2] 영역을 선택한 후 Ctrl을 누른 채 채우기 핸들을 아래쪽으로 드래그하는 경우 10과 8이 복사되므로 [A5] 셀에 입력되는 값은 10이 됨

	A	B
1	10	
2	8	
3	10	
4	8	
5	10	
6		
7		

오답 피하기
Ctrl을 누르지 않고 드래그하는 경우는 두 데이터 사이의 차이에 의해 10, 8, 6, 4, 2처럼 감소하면서 채워짐

31 ②
aaaa : 요일을 '월요일'에서 '일요일'로 표시함
오답 피하기
- aaa : 요일을 '월'에서 '일'로 표시함
- ddd : 요일을 'Sun'에서 'Sat'로 표시함
- dddd : 요일을 'Sunday'에서 'Saturday'로 표시함

32 ④
- 0을 입력하고 공백으로 한 칸 띄운 다음 1/2를 입력하면 텍스트가 아닌 분수 형태(1/2)로 입력되며 셀의 오른쪽으로 정렬됨

	A	B
1	1월17일	
2	12:20am	
3	010-1234-5678	
4	1/2	
5		

- 셀의 왼쪽으로 정렬되어 입력되는 데이터는 텍스트로 인식한 경우임

33 ③
'눈금선' 항목을 선택하면 워크시트의 셀 구분선이 인쇄됨

34 ③
원형 차트 : 데이터 계열을 구성하는 항목을 항목 합계에 대한 크기 비율로 표시하는 차트

오답 피하기
- 방사형 차트 : 항목마다 가운데 요소에서 뻗어 나온 값 축을 갖고, 선은 같은 계열의 모든 값을 연결함(가로·세로축 없음)
- 주식형 차트 : 주식 가격을 표시할 때 사용하며, 온도 변화와 같은 과학 데이터를 나타내는 데 사용되기도 함
- 표면형 차트 : 두 개의 데이터 집합에서 최적의 조합을 찾을 때 사용함

35 ②
=VLOOKUP(찾을 값, 셀 영역, 열 번호, 찾을 방법)
- 셀 영역에서 찾을 값(또는 근사값)을 찾은 후 찾을 값(또는 근사값)이 있는 행에서 지정된 열 번호의 위치에 있는 데이터를 가져옴
- 찾을 방법이 생략되거나 TRUE(=1)이면 셀 영역에 똑같은 값이 없을 때는 찾을 값의 아래로(찾을 값보다 작은 값) 근사값을 찾고, FALSE(=0)이면 정확한 값을 찾음
- =VLOOKUP(B3,$B$16:$C$19,2,FALSE) : 찾을 방법이 FALSE이기 때문에 정확한 값을 찾음. [B16:C19] 영역에서 [B3] 셀의 값인 'A01'을 찾고, 'A01'이 있는 행에서 지정된 열 번호의 위치가 2이므로 'A01'을 기준으로 두 번째 열에 있는 [C16] 셀의 값 100을 표시함
- 채우기 핸들로 채울 경우 참고 셀은 상대 참조로 설정해야 하고 셀 영역은 절대 참조로 설정해야 함

36 ②
고급 필터에서 다른 필드와의 결합을 OR 조건으로 지정하려면 조건을 다른 행에 입력함

37 ③
바로 가기 키는 기본적으로 Ctrl이 지정되며 영문자만 가능함

38 ①
계열 겹치기 수치를 양수로 지정하면 데이터 계열이 겹치게 됨

39 ③
통합 문서 보호 설정 시 암호를 지정하더라도 워크시트에 입력된 내용을 수정할 수 있음

40 ③
와일드카드 문자(?, *) 자체를 찾을 경우는 ~(물결표) 기호를 와일드카드 문자 앞에 사용해야 함

2025년 상시 기출문제 04회

01 ①	02 ①	03 ③	04 ③	05 ②
06 ②	07 ③	08 ②	09 ①	10 ②
11 ②	12 ④	13 ④	14 ④	15 ①
16 ①	17 ①	18 ③	19 ②	20 ④
21 ②	22 ②	23 ④	24 ④	25 ③
26 ①	27 ①	28 ④	29 ④	30 ③
31 ①	32 ④	33 ②	34 ①	35 ④
36 ②	37 ②	38 ④	39 ①	40 ①

1과목 컴퓨터 일반

01 ①
스풀(SPOOL) : 프린터에서 인쇄하기 전에 인쇄 내용을 하드디스크에 임시로 보관함

02 ①

오답 피하기
- EBCDIC 코드 : 확장 이진화 10진 코드로 BCD 코드를 확장, 4비트의 존 부분과 4비트의 디지트 부분으로 구성되며 8비트이므로 2^8인 256개의 문자를 표현함
- BCD 코드 : 6비트이므로 2^6인 64자까지 표현이 가능하며 영문 대소문자를 구별하지 못함
- 유니코드 : 2바이트로 세계 각 나라의 언어를 표현하는 국제 표준 코드이며, 16비트이므로 2^{16}인 65,536자까지 표현 가능

03 ③
원본 파일을 삭제하면 바로 가기 아이콘을 실행할 수 없음

04 ③
RAM(Random Access Memory)
- 실행 중인 프로그램이나 데이터를 저장하며, 자유롭게 읽고 쓰기가 가능한 주기억 장치
- 전원이 공급되지 않으면 기억된 내용이 사라지는 휘발성 메모리

오답 피하기
- ① : 전원이 공급되지 않더라도 기억된 내용이 지워지지 않는다. → ROM
- ② : 시스템에서 사용하는 BIOS, POST 등이 저장된다. → ROM
- ④ : 주로 하드디스크에서 사용되는 기억 장치이다. → RAM은 주기억 장치이므로 보조 기억 장치인 하드디스크에서 사용되지 않음

05 ②
플래시 메모리(Flash Memory) : 기억된 내용은 전원이 나가도 지워지지 않고(비휘발성) 쉽게 쓰기가 가능함

06 ②
URL(Uniform Resource Locator) : 인터넷에서 정보의 위치를 알려주는 표준 주소 체계

오답 피하기
- DNS : 문자 형태로 된 도메인 네임을 컴퓨터가 인식할 수 있는 숫자로 된 IP 어드레스로 변환해 주는 컴퓨터 체계
- HTTP : 인터넷상에서 하이퍼텍스트를 주고받기 위한 프로토콜
- NIC : 인터넷 정보 센터(Network Information Center)

07 ③
하드웨어의 결함이 생긴 경우라도 인터럽트는 발생하며 기계가 고장인 경우도 해당함

08 ②

오답 피하기
- 시퀀싱(Sequencing) : 오디오 파일이나 여러 연주, 악기 소리 등을 프로그램에 입력하여 녹음하는 방법으로 음의 수정이나 리듬 변형 등의 여러 편집 작업이 가능함
- PCM(Pulse Code Modulation) : 아날로그 신호를 디지털 펄스로 변환하여 작업한 후 이를 다시 본래의 아날로그 신호로 환원시키는 방식
- BPS(Bit Per Second) : 1초에 전송되는 비트 수

09 ①
일괄 처리 시스템(Batch Processing System) : 발생한 자료를 일정 기간 모아 두었다가 한꺼번에 처리하는 방식

오답 피하기
- 실시간 처리 시스템 : 발생한 자료를 바로 처리하는 시스템
- 시분할 시스템 : 다수의 이용자가 여러 개의 입출력 장치를 동시에 사용할 수 있는 방식
- 분산 처리 시스템 : 지역별로 발생한 자료를 분산 처리하는 방식

10 ②

오답 피하기
- 셰어웨어(Shareware) : 특정 기능이나 사용 기간에 제한을 두고 무료로 배포하는 소프트웨어
- 패치(Patch) 버전 : 이미 제작하여 배포된 프로그램의 오류 수정이나 성능 향상을 위하여 프로그램 일부를 변경해 주는 프로그램
- 데모(Demo) 버전 : 정식 프로그램의 기능을 홍보하기 위해 사용 기간이나 기능을 제한하여 배포하는 프로그램

11 ②
네트워크를 구성할 때 디지털 신호를 아날로그 신호로 변환하여 전송하고 다시 수신된 신호를 원래대로 변환하기 위한 전송 장치는 모뎀(MODEM)에 대한 설명임

12 ④

④ 트리(Tree)형 : 중앙의 컴퓨터와 일정 지역의 단말기까지는 하나의 통신 회선으로 연결되어 이웃 단말기는 이 단말기로부터 근처의 다른 단말기로 회선이 연장되는 형태, 분산 처리 시스템이 가능하고 통신 선로가 가장 짧음. 단방향 전송에 적합, CATV망 등에 사용, 성(Star)형이 아님에 주의해야 함

오답 피하기
①: 링(Ring)형, ②: 망(Mesh)형, ③: 버스(Bus)형

13 ④

비밀키 암호화의 대표적인 방식은 DES가 있음

오답 피하기
RSA는 공개키(비대칭키, 이중키) 암호화의 대표적인 방식임

14 ④

SNMP : 네트워크를 운영하기 위해 각종 기기를 관리하는 프로토콜

오답 피하기
- MIME : 멀티미디어 전자우편을 주고받기 위한 인터넷 메일 표준
- IMAP : 사용자가 수신된 전자우편의 제목을 읽을 경우 해당 전자우편의 내용이 전송됨(전자우편의 헤더인 머리글 부분만 수신)
- POP3 : 메일 서버에 도착한 E-Mail을 사용자 컴퓨터로 가져올 수 있도록 메일 서버에서 제공하는 프로토콜

15 ①

보수는 가산 회로를 이용하여 감산을 수행하기 위해 사용함

16 ①

DNS(Domain Name Server) : 문자 형태로 된 도메인 네임을 컴퓨터가 인식할 수 있는 숫자로 된 IP 어드레스로 변환해 주는 컴퓨터 체계

오답 피하기
- 프록시 서버 : 네트워크 캐시 기능과 방화벽 기능을 동시에 제공하는 서버
- 웹 서버 : 인터넷상의 정보를 통일된 방법으로 찾아볼 수 있도록 해 주는 서버
- 메일 서버 : 전자우편을 보내거나 받을 수 있도록 해 주는 서버

17 ①

컴퓨터를 이용한 정보 처리 기술의 발달로 정보의 양이 증가함

18 ③

방화벽은 외부에서 내부로 들어오는 패킷의 내용을 체크함

19 ②

자료 처리 방식의 발달 과정
일괄 처리 시스템 → 실시간 처리 시스템 → 분산 처리 시스템

20 ④

운영체제는 컴퓨터가 작동하는 동안 하드디스크에 위치하여 실행되는 것이 아닌 부팅에 필요한 파일들을 주기억 장치에 로드시켜서 실행됨

2과목 스프레드시트 일반

21 ②

데이터 표
- 워크시트에서 특정 데이터를 변화시켜 수식의 결과가 어떻게 변하는지 보여 주는 셀 범위를 데이터 표라고 함
- 데이터 표 기능을 통해 입력된 셀의 일부분만 수정하거나 삭제할 수 없음

22 ②

- 혼합 데이터 : 문자와 숫자가 혼합된 데이터로, 채우기 핸들을 끌면 문자는 복사되고, 숫자는 1씩 증가함
- 날짜/시간 데이터 : 날짜는 1일 단위로, 시간은 1시간 단위로 자동 증가하면서 채워짐

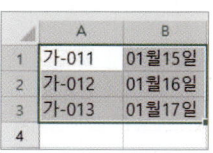

23 ④

매크로 저장 위치 : 현재 통합 문서, 개인용 매크로 통합 문서, 새 통합 문서

24 ④

이름 상자에서 셀의 특정 범위에 대한 이름을 정의함

25 ③

날짜 및 시간 데이터의 텍스트 맞춤은 기본 오른쪽 맞춤으로 표시됨

26 ①

- 매크로 기록 시 바로 가기 키는 기본적으로 Ctrl이 지정되며, 바로 가기 키 조합 문자는 영문자만 가능함
- 소문자로 지정하면 Ctrl을 누른 상태에서 해당 문자를 눌러 매크로를 실행함
- 대문자로 지정하면 Ctrl+Shift를 누른 상태에서 해당 문자를 눌러 매크로를 실행함

27 ①

: 데이터나 수식의 결과를 셀에 모두 표시할 수 없는 경우(열의 너비를 늘려주면 정상적으로 표시됨)

> 오답 피하기

#N/A : 수식에서 잘못된 값으로 연산을 시도한 경우나 찾기 함수에서 결과값을 찾지 못한 경우

28 ④

제한 대상 : 모든 값, 정수, 소수점, 목록, 날짜, 시간, 텍스트 길이, 사용자 지정 등

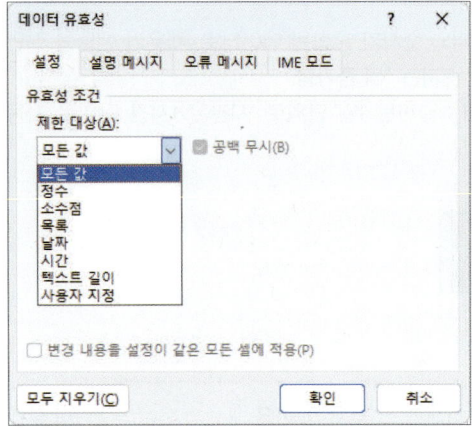

29 ④

- 범위를 지정할 때는 범위 연산자인 콜론(:)을 사용함
- 영역과 영역을 콤마(,)로 설정하여 구분함
- 워크시트와 셀 범위 사이에는 느낌표(!)를 사용함

30 ③

=VLOOKUP(검색값, 참조 범위, 열 번호) : [A2:B6]에서 85를 찾은 후 2열에서 해당하는 학점을 구함

31 ①

정렬은 오름차순 정렬, 내림차순 정렬, 사용자 지정 목록 중에서 선택할 수 있음

32 ④

[시트] 탭 : 인쇄 영역, 인쇄 제목(반복할 행, 반복할 열), 인쇄(눈금선, 흑백으로, 간단하게 인쇄, 행/열 머리글, 메모, 셀 오류 표시), 페이지 순서(행 우선, 열 우선) 등을 설정함

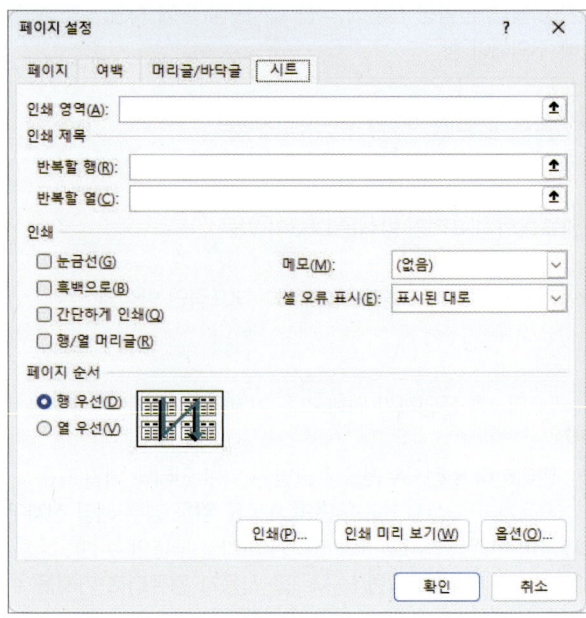

> 오답 피하기

- [페이지] 탭 : 용지 방향(세로, 가로), 배율(확대/축소 배율, 자동 맞춤), 용지 크기, 인쇄 품질, 시작 페이지 번호
- [여백] 탭 : 용지의 상하좌우 여백 및 머리글/바닥글 여백, 페이지 가운데 맞춤(가로, 세로)
- [머리글/바닥글] 탭 : 머리글 및 바닥글 선택 및 편집

33 ②

꺾은선형 차트 : 일정한 배율의 축에 시간에 따른 연속 데이터가 표시되므로 월, 분기, 회계 연도 등과 같은 일정 간격에 따라 데이터의 추세를 표시하는 데 유용함

> 오답 피하기

- 원형 차트 : 데이터 계열을 구성하는 항목을 항목 합계에 대한 크기 비율로 표시함
- 방사형 차트 : 여러 데이터 계열의 집계값을 비교함
- 가로 막대형 차트 : 일반적으로 항목은 세로축을 따라 구성되고 값은 가로축을 따라 구성됨

34 ①

시나리오 관리자에서 시나리오를 삭제하더라도 시나리오 요약 보고서의 해당 시나리오가 자동으로 삭제되지 않음

35 ④

- @ 기호 뒤에 추가할 문자를 입력함
- 입력값 뒤에 문자열을 표시할 때는 @"문자열" 형식으로 입력함 → @"님"

36 ②

상위 10을 선택하면 나타나는 [상위 10 자동 필터]를 이용해서 1~500까지 범위를 지정할 수 있음

37 ②

연결된 영역을 선택할 때는 Shift 를 이용하고, 떨어져 있는 영역을 선택할 때는 Ctrl 을 이용함

38 ④

- =LEFT(문자열, 추출 개수) : 문자열의 왼쪽에서 추출할 개수만큼 문자를 추출함
- =MID(문자열, 시작 위치, 추출 개수) : 문자열의 시작 위치에서 추출할 개수만큼 문자를 추출함
- =LEFT(A1,3)+MID(A1,11,2) = 900+23 = 923

39 ①

피벗 테이블은 작업 중인 워크시트나 다른 워크시트 또는 새로운 워크시트에 작성할 수 있음

40 ①

"Computer"에서 대문자 R을 찾아 대문자 D로 바꾸는 함수인데 대문자 R이 없으므로 결과는 그냥 주어진 "Computer"가 됨

오답 피하기

- =CONCAT("Apple","jam") : 텍스트를 연결하여 나타냄 → Applejam
- =POWER(2,3) : 2를 세제곱한 값을 구함 → 8
- =PROPER("LOVE") : 단어 첫 글자만 대문자로, 나머지는 소문자로 변환함 → Love

2025년 상시 기출문제 05회

1-162p

01 ④	02 ①	03 ③	04 ②	05 ②
06 ①	07 ②	08 ③	09 ①	10 ②
11 ②	12 ④	13 ③	14 ③	15 ④
16 ②	17 ③	18 ①	19 ③	20 ④
21 ②	22 ④	23 ②	24 ③	25 ④
26 ③	27 ④	28 ①	29 ①	30 ③
31 ④	32 ④	33 ③	34 ②	35 ④
36 ①	37 ②	38 ③	39 ①	40 ④

1과목 컴퓨터 일반

01 ④

라우터(Router)는 네트워크 계층에서 망을 연결하며, 다양한 전송 경로 중 가장 효율적인 경로를 선택하여 패킷을 전송하는 장치임

오답 피하기

① : 게이트웨이(Gateway), ② : 채널(Channel), ③ : 스위치 허브(Switch Hub)

02 ①

고급 언어로 프로그래밍하는 과정 : 원시 프로그램 작성 → 번역(Compile) → 링킹(Linking) → 로딩(Loading) → 프로그램 실행

03 ③

플러그 앤 플레이(Plug and Play) : 새로운 주변 장치를 자동으로 감지하기 때문에 쉽게 설치 가능

04 ②

- 레지스터(Register) : 한 비트를 저장할 수 있는 플립플롭의 모임으로, 중앙 처리 장치 안에 있는 소규모의 임시 기억 장소임
- 처리 속도(빠른 것 → 느린 것) : 레지스터(Register) → 캐시 메모리 → 주기억 장치 → 보조 기억 장치

05 ②

각 부분은 콜론(:)으로 구분됨

06 ①

⊞+T : 작업 표시줄의 앱을 순환

오답 피하기

⊞+X : 빠른 링크 메뉴 열기

07 ②

비교적 큰 오버헤드가 있으므로 약 400MB 이하의 볼륨에서 사용하는 것은 좋지 않음

08 ③

누산기(ACC) : 연산 장치의 핵심적 레지스터로, 중간 계산된 결과값을 일시적으로 기억

09 ①

레지스트리 편집기는 regedit32.exe임

10 ②

안티 앨리어싱(Anti-Aliasing) : 3D 텍스처에서 몇 개의 샘플을 채취해서 사물의 색상을 변경하므로 계단 부분을 뭉개고 곧게 이어지는 듯한 화질을 형성하게 만들어 경계면을 부드럽게 보이도록 함

오답 피하기

- 디더링(Dithering) : 표현할 수 없는 색상이 존재할 경우, 다른 색상들을 섞어서 비슷한 색상을 내는 효과
- 렌더링(Rendering) : 컴퓨터 그래픽에서 3차원 질감(그림자, 농도 등)을 줌으로써 사실감을 추가하는 과정
- 모델링(Modeling) : 물체의 형상을 컴퓨터 내부에서 3차원 그래픽으로 어떻게 표현할 것인지를 정하는 과정

11 ②

Wibro : 언제, 어디서나, 이동 중에 높은 전송 속도로 무선 인터넷 접속이 가능한 서비스

12 ④

방화벽을 이용하더라도 내부의 불법적인 해킹은 막을 수 없음

13 ③

전원 공급 장치의 이상, 롬 바이오스의 이상, 바이러스의 감염 등은 컴퓨터가 부팅되지 않는 원인이 될 수 있음

14 ③

hs : 고등학교

오답 피하기

sc : 기타 학교

15 ④

Smart TV : TV 안에 중앙 처리 장치(CPU)가 설치되고 운영체제(OS)에 의해 구동되며 TV 방송뿐만 아니라 PC처럼 인터넷이 가능하여 검색 기능과 게임, VOD 등이 가능한 TV로 '쌍방향 TV, 인터넷 TV 또는 커넥티드 TV'라고도 함

오답 피하기

- HDTV(High Definition Television) : 고화질 텔레비전
- Cable TV : 유선 방송 텔레비전
- IPTV(Internet Protocol TV) : 초고속 인터넷을 이용한 TV로 방송 등 다양한 콘텐츠를 제공받는 TV

16 ②

인터럽트(Interrupt) : 컴퓨터에서 정상적인 프로그램을 처리하는 도중 특수한 상태가 발생했을 때 현재 실행하고 있는 프로그램을 일시 중지하고, 그 특수한 상태를 처리한 후 다시 원래의 프로그램으로 복귀하여 정상적으로 처리하는 것을 의미하며, 하드웨어 인터럽트와 소프트웨어 인터럽트가 있음

오답 피하기

- 클라이언트/서버 : 분산 처리 시스템에서 네트워크상의 다른 컴퓨터나 프로그램(서버)으로부터 서비스를 받는 컴퓨터나 프로그램을 '클라이언트'라 하며 클라이언트의 자료를 처리하여 그 결과를 전송하는 기능을 담당하는 것을 서버라 함
- DMA : CPU 간섭 없이 주기억 장치와 입출력 장치 사이에서 직접 전송이 이루어지는 방법
- 채널 : CPU의 처리 효율을 높이고 데이터의 입출력을 빠르게 할 수 있게 만든 입출력 전용 처리기

17 ③

휴지통에서 원하는 파일이나 폴더를 선택하여 실행할 수 없음

18 ①

- 멀티미디어의 특징 : 통합성, 디지털화, 쌍방향성, 비선형성
- 비선형성 : 데이터가 일정한 방향으로 처리되는 것이 아니라 사용자의 선택에 따라 다양한 방향으로 처리되는 것

19 ③

쿠키(Cookie) : 인터넷 웹 사이트의 방문 정보를 기록하는 텍스트 파일로, 인터넷 사용자가 웹 사이트에 접속한 후 이 사이트 내에서 어떤 정보를 읽고 어떤 정보를 남겼는지에 대한 정보가 사용자의 PC에 저장되며, 고의로 사용자의 정보를 빼낼 수 있는 통로 역할을 할 수도 있음

오답 피하기

- 스팸(Spam) : 수신자의 의지와 관계없이 일방적으로 전달되는 광고성 전자우편
- SMTP : 사용자의 컴퓨터에서 작성한 메일을 다른 사람의 계정이 있는 곳으로 전송해 주는 전자우편을 송신하기 위한 프로토콜

20 ④

바탕 화면에 바로 가기 아이콘을 만드는 바로 가기 키 : Ctrl + Shift 를 누른 상태로 드래그 앤 드롭

2과목 스프레드시트 일반

21 ②

[A2] 셀의 "=A1"에 의해 [A2] 셀에는 [A1] 셀의 100이 그대로 입력되고, [A2] 셀을 복사한 후 '선택하여 붙여넣기'에서 붙여넣기는 '모두', 연산이 '없음'인 경우 [A2] 셀의 값이 그대로 붙여넣기 되므로 [A3] 셀은 "=A2"가 되어 [A2] 셀의 값 100이 붙여넣기 됨

22 ④

인쇄 부수를 페이지마다 다르게 설정할 수 없음

23 ②

D함수(범위, 열 번호, 조건 범위)

- =DSUM(A1:C5,B1,E1:E2) : [A1:C5]에서 단가가 25보다 큰 경우에 해당하는 단가의 합을 구함 → 30+50=80
- =DMAX(A1:C5,B1,E1:E2) : [A1:C5]에서 단가가 25보다 큰 경우에 해당하는 단가 중에서 최대값을 구함 → 50
- =DCOUNT(A1:C5,B1,E1:E2) : [A1:C5]에서 단가가 25보다 큰 경우에 해당하는 단가의 개수를 구함 → 2

24 ③

조건부 서식이 적용된 후 셀 값이 바뀌어 규칙과 일치하지 않으면 셀 서식 설정은 해제됨

25 ④

엑셀에서 사용하는 바로 가기 키를 매크로에서 바로 가기 키로 설정한 경우 매크로의 바로 가기 키가 실행됨

26 ③

[목표값 찾기]는 하나의 변수 입력값만 사용함

27 ④

원형 차트는 하나의 계열 표현만 가능하므로 여러 계열을 데이터 범위로 지정하면 가장 첫 번째 계열만 차트에 표시됨

28 ①

예상값을 계산하는 데 유용한 것은 시나리오에 대한 설명임

29 ①

- ①의 =$B3는 채우기 핸들로 드래그하여 복사하는 경우 시급의 위치가 변경됨
- $B3에서 B3이 상대 참조이므로 B4, B5, B6, B7로 변경됨

오답 피하기

- 시급의 위치는 변하면 안 되기 때문에 $B$3이나 B$3처럼 입력해야 함
- 근무시간은 변해야 하므로 B6이나 $B6처럼 입력해야 함

30 ③

고급 필터에서 다른 행에 입력된 조건은 OR(또는) 조건으로 결합함

31 ④

④	• =IFERROR(IF(SEARCH(C2, "M"), "남"), "여") → × • =IFERROR(IF(SEARCH("M",C2), "남"), "여")처럼 수식을 수정하면 올바른 결과가 산출됨 • SEARCH(찾을 텍스트, 문자열, 시작 위치) : 문자열에서 찾을 텍스트의 시작 위치를 반환함 • SEARCH(찾을 텍스트, 문자열, 시작 위치)이므로 SEARCH("M",C2)처럼 입력해야 함 • SEARCH("M",C2) : 01-M0001에서 M의 위치는 4번째이므로 결과가 4가 됨 • SEARCH("M",C3) : 07-F1002에서 M은 없으므로 #VALUE!가 결과가 됨 • IF문에 의해 SEARCH("M",C2)의 결과가 4가 나온 경우 "남"이 됨 • IFERROR문에 의해 #VALUE!인 경우 "여"가 결과가 됨

오답 피하기

①	• =IF(MID(C2, 4, 1)="M", "남", "여") → 남 • MID(C2, 4, 1) : [C2] 셀의 값 01-M0001의 네 번째에서 첫 글자를 추출하므로 "M"이 됨 • IF문에 의해 "M"이면 참이므로 결과가 "남"이 됨(결과가 거짓이면 "여"가 됨)
②	• =INDEX($A$8:$B$9, MATCH(MID(C2, 4, 1), $A$8:$A$9, 0), 2) → 남 • MID(C2, 4, 1) : [C2] 셀의 값 01-M0001의 네 번째에서 첫 글자를 추출하므로 "M"이 됨 • MATCH("M", $A$8:$A$9, 0) : [$A$8:$A$9] 범위에서 "M"과 같은 첫 번째 위치를 구하므로 결과는 1이 됨 • INDEX($A$8:$B$9, 1, 2) : [$A$8:$B$9] 범위에서 1행 2열의 값을 구하므로 결과는 "남"이 됨
③	• =VLOOKUP(MID(C2, 4, 1), $A$8:$B$9, 2, FALSE) → 남 • MID(C2, 4, 1) : [C2] 셀의 값 01-M0001의 네 번째에서 첫 글자를 추출하므로 "M"이 됨 • VLOOKUP("M", $A$8:$B$9, 2, FALSE) : [$A$8:$A$9] 범위의 첫 열에서 "M"을 찾아서 같은 행 2열의 값을 구하므로 결과는 "남"이 됨

32 ④

표 전체 영역을 데이터 원본으로 사용하여 차트를 작성하면 다음과 같이 작성됨

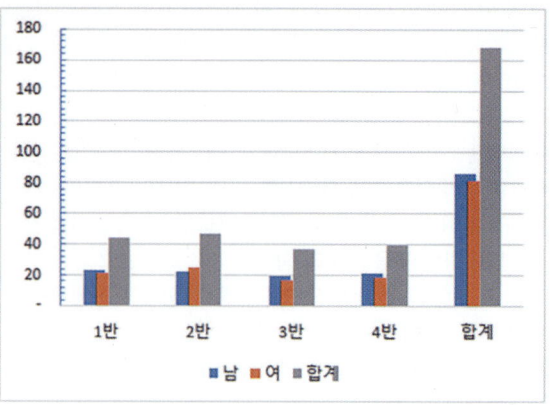

오답 피하기

33 ③

• 90.86 → #,##0.0 → 90.9(소수점 뒤의 0이 하나이므로 반올림되어 90.9가 됨)
• #은 유효 자릿수만 나타내고 유효하지 않은 0은 표시하지 않음
• 0은 유효하지 않은 자릿수를 0으로 표시함

오답 피하기

• ① 0.25 → 0#.#% → 25.%(백분율(%)은 숫자에 곱하기 100을 하므로 25가 되어 25.%가 됨)
• ② 0.57 → #.# → .6(소수점 앞의 #은 유효하지 않은 0은 표시하지 않으며 뒤의 #은 하나이므로 반올림되어 .6이 됨)
• ④ 100 → #,###;@"점" → 100(100이 숫자이므로 #,###이 적용되어 100이 됨. 문자로 "백"이 입력되는 경우는 "백점"이 됨)

34 ②
인쇄 영역으로 설정되면 페이지 나누기 미리 보기에서는 설정된 부분은 밝게 표시되고 설정되지 않은 부분은 어둡게 표시됨

35 ④
이름은 기본적으로 절대 참조로 정의됨

36 ①
사용자 지정 계산과 수식을 만들 수 없음

37 ②
Alt + Enter : 한 셀에 두 줄 이상의 데이터를 입력

38 ③
시트 이름은 공백을 포함하여 31자까지 사용이 가능하며, ₩, /, ?, *, [ ]는 사용할 수 없음

39 ①
매크로는 사용자의 마우스 동작 및 키보드 동작까지 모두 기록됨

40 ④
- 메모 입력 : Shift + F2
- 메모는 셀에 입력된 데이터를 지울 경우 자동으로 삭제되지 않음
- [검토]-[메모]-[삭제]에서 삭제할 수 있음
- [홈]-[편집]-[지우기]-[메모 지우기]에서도 삭제할 수 있음

자격증은 이기적!

합격입니다.

이기적 강의는 무조건 0원!
이기적 영진닷컴

공부하다가 궁금한 사항은?
이기적 스터디 카페

이렇게
기막힌
적중률

컴퓨터활용능력
2급 올인원 실기

"이" 한 권으로 합격의 "기적"을 경험하세요!

실기 | 시험 출제 경향

컴퓨터활용능력 2급 실기시험은 크게 네 가지 기본작업(3문항, 20점), 계산작업(5문항, 40점), 분석작업(2문항, 20점), 기타작업(2문항, 20점)으로 구성되어 있습니다. 각 작업 유형에는 세부 문항과 하위 문제가 포함되며, 문항별 배점은 2점에서 10점까지 다양합니다. 시험은 총 100점 만점이며, 70점 이상을 획득해야 합격할 수 있습니다. 시험 시간은 40분으로, 이 안에 모든 작업을 작성하고 저장까지 완료해야 하므로, 다양한 엑셀 기능에 대한 이해와 함께 작업 유형별로 충분한 연습이 필요합니다.

작업유형	세부항목	배점	목표점수
기본작업	기본작업 1 – 자료 입력 기본작업 2 – 서식 지정 5문항 기본작업 3 – 조건부 서식, 필터, 그림 복사/연결하여 붙여넣기, 외부 데이터 가져오기 중 1문항	20점	15점 이상
계산작업	함수와 수식 5문항	40점	24점 이상
분석작업	부분합, 피벗 테이블, 시나리오, 목표값 찾기, 통합, 데이터 표, 정렬 중 2문항	20점	20점 이상
기타작업	기타작업 1 – 매크로(기록, 도형 또는 버튼에 연결) 기타작업 2 – 차트 서식 5문항	20점	15점 이상
합계		100점	74점 이상

문제1 기본작업

기본작업은 총 3문항으로 구성되며, 각각 5점, 10점, 5점으로 배점되어 있습니다.

'기본작업-1'은 제시된 데이터를 서식 지정 없이 입력하는 문제로, 비교적 난이도가 낮아 쉽게 해결할 수 있습니다. 다만 타자가 느릴 경우, 다른 작업을 먼저 수행한 후 마지막에 입력하는 것도 좋은 전략입니다.

'기본작업-2'는 총 5개의 서식 지정 문제로, 각 2점씩 총 10점이 배점됩니다. 자주 출제되는 항목으로는 글꼴 서식, 병합하고 가운데 맞춤, 사용자 지정 서식, 테두리, 색 채우기, 정렬, 셀 스타일, 한자 변환 등이 있습니다. 꾸준한 모의고사 및 기출문제 실습을 통해 충분히 대비할 수 있습니다.

'기본작업-3'은 1문항 출제되며 배점은 5점입니다. 주로 조건부 서식과 고급 필터 문제가 출제되며, 간혹 텍스트 파일 불러오기, 그림 복사 후 연결하여 붙여넣기, 데이터 정렬과 같은 문제도 포함됩니다. 기본작업 중 가장 난이도가 높은 편이므로, 유형별로 정확한 이해와 실습을 통해 대비하는 것이 중요합니다.

구성요소	세부항목
입력	약 60여 개의 셀에 데이터 입력
조건부 서식	수식을 이용하여 조건 설정한 후 전체 행에 서식 지정
필터	단순 자동 필터, AND, OR 조건으로 조건 입력 후 다른 위치에 데이터 추출하는 고급 필터
외부 데이터	텍스트 파일 불러오기
그림 복사	특정 영역을 복사하여 그림으로 붙여넣기, 연결하여 붙여넣기

문제2 계산작업

계산작업은 총 5문항이 출제되며, 각 문항당 8점씩 총 40점으로 전체 시험에서 가장 높은 비중을 차지합니다.

시험장에서는 자신 있는 문제부터 우선적으로 작성하고, 새로 접했거나 어려운 문제는 기타작업까지 모두 마친 후 남은 시간에 해결하는 전략이 효과적입니다. 실제 시험에서 계산작업에만 집중하다가 분석작업이나 기타작업을 놓치는 경우도 있으므로 시간 배분에 특히 유의해야 합니다.

1. 이론 학습
   - 함수는 날짜/시간, 논리, 텍스트, 수학/삼각 함수 등 범주별로 분류된 이론을 기반으로 학습합니다.
   - 함수의 정의, 인수 설명, 간단한 예제 등을 통해 기본 개념을 익히고, 실제 문제에 적용해 보며 연습합니다.

2. 기출 문제 학습
   - 교재에 수록된 계산작업 문제들을 빠짐없이 실습해 보세요.
   - 실제 시험과 유사한 문제를 많이 풀어보는 것이 실전 감각을 익히는 데 효과적입니다.

3. 동영상 강좌 활용
- 교재 전 범위에 대한 동영상 강의가 제공되므로, 이해가 어려운 문제는 강의를 참고하여 보완학습을 할 수 있습니다.
- 특히 복잡한 함수 문제나 중첩 함수 문제는 영상 강의를 통해 흐름을 익히는 것이 좋습니다.

4. 함수 마법사 활용
- 엑셀에서는 함수명을 입력하면 자동으로 목록이 나타나고, 인수 설명도 함께 제공되므로 함수 마법사를 적극 활용하면 학습에 큰 도움이 됩니다.
- 익숙한 함수는 직접 입력하는 것이 가장 좋지만, 처음 접하는 함수는 마법사를 통해 구조를 익히며 작성해 보세요.

범주별	함수명
날짜/시간 함수	DATE, DAY, DAYS, EDATE, EOMONTH, HOUR, MINUTE, MONTH, NOW, SECOND, TIME, TODAY, WEEKDAY, WORKDAY, YEAR
논리 함수	AND, FALSE, IF, IFERROR, NOT, OR, TRUE, IFS, SWITCH
데이터베이스 함수	DAVERAGE, DCOUNT, DCOUNTA, DMAX, DMIN, DSUM
문자열 함수	FIND, LEFT, LEN, LOWER, MID, PROPER, RIGHT, SEARCH, TRIM, UPPER
수학/삼각 함수	ABS, INT, MOD, POWER, RAND, RANDBETWEEN, ROUND, ROUNDDOWN, ROUNDUP, SUM, SUMIF, SUMIFS, TRUNC
찾기 참조 함수	CHOOSE, COLUMN, COLUMNS, HLOOKUP, INDEX, MATCH, ROW, ROWS, VLOOKUP
통계 함수	AVERAGE, AVERAGEA, AVERAGEIF, AVERAGEIFS, COUNT, COUNTA, COUNTBLANK, COUNTIF, COUNTIFS, LARGE, MAX, MAXA, MEDIAN, MIN, MINA, MODE.SNGL, RANK.EQ, SMALL, STDEV.S, VAR.S

문제3 분석작업

분석작업은 총 2문항이 출제되며, 각 문항당 10점씩 총 20점이 배점됩니다. 주요 출제 유형으로는 피벗 테이블, 부분합, 데이터 통합, 데이터 표, 시나리오, 목표값 찾기, 정렬 등이 있습니다.

이 영역에서 유의해야 할 점은, 각 문항에 대해 부분 점수가 없다는 것입니다. 따라서 문제를 작성할 때는 다소 시간이 걸리더라도, 문제에서 제시된 조건을 정확히 확인하고 꼼꼼하게 작업하는 것이 매우 중요합니다.

분석작업은 핵심 개념만 정확히 이해하고 있다면, 실습을 통해 충분히 고득점을 노릴 수 있는 영역입니다. 실전에서는 실수를 줄이는 것이 곧 점수로 이어지므로, 속도보다는 정확도에 중점을 두는 것이 좋습니다.

구성요소	세부항목
피벗 테이블	피벗 테이블 위치, 레이아웃, 그룹, 옵션(빈 셀, 행/열 총합계 표시), 피벗 스타일
부분합	데이터 정렬, 단일 필드를 기준으로 부분합 작성, 2개의 이상의 부분합 표시
데이터 통합	분산된 데이터를 하나로 통합, 함수 선택, 통합할 필드명 직접 입력
데이터 표	하나의 변수에 의한 값의 변화, 두 개의 변수에 의한 값의 변화
시나리오	이름 정의, 입력 값의 변수에 따른 시나리오 요약 보고서
목표값 찾기	단일 셀의 값의 변화

문제4 기타작업

기타작업은 매크로와 차트 관련 문제로 구성되며, 총 2문항이 출제됩니다. 각 항목은 10점씩 총 20점이 배점되며, 이 영역은 부분 점수가 제공되는 것이 특징입니다. 기타작업은 상대적으로 실수만 줄이면 안정적으로 점수를 확보할 수 있는 영역이므로, 자주 출제되는 유형을 반복 연습하며 익숙해지는 것이 효과적인 학습 전략입니다.

구성요소	세부항목
매크로(2문항)	매크로 기록 - 합계, 평균 등의 계산 - 셀 서식(채우기, 테두리, 셀 스타일) 매크로 연결 - 실행 버튼 - 도형
차트(5문항)	차트 작성, 차트 서식 변경(데이터 범위 변경, 차트 종류 변경, 차트 제목, 축 제목, 축 서식, 차트 영역 서식)

실기 차례

▶ 표시된 부분은 동영상 강의가 제공됩니다. 이기적 수험서 사이트(license.youngjin.com)에 접속하여 시청하세요.
▶ 본 도서에서 제공하는 동영상은 1판 1쇄 기준 2년간 유효합니다. 단, 출제기준안에 따라 동영상 내용은 변경될 수 있습니다.

실습 파일 사용 방법	2-6
자동 채점 서비스 사용 방법	2-7
회별 숨은 기능 찾기	2-8

합격 이론 ▶

기본작업
01 자료 입력	2-10
02 셀 서식	2-11
03 조건부 서식	2-17
04 고급 필터/자동 필터	2-19
05 텍스트 나누기	2-23
06 외부 데이터 가져오기	2-24
07 그림 복사/붙여넣기/연결하여 붙여넣기	2-25

계산작업
08 데이터베이스 함수	2-26
09 수학과 삼각 함수	2-29
10 통계 함수	2-31
11 찾기/참조 함수	2-33
12 날짜/시간 함수	2-35
13 텍스트 함수	2-38
14 논리 함수	2-40

분석작업
15 정렬	2-42
16 부분합	2-43
17 데이터 표	2-45
18 목표값 찾기	2-47
19 시나리오	2-48
20 피벗 테이블	2-50
21 통합	2-53

기타작업
22 매크로	2-54
23 차트	2-57

상시 공략 문제 ▶

상시 공략 문제 01회	2-60
상시 공략 문제 02회	2-72
상시 공략 문제 03회	2-84
상시 공략 문제 04회	2-96
상시 공략 문제 05회	2-109
상시 공략 문제 06회	2-120
상시 공략 문제 07회	2-131
상시 공략 문제 08회	2-143
상시 공략 문제 09회	2-154
상시 공략 문제 10회	2-165

계산작업 문제 ▶

계산작업 문제 01회	2-178
계산작업 문제 02회	2-181
계산작업 문제 03회	2-184
계산작업 문제 04회	2-187
계산작업 문제 05회	2-190
계산작업 문제 06회	2-193
계산작업 문제 07회	2-196
계산작업 문제 08회	2-199
계산작업 문제 09회	2-202
계산작업 문제 10회	2-205

또기적 합격자료집

시험대비 모의고사 01~02회	PDF
핵심 이론	PDF

참여 방법
'이기적 스터디 카페' 검색 → 이기적 스터디 카페(cafe.naver.com/yjbooks) 접속
→ '구매 인증 PDF 증정' 게시판 → 구매 인증 → 메일로 자료 받기

실기 | 실습 파일 사용 방법

01 실습 파일 다운로드하기

1. 이기적 영진닷컴 홈페이지(license.youngjin.com)에 접속하세요.

2. [자료실]-[컴퓨터활용능력] 게시판으로 들어가세요.

3. '[7936] 2026년 컴퓨터활용능력 2급 올인원_부록 자료' 게시글을 클릭하여 첨부파일을 다운로드하세요.

02 실습 파일 설치하기

1. 다운로드받은 '7936(실기)' 압축 파일에서 마우스 오른쪽 버튼을 눌러 '7936(실기)'에 압축풀기를 눌러 압축을 풀어주세요.

2. 압축이 완전히 풀린 후에 '7936(실기)' 폴더를 더블 클릭하세요.

3. 압축이 제대로 풀렸는지 확인하세요. 아래의 그림대로 파일이 들어있어야 합니다. 그림의 파일과 다르다면 압축 프로그램이 제대로 설치되어 있는지 확인해 주세요.

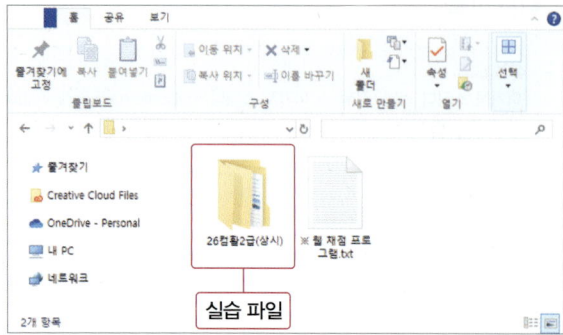

실기 | 자동 채점 서비스 사용 방법

01 웹 사이트 채점(설치없이 사용)

1. 인터넷 검색 창에 http://www.comlicense.co.kr/ 또는 이기적컴활.com을 입력하여 사이트에 접속합니다.

2. '년도선택: 2026', '교재선택: 이기적 컴퓨터활용능력 2급 올인원'을 선택한 후 [교재 선택 완료]를 클릭합니다.

3. '회차선택'에서 정답 파일을 선택, '작성파일선택'에서 [찾아보기]를 클릭하여 수험자가 작성한 파일을 가져온 후, [채점시작]을 버튼을 클릭합니다.

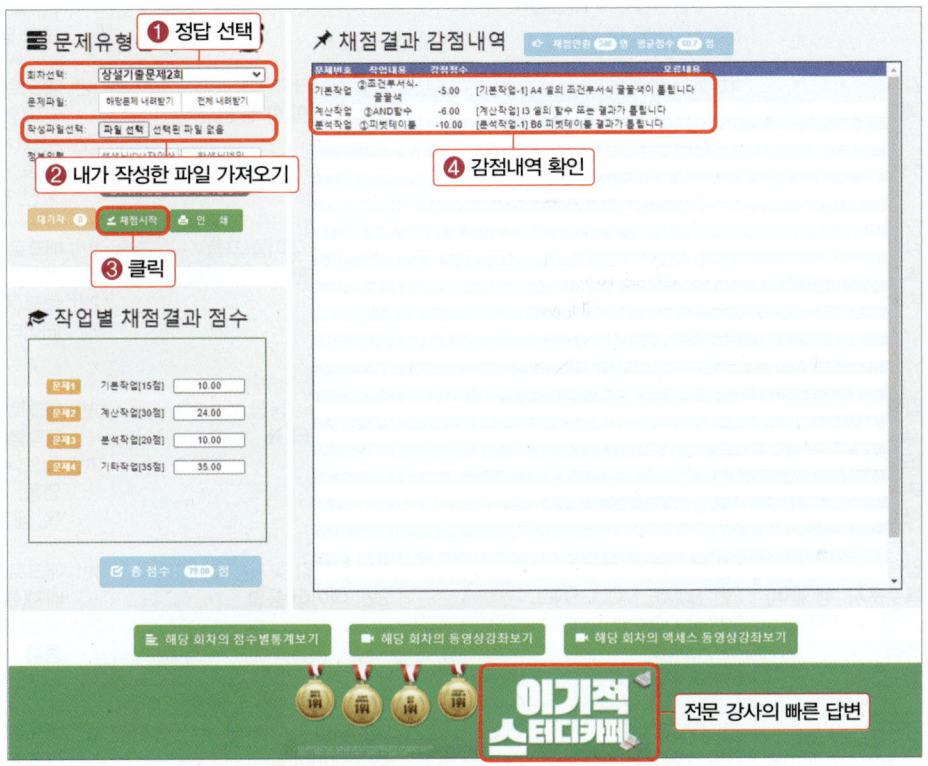

※ **웹 사이트 채점 프로그램 주의사항**
- 채점 프로그램은 일부 결과가 정확하지 않을 수 있으니 참고용으로 사용해주세요. 이럴 땐 정답 파일을 열어 비교해보시기 바랍니다.
- 인터넷이 연결되어 있지 않은 컴퓨터는 웹 사이트 채점을 이용할 수 없습니다.
- 개인 인터넷 속도, 수험생의 접속자 수에 따라 채점 속도가 다를 수 있습니다.
- 본 도서에서 제공하는 웹 채점 서비스는 1판 1쇄 기준 2년간 유효합니다.

실기 회별 숨은 기능 찾기

	기본작업	계산작업	분석작업	기타작업
1회	1번: 자료 입력 2번: 서식(셀 스타일, 행 높이, 사용자 지정, 이름 정의, 테두리) 3번: 텍스트 나누기	1번: IF, SUM 2번: ROUNDUP, HLOOKUP, LEFT 3번: COUNTIFS, AVERAGE, & 4번: ROUNDDOWN, AVERAGEIFS, MAX, MIN 5번: IF, MOD, DAY	1번: 피벗 테이블 2번: 데이터 표	1번: 매크로 2번: 차트
2회	1번: 자료 입력 2번: 서식(셀 스타일, 특수문자, #,##0(원)) 3번: 텍스트 나누기	1번: COUNTIFS, COUNT 2번: IF, MOD, MID 3번: CHOOSE, COUNTA 4번: IFERROR, RANK.EQ 5번: IF, TIME, RIGHT	1번: 피벗 테이블 (값 필드 서식) 2번: 데이터 표	1번: 매크로(단추(평균), 오각형(서식)) 2번: 차트(데이터 범위, 차트 제목, 축 서식, 데이터 레이블, 그림 영역 서식, 추세선)
3회	1번: 자료 입력 2번: 서식(메모 삽입, @ "예정") 3번: 고급 필터	1번: IF, RANK.EQ 2번: YEAR, TODAY, LEFT 3번: IF, AND, OR 4번: IFS, LARGE, SMALL 5번: INDEX, MATCH, LEFT	1번: 시나리오 2번: 부분합(합계, 평균)	1번: 매크로(단추(평균), 쉼표(쉼표)) 2번: 차트(차트 종류, 차트 제목 연동, 첫째 조각의 각, 3차원 회전, 레이블)
4회	1번: 자료 입력 2번: 서식(회계, yy/mm/dd) 3번: 조건부 서식(AND)	1번: IFS, YEAR 2번: CHOOSE, RANK.EQ 3번: INDEX, MATCH, MID 4번: SUMIFS 5번: SUMIF, COUNTIF	1번: 피벗 테이블(그룹) 2번: 부분합(최대값, 평균)	1번: 매크로(단추(계산식), 빗면(서식)) 2번: 차트(차트 제목, 차트 종류, 데이터 레이블, 계열 분할)
5회	1번: 자료 입력 2번: 서식(셀 스타일, #,##0원, 메모 삽입) 3번: 조건부 서식 (OR, LEFT, RANK.EQ)	1번: ROUND, AVERAGEIFS 2번: SWITCH, MONTH 3번: COUNTBLANK, COUNTA, & 4번: VLOOKUP, LARGE 5번: MID, SEARCH	1번: 데이터 통합 2번: 데이터 표	1번: 매크로(단추(계산식), 오각형(서식)) 2번: 차트(차트 종류, 차트 제목 연동, 데이터 레이블, 축 제목, 네온 효과)
6회	1번: 자료 입력 2번: 서식(특수문자, 행 높이, 0.0m, 0년, 셀 스타일) 3번: 고급 필터	1번: IFERROR, SWITCH, MID 2번: SUMIF, MODE.SNGL 3번: HLOOKUP, RIGHT 4번: DAYS 5번: IF, POWER	1번: 목표값 찾기 2번: 데이터 통합	1번: 매크로(단추(테두리), 배지(셀 스타일)) 2번: 차트(데이터 범위 수정, 차트 종류, 차트 제목 서식, 데이터 표, 축 제목)
7회	1번: 자료 입력 2번: 서식(행 높이, 셀 스타일, 이름 정의, 셀에 맞춤) 3번: 조건부 서식(셀 강조 규칙, 상위, 하위 규칙)	1번: DATE, MID 2번: RANDBETWEEN 3번: LARGE, SMALL, & 4번: ROUNDDOWN, IF 5번: INDEX, HLOOKUP	1번: 피벗 테이블(셀 서식, 옵션) 2번: 데이터 표	1번: 매크로(위쪽 리본(평균), 아래쪽 리본(테두리)) 2번: 차트(차트 제목 연동, 계열 겹치기, 데이터 표, 눈금선, 기본 설정)
8회	1번: 자료 입력 2번: 서식(한자, 메모, ★ 0.00, 사용자 서식) 3번: 조건부 서식(AVERAGE)	1번: IF, AND, AVERAGE 2번: SUMIF 3번: AVERAGEIFS, & 4번: TRUNC, AVERAGEIF 5번: IFERROR, CHOOSE, MID	1번: 정렬(사용자 지정) 2번: 데이터 통합	1번: 매크로(단추(계산식), 모서리가 접힌 도형(회계)) 2번: 차트(데이터 범위, 차트 종류, 3차원 회전, 데이터 레이블, 색 변경)
9회	1번: 자료 입력 2번: 서식(한자, 셀에 맞춤, #,##0원, 대각선 테두리) 3번: 고급 필터	1번: IF, LARGE 2번: VLOOKUP, AVERAGEIF 3번: CHOOSE, MOD 4번: ABS, DMAX 5번: HLOOKUP, RIGHT, &	1번: 부분합(최대값, 평균) 2번: 시나리오 관리자	1번: 매크로(단추(계산식), 직사각형(셀 스타일)) 2번: 차트(차트 종류, 3차원 회전, 밑면 서식, 데이터 레이블 설명선)
10회	1번: 자료 입력 2번: 서식(셀 스타일, 이름 정의, 백분율, #,###"천개", 대각선 테두리) 3번: 조건부 서식	1번: IF, COUNTBLANK 2번: IFERROR, CHOOSE, RANK.EQ 3번: INT, MOD, & 4번: VLOOKUP, MID 5번: ROUNDDOWN, DAVERAGE	1번: 정렬(사용자 지정) 2번: 목표값 찾기	1번: 매크로(단추(테두리), 모서리가 둥근 사각형(서식)) 2번: 차트(행, 열 전환, 차트 제목 연동, 축 서식(값을 거꾸로), 질감 효과)

합격 이론

CONTENTS

문제1	기본작업
문제2	계산작업
문제3	분석작업
문제4	기타작업

01 자료 입력

작업파일: '26컴활2급(상시)₩이론'에서 '기본작업' 파일을 열어 작업하세요.

출제유형 1 '기본작업1-1' 시트에 다음의 자료를 주어진 대로 입력하시오.

	A	B	C	D	E	F	G
1	꿈길 성장 캠프 운영 현황						
2							
3	프로그램코드	프로그램명	담당교사	체험일	체험비	준비물	신청인원
4	SS-111	수상 레포츠 체험	유가온	8월 8일	25,000	수영복	18
5	DL-123	드론 캠프	한정훈	8월 9일	21,000	편한 복장	19
6	AC-212	Art & Culture 창의 캠프	윤소정	8월 10일	19,500	운동화 착용	20
7	GA-219	글로벌 항공 영어 캠프	우영우	8월 11일	20,000	편한 복장	21
8	BG-235	배구성장 운동교실	변기준	8월 12일	18,000	운동화 착용	25
9	GC-420	Green cycle Art 경진대회	강주연	8월 16일	19,000	편한 복장	30
10	GS-210	감수성 제고 프로그램	윤여정	8월 17일	22,000	편한 복장	15
11	GG-312	건강관리 지원 프로그램	이향기	8월 18일	23,000	운동화 착용	26

출제유형 2 '기본작업1-2' 시트에 다음의 자료를 주어진 대로 입력하시오.

	A	B	C	D	E	F	G
1	7~9월 전시회 일정						
2							
3	전시회명	장소	분류	담당자	전시시작일	기간	주관
4	서울 펫쇼	SETEC	반려동물	박재영	9월 16일	3	㈜미래전람
5	상상체험 키즈월드	킨텍스	체험	김상호	7월 1일	52	그린투어, 제이투비
6	보드게임콘	코엑스	공연/이벤트	배주영	8월 14일	2	(사)한국보드게임산업협회
7	서울 코믹콘 & 팝콘	코엑스	예술/디자인	김해진	8월 25일	4	㈜엑스포럼
8	국제 관광박람회	킨텍스	여행	임선자	8월 11일	4	㈜한국전시산업원
9	메가쇼	SETEC	라이프	이은교	8월 25일	4	SBA, 메가쇼
10	FRIEZE SEOUL	코엑스	예술/디자인	노진주	9월 2일	3	프리즈

02 셀 서식

작업파일 : '26컴활2급(상시)\이론'에서 '기본작업' 파일을 열어 작업하세요.

출제유형1 '기본작업2-1' 시트에 다음의 지시사항을 처리하시오.

	A	B	C	D	E	F	G	H	I
1		상공유통 7월 분류 매출현황							
2								작성일 :	07월 31일
3		제품분류	제품명	강남		강북	경기		제품별합계
4				서초마트	방배마트	미아마트	수운마트	용인마트	
5		맥주	세계	128	159	207	160	350	1,004
6			국내	55	39	30	50	39	213
7		우유	흰우유	28	61	59	35	27	210
8			바나나우유	37	65	65	37	85	289
9			커피우유	88	39	78	67	31	303
10		김치	배추김치	71	95	54	76	57	353
11			맛김치	34	33	45	20	28	160
12			포기김치	109	91	127	67	75	469
13		마트별합계		550	582	665	512	692	
14		마트별평균		68.75	72.75	83.125	64	86.5	
15									

❶ [B1:I1] 영역은 '선택 영역의 가운데로', 셀 스타일 '출력', 글꼴 크기는 '14', 행의 높이를 30으로 지정하시오.

❷ [B1] 셀의 제목 '상공유통 7월 분류 매출현황'의 앞뒤에 특수문자 '♠'를 삽입하시오.

❸ [I2] 셀의 날짜는 '간단한 날짜' 형식으로 표시하시오.

❹ [B7] 셀의 '우유'를 한자 '牛乳'로 바꾸시오.

❺ [C5:C6] 영역은 사용자 지정 표시 형식을 이용하여 문자 뒤에 '맥주'를 [표시 예]와 같이 표시하시오.
  [표시 예 : 세계 → 세계맥주]

❻ [B5:B6], [B7:B9], [B10:B12], [B13:C13], [B14:C14] 영역은 '병합하고 가운데 맞춤'을 지정하고, [D4:H4] 영역은 '가로 가운데 맞춤', 글꼴 스타일 '굵게', 채우기 색 '표준 색 – 주황'으로 지정하시오.

❼ [D5:H12] 영역은 사용자 지정 표시 형식을 이용하여 숫자 왼쪽에 '▲' 기호를 셀 너비의 오른쪽에 '1000 단위 구분 기호'와 숫자 뒤에 '개'를 [예]와 같이 표시하고 [표시 예 : 5678 → ▲   5,678개, 0 → ▲   0개], [D14:H14] 영역은 소수 둘째 자리까지 표시하시오. [표시 예 : 65.8 → 65.80]

❽ [B3:I14] 영역에 '모든 테두리(田)'를 적용한 후 '굵은 바깥쪽 테두리(回)'를 적용하여 표시하고, [I13:I14] 영역은 '대각선(×)'으로 적용하여 표시하고, [B3:I4] 영역은 '아래쪽 이중 테두리'를 적용하시오.

❾ A열의 너비를 2로 조정하고, [C5:C12] 영역의 이름을 '제품명'으로 정의하고, [B13:B14] 영역의 텍스트 맞춤은 '가로 균등 분할'로 지정하시오.

❿ [I5] 셀에 '최고인기품목'이라는 메모를 삽입한 후 항상 표시되도록 지정하고, 메모 서식에서 맞춤 '자동 크기'를 설정하시오.

⓫ [G5:H12] 영역은 '선택하여 붙여넣기'를 이용하여 [K3] 셀에 있는 값 10을 더하여 표시하시오.

01 텍스트 맞춤

① [B1:I1] 영역을 범위 지정한 후 Ctrl+1을 누르고, [셀 서식] 대화상자의 [맞춤] 탭의 '가로'의 '선택 영역의 가운데로'를 선택하고 [확인]을 클릭한다.

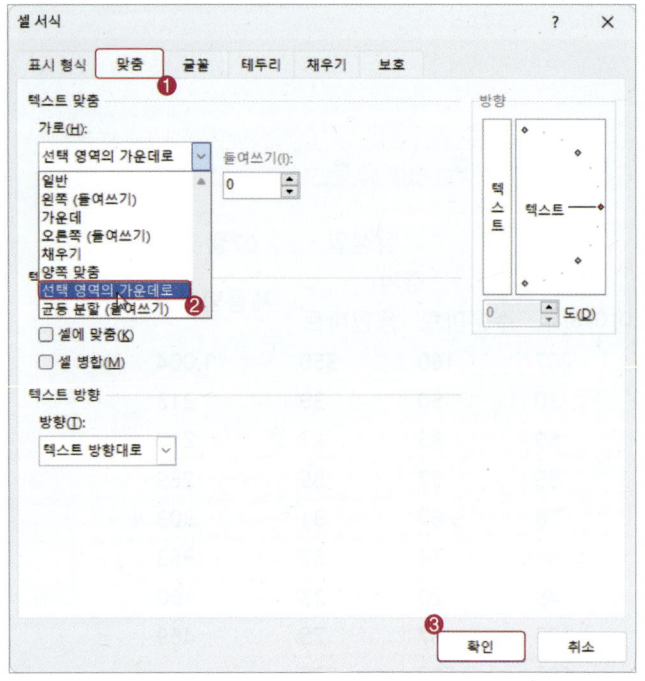

02 셀 스타일

① [B1:I1] 영역을 범위 지정한 후 [홈]-[스타일] 그룹에서 [셀 스타일]의 '출력'을 선택한다.

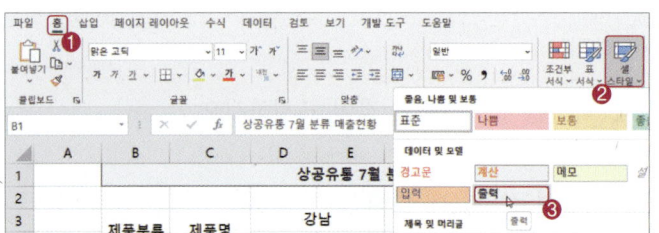

② [홈]-[글꼴] 그룹에서 글꼴 크기는 '14'로 지정하고, 1행 머리글에서 마우스 오른쪽 버튼을 눌러 [행 높이]를 선택한다.

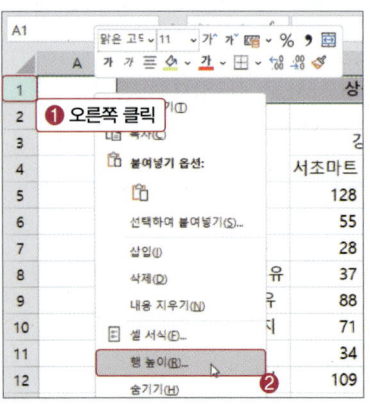

③ [행 높이] 대화상자에 30을 입력하고 [확인]을 클릭한다.

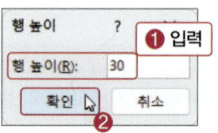

03 특수문자 삽입

① [B1] 셀을 선택한 후 수식 입력줄의 '상' 앞에서 마우스를 클릭한 후 'ㅁ'을 입력한 후 한자를 눌러 [보기 변경](▦)을 클릭하여 '♠'를 선택한다.

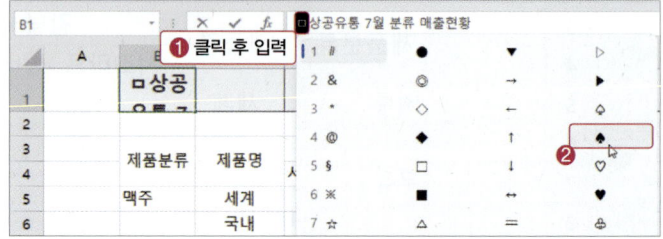

② 같은 방법으로 '황' 뒤에서 마우스를 클릭한 후 'ㅁ'을 입력한 후 한자를 눌러 '♠'를 삽입한다.

04 표시 형식

① [I2] 셀을 클릭한 후 [홈]-[표시 형식] 그룹에서 '간단한 날짜'를 선택한다.

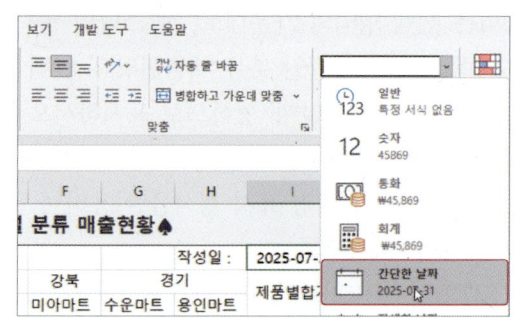

05 한자 변환

① [B7] 셀의 '우유' 뒤에서 더블클릭한 후 한자를 눌러 '牛乳'를 선택하고 [변환]을 클릭한다.

06 사용자 지정 서식

① [C5:C6] 영역을 범위 지정한 후 Ctrl+1을 누르고, [셀 서식] 대화상자의 [표시 형식] 탭의 '사용자 지정'에 @"맥주"를 입력하고 [확인]을 클릭한다.

> 🏁 기적의 TIP
>
> 셀 서식은 시험에 빠지지 않고 나오는 기능으로 작업이 비교적 쉬운 편이다. 특히, 사용자 지정 표시 형식 부분을 정확히 이해한다면 나머지 부분은 점수를 쉽게 얻을 수 있다.

07 셀 병합

① [B5:B6] 영역을 드래그하여 범위를 지정하고 Ctrl을 누른 상태에서 [B7:B9], [B10:B12], [B13:C13], [B14:C14] 영역을 차례로 드래그하여 범위를 지정한 후, [홈]–[맞춤] 그룹에서 [병합하고 가운데 맞춤](图)을 클릭한다.

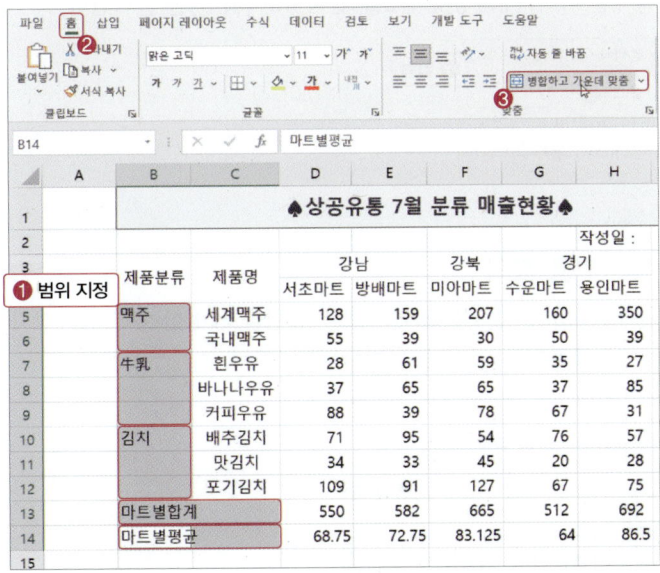

08 사용자 지정 서식

① [D4:H4] 영역을 드래그하여 범위를 지정한 후, [홈]–[맞춤] 그룹에서 [가운데 맞춤](≡)을 클릭하고 [글꼴] 그룹에서 글꼴 스타일 '굵게', [채우기 색](△▼) 도구를 클릭하여 '표준 색 – 주황'을 선택한다.

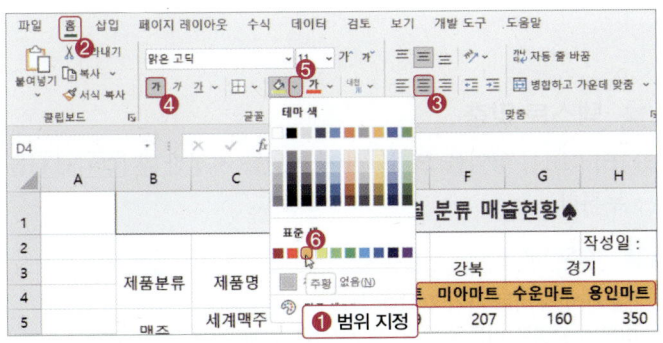

② [D5:H12] 영역을 드래그하여 범위를 지정한 후 Ctrl+1을 누르고, [셀 서식]에서 [표시 형식] 탭의 '사용자 지정'에 "▲" * #,##0"개"를 입력하고 [확인]을 클릭한다.

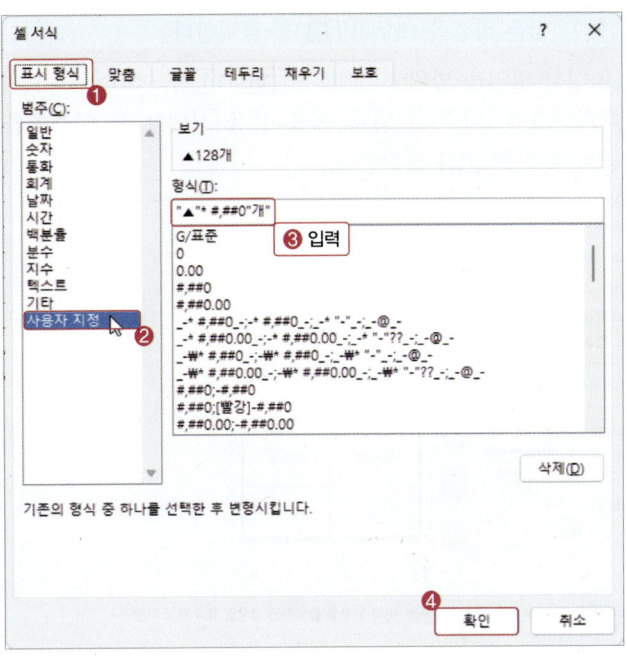

> 🏁 기적의 TIP
>
> * : 다음에 오는 내용을 셀 너비만큼 반복하여 표시
> 예 : *★ → ★★★★★ (★을 열 너비만큼 반복)
> ◎* 0 → ◎   0 (공백을 ◎와 숫자 사이에 열 너비만큼 반복)

> 🏁 기적의 TIP
>
> **셀 서식 바로가기**
> • 바로 가기 키 : Ctrl+1
> • 셀에서 오른쪽 마우스 버튼 클릭 후, F

> 🏁 기적의 TIP
>
> **#,###과 #,##0의 차이점**
>
> | 서식 | #,### | #,##0 |
> |---|---|---|
> | 1234 | 1,234 | 1,234 |
> | 0 | | 0 |
>
> #은 유효하지 않은 0은 표시하지 않는다.

③ [D14:H14] 영역을 드래그하여 범위를 지정한 후 Ctrl+1을 누르고, [셀 서식]에서 [표시 형식] 탭의 '사용자 지정'에 #.00을 입력하고 [확인]을 클릭한다.

> 🏁 기적의 TIP
>
> **#.##과 #.00의 차이점**
>
> | 서식 | #.## | #.00 |
> |---|---|---|
> | 12.3412 | 12.34 | 12.34 |
> | 12 | 12 | 12.00 |
>
> 0은 유효하지 않은 자릿수는 0으로 표시한다.

09 테두리

① [B3:I14] 영역을 드래그하여 범위를 지정한 후 [홈]-[글꼴] 그룹에서 [테두리](田▼) 도구의 [모든 테두리](田)를 클릭한 후 [굵은 바깥쪽 테두리](田)를 클릭한다.

② [B3:I4] 영역을 범위 지정한 후 Ctrl+1을 눌러 [셀 서식] 대화상자의 [테두리] 탭의 '이중 선'을 선택한 후 아래쪽을 클릭하고 [확인]을 클릭한다.

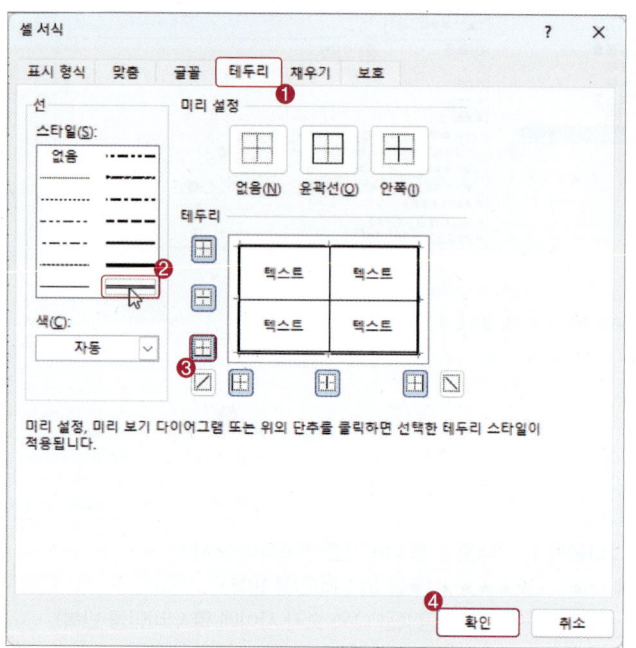

③ [I13:I14] 영역을 드래그하여 범위를 지정한 후 Ctrl+1을 누르고, [셀 서식]에서 [테두리] 탭의 '실선'을 선택한 후 대각선(☒, ☒)을 각각 클릭하고 [확인]을 클릭한다.

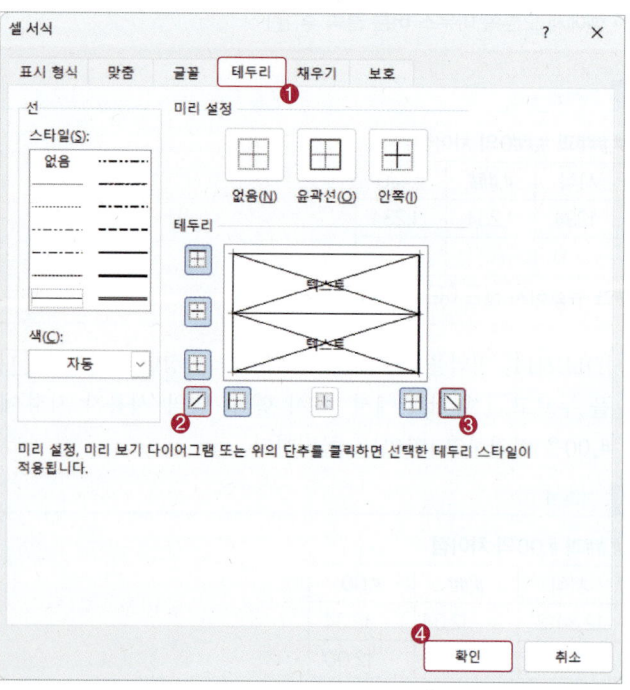

10 열 너비

① A열 머리글에서 마우스 오른쪽 버튼을 눌러 [열 너비]를 선택한다.

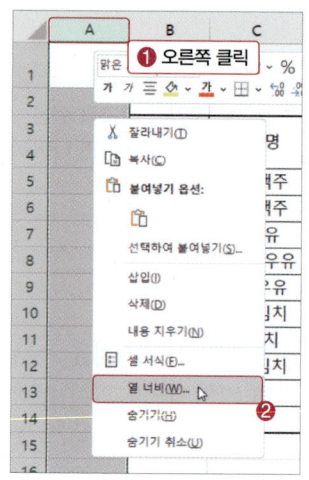

② [열 너비] 대화상자에 2를 입력하고 [확인]을 클릭한다.

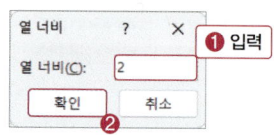

11 이름 정의

① [C5:C12] 영역을 드래그하여 범위를 지정한 후 '이름 상자'에 제품명을 입력하고 Enter를 누른다.

12 텍스트 맞춤

① [B13:B14] 영역을 드래그하여 범위를 지정한 후 Ctrl+1을 누른다.

> **기적의 TIP**
>
> [셀 서식]의 바로 가기 키 : Ctrl+1
> 마우스 오른쪽 버튼을 눌러 [셀 서식]을 선택하는 것과 동일하다.

② [셀 서식] 대화상자의 [맞춤] 탭에서 '가로'의 '균등 분할 (들여쓰기)'를 선택하고 [확인]을 클릭한다.

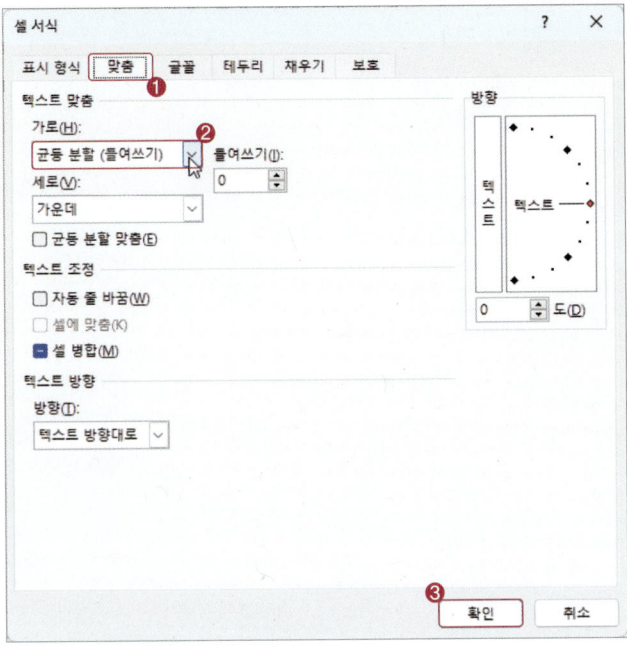

13 메모 삽입[새 노트]

① [I5] 셀에서 마우스 오른쪽 버튼을 눌러 [메모 삽입]을 선택한다.

② 기존 사용자 이름은 지우고 **최고인기품목**을 입력한다.

③ [I5] 셀에서 마우스 오른쪽 버튼을 눌러 [메모 표시/숨기기]를 선택한다.

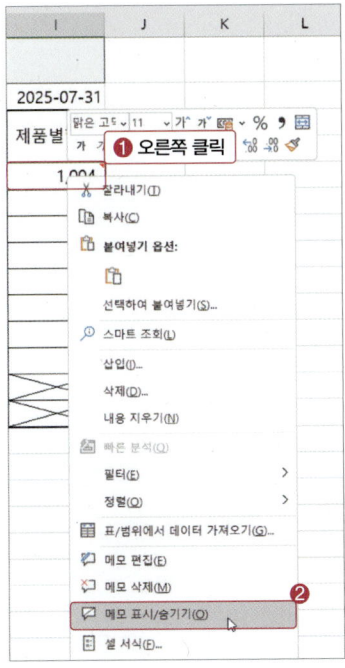

④ 메모 상자에서 마우스 오른쪽 버튼을 눌러 [메모 서식]을 선택한다.

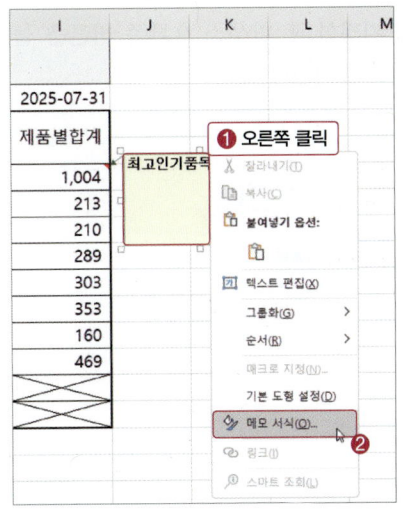

> **기적의 TIP**
>
> 메모 상자 안에서 마우스 오른쪽 버튼을 눌러 [메모 서식]을 선택하면 [글꼴] 탭만 표시되는 [메모 서식]이 표시된다.
> ※ 주의할 점 : 메모 상자의 경계라인을 클릭하여 커서가 깜박이지 않은 상태에서 [메모 서식]을 선택해야 함

⑤ [메모 서식] 대화상자의 [맞춤] 탭에서 '자동 크기'를 체크하고 [확인]을 클릭한다.

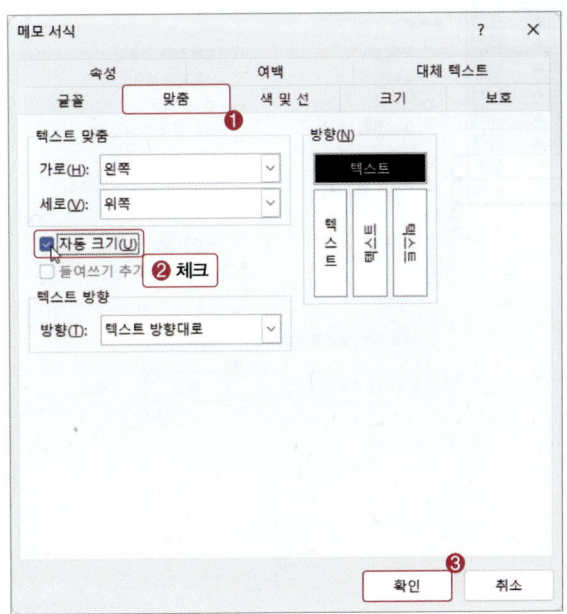

기본작업 2-15

14 선택하여 붙여넣기

① [K3] 셀을 선택한 후 Ctrl+C를 눌러 복사한다.
② [G5:H12] 영역을 범위 지정한 후 마우스 오른쪽 버튼을 눌러 [선택하여 붙여넣기]를 클릭한다.

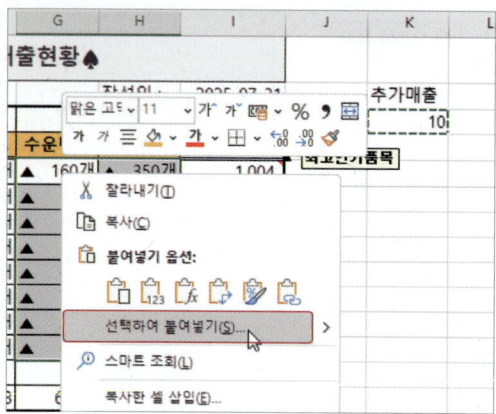

③ 붙여넣기에서는 '값', 연산에서는 '더하기'를 선택하고 [확인]을 클릭한다.

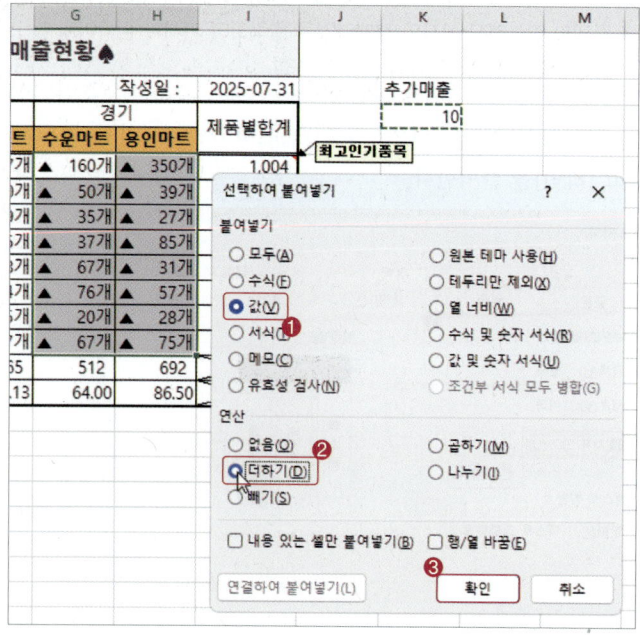

03 조건부 서식

작업파일 : '26컴활2급(상시)\이론'에서 '기본작업' 파일을 열어 작업하세요.

출제유형 1 '조건부1' 시트에 다음의 지시사항을 처리하시오.

[A4:G15] 영역에 대하여 직위가 '차장'이면서 총급여가 5,000,000 미만인 행 전체에 대하여 글꼴 스타일을 '굵게', 글꼴 색을 '표준 색 – 빨강'으로 지정하는 조건부 서식을 작성하시오.
▶ AND 함수 사용
▶ 단, 규칙 유형은 '수식을 사용하여 서식을 지정할 셀 결정'을 사용하고, 한 개의 규칙으로만 작성하시오.

① [A4:G15] 영역을 드래그하여 범위를 지정한 후 [홈]-[스타일] 그룹의 [조건부 서식]-[새 규칙]을 클릭한다.

② '▶ 수식을 사용하여 서식을 지정할 셀 결정'을 선택하고, =AND($C4="차장",$G4<5000000)를 입력하고 [서식]을 클릭한다.

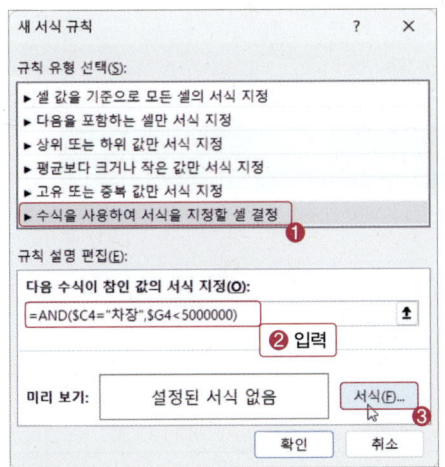

> **기적의 TIP**
>
> 조건부 서식을 잘못 작성하여 삭제하고자 할 때에는 [조건부 서식]-[규칙 지우기]를 클릭하여 [시트 전체에서 규칙 지우기]를 클릭한다.
> 만약, 전체를 지우지 않고 수정하고자 할 때는 조건부 서식을 지정한 영역을 범위 지정한 후 [조건부 서식]-[규칙 관리]를 클릭하여 작성한 조건부 서식을 선택한 후 [규칙 편집]을 클릭하여 수정한다.

> **기적의 TIP**
>
> 비교 연산자
>
> | 이상 | 크거나 같다 | >= |
> |---|---|---|
> | 초과 | 크다 | > |
> | 이하 | 작거나 같다 | <= |
> | 미만 | 작다 | < |

③ [글꼴] 탭에서 '글꼴 스타일'은 '굵게', '색'에서 '표준 색 – 빨강'을 선택하고 [확인]을 클릭한다.

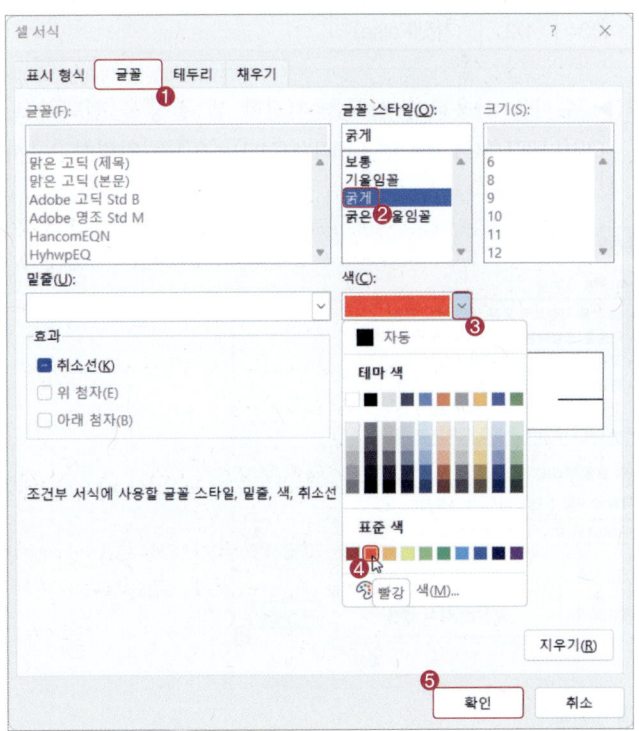

④ [새 서식 규칙]에서 [확인]을 클릭한다.

> **기적의 TIP**
>
> AND 함수 : 조건1, 조건2, .. 모든 조건이 참일 때에는 참(True)
>
> | 조건1 | 조건2 | 결과 |
> |---|---|---|
> | 3>2 | 5>2 | 참(True) |
> | 3>2 | 1>2 | 거짓(False) |
> | 1>2 | 5>2 | 거짓(False) |
> | 2>3 | 1>2 | 거짓(False) |

출제유형 2 '조건부2' 시트에 다음의 지시사항을 처리하시오.

[A4:F14] 영역에서 체험코드가 'P' 또는 'S'로 시작하는 행 전체에 대하여 배경색을 '표준 색 – 녹색'으로 지정하는 조건부 서식을 작성하시오.
▶ OR, LEFT 함수 사용
▶ 단, 규칙 유형은 '수식을 사용하여 서식을 지정할 셀 결정'을 사용하시오.

① [A4:F14] 영역을 드래그하여 범위를 지정한 후 [홈]-[스타일] 그룹의 [조건부 서식]-[새 규칙]을 클릭한다.

기적의 TIP

OR 함수 : 조건1, 조건2, .. 중 하나라도 참이면 참(True)

조건1	조건2	결과
3〉2	5〉2	참(True)
3〉2	1〉2	참(True)
1〉2	5〉2	참(True)
2〉3	1〉2	거짓(False)

② '▶ 수식을 사용하여 서식을 지정할 셀 결정'을 선택하고, =OR(LEFT($C4,1)="P",LEFT($C4,1)="S")를 입력하고 [서식]을 클릭한다.

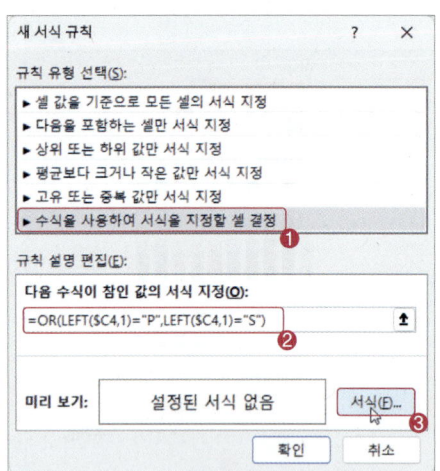

기적의 TIP

[채우기] 탭의 색상명을 확인하는 방법

'배경색'의 색상표에 마우스 포인터를 두어도 색상명을 확인할 수 없어 문제에서 요구한 색상명을 정확하게 지정하기 위해서는 '무늬 색'을 클릭하여 문제에서 요구한 색상에 마우스 포인터를 두고 색상명을 확인만 하고 실제 서식은 배경색에서 해당 색상을 선택해야 한다.

③ [채우기] 탭에서 '녹색'을 선택하고 [확인]을 클릭한다.

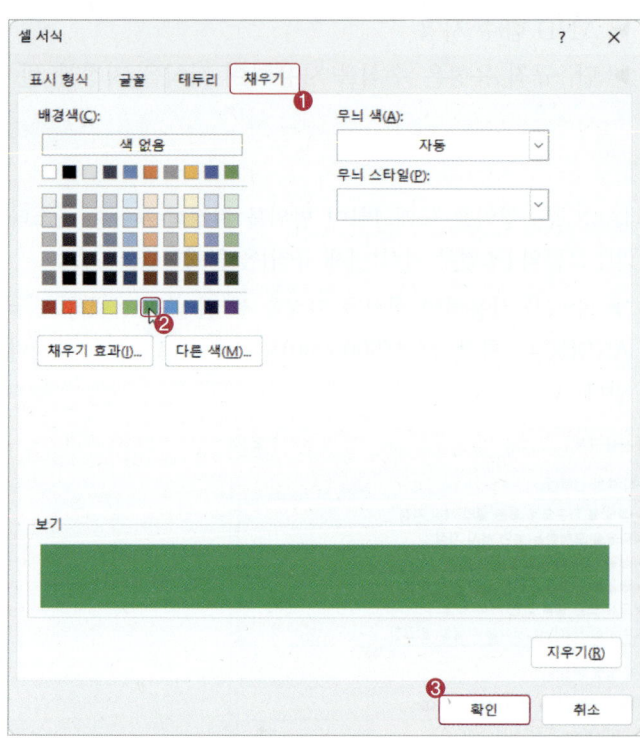

④ [새 서식 규칙]에서 [확인]을 클릭한다.

더알기 TIP

수식과 참조

1 F4 를 이용한 참조 형태 변경

① 수식에서 절대참조나 상대참조 형태의 셀 주소를 입력할 때 $를 직접 입력할 수도 있지만, F4 를 이용하면 좀 더 편리하게 입력할 수 있다.
② [A1] → (F4 누름) → [$A$1] → (F4 누름) → [A$1] → (F4 누름) → [$A1] → (F4 누름) → [A1]
③ F4 를 누르면 상대참조 → 절대참조 → 혼합참조(행 절대참조) → 혼합참조(열 절대참조) → 상대참조 순으로 바뀐다.

2 수식

① 일반 수식이나 함수를 입력하는 경우처럼 수식을 입력할 경우에는 반드시 '='을 먼저 입력해야 한다.
② 조건부 서식에는 '=' 대신 '+'를 사용해도 적용된다.
③ 수식 입력 시 셀 주소에 '$'를 붙이는 이유는 조건에 맞는 데이터가 있는 셀과 같은 행 전체에 서식을 적용하기 위한 것이다.

고급 필터/자동 필터

작업파일 : '26컴활2급(상시)₩이론'에서 '기본작업' 파일을 열어 작업하세요.

 합격 강의

출제유형 1 '고급 필터1' 시트에 다음의 지시사항을 처리하시오.

'신입사원 합격 현황' 표에서 성별이 '남'이면서 총점이 250 이상인 데이터의 '응시번호', '성명', '서류', '필기', '면접'을 고급 필터를 사용하여 검색하시오.

▶ 고급 필터 조건은 [A20:B21] 범위 내에 알맞게 입력하시오.
▶ 고급 필터 결과 복사 위치는 동일 시트의 [A25] 셀에서 시작하시오.

	A	B	C	D	E	F	G
1	신입사원 합격 현황						
2							
3	응시번호	성명	성별	서류	필기	면접	총점
4	2503001	이용현	남	84	88	90	262
5	2503002	이현승	여	96	97	95	288
6	2503003	조유미	여	75	77	80	232
7	2503004	강한성	남	59	52	62	173
8	2503005	변기용	남	62	69	80	211
9	2503006	하숙지	여	81	84	90	255
10	2503007	최고주	남	91	90	84	265
11	2503008	오영심	여	97	95	92	284
12	2503009	임희선	여	83	86	90	259
13	2503010	고소연	여	85	88	82	255
14	2503011	김만석	남	96	94	95	285
15	2503012	백치미	여	77	76	78	231
16	2503013	진성유	여	57	52	60	169
17	2503014	한지석	남	68	69	62	199
18	2503015	송우민	남	85	87	87	259
19							

---

① 조건을 그림과 같이 [A20:B21] 영역에 입력하고, 추출할 필드명을 [A25:E25] 영역에 입력한다.

	A	B	C	D	E	F
19						
20	성별	총점				
21	남	>=250				
22			❶ 입력			
23						
24						❷ 입력
25	응시번호	성명	서류	필기	면접	
26						

② 데이터 영역에 마우스 포인터를 두고 [데이터]-[정렬 및 필터] 그룹의 [고급]( )을 클릭한다.

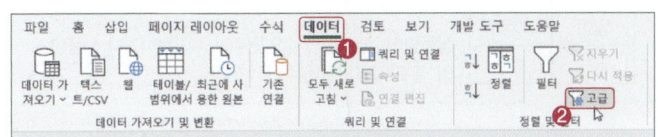

> **기적의 TIP**
> 조건과 추출할 필드명은 가능한 한 직접 입력하지 않고, 데이터에서 복사/붙여넣기를 하면 오타를 줄일 수 있고, 오류도 줄일 수 있다.

③ [고급 필터]에서 결과는 '다른 장소에 복사'를 선택하고, 목록 범위에 $A$3:$G$18, 조건 범위에 $A$20:$B$21, 복사 위치에 $A$25:$E$25를 입력하고 [확인]을 클릭한다.

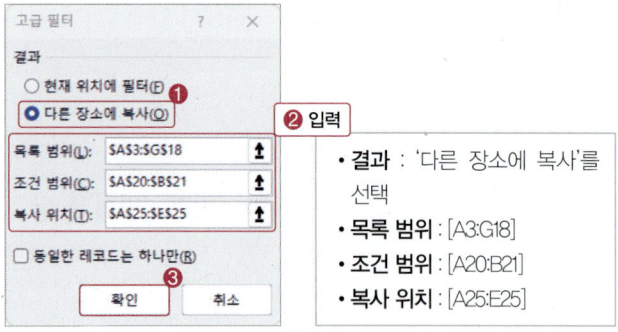

- **결과** : '다른 장소에 복사'를 선택
- **목록 범위** : [A3:G18]
- **조건 범위** : [A20:B21]
- **복사 위치** : [A25:E25]

+ **더알기 TIP**

고급 필터 조건

1 AND 조건 : 조건을 같은 행에 입력한다.

구분	할인금액
비회원	<=70000

구분이 '비회원'이면서 할인금액이 70000 이하

상품명	구분	할인금액
일반	비회원	<=70000

상품명이 '일반'이고 구분이 '비회원'이면서 할인금액이 70000 이하

2 OR 조건 : 조건을 다른 행에 입력한다.

상품명	구분
일반	
	비회원

상품명이 '일반'이거나 구분이 '비회원'

상품명	구분	할인금액
일반		
	비회원	
		<=70000

상품명이 '일반'이거나 구분이 '비회원'이거나 할인금액이 70000 이하

상품명
일반
골드

상품명이 일반이거나 골드

3 AND와 OR 결합 조건 : 하나의 필드에 여러 조건을 지정할 수 있다. AND 조건이 먼저 계산된다.

상품명	인원수
일반	<=4
골드	<=4

상품명이 '일반'이면서 인원수가 4 이하이거나 상품명이 '골드'이면서 인원수가 4 이하

+ **더알기 TIP**

[고급 필터] 대화상자

- **목록 범위** : [A3:G18] 영역 안쪽에 커서를 두고 [데이터] 탭의 [고급]을 클릭하면 자동으로 인식
- **조건 범위** : 조건 범위를 입력할 텍스트 상자를 마우스로 한 번 클릭한 후 [A20:B21] 영역을 드래그하면 자동으로 범위가 추가됨
- **복사 위치** : 추출할 필드명이 있는 [A25:E25] 영역으로 지정('다른 장소에 복사'를 선택해야 함)

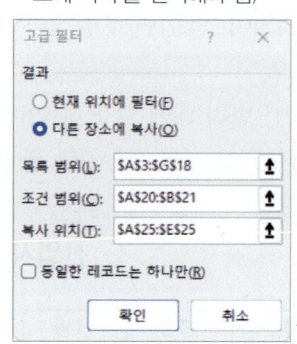

+ **더알기 TIP**

고급 필터 조건에 수식 이용

고급 필터 조건에 수식을 이용할 때에는 데이터 안쪽에 있는 필드명과 동일하게 사용할 수 없다.

예) '고급 필터2' 시트에서 필기 점수가 면접 점수보다 높은 데이터만 추출할 때

〈조건〉

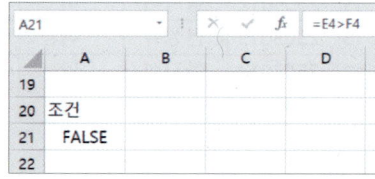

① 필드명은 '필기', '면접'이 아닌 '조건'으로 사용자가 임의로 필드명을 작성하면 된다.
② =E4>F4 : 필기 데이터의 첫 번째 셀[E4], 면접 데이터의 첫 번째 셀 [F4]를 조건으로 작성하면 E4>F4, E5>F5, E6>F6, .. 등으로 셀을 비교하여 조건을 만족하는 데이터를 추출할 수 있다.

〈결과〉

	A	B	C	D	E	F	G	H
22								
23	응시번호	성명	성별	서류	필기	면접	총점	
24	2503002	이현승	여	96	97	95	288	
25	2503007	최고주	남	91	90	84	265	
26	2503008	오영심	여	97	95	92	284	
27	2503010	고소연	여	85	88	82	255	
28	2503014	한지석	남	68	69	62	199	
29								

필기 점수가 면접 점수보다 높은 데이터만 추출된 결과를 확인할 수 있다.

출제유형 2 '고급 필터2' 시트에 다음의 지시사항을 처리하시오.

'상공주식회사 인사 관리 현황' 표에서 부서가 경리부이거나 급여가 4,000,000 이상인 데이터를 고급 필터를 사용하여 검색하시오.
▶ 고급 필터 조건은 [A18:C20] 범위 내에 알맞게 입력하시오.
▶ 고급 필터 결과 복사 위치는 동일 시트의 [A23] 셀에서 시작하시오.

	A	B	C	D	E	F	G
1	상공주식회사 인사 관리 현황						
2							
3	사원명	성별	부서	직위	입사년도	급여	
4	최민지	여	기획부	대리	2020	3,300,000	
5	한선택	남	홍보부	대리	2021	3,000,000	
6	황철수	남	영업부	사원	2023	2,400,000	
7	조인성	남	기획부	사원	2024	2,450,000	
8	신유선	여	경리부	부장	2010	4,950,000	
9	배영수	남	홍보부	사원	2022	2,500,000	
10	정유라	여	경리부	대리	2019	3,200,000	
11	김진우	남	기획부	부장	2011	4,800,000	
12	김윤아	여	영업부	과장	2015	4,200,000	
13	박기주	남	경리부	사원	2023	2,500,000	
14	이재희	여	홍보부	과장	2017	3,950,000	
15	임준표	남	영업부	대리	2018	3,150,000	
16							

① 조건을 그림과 같이 [A18:B20] 영역에 입력한다.

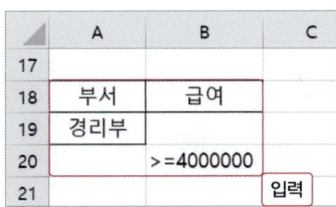

② 데이터 영역에 마우스 포인터를 두고 [데이터]-[정렬 및 필터] 그룹의 [고급](📋)을 클릭한다.

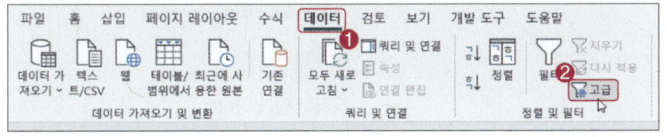

③ [고급 필터]에서 결과는 '다른 장소에 복사'를 선택하고, 목록 범위에 $A$3:$F$15, 조건 범위에 $A$18:$B$20, 복사 위치에 $A$23을 입력하고 [확인]을 클릭한다.

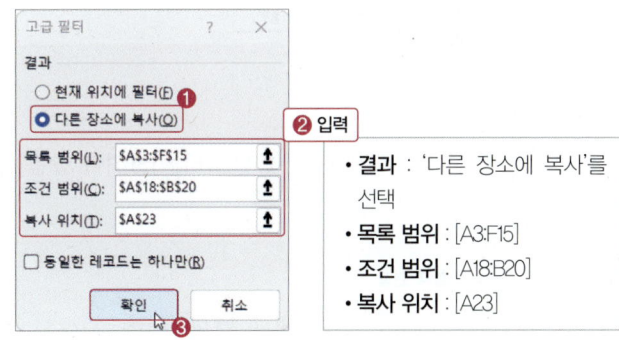

- **결과** : '다른 장소에 복사'를 선택
- **목록 범위** : [A3:F15]
- **조건 범위** : [A18:B20]
- **복사 위치** : [A23]

> **출제유형 3** '자동필터' 시트에 다음의 지시사항을 처리하시오.
>
> '합격 현황' 표에서 성별이 '여'이면서 총점이 250 이상인 데이터만 자동 필터를 사용하여 검색하시오.

① 데이터 안쪽에서 커서를 두고 [데이터]-[정렬 및 필터] 그룹의 [필터](▽)를 클릭한다.

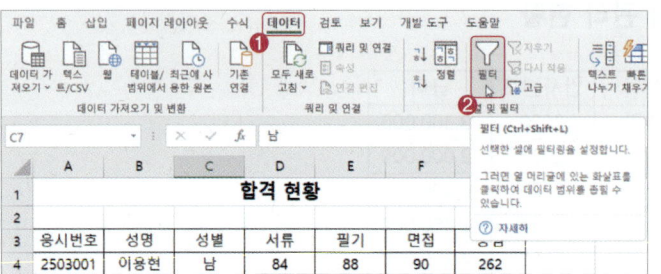

② [C3] 셀에서 목록 단추를 클릭하여 '(모두 선택)'을 클릭하여 선택을 해제한 후에 '여'만을 선택하고 [확인]을 클릭한다.

③ [G3] 셀의 목록 단추를 클릭하여 [숫자 필터]-[크거나 같음] 메뉴를 선택한다.

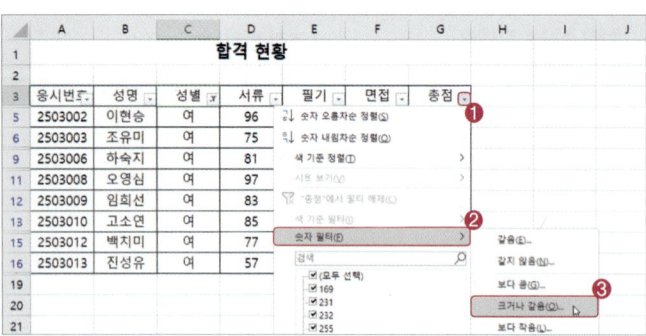

> **기적의 TIP**
>
> 성별에서 조건을 지정한 필드명 [C3]의 목록 단추가 ▽에서 ▼로 변경된다.

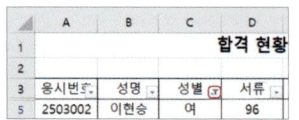

④ [사용자 지정 자동 필터]에서 250을 입력하고 [확인]을 클릭한다.

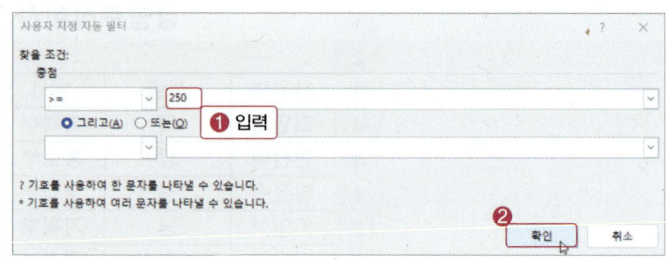

> **기적의 TIP**
>
> 자동 필터를 해제할 때에는 [데이터]-[정렬 및 필터] 탭에서 [필터]를 클릭하여 해제할 수 있다.

> **기적의 TIP**
>
> 필터의 조건만을 지울 때에는 [지우기]를 클릭한다.

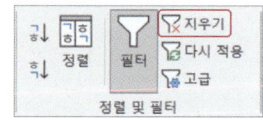

> **더알기 TIP**
>
> **사용자 지정 조건**
>
> | 목록 사용 | 예제 | 설명 |
> |---|---|---|
> | = | | 같다 |
> | <> | | 같지 않다 |
> | > | | 크다(초과) |
> | >= | | 크거나 같다(이상) |
> | < | | 작다(미만) |
> | <= | | 작거나 같다(이하) |
> | 시작 문자 | =비* | 시작 문자가 '비'로 시작하는 데이터 |
> | 제외할 시작 문자 | <>삼* | 시작 문자가 '삼'으로 시작하지 않는 데이터 |
> | 끝 문자 | =*오 | 마지막 문자가 '오'인 데이터 |
> | 제외할 끝 문자 | <>*삼 | 마지막 문자가 '삼'으로 끝나지 않는 데이터 |
> | 포함 | =*디* | '디'라는 문자열을 포함하는 데이터 |
> | 포함하지 않음 | <>*디* | '디'라는 문자열을 포함하지 않는 데이터 |
> | 한 문자 대표 | =????? | 한 문자를 대표(다섯 글자) |

05 텍스트 나누기

작업파일 : '26컴활2급(상시)₩이론'에서 '기본작업' 파일을 열어 작업하세요.

출제유형 1 '텍스트1' 시트에 다음의 지시사항을 처리하시오.

[A3:A10] 영역의 데이터를 텍스트 나누기를 실행하여 나타내시오.
▶ 데이터는 세미콜론(;)으로 구분되어 있음
▶ '연고지' 열은 제외할 것

① [A3:A10] 영역을 범위 지정한 후, [데이터]-[데이터 도구] 그룹의 [텍스트 나누기](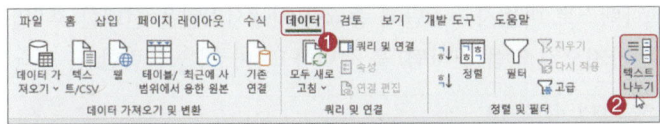)를 클릭한다.

② [텍스트 마법사 - 3단계 중 1단계] 중에서 '구분 기호로 분리됨'을 선택하고 [다음]을 클릭한다.

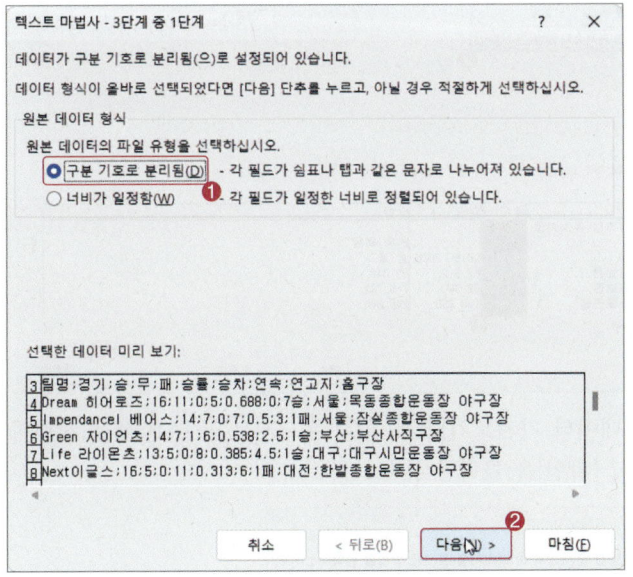

③ [텍스트 마법사 - 3단계 중 2단계] 중에서 구분 기호 '세미콜론(;)'만 선택하고 [다음]을 클릭한다.

④ [텍스트 마법사 - 3단계 중 3단계] 중에서 '연고지'를 선택하고 '열 가져오지 않음(건너뜀)'을 선택한 후 [마침]을 클릭한다.

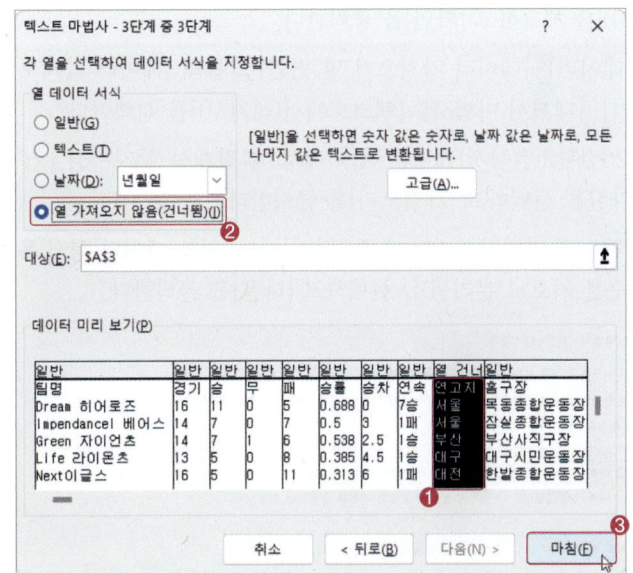

⑤ 열 머리글 A와 B, I와 J 사이의 경계라인을 더블클릭하여 모든 내용이 표시되도록 조절한다.

06 외부 데이터 가져오기

작업파일 : '26컴활2급(상시)₩이론'에서 '기본작업' 파일을 열어 작업하세요.

출제유형1 '외부데이터1' 시트에 다음의 지시사항을 처리하시오.

다음의 텍스트 파일을 열고, 생성된 데이터를 '외부데이터1' 시트의 [A1:C9] 영역에 붙여넣으시오.
▶ [파일]-[옵션]의 '데이터'-[텍스트에서(레거시)]를 체크하고 '레거시 마법사' 이용
▶ 외부 데이터 파일명은 '환경개선 투자자금.txt'임
▶ 외부 데이터는 탭으로 구분되어 있음
▶ 1, 3, 4 열만 가져오시오.

① [파일]-[옵션]을 클릭하여 [데이터] 탭에서 '텍스트에서(레거시)'를 체크하고 [확인]을 클릭한다.

② [데이터]-[데이터 가져오기 및 변환] 그룹의 [데이터 가져오기]-[레거시 마법사]-[텍스트에서(레거시)]를 선택한다.

③ '26컴활2급(상시)₩이론' 폴더에서 '환경개선 투자자금.txt' 파일을 선택하고 [가져오기]를 클릭한다.

④ [텍스트 마법사 - 3단계 중 1단계]에서 '원본 데이터 형식'은 '구분 기호로 분리됨'을 선택하고 [다음]을 클릭한다.

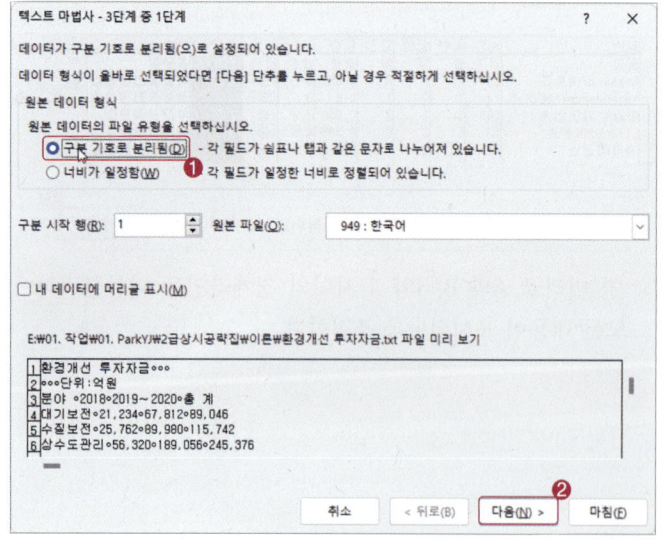

⑤ [텍스트 마법사 - 3단계 중 2단계]에서 '구분 기호'는 '탭'을 체크하고 [다음]을 클릭한다.

⑥ [텍스트 마법사 - 3단계 중 3단계]에서 2열을 선택한 후 '열 가져오지 않음(건너뜀)'을 선택하고 [마침]을 클릭한다.

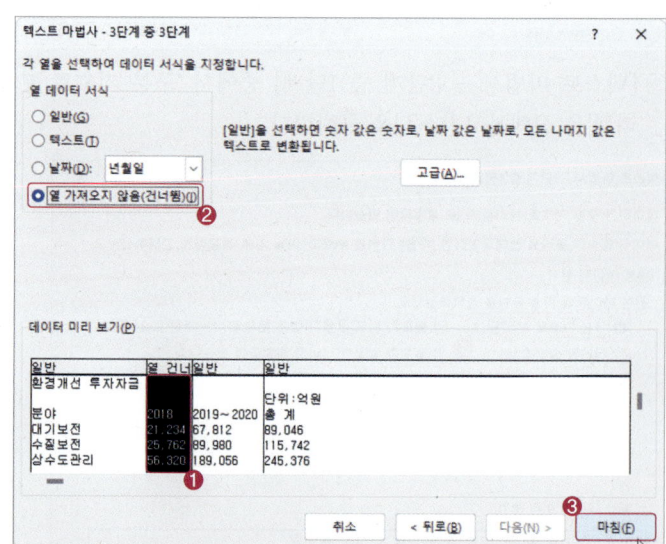

⑦ [데이터 가져오기]에서 '기존 워크시트'의 [A1] 셀을 선택하고 [확인]을 클릭한다.

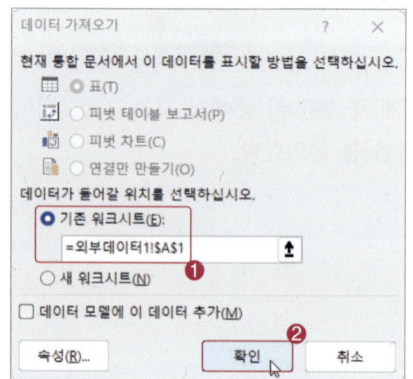

07 그림 복사/붙여넣기/연결하여 붙여넣기

작업파일 : '26컴활2급(상시)₩이론'에서 '기본작업' 파일을 열어 작업하세요.

출제유형 1 '그림1' 시트의 [H16:L17] 영역을 복사한 다음 [D4] 셀에 '연결하여 그림 붙여넣기'를 이용하여 붙여 넣으시오.

▶ 단, 원본 데이터는 삭제하지 마시오.

① [H16:L17] 영역을 드래그하여 범위를 지정한 후, [홈]-[클립보드] 그룹의 [복사]를 클릭한다.

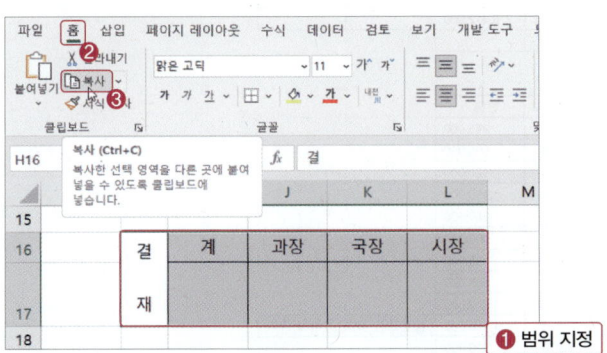

② [D4] 셀을 클릭한 후, [홈]-[클립보드] 그룹의 [붙여넣기]-[기타 붙여넣기 옵션]-[연결된 그림]을 클릭한다.

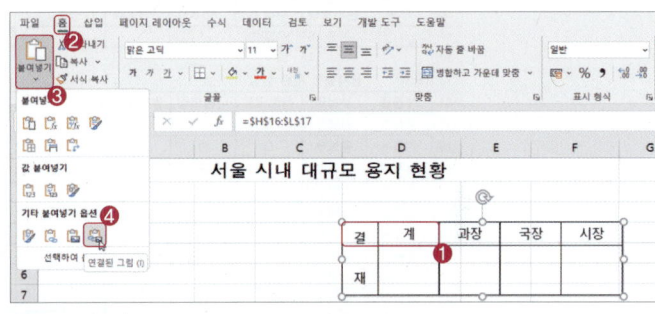

> **기적의 TIP**
>
> 연결된 그림으로 붙여넣기를 하면 연결된 데이터가 수정되면 같이 변경된다.
> 예를 들어 [I16] 셀의 '계'를 '담당'으로 수정하면 그림으로 붙여넣은 결재란의 '계'가 '담당'으로 변경되는 것을 확인할 수 있다.

08 데이터베이스 함수

작업파일 : '26컴활2급(상시)\이론'에서 '계산작업' 파일을 열어 작업하세요.

출제유형 1 '데이터베이스' 시트에 다음의 문제를 처리하시오.

	A	B	C	D	E	F	G	H	I	J	K	L	M	N	O
1	[표1]	공연 예매 현황							[표2]	영업사원별 판매현황					
2	구분	공연명	공연장	공연료	예매량				지점	사원명	판매량	판매총액			
3	연극	우리상회	호소극장	28,500	1,124				강남	김민서	585	7,020,000			
4	무용	마타하리	무용공간	39,000	1,351				강남	김강후	594	7,128,000			
5	연극	골든타임	상상마당	30,000	1,122				강남	이지우	696	8,352,000			
6	뮤지컬	굿마스크	아트센터	40,000	1,452				강남	강예준	857	10,284,000			
7	무용	바야데르	더춤	45,500	1,753				강북	최건우	584	7,008,000			
8	연극	시크릿	롤링홀	24,500	1,654		<조건>		강북	성우진	429	5,148,000			
9	뮤지컬	라이온킹	늘아트홀	35,800	1,324				강북	신서영	826	9,912,000			
10	무용	돈키호테	수무용	50,000	1,647				강북	이민재	701	8,412,000			
11		무용 예매량 합계								강북 우수사원 판매총액 평균					
12															
13	[표3]	봉사활동 지원 현황							[표4]	스마트폰 가격표					
14	사원명	부서명	사랑의집	나눔의집	평화의집				제품코드	제조회사	저장용량	판매가			
15	장서희	영업부			O				GA-100	상공전자	64GB	945,000			
16	유일우	홍보부	O	O					IP-100	대한전자	32GB	895,000			
17	전지영	기획부		O	O				NO-100	우리전자	64GB	920,000			
18	조규철	기획부							IP-200	대한전자	128GB	1,150,000			
19	정종인	영업부	O	O	O				GA-200	상공전자	64GB	980,000			
20	민지혜	홍보부		O					IP-300	대한전자	64GB	900,000			
21	김종욱	홍보부	O		O				NO-300	우리전자	32GB	885,000			
22	이신숙	기획부							IP-400	대한전자	64GB	985,000			
23	박원준	홍보부		O	O				GA-300	상공전자	128GB	1,200,000			
24	강지선	영업부	O		O				NO-400	우리전자	128GB	1,100,000	상공전자 최고-최저가 차이		
25		사랑의집에 지원한 홍보부 사원수							GA-400	상공전자	32GB	900,000			
26															
27	[표5]	경기도 동호회 현황							[표6]	중간고사 성적표					
28	회원명	성별	지역	가입년도					성명	성별	국어	영어	수학	총점	
29	김지인	여	안산	2018					이용해	여	88	89	90	267	
30	조명철	남	수원	2015					왕고집	남	79	85	69	233	
31	최윤희	여	수원	2015					안면상	여	92	90	89	271	
32	원미경	여	시흥	2016					경운기	남	94	95	89	278	
33	황만수	남	안산	2015					김치국	남	86	92	90	268	
34	조현우	남	화성	2018					오지람	여	90	95	92	277	
35	박예진	여	안양	2015					최고운	여	88	84	80	252	
36	유선호	남	안산	2018					남달리	남	77	80	79	236	
37	김환섭	남	화성	2017					오심판	남	80	85	90	255	
38	윤정희	여	수원	2018											
39		안산 회원수								조건에 맞는 학생의 총점 평균					
40															
41															

❶ [표1]에서 구분[A3:A10]이 '무용'인 예매량[E3:E10]의 합계를 계산하여 [E11] 셀에 표시하시오.
  ▶ 조건은 [G9:G10] 영역에 입력
  ▶ 계산된 무용 예매량 합계 뒤에 '매'를 포함하여 표시 [표시 예 : 3매]
  ▶ DSUM, DCOUNT, DAVERAGE 함수 중 알맞은 함수와 & 연산자 사용

❷ [표2]에서 지점[I3:I10]이 "강북"이면서 판매량[K3:K10]이 700 이상인 사원들의 판매총액[L3:L10] 평균을 [L11] 셀에 계산하시오.
  ▶ 조건은 [M9:N10] 영역에 입력
  ▶ DSUM, DCOUNT, DAVERAGE 함수 중 알맞은 함수 사용

❸ [표3]에서 사랑의 집[C15:C24]에 봉사활동을 지원한 부서[B15:B24] 중 "홍보부"의 사원수를 [E25] 셀에 계산하시오.
  ▶ 조건은 [G24:G25] 영역에 입력
  ▶ DCOUNT, DCOUNTA, DSUM 함수 중 알맞은 함수와 & 연산자 사용
  ▶ [표시 예]와 같이 숫자 뒤에 "명"을 표시 [표시 예 : 2명]

❹ [표4]에서 제조회사[J15:J25]가 '상공전자'인 스마트폰의 판매가[L15:L25] 최고와 최저 판매가의 차이를 [M25] 셀에 계산하시오.
  ▶ DMAX와 DMIN 함수 사용

❺ [표5]에서 지역[C29:C38]이 '안산'인 동호회원수를 [D39] 셀에 계산하시오.
  ▶ DSUM, DCOUNT, DMAX 함수 중 알맞은 함수와 & 연산자 사용
  ▶ 숫자 뒤에 "명"을 표시 [표시 예 : 2명]

❻ [표6]에서 성별[J29:J37]이 "남"이면서 영어[L29:L37]가 90 이상이거나 성별[J29:J37]이 "여"이면서 수학 [M29:M37]이 90 이상인 학생의 총점[N29:N37]에 대한 평균[L40]을 구하시오.
  ▶ [I39:K41] 영역에 조건 입력
  ▶ DAVERAGE, DSUM, DCOUNTA, DCOUNT 중 알맞은 함수 사용

DSUM	조건에 맞는 데이터의 합계를 구함
DAVERAGE	조건에 맞는 데이터의 평균을 구함
DCOUNT	조건에 맞는 데이터에서 숫자 개수를 구함
DCOUNTA	조건에 맞는 데이터에서 공백이 아닌 데이터의 개수를 구함
DMAX	조건에 맞는 데이터의 최대값을 구함
DMIN	조건에 맞는 데이터의 최소값을 구함
DSTDEV	조건에 맞는 데이터의 표준편차를 구함

➕ 더알기 TIP

데이터베이스 함수의 형식

| 형 식 | =DSUM(데이터베이스 범위, 필드, 조건 범위)
                    ①   ②   ③

① 데이터베이스 범위 : 필드 제목과 데이터로 구성되어 있는 범위
② 필드 : 계산을 수행하고자 하는 필드(열)의 번호(첫 번째 열부터 1로 시작하여 번호가 매겨짐)
② 필드 번호 대신에 필드명의 주소를 지정해도 가능함('5' 대신에 [E2])
③ 조건 범위 : 필드 제목과 조건으로 구성되어 있는 범위

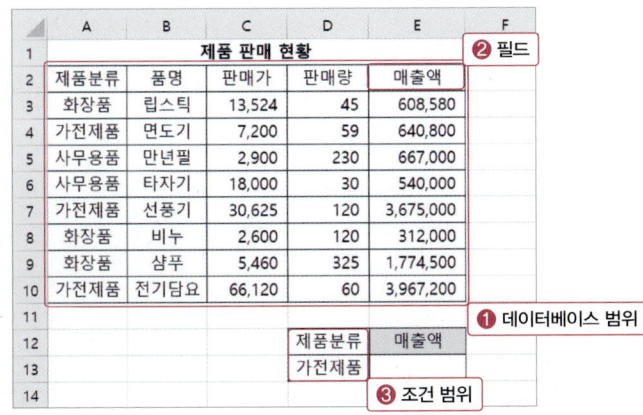

| 예 제 | =DSUM(A2:E10,5,D12:D13)
| 결 과 | 8,283,000

① [G9:G10] 영역에 그림과 같이 **구분, 무용**을 차례로 입력한다.

📌 기적의 TIP

수식을 작성한 후 수식을 복사할 때 공통으로 참조하는 영역은 절대 참조를 반드시 해야 한다. 단, 수식을 하나의 셀에만 작성한다면, 절대 참조를 해도 되고, 안해도 결과에는 영향을 주지 않는다.

② [E11] 셀에 =DSUM(A2:E10,5,G9:G10)&"매"를 입력한다.

> 함수 설명) =DSUM(A2:E10,5,G9:G10)&"매"
> [A2:E10] 영역에서 [G9:G10] 영역에 입력된 조건(구분이 '무용')에 만족한 값을 5번째 열(예매량)에서 찾아 합계를 구한 후에 '매'를 붙여서 표시

📌 기적의 TIP

=DSUM(A2:E10,E2,G9:G10)&"매"로 입력해도 된다.

③ [M9:N10] 영역에 그림과 같이 **지점, 판매량, 강북, >=700**을 차례로 입력한다.

	M	N	O
8			
9	지점	판매량	
10	강북	>=700	
11			

📌 기적의 TIP

데이터베이스 함수는 제목 행을 포함해서 범위를 지정한다.
=DSUM(제목 행을 포함한 범위, 합계를 구할 필드 위치, 제목을 포함한 조건)

④ [L11] 셀에 =DAVERAGE(I2:L10,4,M9:N10)을 입력한다.

> **함수 설명** =DAVERAGE(I2:L10,4,M9:N10)
> [I2:L10] 영역에서 [M9:N10] 영역에 입력된 조건(지점이 '강북'이면서 판매량이 700 이상)에 만족한 값을 4번째 열(판매총액)에서 찾아 평균을 구함

> **기적의 TIP**
> =DAVERAGE(I2:L10,L2,M9:N10)로 입력해도 된다.

⑤ [G24:G25] 영역에 그림과 같이 **부서명, 홍보부**를 차례로 입력한다.

⑥ [E25] 셀에 =DCOUNTA(A14:E24,3,G24:G25)&"명"을 입력한다.

> **함수 설명** =DCOUNTA(A14:E24,3,G24:G25)&"명"
> [A14:E24] 영역에서 [G24:G25] 영역에 입력된 조건(부서명이 '홍보부')에 만족하는 값을 3번째 열(사랑의 집)에서 찾아 개수를 구한 후에 '명'을 붙여서 표시

> **기적의 TIP**
> =DCOUNTA(A14:E24,C14,G24:G25)&"명"으로 입력해도 된다.

> **기적의 TIP**
> DCOUNT와 DCOUNTA 함수의 차이는 개수를 구할 때, 숫자가 입력된 필드를 이용할 때에는 DCOUNT, 숫자가 입력된 필드가 없어 문자가 입력된 필드를 이용할 때에는 DCOUNTA 함수를 이용한다.

⑦ [M25] 셀에 =DMAX(I14:L25,4,J14:J15)-DMIN(I14:L25,4,J14:J15)을 입력한다.

> **함수 설명** =DMAX(I14:L25,4,J14:J15)-DMIN(I14:L25,4,J14:J15)
> [I14:L25] 영역에서 [J14:J15] 영역에 입력된 조건(제조회사가 '상공전자')에 만족하는 값을 4번째 열(판매가)에서 찾아 최대값을 구한 후에 다시 최소값을 구하여 차액을 구함

> **기적의 TIP**
> =DMAX(I14:L25,L14,J14:J15)-DMIN(I14:L25,L14,J14:J15)로 입력해도 된다.

⑧ [D39] 셀에 =DCOUNT(A28:D38,4,C28:C29)&"명"을 입력한다.

> **함수 설명** =DCOUNT(A28:D38,4,C28:C29)&"명"
> [A28:D38] 영역에서 [C28:C29] 영역에 입력된 조건(지역이 '안산')에 만족한 값을 4번째 열(가입년도)에서 찾아 개수를 구한 후에 '명'을 붙여서 표시

> **기적의 TIP**
> =DCOUNT(A28:D38,D28,C28:C29)&"명"으로 입력해도 된다.

⑨ [I39:K41] 영역에 그림과 같이 **성별, 영어, 수학, 남, >=90, 여, >=90**을 차례로 입력한다.

	H	I	J	K
38				
39		성별	영어	수학
40		남	>=90	
41		여		>=90
42				

⑩ [L40] 셀에 =DAVERAGE(I28:N37,6,I39:K41)을 입력한다.

> **함수 설명** =DAVERAGE(I28:N37,6,I39:K41)
> [I28:N37] 영역에서 [I39:K41] 영역에 입력된 조건(성별이 '남'이면서 영어가 90 이상이거나 성별이 '여'이면서 수학이 90 이상)에 만족하는 값을 6번째 열(총점)에서 찾아 평균을 구함

> **기적의 TIP**
> =DAVERAGE(I28:N37,N28,I39:K41)로 입력해도 된다.

09 수학과 삼각 함수

작업파일 : '26컴활2급(상시)₩이론'에서 '계산작업' 파일을 열어 작업하세요.

출제유형 1 '수학삼각' 시트에 다음의 문제를 처리하시오.

	A	B	C	D	E	F	G	H	I	J	K
1	[표1]						[표2]	과일출고현황			
2	학과	성명	생년월일	평점			과일명	총개수	상자당개수	상자(나머지)	
3	컴퓨터학과	유창상	2006-10-20	3.45			파인애플	329	25		
4	경영학과	김현수	2005-03-02	4.02			키위	574	45		
5	경영학과	한경수	2004-08-22	3.67			자몽	346	30		
6	컴퓨터학과	정수연	2005-01-23	3.89			사과	618	50		
7	정보통신과	최경철	2003-05-12	3.12			석류	485	35		
8	정보통신과	오태환	2004-07-05	3.91	<조건>		복숭아	507	35		
9	컴퓨터학과	임장미	2003-10-26	4.15			귤	597	40		
10	경영학과	이민호	2006-06-27	3.52			자두	605	45		
11	정보통신과 평균 평점						오렌지	535	30		
12	정보통신, 컴퓨터학과 최고성적 평균										
13											
14	[표3]	국내출장비 지급현황					[표4]	예선 결과표			
15	성명	출장지	교통비	숙박비	출장비합계		응시번호	1차	2차	점수차이	
16	최준기	대구	35,000	150,000			14001	94	92		
17	김문환	대전	32,000	170,000			14002	81	76		
18	송준호	광주	39,000	120,000			14003	82	55		
19	전광일	제주	78,000	210,000			14004	80	86		
20	정태은	철원	72,000	110,000			14005	75	79		
21	지명섭	영월	68,000	150,000			14006	91	88		
22											

❶ [표1]에서 학과[A3:A10]가 '정보통신과'인 학생들의 평점에 대한 평균을 [D11] 셀에 계산하시오.
  ▶ 평균은 소수점 이하 셋째자리에서 반올림하여 둘째자리까지 표시
  ▶ [표시 예 : 3.5623 → 3.56]
  ▶ 조건은 [E9:E10] 영역에 입력하시오.
  ▶ DAVERAGE, ROUND 함수 사용

❷ [표1]에서 학과[A3:A10]과 '정보통신과'인 평점[D3:D10]의 최고점수와 학과[A3:A10]과 '컴퓨터학과'인 평점 [D3:D10]의 최고점수 평균을 [D12] 셀에 계산하시오.
  ▶ 소수 둘째자리에서 올림하여 소수 첫째자리 표시 [표시 예 : 3.18 → 3.2]
  ▶ 조건은 [E9:E10], [A2:A3] 영역을 참조
  ▶ ROUNDUP, AVERAGE, DMAX 함수 사용

❸ [표2]에서 과일별 총개수[H3:H11]를 상자당개수[I3:I11]로 나눠 상자(몫)수와 나머지를 구하여 상자(나머지) [J3:J11]에 표시하시오.
  ▶ 상자(몫)수와 나머지 표시 방법 : 상자(몫)수가 10이고, 나머지가 4 → 10(4)
  ▶ INT, MOD 함수와 & 연산자 사용

❹ [표3]에서 교통비[C16:C21], 숙박비[D16:D21]의 합계를 구하여 출장비합계[E16:E21] 영역에 표시하시오.
  ▶ 출장비합계는 천의 자리에서 내림하여 만 단위까지 표시
  ▶ [표시 예 : 123859 → 120000]   ▶ SUM과 ROUNDDOWN 함수 사용

❺ [표4]에서 1차[H16:H21], 2차[I16:I21]의 차이를 구하여 절대값으로 점수차이[J16:J21] 영역에 표시하시오.
  ▶ 점수차이 = 1차 − 2차   ▶ ABS 함수 사용

① [E9:E10] 영역에 그림과 같이 **학과**, **정보통신과**를 차례로 입력한다.

② [D11] 셀에 =ROUND(DAVERAGE(A2:D10,D2,E9:E10),2)를 입력한다.

> **함수 설명** =ROUND(DAVERAGE(A2:D10,D2,E9:E10),2)
> ❶ DAVERAGE(A2:D10,D2,E9:E10) : [A2:D10] 영역에서 [E9:E10] 영역에 입력된 조건(학과가 '정보통신과')에 만족하는 값을 D열(평점)에서 찾아 평균을 구함
>
> =ROUND(❶,2) : ❶의 값을 소수 이하 2자리까지 표시

③ [D12] 셀에 =ROUNDUP(AVERAGE(DMAX(A2:D10,D2,E9:E10),DMAX(A2:D10,D2,A2:A3)),1)를 입력한다.

> **함수 설명** =ROUNDUP(AVERAGE(DMAX(A2:D10,D2,E9:E10),DMAX(A2:D10,D2,A2:A3)),1)
> ❶ DMAX(A2:D10,D2,E9:E10) : [A2:D10] 영역에서 [E9:E10] 조건에 만족한 자료를 D열에서 최대값을 구함
> ❷ DMAX(A2:D10,D2,A2:A3) : [A2:D10] 영역에서 [A2:A3] 조건에 만족한 자료를 [D]열에서 최대값을 구함
> ❸ AVERAGE(❶, ❷) : ❶과 ❷의 평균값을 구함
>
> =ROUNDUP(❸,1) : ❸의 값을 올림하여 소수점 이하 1자리로 표시

④ [J3] 셀에 =INT(H3/I3)&"("&MOD(H3,I3)&")"를 입력한 후 [J11] 셀까지 수식을 복사한다.

> **함수 설명** =INT(H3/I3)&"("&MOD(H3,I3)&")"
> ❶ INT(H3/I3) : [H3] 값을 [I3]으로 나누어 값(몫)을 정수로 구함
> ❷ MOD(H3,I3) : [H3] 값을 [I3]으로 나눈 나머지를 구함
>
> =❶&"("&❷&")" : 몫(나머지) 형식으로 표시

⑤ [E16] 셀에 =ROUNDDOWN(SUM(C16:D16),−4)를 입력한 후 [E21] 셀까지 수식을 복사한다.

> **함수 설명** =ROUNDDOWN(SUM(C16:D16),−4)
> ❶ SUM(C16:D16) : [C16:D16] 영역의 합계를 구함
>
> =ROUNDDOWN(❶,−4) : ❶의 값을 천의 자리에서 내림

⑥ [J16] 셀에 =ABS(H16−I16)를 입력한 후 [J21] 셀까지 수식을 복사한다.

> **함수 설명** =ABS(H16−I16)
> [H16]에서 [I16]의 값을 뺀 차이값을 부호를 뺀 절대값만 표시

➕ 더알기 TIP

연산자와 참조

- **산술 연산자** : 수치 데이터에 대한 사칙 연산을 수행한다.

연산자	기능	연산자	기능	연산자	기능
+	더하기	*	곱하기	^	거듭제곱
−	빼기	/	나누기	%	백분율

- **비교 연산자** : 데이터의 크기를 비교하여 식이 맞으면 TRUE(참), 그렇지 않으면 FALSE(거짓)로 결과를 표시한다.

연산자	기능	연산자	기능	연산자	기능
>	크다(초과)	>=	크거나 같다(이상)	=	같다
<	작다(미만)	<=	작거나 같다(이하)	<>	같지 않다

- **데이터 연결 연산자(&)** : 두 개의 데이터를 하나로 연결하여 표시한다.

수식	결과	수식	결과
="박달"&"나무"	박달나무	=100&"점"	100점

- **상대참조/절대참조** : 수식에서 다른 셀에 입력된 데이터를 사용할 때 셀 주소를 입력하는 것을 참조라고 한다.

상대참조	수식이 복사되는 위치에 따라 입력된 수식의 참조범위가 자동으로 변경된다.
절대참조	특정 셀을 고정하게 되면 수식을 복사하여도 참조하고 있는 셀이 변경되지 않게 하는 참조 방식으로 F4를 사용하여 $기호를 붙여준다. (예) $F$10
혼합참조	열 문자와 행 번호 중 하나에만 $기호를 붙여 셀을 참조하는 것으로, $기호가 붙은 부분만 변하지 않는다. (예) $F10, F$10

10 통계 함수

작업파일: '26컴활2급(상시)\이론'에서 '계산작업' 파일을 열어 작업하세요.

출제유형 1 '통계' 시트에 다음의 문제를 처리하시오.

	A	B	C	D	E	F	G	H	I	J	K	L
1	[표1]	축구 경기대회						[표2]	성과급 지급 현황			
2	팀명	승	무	패	승점	결승		성명	성별	직위	호봉	성과급
3	바로세나	15	13	10	58			고회식	남	과장	4	4,800,000
4	레전드	7	15	16	36			조광희	남	대리	5	4,000,000
5	저스티스	24	9	5	81			이진녀	여	대리	5	4,000,000
6	잘차부러	14	12	12	54			최중성	남	과장	3	4,600,000
7	맨날차유	9	13	16	40			권지향	여	과장	2	4,500,000
8	FC첼로	14	9	15	51			김영택	남	대리	1	3,200,000
9	레알와우	8	16	14	40			고인숙	여	과장	3	4,600,000
10	AC미러	17	9	12	60			변효정	여	대리	2	3,400,000
11	발냄새로	13	11	14	50			정은경	여	대리	4	3,800,000
12	맨홀시티	7	13	18	34			직위가 과장인 여사원 성과급 평균				
13												
14	[표3]	8월 출석현황						[표4]	하프 마라톤 결과			
15	성명	1주	2주	3주	4주	출석률		참가번호	나이	기록	결과	
16	이용석	O	O		O			1001	29	1시간08분		
17	신태연		O	O				1002	43	1시간32분		
18	임태영	O	O	O	O			1003	52	1시간24분		
19	안철수	O						1004	35	1시간21분		
20	김성윤	O	O		O			1005	31	1시간03분		
21	한신애	O	O					1006	34	1시간15분		
22	성민수		O					1007	28	1시간26분		
23	한지원	O	O	O	O			1008	42	1시간19분		
24	이수영		O		O			1009	44	1시간21분		
25												
26	[표5]							[표6]	방학 중 연수 참석 현황		(결석표시 : X)	
27	청구 번호	주문자	수금액					성명	1일차	2일차	3일차	
28	A5024	김병수	193,908					김성호		X	X	
29	A7008	차인태						고준명				
30	B8036	정구왕						강길자	X			
31	B3025	정재현	2,697,000					공성수			X	
32	B7145	황진하						박달자	X			
33	A3096	이윤태	5,000,000					정성실				
34	수금 건수							장영순	X	X	X	
35												
36								연수 기간 중 총 출석 횟수				

❶ [표1]에서 승점[E3:E12]을 기준으로 순위를 구하여 1위, 2위, 3위는 "결승진출", 나머지는 공백으로 결승[F3:F12]에 표시하시오.
  ▶ IF와 RANK.EQ 함수 사용

❷ [표2]에서 성별[I3:I11]이 "여"이면서 직위[J3:J11]가 "과장"인 사원들의 성과급 평균을 계산하여 [L12] 셀에 표시하시오.
  ▶ 성과급 평균은 천의 자리에서 반올림하여 만의 자리까지 표시
  ▶ [표시 예 : 123,456 → 120,000]
  ▶ ROUND와 AVERAGEIFS 함수 사용

❸ [표3]의 출석부[B16:E24] 영역에 "O"로 출석을 체크했다. "O" 개수가 1개이면 "25%", 2개이면 "50%", 3개이면 "75%", 4개이면 "100%"로 출석률[F16:F24] 영역에 표시하시오.
  ▶ CHOOSE와 COUNTA 함수 사용

❹ [표4]에서 하프 마라톤 기록[J16:J24]이 빠른 3명은 "입상"을, 그 외에는 공백을 결과[K16:K24]에 표시하시오.
▶ IF와 SMALL 함수 사용

❺ [표5]에서 수금액[C28:C33]이 존재하는 수금건수를 산출하고 값 뒤에 '건'이 표시되도록 [C34] 셀에 표시하시오.
▶ COUNT 함수와 & 연산자 사용

❻ [표6]에서 1일차부터 3일차까지의 기간[I28:K34]을 이용하여 방학 중 연수 기간 동안의 총 출석 횟수를 구하여 [J36] 셀에 표시하시오.
▶ [표시 예 : 3 → 3회]
▶ COUNTBLANK 함수와 & 연산자 이용

① [F3] 셀에 =IF(RANK.EQ(E3,$E$3:$E$12)<=3,"결승진출","")을 입력한 후 [F12] 셀까지 수식을 복사한다.

함수 설명 =IF(RANK.EQ(E3,$E$3:$E$12)<=3,"결승진출","")
❶ RANK.EQ(E3,$E$3:$E$12) : [E3] 셀의 값이 [E3:E12] 영역에서 순위를 구한다.

=IF(❶<=3,"결승진출","") : ❶의 값이 3 이하이면 '결승진출'을 표시하고, 그 외에는 공백("")으로 표시

기적의 TIP
RANK.EQ(순위를 구할 셀, 비교할 대상 범위, [옵션])
[옵션]은 내림차순은 생략하거나 0을 입력, 오름차순은 반드시 0이 아닌 값 1을 입력한다.

② [L12] 셀에 =ROUND(AVERAGEIFS(L3:L11,I3:I11,"여",J3:J11,"과장"),-4)를 입력한다.

함수 설명 =ROUND(AVERAGEIFS(L3:L11,I3:I11,"여",J3:J11,"과장"),-4)
❶ AVERAGEIFS(L3:L11,I3:I11,"여",J3:J11,"과장") : 성과금 [L3:L11] 영역의 평균을 구한다. 조건은 성별 [I3:I11]이 '여'이고, 직위 [J3:J11]가 '과장'인 조건을 만족하는 성과금의 평균을 구함

=ROUND(❶,-4) : ❶의 값을 천의 자리에서 반올림하여 천의 자리까지 0으로 표시

③ [F16] 셀에 =CHOOSE(COUNTA(B16:E16),"25%","50%","75%","100%")를 입력한 후 [F24] 셀까지 수식을 복사한다.

함수 설명 =CHOOSE(COUNTA(B16:E16),"25%","50%","75%","100%")
❶ COUNTA(B16:E16) : [B16:E16] 영역에서 공백이 아닌 셀의 개수를 구함

=CHOOSE(❶,"25%","50%","75%","100%") : ❶의 1이면 '25%', 2이면 '50%', 3이면 '75%', 4이면 '100%'로 표시

기적의 TIP
25%만 입력하면 0.25로 표시되므로 ""로 묶어서 입력한다.

기적의 TIP
=CHOOSE(인덱스번호, "값1","값2","값3"...)
COUNTA : 공백만 아니면 개수를 구한다.

④ [K16] 셀에 =IF(J16<=SMALL($J$16:$J$24,3),"입상","")을 입력한 후 [K24] 셀까지 수식을 복사한다.

함수 설명 =IF(J16<=SMALL($J$16:$J$24,3),"입상","")
❶ SMALL($J$16:$J$24,3) : [J16:J24] 영역에서 3번째로 작은 값을 구함

=IF(J16<=❶,"입상","") : [J16] 셀의 값이 ❶보다 작거나 같다면(이하) '입상', 그 외에는 공백으로 표시

기적의 TIP
=IF(조건, 조건에 만족했을 때, 조건에 만족하지 않았을 때)

기적의 TIP
=SMALL(범위, 몇 번째 작은 값)

⑤ [C34] 셀에 =COUNT(C28:C33)&"건"을 입력한다.

함수 설명 =COUNT(C28:C33)&"건"
[C28:C33] 영역의 숫자들이 들어 있는 셀의 개수를 구한 후에 '건'을 붙여서 표시

⑥ [J36] 셀에 =COUNTBLANK(I28:K34) & "회"를 입력한다.

함수 설명 =COUNTBLANK(I28:K34) & "회"
[I28:K34] 영역에서 비어 있는 셀의 개수를 구한 후에 '회'를 붙여서 표시

11 찾기/참조 함수

작업파일 : '26컴활2급(상시)₩이론'에서 '계산작업' 파일을 열어 작업하세요.

출제유형 1 '찾기참조' 시트에 다음의 문제를 처리하시오.

	A	B	C	D	E	F	G	H	I	J	K	L	M
1	[표1]	고객별 구입 현황					[표2]						
2	고객명	성별	등급	구입수량	구입총액		성명	수행평가1	수행평가2	수행평가3	비고		
3	허영욱	남	골드	4	1,208,000		김미정	3.8	2.5	3.1			
4	최주원	여	일반	9	2,214,000		서진수	4.1	3.5	4.9			
5	이수학	남	골드	5	1,425,000		박주영	3.4	3.9	2.5			
6	안혜경	여	골드	1	265,000		원영현	2.5	2.9	2.1			
7	김신성	남	VIP	4	1,168,000		오선영	1.9	2.4	0.5			
8	김태희	여	일반	9	2,493,000		박진희	4.5	4.1	4.5			
9	선기섭	남	일반	4	1,020,000		편승주	2.7	2.5	1.5			
10	정신영	여	VIP	7	1,967,000		곽나래	1.8	1.4	1.5			
11	등급이 '골드'인 구입총액이 높은 고객						도홍진	2.5	2.5	1.8			
12													
13	[표3]						[표4]	학생명 성적				<학과표>	
14	성명	학점	등록금	납부액			학번	학생명	학과			학과번호	학과
15	김미정	3.5	3,587,000				2411012	유창상				11	AI융합
16	서진수	4.5	3,780,000				2522013	김현수				22	소프트웨어
17	박주영	4.4	3,687,000				2433015	한경수				33	글로벌미디어
18	원영현	4.2	3,425,000				2511016	정수연					
19	오선영	3.9	3,985,000				2422019	최경철					
20	최은미	2.1	2,987,400				2533018	오태환					
21	박진희	2.5	3,157,000				2422017	임장미					
22													
23	<할인율표>												
24	등수	1	2	4	6								
25	할인율	100%	70%	50%	0%								
26													

❶ [표1]에서 등급[C3:C10]이 '골드' 중에서 구입총액[E3:E10]이 가장 높은 총액의 고객명[A3:A10]을 [E11]셀에 표시하시오.
▶ INDEX, MATCH, DMAX 함수 사용

❷ [표2]에서 수행평가1[H3:H11], 수행평가2[I3:I11], 수행평가3[J3:J11]의 평균이 1이면 'F', 2이면 'C', 3이면 'B', 4이면 'A'로 비고[K3:K11]에 표시하시오.
▶ 평균을 정수로 표시
▶ CHOOSE, INT, AVERAGE 함수 사용

❸ [표3]에서 학점[B15:B21]을 이용하여 순위를 구한 후에 순위에 따른 할인율을 할인율표[B24:E25]에서 찾아 납부액[D15:D21]을 계산하시오.
▶ 납부액 = 등록금 × (1 - 할인율)
▶ HLOOKUP, RANK.EQ 함수 사용

❹ [표4]에서 학번[G15:G21], 학과표[K15:L17]를 이용하여 학과[I15:I21]를 [표시 예]와 같이 표시하시오.
▶ [표시 예 : 학번이 2411012 → 24학번 AI융합]
▶ 학과의 년도는 학번의 왼쪽에서부터 2글자
▶ 학번의 3번째, 4번째 글자는 학과번호
▶ LEFT, VLOOKUP, MID 함수와 & 연산자 사용

① [E11] 셀에 =INDEX(A3:A10,MATCH(DMAX(A2:E10,E2,C2:C3),E3:E10,0))를 입력한다.

> **함수 설명** =INDEX(A3:A10,MATCH(DMAX(A2:E10,E2,C2:C3),E3:E10,0))
> ❶ DMAX(A2:E10,E2,C2:C3) : [A2:E10] 영역에서 [C2:C3]의 조건에 만족한 데이터의 [E]열의 최대값을 구함
> ❷ MATCH(❶,E3:E10,0) : ❶의 값을 [E3:E10] 영역에서 몇 번째 위치하는지 숫자로 반환
>
> =INDEX(A3:A10,❷) : [A3:A10] 영역에서 ❷에 위치한 값을 찾아옴

② [K3] 셀에 =CHOOSE(INT(AVERAGE(H3:J3)),"F","C","B","A")를 입력한 후 [K11] 셀까지 수식을 복사한다.

> **함수 설명** =CHOOSE(INT(AVERAGE(H3:J3)),"F","C","B","A")
> ❶ AVERAGE(H3:J3) : [H3:J3] 영역의 평균을 구함
> ❷ INT(❶) : ❶의 값을 정수로 반환
>
> =CHOOSE(❷,"F","C","B","A") : ❷의 값이 1이면 'F', 2이면 'C', 3이면 'B', 4이면 'A'로 표시

③ [D15] 셀에 =C15*(1-HLOOKUP(RANK.EQ(B15,$B$15:$B$21),$B$24:$E$25,2))를 입력한 후 [D21] 셀까지 수식을 복사한다.

> **함수 설명** =C15*(1-HLOOKUP(RANK.EQ(B15,$B$15:$B$21),$B$24:$E$25,2))
> ❶ RANK.EQ(B15,$B$15:$B$21) : [B15] 셀의 값을 [B15:B21] 영역에서 순위를 구함
> ❷ HLOOKUP(❶,$B$24:$E$25,2) : ❶의 값을 [B24:E25] 영역의 첫 번째 행에서 찾아 2번째 행에 있는 값을 반환
>
> =C15*(1-❷) : C15*(1-❷)의 결과 값을 표시

④ [I15] 셀에 =LEFT(G15,2)&"학번 "&VLOOKUP(MID(G15,3,2),$K$15:$L$17,2,0)를 입력한 후 [I21] 셀까지 수식을 복사한다.

> **함수 설명** =LEFT(G15,2)&"학번 "&VLOOKUP(MID(G15,3,2),$K$15:$L$17,2,0)
> ❶ MID(G15,3,2) : [G15] 셀의 값에서 3번째 시작하여 2글자를 추출함
> ❷ VLOOKUP(❶, $K$15:$L$17,2,0) : ❶의 값을 [K15:L17] 영역의 첫 번째 열에서 찾아 2번째 열에 있는 값을 반환
>
> =LEFT(G15,2)&"학번 "&❷ : [G15] 셀에서 왼쪽의 2글자를 추출한 값에 '학번'과 ❷의 값을 연결하여 표시

12 날짜/시간 함수

작업파일 : '26컴활2급(상시)\이론'에서 '계산작업' 파일을 열어 작업하세요.

출제유형1 '날짜' 시트에 다음의 문제를 처리하시오.

	A	B	C	D	E	F	G	H	I	J
1	[표1]	자격증 응시일				[표2]		회원 관리 현황		
2	응시지역	성명	응시일	요일		이름	부서	입사일자	근무년수	
3	광주	김종민	2025-05-15			공호철	영업부	2002-06-21		
4	서울	강원철	2025-10-24			강장환	관리부	2017-06-14		
5	안양	이진수	2025-03-05			신동숙	영업부	2001-10-07		
6	부산	박정민	2025-08-17			이창명	총무부	2011-12-01		
7	인천	한수경	2025-11-12			채경휘	경리부	2015-03-25		
8	제주	유미진	2025-12-12			김길수	관리부	2012-04-09		
9	대전	정미영	2025-02-25			강정미	총무부	2016-04-19		
10										
11	[표3]					[표4]		대한학원 수강시간표		
12	성명	입실시간	퇴실시간	이용시간		과목	요일	수업시간	입실시간	
13	한가람	9:30	12:30			피아노	수요일	13:10		
14	김은철	10:10	18:20			바이올린	월요일	15:10		
15	고사리	10:30	19:23			주산	금요일	14:10		
16	박은별	11:20	14:20			영어	목요일	15:10		
17	성준서	11:50	15:30			미술	토요일	13:10		
18	이성연	12:05	17:23							
19						[표6]		주차타워 주차요금		
20	[표5]					차량번호	입차시간	출차시간	주차요금	
21	도서번호	대출일	반납일			5587	10:30	11:30		
22	A10101	2025-03-05				2896	11:00	12:20		
23	A10102	2025-04-01				3578	11:30	13:50		
24	A10103	2025-04-10				6478	12:00	12:50		
25	A10104	2025-04-25				4987	12:30	15:20		
26	A10105	2025-05-03				5791	13:00	16:20		
27										

❶ [표1]에서 응시일[C3:C9]이 월요일부터 금요일이면 '평일', 그 외에는 '주말'로 요일[D3:D9]에 표시하시오.
- ▶ 단, 요일 계산 시 월요일이 1 인 유형으로 지정
- ▶ IF, WEEKDAY 함수 사용

❷ [표2]에서 입사일자[H3:H9]와 현재날짜를 이용하여 근무년수[I3:I9]를 표시하시오.
- ▶ 근무년수 = 현재날짜의 연도 – 입사일자의 연도
- ▶ YEAR, TODAY 함수 사용

❸ [표3]에서 퇴실시간[C13:C18]에서 입실시간[B13:B18]을 뺀 시만 [표시 예]와 같이 이용시간[D13:D18]에 표시하시오.
- ▶ 이용시간 = 퇴실시간 – 입실시간
- ▶ 이용시간은 '시'만 표시
- ▶ 단, 이용시간에서 분이 30분이 초과되면 이용시간에 한 시간을 더한다.
- ▶ [표시 예 : 이용시간 3:20 → 3시간, 3:50 → 4시간]
- ▶ IF, HOUR, MINUTE 함수와 & 연산자 사용

❹ [표4]에서 수업시간을 이용하여 입실시간[I13:I17]을 계산하고, 시간 뒤에 '시'를 포함하여 표시하시오.
- ▶ 입실시간은 매시 정각이며, 수업시간의 시에 해당
- ▶ [표시 예 : 23시]
- ▶ MONTH, HOUR 중 알맞은 함수와 & 연산자 사용

❺ [표5]에서 대출일[B22:B26]을 이용하여 반납일[C22:C26]을 계산하시오.
- ▶ 반납일 = 대출일 + 10
- ▶ 반납일이 토요일 또는 일요일이면 그 다음 주 월요일을 반납일로 계산
- ▶ 요일은 1이 '월요일'로 시작하는 리턴 타입 이용
- ▶ IF, WEEKDAY 함수 사용

❻ [표6]에서 입차시간과 출차시간을 이용하여 주차요금[I21:I26]을 계산하시오.
- ▶ HOUR, MINUTE 함수 사용
- ▶ 주차요금은 10분당 200원으로 계산

① [D3] 셀에 **=IF(WEEKDAY(C3,2)<=5,"평일","주말")** 을 입력한 후 [D9] 셀까지 수식을 복사한다.

> **함수 설명** =IF(WEEKDAY(C3,2)<=5,"평일","주말")
> ❶ WEEKDAY(C3,2) : 응시일[C3]의 요일 값을 숫자로 반환(단, 월요일이 1, 화요일 2, 수요일 3, 목요일 4... 로 반환)
>
> =IF(❶<=5,"평일","주말") : 요일의 일련번호 값이 5보다 작거나 같으면(이하) '평일', 나머지는 '주말'로 표시한다.

② [I3] 셀에 **=YEAR(TODAY())-YEAR(H3)** 을 입력한 후 [I9] 셀까지 수식을 복사한다.

> **함수 설명** =YEAR(TODAY())-YEAR(H3)
> ❶ TODAY() : 실습하는 날짜의 오늘 날짜를 구함(결과는 교재 내용과 다를 수 있음)
>
> =YEAR(❶)-YEAR(H3) : ❶의 년도를 추출하여 입사일자[H3]의 년도를 추출하여 뺀 값을 구함

③ [I3:I9] 영역을 드래그하여 범위를 지정한 후 마우스 오른쪽 버튼을 클릭한 후 [셀 서식]을 선택한다.

④ [셀 서식] 대화상자의 [표시 형식] 탭에서 '일반'을 선택한 후 [확인]을 클릭한다.

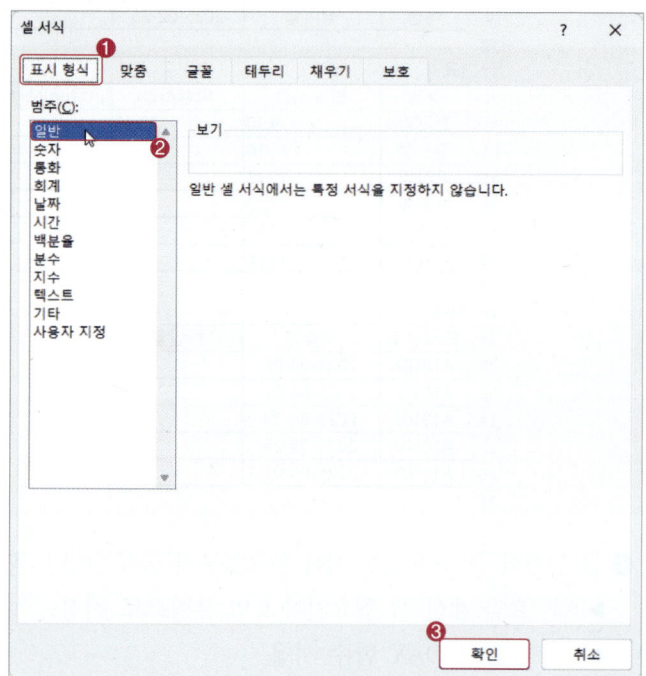

⑤ [D13] 셀에 **=IF(MINUTE(C13-B13)>30,HOUR(C13-B13)+1,HOUR(C13-B13)) & "시간"** 을 입력한 후 [D18] 셀까지 수식을 복사한다.

> **함수 설명** =IF(MINUTE(C13-B13)>30,HOUR(C13-B13)+1,HOUR(C13-B13)) & "시간"
> ❶ MINUTE(C13-B13) : 퇴실시간[C13]-입실시간[B13]을 뺀 분을 구함
> ❷ HOUR(C13-B13) : 퇴실시간[C13]-입실시간[B13]을 뺀 시를 구함
>
> =IF(❶>30,❷+1,❷) & "시간" : ❶의 값이 30보다 크면 ❷+1, 그 외는 ❷를 '시간'을 붙여서 표시

⑥ [I13] 셀에 =HOUR(H13)&"시"를 입력한 후 [I17] 셀까지 수식을 복사한다.

> **함수 설명** =HOUR(H13)&"시"
> [H13] 셀에서 시간만 추출하여 '시'를 붙여서 표시

⑦ [C22] 셀에 =IF(WEEKDAY(B22+10,2)=6,B22+12,IF(WEEKDAY(B22+10,2)=7,B22+11,B22+10))을 입력한 후 [C26] 셀까지 수식을 복사한다.

> **함수 설명** =IF(WEEKDAY(B22+10,2)=6,B22+12,IF(WEEKDAY(B22+10,2)=7,B22+11,B22+10))
> ❶ WEEKDAY(B22+10,2) : [B22] 셀의 날짜에 10을 더한 날짜의 요일 번호를 구함(월요일이 1, 화요일이 2, ...)
>
> =IF(❶=6,B22+12,IF(❶=7,B22+11,B22+10)) : ❶의 값이 6이면 [B22] 셀 날짜에 12를 더한 날짜를 표시하고, ❶의 값이 7이면 [B22] 셀 날짜에 11을 더한 날짜를 표시하고, 그 외는 [B22] 셀 날짜에 10을 더한 날짜를 표시

⑧ [I21] 셀에 =(HOUR(H21-G21)*60+MINUTE(H21-G21))/10*200을 입력한 후 [I26] 셀까지 수식을 복사한다.

> **함수 설명** =(HOUR(H21-G21)*60+MINUTE(H21-G21))/10*200
> ❶ HOUR(H21-G21) : [출차시간]-[입차시간]의 시(Hour)를 계산
> ❷ ❶*60 : 1시간은 60분이라서 * 60을 함
> ❸ MINUTE(H21-G21) : [출차시간]-[입차시간]의 분(Minute)을 계산
> ❹ (❷+❸)/10 : 주차시간을 10분 단위로 계산하기 위해
>
> =❹*200 : 10분 단위에 * 200(10분에 200원으로 계산)

13 텍스트 함수

작업파일: '26컴활2급(상시)₩이론'에서 '계산작업' 파일을 열어 작업하세요.

출제유형 1 '텍스트' 시트에 다음의 문제를 처리하시오.

	A	B	C	D	E	F	G	H	I	J	K
1	[표1]	홈런 순위					[표2]	카페 신입회원 정보			
2	순위	홈런수	팀명	선수명	선수명(팀명)		성명	지역	닉네임	E-메일	
3	1	45	eagles	kimkh			최정예	서울		love99@naver.com	
4	2	43	heroes	leesy			심일훈	경기		muakiea@nate.com	
5	3	40	lions	parkjm			이아랑	인천		starcmk@nate.com	
6	4	39	bears	kimjk			김정필	부산		99023@gmail.com	
7	5	34	ktwiz	yoonbw			홍현서	대전		yses@daum.net	
8	6	32	tigers	ohsh			이재훈	대구		newlive@naver.com	
9	7	30	twins	songhm			김지민	광주		0908ar@naver.com	
10	8	29	dinos	jangjb			정해선	강원		tenhour@daum.net	
11	9	27	giants	haneh			정우현	제주		kji1004@gmail.com	
12	10	26	wyverns	jinch							
13											
14	[표3]	의류 판매 현황					[표4]				
15	제품코드	판매가	판매량	구분			학과	입학일자	입학코드		
16	C-01-M	35,000	65				HEALTHCARE	2024-03-02			
17	S-03-W	42,000	24				HEALTHCARE	2020-03-03			
18	B-03-W	31,500	22				COMPUTER	2024-03-02			
19	A-01-M	28,000	28				COMPUTER	2020-03-02			
20	H-03-W	30,000	19				DESIGN	2021-03-02			
21	N-01-M	40,000	43				DESIGN	2023-03-02			
22	P-05-O	29,500	33				ARTS-THERAPY	2022-03-02			
23	L-05-O	37,000	27				ARTS-THERAPY	2023-03-02			
24											
25	[표5]	생산품목 현황					[표6]				
26	코드	생산일자	인식표	제품코드			도서코드	출판사	출판년도	변환도서코드	
27	ag	2024-11-11	w				mng-002	한국산업	2023		
28	rf	2024-08-30	e				psy-523	민음사	2024		
29	dk	2024-12-30	f				mng-091	두란노	2021		
30	ik	2024-10-15	d				psy-725	에코의 서재	2023		
31	wd	2024-11-22	e				nov-264	마티	2024		
32	od	2024-12-10	w				lan-183	상공사	2022		
33	uf	2024-09-03	h				lan-184	민음사	2021		
34											

❶ [표1]에서 선수명의 첫 문자를 대문자로 변환하고, 팀명[C3:C12]의 전체 문자를 대문자로 변환하여 선수명(팀명)[E3:E12]에 표시하시오.
  ▶ [표시 예 : 선수명이 'kimji', 팀명이 'lions'인 경우 'Kimji(LIONS)'로 표시]
  ▶ UPPER, PROPER 함수와 & 연산자 사용

❷ [표2]의 E-메일[J3:J11]에서 '@' 앞의 문자열만 추출하여 닉네임[I3:I11]에 표시하시오.
  ▶ [표시 예 : abc@naver.com → abc]
  ▶ MID와 SEARCH 함수 사용

❸ [표3]에서 제품코드[A16:A23]의 마지막 문자가 'M'이면 '남성용', 'W'이면 '여성용', 'O'이면 '아웃도어'로 구분 [D16:D23]에 표시하시오.
  ▶ SWITCH와 RIGHT 함수 사용

❹ [표4]에서 학과[G16:G23]의 앞 세 문자와 입학일자[H16:H23]의 연도를 이용하여 입학코드[I16:I23]를 표시하시오.
  ▶ 학과의 글자는 소문자로 표시
  ▶ [표시 예 : 학과가 'HEALTHCARE', 입학일자가 '2024-03-02'인 경우 → hea2024]
  ▶ LEFT, LOWER, YEAR 함수와 & 연산자 사용

❺ [표5]에서 코드, 생산일자, 인식표를 이용하여 제품코드를 구한 후 [D27:D33]에 표시하시오.
▶ 제품코드는 코드 뒤에 '-', 생산일자 중 월 뒤에 '-', 인식표를 연결한 후 대문자로 변환한 것임
▶ [표시 예 : 코드가 jh, 생산일자 2024-10-2, 인식표 ek이면 → JH-10-EK]
▶ UPPER, MONTH 함수와 & 연산자 사용

❻ [표6]에서 도서코드[G27:G33]의 앞뒤에 있는 공백을 제거한 후 전체 문자를 대문자로 변환하고, 변환된 문자열 뒤에 '-KR'을 추가하여 변환도서코드[J27:J33]에 표시하시오.
▶ [표시 예 : mng-002 ⇒ MNG-002-KR]
▶ TRIM, UPPER 함수와 & 연산자 사용

① [E3] 셀에 =PROPER(D3)&"("&UPPER(C3)&")"를 입력한 후 [E12] 셀까지 수식을 복사한다.

함수 설명 =PROPER(D3)&"("&UPPER(C3)&")"
❶ PROPER(D3) : 선수명[D3]을 첫 글자만 대문자로 표시
❷ UPPER(C3) : 팀명[C3]은 모두 대문자로 표시

=❶&"("&❷&")" : ❶(❷) 형식으로 표시

② [I3] 셀에 =MID(J3,1,SEARCH("@",J3,1)-1)을 입력한 후 [I11] 셀까지 수식을 복사한다.

함수 설명 =MID(J3,1,SEARCH("@",J3,1)-1)
❶ SEARCH("@",J3,1) : 왼쪽에서 오른쪽으로 검색하면서 @가 처음으로 발견되는 곳의 문자 개수를 구함(대/소문자 구분은 안 함)

=MID(J3,1,❶-1) : E메일[J3]에서 첫 번째부터 시작하여 ❶-1을 한 글자수만큼 추출

③ [D16] 셀에 =SWITCH(RIGHT(A16,1),"M","남성용","W", "여성용","O","아웃도어")를 입력한 후 [D23] 셀까지 수식을 복사한다.

함수 설명 =SWITCH(RIGHT(A16,1),"M","남성용","W","여성용","O","아웃도어")
❶ RIGHT(A16,1) : 제품코드[A16]에서 오른쪽 한글자를 추출

=SWITCH(❶,"M","남성용","W","여성용","O","아웃도어") : ❶의 값이 'M'이면 '남성용', 'W'이면 '여성용', 'O'이면 '아웃도어'로 표시

④ [I16] 셀에 =LOWER(LEFT(G16,3)&YEAR(H16))을 입력한 후 [I23] 셀까지 수식을 복사한다.

함수 설명 =LOWER(LEFT(G16,3)&YEAR(H16))
❶ LEFT(G16,3) : 학과[G16]에서 왼쪽에서부터 3글자를 추출
❷ YEAR(H16) : 입학일자[H16] 셀의 년도를 추출

=LOWER(❶&❷) : ❶&❷의 값을 모두 소문자로 표시

🅿 **기적의 TIP**

문제에 주어진 함수를 이용하여 값을 구하기 때문에 함수의 순서가 서로 바뀌어도 결과가 같다면 틀리지 않다.
=LEFT(LOWER(G16),3)&YEAR(H16)
=LOWER(LEFT(G16,3))&YEAR(H16)
모두 맞다.

⑤ [D27] 셀에 =UPPER(A27) & "-" & MONTH(B27) & "-" & UPPER(C27)을 입력한 후 [D33] 셀까지 수식을 복사한다.

함수 설명 =UPPER(A27) & "-" & MONTH(B27) & "-" & UPPER(C27)
❶ UPPER(A27) : 코드[A27]은 모두 대문자로 표시
❷ MONTH(B27) : 생산일자[B27]에서 월만 추출
❸ UPPER(C27) : 인식표[C27]은 모두 대문자로 표시

=❶ & "-" & ❷ & "-" & ❸ : ❶-❷-❸ 형식으로 영문은 모두 대문자로 표시

🅿 **기적의 TIP**

=UPPER(A27&"-"&MONTH (B27)&"-"&C27)로 입력해도 된다.

⑥ [J27] 셀에 =UPPER(TRIM(G27))&"-KR"을 입력한 후 [J33] 셀까지 수식을 복사한다.

함수 설명 =UPPER(TRIM(G27))&"-KR"
❶ TRIM(G27) : 도서코드[G27]에서 글자 사이의 한 칸의 여백을 남기고 텍스트의 공백을 모두 삭제
❷ UPPER(❶) : ❶의 값을 모두 대문자로 표시

=❷&"-KR" : ❷-KR 형식으로 표시

🅿 **기적의 TIP**

=TRIM(UPPER(G27))&"-KR"로 입력해도 된다.

14 논리 함수

작업파일 : '26컴활2급(상시)₩이론'에서 '계산작업' 파일을 열어 작업하세요.

출제유형1 '논리' 시트에 다음의 문제를 처리하시오.

	A	B	C	D	E	F	G	H	I	J	K	L
1	[표1]	교내 미술경시대회					[표2]					
2	학년	성명	성별	점수	결과		원서번호	이름	거주지	지원학과		
3	1	전세권	남	78			M-120	이민수	서울시 강북구			
4	1	노숙자	여	86			N-082	김병훈	대전시 대덕구			
5	2	방귀남	남	82			S-035	최주영	인천시 남동구			
6	2	구주회	여	94			M-072	길미라	서울시 성북구			
7	3	유회지	여	93			S-141	나태후	경기도 김포시			
8	3	한산의	여	87			N-033	전영태	경기도 고양시			
9							M-037	조영선	강원도 춘천시			
10	[표3]	신제품 출시 현황					A-028	박민혜	서울시 마포구			
11	제품코드	판매량	판매총액	결과								
12	BH001	642	8,025,000				학과코드	S	N	M		
13	BH002	241	3,012,500				학 과 명	소프트웨어	네트워크	멀티미디어		
14	BH003	289	3,612,500									
15	BH004	685	8,562,500				[표4]					
16	BH005	917	11,462,500				이름	국사	상식	총점	점수	
17	BH006	862	10,775,000				이후정	82	94	176		
18							백천경	63	83	146		
19	[표5]						민경배	76	86	162		
20	고객번호	고객이름	가입 날짜	발송여부			김태하	62	88	150		
21	AT101	이유진	2025-05-03				이사랑	92	96	188		
22	AT102	장안나	2025-07-07				곽난영	85	80	165		
23	AT103	최수지	2025-10-10				장채리	62	77	139		
24	AT104	장미라	2025-11-11				봉전미	73	68	141		

❶ [표1]에서 점수[D3:D8]을 기준으로 순위를 구하여 1위는 "대상", 2위는 "금상", 3위는 "은상", 4위는 "동상", 나머지는 공백으로 결과[E3:E8]에 표시하시오.
  ▶ IFERROR, CHOOSE, RANK.EQ 함수 사용

❷ [표2]에서 원서번호[G3:G10]의 왼쪽에서 첫 번째 문자와 [H12:J13] 영역을 참조하여 지원학과 [J3:J10]을 표시하시오.
  ▶ 단, 오류 발생 시 지원학과에 '코드오류'로 표시
  ▶ IFERROR, HLOOKUP, LEFT 함수 사용

❸ [표3]에서 판매총액[C12:C17]이 많은 5개의 제품은 "재생산", 나머지는 "생산중단"으로 결과[D12:D17]에 표시하시오.
  ▶ IF와 LARGE 함수 사용

❹ [표4]에서 총점[J17:J24]이 가장 높은 사람은 '최고점수', 가장 낮은 사람은 '최저점수', 그렇지 않은 사람은 공백을 점수[K17:K24]에 표시하시오.
  ▶ IFS, MAX, MIN 함수 사용

❺ [표5]에서 가입 날짜[C21:C24]가 5월 또는 10월이면 '발송'으로 표시하고, 그 외에는 공백으로 발송여부[D21:D24]에 표시하시오.
  ▶ IF, OR, MONTH 함수 사용

① [E3] 셀에 =IFERROR(CHOOSE(RANK.EQ(D3,$D$3:$D$8),"대상","금상","은상","동상"),"")을 입력한 후 [E8] 셀까지 수식을 복사한다.

> **함수 설명** =IFERROR(CHOOSE(RANK.EQ(D3,$D$3:$D$8),"대상","금상","은상","동상"),"")
>
> ❶ RANK.EQ(D3,$D$3:$D$8) : [D3] 셀의 점수를 [D3:D8] 영역에서 순위를 구함
> ❷ CHOOSE(❶,"대상","금상","은상","동상") : ❶의 값이 1이면 '대상', 2이면 '금상', 3이면 '은상', 4이면 '동상'으로 표시
>
> =IFERROR(❷,"") : ❷의 값에 오류가 없다면 값을 그대로 표시하고, 만약 오류가 있다면 공백("")으로 표시

> **기적의 TIP**
> =CHOOSE(인덱스번호, 값1,"값2","값3"...)

② [J3] 셀에 =IFERROR(HLOOKUP(LEFT(G3,1),$H$12:$J$13,2,FALSE),"코드오류")를 입력한 후 [J10] 셀까지 수식을 복사한다.

> **함수 설명** =IFERROR(HLOOKUP(LEFT(G3,1),$H$12:$J$13,2,FALSE),"코드오류")
>
> ❶ LEFT(G3,1) : 원서번호[G3] 셀에서 왼쪽에서 한 글자를 추출
> ❷ HLOOKUP(❶,$H$12:$J$13,2,FALSE) : ❶의 값을 [H12:J13] 영역의 첫 번째 행에서 값을 찾아 같은 열의 2번째 행에서 정확하게 일치하는 값을 반환
>
> =IFERROR(❷,"코드오류") : ❷의 값에 오류가 없다면 값을 그대로 표시하고, 만약 오류가 있다면 '코드오류'로 표시

> **기적의 TIP**
> =HLOOKUP(찾는 값, 범위, 몇 번째 행, [옵션])
> 옵션
> 0(False) : 정확하게 일치하는 값을 찾을 때 (예 : 문자)
> 1(True) : 구간에서 값을 찾아올 때 (예 : 1~10, 11~20, 21~30...)

③ [D12] 셀에 =IF(C12>=LARGE($C$12:$C$17,5),"재생산","생산중단")을 입력한 후 [D17] 셀까지 수식을 복사한다.

> **함수 설명** =IF(C12>=LARGE($C$12:$C$17,5),"재생산","생산중단")
>
> ❶ LARGE($C$12:$C$17,5) : 판매총액[C12:C17] 영역에서 5번째로 큰 값을 구함
>
> =IF(C12>=❶,"재생산","생산중단") : 판매총액[C12]의 값이 ❶보다 크거나 같다면(이상) '재생산', 그 외에는 '생산중단'으로 표시

④ [K17] 셀에 =IFS(J17=MAX($J$17:$J$24),"최고점수",J17=MIN($J$17:$J$24),"최저점수",TRUE,"")을 입력한 후 [K24] 셀까지 수식을 복사한다.

> **함수 설명** =IFS(J17=MAX($J$17:$J$24),"최고점수",J17=MIN($J$17:$J$24),"최저점수",TRUE,"")
>
> ❶ MAX($J$17:$J$24) : 총점[J17:J24] 영역에서 가장 큰 값을 구함
> ❷ MIN($J$17:$J$24) : 총점[J17:J24] 영역에서 가장 작은 값을 구함
>
> =IFS(J17=❶,"최고점수",J17=❷,"최저점수",TRUE,"") : 총점[J17]이 ❶하고 같다면 '최고점수'로 표시하고, 총점[J17]이 ❷하고 같다면 '최저점수'로 표시하고, 그 외는 TRUE로 공백으로 표시

⑤ [D21] 셀에 =IF(OR(MONTH(C21)=5,MONTH(C21)=10),"발송","")을 입력한 후 [D24] 셀까지 수식을 복사한다.

> **함수 설명** =IF(OR(MONTH(C21)=5,MONTH(C21)=10),"발송","")
>
> ❶ MONTH(C21) : 가입 날짜[C21]의 월을 구함
> ❷ OR(❶=5,❶=10) : ❶의 값이 5이거나 10이면 TRUE 값을 반환
>
> =IF(❷,"발송","") : ❷의 값이 TRUE 이면 '발송', 그 외는 공백으로 표시

15 정렬

작업파일: '26컴활2급(상시)₩이론'에서 '분석작업' 파일을 열어 작업하세요.

출제유형 1 '정렬' 시트에 다음의 지시사항을 처리하시오.

[정렬] 기능을 이용하여 [표1]에서 '포지션'을 공격수-골키퍼-미드필드-수비수 순으로 정렬하고, 동일한 포지션인 경우 '가입기간'의 셀 색이 'RGB(216,228,188)'인 값이 위에 표시되도록 정렬하시오.

① [A3:G17] 영역을 드래그하여 범위를 지정한 후 [데이터]-[정렬 및 필터] 그룹의 [정렬](▦)을 클릭한다.

② [정렬]에서 첫 번째 정렬 기준은 '포지션', '셀 값', '사용자 지정 목록...'을 선택한다.

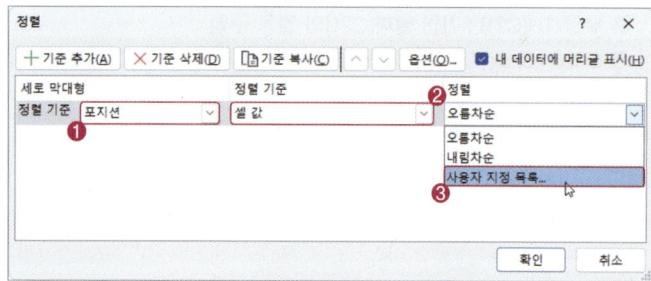

③ 목록 항목에 '공격수 Enter 골키퍼 Enter 미드필드 Enter 수비수' 순으로 입력한 후 [추가]를 클릭하고 [확인]을 클릭한다.

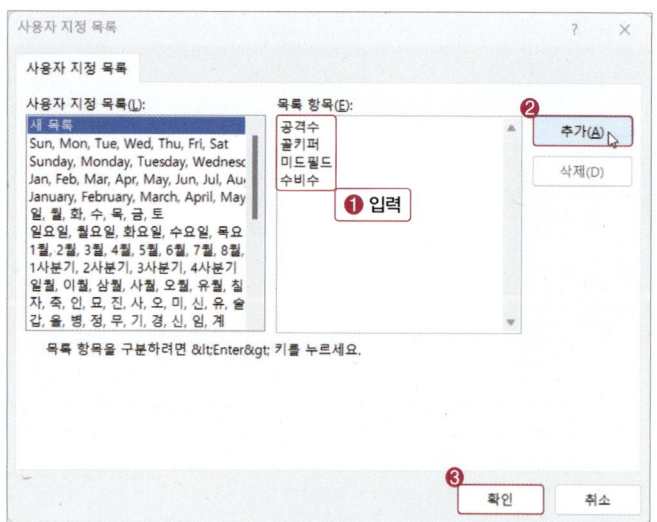

④ 정렬에 '공격수, 골키퍼, 미드필드, 수비수'가 표시되면 [기준]을 클릭한다.

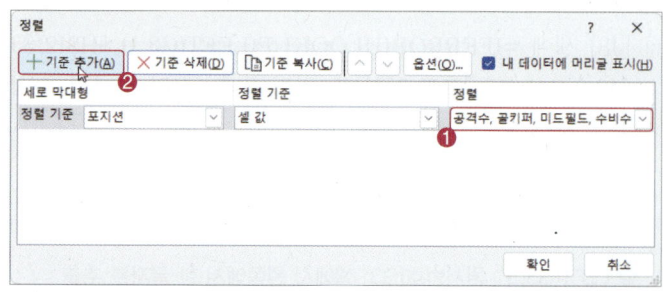

⑤ 다음 기준에 '가입기간', '셀 색', 색에서 'RGB(216,228,188)'을 선택하고, '위에 표시'를 선택하고 [확인]을 클릭한다.

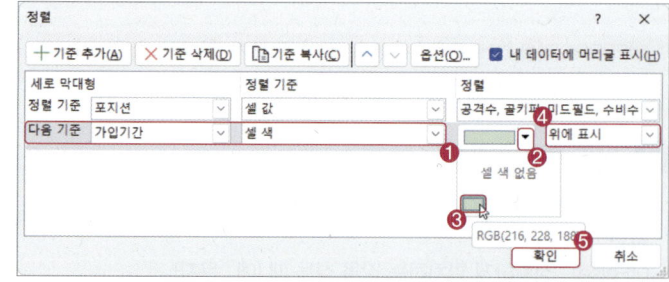

16 부분합

작업파일 : '26컴활2급(상시)₩이론'에서 '분석작업' 파일을 열어 작업하세요.

출제유형 1 '부분합' 시트에 다음의 지시사항을 처리하시오.

[부분합] 기능을 이용하여 '소양인증포인트 현황' 표에 〈그림〉과 같이 학과별 '합계'의 최소값을 계산한 후 '기본영역', '인성봉사', '교육훈련'의 평균을 계산하시오.

▶ 정렬은 '학과'를 기준으로 오름차순으로 처리하시오.
▶ 최소값과 평균은 위에 명시된 순서대로 처리하시오.
▶ 기본영역의 평균 소수 자릿수는 소수점 이하 1자리로 하시오.
▶ 부분합 결과에 '파랑, 표 스타일 보통 2' 서식을 적용하시오.

	A	B	C	D	E	F
1	소양인증포인트 현황					
2						
3	학과	성명	기본영역	인성봉사	교육훈련	합계
4	경영정보	정소영	85	75	75	235
5	경영정보	주경철	85	85	75	245
6	경영정보	한기철	90	70	85	245
7	경영정보 평균		86.7	77	78	
8	경영정보 최소					235
9	유아교육	강소미	95	65	65	225
10	유아교육	이주현	100	90	80	270
11	유아교육	한보미	80	70	90	240
12	유아교육 평균		91.7	75	78	
13	유아교육 최소					225
14	정보통신	김경호	95	75	95	265
15	정보통신	박주영	85	50	80	215
16	정보통신	임정민	90	80	60	230
17	정보통신 평균		90	68	78	
18	정보통신 최소					215
19	전체 평균		89.4	73	78	
20	전체 최소값					215

① 학과별로 오름차순 정렬하기 위해서, [A3] 셀을 클릭하고 [데이터]-[정렬 및 필터] 그룹의 [텍스트 오름차순 정렬](↓)을 클릭한다.

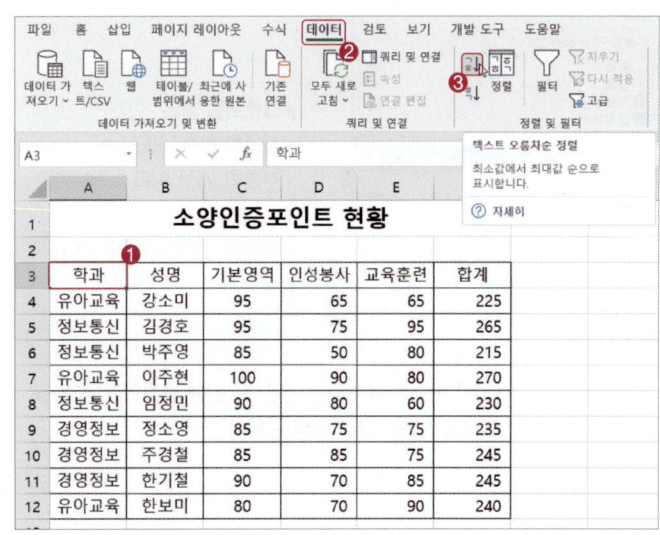

분석작업 2-43

② 데이터 안에 마우스 포인터가 놓여 있는 상태에서 [데이터]-[개요] 그룹의 [부분합](📊)을 클릭한다.

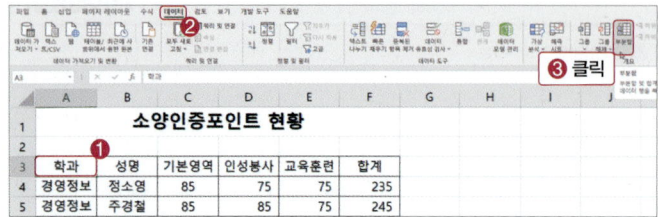

③ 학과별 '합계'의 최소값을 구하기 위해서 [부분합]에서 그룹화할 항목은 '학과', 사용할 함수는 '최소', 부분합 계산 항목은 '합계'를 체크하고 [확인]을 클릭한다.

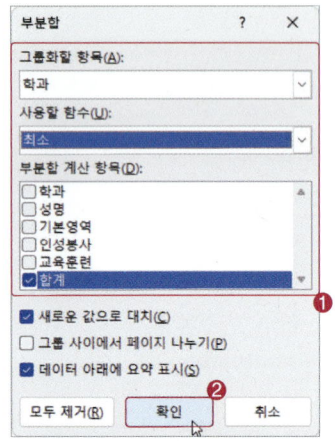

- **그룹화할 항목** : 학과
- **사용할 함수** : 최소
- **부분합 계산 항목** : 합계

④ 다시 한 번 '기본영역', '인성봉사', '교육훈련'의 '평균'을 계산하기 위해서 [데이터]-[개요] 그룹의 [부분합](📊)을 클릭한다.

⑤ 최소값과 평균을 둘 다 표시하기 위해서 '새로운 값으로 대치' 체크를 해제하고, [부분합]에서 그룹화할 항목은 '학과', 사용할 함수는 '평균', 부분합 계산 항목은 '기본영역', '인성봉사', '교육훈련'에 체크하고 [확인]을 클릭한다.

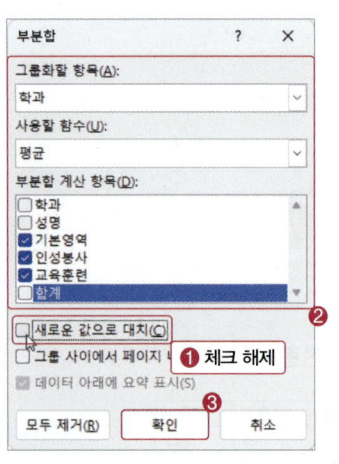

- **그룹화할 항목** : 학과
- **사용할 함수** : 평균
- **부분합 계산 항목** : 기본영역, 인성봉사, 교육훈련
- '새로운 값으로 대치' 체크 해제

> **기적의 TIP**
> '새로운 값으로 대치' 체크를 해제하는 것은 첫 번째 부분합(최소값)을 실행할 때 미리 체크를 해제하고 작성해도 된다.

⑥ 기본영역의 평균을 소수점 이하 1자리로 표시하기 위해서 [C7] 셀을 클릭하고 Ctrl을 누르며 [C12], [C17], [C19] 셀을 선택한 후, Ctrl + 1을 눌러 [표시 형식] 탭의 '사용자 지정'에 #.0을 입력하고 [확인]을 클릭한다.

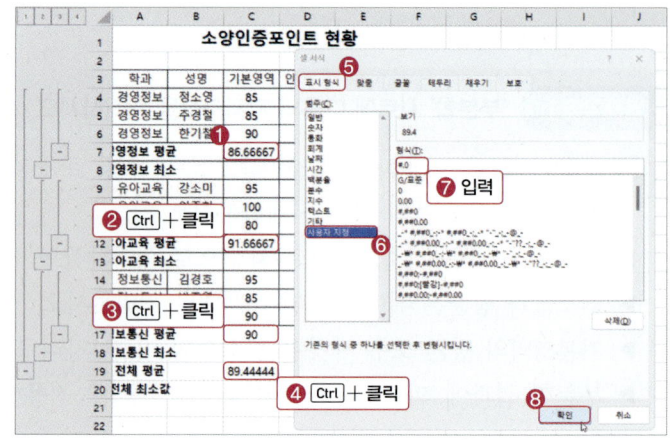

⑦ [A3:F20] 영역을 범위 지정한 후 [홈] 탭의 [스타일]-[표 서식]에서 '파랑, 표 스타일 보통 2'를 선택한다.

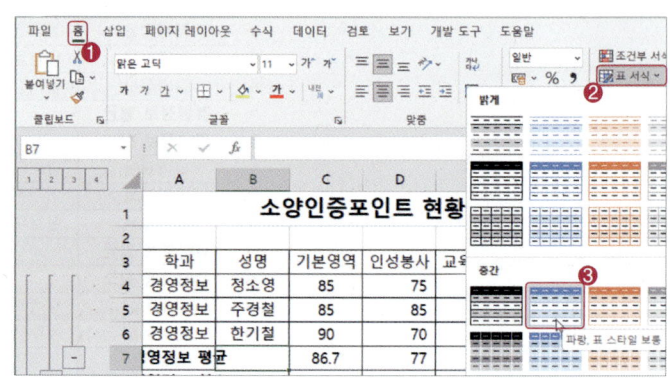

⑧ [표 서식]에서 [확인]을 클릭한다.

> **더알기 TIP**
>
> **윤곽 기호**
> - 윤곽 기호는 부분합 작업 후 윤곽이 설정된 워크시트의 모양을 바꿀 때 사용하는 기호로 1 2 3, −, + 가 있다.
> - 윤곽 기호 1은 전체 결과만 표시하고, 윤곽 기호 2는 전체 결과와 그룹별 부분합 결과를 표시한다.
> - 윤곽 기호 3은 전체 결과와 그룹별 부분합 결과, 해당 데이터까지 모두 표시한다.
> - −를 클릭하면 하위 수준의 데이터는 숨기며, 부분합 결과만 표시한다.
> - +를 클릭하면 하위 수준의 데이터와 부분합 결과를 표시한다.
>
> **윤곽 기호를 표시하지 않을 때**
> [데이터]-[개요] 그룹에서 [그룹 해제]-[개요 지우기]를 클릭한다.
>
>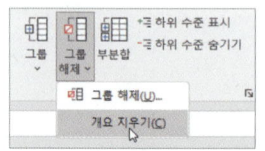

17 데이터 표

작업파일 : '26컴활2급(상시)₩이론'에서 '분석작업' 파일을 열어 작업하세요.

출제유형 1 '데이터표1' 시트에 다음의 지시사항을 처리하시오.

투자금[C2], 투자기간(년)[C3], 수익률[C4]을 이용하여 수익금[C5]을 계산한 것이다. [데이터 표] 기능을 이용하여 투자기간과 수익률의 변동에 따른 수익금의 변화를 [D11:H20] 영역에 계산하시오.

① 수익금 계산식을 복사하기 위해 [C5] 셀을 클릭한 후 '수식 입력줄'의 수식 '=ISPMT(C4/12,C3*12,1,C2)'를 드래그하여 범위 지정한 후 Ctrl + C를 눌러 복사한다.

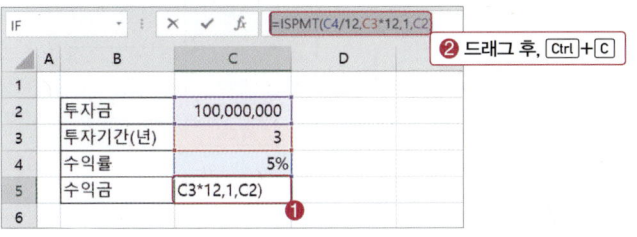

> **기적의 TIP**
>
> [C10] 셀에 「=C5」를 입력하여 계산식을 연결해도 된다.

② Esc를 눌러 범위 지정을 해제하고 [C10] 셀을 클릭한 후 Ctrl + V를 눌러 붙여넣기를 한다.

③ [C10:H20] 영역을 드래그하여 범위를 지정한 후 [데이터]-[예측] 그룹의 [가상 분석]-[데이터 표]를 선택한다.

④ [데이터 표]에서 '행 입력 셀'의 입력할 부분을 클릭한 후 수익률이 있는 [C4] 셀을 클릭하고, '열 입력 셀'의 입력할 부분을 클릭한 후 투자기간(년)이 있는 [C3] 셀을 클릭한다.

> **기적의 TIP**
>
> 데이터 표를 잘못 작성하여 지우고 다시 작성하고자 할 때에는 값이 표시된 부분[D11:H20] 영역을 범위 지정한 후 Delete를 눌러 삭제하면 된다.

출제유형 2 '데이터표2' 시트에 다음의 지시사항을 처리하시오.

대출금[C3], 연이율[C4], 상환기간(년)[C5]을 이용하여 상환금액(월)[C6]을 계산한 것이다. [데이터]-[데이터 표] 기능을 이용하여 이자율 변동에 따른 상환금액(월)을 [G6:G12]에 계산하시오.

① 상환금액(월) 계산식을 복사하기 위해 [C6] 셀을 클릭한 후 '수식 입력줄'의 수식 '=PMT($C$4/12,$C$5*12,-$C$3)'을 드래그하여 범위 지정한 후 Ctrl+C를 눌러 복사한다.

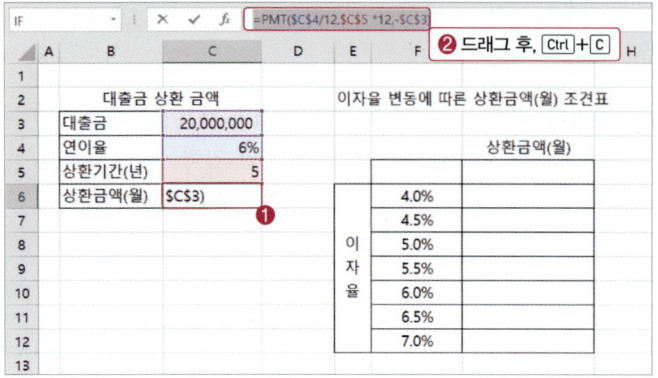

② Esc를 눌러 범위 지정을 해제하고, [G5] 셀을 클릭한 후 Ctrl+V를 눌러 붙여넣기를 한다.

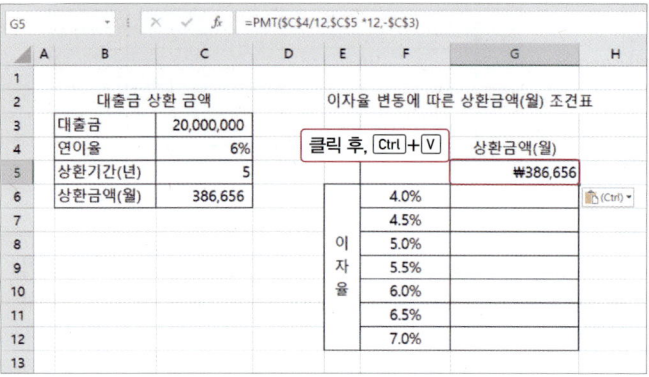

③ [F5:G12] 영역을 드래그하여 범위를 지정한 후 [데이터]-[예측] 그룹의 [가상 분석]-[데이터 표]를 선택한다.

④ [데이터 표]에서 '열 입력 셀'의 입력할 부분을 클릭한 후 이자율이 있는 [C4] 셀을 클릭한다.

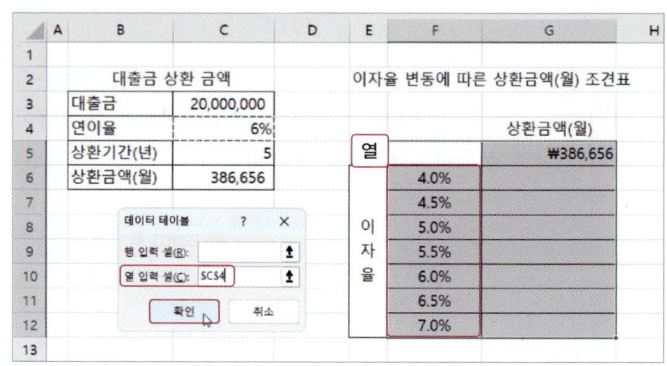

기적의 TIP

[G5] 셀에 「=C6」을 입력하여 계산식을 연결해도 된다.

18 목표값 찾기

작업파일 : '26컴활2급(상시)₩이론'에서 '분석작업' 파일을 열어 작업하세요.

출제유형 1   '**목표값찾기**' 시트에 다음의 지시사항을 처리하시오.

[목표값 찾기] 기능을 이용하여 '지점별 가전제품 판매 현황' 표에서 서초점의 냉장고 판매총액[E10]이 100,000,000 이 되려면 판매량[D10]이 얼마가 되어야 하는지 계산하시오.

① 수식으로 계산된 서초점의 냉장고 판매총액이 100,000,000 이 되기 위해서 [E10] 셀을 클릭한 후, [데이터]-[예측] 그룹 의 [가상 분석]-[목표값 찾기]를 선택한다.

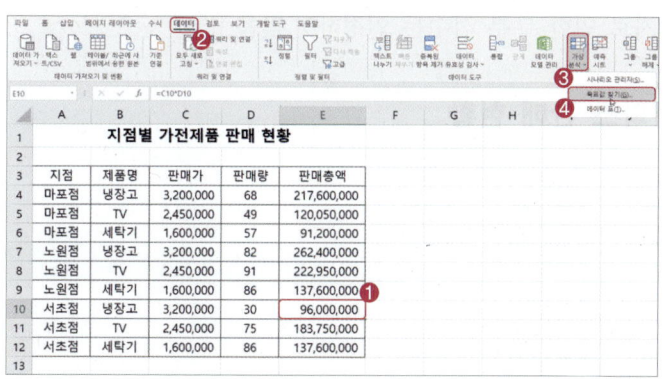

② [목표값 찾기]에서 수식 셀은 [E10], 찾는 값은 100,000,000 을 입력하고, 값을 바꿀 셀은 [D10] 셀을 지정하고 [확인]을 클릭한다.

③ [목표값 찾기 상태] 대화상자에 결과가 표시되고, 워크시트 에도 변경되어 있는 내용을 확인한 후 [확인]을 클릭한다.

19 시나리오

작업파일 : '26컴활2급(상시)₩이론'에서 '분석작업' 파일을 열어 작업하세요.

출제유형 1 '시나리오' 시트에 다음의 지시사항을 처리하시오.

'KS 마트 특별기획전 원피스 판매 현황' 표에서 '마진율[A13]'과 '할인율[B13]' 셀이 다음과 같이 변동되는 경우 '판매금액의 합계[E10]' 셀과 '이익금액의 합계[F10]' 셀의 변동 시나리오를 작성하시오.

▶ [E10] 셀의 이름은 '판매금액합계', [F10] 셀의 이름은 '이익금액합계', [A13] 셀의 이름은 '마진율', [B13] 셀의 이름은 '할인율'로 정의하시오.

▶ 시나리오1 : 시나리오 이름은 '이익증가', 마진율은 45%, 할인율은 3%로 설정하시오.

▶ 시나리오2 : 시나리오 이름은 '이익감소', 마진율은 25%, 할인율은 8%로 설정하시오.

▶ 시나리오 요약 시트는 '시나리오2' 시트의 바로 앞에 위치시키시오.

※ 시나리오 요약 보고서 작성 시 정답과 일치하여야 하며, 오자로 인한 부분 점수는 인정하지 않음

① [E10] 셀을 클릭한 후 '이름 상자'에 **판매금액합계**를 입력하고 Enter 를 누른다. 같은 방법으로 [F10] 셀을 클릭한 후 **이익금액합계**로 이름을 정의한다.

② [A12:B13] 영역을 드래그하여 범위를 지정한 후, [수식]-[정의된 이름] 그룹의 [선택 영역에서 만들기]를 클릭한다.

기적의 TIP

[선택 영역에서 만들기]를 이용하지 않고, 직접 '이름 상자'를 이용하여 이름을 정의해도 된다.
[A13] 셀을 선택한 후 '이름 상자'에 「마진율」, [B13] 셀을 선택한 후 '이름 상자'에 「할인율」을 입력하여 이름을 정의한다.

③ [선택 영역에서 이름 만들기]에서 '첫 행'을 선택하고 [확인]을 클릭한다.

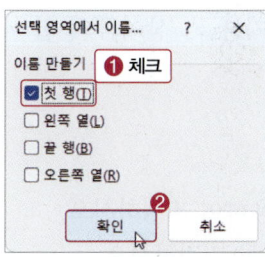

④ [A13:B13] 영역을 드래그하여 범위를 지정한 후 [데이터]-[예측] 그룹의 [가상 분석]-[시나리오 관리자]를 클릭한다.

⑤ [시나리오 관리자]에서 [추가]를 클릭한 후, [시나리오 추가]에서 '시나리오 이름'은 **이익증가**를 입력하고 [확인]을 클릭한다.

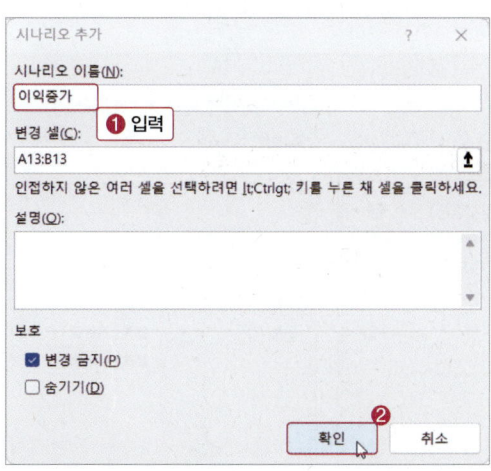

⑥ [시나리오 값]에서 마진율은 45%, 할인율은 3%를 입력하고 [추가]를 클릭한다.

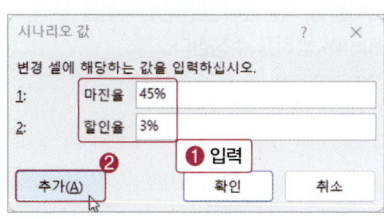

기적의 TIP

45% → 0.45, 3% → 0.03으로 입력해도 된다.

⑦ [시나리오 추가]에서 '시나리오 이름'에 **이익감소**를 입력하고 [확인]을 클릭한다.

⑧ [시나리오 값]에서 마진율은 25%, 할인율은 8%를 입력하고 [확인]을 클릭한다.

⑨ [시나리오 관리자]에서 [요약]을 클릭한다.

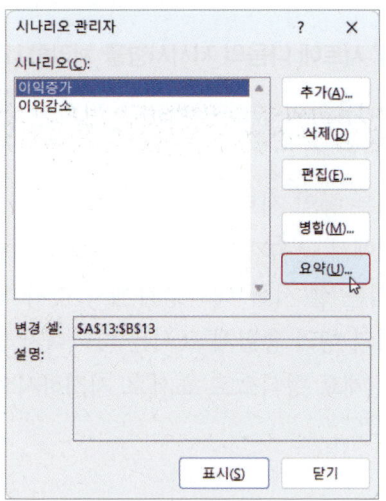

⑩ [시나리오 요약]에서 결과 셀에 커서를 두고 [E10:F10] 영역을 지정한 후 [확인]을 클릭한다.

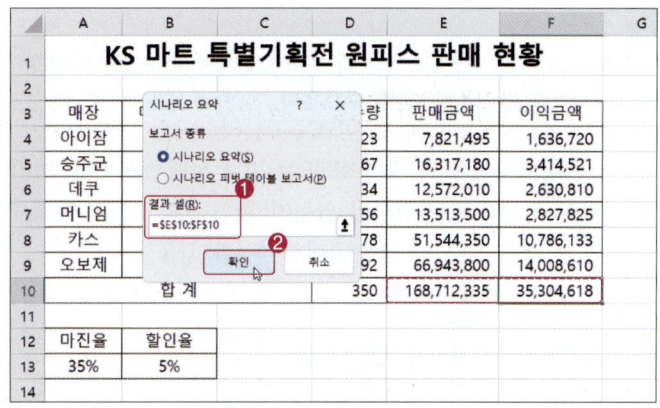

20 피벗 테이블

작업파일: '26컴활2급(상시)\이론'에서 '분석작업' 파일을 열어 작업하세요.

출제유형 1 '피벗테이블' 시트에 다음의 지시사항을 처리하시오.

[피벗 테이블] 기능을 이용하여 '임금명세표'의 직위를 '열', 근속기간을 '행'으로 처리하고, 값에 '기본급', '상여금'의 합계를 순서대로 계산하시오.

▶ 피벗 테이블 보고서는 동일 시트의 [A18] 셀에서 시작하시오.
▶ 피벗 테이블 보고서에서 근속기간은 1~5, 6~10, 11~15, 16~20 그룹으로 표시하시오.
▶ 값 영역의 표시 형식은 '셀 서식' 대화상자에서 '숫자' 범주의 '1000 단위 구분 기호 사용'을 이용하여 지정하시오.
▶ 피벗 테이블 보고서의 행의 총합계 표시는 나타나지 않도록 하고, 빈 셀은 '*' 기호로 표시되도록 지정하시오.
▶ 보고서 레이아웃은 '개요 형식으로 표시'로 지정하시오.

① 데이터 영역[A3:G12]을 범위 지정한 후 [삽입]-[표] 그룹의 [피벗 테이블]()을 클릭한다.

> **기적의 TIP**
> 합계[A13:G13]은 포함하지 않는다. 만약 포함하면 (비어있는 셀)이라고 표시가 되고, 그룹을 지정할 수가 없다.

② [피벗 테이블 만들기]에서 '표 또는 범위 선택'에서 [A3:G12] 영역이 자동으로 지정되어 있는지 확인하고, '기존 워크시트'를 선택하고 [A18] 셀을 클릭한 후 [확인]을 클릭한다.

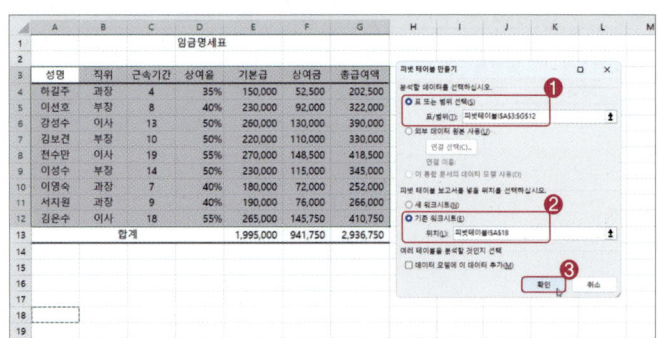

③ 오른쪽 '피벗 테이블 필드' 목록에서 '직위'는 '열', '근속기간'은 '행'으로 드래그하고, '기본급', '상여금'은 'Σ 값'으로 드래그한다.

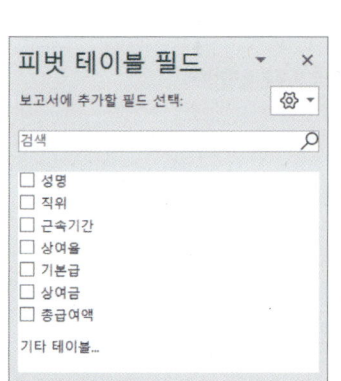
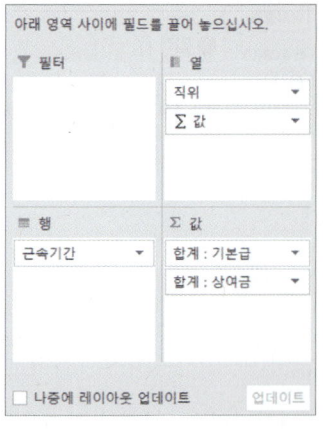

> **기적의 TIP**
> 합계 영역을 포함하여 피벗 테이블을 작성했다면 [피벗 테이블 분석] 탭의 [데이터 원본 변경]을 클릭하여 범위를 수정한다.

④ 근속기간을 그룹으로 표시하기 위해서 근속기간에 표시된 임의의 셀을 선택한 후 마우스 오른쪽 버튼을 눌러 [그룹]을 선택한다.

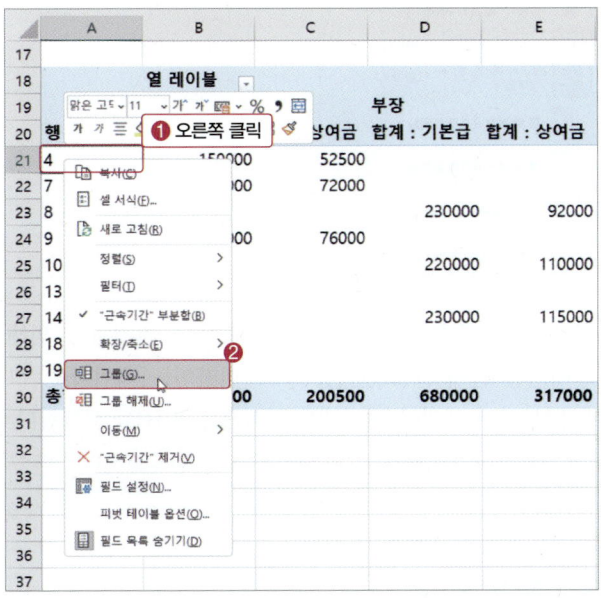

⑤ 1~5, 6~10, 11~15, 16~20 그룹으로 표시하기 위해서 [그룹화]에서 시작은 1, 끝은 20, 단위는 5를 입력하고 [확인]을 클릭한다.

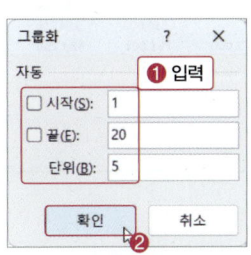

⑥ 값 영역의 표시 형식을 지정하기 위해서 [B20] 셀에서 마우스 오른쪽 버튼을 눌러 [값 필드 설정]을 선택한다.

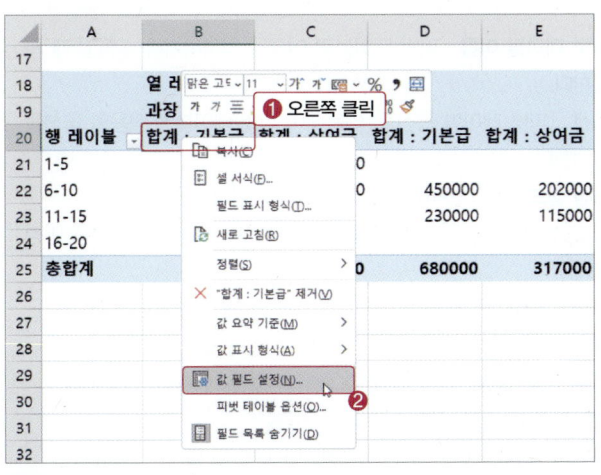

> **기적의 TIP**
>
> [B20] 셀에서 더블클릭하여 [값 필드 설정] 대화상자를 표시할 수 있다.

⑦ [값 필드 설정]에서 [표시 형식]을 클릭한다.

⑧ [셀 서식]에서 '숫자'를 선택한 후 '1000 단위 구분 기호 사용'을 체크하고 [확인]을 클릭하고, [값 필드 설정]에서 다시 한번 [확인]을 클릭한다.

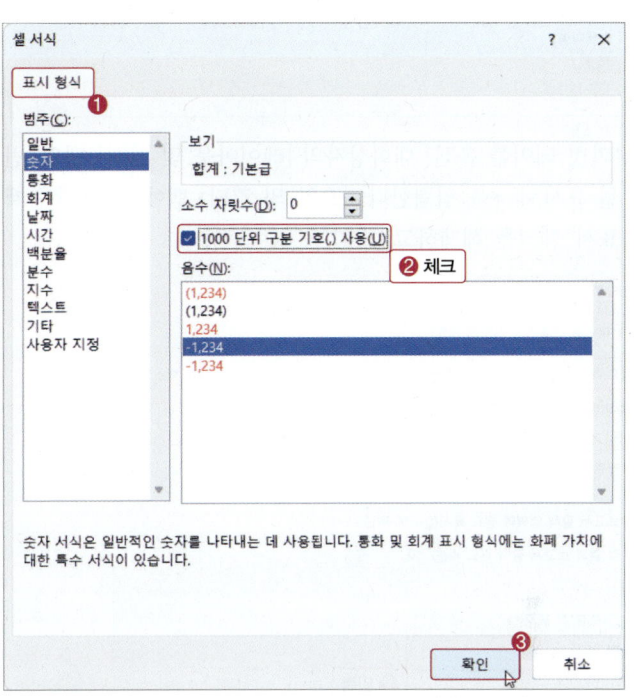

⑨ 같은 방법으로 '상여금'도 '숫자' 범주의 '1000 단위 구분 기호 사용'을 지정한다.

> **기적의 TIP**
>
> [C20] 셀에서 더블클릭하여 [값 필드 설정]에서 [표시 형식]을 클릭하여 설정한다.

⑩ 피벗 테이블 안쪽에 셀 포인터를 두고 마우스 오른쪽 버튼을 눌러 [피벗 테이블 옵션]을 선택한다.

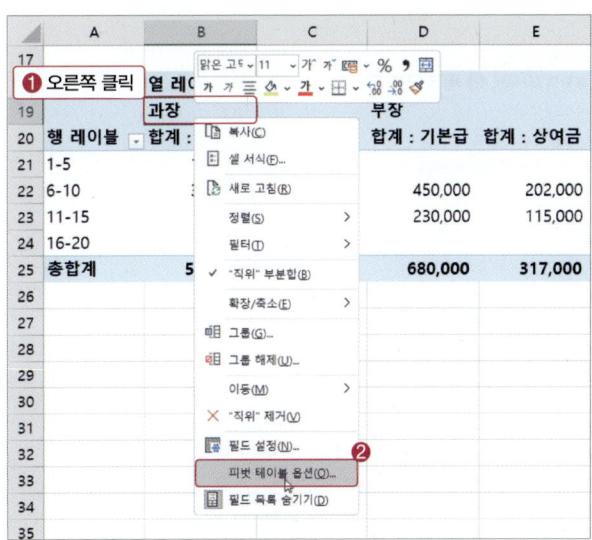

기적의 TIP

피벗 테이블 안쪽에 커서를 두고 [피벗 테이블 분석] 탭의 [피벗 테이블] 그룹에서 [옵션]을 클릭해도 [피벗 테이블 옵션] 대화상자를 표시할 수 있다.

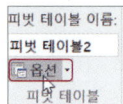

⑪ [피벗 테이블 옵션] 대화상자의 [레이아웃 및 서식] 탭의 '빈 셀 표시'에 *을 입력한다. [요약 및 필터] 탭에서 '행 총합계 표시' 체크를 해제하고 [확인]을 클릭한다.

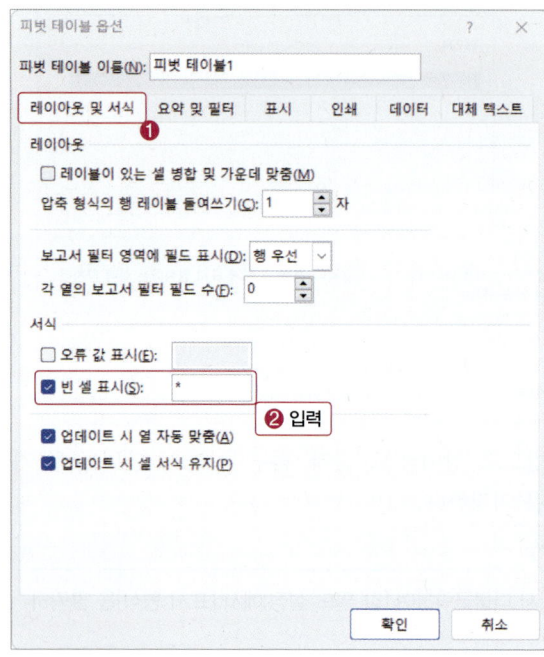

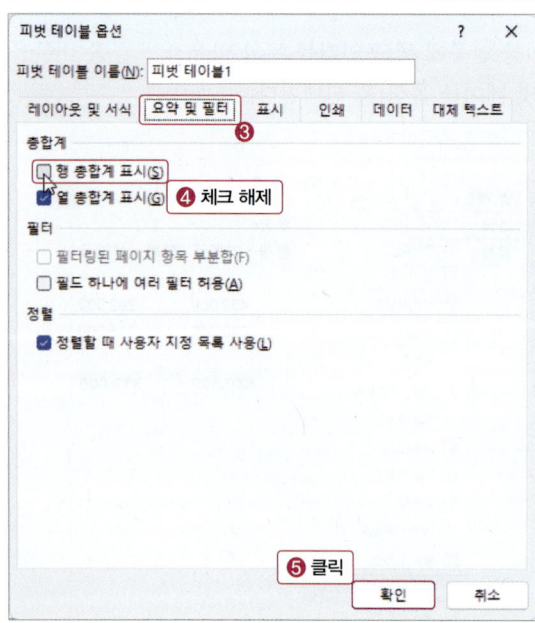

기적의 TIP

피벗 테이블 안쪽에 커서를 두고 [디자인] 탭의 [레이아웃] 그룹에서 [총합계]-[열의 총합계만 설정]을 클릭하여 설정할 수 있다.

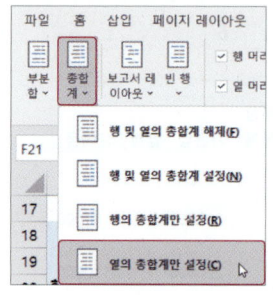

⑫ 보고서 레이아웃을 '개요 형식으로 표시'로 지정하기 위해 피벗 테이블 안에 셀 포인터를 두고 [디자인]-[레이아웃] 그룹에서 [보고서 레이아웃]-[개요 형식으로 표시]를 선택한다.

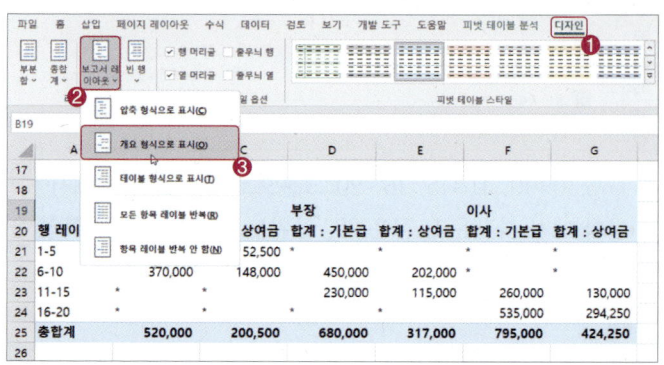

더알기 TIP

[피벗 테이블 분석]

피벗 테이블 안쪽에 커서를 두면 [피벗 테이블 분석]이 표시된다.

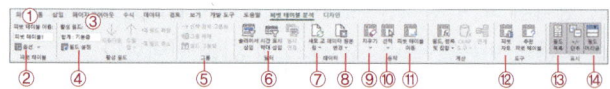

① **피벗 테이블 이름** : 피벗 테이블의 이름을 입력하거나 수정할 때 사용한다.
② **옵션** : [피벗 테이블 옵션]을 이용하여 피벗 테이블에 적용할 옵션을 설정한다.
③ **활성 필드** : 현재 선택된 활성 필드를 표시한다.
④ **필드 설정** : [값 필드 설정]을 이용하여 함수나 표시 형식을 변경한다.
⑤ **그룹** : 그룹/그룹 해제 또는 그룹을 선택할 때 사용한다.
⑥ **필터** : 슬라이서 삽입, 시간 표시 막대 삽입을 표시한다.
⑦ **새로 고침** : 원본 데이터의 변경 내용을 피벗 테이블에 반영한다.
⑧ **데이터 원본 변경** : 원본 데이터를 변경한다.
⑨ **지우기** : 피벗 테이블에 설정된 필드나 서식 및 필터를 제거한다.
⑩ **선택** : 피벗 테이블의 요소를 선택한다.
⑪ **피벗 테이블 이동** : 피벗 테이블의 위치를 변경한다.
⑫ **피벗 차트** : 피벗 테이블의 데이터를 이용하여 차트를 작성한다.
⑬ **필드 목록** : 필드 목록 창의 표시 여부를 지정한다.
⑭ **필드 머리글** : 필드의 행, 열, 값의 머리글의 표시 여부를 지정한다.

21 통합

작업파일 : '26컴활2급(상시)\이론'에서 '분석작업' 파일을 열어 작업하세요.

출제유형 1 '통합' 시트에서 다음의 지시사항을 처리하시오.

데이터 도구 [통합] 기능을 이용하여 [표1]과 [표2]에서 '커피', '프라푸치노', '티', '라떼'로 끝나는 음료의 년도별 판매금액의 평균을 [표3]의 [G2:K6] 영역에 계산하시오.

	A	B	C	D	E	F	G	H	I	J	K	L
1	[표1] 강남점						[표3]					
2	음료	2022년	2023년	2024년	2025년		음료	2022년	2023년	2024년	2025년	
3	콜드 브루 커피	8,950	9,666	7,530	8,105							
4	브루드 커피	15,776	16,743	12,030	15,104							
5	밀크 티	4,400	4,309	4,652	3,922							
6	티 라떼	6,288	6,373	7,124	6,738							
7	캐모마일 티	3,770	3,621	4,609	4,775							
8	돌체 라떼	5,550	3,480	2,580	1,580							
9	자몽 티	3,750	3,599	4,470	4,814							
10												
11	[표2] 서초점											
12	음료	2022년	2023년	2024년	2025년							
13	제주 라떼	7,459	7,653	8,781	8,421							
14	초코릿 칩 프라푸치노	5,189	6,784	7,515	4,998							
15	돌체 골드 브루 커피	5,297	5,290	5,577	4,861							
16	캐러멜 프라푸치노	12,192	12,826	12,222	13,078							
17	돌체 라떼	10,220	10,670	12,089	13,029							
18	자바칩 프라푸치노	6,525	6,632	6,552	7,841							

① [G3:G6] 영역에 다음과 같이 통합할 데이터를 입력한다.

	F	G	H	I	J	K	L
1		[표3]					
2		음료	2021년	2022년	2023년	2024년	
3		*커피					
4		*프라푸치노					
5		*티					
6		*라떼					
7							

② [G2:K6] 영역을 범위 지정한 후 [데이터]-[데이터 도구] 그룹의 [통합]( )을 클릭한다.

③ 함수는 '평균'을 선택하고 '참조'에 커서를 두고 [A2:E9] 영역을 드래그 한 후 [추가]를 클릭한다.

④ [A12:E18] 영역을 범위 지정한 후 [추가]를 클릭한 후 '첫 행', '왼쪽 열'을 체크하고 [확인]을 클릭한다.

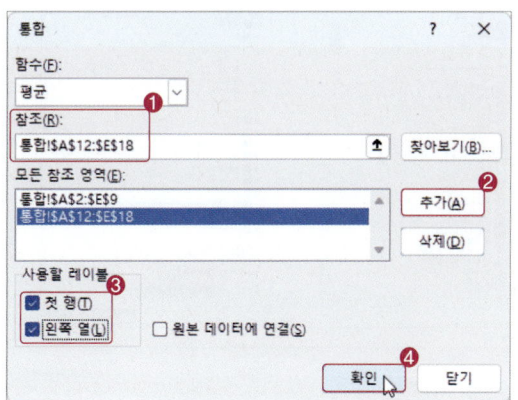

22 매크로

작업파일 : '26컴활2급(상시)₩이론'에서 '기타작업' 파일을 열어 작업하세요.

출제유형1 '매크로' 시트의 [표]에서 다음과 같은 기능을 수행하는 매크로를 현재 통합 문서에 작성하고 실행하시오.

❶ [F4:F11] 영역에 이익금액을 계산하는 매크로를 생성하여 실행하시오.
   ▶ 매크로 이름 : 이익금액
   ▶ 이익금액 = 판매금액 − 매입금액
   ▶ [개발 도구]−[삽입]−[양식 컨트롤]의 '단추(□)'를 동일 시트의 [B13:C14] 영역에 생성하고, 텍스트를 '이익금액'으로 입력한 후 단추를 클릭할 때 '이익금액' 매크로가 실행되도록 설정하시오.

❷ [A3:F3] 영역에 셀 스타일을 '파랑, 강조색1'로 적용하는 매크로를 생성하여 실행하시오.
   ▶ 매크로 이름 : 셀스타일
   ▶ [도형]−[사각형]의 '사각형: 둥근 모서리(□)'를 동일 시트의 [E13:F14] 영역에 생성하고, 텍스트를 '셀스타일'로 입력한 후 도형을 클릭할 때 '셀스타일' 매크로가 실행되도록 설정하시오.

※ 셀 포인터의 위치에 상관없이 현재 통합문서에서 매크로가 실행되어야 정답으로 인정됨

➕ 더알기 TIP

리본 메뉴에 [개발 도구] 탭이 표시되어 있지 않다면

① [파일]을 클릭하여 [옵션]을 클릭한다.
② '리본 사용자 지정'을 클릭한 후 '개발 도구'를 체크하고 [확인]을 클릭한다.

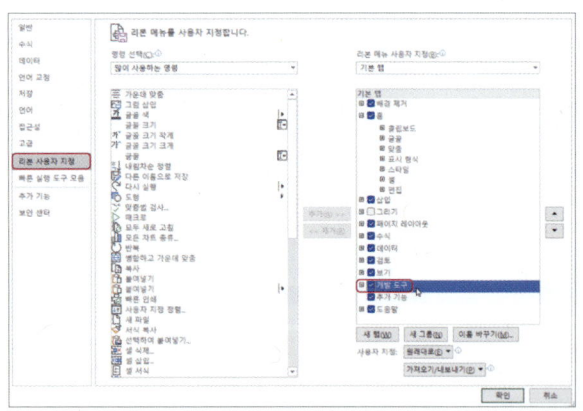

01 '이익금액' 매크로

① [개발 도구]−[코드] 그룹의 [매크로 기록](□)을 클릭한다.

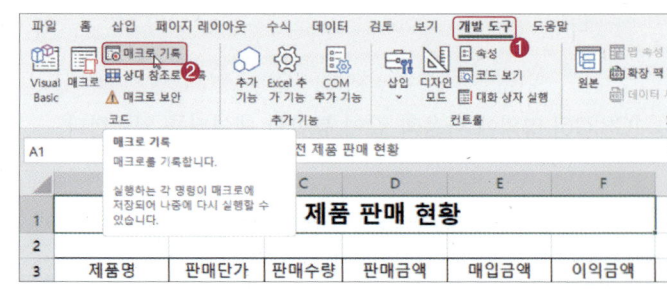

🚩 기적의 TIP

매크로 기록을 먼저 한 후 매크로를 연결하는 방법으로도 매크로를 연결할 수 있다.
2가지 방법 중에서 편한 방법을 사용하면 된다.

② [매크로 기록]에서 매크로 이름은 **이익금액**을 입력한 후 [확인]을 클릭한다.

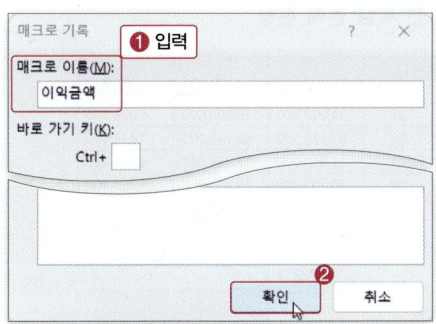

③ [F4] 셀을 클릭한 후 =D4-E4를 입력한 후 Enter 를 누른 후 [F4] 셀을 클릭한 후 채우기 핸들을 이용하여 [F11] 셀까지 드래그하여 수식을 복사한다.

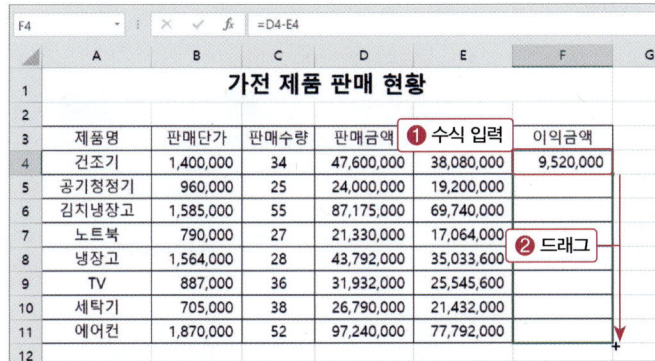

④ 임의의 셀을 클릭한 후 매크로 기록을 종료하기 위해 [개발 도구]-[코드] 그룹의 [기록 중지](□)를 클릭한다.

⑤ [개발 도구]-[컨트롤] 그룹의 [삽입]-[단추(양식 컨트롤)](□)을 클릭한다.

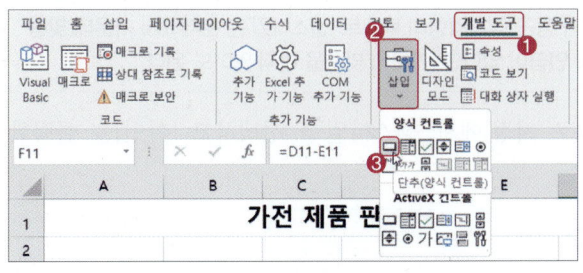

⑥ 마우스 포인터가 '+'로 바뀌면 [B13:C14] 영역에 드래그한다.

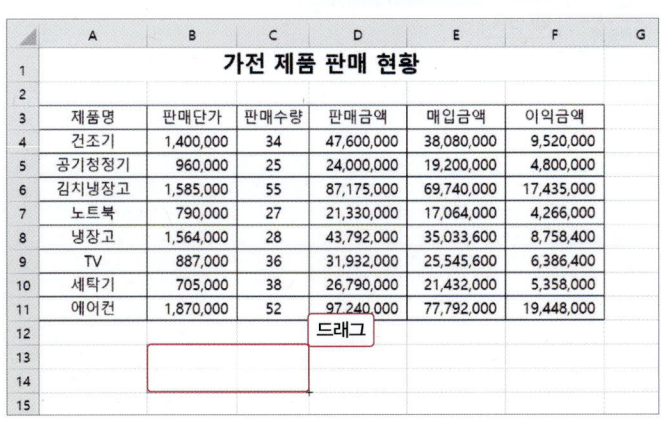

⑦ [매크로 지정] 대화상자가 표시되면 미리 기록한 매크로 '이익금액'을 선택하고 [확인]을 클릭한다.

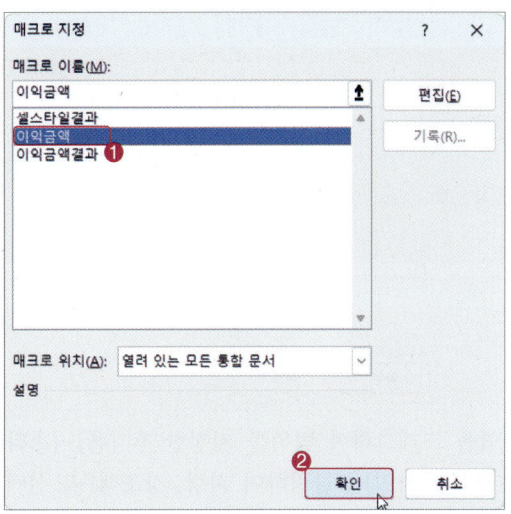

⑧ 단추가 선택된 상태에서 **이익금액**을 입력한다.

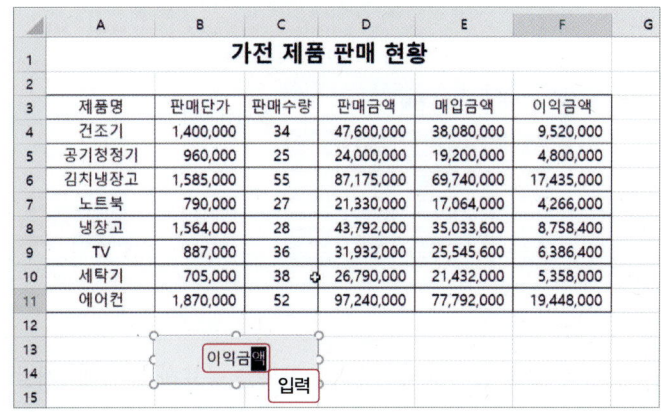

> 🎯 기적의 TIP
>
> 매크로 지정을 한 후 바로 텍스트를 입력하면 따로 마우스 오른쪽 버튼을 눌러 [텍스트 편집]을 실행하지 않아도 된다.

02 '셀스타일' 매크로

① [개발 도구]-[코드] 그룹의 [매크로 기록](□)을 클릭한다.

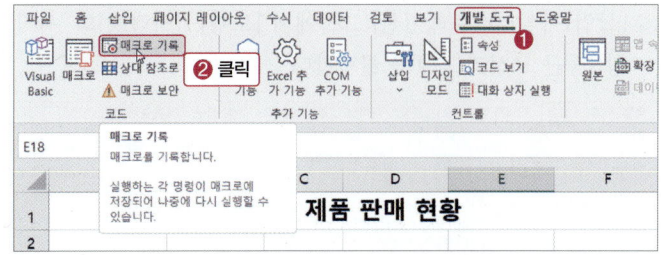

② [매크로 기록]에서 매크로 이름은 **셀스타일**을 입력한 후 [확인]을 클릭한다.

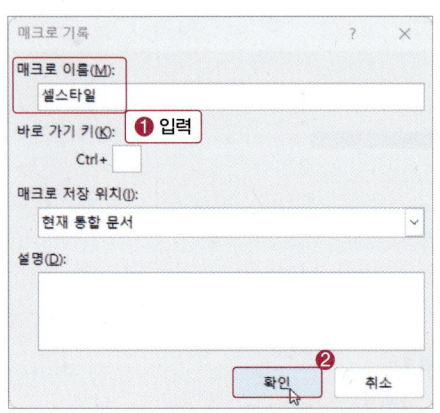

③ [A3:F3] 영역을 드래그하여 범위를 지정한 후 [홈]-[스타일] 그룹에서 [셀 스타일]을 클릭하여 '파랑, 강조색1'을 선택한다.

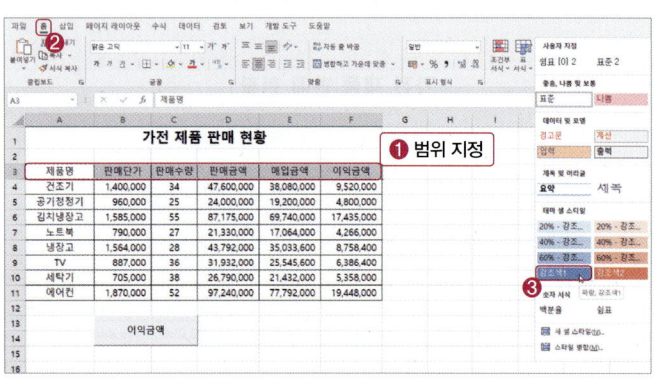

④ 임의의 셀을 클릭한 후 매크로 기록을 종료하기 위해 [개발 도구]-[코드] 그룹의 [기록 중지](□)를 클릭한다.

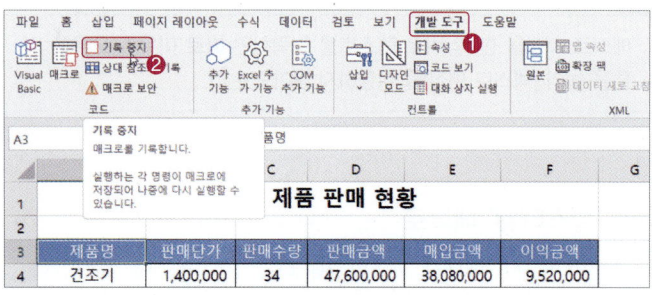

⑤ [삽입]-[일러스트레이션] 그룹에서 [도형]-[사각형]의 '사각형: 둥근 모서리(□)'를 클릭한다.

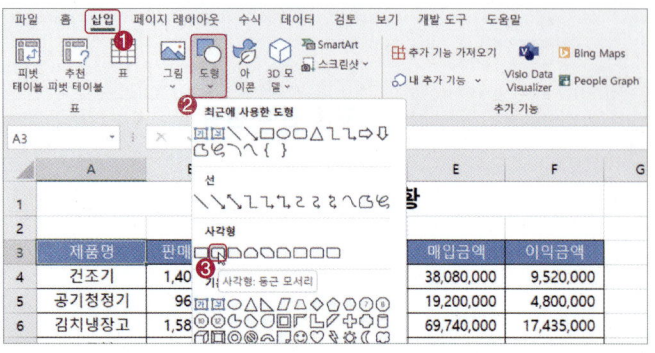

⑥ 마우스 포인터가 '+'로 바뀌면 [E13:F14] 영역에 드래그한다.

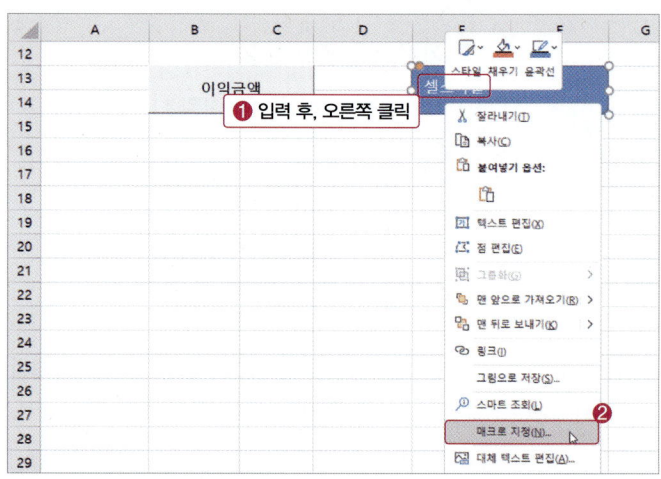

⑦ 도형을 그린 후에 도형에 바로 텍스트 **셀스타일**을 입력하고, 도형에서 마우스 오른쪽 버튼을 눌러 [매크로 지정]을 선택한다.

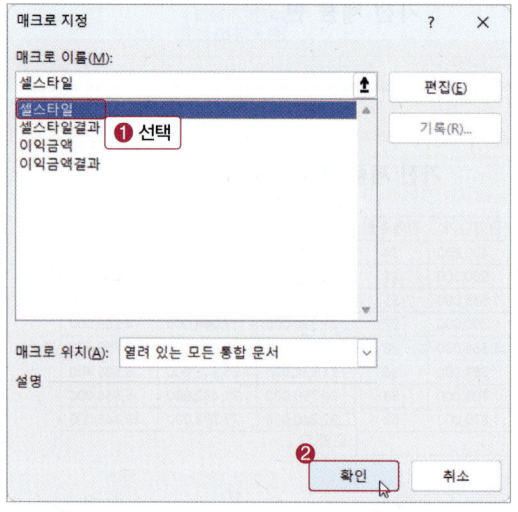

🅵 **기적의 TIP**

모서리가 둥근 직사각형의 텍스트 '셀스타일'은 문제에서 가운데 맞춤에 대한 언급이 없다면, 가운데 맞춤을 하지 않아도 된다.

⑧ [매크로 지정]에서 '셀스타일'을 선택하고 [확인]을 클릭한다.

23 차트

작업파일 : '26컴활2급(상시)₩이론'에서 '기타작업' 파일을 열어 작업하세요.

출제유형1 '차트' 시트의 차트를 지시사항에 따라 아래 그림과 같이 수정하시오.

❶ '합계' 계열이 제거되도록 데이터 범위를 수정하고, 차트 영역에 빠른 레이아웃에서 '레이아웃 3'을 지정하시오.
❷ 차트 종류는 '3차원 묶은 세로 막대형'으로 변경하고, 3차원 회전에서 X회전 '0도', Y회전 '0도'로 설정하시오.
❸ '세로(값) 축'의 기본 단위를 10000, 근로장학 계열은 세로 막대 모양을 '전체 원뿔형'으로 한 후 데이터 레이블의 데이터 설명선에 값만 추가하여 설정하시오.
❹ 차트 제목은 [A1] 셀과 연동되도록 설정하고, 도형 스타일 '색 윤곽선 – 파랑, 강조1'을 설정하시오.
❺ 차트 영역의 그림자는 '안쪽 : 가운데', 테두리는 둥근 모서리, 도형 윤곽선의 테마 색은 '황금색, 강조 4', 두께는 1pt로 설정하시오.

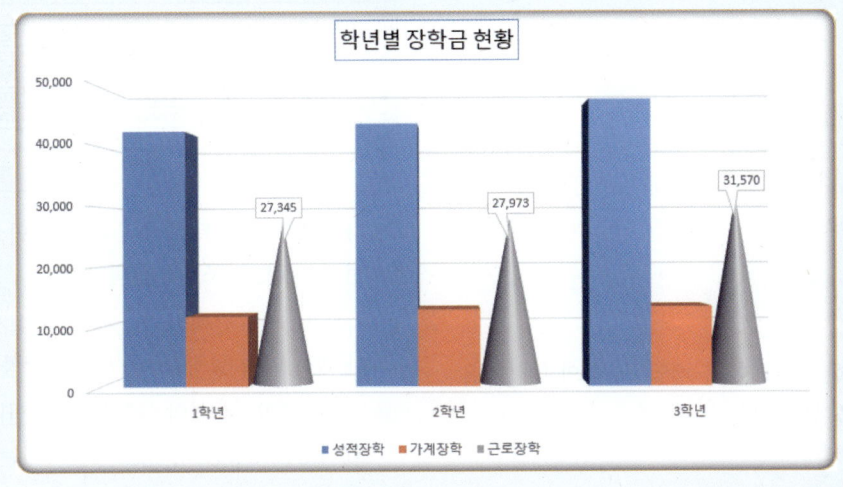

① '합계' 계열을 선택한 후 마우스 오른쪽 버튼을 눌러 [삭제] 메뉴를 클릭한다.
② [차트 디자인]-[차트 레이아웃] 그룹의 [빠른 레이아웃]에서 '레이아웃 3'를 선택한다.
③ 차트 안에서 마우스 오른쪽 버튼을 눌러 [차트 종류 변경]을 클릭한다.
④ [차트 종류 변경]에서 '세로 막대형'의 '3차원 묶은 세로 막대형'을 선택하고 [확인]을 클릭한다.

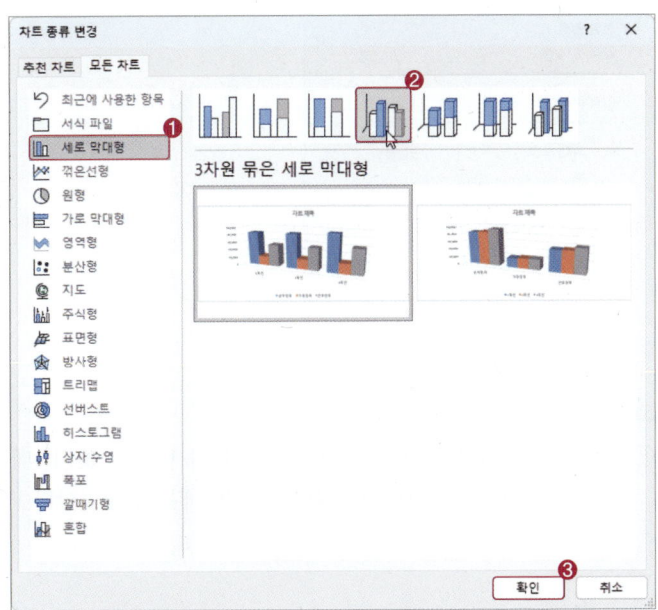

⑤ 차트에서 마우스 오른쪽 버튼을 눌러 [3차원 회전] 메뉴를 클릭하여 X회전은 0, Y회전은 0을 입력한다.

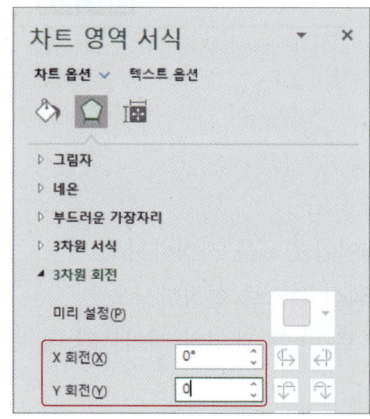

⑥ 세로(값) 축을 선택한 후 [축 서식]의 [축 옵션]에서 기본 단위를 10000을 입력한다.

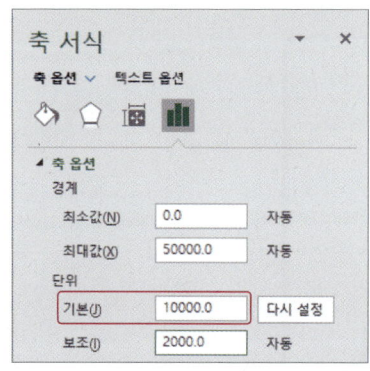

⑦ 근로장학 계열을 선택한 후 [데이터 계열 서식]의 [계열 옵션]에서 '전체 원뿔형'을 선택한다.

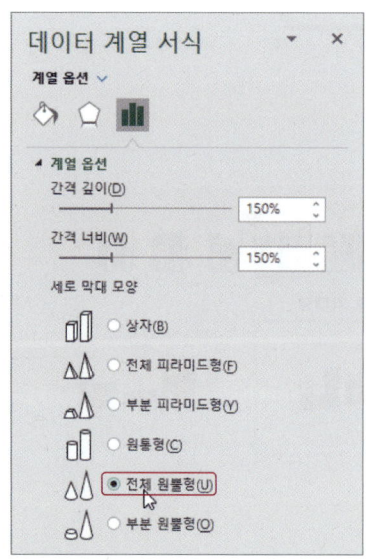

⑧ 근로장학 계열을 선택한 후 마우스 오른쪽 버튼을 눌러 [데이터 레이블 추가]-[데이터 설명선 추가] 메뉴를 클릭한다.

⑨ 데이터 설명선을 선택한 후 [데이터 레이블 서식]의 [레이블 옵션]에서 '항목 이름' 체크를 해제한다.

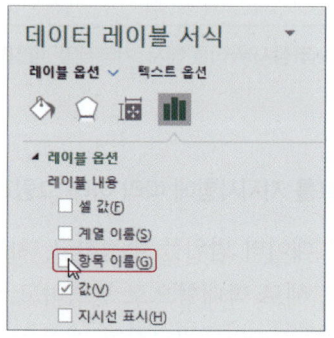

⑩ 차트 제목을 선택하고 수식 입력줄에 =를 입력하고 [A1] 셀을 클릭한다.

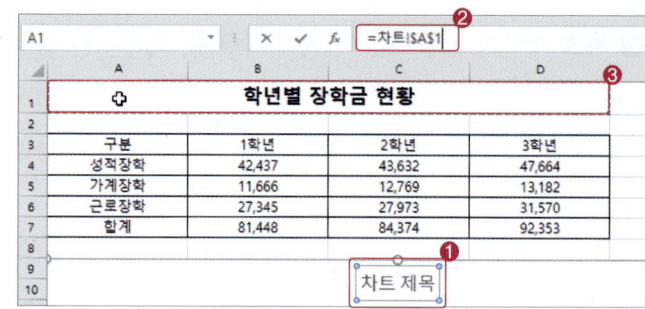

⑪ 차트 제목을 선택한 후 [서식] 탭의 [도형 스타일]에 '색 윤곽선 - 파랑, 강조1'을 선택한다.

⑫ 차트 영역을 선택한 후 [차트 영역 서식]의 [효과] 탭의 '그림자'에서 미리 설정을 클릭하여 '안쪽 : 가운데'를 선택한다.

⑬ [차트 영역 서식]의 [채우기 및 선] 탭의 '테두리'에서 색은 '테마 색 - 황금색, 강조 4', 너비는 1, '둥근 모서리'를 체크한다.

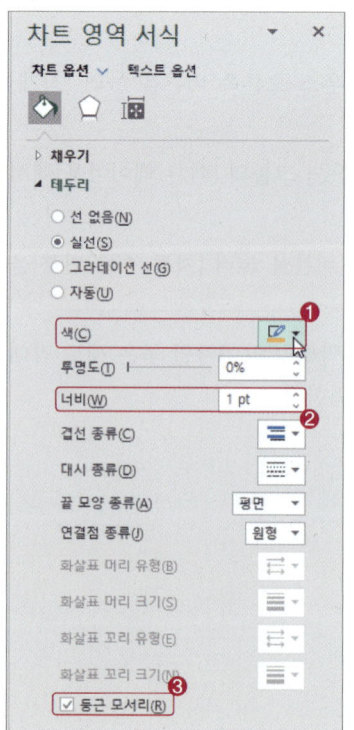

상시 공략 문제

CONTENTS

- 상시 공략 문제 01회
- 상시 공략 문제 02회
- 상시 공략 문제 03회
- 상시 공략 문제 04회
- 상시 공략 문제 05회
- 상시 공략 문제 06회
- 상시 공략 문제 07회
- 상시 공략 문제 08회
- 상시 공략 문제 09회
- 상시 공략 문제 10회

상시 공략 문제 01회

작업파일 : '26컴활2급(상시)₩상시공략문제'에서 '상시공략문제1회' 파일을 열어 작업하세요.

프로그램명	제한시간	풀이시간
EXCEL 2021	40분	분

수험번호 :

성　　명 :

유의사항

- 인적 사항 누락 및 잘못 작성으로 인한 불이익은 수험자 책임으로 합니다.

- 화면에 암호 입력창이 나타나면 아래의 암호를 입력하여야 합니다.
  - 암호: 5454$3

- 작성된 답안은 주어진 경로 및 파일명을 변경하지 마시고 그대로 저장해야 합니다. 이를 준수하지 않으면 실격 처리됩니다.
  - 답안 파일명의 예: C:₩OA₩수험번호8자리.xlsm

- 외부데이터 위치: C:₩OA₩파일명

- 별도의 지시사항이 없는 경우, 다음과 같이 처리 시 실격 처리됩니다.
  - 제시된 시트 및 개체의 순서나 이름을 임의로 변경한 경우
  - 제시된 시트 및 개체를 임의로 추가 또는 삭제한 경우

- 답안은 반드시 문제에서 지시 또는 요구한 셀에 입력하여야 하며 다음과 같이 처리 시 채점 대상에서 제외됩니다.
  - 제시된 함수가 있을 경우 제시된 함수만을 사용하여야 하며 그 외 함수사용시 채점대상에서 제외
  - 수험자가 임의로 지시하지 않은 셀의 이동, 수정, 삭제, 변경 등으로 인해 셀의 위치 및 내용이 변경된 경우 해당 작업에 영향을 미치는 관련문제 모두 채점 대상에서 제외
  - 도형 및 차트의 개체가 중첩되어 있거나 동일한 계산결과 시트가 복수로 존재할 경우 해당 개체나 시트는 채점 대상에서 제외

- 수식 작성 시 제시된 문제 파일의 데이터는 변경 가능한(가변적) 데이터임을 감안하여 문제 풀이를 하시오.

- 별도의 지시사항이 없는 경우, 주어진 각 시트 및 개체의 설정값 또는 기본 설정값 (Default)으로 처리하시오.

- 저장 시간은 별도로 주어지지 않으므로 제한된 시간 내에 저장을 완료해야 하며, 제한 시간 내에 저장이 되지 않은 경우에는 실격 처리됩니다.

- 출제된 문제의 용어는MS Office LTSC Professional Plus 2021 기준으로 작성되어 있습니다.

대 한 상 공 회 의 소

문제1 **기본작업(20점)** 주어진 시트에서 다음 과정을 수행하고 저장하시오.

1 '기본작업-1' 시트에 다음의 자료를 주어진 대로 입력하시오. (5점)

	A	B	C	D	E	F	G
1	병원 진료 기록 데이터						
2							
3	환자ID	이름	진료과목	방문일	진료비(원)	진료결과	
4	HOKCY	김하은	치과	2024-12-08	149217	수술필요	
5	YRVIR	이하윤	치과	2024-08-03	287369	수술필요	
6	NDSZB	강영숙	외과	2024-10-04	91803	완치	
7	BJH65	김정호	소아과	2025-02-04	141581	완치	
8	0E0BZ	이동현	내과	2024-04-29	154064	수술필요	
9	JL3DY	김주원	안과	2024-10-19	225291	경과관찰	
10	OYNLJ	윤서영	내과	2024-07-22	229964	경과관찰	
11	EO1JI	서아름	안과	2024-07-11	232592	경과관찰	
12	JME5P	이미정	내과	2024-07-27	35497	수술필요	
13	3UGTY	김영수	외과	2024-05-17	30655	약처방	
14	FTJMJ	김민재	정형외과	2024-08-11	158440	완치	
15							

2 '기본작업-2' 시트에 대하여 다음의 지시사항을 처리하시오. (각 2점)

① [B1:H1] 영역은 '선택 영역의 가운데로', 글꼴 '새굴림', 글꼴 크기 '18', 글꼴 색 '표준 색 – 파랑', 글꼴 스타일 '굵게'로 지정하고 1행의 높이를 27로 지정하시오.

② [B4:B8], [B9:B12], [B13:B15] 영역은 '병합하고 가운데 맞춤'을 지정하고, [B3:H3] 영역은 셀 스타일 '좋음'을 적용하고 가로 '가운데 맞춤'을 지정하시오.

③ [F4:F15] 영역은 사용자 지정 서식을 이용하여 '26년 01월 01일 (목)' 형식으로 표시하시오.

④ [C4:C15] 영역의 이름을 '모델명'으로 정의하시오.

⑤ [B3:H15] 영역에 '모든 테두리(田)'를 적용한 후 [B3:H3] 영역은 '아래쪽 이중 테두리(▦)'를 적용하여 표시하시오.

3 '기본작업-3' 시트에 대하여 다음의 지시사항을 처리하시오. (5점)

[A3:A18] 영역을 '텍스트 나누기'를 실행하여 열을 구분하여 표시하시오.

▶ 데이터는 쉼표(,)로 구분되어 있음
▶ '출시일' 열은 열 가져오기에서 제외

문제2 계산작업(40점) '계산작업' 시트에서 다음 과정을 수행하고 저장하시오.

1 [표1]에서 구매금액[B3:B10]을 이용하여 고객등급[C3:C10]을 표시하시오. (8점)

- ▶ 구매금액의 누적 합계가 5,000,000 이상이면 "SILVER", 구매금액의 누적 합계가 10,000,000 이상이면 "GOLD", 구매금액의 누적 합계가 15,000,000 이상이면 "VIP"로, 그 외는 공백으로 표시
- ▶ IF, SUM 함수 사용

2 [표2]에서 가입금액[H3:H8]과 보험상품표[F10:I11]를 이용하여 예상환급액을 계산하여 천의 자리에서 올림하여 [I3:I8]을 계산하시오. (8점)

- ▶ 예상환급액 = 가입금액 × 환급률(%)
- ▶ [표시 예 : 1,234,567 → 1,240,000]
- ▶ ROUNDUP, HLOOKUP, LEFT 함수 사용

3 [표3]에서 과정명[B15:B22]이 '엑셀고급'이 아니고, 점수[C15:C22]가 평균 이상인 수강생 수를 [C24] 셀에 계산하시오. (8점)

- ▶ COUNTIFS, AVERAGE 함수와 & 연산자 사용 [표시 예: 4명]

4 [표4]에서 나이[F15:F22]와 총액[I15:I22]를 이용하여 최고, 최저 연령을 제외한 총액의 평균값을 일의 자리에서 내림하여 [I24] 셀에 표시하시오. (8점)

- ▶ [표시 예 : 1,234,561 → 1,234,570]
- ▶ ROUNDDOWN, AVERAGEIFS, MAX, MIN 함수 사용

5 [표5]에서 날짜[A28:A36]을 이용하여 일이 5의 배수(5일, 15일, 20일, 25일, 30일)에 5일장[C28:C36]에 장날을 그 외는 공백을 표시하시오. (8점)

- ▶ IF, MOD, DAY 함수

문제3 분석작업(20점) 주어진 시트에서 다음 과정을 수행하고 저장하시오.

1 '분석작업-1' 시트에 대하여 다음의 지시사항을 처리하시오. (10점)

[표1]를 이용하여 지역은 '행 레이블'로 처리하고, 카테고리는 '열 레이블', 값에는 판매수량의 합계와 매출액(원)의 합계를 계산하고 값 필드를 행 영역으로 이동하는 피벗 테이블을 작성하시오.
- ▶ 피벗 테이블의 보고서는 새 워크시트의 [A3] 셀에서 시작하고, 시트명을 '피벗테이블'로 수정하시오.
- ▶ 매출액(원)은 '열 합계 비율'로 표시하고 사용자 지정 이름은 '매출액(원) 비율'로 표시하시오.
- ▶ 보고서 레이아웃은 개요 형식으로 표시하시오.
- ▶ 피벗 테이블 스타일은 '밝은 회색, 피벗 스타일 밝게 18' 서식을 적용하고, 줄무늬 열을 표시하시오.

2. '분석작업-2' 시트에 대하여 다음의 지시사항을 처리하시오. (10점)

총매출액[C8], 재료비[C10], 인건비[C11], 임대료[C12]을 이용하여 순이익[C13]을 계산한 것이다. [데이터 표] 기능을 이용하여 1인당 매출액[E5:E12]과 인건비 변동[F4:J4]에 따른 순이익을 [F5:J12] 영역에 계산하시오.

문제4 기타작업(20점) 주어진 시트에서 다음 과정을 수행하고 저장하시오.

1. '매크로작업' 시트의 [표]에서 다음과 같은 기능을 수행하는 매크로를 현재 통합 문서에 작성하고 실행하시오. (각 5점)

① [G4:G14] 영역에 매출액을 계산하는 매크로를 생성하여 실행하시오.
  ▶ 매크로 이름 : 매출액
  ▶ 매출액 = 수량 × 단가
  ▶ [개발 도구]-[컨트롤]-[삽입]-[양식 컨트롤]의 '단추(□)'를 동일 시트의 [I3:J4] 영역에 생성하고, 텍스트를 '매출액'으로 입력한 후 단추를 클릭할 때 '매출액' 매크로가 실행되도록 설정하시오.

② [F4:G14] 영역에 셀 스타일 '통화 [0]' 서식을 적용하고, [A3:G3] 영역은 '맞춤- 가로 가운데 맞춤' 적용하는 매크로를 생성하여 실행하시오.
  ▶ 매크로 이름 : 서식
  ▶ [삽입]-[일러스트레이션]-[도형]-[기본 도형]의 '평행 사변형(▱)'을 동일 시트의 [I6:J7] 영역에 생성하고, 텍스트를 '서식'으로 입력한 후 도형을 클릭할 때 '서식' 매크로가 실행되도록 설정하시오.
  ※ 셀 포인터의 위치에 상관없이 현재 통합문서에서 매크로가 실행되어야 정답으로 인정됨

2. '차트작업' 시트의 차트를 지시사항에 따라 아래 그림과 같이 수정하시오. (각 2점)

※ 차트는 반드시 문제에서 제공한 차트를 사용하여야 하며, 신규로 작성 시 0점 처리됨

① 차트 종류를 '방사형'으로 변경하고 '5점 평균' 계열은 제거되도록 데이터 범위를 수정하시오.
② 차트 제목은 '차트 위'로 지정한 후 [B1] 셀과 연동하고 글꼴 크기를 16으로 지정하시오.
③ 범례는 위쪽에 배치되도록 설정하고, 기본 보조(부) 가로 눈금선이 표시되도록 설정하시오.
④ 차트 영역의 테두리에는 '둥근 모서리'를 설정하고 너비는 '1pt'로 설정하시오.
⑤ '약간만족' 계열의 '부평구' 요소에 '항목 이름'과 '값'을 '말풍선: 모서리가 둥근 사각형'으로 표시하시오.

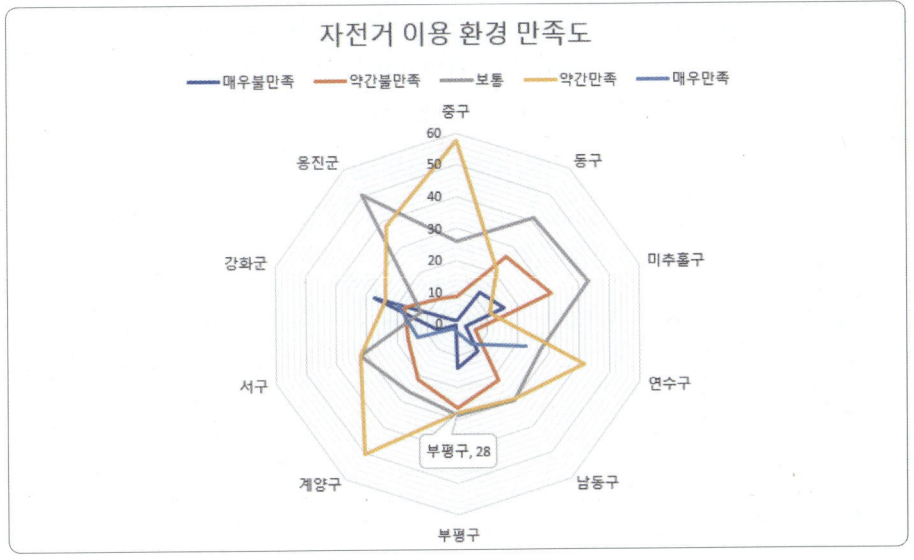

정답 & 해설 상시 공략 문제 01회

문제1 기본작업

1 자료 입력

정답

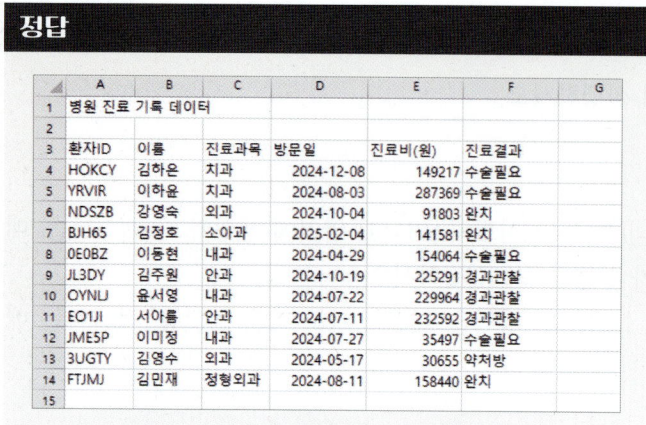

[A3:F14] 셀까지 문제를 보고 오타 없이 작성한다.

2 서식 지정

정답

① [B1:H1] 영역을 범위 지정한 후 Ctrl+1을 눌러 [셀 서식]의 [맞춤] 탭에서 가로의 '선택 영역의 가운데로'를 선택하고 [확인]을 클릭한다.

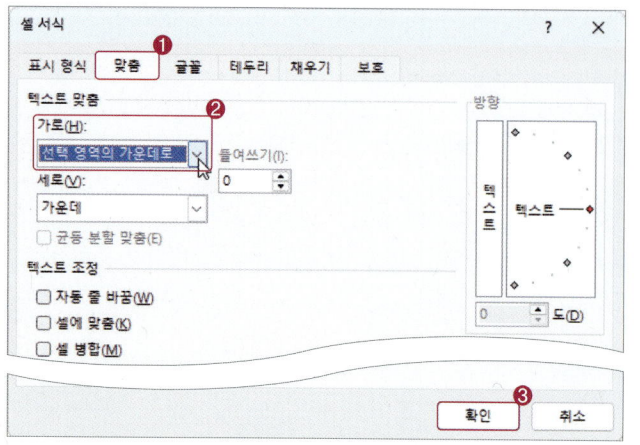

② [홈]-[글꼴] 그룹에서 글꼴은 '새굴림', 크기는 '18', '굵게', 글꼴 색은 '표준 색 – 파랑'을 선택한다.

③ 1행 머리글을 클릭한 후 마우스 오른쪽 버튼을 눌러 [행 높이]를 클릭하여 27을 입력하고 [확인]을 클릭한다.

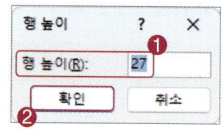

④ [B4:B8], [B9:B12], [B13:B15] 영역을 범위 지정한 후, [홈]-[맞춤] 그룹에서 [병합하고 가운데 맞춤](圖)을 클릭한다.

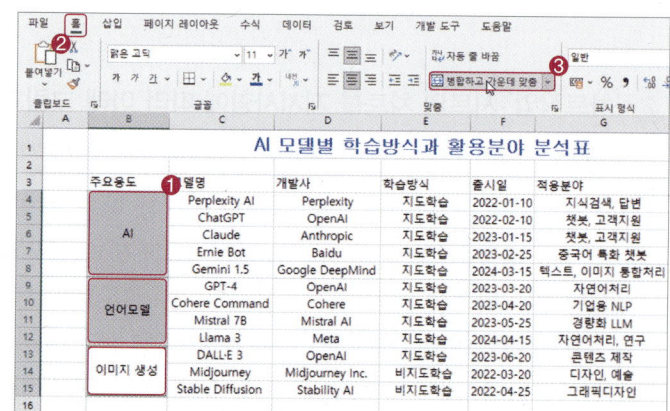

⑤ [B3:H3] 영역을 범위 지정한 후, [홈]-[스타일] 그룹의 [셀 스타일]을 클릭하여 '좋음'을 선택하고, [홈]-[맞춤] 그룹에서 [가로 가운데 맞춤](≡)을 클릭한다.

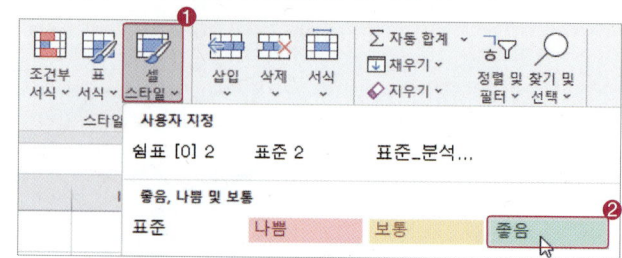

⑥ [F4:F15] 영역을 범위 지정한 후 Ctrl+1을 눌러 [표시 형식] 탭의 '사용자 지정'에 **yy년 mm월 dd일 (aaa)**를 입력하고 [확인]을 클릭한다.

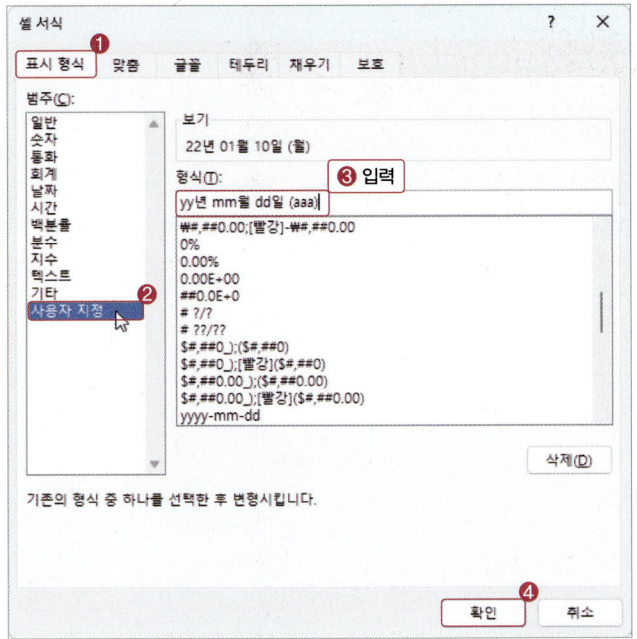

⑦ [C4:C15] 영역을 범위 지정한 후 '이름 상자'에 **모델명**을 입력하고 Enter를 누른다.

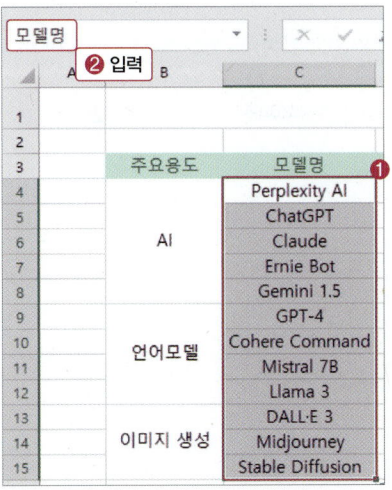

⑧ [B3:H15] 영역을 범위 지정한 후 [홈]-[글꼴] 그룹에서 [테두리]() 도구의 [모든 테두리]()를 클릭하고, [B3:H3] 영역을 범위 지정한 후 [테두리]() 도구의 [아래쪽 이중 테두리]()를 클릭한다.

3 텍스트 나누기

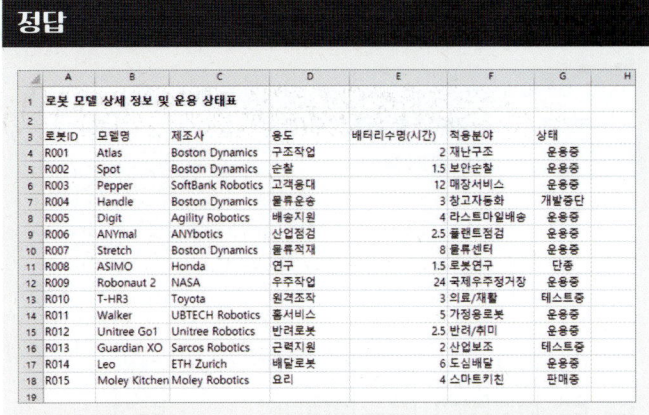

① [A3:A18] 영역을 범위 지정한 후 [데이터]-[데이터 도구] 그룹에서 [텍스트 나누기]()를 클릭한다.

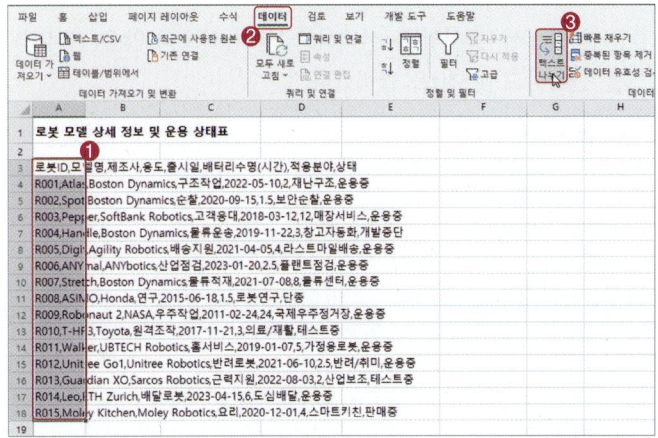

② [1단계]에서 '구분 기호로 분리됨'을 선택하고 [다음]을 클릭한다.

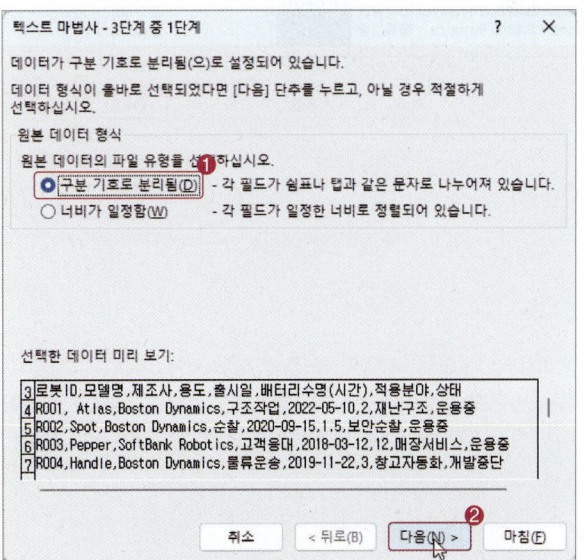

③ [2단계]에서 '쉼표'를 [다음]을 클릭한다.

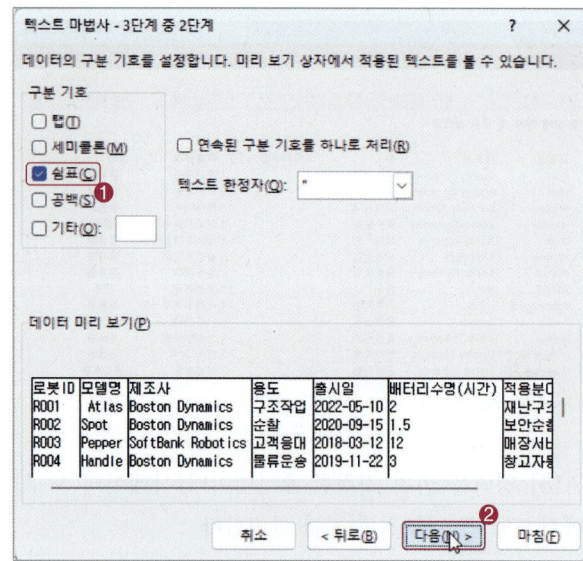

④ [3단계]에서 '출시일'을 선택하고 '열 가져오지 않음(건너뜀)'
   을 선택하고 [마침]을 클릭한다.

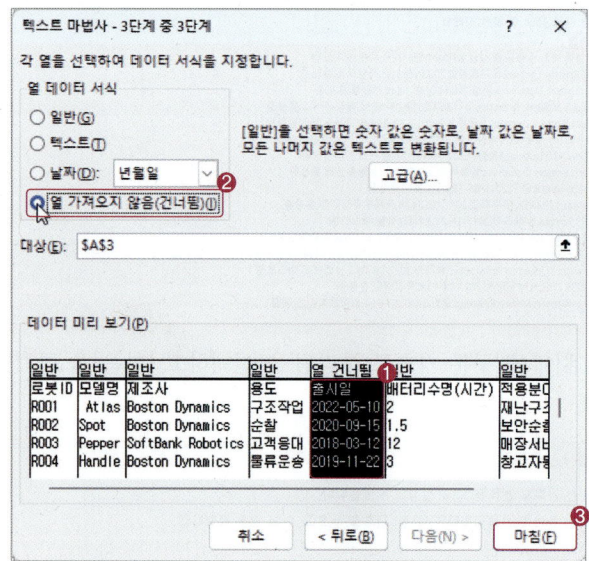

문제2 계산작업

정답

	A	B	C	D	E	F	G	H	I	J
1	[표1]				[표2]					
2	구매월	구매금액	고객 등급		고객명	나이	보험종류	가입금액	예상환급액	
3	1월	1,200,000			김서연	45	건강보험A	20,000,000	2,160,000	
4	2월	2,850,000			박도현	66	실손보험B	30,000,000	3,300,000	
5	3월	1,500,000	SILVER		이지우	30	종신보험C	10,000,000	1,380,000	
6	4월	1,320,000	SILVER		정하윤	25	정기보험D	15,000,000	1,800,000	
7	5월	5,910,000	GOLD		최민재	26	건강보험A	12,000,000	1,300,000	
8	6월	1,900,000	GOLD		강다은	35	실손보험B	25,000,000	2,750,000	
9	7월	6,280,000	VIP							
10	8월	8,500,000	VIP		보험상품	건강보험	실손보험	종신보험	정기보험	
11					환급률(%)	10.80%	11.00%	13.80%	12.00%	
12										
13	[표3]				[표4]					
14	수강자ID	과정명	점수		이름	나이	수강횟수	수강료	총액	
15	S001	엑셀중급	95		백하준	19	12	240,000	2,880,000	
16	S002	엑셀기초	90		홍지호	38	15	300,000	4,500,000	
17	S003	엑셀중급	88		윤예진	45	8	160,000	1,280,000	
18	S004	엑셀기초	72		장도현	22	10	200,000	2,000,000	
19	S005	엑셀고급	93		전하은	20	10	200,000	2,000,000	
20	S006	엑셀기초	87		배시후	52	9	180,000	1,620,000	
21	S007	엑셀고급	89		조예린	17	11	220,000	2,420,000	
22	S008	엑셀기초	78		김하윤	30	8	160,000	1,280,000	
23										
24	초급, 중급 평균 이상으로 수료		4명		최고, 최저 연령을 제외한 총액의 평균				2,323,330	
25										
26	[표5]									
27	날짜	지역명	5일장							
28	2026-05-01	태백								
29	2026-05-04	철원								
30	2026-05-05	정선	장날							
31	2026-05-08	양구								
32	2026-05-10	보은	장날							
33	2026-05-12	괴산								
34	2026-05-16	부여								
35	2026-05-20	서산	장날							
36	2026-05-25	태안	장날							
37										

1 고객 등급[C3:C10]

[C3] 셀에 =IF(SUM($B$3:B3)>=15000000,"VIP",IF(SUM($B$3:B3)>=10000000,"GOLD",IF(SUM($B$3:B3)>=5000000,"SILVER","")))를 입력하고 [C10] 셀까지 수식을 복사한다.

2 예상환급액[I3:I8]

[I3] 셀에 =ROUNDUP(H3*HLOOKUP(LEFT(G3,4),$F$10:$I$11,2,0),-4)를 입력하고 [I8] 셀까지 수식을 복사한다.

3 수료생[C24]

[C24] 셀에 =COUNTIFS(B15:B22,"<>엑셀고급",C15:C22,">="&AVERAGE(C15:C22))&"명"를 입력한다.

4 평균[I24]

[I24] 셀에 =ROUNDDOWN(AVERAGEIFS(I15:I22,F15:F22,"<>"&MAX(F15:F22),F15:F22,"<>"&MIN(F15:F22)),-1)를 입력한다.

5 5일장[C28:C36]

[C28] 셀에 =IF(MOD(DAY(A28),5)=0,"장날","")를 입력하고 [C36] 셀까지 수식을 복사한다.

문제3 분석작업

1 피벗 테이블

정답

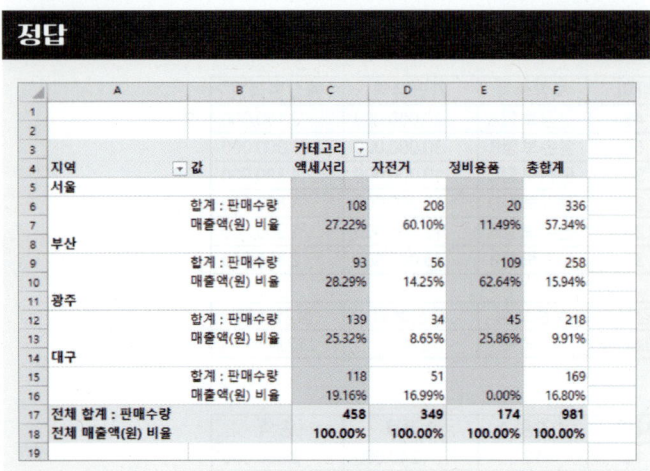

① [B3:I33] 영역 안에 커서를 두고 [삽입]-[표] 그룹의 [피벗 테이블](📊)을 클릭한다.

② [피벗 테이블 만들기]에서 '새 워크시트'를 선택하고 [확인]을 클릭한다.

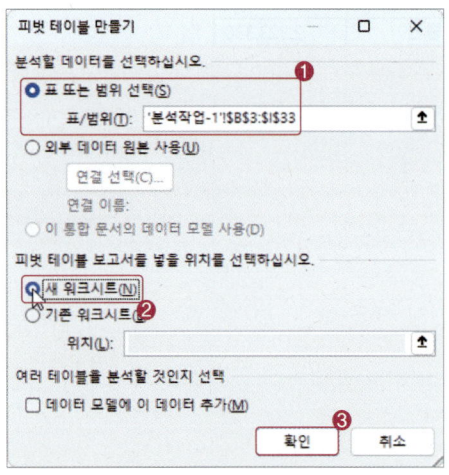

③ 다음과 같이 열, 행, 값을 지정하고 Σ값을 행으로 드래그 한다.

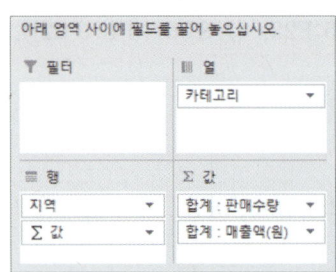

④ '합계 : 매출액(원)' [A17] 셀에서 더블클릭하여 '사용자 지정 이름'에 **매출액(원) 비율**을 입력하고 [값 표시 형식] 탭에서 '열 합계 비율'을 선택하고 [확인]을 클릭한다.

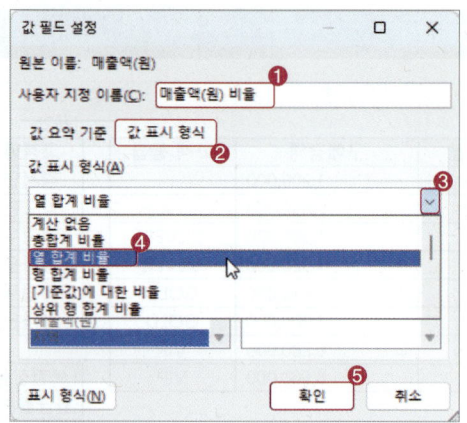

⑤ [디자인]-[레이아웃] 그룹의 [보고서 레이아웃]-[개요 형식 으로 표시]를 클릭한다.

⑥ [디자인]-[피벗 테이블 스타일] 그룹에서 '밝은 회색, 피벗 스타일 밝게 18'을 선택하고, [피벗 테이블 스타일 옵션] 그 룹에서 '줄무늬 열'을 체크한다.

⑦ '분석작업-1' 시트 앞에 삽입된 시트명을 더블클릭하여 **피벗 테이블**을 입력한다.

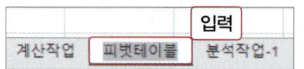

2 데이터 표

정답

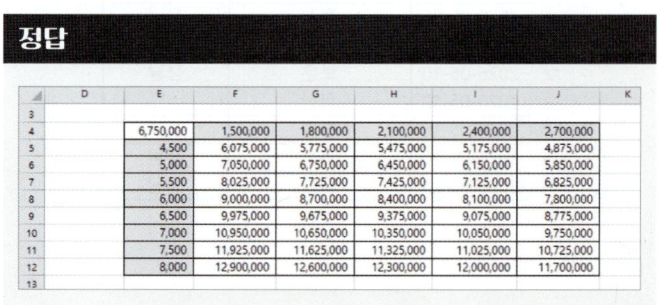

① [E4] 셀에 =를 입력한 후 [C13] 셀을 클릭하여 **=C13**으로 입력한다.

② [E4:J12] 영역을 범위 지정한 후 [데이터]-[예측] 그룹의 [가상 분석]-[데이터 표]를 클릭한다.

③ [데이터 테이블]에서 '행 입력 셀'은 [C11], '열 입력 셀'은 [C6] 셀을 지정하고 [확인]을 클릭한다.

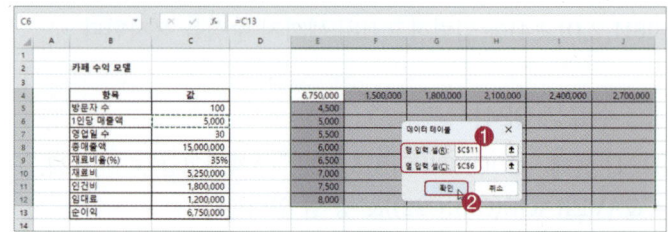

> 문제4 기타작업

1 매크로

정답

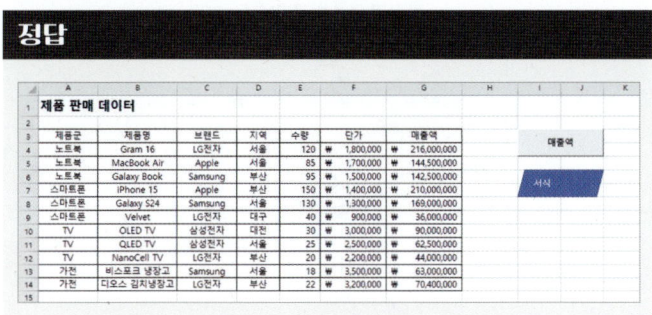

① [개발 도구]-[컨트롤] 그룹의 [삽입]-[단추(양식 컨트롤)](▭)을 클릭한다.
② 마우스 포인터가 '+'로 바뀌면 [I3:J4] 영역에 드래그한다.
③ [매크로 지정]의 '매크로 이름'에 **매출액**을 입력하고 [기록]을 클릭한다.

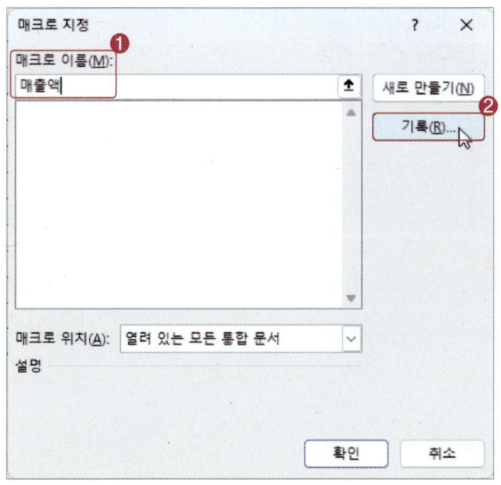

④ [매크로 기록]에 자동으로 '매출액'으로 매크로 이름이 표시되면 [확인]을 클릭한다.

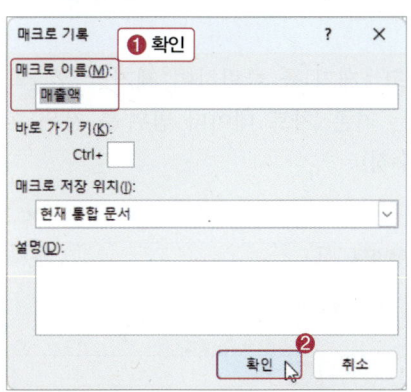

⑤ [G4] 셀에 =E4*F4를 입력하고 [G14] 셀까지 수식을 복사한다.

⑥ 임의의 셀을 클릭한 후 매크로 기록을 종료하기 위해 [개발 도구]-[코드] 그룹의 [기록 중지](▭)를 클릭한다.
⑦ 단추에 텍스트를 수정하기 위해서 단추에서 마우스 오른쪽 버튼을 눌러 [텍스트 편집]을 클릭한다.
⑧ 단추에 입력된 '단추 1'을 지우고 **매출액**을 입력한다.
⑨ [삽입]-[일러스트레이션] 그룹에서 [도형]-[기본 도형]의 '평행 사변형'(▱)을 클릭한다.
⑩ 마우스 포인터가 '+'로 바뀌면 [I6:J7] 영역에 드래그한 후 **서식**을 입력한다.

⑪ '평행 사변형'(▱) 도형에서 마우스 오른쪽 버튼을 눌러 [매크로 지정]을 클릭한다.
⑫ [매크로 지정]에 **서식**을 입력하고 [기록]을 클릭한다.
⑬ [매크로 기록]에 자동으로 '서식'으로 매크로 이름이 표시되면 [확인]을 클릭한다.

⑭ [F4:G14] 영역을 범위 지정한 후 [홈]-[스타일] 그룹의 [셀 스타일]에서 '통화 [0]'를 선택하고, [A3:G3] 영역을 범위 지정한 후 [홈]-[맞춤] 그룹에서 [가로 가운데 맞춤](≡)을 클릭한다.

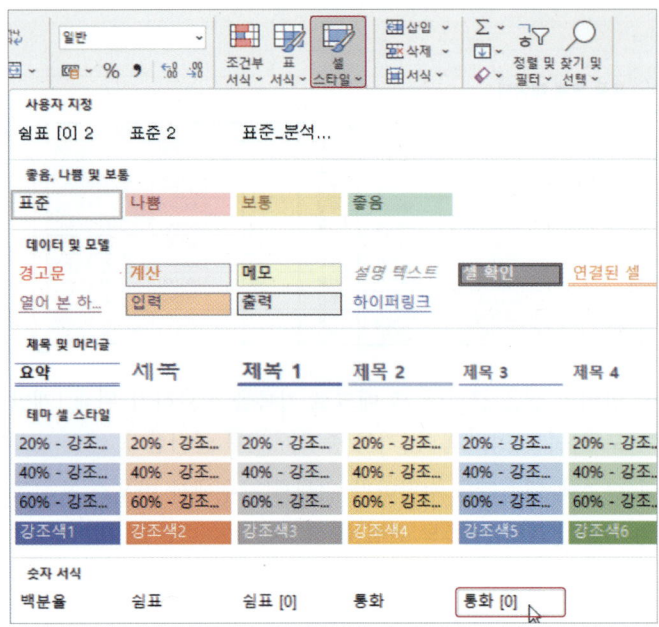

⑮ 임의의 셀을 클릭한 후 매크로 기록을 종료하기 위해 [개발 도구]-[코드] 그룹의 [기록 중지](□)를 클릭한다.

2 차트

정답

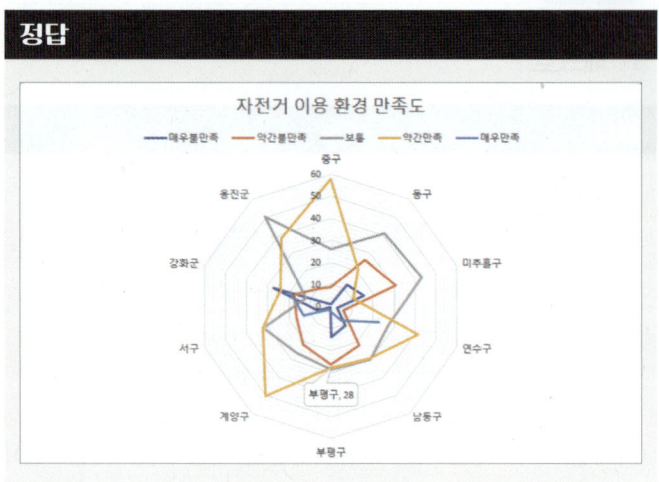

① 차트에서 마우스 오른쪽 버튼을 눌러 [차트 종류 변경]을 클릭한 후 '방사형'의 방사형'을 선택하고 [확인]을 클릭한다.

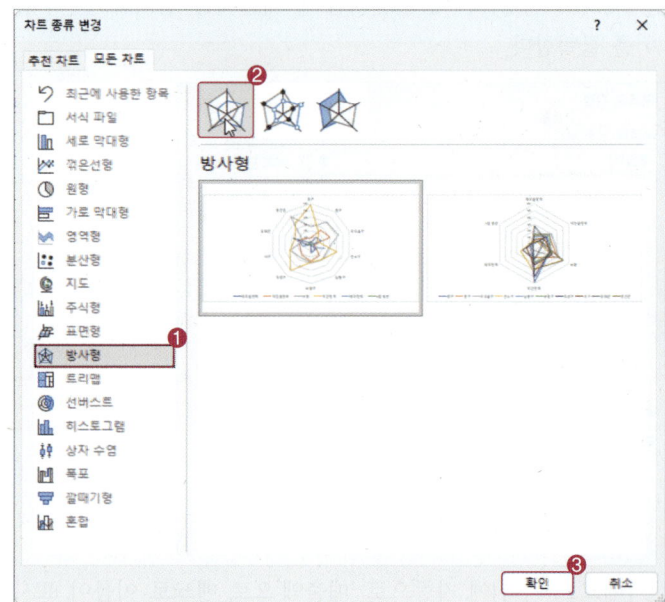

② 차트에서 마우스 오른쪽 버튼을 눌러 [데이터 선택] 을 클릭한다.

③ '5점 평균'을 선택하고 [제거]를 클릭하여 제거한 후 [확인]을 클릭한다. (또는 기존 '차트 데이터 범위'를 지운 후 [C3:H13] 영역으로 수정)

④ [차트 요소](⊞)-[차트 제목]을 선택한다.

⑤ '차트 제목'을 선택한 후 수식 입력줄에 =를 입력하고 [B1] 셀을 클릭한 후 Enter를 누른다.

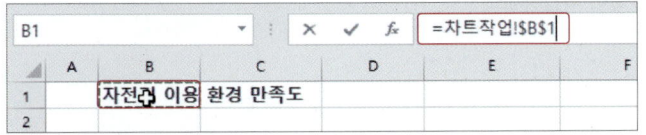

⑥ '차트 제목'을 선택한 후 [홈]-[글꼴] 그룹에서 글꼴 크기는 '16'을 선택한다.

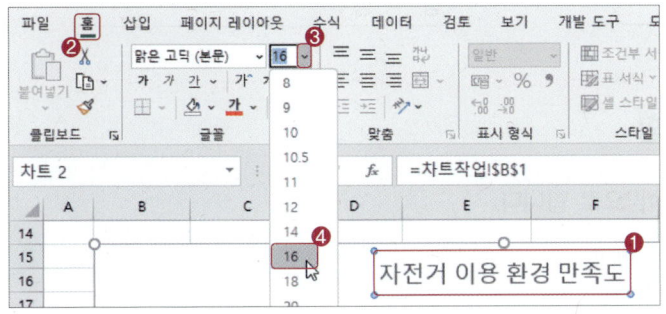

⑦ [차트 요소](⊞)-[범례]-[위쪽]을 선택한다.

⑧ [차트 요소](⊞)-[눈금선]-[기본 부 가로]를 선택한다.

⑨ 차트 영역을 선택한 후 마우스 오른쪽 버튼을 눌러 [차트 영역 서식]을 클릭한 후 색은 '표준 - 파랑'을 선택하고, 너비를 1pt, '둥근 모서리'를 체크한다.

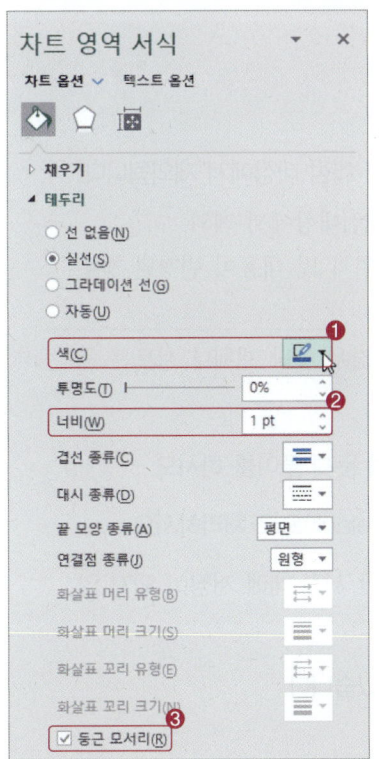

⑩ '약간만족' 계열의 '부평구' 요소를 천천히 2번 클릭하여 마우스 오른쪽 버튼을 눌러 [데이터 레이블 추가]-[데이터 설명선 추가]를 클릭한다.

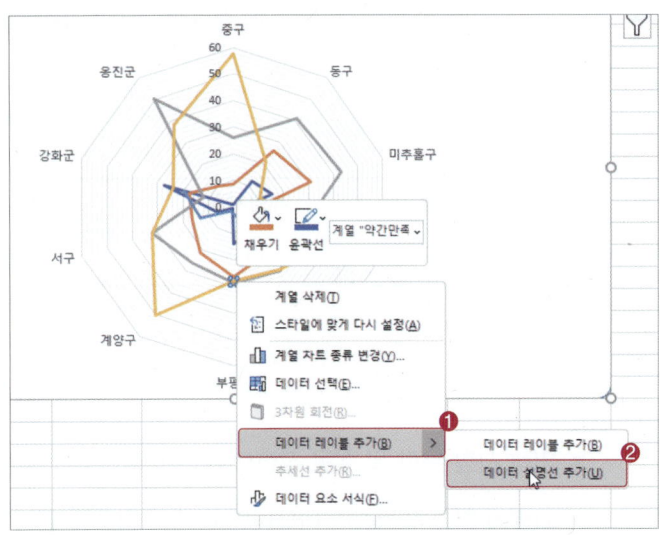

⑪ 데이터 설명선을 선택한 후 마우스 오른쪽 버튼을 눌러 [데이터 레이블 도형 변경]을 클릭하여 '말풍선: 모서리가 둥근 사각형'을 선택한다.

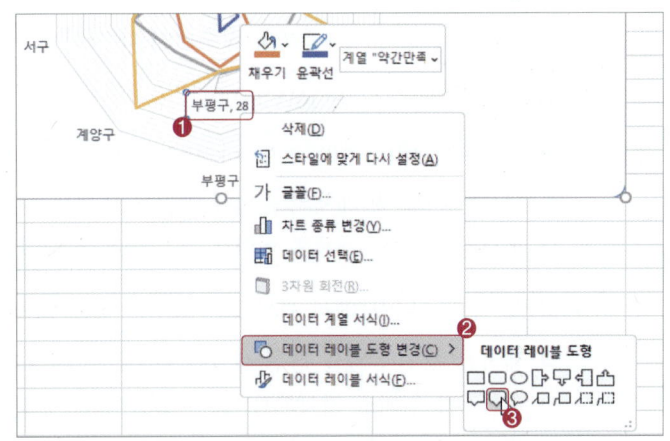

상시 공략 문제 02회

작업파일: '26컴활2급(상시)₩상시공략문제'에서 '상시공략문제2회' 파일을 열어 작업하세요.

프로그램명	제한시간	풀이시간
EXCEL 2021	40분	분

수험번호 :

성　　명 :

유의사항

- 인적 사항 누락 및 잘못 작성으로 인한 불이익은 수험자 책임으로 합니다.

- 화면에 암호 입력창이 나타나면 아래의 암호를 입력하여야 합니다.
  - 암호: 5454$3

- 작성된 답안은 주어진 경로 및 파일명을 변경하지 마시고 그대로 저장해야 합니다. 이를 준수하지 않으면 실격 처리됩니다.
  - 답안 파일명의 예: C:₩OA₩수험번호8자리.xlsm

- 외부데이터 위치: C:₩OA₩파일명

- 별도의 지시사항이 없는 경우, 다음과 같이 처리 시 실격 처리됩니다.
  - 제시된 시트 및 개체의 순서나 이름을 임의로 변경한 경우
  - 제시된 시트 및 개체를 임의로 추가 또는 삭제한 경우

- 답안은 반드시 문제에서 지시 또는 요구한 셀에 입력하여야 하며 다음과 같이 처리 시 채점 대상에서 제외됩니다.
  - 제시된 함수가 있을 경우 제시된 함수만을 사용하여야 하며 그 외 함수사용시 채점대상에서 제외
  - 수험자가 임의로 지시하지 않은 셀의 이동, 수정, 삭제, 변경 등으로 인해 셀의 위치 및 내용이 변경된 경우 해당 작업에 영향을 미치는 관련문제 모두 채점 대상에서 제외
  - 도형 및 차트의 개체가 중첩되어 있거나 동일한 계산결과 시트가 복수로 존재할 경우 해당 개체나 시트는 채점 대상에서 제외

- 수식 작성 시 제시된 문제 파일의 데이터는 변경 가능한(가변적) 데이터임을 감안하여 문제 풀이를 하시오.

- 별도의 지시사항이 없는 경우, 주어진 각 시트 및 개체의 설정값 또는 기본 설정값 (Default)으로 처리하시오.

- 저장 시간은 별도로 주어지지 않으므로 제한된 시간 내에 저장을 완료해야 하며, 제한 시간 내에 저장이 되지 않은 경우에는 실격 처리됩니다.

- 출제된 문제의 용어는 MS Office LTSC Professional Plus 2021 기준으로 작성되어 있습니다.

대 한 상 공 회 의 소

문제1 **기본작업(20점)** 주어진 시트에서 다음 과정을 수행하고 저장하시오.

1 '기본작업-1' 시트에 다음의 자료를 주어진 대로 입력하시오. (5점)

	A	B	C	D	E	F	G
1	상공홈쇼핑 5월 판매현황						
2							
3	구분	판매코드	상품명	판매가격	판매수량	방송횟수	
4	간편식품	KP-210	수제영양밥	28000	3500	3회	
5	간편식품	KP-313	명가갈비탕	33000	2700	6회	
6	신선식품	SS-110	한돈생삼겹	45000	1500	3회	
7	신선식품	SS-121	진도활전복	50000	1000	4회	
8	건강식품	KK-412	홍삼엑기스	65000	1100	5회	
9	건강식품	KK-432	ABC주스	55000	1250	2회	
10							

2 '기본작업-2' 시트에 대하여 다음의 지시사항을 처리하시오. (각 2점)

① [A1:H1] 영역은 '선택 영역의 가운데로'로 지정하고, 글꼴 'HY견고딕', 크기 17로 지정하고, [B3] 셀의 "직위"를 한자 "職位"로 변환하시오.

② [A3:A4], [B3:B4], [C3:F3], [G3:G4], [H3:H4] 영역은 '병합하고 가운데 맞춤'을 지정하고, [A3:H4] 영역은 셀 스타일 '녹색, 강조색6'을 지정하시오.

③ [A1] 셀의 제목 앞뒤에 특수문자 '♠'을 삽입하고, [A5:A14] 영역의 이름은 '직원명'으로 정의하시오.

④ [H5:H14] 영역은 사용자 지정 표시 형식을 이용하여 천 단위 구분 기호와 숫자 뒤에 "(원)"을 [표시 예]와 같이 표시하시오. [표시 예 : 15200 → 15,200(원), 0 → 0(원)]

⑤ [A3:H14] 영역은 '모든 테두리(⊞)'를 적용한 후 '굵은 바깥쪽 테두리(□)'를 적용하여 표시하시오.

3 '기본작업-3' 시트에 대하여 다음의 지시사항을 처리하시오. (5점)

[A3:A10] 영역을 '텍스트 나누기'를 실행하여 열을 구분하여 표시하시오.
▶ 데이터는 쉼표(,)로 구분되어 있음
▶ '시험날짜' 열은 열 가져오기에서 제외

문제2 **계산작업(40점)** 주어진 시트에서 다음 과정을 수행하고 저장하시오.

1. [표1]에서 성별[B3:B11]과 시험[D3:D11]을 이용하여 비율[F10:F11]에 표시하시오. (8점)
   ▶ 전체 신입사원 중 시험점수가 70점대에 해당한 남, 여 비율을 계산하여 표시
   ▶ COUNTIFS, COUNT 함수 사용

2. [표2]에서 주민등록번호[J3:J11]의 8번째 숫자가 홀수이면 "남자", 짝수이면 "여자"로 성별[K3:K11]에 표시하시오. (8점)
   ▶ IF, MID, MOD 함수 사용

3. [표3]에서 출석현황[B15:E23]을 이용하여 비고[F15:F23]에 표시하시오. (8점)
   ▶ 1주차에서 4주차까지 모두 출석하면 'A', 3번 출석하면 'B', 2번 출석하면 'C', 1번 출석하면 'D'로 표시
   ▶ 'O'는 출석 표시
   ▶ CHOOSE, COUNTA 함수 사용

4. [표4]에서 기록[J15:J21]에 대한 순위를 구하여 순위[K15:K21]에 표시하시오. (8점)
   ▶ 순위는 기록이 가장 빠른 것이 1위
   ▶ 기록이 비어있는 경우 '실격'으로 표시
   ▶ IFERROR, RANK.EQ 함수 사용

5. [표5]에서 수험번호[A27:A34], 시험시작[D27:D34]을 이용하여 시험종료[E27:E34]을 계산하시오. (8점)
   ▶ 시험종료 = 시험시작 + 응시시간
   ▶ 응시시간은 수험번호의 오른쪽 두 글자가 "TT"이면 응시시간은 80분, 그 외는 60분
   ▶ IF, TIME, RIGHT 함수 사용

문제3 **분석작업(20점)** 주어진 시트에서 다음 과정을 수행하고 저장하시오.

1. '분석작업-1' 시트에 대하여 다음의 지시사항을 처리하시오. (10점)

   '급여명세서' 표의 직책은 '행', 팀명은 '열'로 처리하고, '값'에 실수령액의 평균을 계산하는 [피벗 테이블]을 작성하시오.
   ▶ 피벗 테이블의 보고서는 동일 시트의 [A20] 셀에서 시작하시오.
   ▶ 피벗 테이블 보고서는 행의 총합계만 설정하시오.
   ▶ 값 영역의 표시 형식은 '값 필드 설정'의 '셀 서식' 대화상자에서 '숫자' 범주의 '1000 단위 구분 기호 사용'을 이용하여 지정하시오.
   ▶ '인사팀'과 '재무팀'만 표시되도록 하시오.

② '분석작업-2' 시트에 대하여 다음의 지시사항을 처리하시오. (10점)

'정기적금' 표의 월불입액[B3]은 이자율[B4]와 목표기간[B5]을 이용하여 계산한 것이다. [데이터 표] 기능을 이용하여 목표기간(년)의 변동에 따른 월불입액의 변화를 [E4:E10] 영역에 계산하시오.

문제4   기타작업(20점)   주어진 시트에서 다음 과정을 수행하고 저장하시오.

① '매크로작업' 시트의 [표]에서 다음과 같은 기능을 수행하는 매크로를 현재 통합 문서에 작성하고 실행하시오. (각 5점)

① [F4:F10] 영역에 프로그램별 시청률의 평균을 계산하는 매크로를 생성하여 실행하시오.
- ▶ 매크로 이름 : 평균
- ▶ AVERAGE 함수 사용
- ▶ [개발 도구] → [삽입] → [양식 컨트롤]의 '단추(□)'를 동일 시트의 [B12:C13] 영역에 생성하고, 텍스트를 "평균"으로 입력한 후 단추를 클릭할 때 '평균' 매크로가 실행되도록 설정하시오.

② [A3:F3] 영역에 셀 스타일 '입력'을 적용하는 매크로를 생성하여 실행하시오.
- ▶ 매크로 이름 : 셀스타일
- ▶ [도형] → [블록 화살표]의 '화살표: 오각형(▷)'을 동일 시트의 [E12:F13] 영역에 생성하고, 텍스트를 "셀스타일"로 입력한 후 도형을 클릭할 때 '셀 스타일' 매크로가 실행되도록 설정하시오.
- ※ 셀 포인터의 위치에 상관없이 현재 통합 문서에서 매크로가 실행되어야 정답으로 인정됨

② '차트작업' 시트의 차트에서 다음 지시사항에 따라 아래 〈그림〉과 같이 차트를 수정하시오. (각 2점)

※ 차트는 반드시 문제에서 제공한 차트를 사용하여야 하며, 신규로 작성 시 0점 처리됨

① '판매단가' 계열이 차트에 표시되지 않도록 데이터 범위를 변경하시오.
② 차트 제목은 '차트 위'로 추가하여 [A1] 셀과 연동하여 〈그림〉과 같이 표시하시오.
③ 세로 축 제목은 '기본 세로'로 추가하여 텍스트 방향을 '스택형'으로 표시하시오.
④ '판매실적' 계열의 TV 요소에만 데이터 레이블을 '값'과 '항목 이름'으로 표시하고, 레이블의 위치는 '위쪽'으로 지정하시오.
⑤ 그림 영역의 스타일을 '미세 효과 - 황금색, 강조 4'로 지정하고, '판매실적' 계열에 '지수' 추세선을 설정하시오.

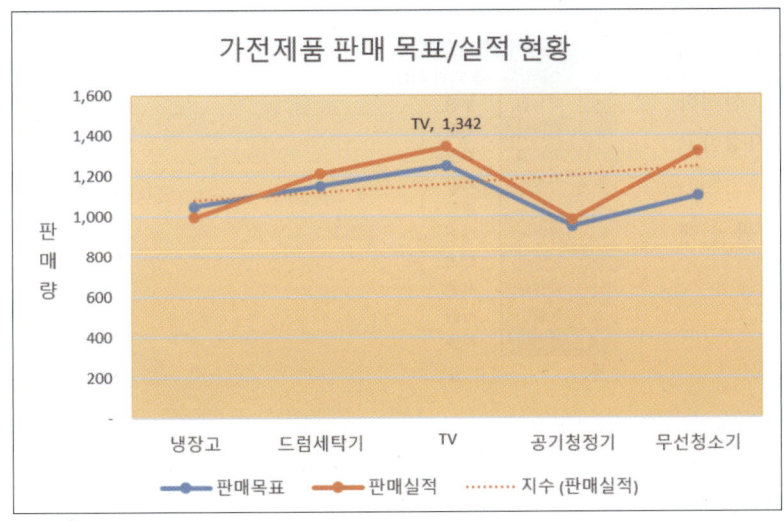

정답 & 해설 상시 공략 문제 02회

문제1 기본작업

1 자료 입력

정답

	A	B	C	D	E	F
1	상공홈쇼핑 5월 판매현황					
2						
3	구분	판매코드	상품명	판매가격	판매수량	방송횟수
4	간편식품	KP-210	수제영양밥	28000	3500	3회
5	간편식품	KP-313	명가갈비탕	33000	2700	6회
6	신선식품	SS-110	한돈생삼겹	45000	1500	3회
7	신선식품	SS-121	진도활전복	50000	1000	4회
8	건강식품	KK-412	홍삼엑기스	65000	1100	5회
9	건강식품	KK-432	ABC주스	55000	1250	2회

[A3:F9] 셀까지 문제를 보고 오타 없이 작성한다.

2 서식 지정

정답

	A	B	C	D	E	F	G	H
1			♠직원별 제품 판매 현황♠					
2								
3	직원명	職位	분기				합계	판매총액
4			1분기	2분기	3분기	4분기		
5	이유진	부장	216	177	292	250	935	3,833,500(원)
6	김한나	차장	166	214	228	224	832	3,411,200(원)
7	이도원	차장	254	300	227	272	1053	4,317,300(원)
8	민병욱	과장	221	241	214	174	850	3,485,000(원)
9	최영록	과장	204	210	234	230	878	3,599,800(원)
10	김민숙	대리	159	141	168	138	606	2,484,600(원)
11	오안국	대리	260	280	288	237	1065	4,366,500(원)
12	성경용	사원	168	187	195	212	762	3,124,200(원)
13	한철수	사원	217	214	238	212	881	3,612,100(원)
14	강영미	사원	141	159	148	154	602	2,468,200(원)

① [A1:H1] 영역을 범위 지정한 후 Ctrl + 1 을 눌러 [셀 서식]의 [맞춤] 탭에서 '가로'에서 '선택 영역의 가운데로' 선택하고, [글꼴] 탭에서 글꼴은 'HY견고딕', 크기 '17'로 지정하고 [확인]을 클릭한다.

② [B3] 셀의 '직위' 뒤에 커서를 두고 [한자]를 눌러 '職位'를 선택하고 [변환]을 클릭한다.

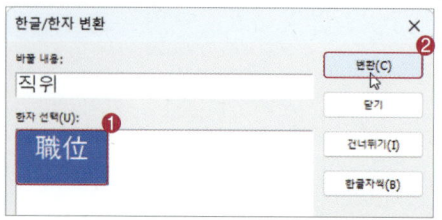

③ [A3:A4], [B3:B4], [C3:F3], [G3:G4], [H3:H4] 영역을 범위 지정한 후 [홈]-[맞춤] 그룹에서 [병합하고 가운데 맞춤](圄)을 클릭한다.

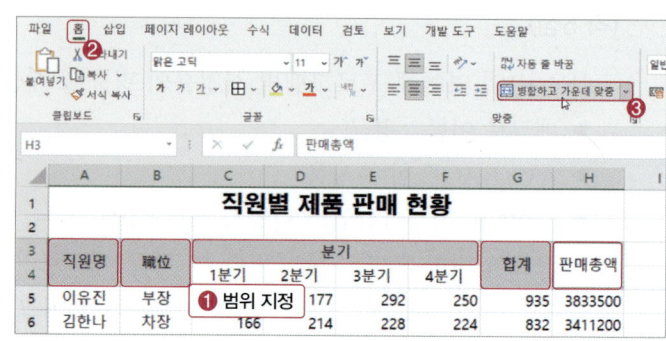

④ [A3:H4] 영역을 범위 지정한 후 [홈]-[스타일] 그룹의 '셀 스타일'에서 '녹색, 강조색6(강조색6)'을 선택한다.

⑤ [A1] 셀의 '직' 앞에서 더블클릭하여 한글 자음 ㅁ을 입력한 후 [한자]를 눌러 아래쪽의 보기 변경(▣)을 눌러 '♠'를 선택하고 같은 방법으로 '황' 뒤에도 '♠'를 입력한다.

⑥ [A5:A14] 영역을 범위 지정한 후 '이름 상자'에 **직원명**을 입력한다.

2-76 상시 공략 문제

⑦ [H5:H14] 영역을 범위 지정한 후 Ctrl+1을 눌러 '사용자 지정'에 #,##0"(원)"을 입력하고 [확인]을 클릭한다.

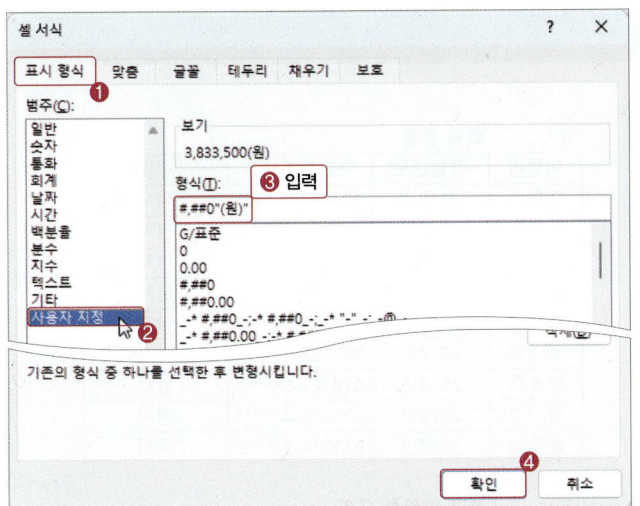

⑧ [A3:H14] 영역을 범위 지정한 후 [홈]-[글꼴] 그룹에서 [테두리](▦ ▾) 도구의 [모든 테두리](田)를 클릭한 후 다시 한번 [굵은 바깥쪽 테두리](▣)를 클릭한다.

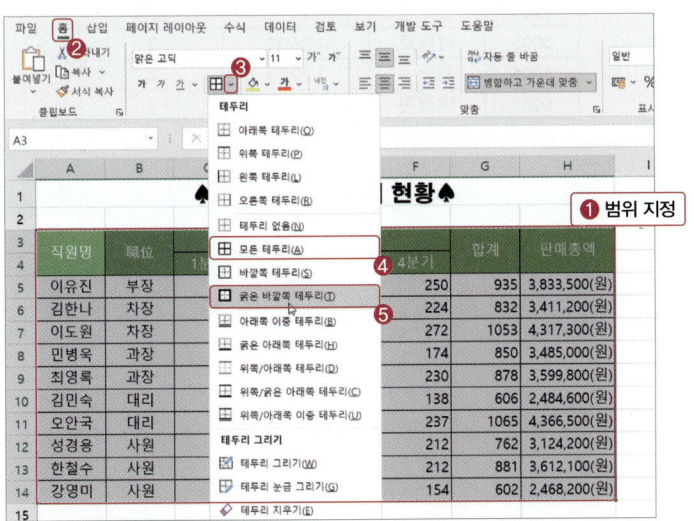

3 텍스트 나누기

정답

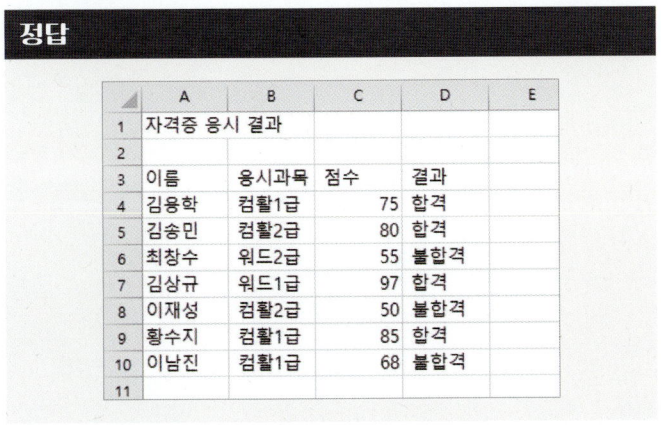

① [A3:A10] 영역을 범위 지정한 후 [데이터]-[데이터 도구] 그룹에서 [텍스트 나누기]를 클릭한다.

② [1단계]에서 '구분 기호로 분리됨'을 선택하고 [다음]을 클릭한다.

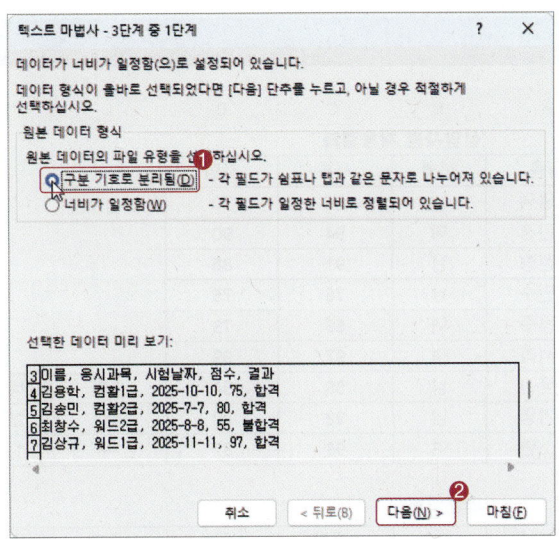

③ [2단계]에서 '쉼표'를 [다음]을 클릭한다.

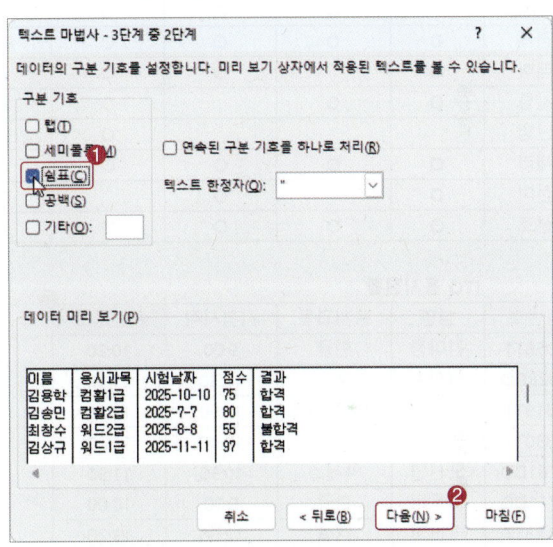

④ [3단계]에서 '시험날짜'를 선택하고 '열 가져오지 않음(건너뜀)'을 선택하고 [마침]을 클릭한다.

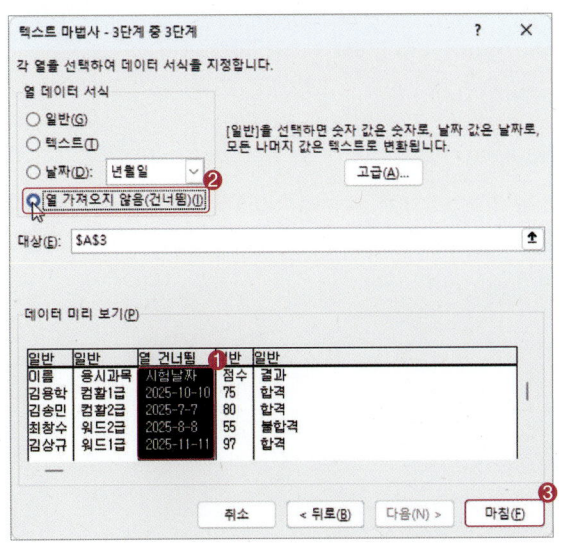

문제2 계산작업

정답

	A	B	C	D	E	F	G	H	I	J	K
1	[표1]		신입사원 채용결과					[표2]		회원 현황	
2	이름	성별	서류	시험				회원명	가입년도	주민등록번호	성별
3	박영덕	남	86	70				이민영	2018년	990218-2******	여자
4	주민경	여	94	90				도홍진	2016년	010802-3******	남자
5	태진형	남	91	86				박수진	2019년	011115-4******	여자
6	최민수	남	76	75				최만수	2018년	980723-1******	남자
7	김평주	여	68	73				조용덕	2017년	991225-1******	남자
8	한서라	여	97	99				김태훈	2016년	021222-3******	남자
9	이국선	남	58	54	성별	비율		편승주	2018년	010123-3******	남자
10	민기영	남	92	82	남	22%		곽나래	2019년	001015-4******	여자
11	박소연	여	93	87	여	11%		송주혜	2017년	931214-2******	여자
12											
13	[표3]		출석현황					[표4]		하프 마라톤 대회	
14	수강자명	1주차	2주차	3주차	4주차	비고		참가번호	선수명	기록	순위
15	이후정	O	O	O	O	A		5001	조현우	1:35:13	5
16	백천경		O	O	O	B		5002	김혁진	1:26:07	1
17	민경배	O	O	O	O	A		5003	민준수	1:40:24	6
18	김태하	O		O	O	B		5004	성도경		실격
19	이사랑	O	O		O	B		5005	곽승호	1:26:33	2
20	곽난영				O	D		5006	서현국	1:29:54	4
21	장채리	O	O	O	O	A		5007	이정현	1:28:31	3
22	봉전미	O		O		C					
23	김선호	O	O	O	O	A					
24											
25	[표5]		ITQ 응시현황								
26	수험번호	성명	응시과목	시험시작	시험종료						
27	891056TT	김미정	한글	9:00	10:20						
28	109823DD	서진수	엑셀	10:30	11:30						
29	872619TT	박주영	파워포인트	12:00	13:20						
30	861830TT	원영현	인터넷	12:00	13:20						
31	782761DD	오선영	액세스	10:30	11:30						
32	982711DD	최은미	한글	9:00	10:00						
33	865123TT	박진희	엑셀	12:00	13:20						
34	812350DD	오은경	인터넷	10:30	11:30						

1 비율[F10:F11]

[F10] 셀에 =COUNTIFS($B$3:$B$11,E10,$D$3:$D$11,">=70",$D$3:$D$11,"<80")/COUNT($D$3:$D$11)을 입력하고 [F11] 셀까지 수식을 복사한다.

> **함수 설명** =COUNTIFS($B$3:$B$11,E10,$D$3:$D$11,">=70",$D$3:$D$11,"<80")/COUNT($D$3:$D$11)
>
> ❶ COUNTIFS($B$3:$B$11,E10,$D$3:$D$11,">=70",$D$3:$D$11,"<80") : [B3:B11] 영역의 값이 '남'[E10]과 같고, [D3:D11] 영역의 값이 70 이상 80 미만에 해당하는 셀의 개수를 구함
> ❷ COUNT($D$3:$D$11) : [D3:D11] 영역의 숫자가 들어 있는 셀의 개수를 구함

2 성별[K3:K11]

[K3] 셀에 =IF(MOD(MID(J3,8,1),2)=1,"남자","여자")를 입력하고 [K11] 셀까지 수식을 복사한다.

> **함수 설명** =IF(MOD(MID(J3,8,1),2)=1,"남자","여자")
>
> ❶ MID(J3,8,1) : [I3] 셀의 8번째부터 시작하여 1글자를 추출함
> ❷ MOD(❶,2) : ❶의 값을 2로 나눈 나머지를 구함
>
> =IF(❷=1,"남자","여자") : ❷의 값이 '1'이면 '남자', 그 외는 '여자'로 표시

3 비고[F15:F23]

[F15] 셀에 =CHOOSE(COUNTA(B15:E15),"D","C","B","A")를 입력하고 [F23] 셀까지 수식을 복사한다.

> **함수 설명** =CHOOSE(COUNTA(B15:E15),"D","C","B","A")
>
> ❶ COUNTA(B15:E15) : [B15:E15] 영역에서 비어 있지 않은 셀의 개수를 구함
>
> =CHOOSE(❶,"D","C","B","A") : ❶의 값이 1이면 'D', 2이면 'C', 3이면 'B', 4이면 'A'

4 순위[K15:K21]

[K15] 셀에 =IFERROR(RANK.EQ(J15,$J$15:$J$21,1),"실격")을 입력하고 [K21] 셀까지 수식을 복사한다.

> **함수 설명** =IFERROR(RANK.EQ(J15,$J$15:$J$21,1),"실격")
>
> ❶ RANK.EQ(J15,$J$15:$J$21,1) : [J15] 셀의 값이 [J15:J21] 영역에서 오름차순으로 순위를 구함
>
> =IFERROR(❶,"실격") : ❶의 결과 값에 오류가 있다면 '실격'으로 표시

5 시험종료[E27:E34]

[E27] 셀에 =D27+IF(RIGHT(A27,2)="TT",TIME(,80,),TIME(,60,))을 입력하고 [E34] 셀까지 수식을 복사한다.

> **함수 설명** =D27+IF(RIGHT(A27,2)="TT",TIME(,80,),TIME(,60,))
>
> ❶ RIGHT(A27,2) : [A27] 셀에서 오른쪽 2글자를 추출함
> ❷ TIME(,80,) : 80분
> ❸ TIME(,60,) : 60분
>
> =D27+IF(❶="TT",❷,❸) : [D27]셀에 ❶의 값이 'TT'이면 ❷(80분)를 더하고, 그 외는 ❸(60분)을 더해서 표시

문제3 분석작업

1 피벗 테이블

정답

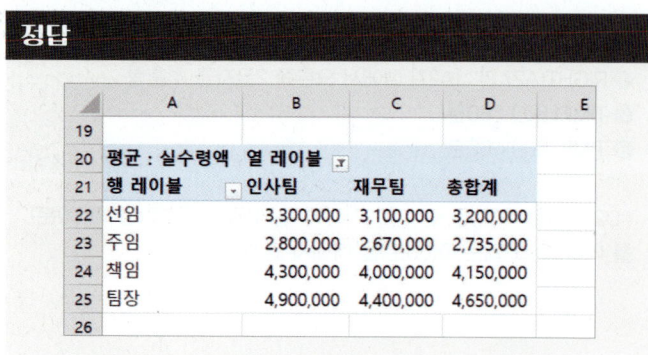

① [A3:H15] 영역을 범위 지정한 후 [삽입]-[표] 그룹에서 [피벗 테이블](📊)을 클릭하여 '기존 워크시트'에 [A20] 셀을 선택하고 [확인]을 클릭한다.

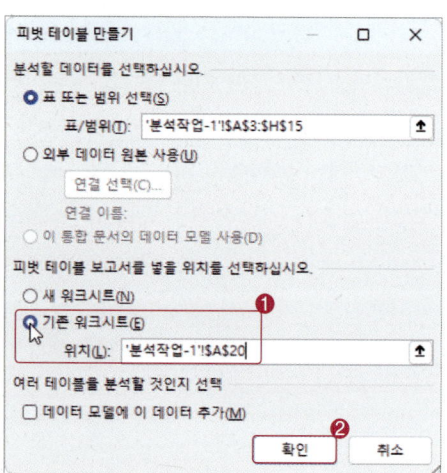

② 다음과 같이 필드를 드래그하여 배치한다.

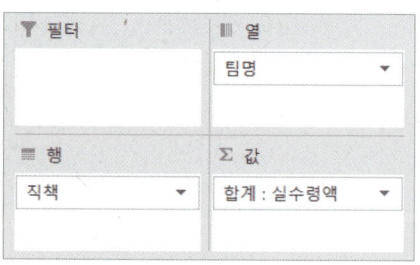

③ '합계 : 실수령액' [A20] 셀에서 마우스 오른쪽 버튼을 눌러 [값 요약 기준]-[평균]을 선택한다.

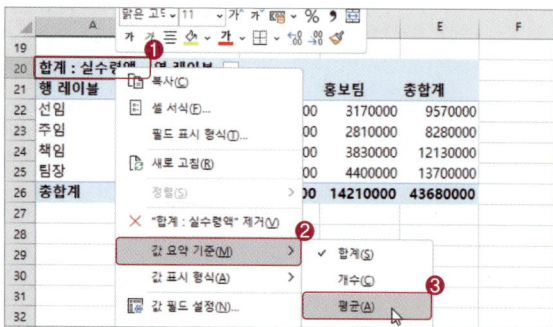

④ [디자인]-[레이아웃] 그룹에서 [총합계]-[행의 총합계만 설정]을 클릭한다.

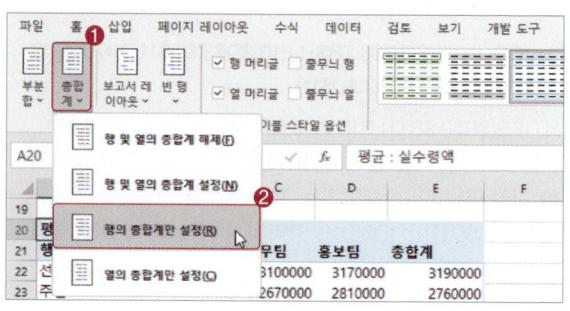

⑤ '평균 : 실수령액' [A20] 셀에서 마우스 오른쪽 버튼을 눌러 [값 필드 설정]을 선택한 후 [표시 형식]을 클릭한다.

⑥ [셀 서식]의 숫자에서 '1000 단위 구분 기호 사용'을 체크하고 [확인]을 클릭하고 [값 필드 설정]에서 [확인]을 클릭한다.

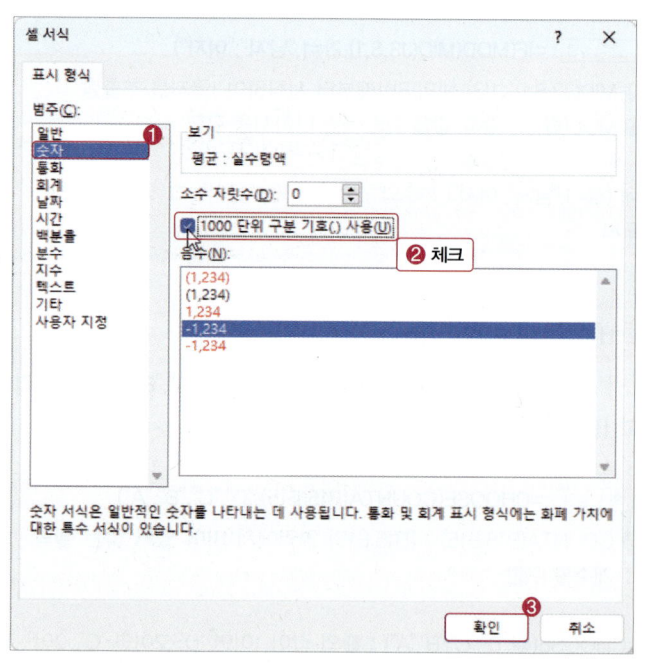

⑦ [B20] 셀의 목록 단추(▼)를 클릭하여 '(모두 선택)'의 체크를 해제한 후 '인사팀', '재무팀'만 선택하고 [확인]을 클릭한다.

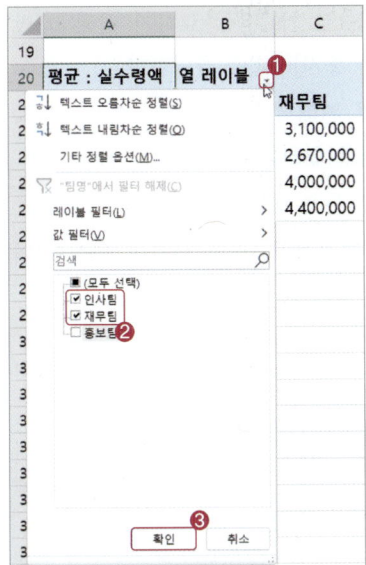

2 데이터 표

정답

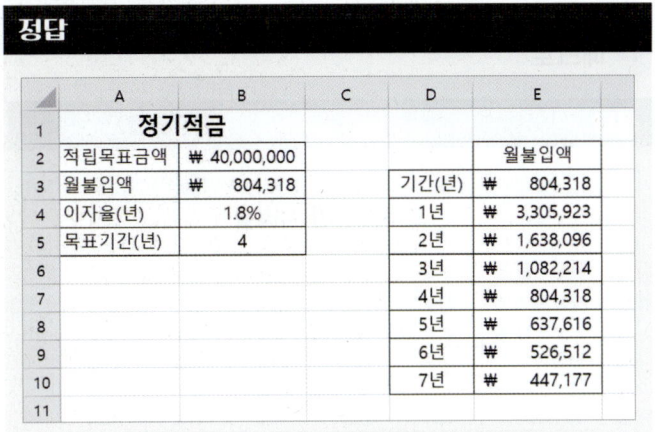

① [E3] 셀에 =B3을 입력하고 Enter 를 누른다.

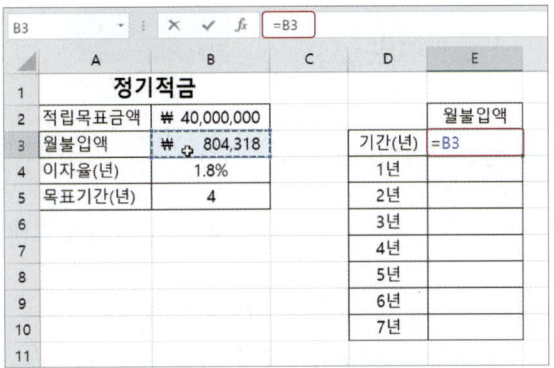

② [D3:E10] 영역을 범위 지정한 후 [데이터]-[예측] 그룹의 [가상 분석]-[데이터 표]를 클릭한다.

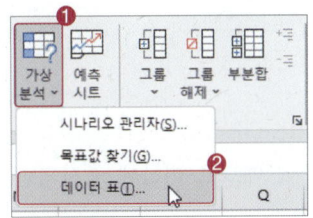

③ [데이터 표]의 '열 입력 셀'에 [B5] 셀로 지정한 후 [확인]을 클릭한다.

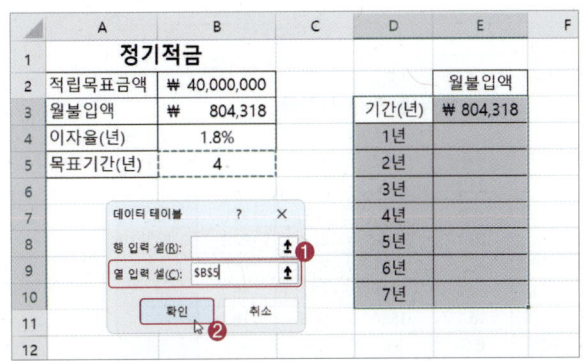

문제4 기타작업

1 매크로

정답

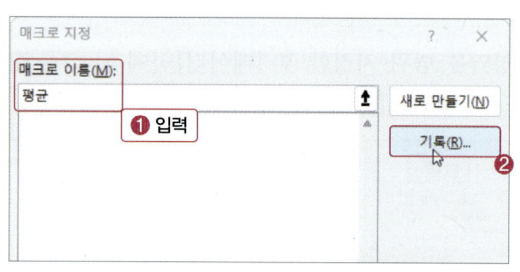

① [개발 도구]-[컨트롤] 그룹의 [삽입]-[단추(양식 컨트롤)](□)을 클릭한다.

② 마우스 포인터가 '+'로 바뀌었을 때 [B12:C13] 영역에 드래그하면 [매크로 지정] 대화상자가 나타난다.

③ [매크로 지정]에 **평균**을 입력하고 [기록]을 클릭한다.

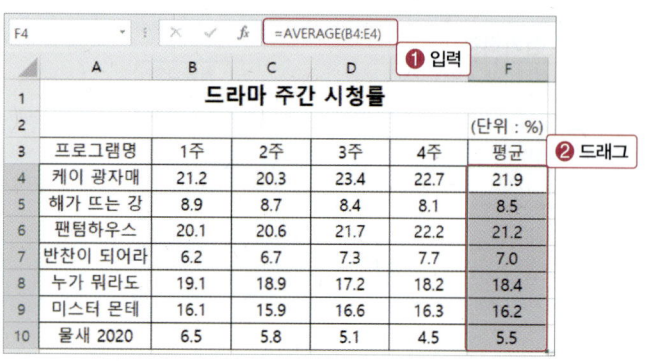

④ [매크로 기록]에 자동으로 '평균'이 매크로 이름에 표시되면 [확인]을 클릭한다.

⑤ [F4] 셀에 =AVERAGE(B4:E4)를 입력하고 [F10] 셀까지 수식을 복사한다.

⑥ 임의의 셀을 클릭한 후 매크로 기록을 종료하기 위해 [개발 도구]-[코드] 그룹의 [기록 중지](□)를 클릭한다.

⑦ 단추에 텍스트를 수정하기 위해서 단추에서 마우스 오른쪽 버튼을 눌러 [텍스트 편집]을 선택한다.

⑧ 단추에 입력된 '단추 1'을 지우고 **평균**을 입력한다.

⑨ [삽입]-[일러스트레이션] 그룹에서 [도형]-[블록 화살표]의 '화살표: 오각형(▷)'을 클릭한다.

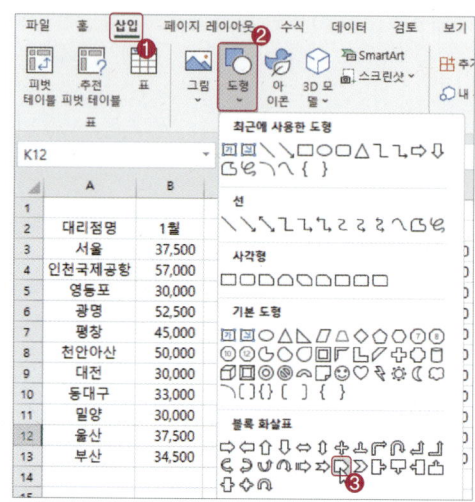

⑩ 마우스 포인터가 '+'로 바뀌면 [E12:F13] 영역에 드래그한다.

⑪ '화살표: 오각형(▷)' 도형에서 마우스 오른쪽 버튼을 눌러 [매크로 지정]을 선택한다.

⑫ [매크로 지정]의 '매크로 이름'에 **셀스타일**을 입력하고 [기록]을 클릭한다.

⑬ [매크로 기록]에 자동으로 '셀스타일'이 매크로 이름에 표시되면 [확인]을 클릭한다.

⑭ [A3:F3] 영역을 범위 지정한 후 [홈] 탭의 [셀 스타일]을 클릭하여 '입력'을 선택한다.

⑮ 매크로 기록을 종료하기 위해 [개발 도구]-[코드] 그룹의 [기록 중지](□)를 클릭한다.

⑯ '화살표: 오각형(▷)' 도형에서 마우스 오른쪽 버튼을 눌러 [텍스트 편집]을 선택하여 **셀스타일**을 입력한다.

2 차트

정답

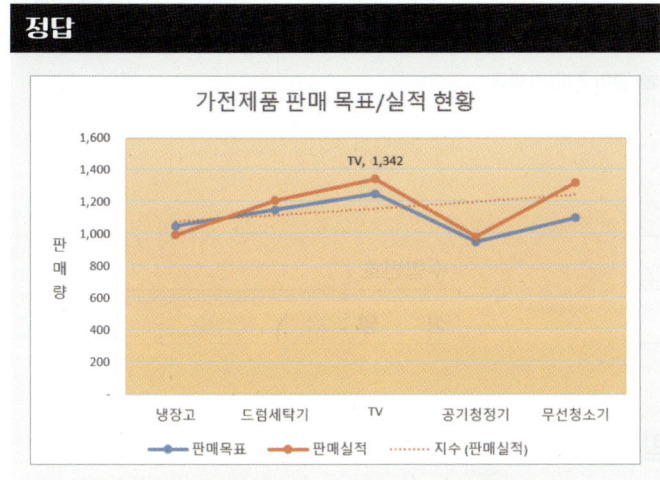

① '판매단가' 계열을 선택한 후 마우스 오른쪽 버튼을 눌러 [삭제]를 선택한다.

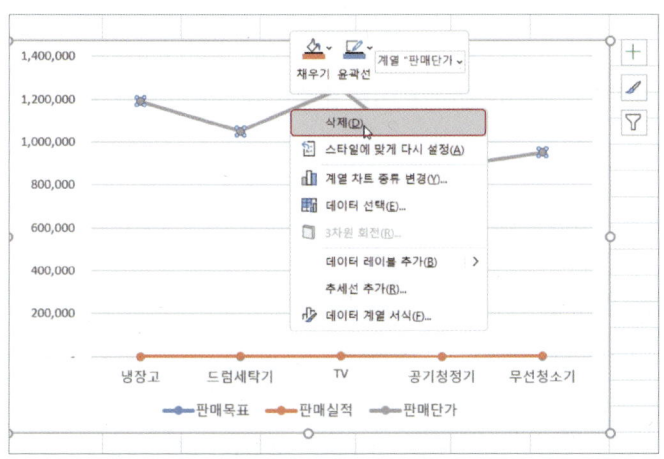

② [차트 요소](⊞)-[차트 제목]을 클릭한 후 '차트 제목'을 선택한 후 수식 입력줄에 =을 입력하고 [A1] 셀을 클릭하여 연동한다.

③ [차트 요소](⊞)-[축 제목]-[기본 세로]를 클릭한 후 '축 제목'을 선택한 후 **판매량**을 입력하고 '축 제목'을 선택한 후 마우스 오른쪽 버튼을 눌러 [축 제목 서식]을 선택한다.

④ [축 제목 서식]의 '맞춤'에서 텍스트 방향 '스택형'을 선택한다.

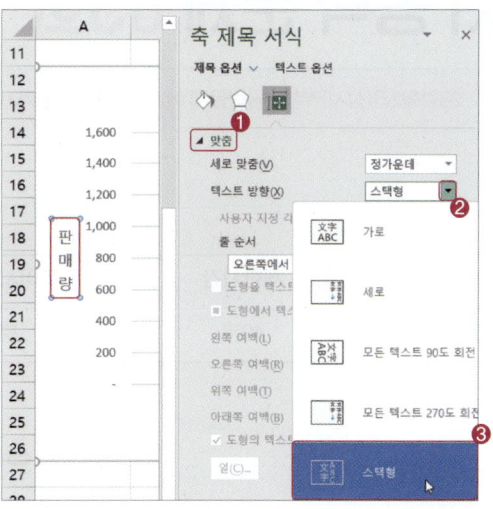

⑤ 'TV' 계열의 '판매실적' 요소를 천천히 2번 클릭하여 하나의 요소만 선택한 후 [차트 요소](⊞)-[데이터 레이블]-[기타 옵션]을 클릭한다.

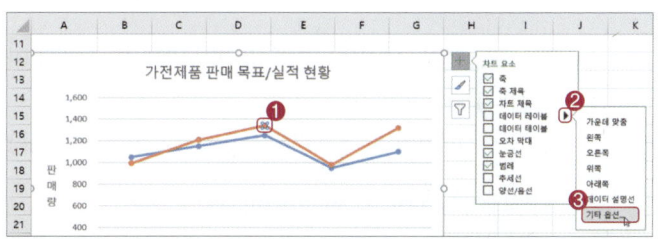

⑥ [데이터 레이블 서식]의 [레이블 옵션]에서 '위쪽'을 선택하고 '항목 이름', '값'을 체크한다.

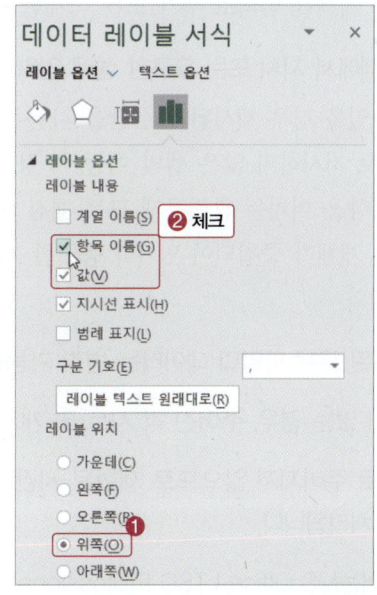

⑦ 그림 영역을 선택한 후 [서식]-[도형 스타일] 그룹에서 '미세 효과 - 황금색, 강조 4'로 지정한다.

⑧ '판매실적' 계열에 선택한 후 마우스 오른쪽 버튼을 눌러 [추세선 추가]를 선택한다.

⑨ [추세선 서식]의 '추세선 옵션'에서 '지수'를 선택한다.

상시 공략 문제 03회

작업파일: '26컴활2급(상시)₩상시공략문제'에서 '상시공략문제3회' 파일을 열어 작업하세요.

프로그램명	제한시간	풀이시간
EXCEL 2021	40분	분

수험번호 : _____

성　　명 : _____

유의사항

- 인적 사항 누락 및 잘못 작성으로 인한 불이익은 수험자 책임으로 합니다.

- 화면에 암호 입력창이 나타나면 아래의 암호를 입력하여야 합니다.
  ○ 암호: 5454$3

- 작성된 답안은 주어진 경로 및 파일명을 변경하지 마시고 그대로 저장해야 합니다. 이를 준수하지 않으면 실격 처리됩니다.
  ○ 답안 파일명의 예: C:₩OA₩수험번호8자리.xlsm

- 외부데이터 위치: C:₩OA₩파일명

- 별도의 지시사항이 없는 경우, 다음과 같이 처리 시 실격 처리됩니다.
  ○ 제시된 시트 및 개체의 순서나 이름을 임의로 변경한 경우
  ○ 제시된 시트 및 개체를 임의로 추가 또는 삭제한 경우

- 답안은 반드시 문제에서 지시 또는 요구한 셀에 입력하여야 하며 다음과 같이 처리 시 채점 대상에서 제외됩니다.
  ○ 제시된 함수가 있을 경우 제시된 함수만을 사용하여야 하며 그 외 함수사용시 채점대상에서 제외
  ○ 수험자가 임의로 지시하지 않은 셀의 이동, 수정, 삭제, 변경 등으로 인해 셀의 위치 및 내용이 변경된 경우 해당 작업에 영향을 미치는 관련문제 모두 채점 대상에서 제외
  ○ 도형 및 차트의 개체가 중첩되어 있거나 동일한 계산결과 시트가 복수로 존재할 경우 해당 개체나 시트는 채점 대상에서 제외

- 수식 작성 시 제시된 문제 파일의 데이터는 변경 가능한(가변적) 데이터임을 감안하여 문제 풀이를 하시오.

- 별도의 지시사항이 없는 경우, 주어진 각 시트 및 개체의 설정값 또는 기본 설정값 (Default)으로 처리하시오.

- 저장 시간은 별도로 주어지지 않으므로 제한된 시간 내에 저장을 완료해야 하며, 제한 시간 내에 저장이 되지 않은 경우에는 실격 처리됩니다.

- 출제된 문제의 용어는MS Office LTSC Professional Plus 2021 기준으로 작성되어 있습니다.

대 한 상 공 회 의 소

문제1 기본작업(20점) 주어진 시트에서 다음 과정을 수행하고 저장하시오.

1 '기본작업-1' 시트에 다음의 자료를 주어진 대로 입력하시오. (5점)

	A	B	C	D	E	F
1	상공전문학원 모집현황					
2						
3	과목코드	계열	과정	세부과정	모집인원	수강료
4	BL-002	건축	실내건축	인테리어디자인	20	250000
5	BL-008	건축	건축	건축디자인	16	290000
6	GH-009	글로벌호텔외식	관광식음료	커피바리스타	15	280000
7	GH-102	글로벌호텔외식	호텔조리	호텔외식조리	18	320000
8	MD-321	미디어디자인	시각디자인	웹콘텐츠디자인	22	310000
9	MD-504	미디어디자인	컴퓨터산업디자인	3D제품디자인	24	370000
10	VA-732	뷰티예술	미용	피부미용	25	360000
11						

2 '기본작업-2' 시트에 대하여 다음의 지시사항을 처리하시오. (각 2점)

① [A1:I1] 영역은 '선택 영역의 가운데로'로 지정하고, 글꼴 'HY헤드라인M', 크기 17로 지정하시오.
② [A3:A4], [B3:B4], [C3:C4], [D3:D4], [E3:I3] 영역은 '병합하고 가운데 맞춤'을, [A3:I4] 영역은 셀 스타일을 '출력'으로 지정하시오.
③ [G14] 셀에 "최고 고객 포인트"라는 메모를 삽입한 후 항상 표시되도록 지정하고, 메모 서식에서 맞춤 '자동 크기'를 지정하시오.
④ [I5:I14] 영역은 사용자 지정 표시 형식을 이용하여 문자 뒤에 "예정"을 [표시 예]와 같이 표시하시오.
   [표시 예 : 3월3일 → 3월3일 예정]
⑤ [A3:I14] 영역은 '모든 테두리(田)'를 적용하고, [A3:I4] 영역의 아래쪽은 이중 실선을 적용하여 표시하시오.

3 '기본작업-3' 시트에 대하여 다음의 지시사항을 처리하시오. (5점)

'신입사원 채용 발표' 표에서 '면접' 점수가 '시험' 점수보다 높은 데이터를 고급 필터를 사용하여 검색하시오.
▶ 고급 필터 조건은 [A18:A19] 범위 내에 알맞게 입력하시오.
▶ 고급 필터 결과 복사 위치는 동일 시트의 [A22] 셀에서 시작하시오.

문제2 계산작업(40점) 주어진 시트에서 다음 과정을 수행하고 저장하시오.

1 [표1]에서 점수[C3:C11]를 기준으로 순위를 구하여 1위는 "A", 2~3위는 "B", 4~7위는 "C", 나머지는 "재시험"을 평가결과[F3:F11]에 표시하시오. (8점)

- ▶ 순위는 점수가 가장 높은 것이 1위
- ▶ IF, RANK.EQ 함수 사용

2 [표1]에서 주민등록번호[B3:B11]의 1, 2번째 문자와 현재년도를 이용하여 나이[G3:G11]를 계산하시오. (8점)

- ▶ 나이는 '현재년도 – 출생년도 – 1900' 로 계산
- ▶ YEAR, TODAY, LEFT 함수 사용

3 [표1]에서 출석[D3:D11]과 면접[E3:E11]을 이용하여 등급[H3:H11]을 표시하시오. (8점)

- ▶ 출석과 면접이 모두 'A'이면 '최우수', 출석 또는 면접이 'A'이면 '우수', 그 외는 공백으로 표시
- ▶ IF, AND, OR 함수 사용

4 [표1]에서 점수[C3:C11]을 이용하여 비고[I3:I11]을 표시하시오. (8점)

- ▶ 점수가 상위 2명까지는 '★', 점수가 하위 2명까지는 '☆', 그 외는 공백으로 표시
- ▶ IFS, LARGE, SMALL 함수 사용

5 [표2]에서 환자코드[A15:A21]와 진료과목표[B24:D25]를 참조하여 진료과목[D15:D21]을 표시하시오. (8점)

- ▶ 환자코드의 2글자가 'CH'이면 '소아청소년과', 'DE'이면 '피부과', 'EN'은 '이비인후과'
- ▶ 진료코드는 [B24:D24], 진료과목은 [B25:D25] 영역을 참조
- ▶ INDEX, MATCH, LEFT 함수 사용

문제3 분석작업(20점) 주어진 시트에서 다음 과정을 수행하고 저장하시오.

1 '분석작업-1' 시트에 대하여 다음의 지시사항을 처리하시오. (10점)

'가전제품 판매현황' 표에서 순이익율[I4]이 다음과 같이 변동하는 경우 순이익합계[G24]의 변동 시나리오를 작성하시오.

- ▶ 셀 이름 정의 : [I4] 셀은 '순이익율', [G24] 셀은 '순이익합계'로 정의하시오.
- ▶ 시나리오1 : 시나리오 이름은 '순이익증가', 순이익율은 25%로 설정하시오.
- ▶ 시나리오2 : 시나리오 이름은 '순이익감소', 순이익율은 15%로 설정하시오.
- ▶ 위 시나리오에 의한 '시나리오 요약' 보고서는 '분석작업-1' 시트 바로 앞에 위치시키시오.

※ 시나리오 요약 보고서 작성 시 정답과 일치하여야 하며, 오자로 인한 부분점수는 인정하지 않음

2 '분석작업-2' 시트에 대하여 다음의 지시사항을 처리하시오. (10점)

[부분합] 기능을 이용하여 '거래업체별 거래현황' 표에 〈그림〉과 같이 거래업체명별로 '거래금액'과 '할인액'의 합계를 계산한 후 '실지급액'의 평균을 계산하시오.

▶ 정렬은 '거래업체명'을 기준으로 내림차순으로 처리하시오.
▶ 합계와 평균은 위에 명시된 순서대로 처리하시오.

	A	B	C	D	E
1		거래업체별 거래현황			
2					
3	거래일자	거래업체명	거래금액	할인액	실지급액
4	09월 02일	우리상사	14,360,000	1,720,000	12,640,000
5	09월 13일	우리상사	13,300,000	1,590,000	11,710,000
6	09월 16일	우리상사	15,550,000	1,860,000	13,690,000
7	09월 19일	우리상사	11,990,000	1,430,000	10,560,000
8	09월 25일	우리상사	15,970,000	1,250,000	14,720,000
9		우리상사 평균			12,664,000
10		우리상사 요약	71,170,000	7,850,000	
11	09월 03일	영재상사	12,990,000	1,550,000	11,440,000
12	09월 07일	영재상사	15,000,000	1,800,000	13,200,000
13	09월 12일	영재상사	16,040,000	1,920,000	14,120,000
14	09월 15일	영재상사	13,680,000	1,640,000	12,040,000
15	09월 20일	영재상사	13,000,000	1,560,000	11,440,000
16		영재상사 평균			12,448,000
17		영재상사 요약	70,710,000	8,470,000	
18	09월 01일	미래상사	11,250,000	1,350,000	9,900,000
19	09월 08일	미래상사	12,400,000	1,480,000	10,920,000
20	09월 11일	미래상사	13,950,000	1,670,000	12,280,000
21	09월 14일	미래상사	14,420,000	1,730,000	12,690,000
22	09월 22일	미래상사	14,780,000	1,770,000	13,010,000
23	09월 23일	미래상사	13,580,000	1,100,000	12,480,000
24		미래상사 평균			11,880,000
25		미래상사 요약	80,380,000	9,100,000	
26		전체 평균			12,302,500
27		총합계	222,260,000	25,420,000	
28					

문제4 기타작업(20점) 주어진 시트에서 다음 과정을 수행하고 저장하시오.

1 '매크로작업' 시트에서 다음과 같은 기능을 수행하는 매크로를 현재 통합 문서에 작성하고 실행하시오. (각 5점)

① [E4:E13] 영역에 도서명별 평균을 계산하는 매크로를 생성하여 실행하시오.
- ▶ 매크로 이름 : 평균
- ▶ AVERAGE 함수 사용
- ▶ [개발 도구] → [삽입] → [양식 컨트롤]의 '단추(□)'를 동일 시트의 [B15:C16] 영역에 생성하고, 텍스트를 "평균"으로 입력한 후 단추를 클릭할 때 '평균' 매크로가 실행되도록 설정하시오.

② [B4:E13] 영역에 '쉼표 스타일(,)'을 지정하는 매크로를 생성하여 실행하시오.
- ▶ 매크로 이름 : 쉼표
- ▶ [도형] → [사각형]의 '사각형: 둥근 모서리(□)'를 동일 시트의 [D15:E16] 영역에 생성하고, 텍스트를 "쉼표"로 입력한 후 도형을 클릭할 때 '쉼표' 매크로가 실행되도록 설정하시오.

※ 셀 포인터의 위치에 상관없이 현재 통합 문서에서 매크로가 실행되어야 정답으로 인정됨

2 '차트작업' 시트의 차트에서 다음 지시사항에 따라 아래 〈그림〉과 같이 차트를 수정하시오. (각 2점)

※ 차트는 반드시 문제에서 제공한 차트를 사용하여야 하며, 신규로 작성 시 0점 처리됨

① 차트 종류를 '3차원 원형'으로 변경하시오.
② 차트 제목을 '차트 위'로 삽입한 후 [A1] 셀과 연동되도록 지정하시오.
③ 데이터 계열의 '첫째 조각의 각'을 15도로 지정하고, '생산부'는 따로 분리하시오.
④ 3차원 회전에서 'Y 회전'을 30도로 지정하시오.
⑤ 데이터 계열에 데이터 레이블 '값'을 표시하고, 레이블의 위치를 '바깥쪽 끝에'로 지정하시오.

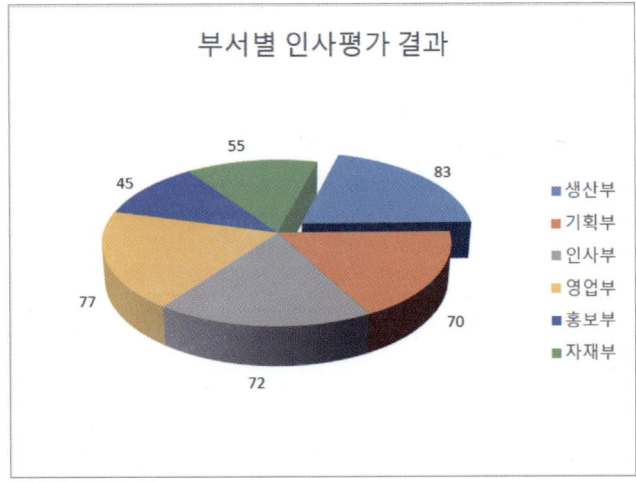

정답 & 해설 | 상시 공략 문제 03회

문제1 기본작업

1 자료 입력

정답

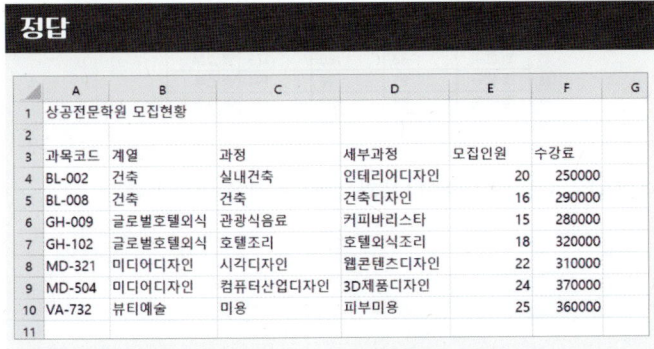

[A3:F10] 셀까지 문제를 보고 오타 없이 작성한다.

2 서식 지정

정답

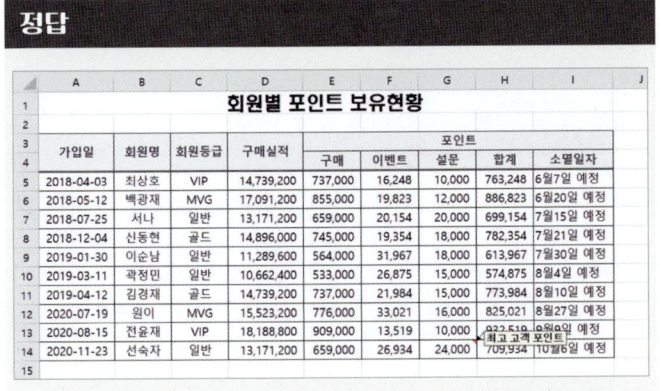

① [A1:I1] 영역을 범위 지정한 후 Ctrl+1을 눌러 [셀 서식]의 [맞춤] 탭에서 '가로'에서 '선택 영역의 가운데로'를 선택하고, [글꼴] 탭에서 글꼴은 'HY헤드라인M', 크기는 '17'로 지정하고 [확인]을 클릭한다.

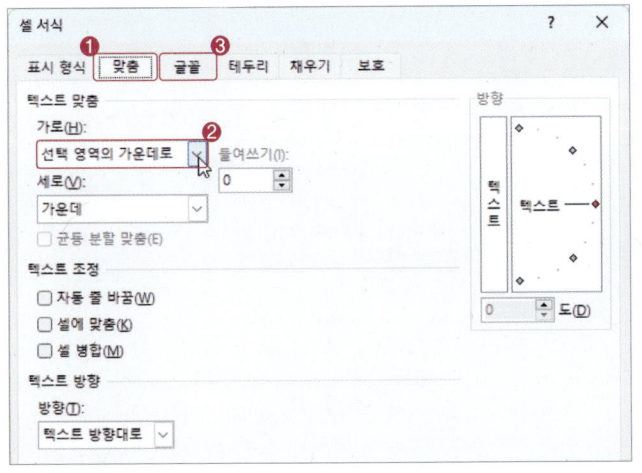

② [A3:A4], [B3:B4], [C3:C4], [D3:D4], [E3:I3] 영역을 범위 지정한 후 [홈]-[맞춤] 그룹에서 [병합하고 가운데 맞춤](圄)을 클릭한다.

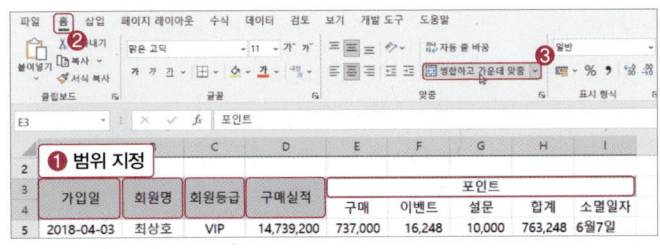

③ [A3:I4] 영역을 범위 지정한 후 [홈] 탭의 [셀 스타일]에서 '출력'을 선택한다.

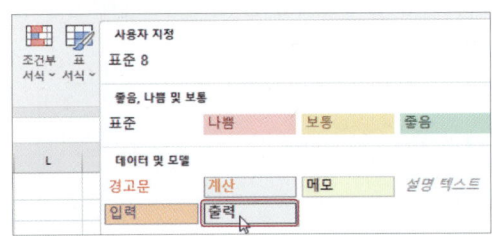

④ [G14] 셀에서 마우스 오른쪽 버튼을 눌러 [메모 삽입]을 선택한 후 기존 사용자 이름은 지우고 **최고 고객 포인트**를 입력한다.

⑤ [G14] 셀에서 마우스 오른쪽 버튼을 눌러 [메모 표시/숨기기]를 선택한 후 메모 상자의 경계라인을 클릭하고 마우스 오른쪽 버튼을 눌러 [메모 서식]을 선택한다.

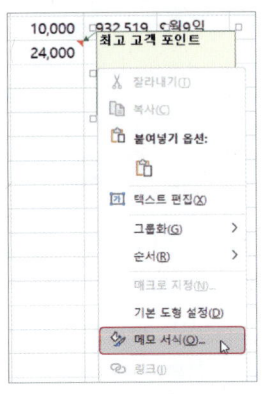

⑥ [메모 서식]의 [맞춤] 탭에서 '자동 크기'를 체크하고 [확인]을 클릭한다.

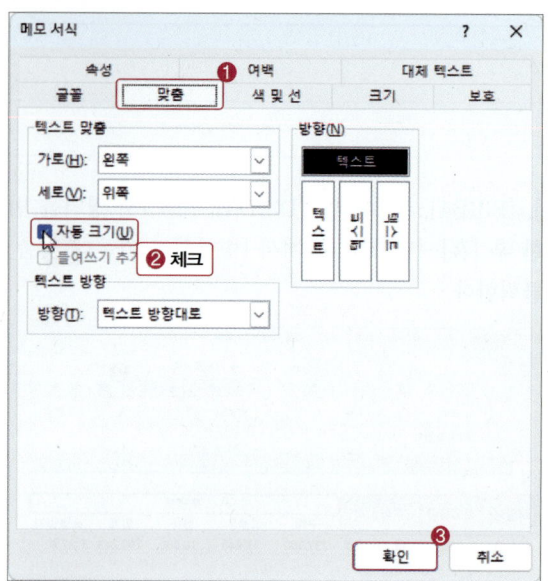

⑦ [I5:I14] 영역을 범위 지정한 후 Ctrl+1을 눌러 [표시 형식] 탭의 '사용자 지정'에 @ "예정"을 입력하고 [확인]을 클릭한다.

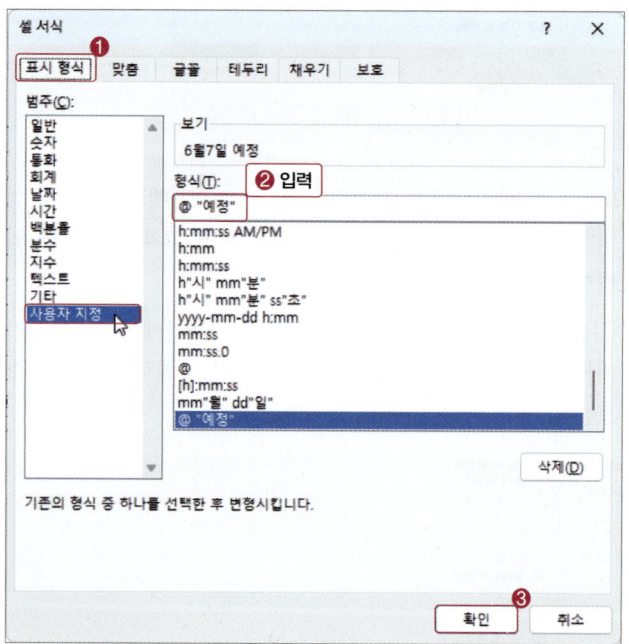

⑧ [A3:I14] 영역을 범위 지정한 후 [홈]-[글꼴] 그룹에서 [테두리](⊞▾) 도구의 [모든 테두리](⊞)를 클릭한다.

⑨ [A3:I4] 영역을 범위 지정한 후 [홈]-[글꼴] 그룹에서 [테두리](⊞▾) 도구의 [아래쪽 이중 테두리](⊞)를 클릭한다.

3 고급 필터

정답

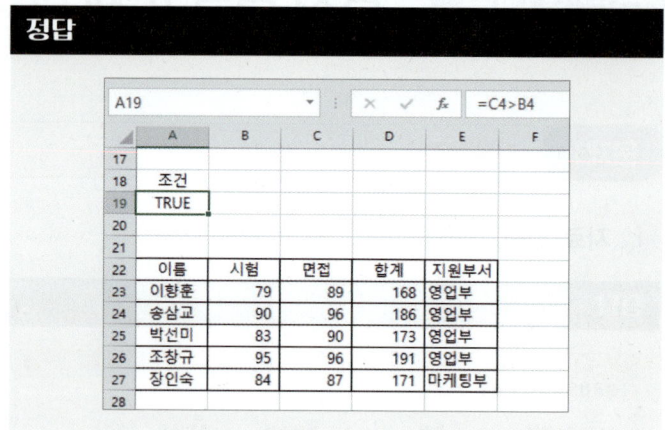

① [A18:A19] 영역에 다음과 같이 조건을 입력한다.

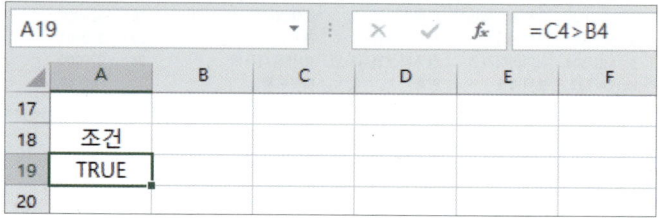

② [데이터]-[정렬 및 필터] 그룹에서 [고급](▣)을 클릭하여 다음과 같이 지정하고 [확인]을 클릭한다.

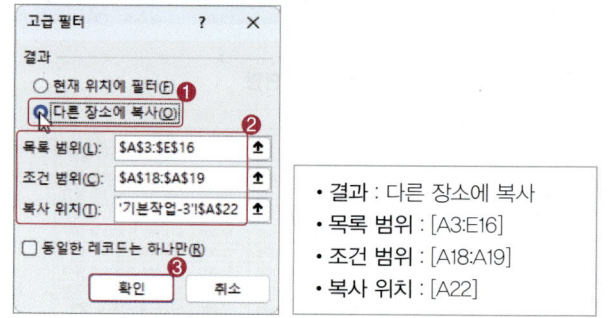

• 결과 : 다른 장소에 복사
• 목록 범위 : [A3:E16]
• 조건 범위 : [A18:A19]
• 복사 위치 : [A22]

문제2 계산작업

정답

	A	B	C	D	E	F	G	H	I
1	[표1]	인사 관리현황							
2	성명	주민등록번호	점수	출석	면접	평가결과	나이	등급	비고
3	김경수	931016-2******	84	A	B	C	30	우수	
4	최환석	920408-2******	57	B	C	재시험	31		☆
5	이재호	870725-1******	95	B	A	B	36	우수	★
6	김철민	851211-2******	86	B	C	C	38		
7	최창진	900421-1******	99	A	A	A	33	최우수	★
8	신현화	870630-1******	87	A	A	B	36	최우수	
9	김승재	940114-2******	62	B	C	재시험	29		☆
10	임재형	910829-1******	75	B	A	C	32	우수	
11	김채율	890933-1******	81	C	B	C	34		
12						❶	❷	❸	❹
13	[표2]	환자 진료현황							
14	환자코드	성별	담당의사	진료과목 ❺					
15	CH3501	남	이인구	소아청소년과					
16	CH9842	남	서병규	소아청소년과					
17	EN6574	남	유명상	이비인후과					
18	DE1703	여	신진성	피부과					
19	EN4156	남	선동일	이비인후과					
20	CH2897	여	조빈	소아청소년과					
21	EN4500	여	박시내	이비인후과					
22									
23	<진료과목표>								
24	진료코드	CH	DE	EN					
25	진료과목	소아청소년과	피부과	이비인후과					

1 평가결과[F3:F11]

[F3] 셀에 =IF(RANK.EQ(C3,$C$3:$C$11)=1,"A",IF(RANK.EQ(C3,$C$3:$C$11)<=3,"B",IF(RANK.EQ(C3,$C$3:$C$11)<=7,"C","재시험")))을 입력하고 [F11] 셀까지 수식을 복사한다.

> **함수 설명** =IF(RANK.EQ(C3,$C$3:$C$11)=1,"A",IF(RANK.EQ(C3,$C$3:$C$11)<=3,"B",IF(RANK.EQ(C3,$C$3:$C$11)<=7,"C","재시험")))
>
> ❶ RANK.EQ(C3,$C$3:$C$11) : [C3] 셀의 값을 [C3:C11] 영역에서 내림차순으로 순위를 구함
>
> =IF(❶=1,"A",IF(❶<=3,"B",IF(❶<=7,"C","재시험"))) : ❶의 값이 1이면 'A', 2~3이면 'B', 4~7 이면 'C', 그 외는 '재시험'

2 나이[G3:G11]

[G3] 셀에 =YEAR(TODAY())-LEFT(B3,2)-1900를 입력하고 [G11] 셀까지 수식을 복사한다.

> **함수 설명** =YEAR(TODAY())-LEFT(B3,2)-1900
>
> ❶ TODAY() : 오늘 날짜를 구함
> ❷ YEAR(❶) : ❶에서 년도만 추출
> ❸ LEFT(B3,2) : [B3] 셀에서 왼쪽의 2글자를 추출

3 등급[H3:H11]

[H3] 셀에 =IF(AND(D3="A",E3="A"),"최우수",IF(OR(D3="A",E3="A"),"우수",""))를 입력하고 [H11] 셀까지 수식을 복사한다.

> **함수 설명** =IF(AND(D3="A",E3="A"),"최우수",IF(OR(D3="A",E3="A"),"우수",""))
>
> ❶ AND(D3="A",E3="A") : [D3] 셀의 값이 'A'이고, [E3] 셀의 값이 'A'이면 TRUE 값을 반환
> ❷ OR(D3="A",E3="A") : [D3] 셀의 값이 'A'이거나 [E3] 셀의 값이 'A'이면 TRUE 값을 반환
>
> =IF(❶,"최우수",IF(❷,"우수","")) : ❶가 TRUE이면 '최우수', ❷가 TRUE이면 '우수', 그 외는 공백으로 표시

4 비고[I3:I11]

[I3] 셀에 =IFS(C3>=LARGE($C$3:$C$11,2),"★",C3<=SMALL($C$3:$C$11,2),"☆",TRUE,"")을 입력하고 [I11] 셀까지 수식을 복사한다.

> **함수 설명** =IFS(C3>=LARGE($C$3:$C$11,2),"★",C3<=SMALL($C$3:$C$11,2),"☆",TRUE,"")
>
> ❶ LARGE($C$3:$C$11,2) : [C3:C11] 영역에서 2번째로 큰 값
> ❷ SMALL($C$3:$C$11,2) : [C3:C11] 영역에서 2번째로 작은 값
>
> =IFS(C3>=❶,"★",C3<=❷,"☆",TRUE,"") : [C3] 셀의 값이 ❶ 이상이면 '★', [C3] 셀의 값이 ❷ 이하이면 '☆', 나머지는 공백("")으로 표시

5 진료과목[D15:D21]

[D15] 셀에 =INDEX($B$25:$D$25,1,MATCH(LEFT(A15,2),$B$24:$D$24,0))을 입력하고 [D21] 셀까지 수식을 복사한다.

> **함수 설명** =INDEX($B$25:$D$25,1,MATCH(LEFT(A15,2),$B$24:$D$24,0))
>
> ❶ LEFT(A15,2) : [A15] 셀에서 왼쪽 부분에서 2 글자를 추출
> ❷ MATCH(❶,$B$24:$D$24,0) : ❶의 값을 [B24:D24] 영역에서 몇 번째 위치하는지 상대적인 위치 값을 구함
>
> =INDEX($B$25:$D$25,1,❷) : [B25:D25] 영역의 첫 번째 행과 ❷ 열에 교차하는 값

문제3 분석작업

1 시나리오

정답

	A	B	C	D	E	F	G
1							
2		시나리오 요약					
3					현재 값:	순이익증가	순이익감소
4		변경 셀:					
5							
6			순이익율		20%	25%	15%
7		결과 셀:					
8			순이익합계		72,485	90,606	54,364
9		참고: 현재 값 열은 시나리오 요약 보고서가 작성될 때의					
10		변경 셀 값을 나타냅니다. 각 시나리오의 변경 셀은					
11		회색으로 표시됩니다.					
12							

① [I4] 셀을 클릭한 후 '이름 상자'에 **순이익율**을 입력하고 Enter 를 누른다.

② [G24] 셀을 클릭한 후 '이름 상자'에 **순이익합계**를 입력하고 Enter 를 누른다.

③ [I4] 셀을 클릭한 후 [데이터]-[예측] 그룹에서 [가상 분석]-[시나리오 관리자]를 클릭한다.

④ [시나리오 관리자]에서 [추가]를 클릭한 후, '시나리오 이름'에 **순이익증가**를 입력하고 [확인]을 클릭한다.

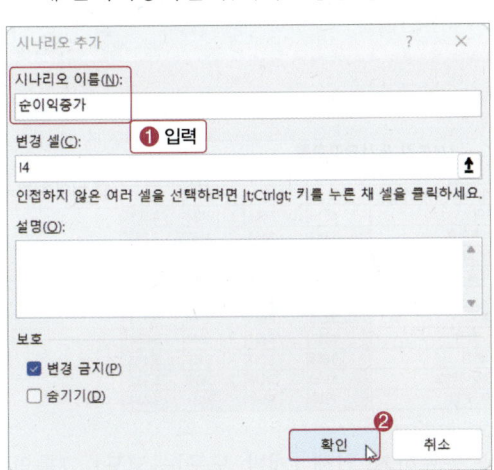

⑤ [시나리오 값]에 25%를 입력하고 [추가]를 클릭한다.

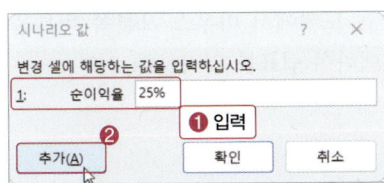

⑥ '시나리오 이름'에 **순이익감소**를 입력하고 [확인]을 클릭하고 '시나리오 값'을 15%를 입력하고 [확인]을 클릭한다.

⑦ [시나리오 관리자]에서 [요약]을 클릭한 후 '결과 셀'에 커서를 두고 [G24] 셀을 클릭하여 지정한 후 [확인]을 클릭한다.

2 부분합

정답

	A	B	C	D	E
1		거래업체별 거래현황			
2					
3	거래일자	거래업체명	거래금액	할인액	실지급액
4	09월 02일	우리상사	14,360,000	1,720,000	12,640,000
5	09월 13일	우리상사	13,300,000	1,590,000	11,710,000
6	09월 16일	우리상사	15,550,000	1,860,000	13,690,000
7	09월 19일	우리상사	11,990,000	1,430,000	10,560,000
8	09월 25일	우리상사	15,970,000	1,250,000	14,720,000
9		우리상사 평균			12,664,000
10		우리상사 요약	71,170,000	7,850,000	
11	09월 03일	영재상사	12,990,000	1,550,000	11,440,000
12	09월 07일	영재상사	15,000,000	1,800,000	13,200,000
13	09월 12일	영재상사	16,040,000	1,920,000	14,120,000
14	09월 15일	영재상사	13,680,000	1,640,000	12,040,000
15	09월 20일	영재상사	13,000,000	1,560,000	11,440,000
16		영재상사 평균			12,448,000
17		영재상사 요약	70,710,000	8,470,000	
18	09월 01일	미래상사	11,250,000	1,350,000	9,900,000
19	09월 08일	미래상사	12,400,000	1,480,000	10,920,000
20	09월 11일	미래상사	13,950,000	1,670,000	12,280,000
21	09월 14일	미래상사	14,420,000	1,730,000	12,690,000
22	09월 22일	미래상사	14,780,000	1,770,000	13,010,000
23	09월 23일	미래상사	13,580,000	1,100,000	12,480,000
24		미래상사 평균			11,880,000
25		미래상사 요약	80,380,000	9,100,000	
26		전체 평균			12,302,500
27		총합계	222,260,000	25,420,000	
28					

① '거래업체명' [B3] 셀을 클릭한 후 [데이터]-[정렬 및 필터] 그룹에서 [텍스트 내림차순 정렬](힣↓)을 클릭한다.

② 데이터 안에 마우스 포인터를 두고, [데이터]-[개요] 그룹의 [부분합](▦)을 클릭한다.

③ 다음과 같이 지정하고 [확인]을 클릭한다.

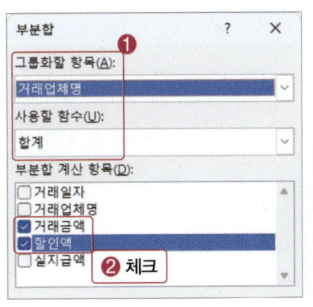

- 그룹화할 항목 : 거래업체명
- 사용할 함수 : 합계
- 부분합 계산 항목 : 거래금액, 할인액

④ 다시 한번 [데이터]-[개요] 그룹의 [부분합](▦)을 클릭하여 다음과 같이 [확인]을 클릭한다.

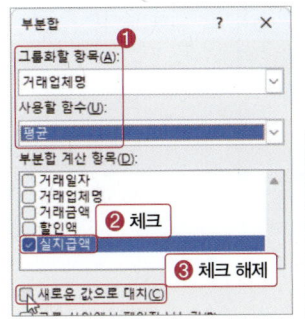

- 그룹화할 항목 : 거래업체명
- 사용할 함수 : 평균
- 부분합 계산 항목 : 실지급액
- '새로운 값으로 대치' 체크 해제

문제4 기타작업

1 매크로

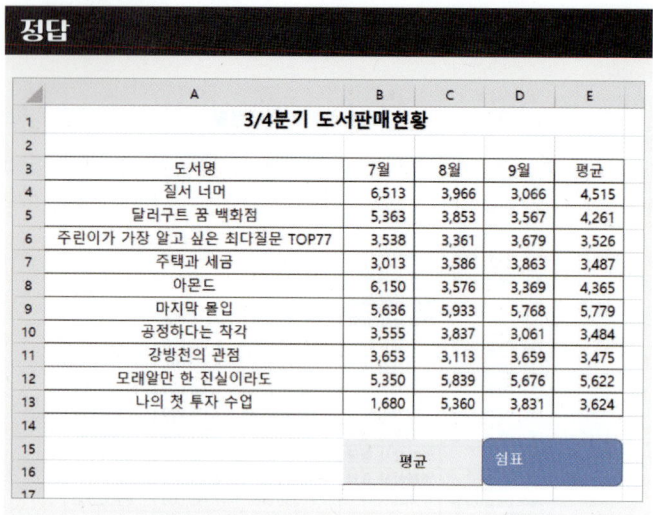

① [개발 도구]-[컨트롤] 그룹의 [삽입]-[단추(양식 컨트롤)](□)을 클릭한다.

② 마우스 포인터가 '+'로 바뀌었을 때 [B15:C16] 영역에 드래그하면 [매크로 지정] 대화상자가 나타난다.

③ [매크로 지정]에 **평균**을 입력하고 [기록]을 클릭한다.

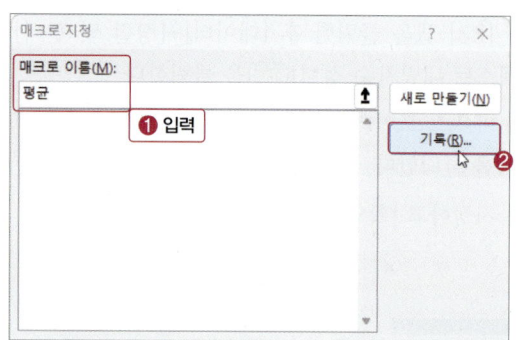

④ [매크로 기록]에 자동으로 '평균'이 매크로 이름에 표시되면 [확인]을 클릭한다.

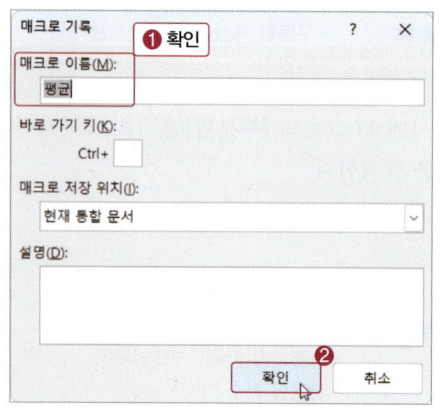

⑤ [E4] 셀에 =AVERAGE(B4:D4)를 입력하고 [E13] 셀까지 수식을 복사한다.

⑥ 임의의 셀을 클릭한 후 매크로 기록을 종료하기 위해 [개발 도구]-[코드] 그룹의 [기록 중지](□)를 클릭한다.

⑦ 단추에 텍스트를 수정하기 위해서 단추에서 마우스 오른쪽 버튼을 눌러 [텍스트 편집]을 선택한다.

⑧ 단추에 입력된 '단추 1'을 지우고 **평균**을 입력한다.

⑨ [삽입]-[일러스트레이션] 그룹에서 [도형]-[사각형]의 '사각형: 둥근 모서리(□)'를 클릭한다.

⑩ 마우스 포인터가 '+'로 바뀌면 [D15:E16] 영역에 드래그한다.

⑪ '사각형: 둥근 모서리(□)' 도형에서 마우스 오른쪽 버튼을 눌러 [매크로 지정]을 선택한다.

⑫ [매크로 지정]의 '매크로 이름'에 **쉼표**를 입력하고 [기록]을 클릭한다.

⑬ [매크로 기록]에 자동으로 '쉼표'로 매크로 이름이 표시되면 [확인]을 클릭한다.

⑭ [B4:E13] 영역을 범위 지정한 후 [홈]-[표시 형식] 그룹의 [쉼표 스타일](,)을 클릭한다.

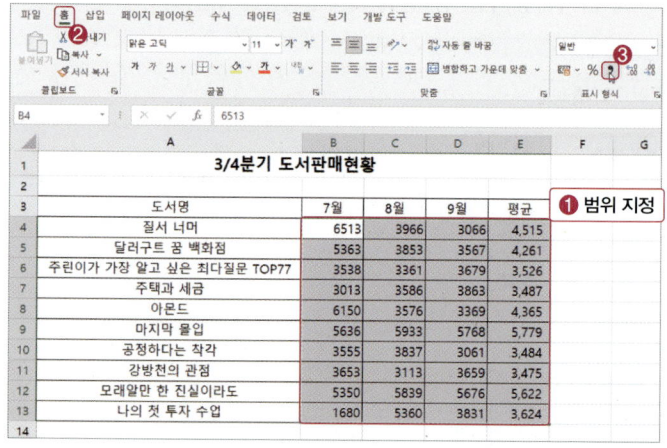

⑮ 매크로 기록을 종료하기 위해 [개발 도구]-[코드] 그룹의 [기록 중지](□)를 클릭한다.

⑯ '사각형: 둥근 모서리(□)' 도형에서 마우스 오른쪽 버튼을 눌러 [텍스트 편집]을 선택하여 **쉼표**를 입력한다.

2 차트

정답

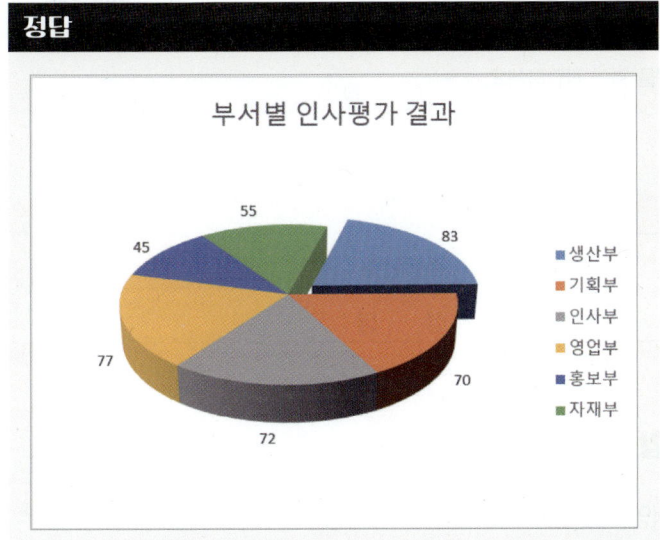

① 차트에서 마우스 오른쪽 버튼을 눌러 [차트 종류 변경]을 선택한 후, '원형'의 '3차원 원형'을 선택하고 [확인]을 클릭한다.

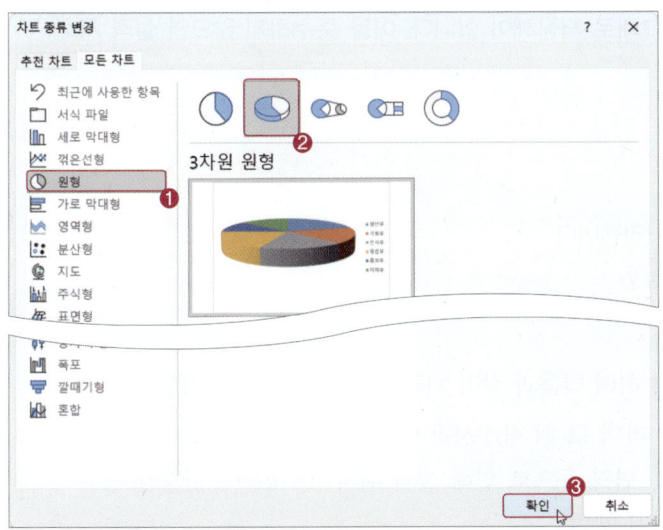

② 차트를 선택하고 [차트 요소](⊞)-[차트 제목]을 체크한 후 차트 제목이 선택된 상태에서 수식 입력줄에 =을 입력한 후 [A1] 셀을 클릭하고 Enter 를 누른다.

③ 원형 차트의 데이터 계열을 선택한 후 마우스 오른쪽 버튼을 눌러 [데이터 계열 서식]을 선택한다.

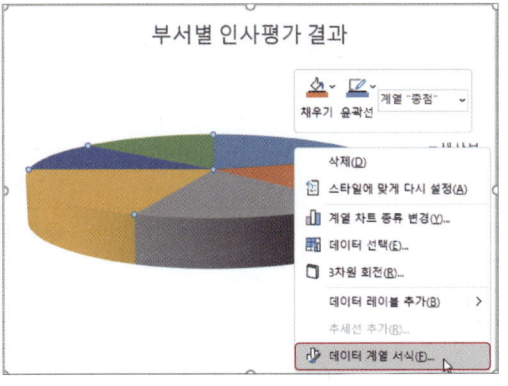

④ [데이터 계열 서식]의 [계열 옵션]에서 '첫째 조각의 각'에 15를 입력한다.

⑤ '생산부' 요소만 다시 한번 클릭하여 하나의 요소만 클릭한 후 밖으로 드래그한다.

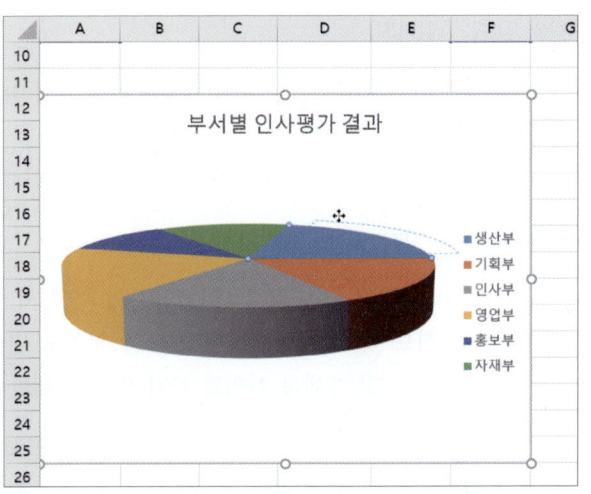

⑥ 차트에서 마우스 오른쪽 버튼을 눌러 [3차원 회전]을 선택한 후 '3차원 회전'의 'Y 회전'에 30을 입력한다.

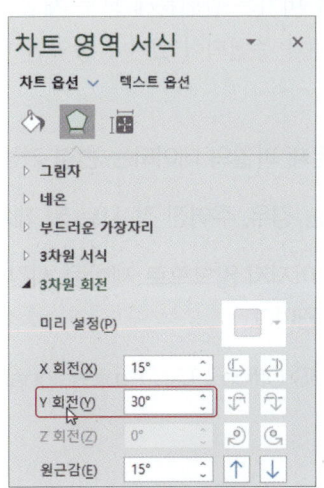

⑦ 차트를 선택한 후 [차트 요소](⊞)-[데이터 레이블]-[바깥쪽 끝에]를 클릭한다.

상시 공략 문제 04회

작업파일: '26컴활2급(상시)₩상시공략문제'에서 '상시공략문제4회' 파일을 열어 작업하세요.

프로그램명	제한시간	풀이시간
EXCEL 2021	40분	분

수험번호 :

성   명 :

유의사항

- 인적 사항 누락 및 잘못 작성으로 인한 불이익은 수험자 책임으로 합니다.

- 화면에 암호 입력창이 나타나면 아래의 암호를 입력하여야 합니다.
  - 암호: 5454$3

- 작성된 답안은 주어진 경로 및 파일명을 변경하지 마시고 그대로 저장해야 합니다. 이를 준수하지 않으면 실격 처리됩니다.
  - 답안 파일명의 예: C:₩OA₩수험번호8자리.xlsm

- 외부데이터 위치: C:₩OA₩파일명

- 별도의 지시사항이 없는 경우, 다음과 같이 처리 시 실격 처리됩니다.
  - 제시된 시트 및 개체의 순서나 이름을 임의로 변경한 경우
  - 제시된 시트 및 개체를 임의로 추가 또는 삭제한 경우

- 답안은 반드시 문제에서 지시 또는 요구한 셀에 입력하여야 하며 다음과 같이 처리 시 채점 대상에서 제외됩니다.
  - 제시된 함수가 있을 경우 제시된 함수만을 사용하여야 하며 그 외 함수사용시 채점대상에서 제외
  - 수험자가 임의로 지시하지 않은 셀의 이동, 수정, 삭제, 변경 등으로 인해 셀의 위치 및 내용이 변경된 경우 해당 작업에 영향을 미치는 관련문제 모두 채점 대상에서 제외
  - 도형 및 차트의 개체가 중첩되어 있거나 동일한 계산결과 시트가 복수로 존재할 경우 해당 개체나 시트는 채점 대상에서 제외

- 수식 작성 시 제시된 문제 파일의 데이터는 변경 가능한(가변적) 데이터임을 감안하여 문제 풀이를 하시오.

- 별도의 지시사항이 없는 경우, 주어진 각 시트 및 개체의 설정값 또는 기본 설정값 (Default)으로 처리하시오.

- 저장 시간은 별도로 주어지지 않으므로 제한된 시간 내에 저장을 완료해야 하며, 제한 시간 내에 저장이 되지 않은 경우에는 실격 처리됩니다.

- 출제된 문제의 용어는MS Office LTSC Professional Plus 2021 기준으로 작성되어 있습니다.

대 한 상 공 회 의 소

문제1 기본작업(20점) 주어진 시트에서 다음 과정을 수행하고 저장하시오.

1 '기본작업-1' 시트에 다음의 자료를 주어진 대로 입력하시오. (5점)

	A	B	C	D	E	F
1	프랜차이즈 가맹점					
2						
3	매장코드	매장명	지점장	연락처	판매량	총매출액
4	HGB-04	함지박사거리점	김수인	02)512-4875	880	15850400
5	BBC-02	방배중앙점	박태호	02)542-9630	750	13505000
6	LSC-03	이수중앙점	최강자	02)587-4890	1019	18354000
7	NBO-09	내방역점	나공주	02)465-8740	996	17936000
8	SDS-08	사당점	공주미	02)348-8889	1102	19842000
9	NHH-05	남현홈플러스점	전성준	02)313-7410	658	11849000
10	BBS-07	방배역점	강남우	02)314-9850	532	9587000
11	SCS-01	서초역점	이태연	02)582-3674	488	8796500
12	KDS-06	교대역점	황태자	02)567-3580	421	7584000

2 '기본작업-2' 시트에 대하여 다음의 지시사항을 처리하시오. (각 2점)

① [A1:G1] 영역은 '병합하고 가운데 맞춤', 크기 18, 글꼴 스타일 '굵게', 밑줄 '실선'으로 지정하시오.
② [A4:G4] 영역은 채우기 색을 '표준 색 – 주황', 텍스트 맞춤을 '가로 균등 분할(들여쓰기)'로 지정하시오.
③ [C5:C15], [E5:G15] 영역은 표시 형식을 '회계 표시 형식(₩)'으로 지정하시오.
④ [G3] 셀은 사용자 지정 표시 형식을 이용하여 작성일 [표시 예]와 같이 표시하시오.
   [표시 예 : 2025-03-01 → 25/03/01]
⑤ [A4:G15] 영역은 '모든 테두리(田)'를 적용한 후 '굵은 바깥쪽 테두리(回)'를 적용하여 표시하시오.

3 '기본작업-3' 시트에 대하여 다음의 지시사항을 처리하시오. (5점)

[A4:F20] 영역에 대하여 대출종류가 '주택담보대출'이면서 대출기간(월)이 24 이상인 행 전체에 대해서 글꼴 스타일 '굵게', 글꼴 색 '표준 색 – 파랑'으로 지정하는 조건부 서식을 작성하시오.
▶ AND 함수 사용
▶ 단, 규칙 유형은 '수식을 사용하여 서식을 지정할 셀 결정'을 사용하고, 한 개의 규칙으로만 작성하시오.

문제2   계산작업(40점)   주어진 시트에서 다음 과정을 수행하고 저장하시오.

1 [표1]에서 [C2] 셀을 기준으로 가입기간이 10년 이상이면 '★', 10년 미만 5년 이상이면 '☆', 5년 미만이면 공백을 등급[D4:D10]에 표시하시오. (8점)

- ▶ 가입기간 = [C2] 셀 년도 − 가입일 년도
- ▶ IFS, YEAR 함수 사용

2 [표1]에서 점수[C4:C10]의 순위를 구하여 비고[E4:E10]에 표시하시오. (8점)

- ▶ 순위가 1~2등은 '합격', 6~7등은 '재수강', 그 외는 공백으로 표시
- ▶ CHOOSE, RANK.EQ 함수 사용

3 [표2]에서 학생코드와 〈학과코드표〉를 참조하여 학과[J3:J12]를 표시하시오. (8점)

- ▶ 학생코드의 3~4번째 문자가 'CS'이면 '인문과학', 'PS'이면 '정책과학', 'SS'는 '사회과학'
- ▶ 코드는 [H16:H18], 학과는 [I16:I18] 영역을 참조
- ▶ INDEX, MATCH, MID 함수 사용

4 [표3]의 [A25] 셀에서 선택한 대리점[A14:A22]과 [B25] 셀에서 선택한 제품명[B14:B22]에 해당하는 판매량[C14:C22]의 합계와 판매금액[D14:D22]의 합계를 [A28:B28] 영역에 계산하시오. (8점)

- ▶ SUMIFS, AVERAGEIFS, COUNTIFS 함수 중 알맞은 함수 사용

5 [표3]에서 제품명[B14:B22]이 "건조기"인 제품의 판매금액[D14:D22] 평균을 [C28] 셀에 계산하시오. (8점)

- ▶ SUMIF, COUNTIF 함수 사용

문제3   분석작업(20점)   주어진 시트에서 다음 과정을 수행하고 저장하시오.

1 '분석작업-1' 시트에 대하여 다음의 지시사항을 처리하시오. (10점)

'제품 생산현황' 표의 제품코드는 '필터', '생산일자'는 '행', 생산공장은 '열'로 처리하고, '값'에 생산수량의 합계와 불량수량의 평균을 계산하는 [피벗 테이블]을 작성하시오.

- ▶ 피벗 테이블 보고서는 동일 시트의 [A25] 셀에서 시작하시오.
- ▶ 피벗 테이블 보고서는 열의 총합계만 설정하시오.
- ▶ '생산일자'는 '월' 단위로 그룹을 지정하시오.
- ▶ 값 영역의 표시 형식은 '값 필드 설정'의 '셀 서식' 대화상자에서 '숫자' 범주의 '1000 단위 구분 기호 사용'을 이용하여 지정하시오.

2 '분석작업-2' 시트에 대하여 다음의 지시사항을 처리하시오. (10점)

[부분합] 기능을 이용하여 '지점별 자동차 판매현황' 표에 〈그림〉과 같이 지점별로 '총판매량'의 최대값을 계산한 후 '전반기판매량', '후반기판매량'의 평균을 계산하시오.

▶ 정렬은 '지점'을 기준으로 오름차순으로 처리하시오.
▶ 부분합에 '연한 파랑, 표 스타일 밝게 6' 서식을 적용하시오.
▶ 최대값과 평균은 위에 명시된 순서대로 처리하시오.

	A	B	C	D	E
1	지점별 자동차 판매현황				
2					
3	사원코드	지점	전반기판매량	후반기판매량	총판매량
4	KI-003	대치	12	15	27
5	KI-004	대치	11	14	25
6	KI-005	대치	4	5	9
7	KI-008	대치	5	4	9
8	KI-011	대치	7	9	16
9		대치 평균	7.8	9.4	
10		대치 최대			27
11	KI-001	사당	8	8	16
12	KI-007	사당	9	8	17
13	KI-010	사당	6	6	12
14	KI-014	사당	5	9	14
15		사당 평균	7	7.75	
16		사당 최대			17
17	KI-002	서초	9	9	18
18	KI-006	서초	8	9	17
19	KI-009	서초	11	10	21
20	KI-012	서초	11	10	21
21	KI-013	서초	6	7	13
22		서초 평균	9	9	
23		서초 최대			21
24		전체 평균	8	8.785714286	
25		전체 최대값			27
26					

문제4 기타작업(20점) 주어진 시트에서 다음 과정을 수행하고 저장하시오.

1 '매크로작업' 시트의 [표]에서 다음과 같은 기능을 수행하는 매크로를 현재 통합 문서에 작성하고 실행하시오. (각 5점)

① [F4:F13] 영역에 총액을 계산하는 매크로를 생성하여 실행하시오.
  ▶ 매크로 이름 : 총액
  ▶ 총액 = 진찰료 + 검사비
  ▶ [개발 도구] → [삽입] → [양식 컨트롤]의 '단추(□)'를 동일 시트의 [B15:C16] 영역에 생성하고, 텍스트를 "총액"으로 입력한 후 단추를 클릭할 때 '총액' 매크로가 실행되도록 설정하시오.

② [C4:C13] 영역에 표시 형식을 '간단한 날짜'로 지정하는 매크로를 생성하여 실행하시오.
  ▶ 매크로 이름 : 서식
  ▶ [도형] → [기본 도형]의 '사각형: 빗면(□)'을 동일 시트의 [E15:F16] 영역에 생성하고, 텍스트를 "서식"으로 입력한 후 도형을 클릭할 때 '서식' 매크로가 실행되도록 설정하시오.

  ※ 셀 포인터의 위치에 상관없이 현재 통합 문서에서 매크로가 실행되어야 정답으로 인정됨

2 '차트작업' 시트의 차트에서 다음 지시사항에 따라 아래 〈그림〉과 같이 차트를 수정하시오. (각 2점)

※ 차트는 반드시 문제에서 제공한 차트를 사용하여야 하며, 신규로 작성 시 0점 처리됨

① 차트 제목은 '차트 위'로 추가하여 〈그림〉과 같이 입력하시오.
② 차트 종류는 '원형 대 가로 막대형'으로 변경하시오.
③ 데이터 레이블은 '항목 이름'과 '백분율'을 표시하고, 레이블의 위치는 '바깥쪽 끝에'로 지정하시오.
④ 범례는 표시하지 않고, 데이터 계열 분할은 '백분율 값'으로 표시하시오.
⑤ 차트 영역의 도형 효과는 '기본 설정2'로 지정하고, 테두리 스타일은 '둥근 모서리'로 지정하시오.

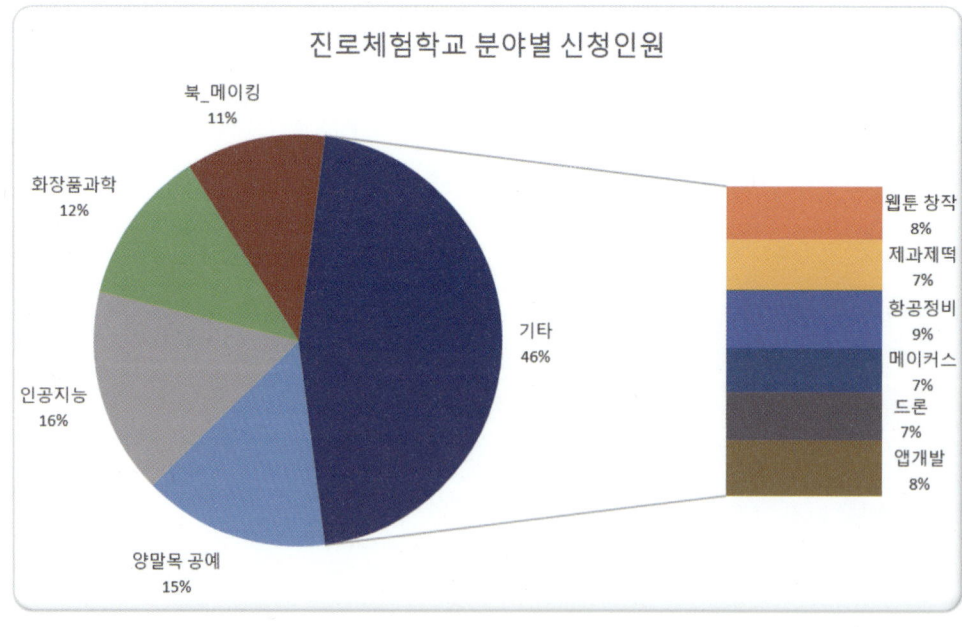

정답 & 해설 상시 공략 문제 04회

문제1 기본작업

1 자료 입력

정답

	A	B	C	D	E	F
1	프랜차이즈 가맹점					
2						
3	매장코드	매장명	지점장	연락처	판매량	총매출액
4	HGB-04	함지박사거리점	김수인	02)512-4875	880	15850400
5	BBC-02	방배중앙점	박태호	02)542-9630	750	13505000
6	LSC-03	이수중앙점	최강자	02)587-4890	1019	18354000
7	NBO-09	내방역점	나공주	02)465-8740	996	17936000
8	SDS-08	사당점	공주미	02)348-8889	1102	19842000
9	NHH-05	남현홈플러스점	전성준	02)313-7410	658	11849000
10	BBS-07	방배역점	강남우	02)314-9850	532	9587000
11	SCS-01	서초역점	이태연	02)582-3674	488	8796500
12	KDS-06	교대역점	황태자	02)567-3580	421	7584000

[A3:F12] 셀까지 문제를 보고 오타 없이 작성한다.

2 서식 지정

정답

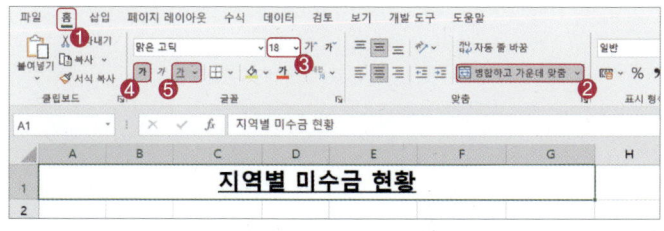

① [A1:G1] 영역을 범위 지정한 후 [홈]-[맞춤] 그룹에서 [병합하고 가운데 맞춤](▦)을 클릭한 후, [홈]-[글꼴] 그룹에서 크기는 '18', '굵게', '밑줄'을 지정한다.

② [A4:G4] 영역을 범위 지정한 후 Ctrl+1 을 눌러 [맞춤] 탭에서 가로 '균등 분할(들여쓰기)'를 선택하고, [채우기] 탭에서 '표준 색 - 주황'을 선택하고 [확인]을 클릭한다.

③ [C5:C15], [E5:G15] 영역을 범위 지정한 후 [홈]-[표시 형식] 그룹에서 [회계 표시 형식]을 클릭한다.

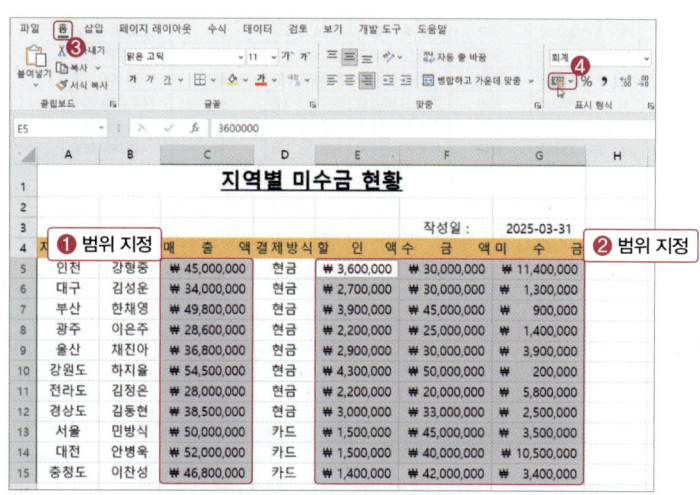

④ [G3] 셀을 클릭한 후 Ctrl+1 을 눌러 [표시 형식] 탭의 '사용자 지정'에 YY/MM/DD을 입력하고 [확인]을 클릭한다.

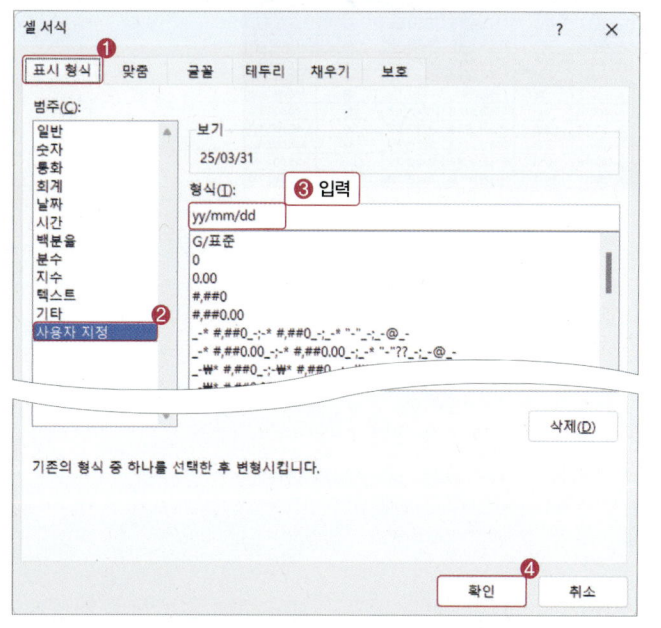

⑤ [A4:G15] 영역을 범위 지정한 후 [홈]-[글꼴] 그룹에서 [테두리](▦▾) 도구의 [모든 테두리](▦)를 클릭한 후 다시 한 번 [굵은 바깥쪽 테두리](▦)를 클릭한다.

3 조건부 서식

정답

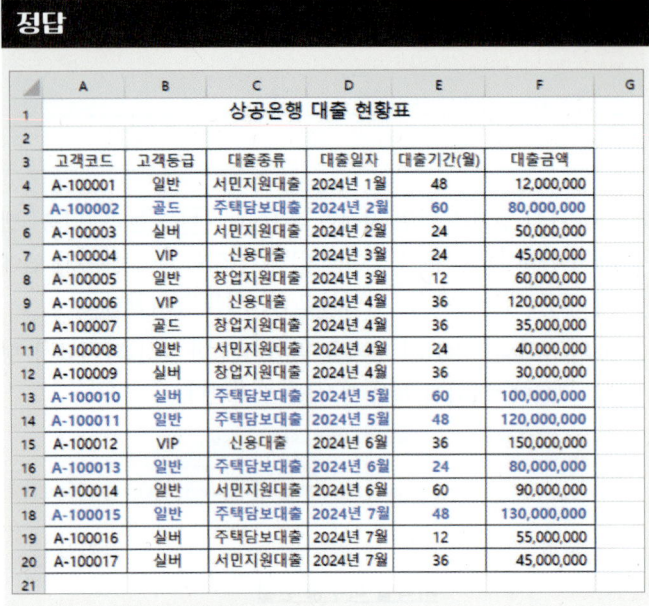

① [A4:F20] 영역을 범위 지정한 후 [홈]-[스타일] 그룹에서 [조건부 서식]-[새 규칙]을 클릭한다.

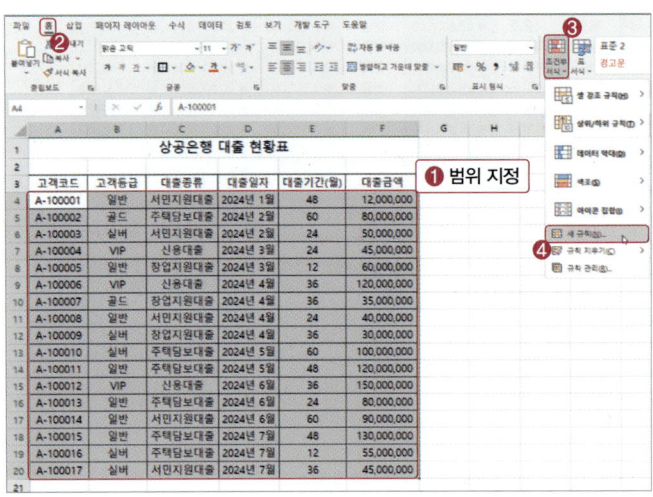

② '▶ 수식을 사용하여 서식을 지정할 셀 결정'을 선택하고, =AND($C4="주택담보대출",$E4>=24)를 입력하고 [서식]을 클릭한다.

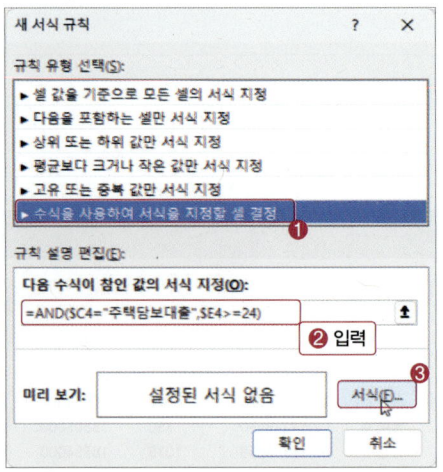

③ [글꼴] 탭에서 '굵게', 글꼴 색은 '표준 색 – 파랑'을 선택하고 [확인]을 클릭한다.

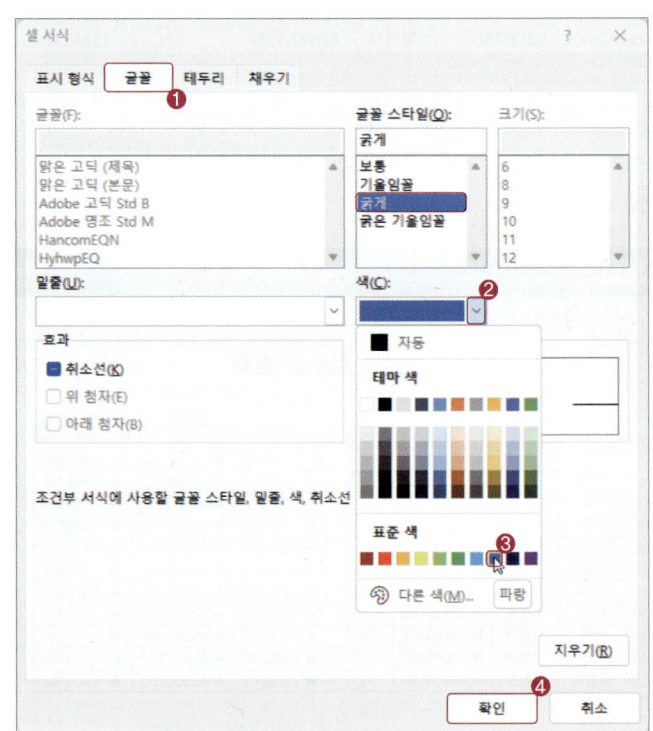

④ [새 서식 규칙]에서 [확인]을 클릭한다.

문제2 계산작업

정답

	A	B	C	D	E	F	G	H	I	J	K
1	[표1]	회원 가입 현황					[표2]	학생정보현황			
2			2025-05-05				학생코드	이름	성별	학과	
3	회원명	가입일	점수	등급	비고		22PS534	윤성철	남자	정책과학	
4	이은주	2019-02-25	78	☆			23SS697	한주연	여자	사회과학	
5	채진아	2014-03-13	89	★	합격		22CS920	강상희	남자	인문과학	
6	하지율	2018-02-27	88	☆			22PS225	이명희	여자	정책과학	
7	김정은	2010-04-05	65	★	재수강		23CS394	김신애	여자	인문과학	
8	김동현	2013-01-04	64	★	재수강		22CS236	한상훈	남자	인문과학	
9	민방식	2014-07-17	96	★	합격		22SS409	김계현	여자	사회과학	
10	안병욱	2012-08-03	79	★			23PS062	최영국	남자	정책과학	
11				❶	❷		22SS505	김수빈	여자	사회과학	
12	[표3]	가전제품 판매 현황					22PS015	이가경	여자	정책과학	
13	대리점	제품명	판매량	판매금액							❸
14	도곡	건조기	48	55,368,000				<학과코드표>			
15	도곡	세탁기	75	67,440,000				코드	학과		
16	도곡	TV	68	83,300,000				CS	인문과학		
17	사당	건조기	61	70,363,500				PS	정책과학		
18	사당	세탁기	85	76,432,000				SS	사회과학		
19	사당	TV	70	85,750,000							
20	성수	건조기	73	84,205,500							
21	성수	세탁기	86	77,331,200							
22	성수	TV	76	93,100,000							
23											
24	대리점	제품명									
25	도곡	건조기									
26											
27	판매량합계	판매금액합계	건조기 판매금액 평균								
28	48	55,368,000		69,979,000							
29	❹			❺							

1 등급[D4:D10]

[D4] 셀에 =IFS(YEAR($C$2)−YEAR(B4))=10,"★",YEAR($C$2)−YEAR(B4))=5,"☆",TRUE,"")을 입력하고 [D10] 셀까지 수식을 복사한다.

> **함수 설명** =IFS(YEAR($C$2)−YEAR(B4))=10,"★",YEAR($C$2)−YEAR(B4))=5,"☆",TRUE,"")
>
> ❶ YEAR($C$2) : [C2] 셀에서 연도를 구함
> ❷ YEAR(B4) : [B4] 셀에서 연도를 구함
>
> =IFS(❶−❷)=10,"★",❶−❷)=5,"☆",TRUE,"") : ❶−❷의 값이 10 이상이면 '★', ❶−❷의 값이 5 이상이면 '☆', 그 외는 공백으로 표시

2 비고[E4:E10]

[E4] 셀에 =CHOOSE(RANK.EQ(C4,$C$4:$C$10),"합격","합격","","","","재수강","재수강")을 입력하고 [E10] 셀까지 수식을 복사한다.

> **함수 설명** =CHOOSE(RANK.EQ(C4,$C$4:$C$10),"합격","합격","","","","재수강","재수강")
>
> ❶ RANK.EQ(C4,$C$4:$C$10) : [C4] 셀의 값을 [C4:C10] 영역에서 내림차순으로 순위를 구함
>
> =CHOOSE(❶,"합격","합격","","","","재수강","재수강") : ❶의 값이 1이면 '합격', 2이면 '합격', 3이면 공백(""), 4이면 공백(""), 5이면 공백(""), 6이면 재수강(""), 7이면 재수강("")으로 표시

3 학과[J3:J12]

[J3] 셀에 =INDEX($I$16:$I$18,MATCH(MID(G3,3,2),$H$16:$H$18,0),1)을 입력하고 [J12] 셀까지 수식을 복사한다.

> **함수 설명** =INDEX($I$16:$I$18,MATCH(MID(G3,3,2),$H$16:$H$18,0),1)
>
> ❶ MID(G3,3,2) : [G3] 셀에서 왼쪽 부분에서부터 3번째에서 시작하여 2글자를 추출함
> ❷ MATCH(❶,$H$16:$H$18,0) : ❶의 값을 [H16:H18] 영역에서 몇 번째 위치하는지 상대적인 위치 값을 구함
>
> =INDEX($I$16:$I$18,❷,1) : [I16:I18] 영역의 ❷ 행과 첫 번째 열에 교차하는 값

4 판매량합계/매출액합계[A28:B28]

[A28] 셀에 =SUMIFS(C14:C22,$A$14:$A$22,$A$25,$B$14:$B$22,$B$25)를 입력하고 [B28] 셀까지 수식을 복사한다.

> **함수 설명** =SUMIFS(C14:C22,$A$14:$A$22,$A$25,$B$14:$B$22,$B$25) : [A14:A22] 영역에서 [A25]와 같고 [B14:B22] 영역에서 [B25]와 같은 자료의 [C14:C22] 영역의 합계를 구함

5 건조기 판매금액 평균[C28]

[C28] 셀에 =SUMIF(B14:B22,"건조기",D14:D22)/COUNTIF(B14:B22,"건조기")를 입력한다.

> **함수 설명** =SUMIF(B14:B22,"건조기",D14:D22)/COUNTIF(B14:B22,"건조기")
>
> ❶ SUMIF(B14:B22,"건조기",D14:D22) : [B14:B22] 영역에서 '건조기'를 찾아 같은 행의 [D14:D22] 영역의 합계를 구함
> ❷ COUNTIF(B14:B22,"건조기") : [B14:B22] 영역에서 '건조기'의 개수를 구함

문제3 분석작업

1 피벗 테이블

정답

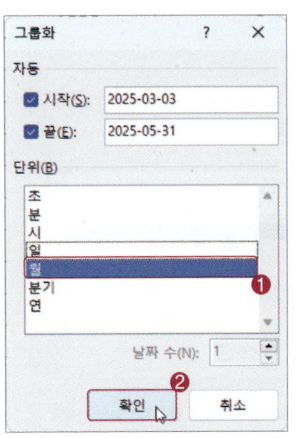

⑤ [A28] 셀에서 마우스 오른쪽 버튼을 눌러 [그룹]을 선택하여 '일'의 선택을 해제하고 [확인]을 클릭한다.

① [A3:G19] 영역을 범위 지정한 후 [삽입]-[표] 그룹에서 [피벗 테이블](📊)을 클릭하여 '기존 워크시트'에 [A25] 셀을 선택하고 [확인]을 클릭한다.

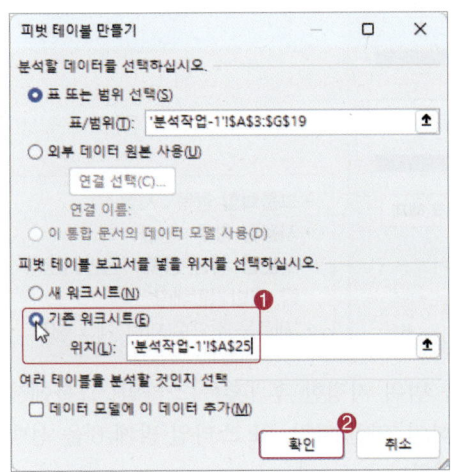

⑥ '합계 : 생산수량' [B27] 셀에서 마우스 오른쪽 버튼을 눌러 [값 필드 설정]을 선택한 후 [표시 형식]을 클릭한다.

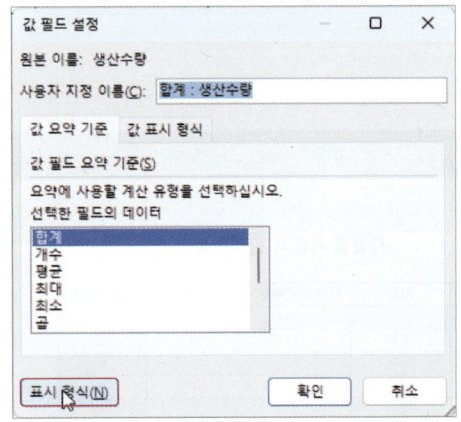

② 다음과 같이 필드를 드래그하여 배치한다.

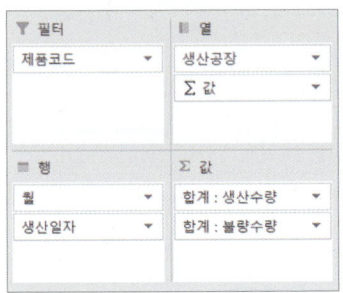

③ '합계 : 불량수량' [C27] 셀에서 마우스 오른쪽 버튼을 눌러 [값 요약 기준]-[평균]을 선택한다.

④ [디자인]-[레이아웃] 그룹에서 [총합계]-[열의 총합계만 설정]을 클릭한다.

⑦ [셀 서식]의 숫자에서 '1000 단위 구분 기호 사용'을 체크하고 [확인]을 클릭한다.

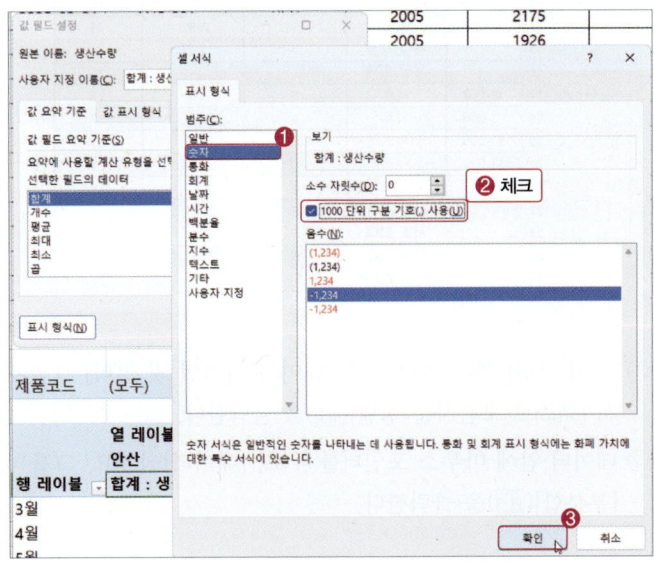

⑧ 같은 방법으로 '평균 : 불량수량'도 [값 필드 설정]의 [표시 형식]에서 '1000 단위 구분 기호 사용'을 체크한다.

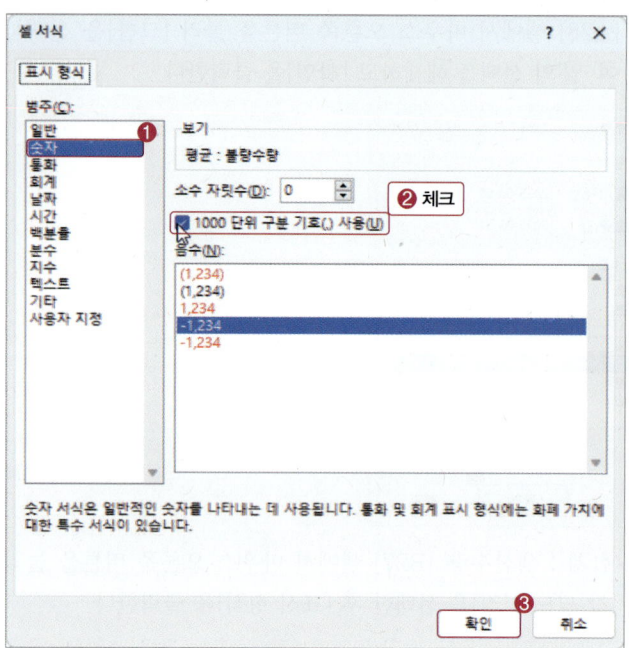

2 부분합

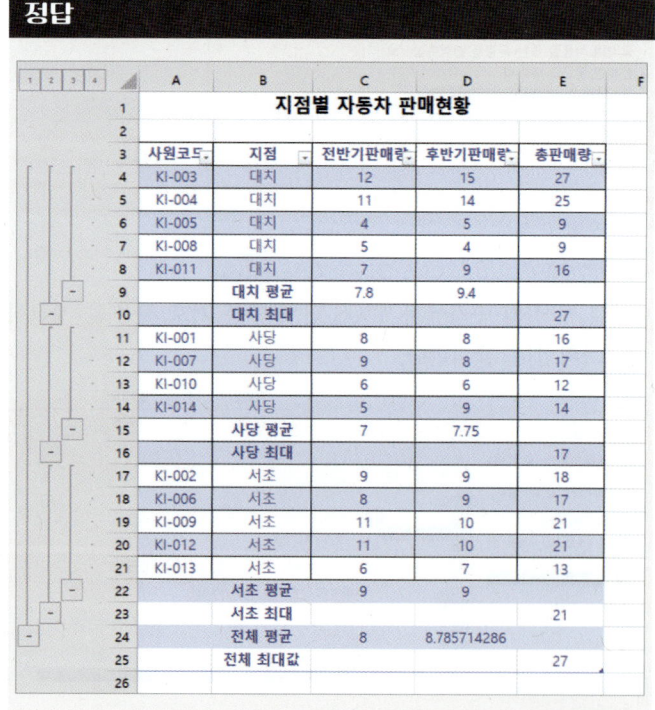

① '지점' [B3] 셀을 클릭한 후 [데이터]-[정렬 및 필터] 그룹에서 [텍스트 오름차순 정렬]( )을 클릭한다.

② 데이터 안에 마우스 포인터를 두고, [데이터]-[개요] 그룹의 [부분합]( )을 클릭한다.

③ 다음과 같이 설정하고 [확인]을 클릭한다.

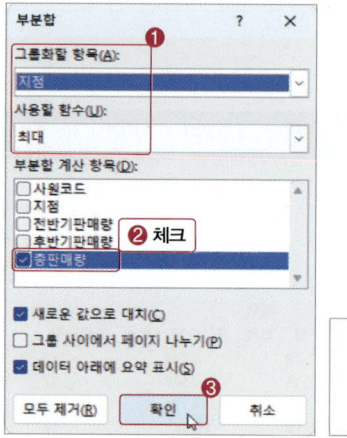

- 그룹화할 항목 : 지점
- 사용할 함수 : 최대
- 부분합 계산 항목 : 총판매량

④ 다시 한번 [데이터]-[개요] 그룹의 [부분합]( )을 클릭하여 다음과 같이 설정하고 [확인]을 클릭한다.

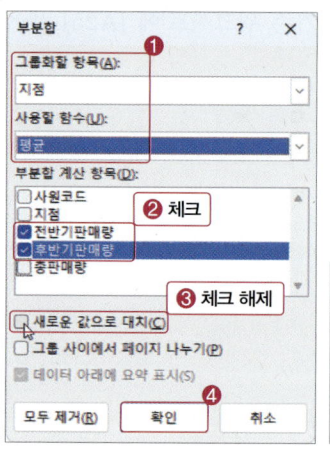

- 그룹화할 항목 : 지점
- 사용할 함수 : 평균
- 부분합 계산 항목 : 전반기판매량, 후반기판매량
- '새로운 값으로 대치' 체크 해제

⑤ [A3:E25] 영역을 범위 지정한 후 [홈]-[스타일] 그룹에서 [표 서식]을 클릭하여 '연한 파랑, 표 스타일 밝게 6'을 선택하고 [확인]을 클릭한다.

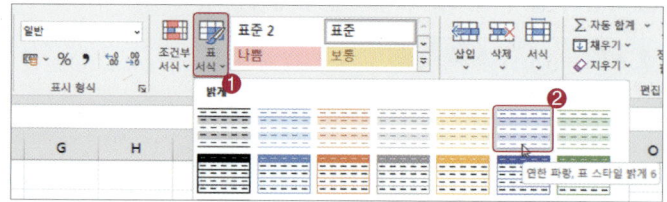

문제4 기타작업

1 매크로

정답

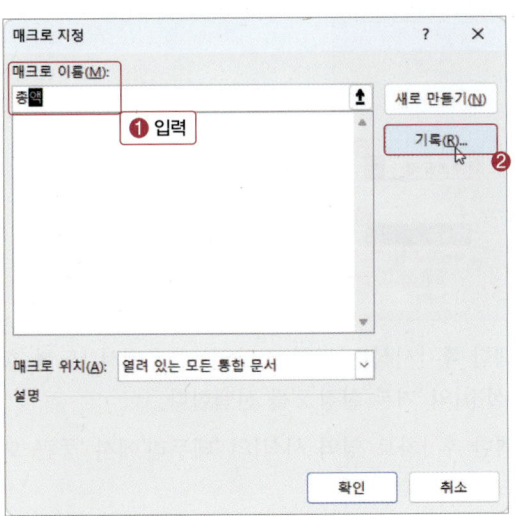

① [개발 도구]-[컨트롤] 그룹의 [삽입]-[단추(양식 컨트롤)](▢)을 클릭한다.

② 마우스 포인터가 '+'로 바뀌었을 때 [B15:C16] 영역에 드래그하면 [매크로 지정] 대화상자가 나타난다.

③ [매크로 지정]에 **총액**을 입력하고 [기록]을 클릭한다.

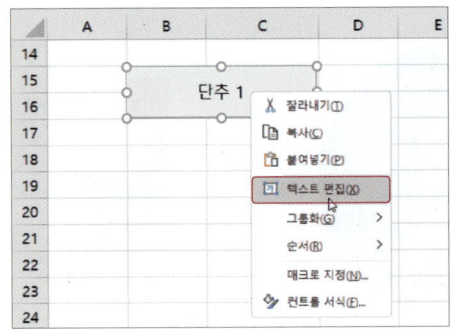

④ [매크로 기록]에 자동으로 '총액'이 매크로 이름에 표시되면 [확인]을 클릭한다.

⑤ [F4] 셀에 **=D4+E4**를 입력하고 [F13] 셀까지 수식을 복사한다.

⑥ 임의의 셀을 클릭한 후 매크로 기록을 종료하기 위해 [개발 도구]-[코드] 그룹의 [기록 중지](▢)를 클릭한다.

⑦ 단추에 텍스트를 수정하기 위해서 단추에서 마우스 오른쪽 버튼을 눌러 [텍스트 편집]을 선택한다.

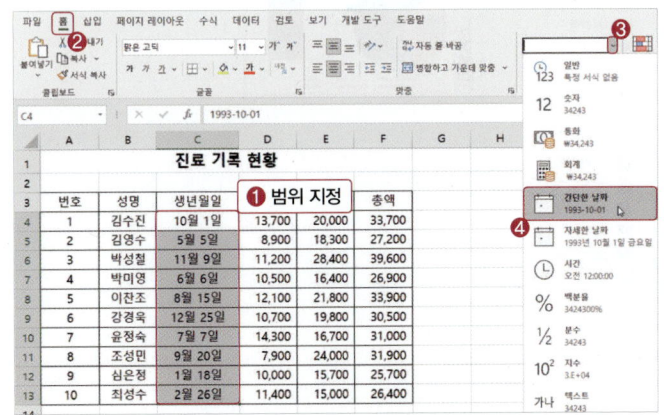

⑧ 단추에 입력된 '단추 1'을 지우고 **총액**을 입력한다.

⑨ [삽입]-[일러스트레이션] 그룹에서 [도형]-[기본 도형]의 '사각형: 빗면(▢)'을 클릭한다.

⑩ 마우스 포인터가 '+'로 바뀌면 [E15:F16] 영역에 드래그한다.

⑪ '사각형: 빗면(▢)' 도형에서 마우스 오른쪽 버튼을 눌러 [매크로 지정]을 선택한다.

⑫ [매크로 지정]의 '매크로 이름'에 **서식**을 입력하고 [기록]을 클릭한다.

⑬ [매크로 기록]에 자동으로 '서식'으로 매크로 이름이 표시되면 [확인]을 클릭한다.

⑭ [C4:C13] 영역을 범위 지정한 후 [홈] 탭의 [표시 형식] 그룹에서 '간단한 날짜'를 선택한다.

⑮ 매크로 기록을 종료하기 위해 [개발 도구]-[코드] 그룹의 [기록 중지](▢)를 클릭한다.

⑯ '사각형: 빗면(▢)' 도형에서 마우스 오른쪽 버튼을 눌러 [텍스트 편집]을 선택하여 **서식**을 입력한다.

2 차트

정답

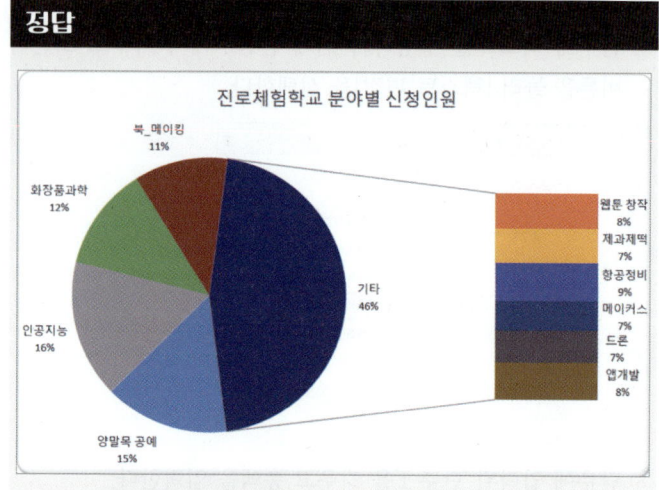

① [차트 요소](田)-[차트 제목]을 클릭하여 **진로체험학교 분야별 신청인원**을 입력한다.

② 차트에서 마우스 오른쪽 버튼을 눌러 [차트 종류 변경]을 선택한다.

③ [차트 종류 변경]에서 '원형'의 '원형 대 가로 막대형'을 선택하고 [확인]을 클릭한다.

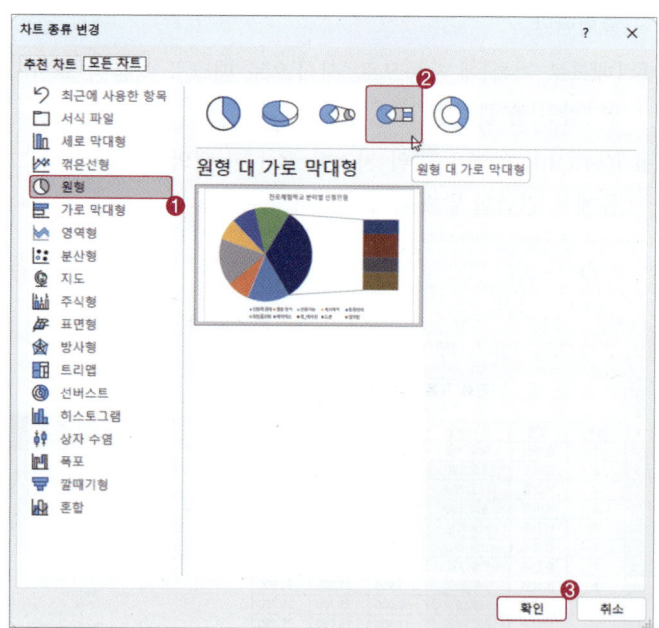

④ [차트 요소](田)-[데이터 레이블]-[기타 옵션]을 클릭한다.

⑤ '항목 이름', '백분율'을 체크하고, 레이블 위치는 '바깥쪽 끝에'를 선택한다.

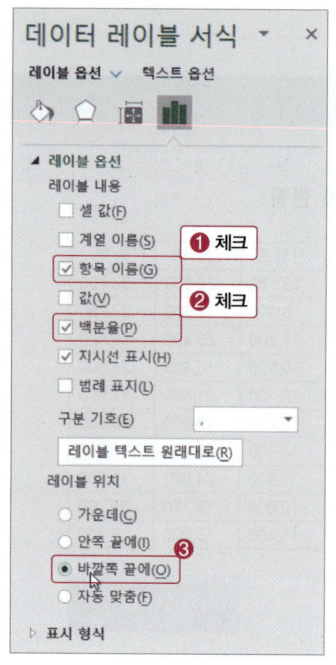

⑥ 범례를 선택한 후 Delete 를 눌러 삭제한다.

⑦ 데이터 계열을 선택한 후 [데이터 계열 서식]의 '계열 옵션'에서 '계열 분할'을 '백분율 값'을 선택한다.

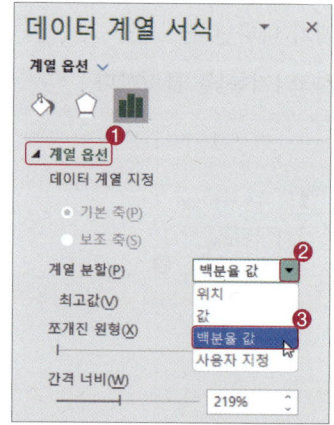

⑧ 차트를 선택한 후 [서식]-[도형 스타일] 그룹에서 [도형 효과]-[미리 설정]의 '기본 설정 2'를 선택한다.

⑨ 차트를 선택한 후 [차트 영역 서식]의 '테두리'에서 '둥근 모서리'를 체크한다.

상시 공략 문제 05회

작업파일 : '26컴활2급(상시)₩상시공략문제'에서 '상시공략문제5회' 파일을 열어 작업하세요.

프로그램명	제한시간	풀이시간
EXCEL 2021	40분	분

수험번호 :

성   명 :

유의사항

- 인적 사항 누락 및 잘못 작성으로 인한 불이익은 수험자 책임으로 합니다.

- 화면에 암호 입력창이 나타나면 아래의 암호를 입력하여야 합니다.
  - 암호: 5454$3

- 작성된 답안은 주어진 경로 및 파일명을 변경하지 마시고 그대로 저장해야 합니다. 이를 준수하지 않으면 실격 처리됩니다.
  - 답안 파일명의 예: C:₩OA₩수험번호8자리.xlsm

- 외부데이터 위치: C:₩OA₩파일명

- 별도의 지시사항이 없는 경우, 다음과 같이 처리 시 실격 처리됩니다.
  - 제시된 시트 및 개체의 순서나 이름을 임의로 변경한 경우
  - 제시된 시트 및 개체를 임의로 추가 또는 삭제한 경우

- 답안은 반드시 문제에서 지시 또는 요구한 셀에 입력하여야 하며 다음과 같이 처리 시 채점 대상에서 제외됩니다.
  - 제시된 함수가 있을 경우 제시된 함수만을 사용하여야 하며 그 외 함수사용시 채점대상에서 제외
  - 수험자가 임의로 지시하지 않은 셀의 이동, 수정, 삭제, 변경 등으로 인해 셀의 위치 및 내용이 변경된 경우 해당 작업에 영향을 미치는 관련문제 모두 채점 대상에서 제외
  - 도형 및 차트의 개체가 중첩되어 있거나 동일한 계산결과 시트가 복수로 존재할 경우 해당 개체나 시트는 채점 대상에서 제외

- 수식 작성 시 제시된 문제 파일의 데이터는 변경 가능한(가변적) 데이터임을 감안하여 문제 풀이를 하시오.

- 별도의 지시사항이 없는 경우, 주어진 각 시트 및 개체의 설정값 또는 기본 설정값 (Default)으로 처리하시오.

- 저장 시간은 별도로 주어지지 않으므로 제한된 시간 내에 저장을 완료해야 하며, 제한 시간 내에 저장이 되지 않은 경우에는 실격 처리됩니다.

- 출제된 문제의 용어는 MS Office LTSC Professional Plus 2021 기준으로 작성되어 있습니다.

대 한 상 공 회 의 소

문제1 기본작업(20점) 주어진 시트에서 다음 과정을 수행하고 저장하시오.

1 '기본작업-1' 시트에 다음의 자료를 주어진 대로 입력하시오. (5점)

	A	B	C	D	E	F
1	상공 고객관리 현황					
2						
3	아이디	이름	주소	주민등록번호	가입일자	연락처
4	jsr123	정소라	마포구	950810-2******	2024-01-15	010-1652-5820
5	lgm876	이구민	종로구	941101-1******	2024-03-04	010-9318-3158
6	psj587	박수진	강남구	961205-1******	2024-05-22	010-5584-9475
7	gmh653	강미옥	강서구	921025-1******	2024-06-19	010-1235-8521
8	kns754	김남수	도봉구	950526-2******	2024-07-29	010-9238-5429
9	hom178	한아름	관악구	950204-2******	2024-08-19	010-5375-8022
10	mgh654	민가옥	용산구	930825-2******	2024-09-02	010-3750-1212
11	psung158	박성진	서초구	921209-1******	2024-10-11	010-9132-5781
12						

2 '기본작업-2' 시트에 대하여 다음의 지시사항을 처리하시오. (각 2점)

① [A1:G1] 영역은 '병합하고 가운데 맞춤', 글꼴 '돋움', 크기 18, 글꼴 스타일 '굵게', 밑줄 '이중 밑줄', 행의 높이를 30으로 지정하시오.

② [B4:B8], [B9:B13] 영역은 '병합하고 가운데 맞춤'을 지정하고, [A3:G3] 영역은 셀 스타일 '녹색, 강조색6'을 지정하시오.

③ [F4:F13] 영역은 사용자 지정 표시 형식을 이용하여 천 단위 구분 기호와 숫자 뒤에 "원"을 [표시 예]와 같이 표시하시오. [표시 예 : 15200 → 15,200원, 0 → 0원]

④ [G9] 셀에 '최대 판매량'이라는 메모를 삽입한 후 항상 표시되도록 지정하고, 메모 서식에서 맞춤 '자동 크기'를 설정하시오.

⑤ [A3:G13] 영역은 '모든 테두리(田)'를 적용한 후 '굵은 바깥쪽 테두리(田)'를 적용하여 표시하시오.

3 '기본작업-3' 시트에 대하여 다음의 지시사항을 처리하시오. (5점)

'과목별 성적 처리' 표에서 ID번호가 'E'로 시작하거나 3D프린팅 점수의 순위가 1~5에 해당한 행 전체의 글꼴 스타일은 '굵게', 글꼴 색은 '표준 색 - 녹색'으로 지정하는 조건부 서식을 작성하시오.
▶ OR, LEFT, RANK.EQ 함수 사용
▶ 규칙 유형은 '수식을 사용하여 서식을 지정할 셀 결정'을 이용하시오.

문제2 계산작업(40점) 주어진 시트에서 다음 과정을 수행하고 저장하시오.

1 [표1]에서 성별[B3:B12]가 '여'이고, 직책[C3:C12]가 '매니저'인 인센티브[E3:E12]의 평균을 계산하여 [E13]에 표시하시오. (8점)

- ▶ 평균을 천의 자리에서 반올림하여 표시 [표시 예 : 1,456,700 → 1,460,000]
- ▶ ROUND, AVERAGEIFS 함수 사용

2 [표2]에서 접수일자[G3:G10]의 월이 3~5월은 '정시', 9월은 '수시', 그 외는 공백으로 비고[K3:K10]에 표시하시오. (8점)

- ▶ SWITCH, MONTH 함수 사용

3 [표3]의 응시여부[C17:C26]과 지원번호[A17:A26]을 이용하여 결시율[E17] 셀에 계산하여 표시하시오. (8점)

- ▶ 결시율 = 응시하지 않은 셀 / 전체 셀 × 100
- ▶ [표시 예 : 결시율이 15 → 15%]
- ▶ COUNTBLANK, COUNTA 함수와 & 연산자 사용

4 [표4]에서 승리[G17:G24] 중 1번째로 높은 점수를 받은 게이머명[I17:I24]를 찾아 [J24] 셀에 표시하시오. (8점)

- ▶ VLOOKUP, LARGE 함수 사용

5 [표5]의 주민등록번호[B30:B39]에서 '-' 앞의 문자열만 추출하여 생년월일[D30:D39]에 표시하시오. (8점)

- ▶ [표시 예 : 880808-2****** → 880808]
- ▶ MID, SEARCH 함수 사용

문제3 분석작업(20점) 주어진 시트에서 다음 과정을 수행하고 저장하시오.

1 '분석작업-1' 시트에 대하여 다음의 지시사항을 처리하시오. (10점)

데이터 도구 [통합] 기능을 이용하여 [표1], [표2], [표3]에 대한 '제품명', '판매수량', '판매금액'의 합계를 [표4]의 [F10:H16] 영역에 계산하시오.

2 '분석작업-2' 시트에 대하여 다음의 지시사항을 처리하시오. (10점)

'카페 10월 판매수익' 표의 판매수익[B10]은 매출액과 판매원가, 세금, 인건비, 임대료를 이용하여 계산한 것이다. [데이터 표] 기능을 이용하여 판매단가, 판매수량의 변동에 따른 판매수익의 변화를 [F5:J9] 영역에 계산하시오.

문제4 기타작업(20점) 주어진 시트에서 다음 과정을 수행하고 저장하시오.

1. '매크로작업' 시트의 [표]에서 다음과 같은 기능을 수행하는 매크로를 현재 통합 문서에 작성하고 실행하시오. (각 5점)

① [G4:G15] 영역에 응시번호별 합계를 계산하는 매크로를 생성하여 실행하시오.
  ▶ 매크로 이름 : 합계
  ▶ 합계 = 서류전형 × 0.4 + 필기 + 실무전형 × 0.6 + 면접
  ▶ [개발 도구] → [삽입] → [양식 컨트롤]의 '단추(□)'를 동일 시트의 [I3:J4] 영역에 생성하고, 텍스트를 "합계"로 입력한 후 단추를 클릭할 때 '합계' 매크로가 실행되도록 설정하시오.

② [A3:G3] 영역에 글꼴 색 '표준 색 – 자주', 채우기 색 '표준 색 – 노랑', 글꼴 스타일 '굵게'로 적용하는 매크로를 생성하여 실행하시오.
  ▶ 매크로 이름 : 서식
  ▶ [도형] → [블록 화살표]의 '화살표: 오각형(▷)'을 동일 시트의 [I6:J7] 영역에 생성하고, 텍스트를 "서식"으로 입력한 후 도형을 클릭할 때 '서식' 매크로가 실행되도록 설정하시오.

  ※ 셀 포인터의 위치에 상관없이 현재 통합 문서에서 매크로가 실행되어야 정답으로 인정됨

2. '차트작업' 시트의 차트에서 다음 지시사항에 따라 아래 〈그림〉과 같이 차트를 수정하시오. (각 2점)

※ 차트는 반드시 문제에서 제공한 차트를 사용하여야 하며, 신규로 작성 시 0점 처리됨

① 차트 종류를 '표식이 있는 꺾은선형'으로 변경하시오.
② 차트 제목은 '차트 위'로 지정한 후 [A1] 셀과 연동되도록 설정하시오.
③ '할인금액' 계열의 '공기청정기' 요소에만 데이터 레이블 '계열 이름', '값'을 표시하고, 레이블의 위치를 '아래쪽'으로 설정하시오.
④ 세로(값) 축 제목은 〈그림〉과 같이 '세로 제목'으로 추가하시오.
⑤ 차트 영역의 도형 효과는 '네온: 5pt, 파랑, 강조색 1' 네온 효과, 테두리 스타일은 '둥근 모서리'로 지정하시오.

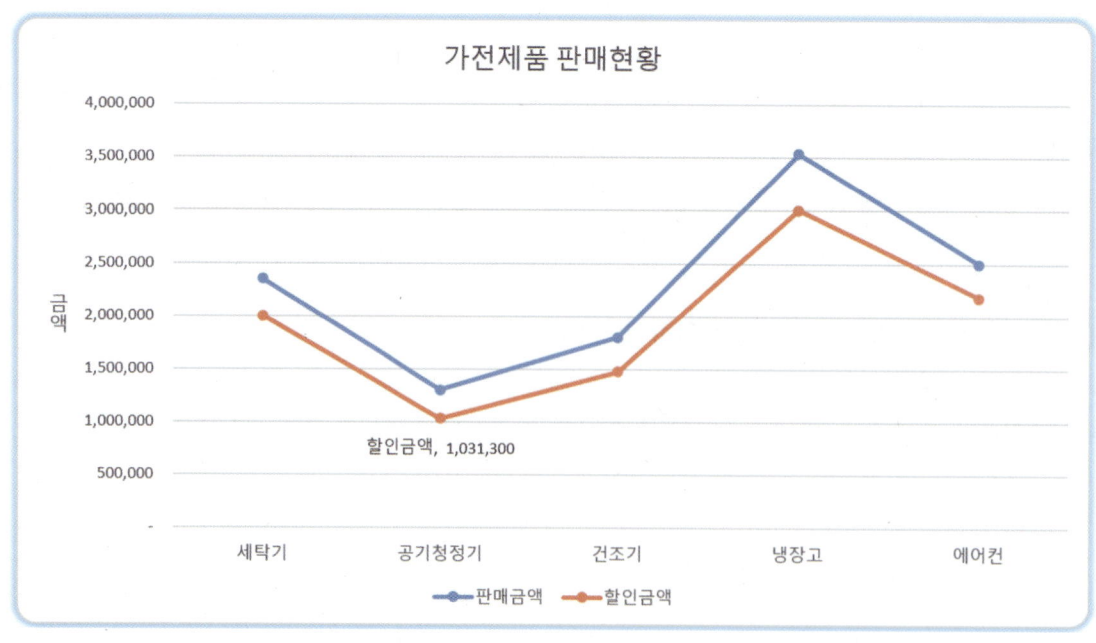

정답 & 해설 　상시 공략 문제 05회

문제1　기본작업

1 자료 입력

정답

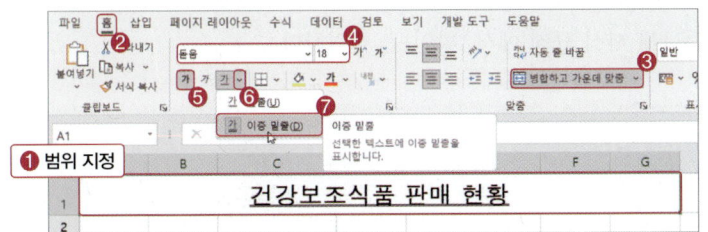

[A3:F11] 셀까지 문제를 보고 오타 없이 작성한다.

2 서식 지정

정답

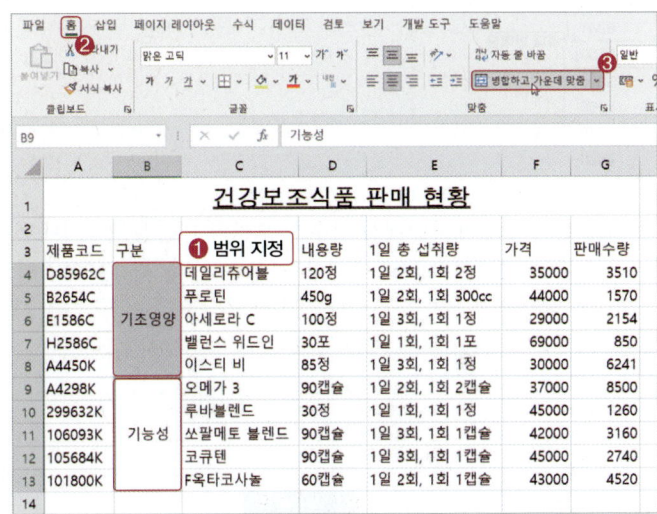

① [A1:G1] 영역을 범위 지정한 후 [홈]–[맞춤] 그룹에서 [병합하고 가운데 맞춤](📐)을 클릭한 후 [홈]–[글꼴] 그룹에서 글꼴은 '돋움', 크기는 '18', '굵게', '이중 밑줄'을 지정한다.

② 행 머리글 1에서 마우스 오른쪽 버튼을 눌러 [행 높이]를 선택한 후 30을 입력하고 [확인]을 클릭한다.

③ [B4:B8], [B9:B13] 영역을 Ctrl 을 누르고 범위 지정한 후 [홈]–[맞춤] 그룹에서 [병합하고 가운데 맞춤](📐)을 클릭한다.

④ [A3:G3] 영역을 범위 지정한 후 [홈]–[스타일] 그룹의 '셀 스타일'에서 '녹색, 강조색 6'을 선택한다.

⑤ [F4:F13] 영역을 범위 지정한 후 Ctrl + 1 을 눌러 [표시 형식] 탭의 '사용자 지정'에 #,##0"원"을 입력하고 [확인]을 클릭한다.

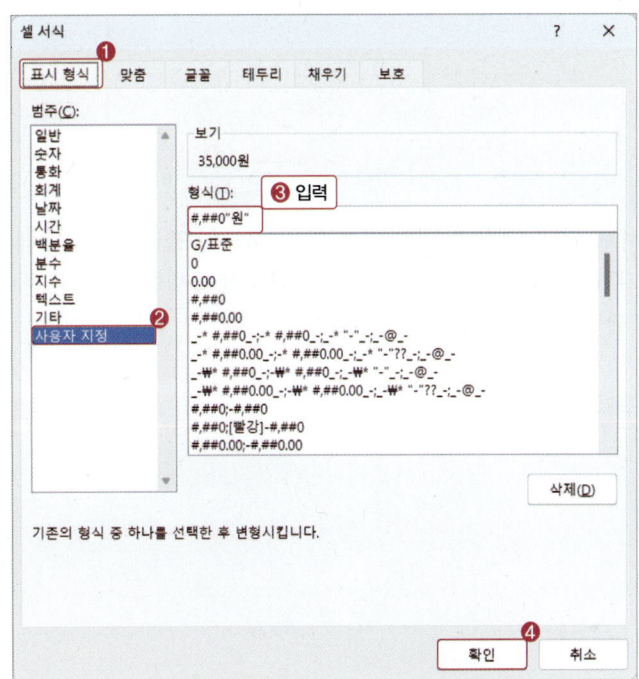

⑥ [G9] 셀에서 마우스 오른쪽 버튼을 눌러 [메모 삽입]을 선택한 후 기존 사용자 이름은 지우고 **최대 판매량**을 입력하고 다시 [G9] 셀에서 마우스 오른쪽 버튼을 눌러 [메모 표시/숨기기]를 선택한다.

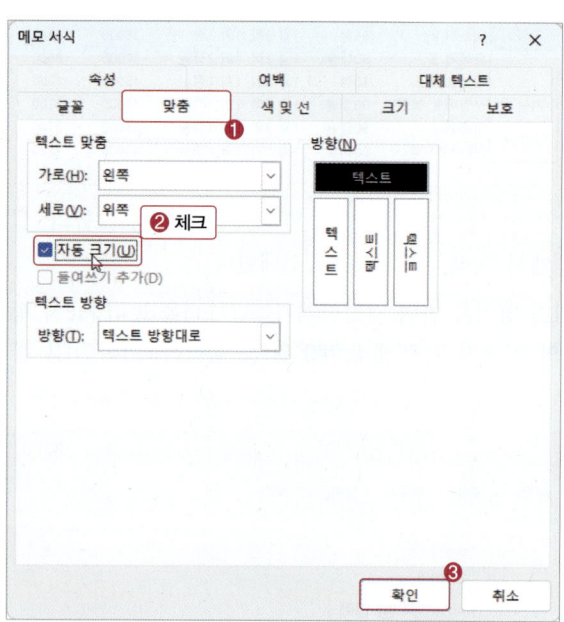

⑦ 메모 상자의 경계라인에서 마우스 오른쪽 버튼을 눌러 [메모 서식]을 선택하여 [맞춤] 탭에서 '자동 크기'를 체크한 후 [확인]을 클릭한다.

⑧ [A3:G13] 영역을 범위 지정한 후 [홈]-[글꼴] 그룹에서 [테두리](⊞▾) 도구의 [모든 테두리](⊞)를 클릭한 후 [굵은 바깥쪽 테두리](▢)를 클릭한다.

3 조건부 서식

① [A4:H20] 영역을 범위 지정한 후 [홈]-[스타일] 그룹에서 [조건부 서식]-[새 규칙]을 클릭한다.

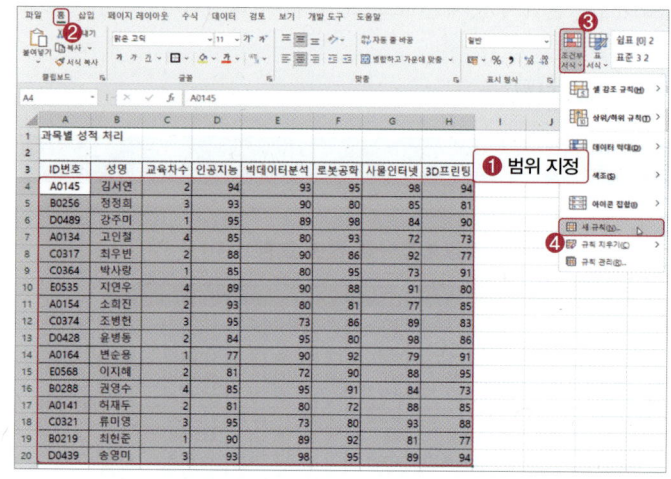

② '▶ 수식을 사용하여 서식을 지정할 셀 결정'을 선택하고, =OR(LEFT($A4,1)="E",RANK.EQ($H4,$H$4:$H$20)<=5)를 입력하고 [서식]을 클릭한다.

③ [글꼴] 탭에서 '굵게', 글꼴 색은 '표준 색 – 녹색'을 선택하고 [확인]을 클릭한다.

④ [새 서식 규칙]에서 [확인]을 클릭한다.

문제2 계산작업

정답

	A	B	C	D	E	F	G	H	I	J	K
1	[표1]	연말 인센티브 현황					[표2]	지원서 접수현황			
2	성명	성별	직책	성과등급	인센티브		접수일자	지역	졸업학교	수험생명	비고
3	최은영	여	점장	S	8,500,000		2024-04-05	제주	미성고	임지훈	정시
4	김성철	남	매니저	A	6,000,000		2024-11-11	서울	제일여고	원영만	
5	김진혁	남	매니저	S	7,000,000		2024-03-23	창원	상록고	도지원	정시
6	이진아	여	매니저	S	7,000,000		2024-12-12	울산	한성고	감주영	
7	진성우	남	매니저	B	5,000,000		2024-05-08	대구	장홍고	남정민	정시
8	이민우	남	점장	A	7,500,000		2024-09-15	인천	다산고	임철수	수시
9	김철민	남	매니저	B	5,000,000		2024-04-28	광주	여산고	오성환	정시
10	박사랑	여	매니저	A	6,000,000		2024-09-13	서울	창덕고	정철환	수시
11	김봉수	남	점장	B	6,500,000						
12	최서은	여	매니저	B	5,000,000						
13	직책이 매니저인 여직원 인센티브 평균				6,000,000						
14											
15	[표3]	면접시험 응시현황					[표4]	시즌전적			
16	지원번호	성별	응시여부	면접결과	결시율		승리	패배	게이머명		
17	A21-101	여	O	95	30%		185	115	마블맨		
18	A21-102	남	O	90			156	144	퍼스트		
19	A21-103	남	O	95			198	102	파워맨		
20	A21-104	여		0			250	50	울트라		
21	A21-105	남	O	85			98	202	핵펀치		
22	A21-106	남	O	80			154	146	사냥꾼		
23	A21-107	남		0			253	47	마법사	승률이 가장 높은 게이머명	
24	A21-108	여	O	85			210	90	스나이퍼	마법사	
25	A21-109	남		0							
26	A21-110	여	O	95							
27											
28	[표5]										
29	성명	주민등록번호	성별	생년월일							
30	최은영	880808-2******	여	880808							
31	김성철	920214-1******	남	920214							
32	김진혁	900513-1******	남	900513							
33	이진아	980624-2******	여	980624							
34	진성우	880507-2******	남	880507							
35	이민우	780923-1******	남	780923							
36	김철민	010819-3******	남	010819							
37	박사랑	020901-4******	여	020901							
38	김봉수	850505-1******	남	850505							
39	최서은	990909-2******	여	990909							

1 직책이 매니저인 여직원 인센티브 평균[E13]

[E13] 셀에 =ROUND(AVERAGEIFS(E3:E12,B3:B12,"여",C3:C12,"매니저"),-4)를 입력한다.

> **함수 설명** =ROUND(AVERAGEIFS(E3:E12,B3:B12,"여",C3:C12,"매니저"),-4)
>
> ❶ AVERAGEIFS(E3:E12,B3:B12,"여",C3:C12,"매니저") : [B3:B12] 영역에서 '여' 이고, [C3:C12] 영역에서 '매니저'인 [E3:E12] 영역의 평균을 구함
>
> =ROUND(❶,-4) : ❶의 값을 천의 자리에서 반올림하여 표시

2 비고[K3:K10]

[K3] 셀에 =SWITCH(MONTH(G3),3,"정시",4,"정시",5,"정시",9,"수시","")를 입력하고 [K10] 셀까지 수식을 복사한다.

> **함수 설명** =SWITCH(MONTH(G3),3,"정시",4,"정시",5,"정시",9,"수시","")
>
> ❶ MONTH(G3) : [G3] 셀에서 월을 추출
>
> =SWITCH(❶,3,"정시",4,"정시",5,"정시",9,"수시","") : ❶이 3이면 '정시', ❶이 4이면 '정시', ❶이 5이면 '정시', ❶이 9이면 '수시', 그 외는 공백으로 표시

3 결시율[E17]

[E17] 셀에 =COUNTBLANK(C17:C26)/COUNTA(A17:A26)*100&"%"를 입력한다.

> **함수 설명** =COUNTBLANK(C17:C26)/COUNTA(A17:A26)*100&"%"
>
> ❶ COUNTBLANK(C17:C26) : [C17:C26] 영역에서 비어 있는 셀의 개수를 구함
> ❷ COUNTA(A17:A26) : [A17:A26] 영역의 셀의 개수를 구함
>
> =❶/❷&"%" : ❶/❷의 값에 '%'를 붙여서 표시

4 승률이 가장 높은 게이머명[J24]

[J24] 셀에 =VLOOKUP(LARGE(G17:G24,1),G17:I24,3,FALSE)를 입력한다.

> **함수 설명** =VLOOKUP(LARGE(G17:G24,1),G17:I24,3,FALSE)
>
> ❶ LARGE(G17:G24,1) : [G17:G24] 영역에서 첫 번째 큰 값을 구함
>
> =VLOOKUP(❶,G17:I24,3,FALSE) : ❶ 셀의 값을 [G17:I24] 영역의 첫 번째 열에서 찾아 3번째 열에서 정확하게 일치하는 값을 구함

5 생년월일[D30:D39]

[D30] 셀에 =MID(B30,1,SEARCH("-",B30)-1)를 입력하고 [D39] 셀까지 수식을 복사한다.

> **함수 설명** =MID(B30,1,SEARCH("-",B30)-1)
>
> ❶ SEARCH("-",B30) : [B30] 셀에서 '-'의 시작 위치를 구함
>
> =MID(B30,1,❶-1) : [B30] 셀에서 첫 번째부터 시작하여 ❶-1의 개수만큼 추출하여 표시

문제3 분석작업

1 데이터 통합

정답

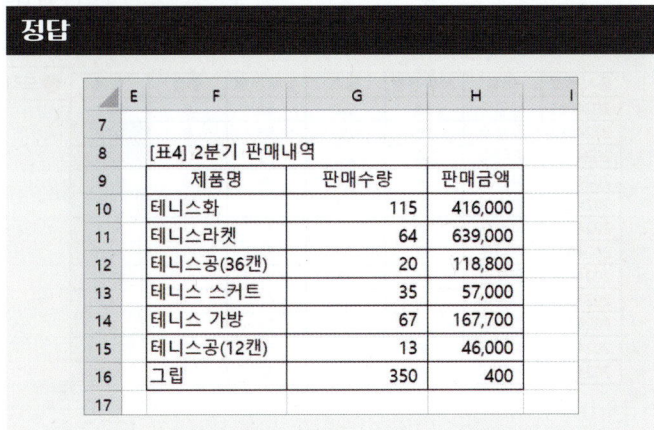

① [F9:H16] 영역을 범위 지정한 후 [데이터]-[데이터 도구] 그룹에서 [통합](📊)을 클릭한다.

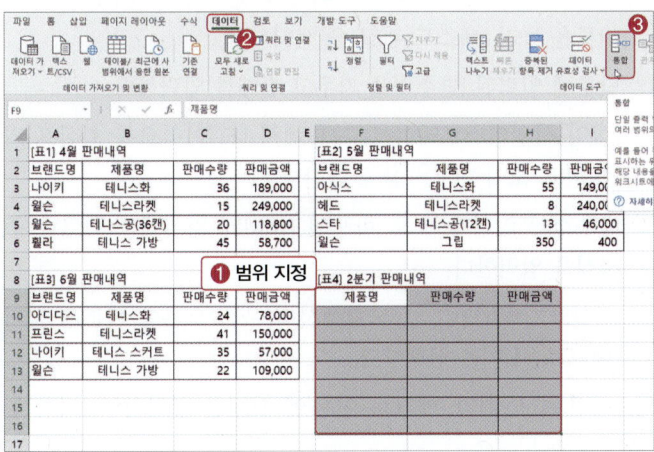

② 다음과 같이 지정하고 [확인]을 클릭한다.
(※ 브랜드명은 범위에 포함하지 않음)

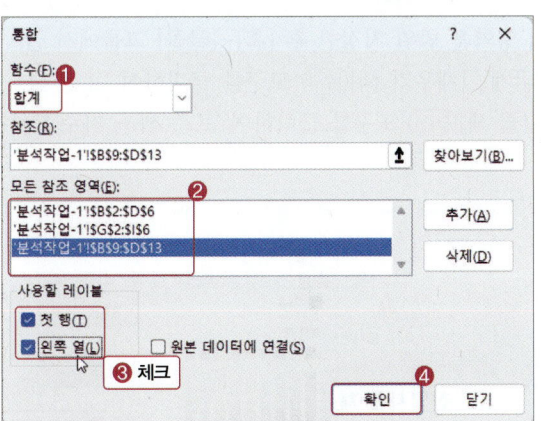

- 함수 : 합계
- 모든 참조 영역 : [B2:D6], [G2:I6], [B9:D13]
- 사용할 레이블 : 첫 행, 왼쪽 열

2 데이터 표

정답

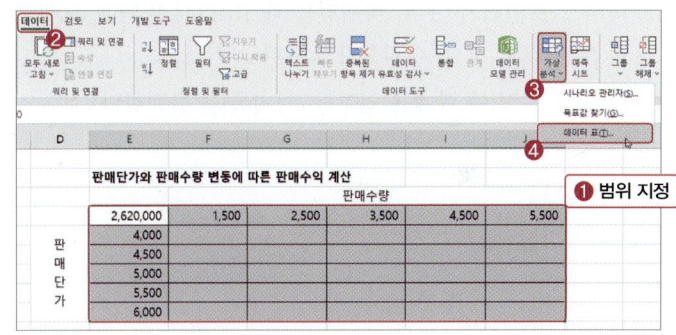

① [E4] 셀에 =B10을 입력하고 Enter 를 누른다.

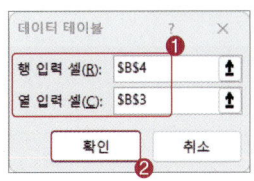

② [E4:J9] 영역을 범위 지정한 후 [데이터]-[예측] 그룹의 [가상 분석]-[데이터 표]를 클릭한다.

③ [데이터 표]의 '행 입력 셀'에 [B4], '열 입력 셀'은 [B3] 셀로 지정한 후 [확인]을 클릭한다.

문제4 기타작업

1 매크로

정답

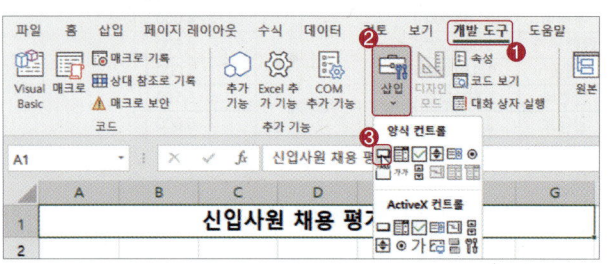

① [개발 도구]-[컨트롤] 그룹의 [삽입]-[단추(양식 컨트롤)](▭)을 클릭한다.

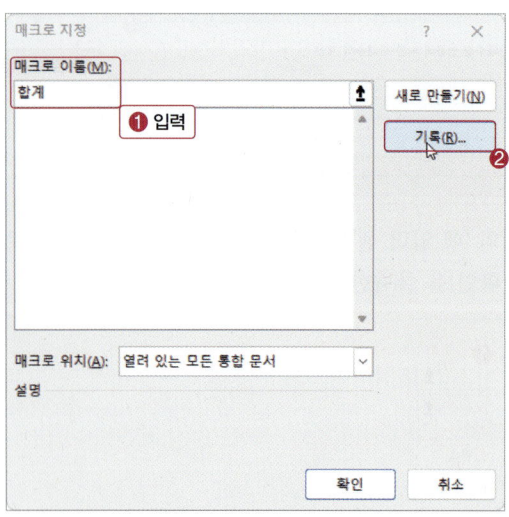

② 마우스 포인터가 '+'로 바뀌었을 때 [I3:J4] 영역에 드래그하면 [매크로 지정] 대화상자가 나타난다.

③ [매크로 지정]에 **합계**를 입력하고 [기록]을 클릭한다.

④ [매크로 기록]에 자동으로 '합계'로 매크로 이름이 표시되면 [확인]을 클릭한다.

⑤ [G4] 셀에 **=C4*0.4+D4+E4*0.6+F4**를 입력하고 [G15] 셀까지 수식을 복사한다.

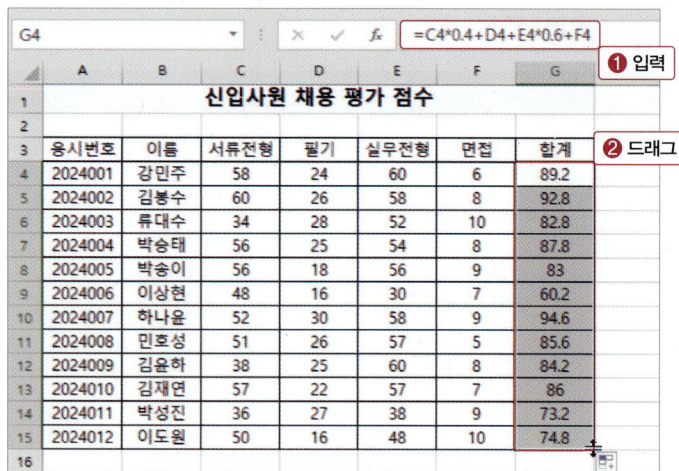

⑥ 임의의 셀을 클릭한 후 매크로 기록을 종료하기 위해 [개발 도구]-[코드] 그룹의 [기록 중지](▭)를 클릭한다.

⑦ 단추에 텍스트를 수정하기 위해서 단추에서 마우스 오른쪽 버튼을 눌러 [텍스트 편집]을 선택한다.

⑧ 단추에 입력된 '단추 1'을 지우고 **합계**를 입력한다.

⑨ [삽입]-[일러스트레이션] 그룹에서 [도형]-[블록 화살표]의 '화살표: 오각형(▷)'을 클릭한다.

⑩ 마우스 포인터가 '+'로 바뀌면 [I6:J7] 영역에 드래그한 후 **서식**을 입력한다.

⑪ '화살표: 오각형(▷)' 도형에서 마우스 오른쪽 버튼을 눌러 [매크로 지정]을 선택한다.

⑫ [매크로 지정]의 '매크로 이름'에 **서식**을 입력하고 [기록]을 클릭한다.

⑬ [매크로 기록]에 자동으로 '서식'으로 매크로 이름이 표시되면 [확인]을 클릭한다.

⑭ [A3:G3] 영역을 범위 지정한 후 [홈]-[글꼴] 그룹에서 글꼴 스타일 '굵게', [채우기 색](🎨) 도구를 클릭하여 '표준 색 – 노랑', [글꼴 색](가) 도구를 클릭하여 '표준 색 – 자주'를 선택한다.

⑮ 매크로 기록을 종료하기 위해 [개발 도구]-[코드] 그룹의 [기록 중지](▭)를 클릭한다.

2 차트

정답

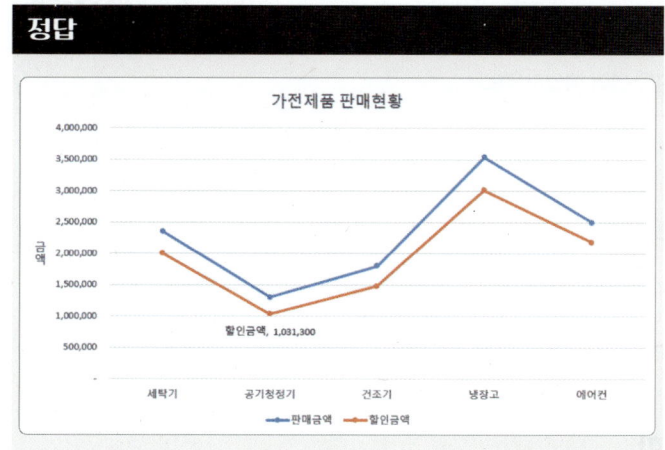

① 차트에서 마우스 오른쪽 버튼을 눌러 [차트 종류 변경]을 선택한 후 '꺾은선형'에서 '표식이 있는 꺾은선형'을 선택하고 [확인]을 클릭한다.

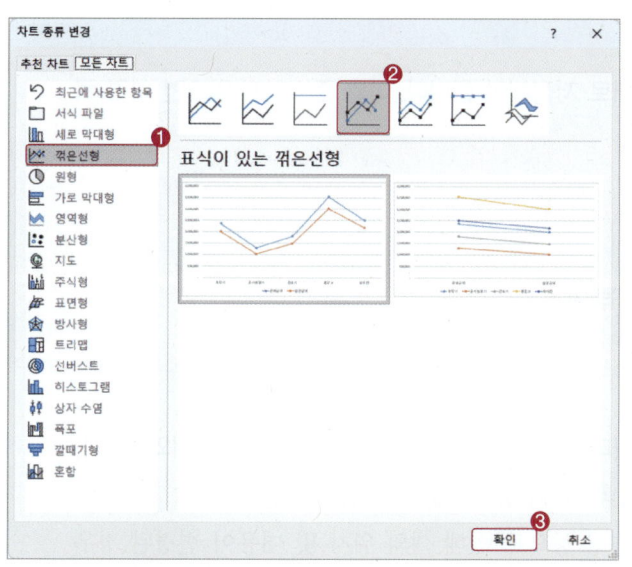

② [차트 요소](⊞)-[차트 제목]을 체크한 후 '차트 제목'이 선택된 상태에서 수식 입력줄에 =를 입력하고 [A1] 셀을 클릭한 후 Enter를 누른다.

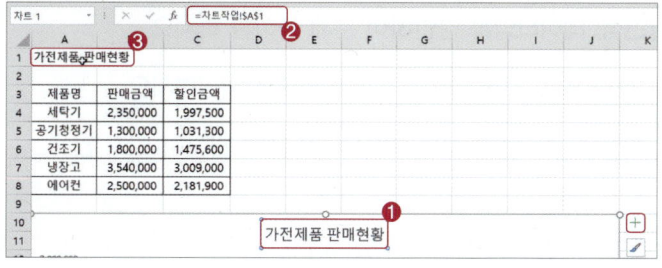

③ '할인금액' 계열의 '공기청정기' 요소를 천천히 2번 클릭한 후 [차트 요소](⊞)-[데이터 레이블]-[기타 옵션]을 클릭한다.

④ [데이터 레이블 서식]에서 '계열 이름', '값'을 체크하고, 레이블 위치는 '아래쪽'을 선택한다.

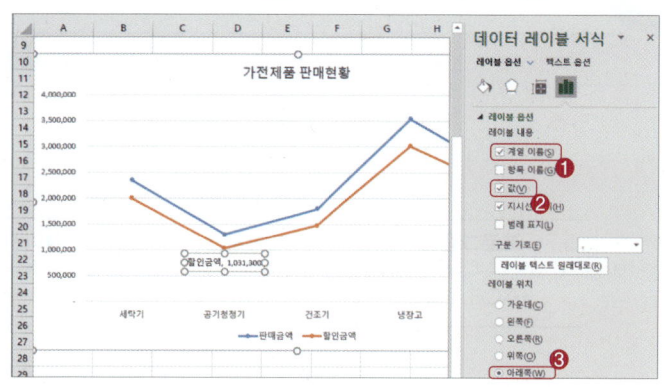

⑤ [차트 요소](⊞)-[축 제목]-[기본 세로]를 클릭한 후 **금액**을 입력하고, [축 제목 서식]에서 텍스트 방향 '세로'를 선택한다.

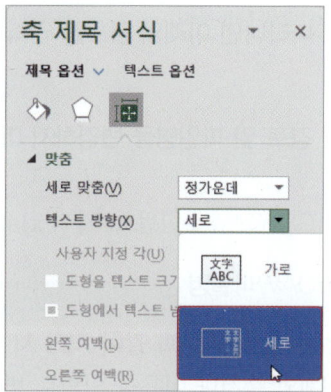

⑥ 차트를 선택한 후 [차트 영역 서식]의 [효과]에서 '네온'의 [미리 설정]을 클릭하여 '네온: 5pt, 파랑, 강조색 1'을 선택한다.

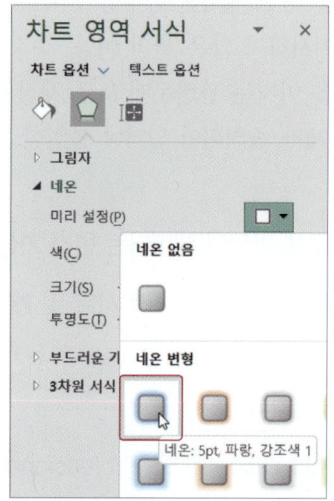

⑦ 차트를 선택한 후 [차트 영역 서식]의 [채우기 및 선]에서 '테두리'의 '둥근 모서리'를 체크한다.

상시 공략 문제 06회

프로그램명	제한시간	풀이시간
EXCEL 2021	40분	분

수험번호 :

성   명 :

유의사항

- 인적 사항 누락 및 잘못 작성으로 인한 불이익은 수험자 책임으로 합니다.

- 화면에 암호 입력창이 나타나면 아래의 암호를 입력하여야 합니다.
  - 암호: 5454$3

- 작성된 답안은 주어진 경로 및 파일명을 변경하지 마시고 그대로 저장해야 합니다. 이를 준수하지 않으면 실격 처리됩니다.
  - 답안 파일명의 예: C:\OA\수험번호8자리.xlsm

- 외부데이터 위치: C:\OA\파일명

- 별도의 지시사항이 없는 경우, 다음과 같이 처리 시 실격 처리됩니다.
  - 제시된 시트 및 개체의 순서나 이름을 임의로 변경한 경우
  - 제시된 시트 및 개체를 임의로 추가 또는 삭제한 경우

- 답안은 반드시 문제에서 지시 또는 요구한 셀에 입력하여야 하며 다음과 같이 처리 시 채점 대상에서 제외됩니다.
  - 제시된 함수가 있을 경우 제시된 함수만을 사용하여야 하며 그 외 함수사용시 채점대상에서 제외
  - 수험자가 임의로 지시하지 않은 셀의 이동, 수정, 삭제, 변경 등으로 인해 셀의 위치 및 내용이 변경된 경우 해당 작업에 영향을 미치는 관련문제 모두 채점 대상에서 제외
  - 도형 및 차트의 개체가 중첩되어 있거나 동일한 계산결과 시트가 복수로 존재할 경우 해당 개체나 시트는 채점 대상에서 제외

- 수식 작성 시 제시된 문제 파일의 데이터는 변경 가능한(가변적) 데이터임을 감안하여 문제 풀이를 하시오.

- 별도의 지시사항이 없는 경우, 주어진 각 시트 및 개체의 설정값 또는 기본 설정값 (Default)으로 처리하시오.

- 저장 시간은 별도로 주어지지 않으므로 제한된 시간 내에 저장을 완료해야 하며, 제한 시간 내에 저장이 되지 않은 경우에는 실격 처리됩니다.

- 출제된 문제의 용어는MS Office LTSC Professional Plus 2021 기준으로 작성되어 있습니다.

대 한 상 공 회 의 소

문제1 기본작업(20점) 주어진 시트에서 다음 과정을 수행하고 저장하시오.

1 '기본작업-1' 시트에 다음의 자료를 주어진 대로 입력하시오. (5점)

	A	B	C	D	E
1	인기 게임				
2					
3	게임명	게임회사	게임 분류	출시연도	게임사
4	코노스바 모바일-판타스틱 데이즈	NEXON Company	시뮬레이션	21.8.25	국내
5	Fidget Toys Trading: 팝잇 말랑이 거래 게임	Freeplay Inc	아케이드	21.8.9	해외
6	ROBLOX	Roblox Corporation	시뮬레이션	14.7.16	해외
7	무한의 계단	NFLY STUDIO	아케이드	15.1.16	국내
8	배틀그라운드	KRAFTON, Inc.	슈팅	18.5.15	국내
9	브롤스타즈	Supercell	슈팅	18.12.12	국내
10	뇌 수수께끼 - 속임수 퍼즐	Azura Global	아케이드	21.6.19	해외
11	MARBEL 퓨처파이트	Netmarble	시뮬레이션	15.4.29	국내
12	검은사막 모바일	PEARL ABYSS	시뮬레이션	18.2.27	국내
13	Hero Tower Wars - Merge Puzzle	GAMEE	아케이드	21.5.29	해외
14					

2 '기본작업-2' 시트에 대하여 다음의 지시사항을 처리하시오. (각 2점)

① [A1:H1] 영역은 '병합하고 가운데 맞춤', 글꼴 '굴림체', 크기 20, 글꼴 스타일 '굵은 기울임꼴', 행의 높이를 30으로 지정하고 제목 앞뒤에 특수문자 '♠'를 삽입하시오.
② [A3:E13] 영역은 가로 '가운데 맞춤'을 지정하고, [A4:A5], [A6:A12], [B6:B10] 영역은 '병합하고 가운데 맞춤'을 지정하시오.
③ [F4:F13] 영역은 사용자 지정 표시 형식을 이용하여 소수 이하 1자리까지 표시하고 숫자 뒤에 'm'을 [표시 예]와 같이 표시하시오. [표시 예 : 630 → 630.0m]
④ [H4:H13] 영역은 사용자 지정 표시 형식을 이용하여 숫자 뒤에 '년'을 [표시 예]와 같이 표시하시오. [표시 예 : 2010 → 2010년]
⑤ [A3:H3] 영역은 셀 스타일을 '황금색, 강조색 4'로 지정하고, [A3:H13] 영역은 '모든 테두리(⊞)'를 적용하여 표시하시오.

3 '기본작업-3' 시트에 대하여 다음의 지시사항을 처리하시오. (5점)

'1학기 평가' 표에서 과목ID가 'R' 또는 'P'로 시작하고, 총점은 75 이상인 데이터 값 중에서 '이름', '학과', '과제', '출석', '중간', '기말' 데이터 값만 추출되도록 고급 필터를 사용하여 검색하시오.
▶ 고급 필터 조건은 [A19:B21] 범위 내에 알맞게 입력하시오.
▶ 고급 필터 결과 복사 위치는 동일 시트의 [A24] 셀에서 시작하시오.

문제2　계산작업(40점)　주어진 시트에서 다음 과정을 수행하고 저장하시오.

1 [표1]에서 판매코드[A3:A12]의 6번째 글자가 1이면 '아메리카노', 2이면 '카페라떼', 3이면 '카푸치노', 그 외는 '기타음료'로 분류[D3:D12]에 표시하시오. (8점)

▶ IFERROR, SWITCH, MID 함수 사용

2 [표2]에서 구매수량[I3:I9]에서 가장 높은 빈도를 가진 고객의 구매총액[J3:J9]의 합을 [J10] 셀에 표시하시오. (8점)

▶ SUMIF, MODE.SNGL 함수 사용

3 [표3]의 상품코드[B16:B23]과 상품단가표[B26:E27]을 참조하여 판매금액[E16:E23]을 계산하시오. (8점)

▶ 판매금액 = 판매단가 × 판매량
▶ 판매단가는 상품코드의 마지막 문자가 A이면 29800, B이면 16000, C이면 35000, D이면 45000
▶ HLOOKUP, VLOOKUP, LEFT, RIGHT 함수 중 알맞은 함수들을 선택하여 사용

4 [표4]에서 반납일과 대여일을 이용하여 이용일수를 구하고, 1일임대요금[H16:H24]을 곱하여 총임대요금[K16:K23] 영역에 표시하시오. (8점)

▶ 이용일수 : 반납일과 대여일 사이의 일 수
▶ 총임대요금 : 이용일수 × 1일임대요금
▶ DAYS, DAY, MONTH 함수 중 알맞은 함수를 선택하여 사용

5 [표5]에서 체질량지수가 19 미만이면 '저체중', 19 이상 23 미만이면 '정상', 23 이상이면 '과체중'으로 체질량지수(BMI)[D31:D38] 영역에 표시하시오. (8점)

▶ 체질량지수(BMI) = 체중(kg) ÷ (신장)^2
▶ IF, POWER 함수 사용

문제3　분석작업(20점)　주어진 시트에서 다음 과정을 수행하고 저장하시오.

1 '분석작업-1' 시트에 대하여 다음의 지시사항을 처리하시오. (10점)

[목표값 찾기] 기능을 이용하여 '1학기 평가' 표에서 평점[B12]가 3.8점이 되려면 과제[B7]이 얼마가 되어야 하는지 계산하시오.

2 '분석작업-2' 시트에 대하여 다음의 지시사항을 처리하시오. (10점)

데이터 도구 [통합] 기능을 이용하여 [표1], [표2], [표3]에 학과별 '정보인증', '국제인증', '전공인증'의 평균을 [표4]의 [G5:I8] 영역에 계산하시오.

문제4 기타작업(20점) 주어진 시트에서 다음 과정을 수행하고 저장하시오.

1. '매크로작업' 시트의 [표]에서 다음과 같은 기능을 수행하는 매크로를 현재 통합 문서에 작성하고 실행하시오. (각 5점)

① [A3:F14] 영역에 모든 테두리를 적용하는 매크로를 생성하여 실행하시오.
- ▶ 매크로 이름 : 테두리
- ▶ [개발 도구] → [삽입] → [양식 컨트롤]의 '단추(□)'를 동일 시트의 [B16:C18] 영역에 생성하고, 텍스트를 "테두리"로 입력한 후 단추를 클릭할 때 '테두리' 매크로가 실행되도록 설정하시오.

② [A3:F3] 영역에 셀 스타일 '녹색, 강조색 6'을 적용하는 매크로를 생성하여 실행하시오.
- ▶ 매크로 이름 : 셀스타일
- ▶ [도형] → [기본 도형]의 '배지(◯)'를 동일 시트의 [E16:F18] 영역에 생성하고, 텍스트를 "셀스타일"로 입력한 후 도형을 클릭할 때 '셀스타일' 매크로가 실행되도록 설정하시오.

※ 셀 포인터의 위치에 상관없이 현재 통합 문서에서 매크로가 실행되어야 정답으로 인정됨

2. '차트작업' 시트의 차트에서 다음 지시사항에 따라 아래 〈그림〉과 같이 차트를 수정하시오. (각 2점)

※ 차트는 반드시 문제에서 제공한 차트를 사용하여야 하며, 신규로 작성 시 0점 처리됨

① '총점' 계열은 제거하고, 〈그림〉과 같이 컴퓨터 공학과 학생 데이터만 표시되도록 데이터 범위를 수정하시오.
② 차트 종류는 '누적 세로 막대형'으로 표시하고, 세로(값) 축의 최대 경계는 80, 기본 단위는 10으로 지정하시오.
③ 차트 제목은 '1학기 컴퓨터공학과 성적'으로 입력하고, 도형 스타일은 '미세 효과 – 파랑, 강조 1' 서식을 지정하시오.
④ 범례는 표시하지 않고, 범례 표지 포함 데이터 테이블을 표시하시오.
⑤ 세로(값) 축 제목 '점수'를 입력하고 '스택형'으로 표시하고, 차트 영역에 그림자는 '안쪽: 가운데'로 지정하시오.

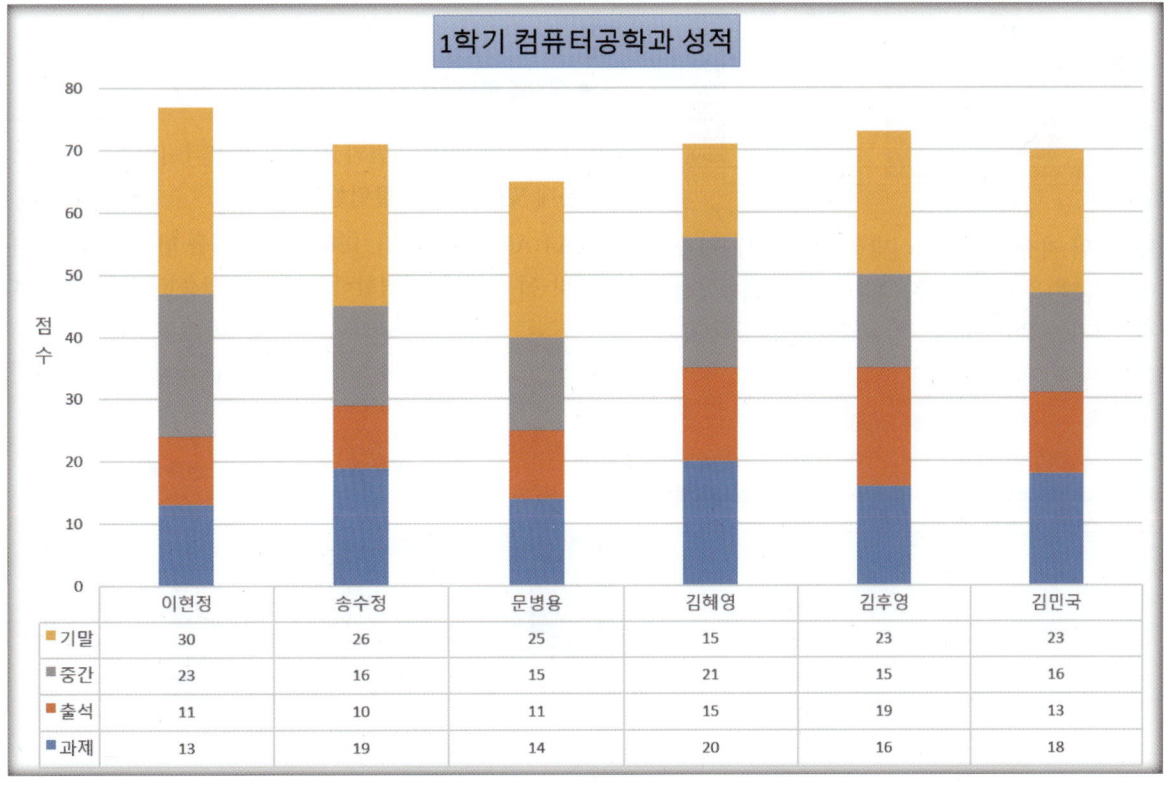

정답 & 해설 상시 공략 문제 06회

문제1 기본작업

1 자료 입력

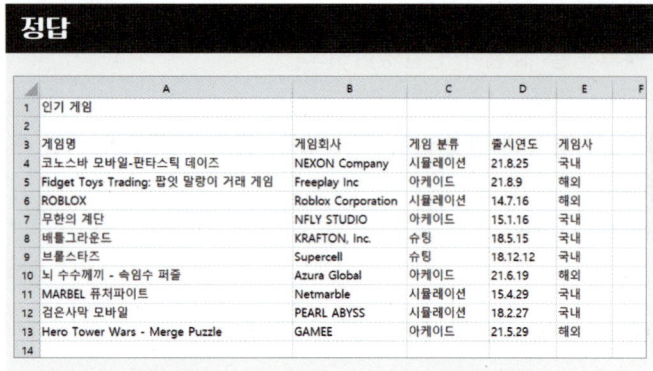

[A3:E13] 셀까지 문제를 보고 오타 없이 작성한다.

2 서식 지정

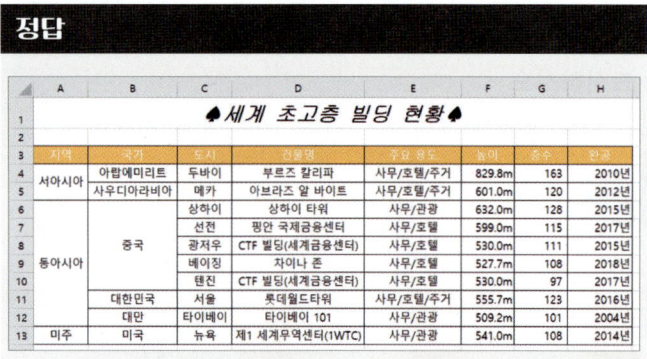

① [A1:H1] 영역을 범위 지정한 후 [홈]-[맞춤] 그룹에서 [병합하고 가운데 맞춤](圉)을 클릭한 후 [홈]-[글꼴] 그룹에서 글꼴은 '굴림체', 크기는 '20', '굵게', '기울임꼴'을 지정한다.

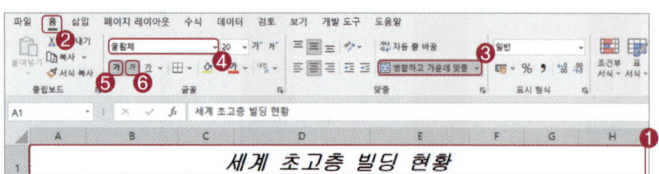

② 행 머리글 1에서 마우스 오른쪽 버튼을 눌러 [행 높이]를 선택한 후 30을 입력하고 [확인]을 클릭한다.

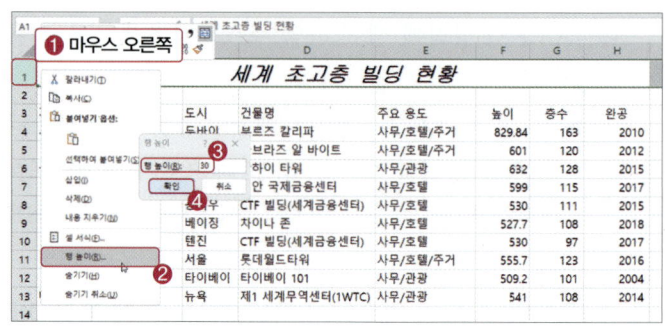

③ [A1] 셀의 앞에서 더블클릭하여 ㅁ을 입력하고 [한자]를 눌러 [보기 변경](圉)을 클릭하여 '♠'를 클릭하여 입력하고, 같은 방법으로 '황' 뒤에도 '♠'를 입력한다.

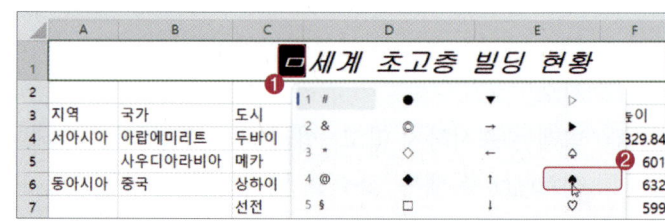

> **기적의 TIP**
>
> ♠ 모양을 복사해서 '황' 뒤에 붙여넣기해도 된다.

④ [A3:E13] 영역을 범위 지정한 후 [홈]-[맞춤] 그룹에서 [가운데 맞춤](圉)을 클릭한다.

⑤ [A4:A5], [A6:A12], [B6:B10] 영역을 범위 지정한 후 [홈]-[맞춤] 그룹에서 [병합하고 가운데 맞춤](圉)을 클릭한다.

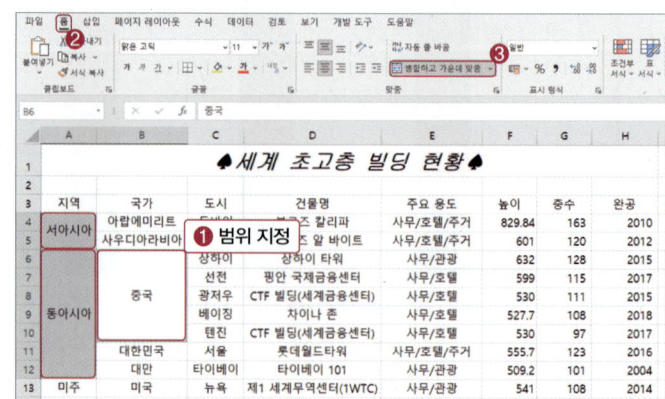

⑥ [F4:F13] 영역을 범위 지정한 후 Ctrl+1을 눌러 [표시 형식] 탭의 '사용자 지정'에 0.0"m"을 입력하고 [확인]을 클릭한다.

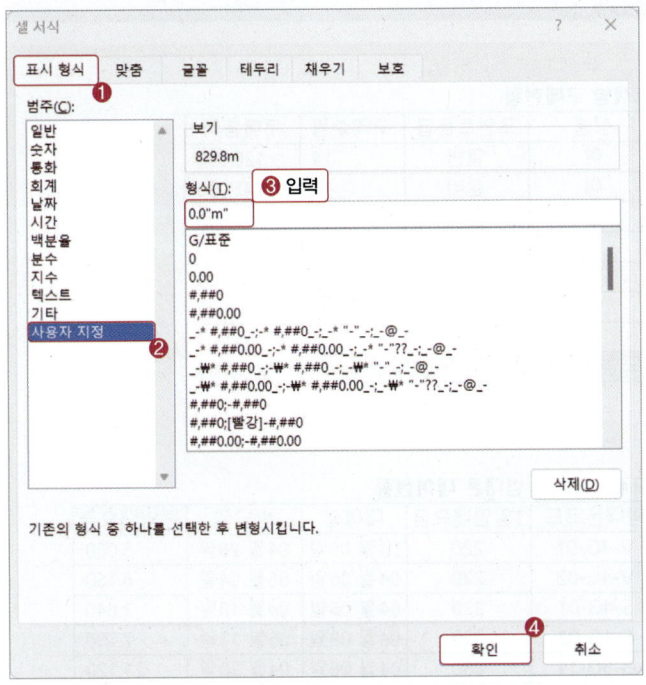

⑦ [H4:H13] 영역을 범위 지정한 후 Ctrl+1을 눌러 [표시 형식] 탭의 '사용자 지정'에 0"년"을 입력하고 [확인]을 클릭한다.

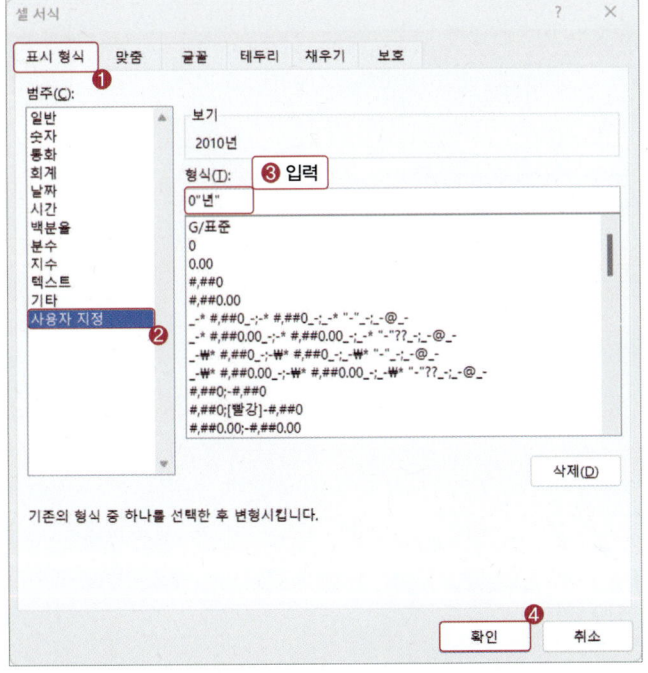

⑧ [A3:H3] 영역을 범위 지정한 후 [홈]-[스타일] 그룹의 '셀 스타일'에서 '황금색, 강조색 4'를 선택한다.

⑨ [A3:H13] 영역을 범위 지정한 후 [홈]-[글꼴] 그룹에서 [테두리](田▼) 도구의 [모든 테두리](田)를 클릭한다.

3 고급 필터

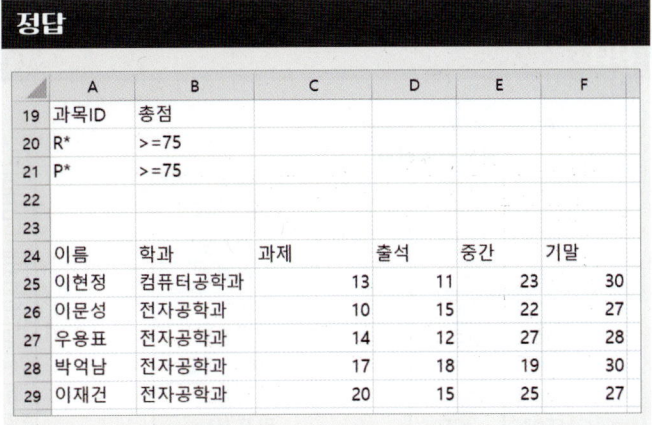

① [A19:B21] 영역에 다음과 같이 조건을 입력하고, [A24:F24] 영역에 추출할 필드명을 작성한다.

	A	B	C	D	E	F
19	과목ID	총점				
20	R*	>=75				
21	P*	>=75				
22						
23						
24	이름	학과	과제	출석	중간	기말

② [데이터]-[정렬 및 필터] 그룹에서 [고급](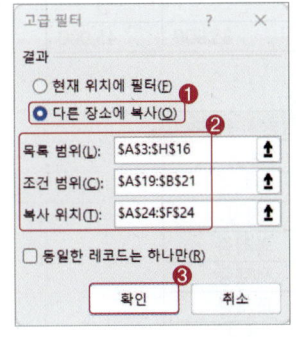)을 클릭하여 다음과 같이 지정하고 [확인]을 클릭한다.

- 결과 : 다른 장소에 복사
- 목록 범위 : [A3:H16]
- 조건 범위 : [A19:B21]
- 복사 위치 : [A24:F24]

문제2 계산작업

정답

[표1] 음료판매현황

판매코드	구분	판매량	분류
CAFE01C	ICE	55	아메리카노
CAFE03E	HOT	12	카푸치노
CAFE04G	녹차	23	기타음료
CAFE02H	HOT	35	카페라떼
CAFE05C	핫초코	8	기타음료
CAFE01H	HOT	45	아메리카노
CAFE05K	키위주스	5	기타음료
CAFE03C	ICE	4	카푸치노
CAFE02C	ICE	52	카페라떼
CAFE04R	홍차	15	기타음료

[표2] 고객별 구매현황

고객명	성별	포인트등급	구매수량	구매총액
구현서	여	일반	14	120,000
김경화	여	실버	12	45,000
최준기	남	골드	10	60,000
유근선	여	골드	8	89,000
김은혜	여	실버	10	80,000
허윤기	남	일반	10	70,000
이서현	여	일반	7	55,000
구매빈도 높은 고객들의 구매총액 합계				210,000

[표3] 굿즈상품 판매현황

상품명	상품코드	입고량	판매량	판매금액
텀블러	GS10-A	250	160	4,768,000
머그컵	GS10-B	200	148	2,368,000
캐리어	GS10-C	100	38	1,330,000
찻잔세트	GS10-D	50	28	1,260,000
머그컵	GS20-B	200	175	2,800,000
찻잔세트	GS20-D	150	123	5,535,000
텀블러	GS20-A	80	48	1,430,400
캐리어	GS20-C	30	12	420,000

[표4] 임대폰 대여현황

임대폰코드	1일임대요금	대여일	반납일	총임대요금
V-4G-01	220	04월 05일	04월 28일	5,060
V-4G-02	220	04월 06일	05월 04일	6,160
S-4G-01	220	04월 06일	04월 18일	2,640
S-4G-02	220	04월 08일	05월 13일	7,700
G-5G-11	880	04월 06일	04월 30일	21,120
G-5G-12	880	04월 07일	05월 12일	30,800
S-5G-11	880	04월 07일	04월 27일	17,600
S-5G-12	880	04월 09일	05월 13일	29,920

<상품단가표>

상품기호	A	B	C	D
판매단가	29,800	16,000	35,000	45,000

[표5] 건강검진결과

성명	신장(m)	체중(kg)	체질량지수(BMI)
최은*	1.62	56	정상
김성*	1.76	76	과체중
김진*	1.82	73	정상
이진*	1.58	60	과체중
진성*	1.75	56	저체중
이민*	1.66	65	과체중
김철*	1.78	72	정상
박사*	1.63	48	저체중

1 분류[D3:D12]

[D3] 셀에 =IFERROR(SWITCH(MID(A3,6,1),"1","아메리카노","2","카페라떼","3","카푸치노"),"기타음료")를 입력하고 [D12] 셀까지 수식을 복사한다.

> **함수 설명** =IFERROR(SWITCH(MID(A3,6,1),"1","아메리카노","2","카페라떼","3","카푸치노"),"기타음료")
>
> ① MID(A3,6,1) : [A3] 셀에서 6번째 시작하여 1글자를 추출
> ② SWITCH(①,"아메리카노","카페라떼","카푸치노") : ①의 값이 1이면 '아메리카노', 2이면 '카페라떼', 3이면 '카푸치노'로 표시
>
> =IFERROR(②,"기타음료") : ②의 값에 오류가 있다면 '기타음료'로 표시

2 구입총액 합계[J10]

[J10] 셀에 =SUMIF(I3:I9,MODE.SNGL(I3:I9),J3:J9)를 입력한다.

> **함수 설명** =SUMIF(I3:I9,MODE.SNGL(I3:I9),J3:J9)
>
> ① MODE.SNGL(I3:I9) : [I3:I9] 영역에서 최빈수를 구함
>
> =SUMIF(I3:I9,①,J3:J9) : [I3:I9] 영역에서 ①의 값을 찾아 같은 행의 [J3:J9] 영역의 합계를 구함

3 판매금액[E16:E23]

[E16] 셀에 =D16*HLOOKUP(RIGHT(B16,1),$B$26:$E$27,2,FALSE)를 입력하고 [E23] 셀까지 수식을 복사한다.

> **함수 설명** =D16*HLOOKUP(RIGHT(B16,1),$B$26:$E$27,2,FALSE)
>
> ① RIGHT(B16,1) : [B16] 셀에서 오른쪽에서 1글자를 추출
> ② HLOOKUP(①,$B$26:$E$27,2,FALSE) : ①의 값을 [B26:E27] 영역의 첫 번째 행에서 찾아 같은 열의 2번째 행에서 정확하게 일치하는 값을 추출
>
> =D16*② : [D16] 셀에 ②을 곱하여 표시

4 총임대요금[K16:K23]

[K16] 셀에 =DAYS(J16,I16)*H16를 입력하고 [K23] 셀까지 수식을 복사한다.

> **함수 설명** =DAYS(J16,I16)*H16
>
> ① DAYS(J16,I16) : [J16] 셀의 날짜에서 [I16] 셀의 날짜를 뺀 일수를 구함
>
> =①*H16 : ①의 값에 [H16] 셀을 곱하여 표시

5 체질량지수(BMI)[D31:D38]

[D31] 셀에 =IF(C31/POWER(B31,2)<19,"저체중",IF(C31/POWER(B31,2)<23,"정상","과체중"))를 입력하고 [D38] 셀까지 수식을 복사한다.

> **함수 설명** =IF(C31/POWER(B31,2)<19,"저체중",IF(C31/POWER(B31,2)<23,"정상","과체중"))
>
> ① POWER(B31,2) : [B31] 셀을 거듭제곱한 값을 구함 (=[B31]*[B31])
>
> =IF(C31/①<19,"저체중",IF(C31/①<23,"정상","과체중")) : C31/①의 값이 19보다 작으면 '저체중', C31/①의 값이 23보다 작으면 '정상', 그 외는 '과체중'으로 표시

문제3 분석작업

1 목표값 찾기

정답

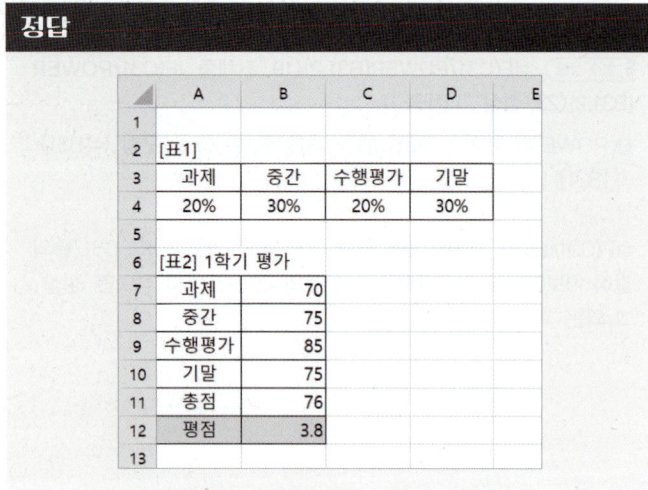

① [B12] 셀을 선택한 후 [데이터]-[예측] 그룹에서 [가상 분석]-[목표값 찾기]를 클릭한다.

② [목표값 찾기]를 다음과 같이 지정하고 [확인]을 클릭한다.

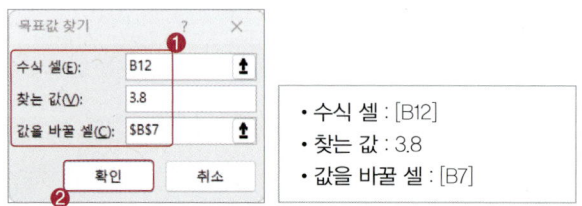

- 수식 셀 : [B12]
- 찾는 값 : 3.8
- 값을 바꿀 셀 : [B7]

③ [목표값 찾기 상태]에서 [확인]을 클릭한다.

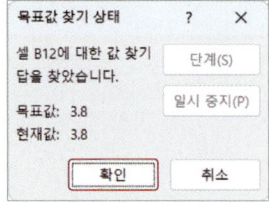

2 데이터 통합

정답

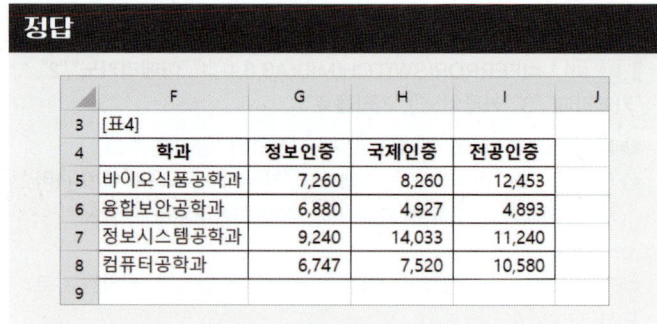

① [F4:I8] 영역을 범위 지정한 후 [데이터]-[데이터 도구] 그룹에서 [통합]()을 클릭한다.

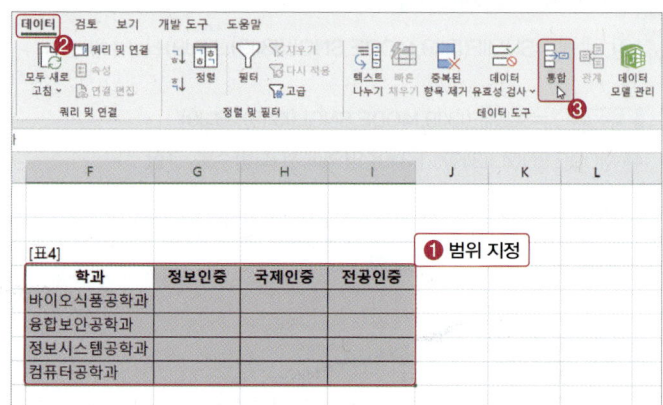

② [통합]을 다음과 같이 지정하고 [확인]을 클릭한다.

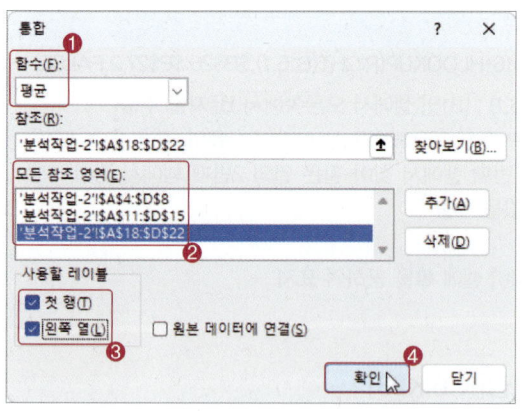

- 함수 : 평균
- 모든 참조 영역 : [A4:D8], [A11:D15], [A18:D22]
- 사용할 레이블 : 첫 행, 왼쪽 열

문제4 기타작업

1 매크로

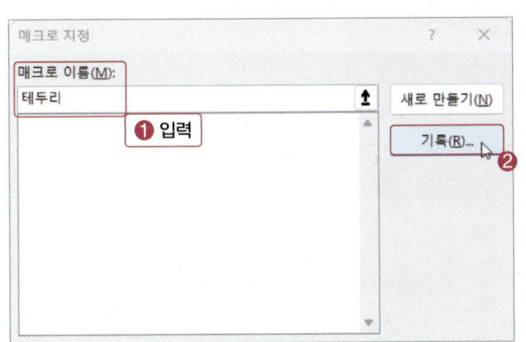

① [개발 도구]-[컨트롤] 그룹의 [삽입]-[단추(양식 컨트롤)] (□)을 클릭한다.

② 마우스 포인터가 '+'로 바뀌었을 때 [B16:C18] 영역에 드래 그하면 [매크로 지정] 대화상자가 나타난다.

③ [매크로 지정]에 **테두리**를 입력하고 [기록]을 클릭한다.

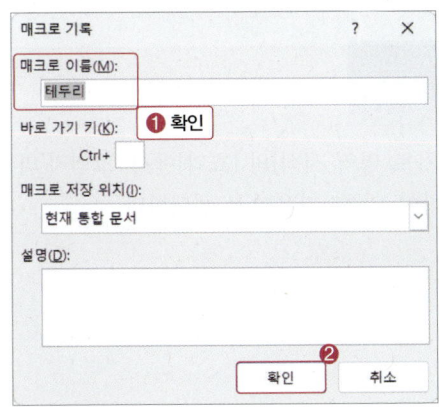

④ [매크로 기록]에 자동으로 '테두리'로 매크로 이름이 표시되면 [확인]을 클릭한다.

⑤ [A3:F14] 영역을 범위 지정한 후 [홈]-[글꼴] 그룹에서 [테두리](⊞▼) 도구의 [모든 테두리](⊞)를 클릭한다.

⑥ 임의의 셀을 클릭한 후 매크로 기록을 종료하기 위해 [개발 도구]-[코드] 그룹의 [기록 중지](□)를 클릭한다.

⑦ 단추에 텍스트를 수정하기 위해서 단추에서 마우스 오른쪽 버튼을 눌러 [텍스트 편집]을 선택한다.

⑧ 단추에 입력된 '단추 1'을 지우고 **테두리**를 입력한다.

⑨ [삽입]-[일러스트레이션] 그룹에서 [도형]-[기본 도형]의 '배지(◯)'를 클릭한다.

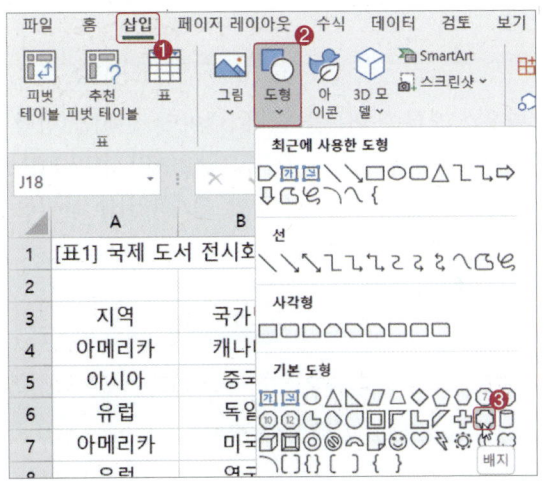

⑩ 마우스 포인터가 '+'로 바뀌면 [E16:F18] 영역에 드래그한 후 **셀스타일**을 입력한다.

⑪ '배지(◯)' 도형에서 마우스 오른쪽 버튼을 눌러 [매크로 지정]을 선택한다.

⑫ [매크로 지정]의 '매크로 이름'에 **셀스타일**을 입력하고 [기록]을 클릭한다.

⑬ [매크로 기록]에 자동으로 '셀스타일'로 매크로 이름이 표시되면 [확인]을 클릭한다.

⑭ [A3:F3] 영역을 범위 지정한 후 [홈]-[스타일] 그룹의 '셀 스타일'에서 '녹색, 강조색 6'을 선택한다.

⑮ 매크로 기록을 종료하기 위해 [개발 도구]-[코드] 그룹의 [기록 중지](□)를 클릭한다.

2 차트

정답

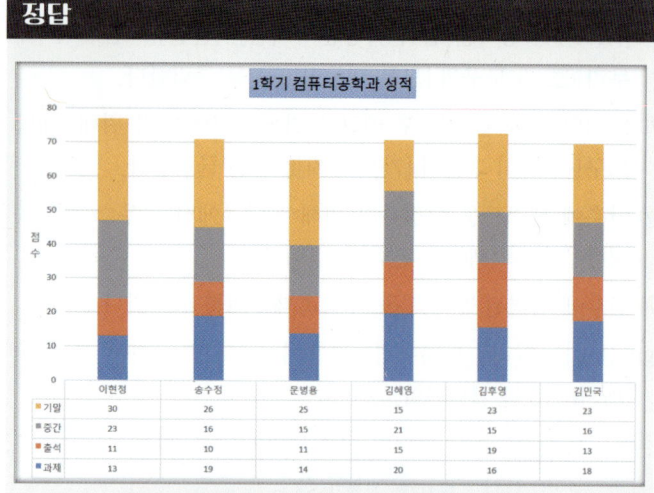

① 차트에서 마우스 오른쪽 버튼을 눌러 [데이터 선택]을 선택하여 기존 차트 데이터 범위는 지우고 [A2:A6], [C2:F6], [A9:A10], [C9:F10] 영역으로 수정한 후 [확인]을 클릭한다.

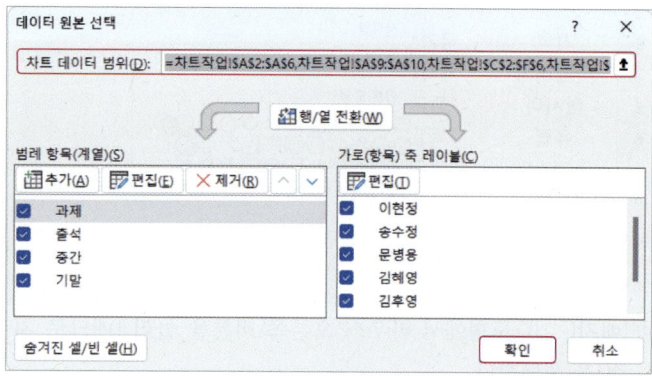

② 차트에서 마우스 오른쪽 버튼을 눌러 [차트 종류 변경]을 선택하여 '세로 막대형'의 '누적 세로 막대형'을 선택하고 [확인]을 클릭한다.

③ 세로(값) 축에서 마우스 오른쪽 버튼을 눌러 [축 서식]을 선택한 후 '축 옵션'에서 최대값은 80, 단위 기본은 10으로 수정한다.

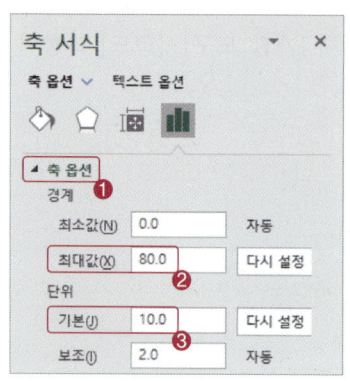

④ [차트 요소](⊞)-[차트 제목]을 체크한 후 **1학기 컴퓨터공학과 성적**을 입력하고, [서식]-[도형 스타일] 그룹에서 '미세 효과 – 파랑, 강조 1'을 선택한다.

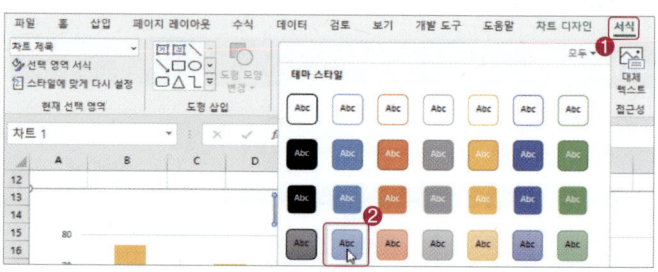

⑤ [차트 요소](⊞)-[범례]의 체크를 해제하고, [차트 요소](⊞)-[데이터 테이블]-[범례 표지 포함]을 선택한다.

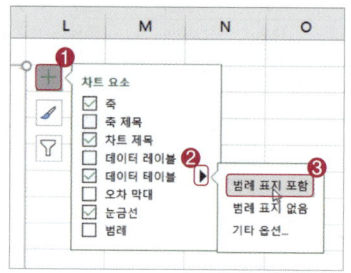

⑥ [차트 요소](⊞)-[축 제목]-[기본 세로]를 클릭한 후 **점수**를 입력하고, '점수'를 선택한 후 [축 제목 서식]의 텍스트 방향 '스택형'을 선택한다.

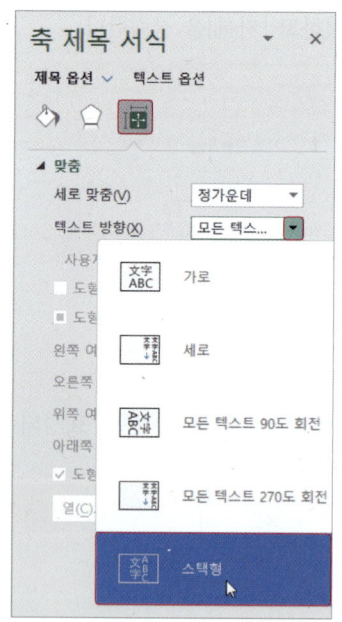

⑦ 차트를 선택한 후 [차트 영역 서식]의 [효과]에서 '그림자'의 [미리 설정]을 클릭하여 '안쪽: 가운데'를 선택한다.

상시 공략 문제 07회

작업파일: '26컴활2급(상시)₩상시공략문제'에서 '상시공략문제7회' 파일을 열어 작업하세요.

프로그램명	제한시간	풀이시간
EXCEL 2021	40분	분

수험번호 :

성　　명 :

유의사항

- 인적 사항 누락 및 잘못 작성으로 인한 불이익은 수험자 책임으로 합니다.

- 화면에 암호 입력창이 나타나면 아래의 암호를 입력하여야 합니다.
  - 암호: 5454$3

- 작성된 답안은 주어진 경로 및 파일명을 변경하지 마시고 그대로 저장해야 합니다. 이를 준수하지 않으면 실격 처리됩니다.
  - 답안 파일명의 예: C:₩OA₩수험번호8자리.xlsm

- 외부데이터 위치: C:₩OA₩파일명

- 별도의 지시사항이 없는 경우, 다음과 같이 처리 시 실격 처리됩니다.
  - 제시된 시트 및 개체의 순서나 이름을 임의로 변경한 경우
  - 제시된 시트 및 개체를 임의로 추가 또는 삭제한 경우

- 답안은 반드시 문제에서 지시 또는 요구한 셀에 입력하여야 하며 다음과 같이 처리 시 채점 대상에서 제외됩니다.
  - 제시된 함수가 있을 경우 제시된 함수만을 사용하여야 하며 그 외 함수사용시 채점대상에서 제외
  - 수험자가 임의로 지시하지 않은 셀의 이동, 수정, 삭제, 변경 등으로 인해 셀의 위치 및 내용이 변경된 경우 해당 작업에 영향을 미치는 관련문제 모두 채점 대상에서 제외
  - 도형 및 차트의 개체가 중첩되어 있거나 동일한 계산결과 시트가 복수로 존재할 경우 해당 개체나 시트는 채점 대상에서 제외

- 수식 작성 시 제시된 문제 파일의 데이터는 변경 가능한(가변적) 데이터임을 감안하여 문제 풀이를 하시오.

- 별도의 지시사항이 없는 경우, 주어진 각 시트 및 개체의 설정값 또는 기본 설정값(Default)으로 처리하시오.

- 저장 시간은 별도로 주어지지 않으므로 제한된 시간 내에 저장을 완료해야 하며, 제한 시간 내에 저장이 되지 않은 경우에는 실격 처리됩니다.

- 출제된 문제의 용어는 MS Office LTSC Professional Plus 2021 기준으로 작성되어 있습니다.

대한상공회의소

문제1 기본작업(20점) 주어진 시트에서 다음 과정을 수행하고 저장하시오.

1 '기본작업-1' 시트에 다음의 자료를 주어진 대로 입력하시오. (5점)

	A	B	C	D	E	F
1	내 취향에 맞는 차					
2						
3	제품명	설명	내용량	원재료 및 함량	식품 유형	가격
4	녹차 오롯	진짜 녹차의 재발견	18g(2g*9TB)	녹차50%, 현미10%(국내산), 메밀40%(중국산)	침출차	8500
5	페일 블랙 아쌈	아쌈 싱글다원 홀리프 홍차	18g(2g*9TB)	홍차(인도산 100%)	침출차	8500
6	자몽 비츠	자몽 과일워터로 상큼 촉촉하게	3회분(6g)	자몽100%(미국, 남아공, 이스라엘 등)	과채가공품	2500
7	피타야 비츠	화사한 용과 과일워터로 수분충전	6g(2g*3회분)	용과100%(베트남산)	과채가공품	2500
8	로즈펄	맑고 청아한 펄자스민	10.8g(1.2g*9TB)	우롱차95%, 자스민꽃2%, 로즈페탈 3%(파키스탄산)	침출차	8500
9	골든 캐모마일	캐모마일 꽃만 담은 오리지널	9TB	캐모마일100%(이집트산)	침출차	8500
10	궁정 보이차	어린잎을 담은 궁정등급 보이차	13.5g(1.5g*9TB)	보이차100%(중국산)	침출차	8500
11	실론시나몬 85	신선한 햇 시나몬	12스틱(36g)	계피100%(스리랑카산)	천연향신료	9800
12						

2 '기본작업-2' 시트에 대하여 다음의 지시사항을 처리하시오. (각 2점)

① [A1:E1] 영역은 '병합하고 가운데 맞춤', 글꼴 'HY견고딕', 크기 20, 글꼴 색은 '표준 색 – 주황', 행의 높이를 30으로 지정하고 제목 앞뒤에 특수문자 '♥'를 삽입하시오.

② [A4:A5], [A6:A10], [A11:A13], [A14:A16] 영역은 '병합하고 가운데 맞춤'을 지정하고, [A3:E3] 영역은 가로 '가운데 맞춤', 셀 스타일 '황금색, 강조색 4'로 지정하시오.

③ [D4:D16] 영역은 사용자 지정 표시 형식을 이용하여 1000 단위 구분 기호와 숫자 뒤에 "원"을 [표시 예]와 같이 표시하시오. [표시 예 : 13500 → 13,500원, 0 → 0원]

④ [B4:B16] 영역은 '상품명'으로 이름을 정의하고, [E4:E16] 영역은 '백분율 스타일'로 표시하시오.

⑤ [C4:C16] 영역은 '셀에 맞춤'으로 지정하고, [A3:E16] 영역은 '모든 테두리(⊞)'를 적용하여 표시하시오.

3 '기본작업-3' 시트에 대하여 다음의 지시사항을 처리하시오. (5점)

[B4:B16] 영역에 '미'가 포함되지 않은 셀은 채우기 색은 '표준 색 – 연한 녹색'으로 서식을 지정하고, [E4:E16] 영역에서 평균 이상인 셀에는 글꼴 스타일은 '굵은 기울임꼴'을 지정하는 조건부 서식을 작성하시오.

▶ 단, 규칙 유형은 '셀 강조 규칙'과 '상위/하위 규칙'을 사용하시오.

문제2 계산작업(40점) 주어진 시트에서 다음 과정을 수행하고 저장하시오.

1 [표1]에서 주민등록번호[C3:C13]를 이용하여 생년월일[D3:D13]을 표시하시오. (8점)
- ▶ [표시 예 : 750521-1****** → 1975-05-21]
- ▶ DATE, MID 함수 사용

2 [표2]에서 1차, 2차[H3:I10] 영역에 50~100 사이의 숫자로 난수를 발생하여 가상점수를 표시하시오. (8점)
- ▶ RANDBETWEEN 함수 사용

3 [표3]의 체중[C17:C27] 영역에서 3번째로 큰 값에서 2번째로 작은 값을 뺀 차이값을 [표시 예]와 같이 [D27] 셀에 표시하시오. (8점)
- ▶ [표시 예 : 20kg]
- ▶ LARGE, SMALL 함수와 & 연산자 사용

4 [표4]에서 판매액[I17:I25]와 주문량[G17:G25]를 이용하여 할인액[J17:J25] 영역에 표시하시오. (8점)
- ▶ 판매액에 주문량이 500 이상이면 15%, 300 이상이면 10%, 나머지는 5%를 곱하여 계산
- ▶ 할인액은 백의 자리에서 내림하여 표시 [표시 예 : 167,890 → 167,000]
- ▶ ROUNDDOWN, IF 함수 사용

5 [표5]에서 〈굿즈코드표〉에서 캐릭터와 상품종류에 해당한 굿즈코드를 찾아 [표5]의 [I32] 셀에 표시하시오. (8점)
- ▶ 〈캐릭터표〉에서 캐릭터 코드 참조, 〈상품종류표〉에서 상품종류 코드 참조
- ▶ INDEX, HLOOKUP 함수 사용

문제3 분석작업(20점) 주어진 시트에서 다음 과정을 수행하고 저장하시오.

1 '분석작업-1' 시트에 대하여 다음의 지시사항을 처리하시오. (10점)

'출장비 지급 내역서' 표의 부서는 '행', 출장지는 '열'로 처리하고, '값'에 출장기간의 합계와 출장비합계의 평균을 계산하는 [피벗 테이블]을 작성하시오.
- ▶ 피벗 테이블의 보고서는 동일 시트의 [A21] 셀에서 시작하시오.
- ▶ 'Σ 값'을 '행 레이블'로 설정하고, 피벗 테이블 보고서는 열의 총합계만 설정하시오.
- ▶ 값 영역의 표시 형식은 '값 필드 설정'의 '셀 서식' 대화상자를 이용하여 '출장비합계'는 '숫자' 범주의 '1000 단위 구분 기호 사용'을 이용하여 지정하고, '출장기간'은 '일'을 붙여서 표시하시오.
- ▶ '레이블이 있는 셀 병합 및 가운데 맞춤'을 지정하고, 빈 셀은 '*' 기호를 표시하시오.

2 '분석작업-2' 시트에 대하여 다음의 지시사항을 처리하시오. (10점)

[표1]의 총점[G4]는 과목별 표준 평균과 반영비율을 이용하여 계산한 것이다. [데이터 표] 기능을 이용하여 수학점수에 따른 총점의 변화를 [C10:C19] 영역에 계산하시오.

문제4 기타작업(20점) 주어진 시트에서 다음 과정을 수행하고 저장하시오.

1. '매크로작업' 시트의 [표]에서 다음과 같은 기능을 수행하는 매크로를 현재 통합 문서에 작성하고 실행하시오. (각 5점)

① [G3:G13] 영역에 1월 ~ 5월의 평균을 계산하는 매크로를 생성하여 실행하시오.
- ▶ 매크로 이름 : 평균
- ▶ AVERAGE 함수 사용
- ▶ [도형] → [별 및 현수막]의 '리본: 위로 기울어짐(🎀)'을 동일 시트의 [B15:C16] 영역에 생성하고, 텍스트를 "평균"으로 입력한 후 단추를 클릭할 때 '평균' 매크로가 실행되도록 설정하시오.

② [A2:G13] 영역에 모든 테두리를 적용하는 매크로를 생성하여 실행하시오.
- ▶ 매크로 이름 : 테두리
- ▶ [도형] → [별 및 현수막]의 '리본: 아래로 기울어짐(🎀)'을 동일 시트의 [E15:F16] 영역에 생성하고, 텍스트를 "테두리"로 입력한 후 도형을 클릭할 때 '테두리' 매크로가 실행되도록 설정하시오.

※ 셀 포인터의 위치에 상관없이 현재 통합 문서에서 매크로가 실행되어야 정답으로 인정됨

2. '차트작업' 시트의 차트에서 다음 지시사항에 따라 아래 〈그림〉과 같이 차트를 수정하시오. (각 2점)

※ 차트는 반드시 문제에서 제공한 차트를 사용하여야 하며, 신규로 작성 시 0점 처리됨

① 차트 제목은 [A1] 셀과 연동되도록 설정하고, 범례는 표시되지 않도록 지정하시오.
② 데이터 계열 서식은 계열 겹치기 '30%', 간격 너비를 '100%'으로 지정하시오.
③ 차트 영역에 '데이터 테이블'을 표시하고, 기본 주 세로 눈금선을 표시하시오.
④ 차트 영역의 글꼴은 '굴림', 크기 '11', 차트 제목은 도형 스타일은 '미세 효과 – 파랑, 강조1', 글꼴 크기는 '20'으로 지정한다.
⑤ '재택근무' 계열은 '기본 설정2'의 도형 효과 서식을 지정하고, '재택근무' 계열에 '지수' 추세선을 설정하시오.

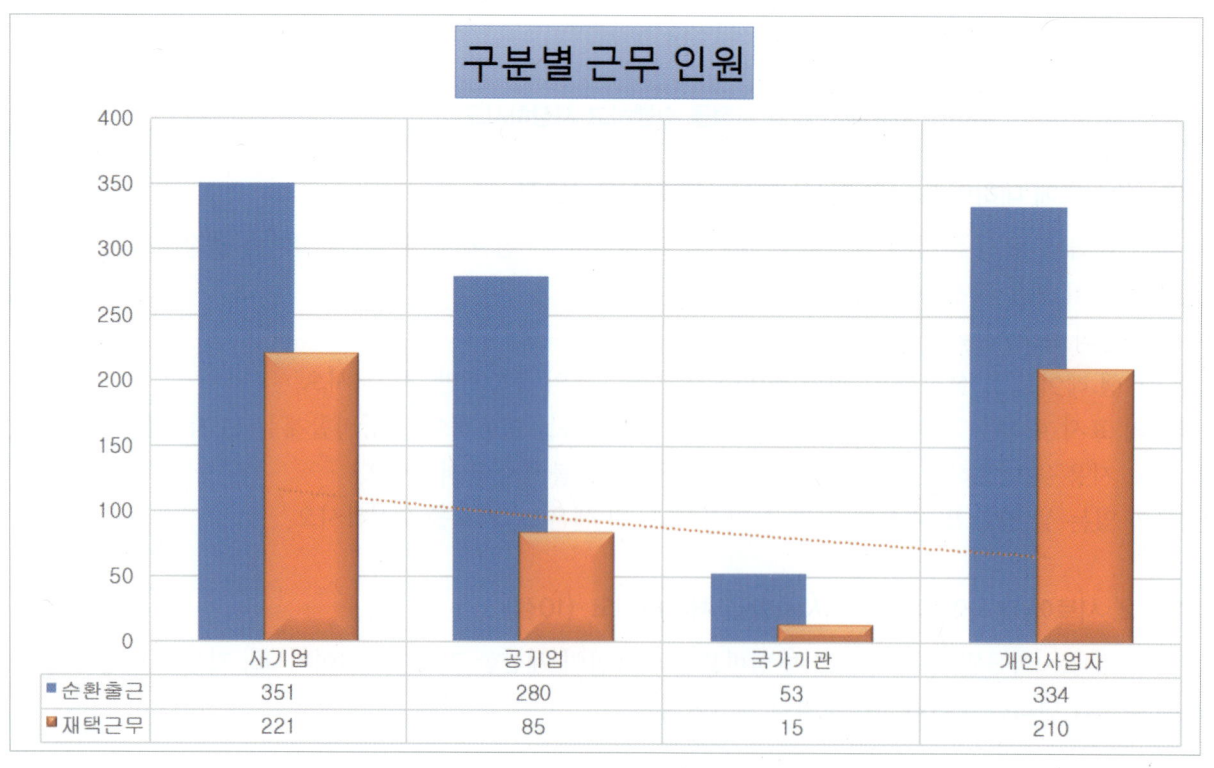

정답 & 해설 상시 공략 문제 07회

문제1 기본작업

1 자료 입력

정답

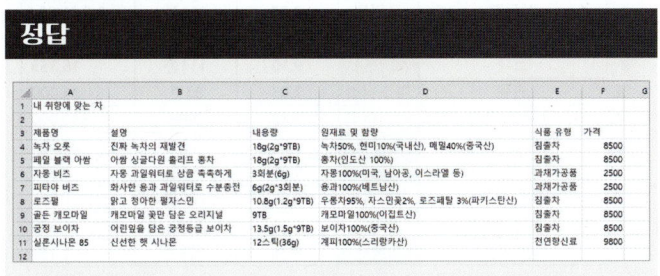

[A3:F11] 셀까지 문제를 보고 오타 없이 작성한다.

2 서식 지정

정답

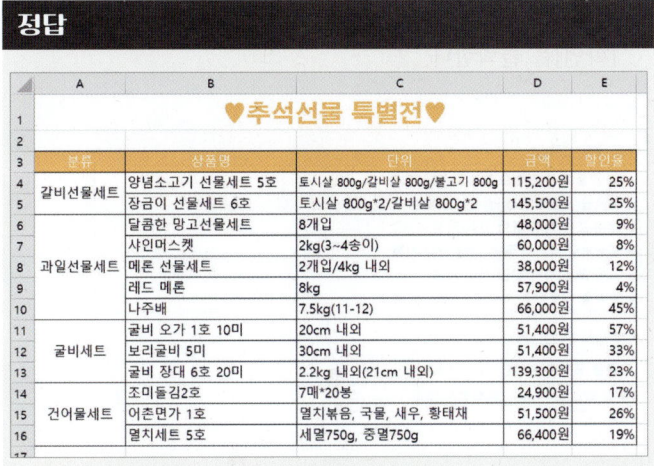

① [A1:E1] 영역을 범위 지정한 후 [홈]-[맞춤] 그룹에서 [병합하고 가운데 맞춤](圉)을 클릭한 후 [홈]-[글꼴] 그룹에서 글꼴은 'HY견고딕', 크기는 '20', 글꼴 색 '표준 색 - 주황'을 지정한다.

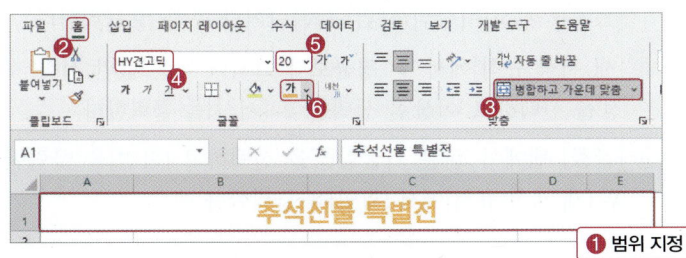

② 행 머리글 1에서 마우스 오른쪽 버튼을 눌러 [행 높이]를 선택한 후 30을 입력하고 [확인]을 클릭한다.

③ [A1] 셀의 앞에서 더블클릭하여 ㅁ을 입력하고 [한자]를 눌러 [보기 변경](圉)을 클릭하여 '♥'를 클릭하여 입력하고, 같은 방법으로 '특별전' 뒤에도 '♥'를 입력한다.

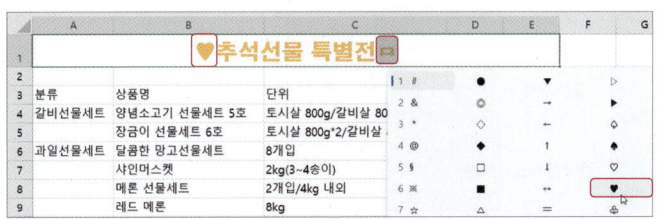

④ [A4:A5], [A6:A10], [A11:A13], [A14:A16] 영역을 범위 지정한 후 [홈]-[맞춤] 그룹에서 [병합하고 가운데 맞춤](圉)을 클릭한다.

⑤ [A3:E3] 영역을 범위 지정한 후 [홈]-[맞춤] 그룹에서 [가운데 맞춤](圉)을 클릭한 후 [홈]-[스타일] 그룹의 '셀 스타일'에서 '황금색, 강조색 4'를 선택한다.

⑥ [D4:D16] 영역을 범위 지정한 후 [Ctrl]+[1]을 눌러 [표시 형식] 탭의 '사용자 지정'에 #,##0"원"을 입력하고 [확인]을 클릭한다.

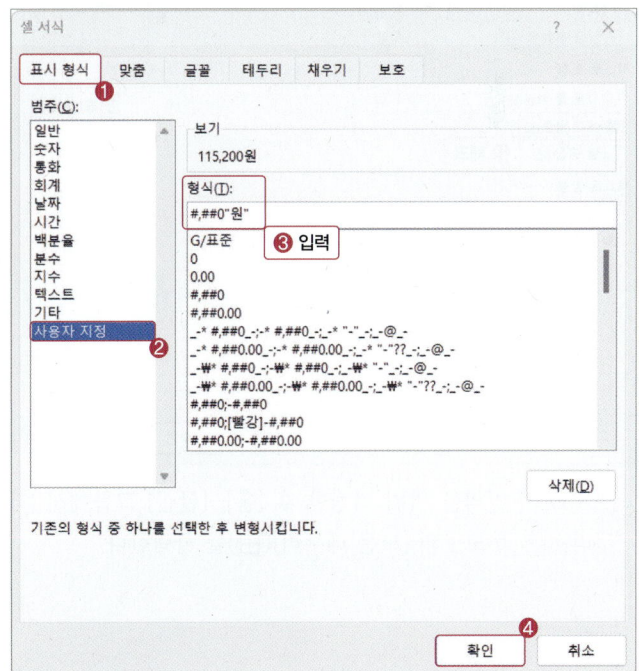

⑦ [B4:B16] 영역을 범위 지정한 후 '이름 상자'에 **상품명**을 입력하고 Enter 를 누른다.

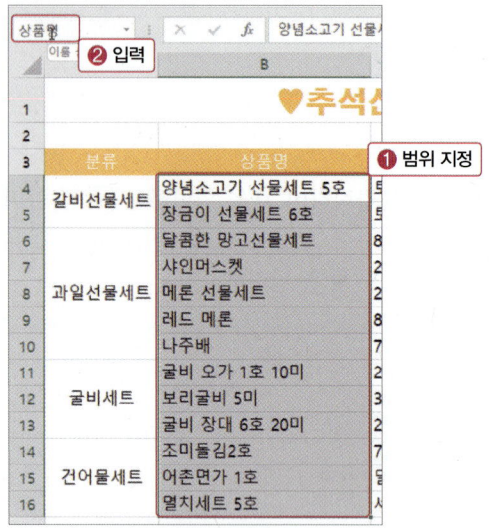

⑧ [E4:E16] 영역을 범위 지정한 후 [홈]-[표시 형식] 그룹의 [백분율 스타일](%)을 클릭한다.

⑨ [C4:C16] 영역을 범위 지정한 후 Ctrl + 1 을 눌러 [맞춤] 탭에서 '셀에 맞춤'을 체크하고 [확인]을 클릭한다.

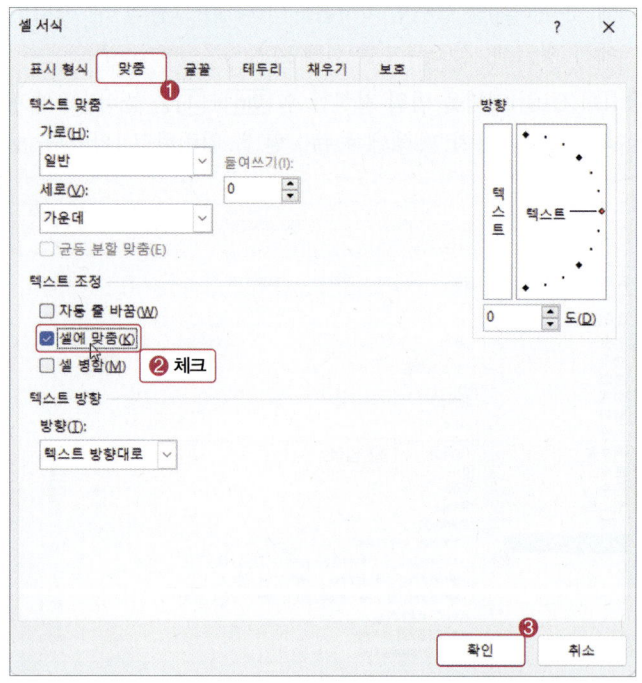

⑩ [A3:E16] 영역을 범위 지정한 후 [홈]-[글꼴] 그룹에서 [테두리])(▼) 도구의 [모든 테두리](田)를 클릭한다.

3 조건부 서식

정답

	A	B	C	D	E
1	영화 평점과 누적관객수				
2					
3	타이틀명	장르	관람객 평점	관람시간	누적관객수
4	상치와 텐 링즈의 전설	액션	7.83	132분	220,570
5	인질	액션	8.40	94분	*1,262,479*
6	모가디슈	드라마	9.20	121분	*3,144,878*
7	싱크홀	코미디	8.30	113분	*2,044,604*
8	맨 인 더 파크 2	범죄	9.60	98분	190,000
9	코다	드라마	9.10	111분	16,353
10	귀문	미스터리	7.83	85분	84,000
11	내일의 기억	미스터리	9.02	99분	330,000
12	여름날 우리	로맨스	8.61	115분	29,000
13	건파우더 밀크셰이크	액션	0.00	115분	1,676
14	좋은 사람	미스터리	0.00	101분	521
15	쇼미더고스트	코미디	0.00	83분	379
16	최선의 삶	드라마	8.76	109분	2,750

① [B4:B16] 영역을 범위 지정한 후 [홈]-[스타일] 그룹에서 [조건부 서식]-[셀 강조 규칙]-[기타 규칙]을 클릭한다.

② '특정 텍스트', '포함하지 않음'을 선택하고 **미**를 입력한 후 [서식]을 클릭하여 [채우기] 탭에서 '연한 녹색'을 선택하고 [확인]을 클릭한다.

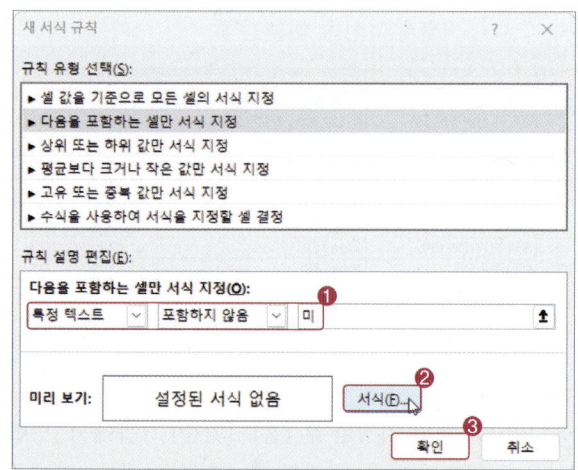

③ [새 서식 규칙]에서 [확인]을 클릭한다.

④ [E4:E16] 영역을 범위 지정한 후 [홈]-[스타일] 그룹에서 [조건부 서식]-[상위/하위 규칙]-[기타 규칙]을 클릭한다.

⑤ [새 서식 규칙]에서 '▶ 평균보다 크거나 작은 값만 서식 지정'을 선택하고 '이상'을 선택한 후 [서식]을 클릭한다.

⑥ [글꼴] 탭에서 '굵은 기울임꼴'을 선택하고 [확인]을 클릭한 후 [새 서식 규칙]에서 [확인]을 클릭한다.

문제2 계산작업

정답

	A	B	C	D	E	F	G	H	I	J	K
1	[표1]	임직원 개인정보				[표2]	가상 점수 결과				
2	직원명	거주지	주민등록번호	생년월일		직원명	직위	1차	2차		
3	오지명	노원구	750521-1******	1975-05-21		오지명	부장	71	82		
4	남지영	강서구	880705-2******	1988-07-05		남지영	과장	75	50		
5	권경애	강북구	890625-2******	1989-06-25		권경애	과장	80	75		
6	강수영	강남구	920402-2******	1992-04-02		강수영	사원	56	80		
7	나우선	서대문구	910308-1******	1991-03-08		나우선	대리	50	50		
8	임철수	중구	860208-1******	1986-02-08		임철수	차장	70	86		
9	이미지	동대문구	891109-2******	1989-11-09		이미지	대리	51	71		
10	진형민	송파구	791029-1******	1979-10-29		진형민	차장	69	82		
11	방대현	동작구	820306-1******	1982-03-06							
12	안혜정	구로구	850501-2******	1985-05-01							
13	현미자	영등포구	771014-2******	1977-10-14							
14											
15	[표3]	건강검진 결과				[표4]	영업점별 굿즈 주문 현황				
16	직원명	신장(cm)	체중(kg)			영업점	주문량	단가	판매액	할인액	
17	임지훈	176	78			을지로점	350	20,000	7,000,000	700,000	
18	원영만	178	72			강남점	600	20,000	12,000,000	1,800,000	
19	도지형	176	83			노원점	250	20,000	5,000,000	250,000	
20	강성훈	174	81			송파점	280	20,000	5,600,000	280,000	
21	남정민	182	62			강동점	250	20,000	5,000,000	250,000	
22	임철수	179	90			강서점	400	20,000	8,000,000	800,000	
23	오성환	186	62			구로점	550	20,000	11,000,000	1,650,000	
24	정철환	174	72			동작점	220	20,000	4,400,000	220,000	
25	이정호	168	65			영등포점	450	20,000	9,000,000	900,000	
26	유정훈	177	70	몸무게 차이							
27	곽도훈	178	95	21kg							
28											
29	<굿즈코드표>										
30		열쇠고리	인형	머그컵		[표5]					
31	라이언	LK	LD	LC		주문자	캐릭터	상품종류	굿즈코드		
32	타이거	TK	TD	TC		김서윤	라이언	머그컵	LC		
33	엘리펀트	EK	ED	EC							
34											
35	<캐릭터표>										
36	캐릭터	라이언	타이거	엘리펀트							
37	코드	1	2	3							
38											
39	<상품종류표>										
40	상품종류	열쇠고리	인형	머그컵							
41	코드	1	2	3							
42											

1 생년월일[D3:D13]

[D3] 셀에 =DATE(MID(C3,1,2),MID(C3,3,2),MID(C3,5,2))를 입력하고 [D13] 셀까지 수식을 복사한다.

> **함수 설명** =DATE(MID(C3,1,2),MID(C3,3,2),MID(C3,5,2))
>
> ❶ MID(C3,1,2) : [C3] 셀에서 1번째 시작하여 2글자를 추출
> ❷ MID(C3,3,2) : [C3] 셀에서 3번째 시작하여 2글자를 추출
> ❸ MID(C3,5,2) : [C3] 셀에서 5번째 시작하여 2글자를 추출
>
> =DATE(❶,❷,❸) : ❶년 ❷월 ❸일 형식의 날짜 형식으로 표시

2 1차~2차[H3:I10]

[H3] =RANDBETWEEN(50,100)를 입력하고 [I10] 셀까지 수식을 복사한다.

> **함수 설명**
>
> =RANDBETWEEN(50,100) : 50~100 사이의 임의의 숫자를 반환
>
> ※ 실습할 때마다 결과는 다르게 표시됨

3 몸무게 차이[D27]

[D27] 셀에 =LARGE(C17:C27,3)-SMALL(C17:C27,2)&"kg"를 입력한다.

> **함수 설명** =LARGE(C17:C27,3)-SMALL(C17:C27,2)&"kg"
>
> ❶ LARGE(C17:C27,3) : [C17:C27] 영역에서 3번째로 큰 값을 구함
> ❷ SMALL(C17:C27,2) : [C17:C27] 영역에서 2번째로 작은 값을 구함
>
> =❶-❷&"kg" : ❶-❷의 결과에 "kg"을 붙여서 표시

4 할인액[J17:J25]

[J17] 셀에 =ROUNDDOWN(I17*IF(G17>=500,15%,IF(G17>=300,10%,5%)),-3)를 입력하고 [J25] 셀까지 수식을 복사한다.

> **함수 설명** =ROUNDDOWN(I17*IF(G17>=500,15%,IF(G17>=300,10%,5%)),-3)
>
> ❶ IF(G17>=500,15%,IF(G17>=300,10%,5%)) : [G17] 셀의 값이 500 이상이면 '15%', [G17] 셀의 값이 300 이상이면 '10%', 그 외는 '5%'가 반환
>
> =ROUNDDOWN(I17*❶,-3) : I17*❶의 결과 값을 백의 자리에서 내림하여 표시

5 굿즈코드[I32]

[I32] 셀에 =INDEX(B31:D33,HLOOKUP(G32,B36:D37,2,FALSE),HLOOKUP(H32,B40:D41,2,FALSE))를 입력한다.

> **함수 설명** =INDEX(B31:D33,HLOOKUP(G32,B36:D37,2,FALSE),HLOOKUP(H32,B40:D41,2,FALSE))
>
> ❶ HLOOKUP(G32,B36:D37,2,FALSE) : [G32] 셀의 값을 [B36:D37] 영역의 첫 번째 행에서 찾아 같은 열의 2번째 행에서 정확하게 일치하는 값을 반환
> ❷ HLOOKUP(H32,B40:D41,2,FALSE) : [H32] 셀의 값을 [B40:D41] 영역의 첫 번째 행에서 찾아 같은 열의 2번째 행에서 정확하게 일치하는 값을 반환
>
> =INDEX(B31:D33,❶,❷) : [B31:D33] 영역에서 ❶의 행과 ❷의 열이 교차하는 셀의 값을 반환

문제3 분석작업

1 피벗 테이블

정답

	A	B	C	D	E
20					
21		열 레이블			
22	행 레이블	대전	부산	세종	제주도
23	관리부				
24	합계 : 출장기간	5일	4일	*	*
25	평균 : 출장비합계	128,000	170,000	*	*
26	기획실				
27	합계 : 출장기간	*	9일	*	4일
28	평균 : 출장비합계	*	126,500	*	155,000
29	영업부				
30	합계 : 출장기간	*	6일	24일	11일
31	평균 : 출장비합계	*	170,000	104,250	155,000
32	총무부				
33	합계 : 출장기간	6일	*	*	*
34	평균 : 출장비합계	106,000	*	*	*
35	전체 합계 : 출장기간	11일	19일	24일	15일
36	전체 평균 : 출장비합계	117,000	148,250	104,250	155,000
37					

① [A3:J16] 영역을 범위 지정한 후 [삽입]-[표] 그룹에서 [피벗 테이블](🔲)을 클릭하여 '기존 워크시트'에 [A21] 셀을 선택하고 [확인]을 클릭한다.

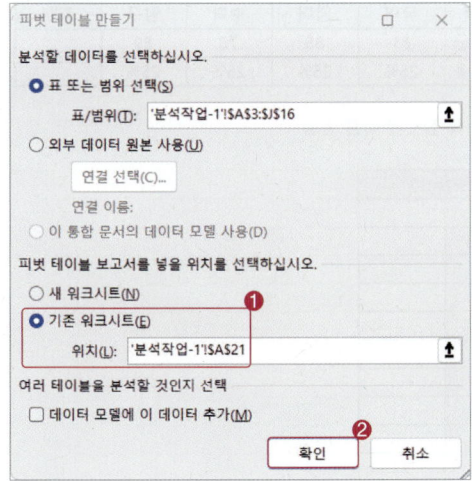

② 다음과 같이 필드를 드래그하여 배치한 후 열에 있는 'Σ값'을 행으로 드래그한다.

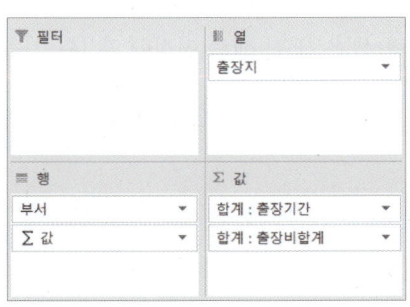

③ [디자인]-[레이아웃] 그룹에서 [총합계]-[열의 총합계만 설정]을 클릭한다.

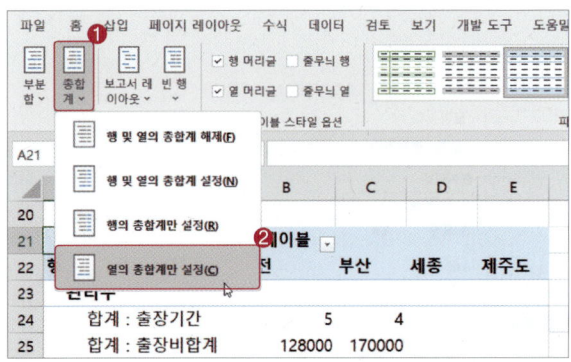

④ '합계 : 출장비합계' [A25] 셀에서 마우스 오른쪽 버튼을 눌러 [값 필드 설정]을 선택한 후 '평균'을 선택하고 [표시 형식]을 클릭한다.

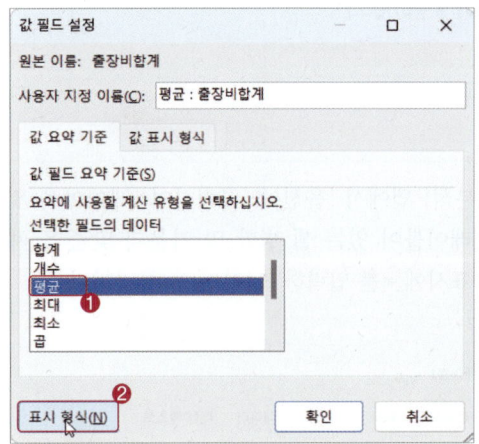

⑤ [셀 서식]의 '숫자'에서 '1000 단위 구분 기호 사용'을 체크하고 [확인]을 클릭하고, [값 필드 설정]에서 [확인]을 클릭한다.

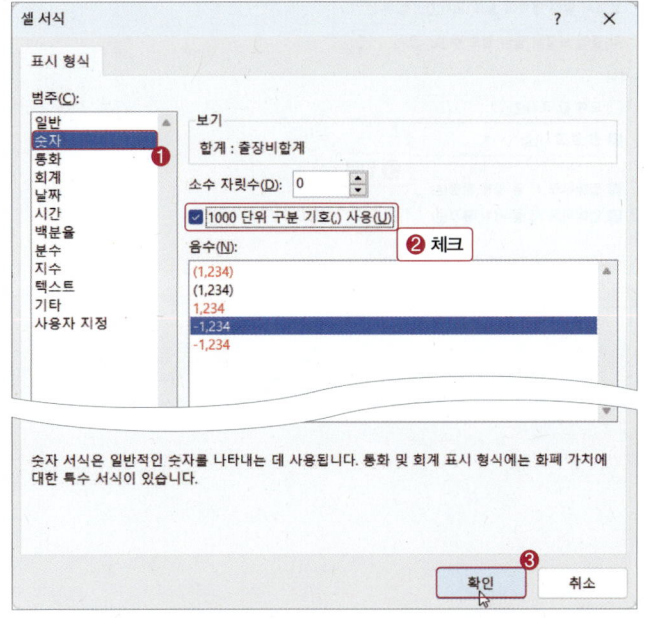

⑥ [A24] 셀에서 더블클릭하여 [표시 형식]을 클릭한 후 '사용자 지정'에 "일"을 추가하여 'G/표준"일"'로 입력한 후 [확인]을 클릭한다. (G/표준"일" 또는 0"일", #"일"로 지정해도 된다.)

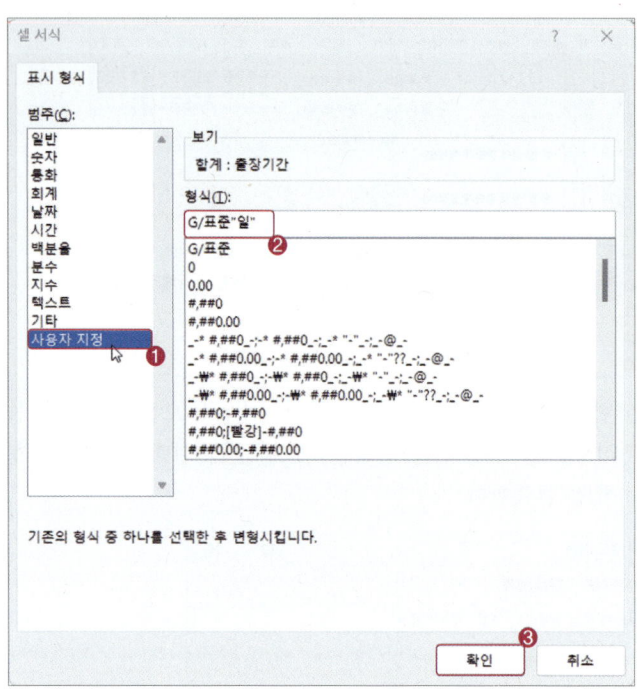

⑦ [피벗 테이블 분석] 탭에서 [옵션]을 클릭하여 [레이아웃 및 서식] 탭에서 '레이블이 있는 셀 병합 및 가운데 맞춤'을 체크하고, 빈 셀 표시에 *를 입력하고 [확인]을 클릭한다.

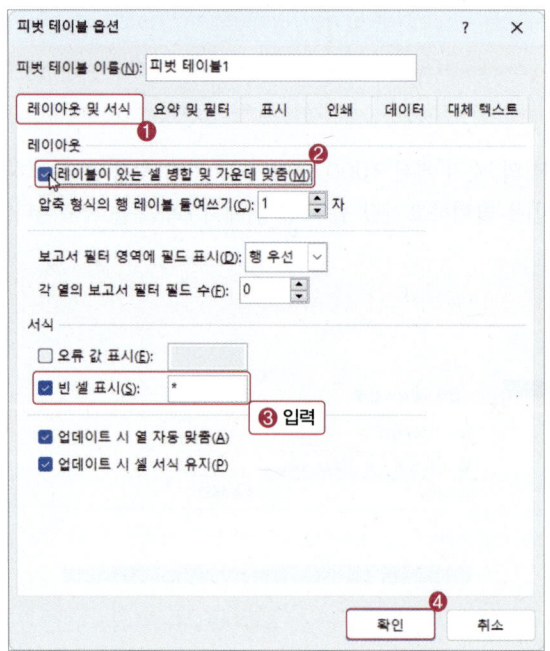

2 데이터 표

정답

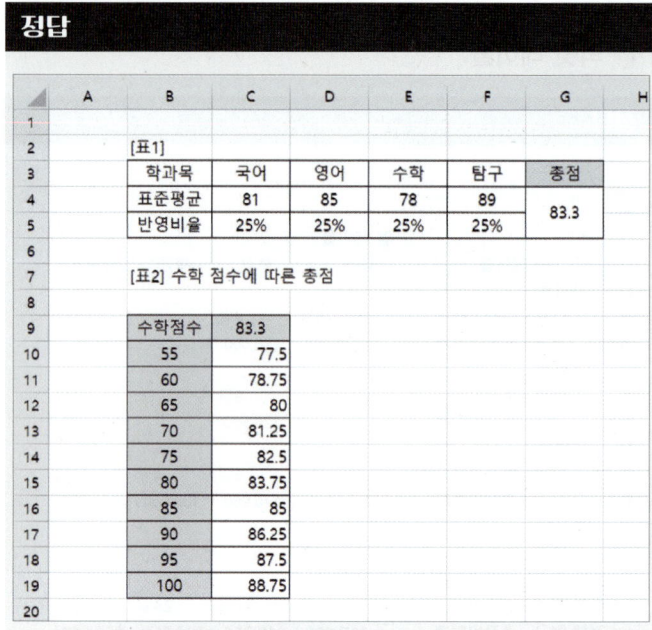

① [C9] 셀에 =G4를 입력하고 Enter 를 누른다.

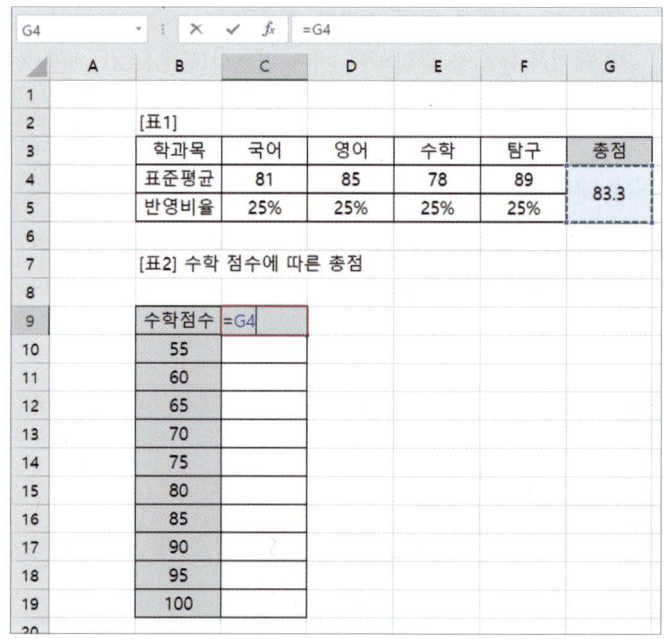

② [B9:C19] 영역을 범위 지정한 후 [데이터]-[예측] 그룹의 [가상 분석]-[데이터 표]를 클릭한다.

③ [데이터 표]의 '열 입력 셀'은 [E4] 셀로 지정한 후 [확인]을 클릭한다.

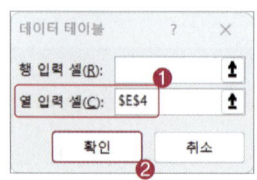

문제4 기타작업

1 매크로

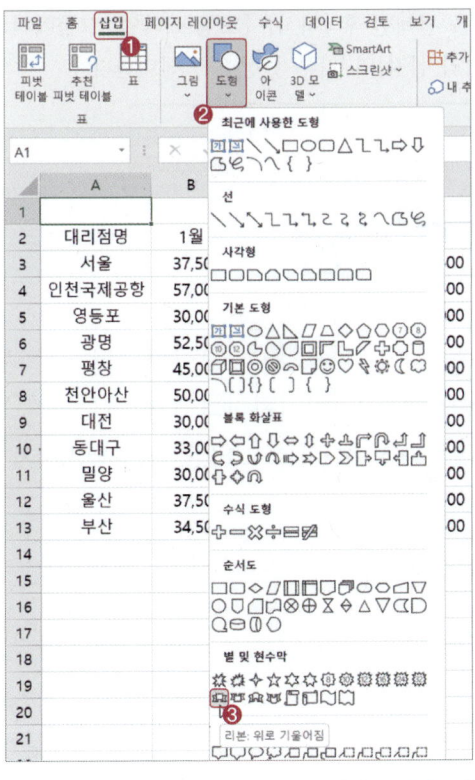

① [삽입]-[일러스트레이션] 그룹에서 [도형]-[별 및 현수막]의 '리본: 위로 기울어짐(🎀)'을 클릭한다.

② 마우스 포인터가 '+'로 바뀌면 [B15:C16] 영역에 드래그한 후 **평균**을 입력한다.

③ '리본: 위로 기울어짐(🎀)' 도형에서 마우스 오른쪽 버튼을 눌러 [매크로 지정]을 선택한다.

④ [매크로 지정]에 **평균**을 입력하고 [기록]을 클릭한다.

⑤ [매크로 기록]에 자동으로 '평균'으로 매크로 이름이 표시되면 [확인]을 클릭한다.

⑥ [G3] 셀에 =AVERAGE(B3:F3)을 입력한 후 [G13] 셀까지 수식을 복사한다.

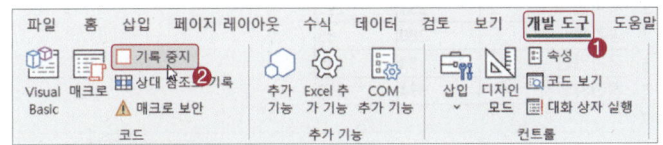

⑦ 임의의 셀을 클릭한 후 매크로 기록을 종료하기 위해 [개발 도구]-[코드] 그룹의 [기록 중지](□)를 클릭한다.

⑧ [삽입]-[일러스트레이션] 그룹에서 [도형]-[별 및 현수막]의 '리본: 아래로 기울어짐(🎀)'을 클릭한다.

⑨ 마우스 포인터가 '+'로 바뀌면 [E15:F16] 영역에 드래그한 후 **테두리**를 입력한다.

⑩ '리본: 아래로 기울어짐(🎀)' 도형에서 마우스 오른쪽 버튼을 눌러 [매크로 지정]을 선택한다.

⑪ [매크로 지정]의 '매크로 이름'에 **테두리**를 입력하고 [기록]을 클릭한다.

⑫ [매크로 기록]에 자동으로 '테두리'로 매크로 이름이 표시되면 [확인]을 클릭한다.

⑬ [A2:G13] 영역을 범위 지정한 후 [홈]-[글꼴] 그룹에서 [테두리](⊞⋁) 도구의 [모든 테두리](⊞)를 클릭한다.

⑭ 매크로 기록을 종료하기 위해 [개발 도구]-[코드] 그룹의 [기록 중지](□)를 클릭한다.

2 차트

정답

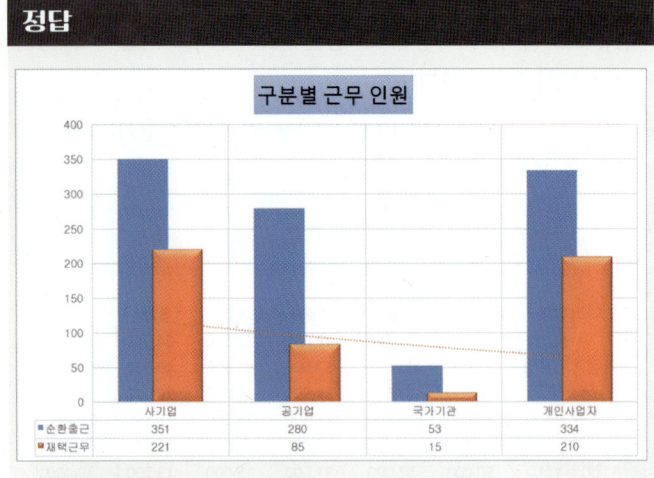

① [차트 요소](➕)-[차트 제목]을 체크한 후 '수식 입력줄'에 =을 입력한 후 [A1] 셀을 클릭한 후 Enter 를 누른다.

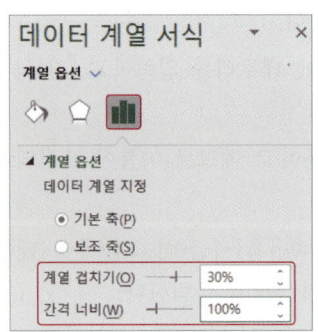

② 범례를 선택한 후 Delete 를 눌러 삭제한다.

③ 데이터 막대를 선택한 후 마우스 오른쪽 버튼을 눌러 [데이터 계열 서식]을 선택한 후 [계열 옵션]에서 계열 겹치기에 30, 간격 너비에 100을 입력한다.

④ [차트 요소](➕)-[데이터 테이블]-[범례 표지 포함]을 선택한다.

⑤ [차트 요소](➕)-[눈금선]-[기본 주 세로]를 선택한다.

⑥ 차트 영역을 선택한 후 [홈]-[글꼴] 그룹에서 글꼴은 '굴림', 크기는 '11'로 지정한다.

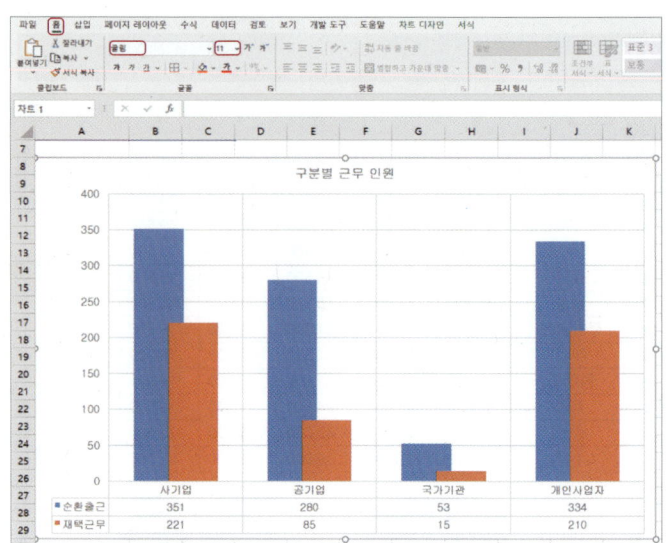

⑦ 차트 제목을 선택한 후 [서식]-[도형 스타일] 그룹에서 '미세 효과 – 파랑, 강조 1'을 선택하고, [홈]-[글꼴] 그룹에서 글꼴 크기 '20'으로 지정한다.

⑧ '재택근무' 계열을 선택한 후 [서식]-[도형 스타일] 그룹에서 [도형 효과]-[미리 설정]의 '기본 설정 2'를 선택한다.

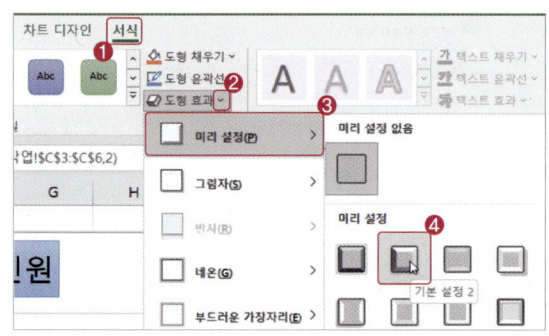

⑨ '재택근무' 계열을 선택한 후 [차트 요소](➕)-[추세선]-[지수]를 클릭한다.

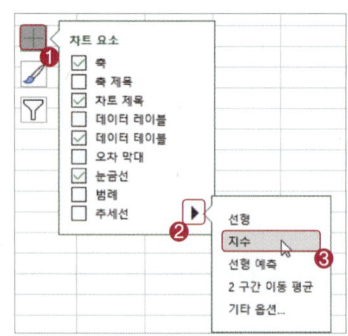

상시 공략 문제 08회

작업파일: '26컴활2급(상시)\상시공략문제'에서 '상시공략문제8회' 파일을 열어 작업하세요.

프로그램명	제한시간	풀이시간
EXCEL 2021	40분	분

수험번호 :

성　　명 :

유의사항

- 인적 사항 누락 및 잘못 작성으로 인한 불이익은 수험자 책임으로 합니다.

- 화면에 암호 입력창이 나타나면 아래의 암호를 입력하여야 합니다.
  ○ 암호: 5454$3

- 작성된 답안은 주어진 경로 및 파일명을 변경하지 마시고 그대로 저장해야 합니다. 이를 준수하지 않으면 실격 처리됩니다.
  ○ 답안 파일명의 예: C:\OA\수험번호8자리.xlsm

- 외부데이터 위치: C:\OA\파일명

- 별도의 지시사항이 없는 경우, 다음과 같이 처리 시 실격 처리됩니다.
  ○ 제시된 시트 및 개체의 순서나 이름을 임의로 변경한 경우
  ○ 제시된 시트 및 개체를 임의로 추가 또는 삭제한 경우

- 답안은 반드시 문제에서 지시 또는 요구한 셀에 입력하여야 하며 다음과 같이 처리 시 채점 대상에서 제외됩니다.
  ○ 제시된 함수가 있을 경우 제시된 함수만을 사용하여야 하며 그 외 함수사용시 채점대상에서 제외
  ○ 수험자가 임의로 지시하지 않은 셀의 이동, 수정, 삭제, 변경 등으로 인해 셀의 위치 및 내용이 변경된 경우 해당 작업에 영향을 미치는 관련문제 모두 채점 대상에서 제외
  ○ 도형 및 차트의 개체가 중첩되어 있거나 동일한 계산결과 시트가 복수로 존재할 경우 해당 개체나 시트는 채점 대상에서 제외

- 수식 작성 시 제시된 문제 파일의 데이터는 변경 가능한(가변적) 데이터임을 감안하여 문제 풀이를 하시오.

- 별도의 지시사항이 없는 경우, 주어진 각 시트 및 개체의 설정값 또는 기본 설정값 (Default)으로 처리하시오.

- 저장 시간은 별도로 주어지지 않으므로 제한된 시간 내에 저장을 완료해야 하며, 제한 시간 내에 저장이 되지 않은 경우에는 실격 처리됩니다.

- 출제된 문제의 용어는 MS Office LTSC Professional Plus 2021 기준으로 작성되어 있습니다.

대 한 상 공 회 의 소

문제1 기본작업(20점) 주어진 시트에서 다음 과정을 수행하고 저장하시오.

1 '기본작업-1' 시트에 다음의 자료를 주어진 대로 입력하시오. (5점)

	A	B	C	D	E
1	농가 산지직송				
2					
3	상품명	가격	단위	배송비	비고
4	몽땅암꽃게	14900	6~7 마리	2000	연평도 암꽃게
5	소백산 아카시아꿀	25900	2.4kg	무료배송	청정지역 경북 영주
6	왕두툼 쥐포	2990	10장	3000	선착순 딱 5,000 마리
7	전라도식 어린 열무김치	27900	4.2kg	무료배송	100% 우리 농산물
8	딱딱이 복숭아	19800	총8kg	무료배송	딱 8일 정도 판매
9	52년 전통 남도명가 냉면	14900	8인분	5000	52년 비법 육수와 양념
10	밥도둑 전복장	19800	18~28 마리	무료배송	재구매율 300%
11	제주 은갈치 + 간 고등어	29900	3팩 + 2팩	무료배송	500분 한정
12	캘리포니아 생체리	12500	500G	2500	350분 한정
13	해남 햇배추 포기김치	9900	3kg	3000	4일간 진행

2 '기본작업-2' 시트에 대하여 다음의 지시사항을 처리하시오. (각 2점)

① [A1:F1] 영역은 '병합하고 가운데 맞춤', 글꼴 'HY엽서M', 크기 17, 글꼴 스타일 '굵게'로 지정하시오.
② [F3] 셀의 '요일'을 '曜日'로 변환하고, [F4] 셀에 '10대, 20대 모두 인기'라는 메모를 삽입한 후 항상 표시되도록 지정하고, 메모 서식에서 '자동 크기'를 설정하시오.
③ [D4:D11] 영역은 사용자 지정 표시 형식을 이용하여 소수 이하 2자리까지 표시하고 숫자 앞에 ★을 붙여서 빨강색으로 [표시 예]와 같이 표시하시오. [표시 예 : 9.9 → ★ 9.90]
④ [F4:F11] 영역은 사용자 지정 표시 형식을 이용하여 문자 뒤에 '웹툰'을 붙여 [표시 예]와 같이 표시하시오. [표시 예 : 일요 → 일요웹툰]
⑤ [A3:F11] 영역은 '모든 테두리(田)'를 적용하여 표시하고, 가로 '가운데 맞춤'으로 지정하시오.

3 '기본작업-3' 시트에 대하여 다음의 지시사항을 처리하시오. (5점)

'지점별 A/S 처리 현황' 표에서 총금액이 총금액의 전체 평균 미만인 행 전체의 글꼴 스타일은 '굵게', 글꼴 색을 '표준 색 - 파랑'으로 지정하는 조건부 서식을 작성하시오.
▶ AVERAGE 함수 사용
▶ 규칙 유형은 '수식을 사용하여 서식을 지정할 셀 결정'을 이용하시오.

문제2 계산작업(40점) 주어진 시트에서 다음 과정을 수행하고 저장하시오.

1 [표1]에서 필기 점수가 전체 필기[C3:C12] 평균 점수 이상이고, 실기 점수가 전체 실기[D3:D12] 평균 점수 이상이면 '합격', 그 외는 공백으로 [E3:E12] 영역에 표시하시오. (8점)

▶ IF, AND, AVERAGE 함수 사용

2 [표2]에서 조[H3:H11]과 점수[I3:I11]을 이용하여 조별 점수의 합계를 점수합계[L7:L9] 영역에 표시하시오. (8점)

▶ SUMIF, SUMIFS, AVERAGEIF, COUNTIF 함수 중 선택하여 사용

3 [표3]의 수학[B16:B25] 점수가 90점 이상이고, 과학[C16:C25] 점수가 90점 이상인 총점[D16:D25]의 평균을 구하여 '점'을 붙여서 [E16] 셀에 표시하시오. (8점)

▶ AVERAGEIFS 함수와 & 연산자 사용

4 [표4]에서 소속팀[I16:I23]이 '영업'인 총점[M16:M23]의 평균을 구하여 정수로 [M24] 셀에 표시하시오. (8점)

▶ TRUNC, AVERAGEIF 함수 사용

5 [표5]에서 주민등록번호[C29:C37]을 이용하여 하이픈(-) 다음에 있는 숫자를 이용하여 '남', '여' 형식으로 성별 [D29:D37] 영역에 표시하시오. (8점)

▶ 하이픈(-) 뒤의 숫자가 1과 3은 '남', 2와 4는 '여', 그 외는 공백으로 표시
▶ IFERROR, CHOOSE, MID 함수 모두 사용

문제3 분석작업(20점) 주어진 시트에서 다음 과정을 수행하고 저장하시오.

1 '분석작업-1' 시트에 대하여 다음의 지시사항을 처리하시오. (10점)

[정렬] 기능을 이용하여 '상공회원 관리현황' 표에서 '회원등급'을 '골드-실버-일반' 순으로 정렬하고, 동일한 등급 인 경우 '가입년도'의 셀 색이 'RGB(0, 176, 240)'인 값이 아래쪽에 표시되도록 정렬하시오.

2 '분석작업-2' 시트에 대하여 다음의 지시사항을 처리하시오. (10점)

데이터 도구 [통합] 기능을 이용하여 [표1], [표2]에 대한 '판매량', '매출액'의 평균을 [표3]의 [I3:J5] 영역에 계산하 시오.

문제4 기타작업(20점) 주어진 시트에서 다음 과정을 수행하고 저장하시오.

1 '매크로작업' 시트의 [표]에서 다음과 같은 기능을 수행하는 매크로를 현재 통합 문서에 작성하고 실행하시오. (각 5점)

① [F4:F15] 영역에 이익합계를 계산하는 매크로를 생성하여 실행하시오.
- ▶ 매크로 이름 : 이익합계
- ▶ 이익합계 = 매입이익 + 판매이익
- ▶ [개발 도구] → [삽입] → [양식 컨트롤]의 '단추(□)'를 동일 시트의 [B17:C18] 영역에 생성하고, 텍스트를 "이익합계"로 입력한 후 단추를 클릭할 때 '이익합계' 매크로가 실행되도록 설정하시오.

② [B4:F15] 영역에 대하여 통화기호(₩)와 함께 회계 서식으로 표시하는 매크로를 생성하여 실행하시오.
- ▶ 매크로 이름 : 서식
- ▶ [도형] → [기본 도형]의 '사각형: 모서리가 접힌 도형(□)'을 동일 시트의 [E17:F18] 영역에 생성하고, 텍스트를 "서식"으로 입력한 후 도형을 클릭할 때 '서식' 매크로가 실행되도록 설정하시오.
- ※ 셀 포인터의 위치에 상관없이 현재 통합 문서에서 매크로가 실행되어야 정답으로 인정됨

2 '차트작업' 시트의 차트에서 다음 지시사항에 따라 아래 〈그림〉과 같이 차트를 수정하시오. (각 2점)

※ 차트는 반드시 문제에서 제공한 차트를 사용하여야 하며, 신규로 작성 시 0점 처리됨

① '수입액' 계열이 제거되도록 데이터 범위를 수정하시오.
② 차트 종류를 '3차원 원형'으로 변경하고 범례는 표시되지 않도록 설정하시오.
③ 3차원 회전을 Y 회전 '30'으로 지정하고, 첫째 조각의 각은 '20', 쪼개진 원형은 '10'으로 지정하시오.
④ 데이터 레이블은 '항목 이름', '값'을 표시하고, 레이블의 위치를 '안쪽 끝에'로 지정하고, 글꼴 색은 '흰색, 배경1', 글꼴 스타일 '굵게', 글꼴 크기는 '11'로 지정하시오.
⑤ 차트 제목은 '월별 수출 현황', 글꼴 '궁서체', 글꼴 크기 '20', 차트 영역은 색 변경에서 '단색 색상표1'로 지정하시오.

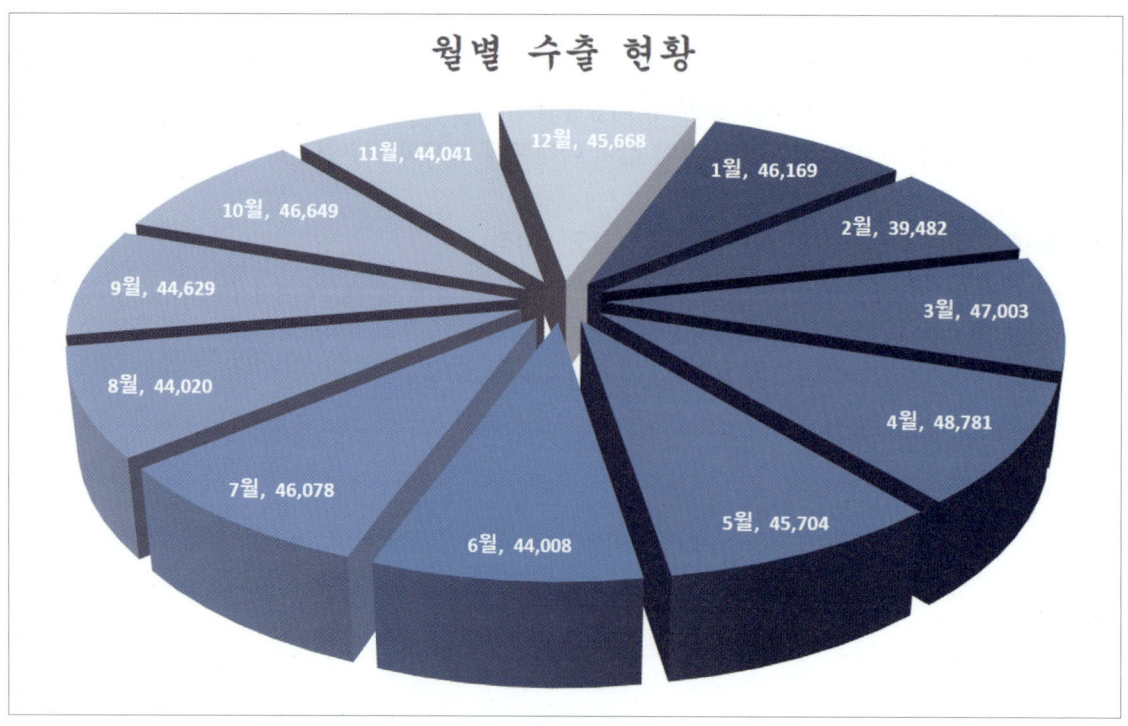

정답 & 해설 — 상시 공략 문제 08회

문제1 기본작업

1 자료 입력

정답

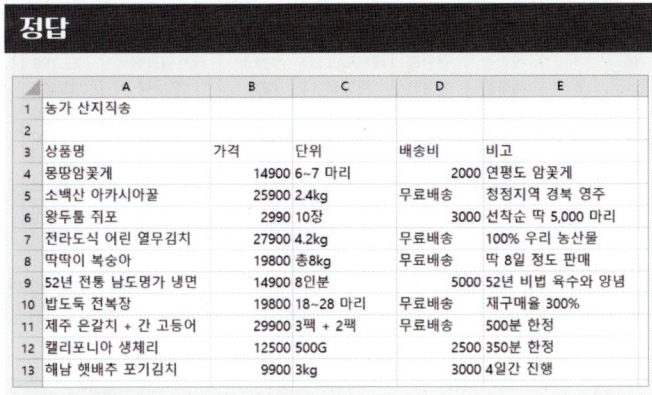

[A3:E13] 셀까지 문제를 보고 오타 없이 작성한다.

2 서식 지정

정답

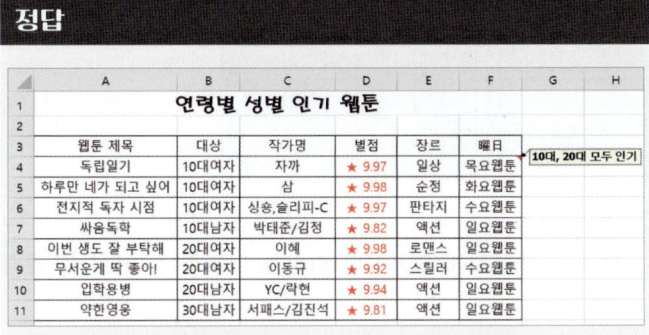

① [A1:F1] 영역을 범위 지정한 후 [홈]-[맞춤] 그룹에서 [병합하고 가운데 맞춤](圖)을 클릭한 후 [홈]-[글꼴] 그룹에서 글꼴은 'HY엽서M', 크기는 '17', 글꼴 스타일 '굵게' 지정한다.

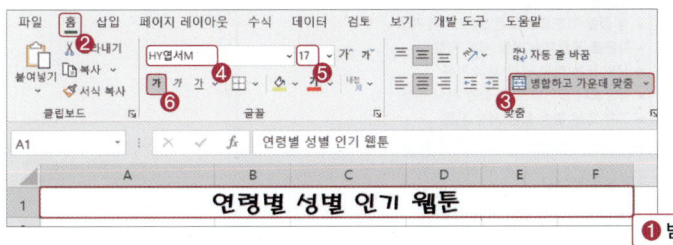

② [F3] 셀의 '요일'을 범위 지정한 후 [한자]를 눌러 '曜日'을 선택하고 [변환]을 클릭한다.

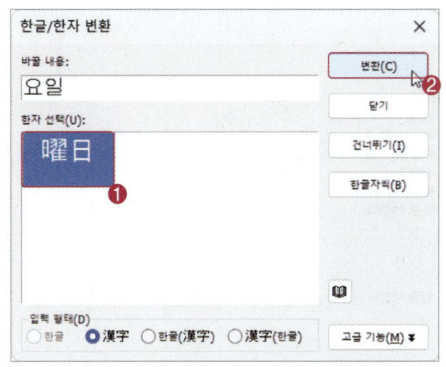

③ [F4] 셀에서 마우스 오른쪽 버튼을 눌러 [메모 삽입]을 선택한 후 10대, 20대 모두 인기를 입력한 후 [F4] 셀에서 마우스 오른쪽 버튼을 눌러 [메모 표시/숨기기]를 선택한다.

④ 메모 상자의 경계라인에서 마우스 오른쪽 버튼을 눌러 [메모 서식]을 선택한 후 [맞춤] 탭에서 '자동 크기'를 체크한 후 [확인]을 클릭한다.

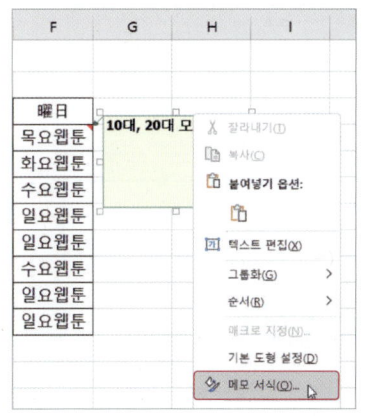

⑤ [D4:D11] 영역을 범위 지정한 후 Ctrl+1을 눌러 [표시 형식] 탭의 '사용자 지정'에 [빨강]"★"0.00을 입력하고 [확인]을 클릭한다.

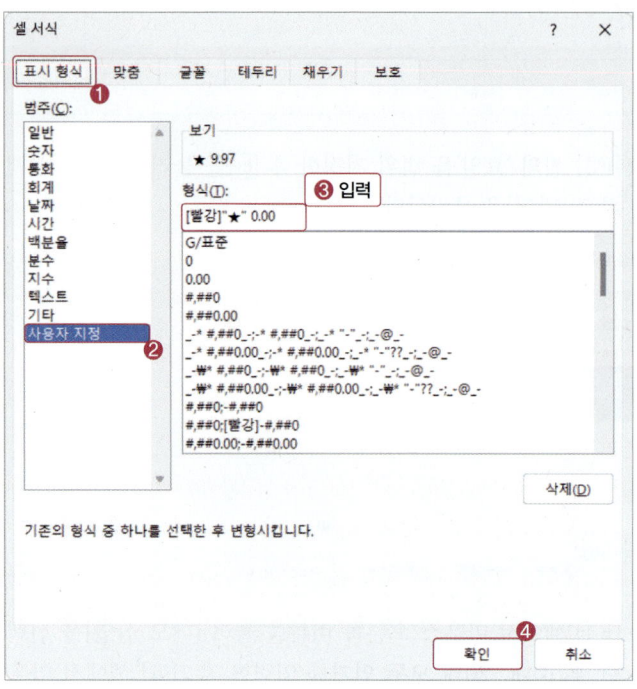

⑥ [F4:F11] 영역을 범위 지정한 후 Ctrl+1을 눌러 [표시 형식] 탭의 '사용자 지정'에 @"웹툰"을 입력하고 [확인]을 클릭한다.

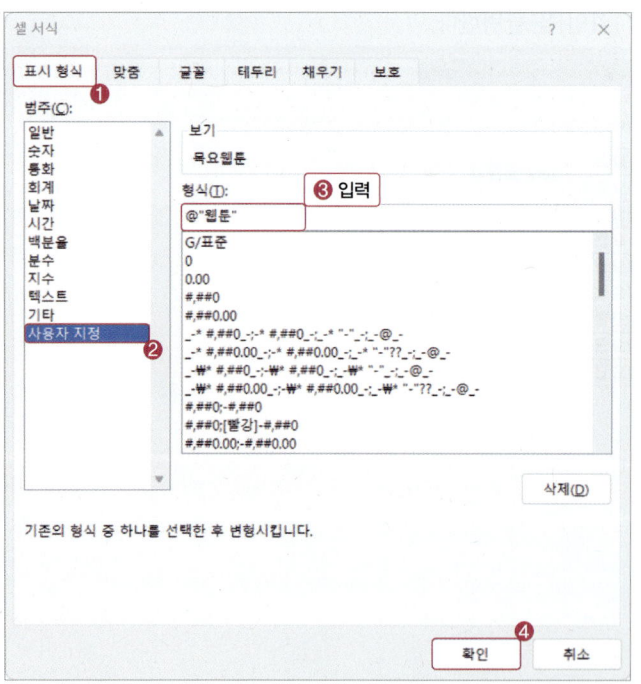

⑦ [A3:F11] 영역을 범위 지정한 후 [홈]-[글꼴] 그룹에서 [테두리](⊞▾) 도구의 [모든 테두리](⊞)를 클릭한 후 [홈]-[맞춤] 그룹에서 [가운데 맞춤](≡)을 클릭한다.

3 조건부 서식

정답

	A	B	C	D	E	F	G
1	지점별 A/S 처리 현황						
2							
3	번호	A/S 지점	이름	부서	제품코드	제품종류	총금액
4	1	부산점	김병준	지원팀	A210	본체	36,400
5	2	부산점	박정현	네트워크팀	T120	네트워크장비	25,500
6	3	서울점	이연기	기술팀	M502	모니터	35,000
7	4	서울점	이선남	기술팀	P143	주변기기	30,600
8	5	서울점	윤성호	기술팀	P143	주변기기	30,000
9	6	서울점	장동수	네트워크팀	T120	본체	35,700
10	7	세종점	김명희	네트워크팀	T320	네트워크장비	25,750
11	8	세종점	박정현	지원팀	A210	모니터	35,000
12	9	부산점	이수해	지원팀	M502	모니터	35,700
13	10	세종점	이인균	지원팀	M510	모니터	35,000
14	11	세종점	권미숙	지원팀	M510	모니터	35,700
15	12	세종점	장동수	기술팀	P148	주변기기	30,000
16	13	부산점	나관주	네트워크팀	T128	본체	36,400

① [A4:G16] 영역을 범위 지정한 후 [홈]-[스타일] 그룹에서 [조건부 서식]-[새 규칙]을 클릭한다.

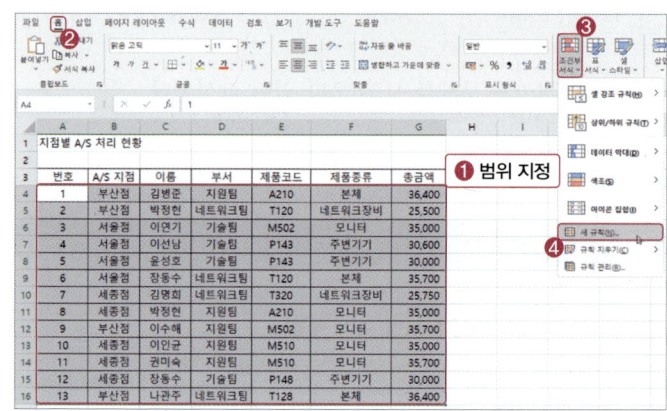

② '▶ 수식을 사용하여 서식을 지정할 셀 결정'을 선택한 후 =$G4<AVERAGE($G$4:$G$16)을 입력하고 [서식]을 클릭한다.

③ [글꼴] 탭에서 '굵게', 글꼴 색은 '표준 색 - 파랑'을 선택하고 [확인]을 클릭하고 [새 서식 규칙]에서 [확인]을 클릭한다.

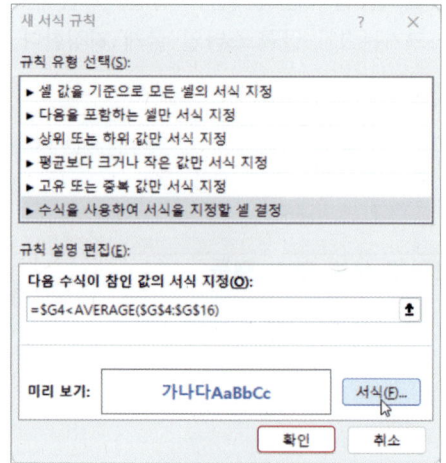

문제2 계산작업

정답

[표1] 상공자격증 시험결과

성명	성별	필기	실기	결과
박미진	여	85	92	
노국희	여	92	89	합격
김윤경	여	93	84	
강석중	남	89	78	
노성일	남	89	89	합격
이민환	남	75	95	
박출하	남	84	92	
박명순	여	86	78	
백수진	여	92	89	합격
오동석	남	92	89	합격

[표2] 조별 점수 현황

성명	조	점수
채윤병	A조	75
이재진	C조	85
이세범	A조	95
김주희	B조	80
송은희	C조	90
이보라	A조	85
김현희	B조	85
김지현	C조	70
조서연	B조	90

조	점수합계
A조	255
B조	255
C조	245

[표3] 수학/과학 경시대회 결과

성명	수학	과학	총점	성적 우수자 평균
신현준	94	92	186	184점
오금영	88	90	178	
마영석	78	86	164	
홍지수	92	86	178	
이영훈	90	90	180	
유인상	93	83	176	
박주희	82	89	171	
최철희	78	94	172	
박신희	96	90	186	
고준서	86	91	177	

[표4] 월간평가표

사원명	소속팀	근태	업무수행	실적	총점
오민수	영업	20	45	28	93
정지영	생산	19	40	27	86
남궁연	영업	20	35	29	84
백수희	영업	17	30	21	68
서은혁	생산	20	45	23	88
강이수	생산	18	35	29	82
신경숙	영업	20	40	27	87
이문영	생산	17	40	25	82
영업팀의 총점 평균					83

[표5] 사원현황

소속팀	사원명	주민등록번호	성별
영업	강동규	790602-1******	남
재무	유민정	890607-2******	여
인사	이현준	020506-3******	남
홍보	오민아	010904-4******	여
연구	김진성	920108-1******	남
생산	홍수아	940514-2******	여
품질	이명훈	010506-3******	남
기획	김민서	880808-2******	여
총무	여수연	001025-4******	여

1 결과[E3:E12]

[E3] 셀에 =IF(AND(C3>=AVERAGE($C$3:$C$12),D3>=AVERAGE($D$3:$D$12)),"합격","")를 입력하고 [E12] 셀까지 수식을 복사한다.

> **함수 설명** =IF(AND(C3>=AVERAGE($C$3:$C$12),D3>=AVERAGE($D$3:$D$12)),"합격","")
>
> ① AVERAGE($C$3:$C$12) : [C3:C12] 영역의 평균을 구함
> ② AVERAGE($D$3:$D$12) : [D3:D12] 영역의 평균을 구함
> ③ AND(C3>=①,D3>=②) : [C3] 셀의 값이 ①의 값 이상이고, [D3] 셀의 값이 ②의 값 이상인 경우 TRUE 값을 반환
>
> =IF(③,"합격","") : ③의 값이 TRUE면 '합격', 그 외는 공백으로 표시

2 점수합계[L7:L9]

[L7] 셀에 =SUMIF($H$3:$H$11,K7,$I$3:$I$11)를 입력하고 [L9] 셀까지 수식을 복사한다.

> **함수 설명**
> =SUMIF($H$3:$H$11,K7,$I$3:$I$11) : [H3:H11] 영역에서 [K7] 셀을 찾아 같은 행의 [I3:I11] 영역에서 합계를 구함

3 성적 우수자 평균[E16]

[E16] 셀에 =AVERAGEIFS(D16:D25,B16:B25,">=90",C16:C25,">=90")&"점"를 입력한다.

> **함수 설명** =AVERAGEIFS(D16:D25,B16:B25,">=90",C16:C25,">=90")&"점"
>
> ① AVERAGEIFS(D16:D25,B16:B25,">=90",C16:C25,">=90") : [B16:B25] 영역에서 90 이상이고, [C16:C25] 영역에서 90 이상인 데이터의 [D16:D25] 영역의 평균을 구함
>
> =①&"점" : ①의 값에 '점'을 붙여서 표시

4 영업팀의 총점 평균[M24]

[M24] 셀에 =TRUNC(AVERAGEIF(I16:I23,"영업",M16:M23))를 입력한다.

> **함수 설명** =TRUNC(AVERAGEIF(I16:I23,"영업",M16:M23))
>
> ① AVERAGEIF(I16:I23,"영업",M16:M23) : [I16:I23] 영역에서 '영업'을 찾아 같은 행에서 [M16:M23] 영역의 평균을 구함
>
> =TRUNC(①) : ①의 값을 정수로 표시

5 성별[D29:D37]

[D29] 셀에 =IFERROR(CHOOSE(MID(C29,8,1),"남","여","남","여"),"")를 입력하고 [D37] 셀까지 수식을 복사한다.

> **함수 설명** =IFERROR(CHOOSE(MID(C29,8,1),"남","여","남","여"),"")
>
> ① MID(C29,8,1) : [C29] 셀에서 왼쪽부터 시작하여 8번째 위치에서 1글자를 추출함
> ② CHOOSE(①,"남","여","남","여") : ①의 값이 1이면 '남', 2이면 '여', 3이면 '남', 4이면 '여'로 표시
>
> =IFERROR(②,"") : ②의 값에 오류가 있다면 공백으로 표시

문제3 분석작업

1 데이터 정렬

정답

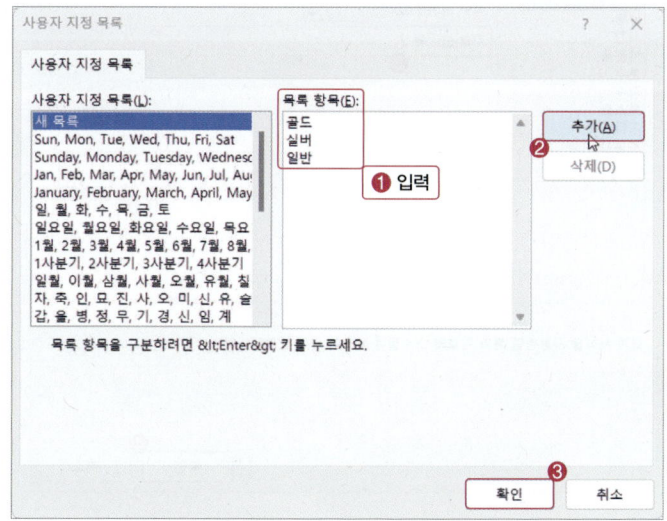

① [A3:H16] 영역을 범위 지정한 후 [데이터]-[정렬 및 필터] 그룹에서 [정렬](🔲)을 클릭하여 '회원등급', '사용자 지정 목록'을 선택하고, **골드, 실버, 일반**을 입력하고 [추가]를 클릭하고 [확인]을 클릭한다.

② [기준 추가]를 클릭하여 '가입년도', '셀 색', RGB(0, 176, 240), '아래쪽에 표시'를 선택하고 [확인]을 클릭한다.

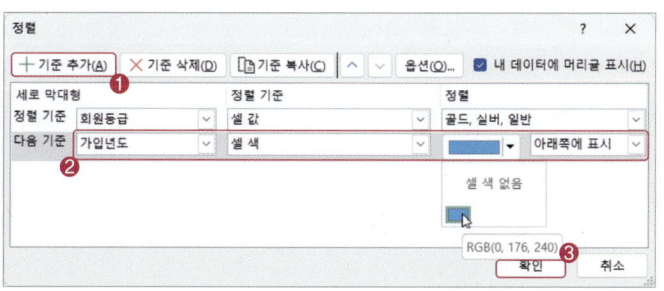

2 데이터 통합

정답

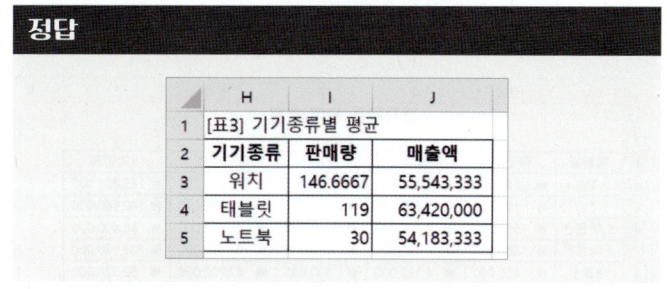

① [H2:J5] 영역을 범위 지정한 후 [데이터]-[데이터 도구] 그룹에서 [통합](🔲)을 클릭한다.

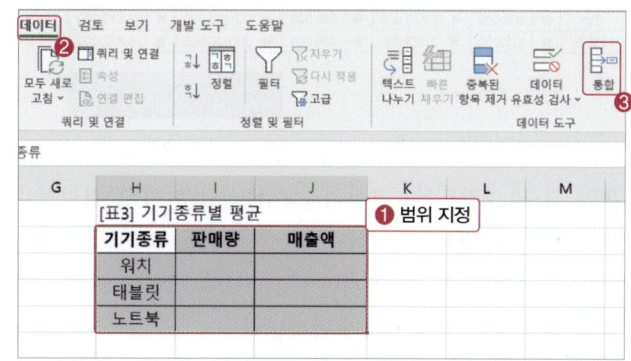

② [통합]을 다음과 같이 지정하고 [확인]을 클릭한다.

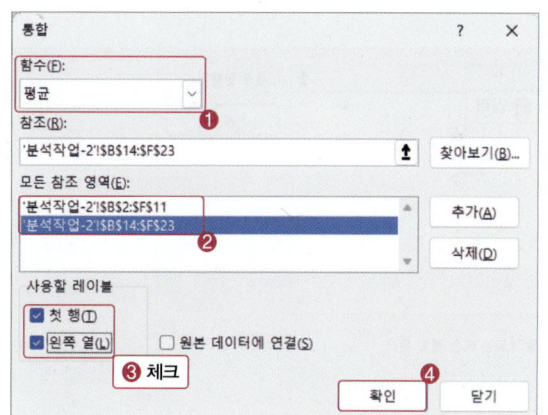

- 함수 : 평균
- 모든 참조 영역 : [B2:F11], [B14:F23]
- 사용할 레이블 : 첫 행, 왼쪽 열

문제4 기타작업

1 매크로

정답

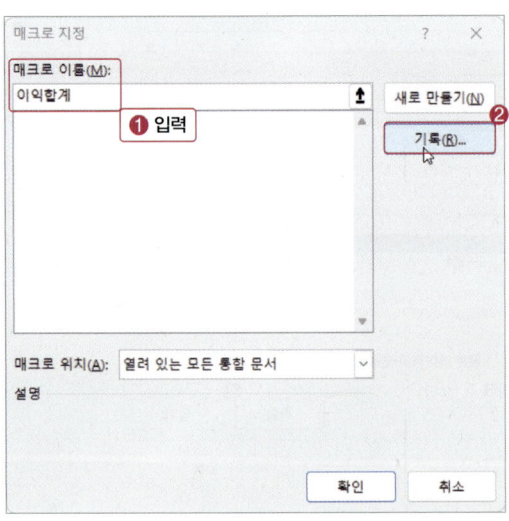

① [개발 도구]-[컨트롤] 그룹의 [삽입]-[단추(양식 컨트롤)](□)을 클릭한다.
② 마우스 포인터가 '+'로 바뀌면 [B17:C18] 영역에 드래그하면 [매크로 지정] 대화상자가 나타난다.
③ [매크로 지정]에 **이익합계**를 입력하고 [기록]을 클릭한다.

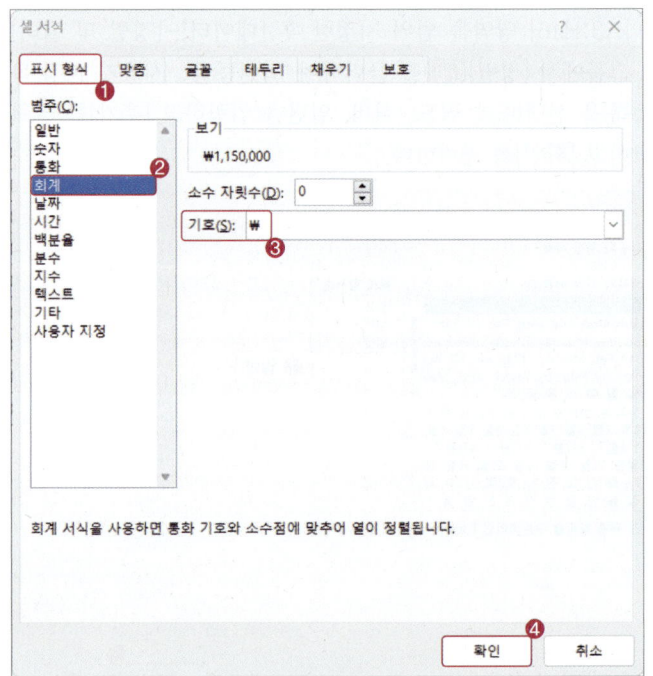

④ [매크로 기록]에 자동으로 '이익합계'로 매크로 이름이 표시되면 [확인]을 클릭한다.
⑤ [F4] 셀에 =C4+E4를 입력한 후 [F15] 셀까지 수식을 복사한다.
⑥ 임의의 셀을 클릭한 후 매크로 기록을 종료하기 위해 [개발 도구]-[코드] 그룹의 [기록 중지](□)를 클릭한다.
⑦ 단추에 텍스트를 수정하기 위해서 단추에서 마우스 오른쪽 버튼을 눌러 [텍스트 편집]을 선택한다.
⑧ 단추에 입력된 '단추 1'을 지우고 **이익합계**를 입력한다.
⑨ [삽입]-[일러스트레이션] 그룹에서 [도형]-[기본 도형]의 '사각형: 모서리가 접힌 도형(□)'을 클릭한다.
⑩ 마우스 포인터가 '+'로 바뀌면 [E17:F18] 영역에 드래그한 후 **서식**을 입력한다.
⑪ '사각형: 모서리가 접힌 도형(□)' 도형에서 마우스 오른쪽 버튼을 눌러 [매크로 지정]을 선택한다.
⑫ [매크로 지정]의 '매크로 이름'에 **서식**을 입력하고 [기록]을 클릭한다.
⑬ [매크로 기록]에 자동으로 '서식'으로 매크로 이름이 표시되면 [확인]을 클릭한다.
⑭ [B4:F15] 영역을 범위 지정한 후 Ctrl+1을 눌러 [표시 형식] 탭의 '회계'를 선택하고 [확인]을 클릭한다.
⑮ 매크로 기록을 종료하기 위해 [개발 도구]-[코드] 그룹의 [기록 중지](□)를 클릭한다.

2 차트

정답

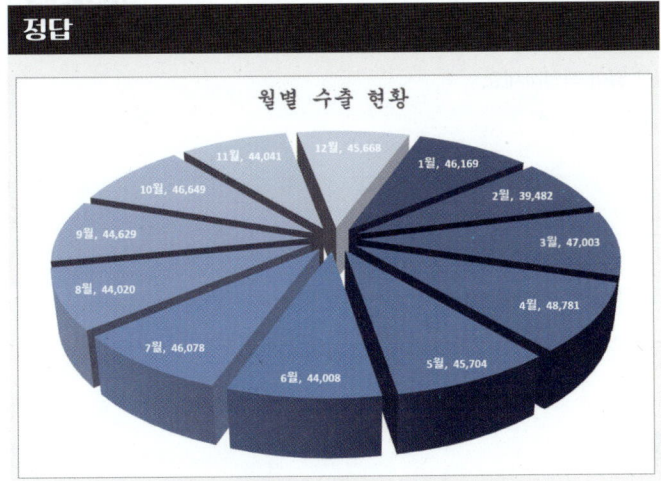

① '수입액' 계열을 선택한 후 Delete를 눌러 삭제한다.
② 차트에서 마우스 오른쪽 버튼을 눌러 [차트 종류 변경]을 선택하여 '원형'의 '3차원 원형'을 선택하고 [확인]을 클릭한다.

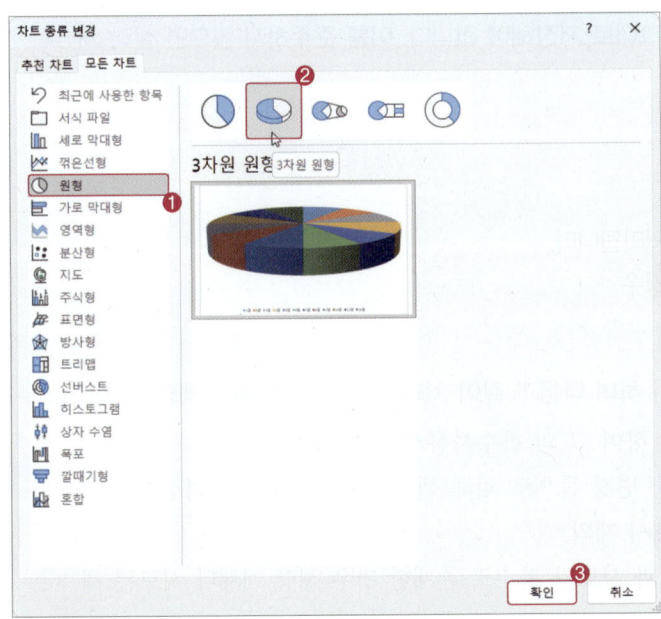

③ '범례'를 선택한 후 Delete를 눌러 삭제한다.
④ 차트에서 마우스 오른쪽 버튼을 눌러 [3차원 회전]을 선택한 후 'Y 회전'에 30을 입력한다.

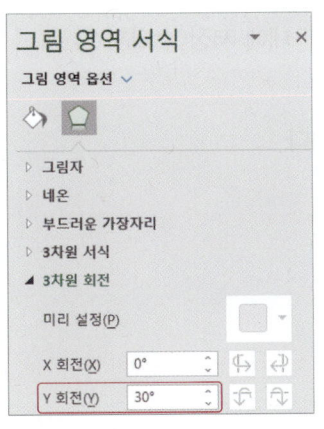

⑤ 원형 계열을 선택한 후 [데이터 계열 서식]의 '계열 옵션'에서 첫째 조각의 각에 20, 쪼개진 원형에 10을 입력한다.

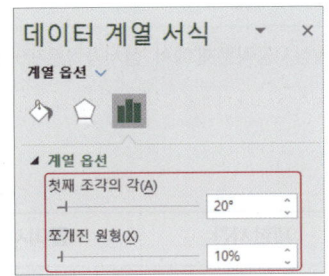

⑥ [차트 요소](⊞)-[데이터 레이블]-[기타 옵션]을 클릭한 후 [데이터 레이블 서식]의 [레이블 옵션]에서 '항목 이름', '값'을 체크하고, '안쪽 끝에'를 선택한다.

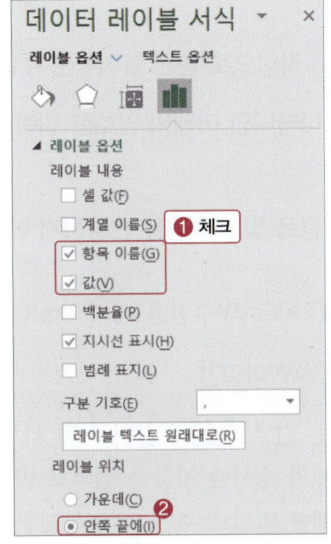

⑦ 데이터 레이블을 선택한 후 [홈]-[글꼴] 그룹에서 글꼴 색은 '흰색, 배경 1', 크기는 '11', 굵게 지정한다.
⑧ [차트 요소](⊞)-[차트 제목]을 선택한 후 **월별 수출 현황**을 입력한 후 [홈]-[글꼴] 그룹에서 글꼴 '궁서체', 크기 '20'을 지정한다.
⑨ 차트를 선택한 후 [차트 디자인]-[차트 스타일] 그룹에서 '색 변경'을 클릭하여 '단색 색상표1'를 선택한다.

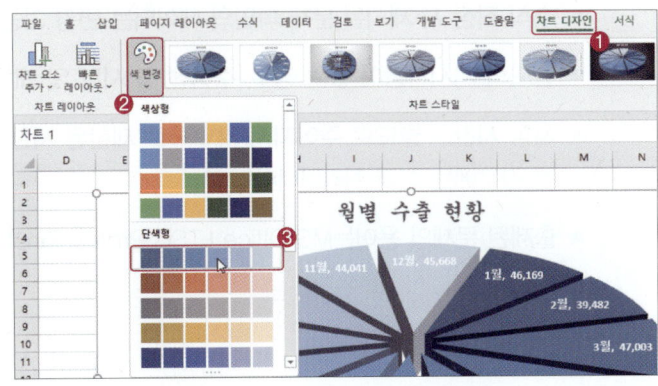

상시 공략 문제 09회

작업파일: '26컴활2급(상시)₩상시공략문제'에서 '상시공략문제9회' 파일을 열어 작업하세요.

프로그램명	제한시간	풀이시간
EXCEL 2021	40분	분

수험번호 :

성   명 :

유의사항

- 인적 사항 누락 및 잘못 작성으로 인한 불이익은 수험자 책임으로 합니다.

- 화면에 암호 입력창이 나타나면 아래의 암호를 입력하여야 합니다.
  - 암호: 5454$3

- 작성된 답안은 주어진 경로 및 파일명을 변경하지 마시고 그대로 저장해야 합니다. 이를 준수하지 않으면 실격 처리됩니다.
  - 답안 파일명의 예: C:₩OA₩수험번호8자리.xlsm

- 외부데이터 위치: C:₩OA₩파일명

- 별도의 지시사항이 없는 경우, 다음과 같이 처리 시 실격 처리됩니다.
  - 제시된 시트 및 개체의 순서나 이름을 임의로 변경한 경우
  - 제시된 시트 및 개체를 임의로 추가 또는 삭제한 경우

- 답안은 반드시 문제에서 지시 또는 요구한 셀에 입력하여야 하며 다음과 같이 처리 시 채점 대상에서 제외됩니다.
  - 제시된 함수가 있을 경우 제시된 함수만을 사용하여야 하며 그 외 함수사용시 채점대상에서 제외
  - 수험자가 임의로 지시하지 않은 셀의 이동, 수정, 삭제, 변경 등으로 인해 셀의 위치 및 내용이 변경된 경우 해당 작업에 영향을 미치는 관련문제 모두 채점 대상에서 제외
  - 도형 및 차트의 개체가 중첩되어 있거나 동일한 계산결과 시트가 복수로 존재할 경우 해당 개체나 시트는 채점 대상에서 제외

- 수식 작성 시 제시된 문제 파일의 데이터는 변경 가능한(가변적) 데이터임을 감안하여 문제 풀이를 하시오.

- 별도의 지시사항이 없는 경우, 주어진 각 시트 및 개체의 설정값 또는 기본 설정값 (Default)으로 처리하시오.

- 저장 시간은 별도로 주어지지 않으므로 제한된 시간 내에 저장을 완료해야 하며, 제한 시간 내에 저장이 되지 않은 경우에는 실격 처리됩니다.

- 출제된 문제의 용어는MS Office LTSC Professional Plus 2021 기준으로 작성되어 있습니다.

대 한 상 공 회 의 소

문제1 기본작업(20점) 주어진 시트에서 다음 과정을 수행하고 저장하시오.

1 '기본작업-1' 시트에 다음의 자료를 주어진 대로 입력하시오. (5점)

	A	B	C	D	E	F	G	H
1	상공 조기 축구회원 명단							
2								
3	성명	나이	주포지션	거주지	연락처	직업	가입일자	기부금액
4	박한국	29	right wing	종로	010-2387-8521	회사원	2019-03-02	50000
5	최숙현	41	full back	사당	010-2487-9861	자영업	2018-03-15	80000
6	김민수	36	goal keeper	불광	010-4356-0847	자영업	2020-03-17	10000
7	이수환	39	full back	구로	010-9498-3729	자영업	2017-08-31	30000
8	현진욱	32	midfield	목동	010-3783-0921	회사원	2016-09-06	35000
9	김윤수	26	Center forward	여의도	010-8472-6382	학생	2015-09-09	55000
10	김재연	30	midfield	여의도	010-5193-4578	회사원	2020-04-20	30000
11	박성진	25	left wing	서초	010-2587-9621	취준생	2021-10-11	10000

2 '기본작업-2' 시트에 대하여 다음의 지시사항을 처리하시오. (각 2점)

① [A1:G1] 영역은 '병합하고 가운데 맞춤', 글꼴 '돋움체', 크기 18, 글꼴 색은 '표준 색 - 자주', 글꼴 스타일 '굵게' 지정하고 '현황'은 한자 '現況'으로 변환하시오.

② [A3:G3] 영역은 채우기 색 '표준 색 - 자주', 글꼴 색은 '테마 색 - 흰색, 배경1', [B4:B12] 영역은 '셀에 맞춤'으로 지정하시오.

③ [A4:A6], [A7:A9], [A10:A12] 영역은 셀 병합 후 가로 '왼쪽', 세로 '위쪽'으로 지정하시오.

④ [F4:G13] 영역은 사용자 지정 표시 형식을 이용하여 천 단위 구분 기호와 숫자 뒤에 "원"을 [표시 예]와 같이 표시하시오. [표시 예 : 15200 → 15,200원, 0 → 0원]

⑤ [A3:G13] 영역은 '모든 테두리(田)'를 적용하여 표시하고, [B13:D13] 영역은 대각선(×) 모양의 테두리를 적용하시오.

3 '기본작업-3' 시트에 대하여 다음의 지시사항을 처리하시오. (5점)

'향초 판매 현황' 표에서 구분이 '아로마'이고 가격이 30,000 이상 50,000 미만인 데이터를 고급 필터를 사용하여 검색하시오.
▶ 고급 필터 조건은 [A28:C30] 범위 내에 알맞게 입력하시오.
▶ 고급 필터 결과 복사 위치는 동일 시트의 [A32] 셀에서 시작하시오.

문제2 계산작업(40점) 주어진 시트에서 다음 과정을 수행하고 저장하시오.

1 [표1]에서 총점[D3:D10]에서 가장 높은 점수이면 '최우수', 2번째로 높은 점수이면 '우수', 그 외는 공백으로 순위 [E3:E10] 영역에 표시하시오. (8점)

▶ IF, LARGE 함수 사용

② [표2]에서 학과[H3:H8]별 점수[I3:I8]의 평균을 구하여 학점표[K4:L8]을 참조하여 학점을 찾아 평균학점[H11:H13] 영역에 표시하시오. (8점)

▶ 학점 : 0~60 미만이면 'F', 60~70 미만이면 'D', 70~80 미만이면 'C', 80~90 미만이면 'B', 90 이상이면 'A'로 표시

▶ VLOOKUP, HLOOKUP, AVERAGE, AVERAGEIF 함수 중 알맞은 함수들을 선택하여 사용

③ [표3]의 배정번호[C14:C25]에서 4로 나눈 나머지에 1을 더한 값이 1이면 1반, 2이면 2반, 3이면 3반, 4이면 4반으로 반[D14:D25] 영역에 표시하시오. (8점)

▶ CHOOSE, MOD 함수 사용

④ [표4]에서 성별이 '여'인 평균의 최대값과 성별이 '남'인 평균의 최대값 차이 값을 구하여 양수로 최고평균차이[L26] 셀에 표시하시오. (8점)

▶ 성별 '남' 조건은 [L22:L23] 영역에 입력
▶ ABS, DMAX 함수 사용

⑤ [표5]에서 판매점[A31:A38]과 제품명[B31:B38]의 오른쪽 한 글자를 이용하여 제품가격표[G30:J32]를 참조하여 판매가를 추출하여 판매량을 곱하여 판매금액[D31:D38]을 계산하시오. (8점)

▶ HLOOKUP, RIGHT 함수와 & 연산자 이용

문제3 분석작업(20점) 주어진 시트에서 다음 과정을 수행하고 저장하시오.

① '분석작업-1' 시트에 대하여 다음의 지시사항을 처리하시오. (10점)

[부분합] 기능을 이용하여 '건강식품 판매 내역' 표에 〈그림〉과 같이 구분별로 '보존기간(개월)', '판매수량'의 최대값을 계산 후 '권장소비자가격'의 평균을 계산하시오.
▶ 정렬은 '구분'을 기준으로 오름차순으로 처리하시오.
▶ 최대값과 평균은 위에 명시된 순서대로 처리하시오.
▶ [그룹 해제]-[개요 지우기]를 적용하시오.

② '분석작업-2' 시트에 대하여 다음의 지시사항을 처리하시오. (10점)

[시나리오 관리자] 기능을 이용하여 '제품 납품 현황' 표에서 할인율[B14:C14]가 다음과 같이 변동되는 경우 총이익합계[G10]의 변동 시나리오를 작성하시오.
▶ [B14] 셀의 이름은 '일반', [C14] 셀의 이름은 '우수', [G10] 셀의 이름은 '총이익금합계'로 정의하시오.
▶ 시나리오1 : 시나리오 이름은 '할인율인상', 일반은 15%, 우수는 20%로 설정하시오.
▶ 시나리오1 : 시나리오 이름은 '할인율인하', 일반은 7%, 우수는 10%로 설정하시오.
▶ 시나리오 요약 시트는 '분석작업-2' 시트 바로 왼쪽에 위치해야 함
※ 시나리오 요약 보고서 작성 시 정답과 일치하여야 하며, 오차로 인한 부분점수는 인정하지 않음

문제4 기타작업(20점) 주어진 시트에서 다음 과정을 수행하고 저장하시오.

1 '매크로작업' 시트의 [표]에서 다음과 같은 기능을 수행하는 매크로를 현재 통합 문서에 작성하고 실행하시오. (각 5점)

① [I3:I14] 영역에 실지급액을 계산하는 매크로를 생성하여 실행하시오.
  ▶ 매크로 이름 : 실지급액
  ▶ 실지급액 = 기본급 + 수당 + 식대 + 교통비
  ▶ [개발 도구] → [삽입] → [양식 컨트롤]의 '단추(□)'를 동일 시트의 [B16:C17] 영역에 생성하고, 텍스트를 "실지급액"으로 입력한 후 단추를 클릭할 때 '실지급액' 매크로가 실행되도록 설정하시오.

② [A2:I2] 영역에 셀 스타일 '파랑, 강조색1'을 적용하는 매크로를 생성하여 실행하시오.
  ▶ 매크로 이름 : 서식
  ▶ [도형] → [사각형]의 '직사각형(□)'을 동일 시트의 [E16:F17] 영역에 생성하고, 텍스트를 "서식"으로 입력한 후 도형을 클릭할 때 '서식' 매크로가 실행되도록 설정하시오.

  ※ 셀 포인터의 위치에 상관없이 현재 통합 문서에서 매크로가 실행되어야 정답으로 인정됨

2 '차트작업' 시트의 차트에서 다음 지시사항에 따라 아래 〈그림〉과 같이 차트를 수정하시오. (각 2점)

※ 차트는 반드시 문제에서 제공한 차트를 사용하여야 하며, 신규로 작성 시 0점 처리됨

① 차트 종류를 '3차원 묶은 세로 막대형'으로 변경하시오.
② 3차원 회전은 '직각으로 축 고정'으로 지정하고, '상여금' 계열은 '원통형'으로 표시하시오.
③ 세로(값) 축의 주 단위는 400000으로 지정하고, 표시 형식은 기호 없는 '회계' 형식으로 표시하시오.
④ 밑면은 '밝은 회색, 배경2'로 지정하고, 상여금 계열의 데이터 레이블은 데이터 설명선 추가하시오.
⑤ 차트 영역에 그림자는 '오프셋: 오른쪽 아래', 테두리 스타일은 '둥근 모서리'로 지정하시오.

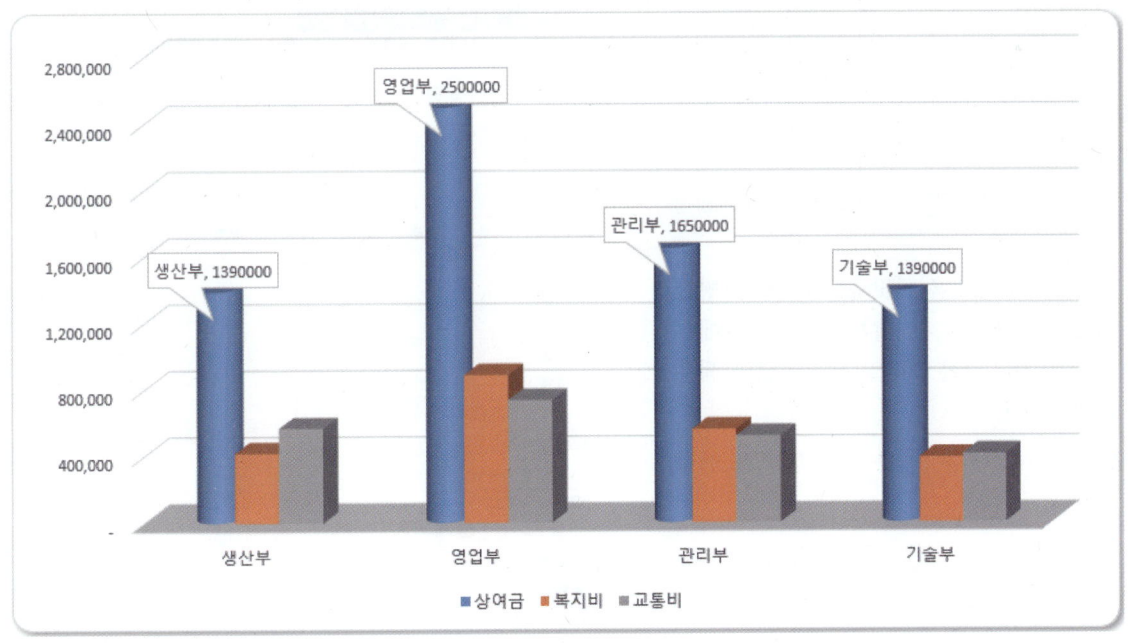

정답 & 해설 상시 공략 문제 09회

문제1 기본작업

1 자료 입력

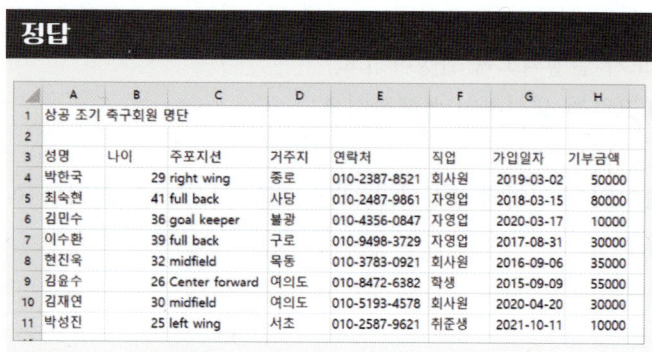

[A3:H11] 셀까지 문제를 보고 오타 없이 작성한다.

2 서식 지정

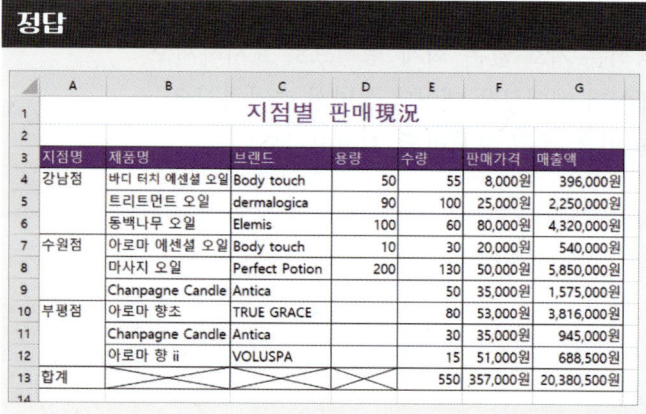

① [A1:G1] 영역을 범위 지정한 후 [홈]-[맞춤] 그룹에서 [병합하고 가운데 맞춤](🔲)을 클릭한 후 [홈]-[글꼴] 그룹에서 글꼴은 '돋움체', 크기는 '18', 글꼴 스타일 '굵게', 글꼴 색은 '표준 색 – 자주'로 지정한다.

② [A1] 셀의 '현황'을 범위 지정한 후 한자를 눌러 '現況'을 선택하고 [변환]을 클릭한다.

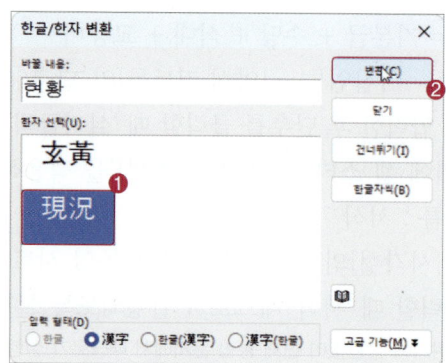

③ [A3:G3] 영역을 범위 지정한 후 [홈]-[글꼴] 그룹에서 채우기 색은 '표준 색 – 자주', 글꼴 색은 '테마 색 – 흰색, 배경 1'을 선택한다.

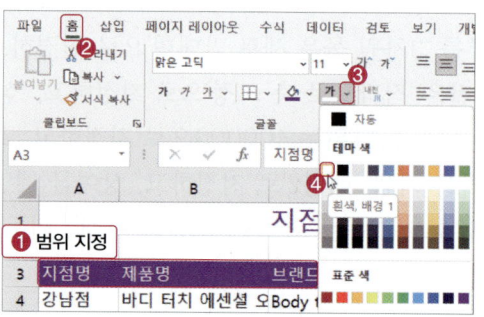

④ [B4:B12] 영역을 범위 지정한 후 Ctrl+1을 눌러 [맞춤] 탭에서 '셀에 맞춤'을 체크하고 [확인]을 클릭한다.

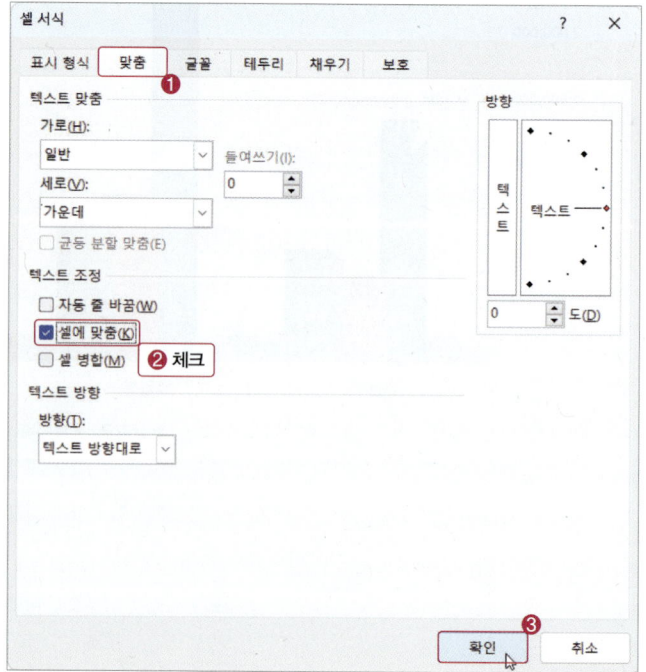

⑤ [A4:A6], [A7:A9], [A10:A12] 영역을 범위 지정한 후 Ctrl+1을 눌러 [맞춤] 탭에서 '셀 병합'을 체크하고, 가로 '왼쪽(들여쓰기)', 세로 '위쪽'을 선택하고 [확인]을 클릭한다.

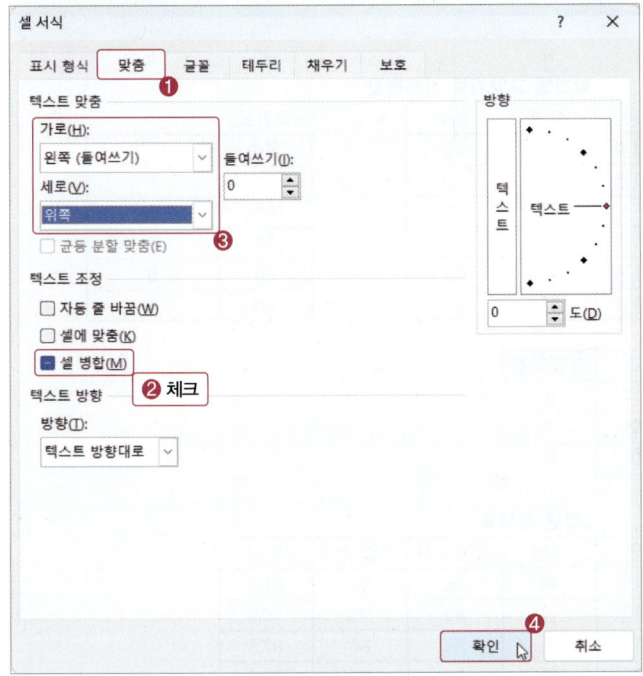

⑥ [F4:G13] 영역을 범위 지정한 후 Ctrl+1을 눌러 [표시 형식] 탭의 '사용자 지정'에 #,##0원을 입력하고 [확인]을 클릭한다.

⑦ [A3:G13] 영역을 범위 지정한 후 [홈]-[글꼴] 그룹에서 [테두리](⊞▼) 도구의 [모든 테두리](⊞)를 클릭한다.

⑧ [B13:D13] 영역을 범위 지정한 후 Ctrl+1을 눌러 [테두리] 탭의 대각선(╱, ╲)을 각각 클릭한 후 [확인]을 클릭한다.

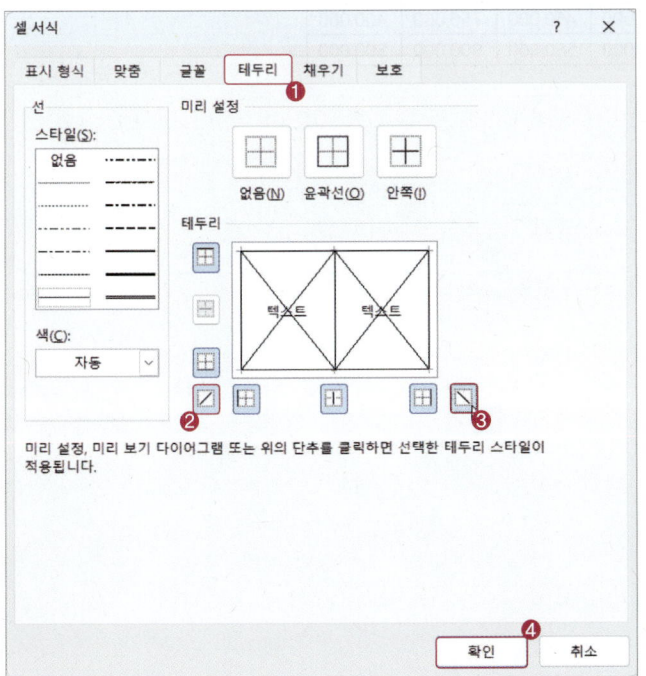

3 고급 필터

정답

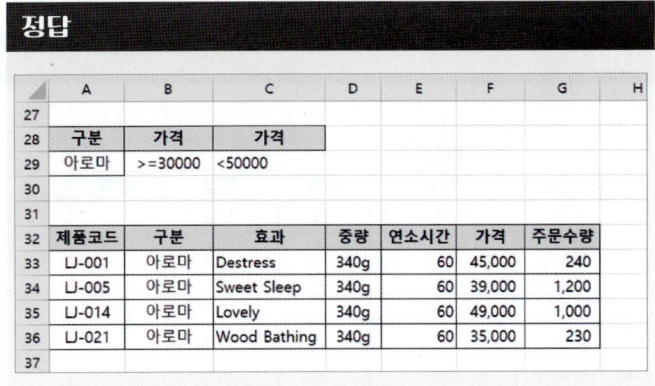

① [A28:C29] 영역에 다음과 같이 조건을 입력한다.

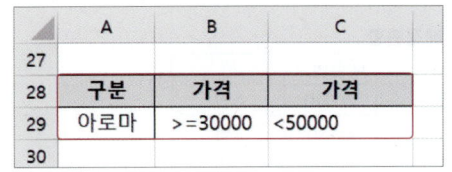

> **기적의 TIP**
> 조건의 필드명은 직접 입력하는 것보다 복사해서 사용하면 오류를 줄일 수 있다.

② [데이터]-[정렬 및 필터] 그룹에서 [고급](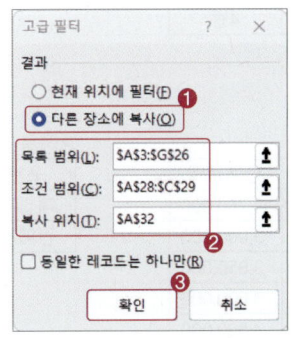)을 클릭하여 다음과 같이 지정하고 [확인]을 클릭한다.

- 결과 : 다른 장소에 복사
- 목록 범위 : [A3:G26]
- 조건 범위 : [A28:C29]
- 복사 위치 : [A32]

문제2 계산작업

정답

	A	B	C	D	E	F	G	H	I	J	K	L
1	[표1]	경시대회결과					[표2]	학과별 교양과목 성적현황				
2	성명	영어	수학	총점	순위		성명	학과	점수		<학점표>	
3	윤서희	95	84	179			이희원	경영	85		점수	학점
4	김준서	92	95	187	우수		홍지원	사회	90		0	F
5	안영재	85	92	177			정은서	법학	95		60	D
6	박미선	75	95	170			김지영	경영	85		70	C
7	노정인	96	82	178			박영훈	사회	95		80	B
8	김윤경	95	96	191	최우수		이준성	법학	80		90	A
9	강석훈	78	74	152								
10	노성훈	92	88	180			학과	평균학점				
11							경영	B				
12	[표3]	2학년 반배정현황					사회	A				
13	학생명	성별	배정번호	반			법학	B				
14	유제관	남	20000	1반								
15	김민영	여	20001	2반			[표4]	2학년 성적표				
16	도경민	남	20002	3반			성명	성별	중간고사	기말고사	평균	
17	인정희	여	20003	4반			김민영	여	98	92	95.0	
18	최수현	여	20004	1반			도경민	남	85	95	90.0	
19	윤여준	남	20005	2반			인정희	여	89	86	87.5	
20	유근희	여	20006	3반			최수현	여	78	86	82.0	
21	정환호	남	20007	4반			윤여준	남	68	85	76.5	<조건>
22	이용표	남	20008	1반			유근희	여	92	90	91.0	성별
23	이지수	여	20009	2반			정환호	남	88	85	86.5	남
24	전미선	여	20010	3반			이용표	남	92	93	92.5	
25	정홍일	남	20011	4반			이지수	여	86	75	80.5	최고평균차이
26							전미선	여	75	83	79.0	2.5
27												
28												
29	[표5]	스마트기기판매현황					<제품가격표>					
30	판매점	제품명	판매량	판매금액			구분	서울A	서울B	부산A	부산B	
31	서울	태블릿/A	5	4,750,000			매입가	800,000	450,000	750,000	400,000	
32	부산	스마트워치/B	6	3,000,000			판매가	950,000	550,000	900,000	500,000	
33	서울	태블릿/B	7	3,850,000								
34	부산	태블릿/A	4	3,600,000								
35	부산	스마트워치/A	5	4,500,000								
36	서울	스마트워치/B	6	3,300,000								
37	부산	태블릿/B	5	2,500,000								
38	서울	스마트워치/A	8	7,600,000								

1 순위[E3:E10]

[E3] 셀에 =IF(D3=LARGE($D$3:$D$10,1),"최우수",IF(D3=LARGE($D$3:$D$10,2),"우수",""))을 입력하고 [E10] 셀까지 수식을 복사한다.

> **함수 설명** =IF(D3=LARGE($D$3:$D$10,1),"최우수",IF(D3=LARGE($D$3:$D$10,2),"우수",""))
>
> ❶ LARGE($D$3:$D$10,1) : [D3:D10] 영역에서 1번째로 큰 값을 구함
> ❷ LARGE($D$3:$D$10,2) : [D3:D10] 영역에서 2번째로 큰 값을 구함
>
> =IF(D3=❶,"최우수",IF(D3=❷,"우수","")) : [D3] 셀의 값이 ❶과 같은 경우 '최우수', [D3] 셀의 값이 ❷과 같은 경우 '우수', 그 외는 공백으로 표시

2 평균학점[H11:H13]

[H11] 셀에 =VLOOKUP(AVERAGEIF($H$3:$H$8,G11,$I$3:$I$8),$K$3:$L$8,2)를 입력하고 [H13] 셀까지 수식을 복사한다.

> **함수 설명** =VLOOKUP(AVERAGEIF($H$3:$H$8,G11,$I$3:$I$8),$K$3:$L$8,2)
>
> ❶ AVERAGEIF($H$3:$H$8,G11,$I$3:$I$8) : [H3:H18] 영역에서 [G11] 셀의 값을 찾아 같은 행의 [I3:I8] 영역의 평균을 구함
>
> =VLOOKUP(❶,$K$3:$L$8,2) : ❶의 값을 [K3:L8] 영역의 첫 번째 열에서 찾아 같은 행의 2번째 열에서 값을 찾아 표시

3 반[D14:D25]

[D14] 셀에 =CHOOSE(MOD(C14,4)+1,"1반","2반","3반","4반")를 입력하고 [D25] 셀까지 수식을 복사한다.

> **함수 설명** =CHOOSE(MOD(C14,4)+1,"1반","2반","3반","4반")
>
> ❶ MOD(C14,4)+1 : [C14] 셀의 값을 4로 나눈 나머지를 구하여 +1을 함
>
> =CHOOSE(❶,"1반","2반","3반","4반") : ❶의 값이 1이면 '1반', 2이면 '2반', 3이면 '3반', 4이면 '4반'으로 표시

4 최고평균차이[L26]

① [L22:L23] 영역에 **성별, 남**의 조건을 입력한다.
② [L26] 셀에 =ABS(DMAX(G16:K26,5,H16:H17)−DMAX(G16:K26,5,L22:L23))를 입력한다.

> **함수 설명** =ABS(DMAX(G16:K26,5,H16:H17)−DMAX(G16:K26,5,L22:L23))
>
> ❶ DMAX(G16:K26,5,H16:H17) : [G16:K26] 영역에서 성별이 '여'인 [H16:H17]인 조건에 만족한 데이터의 5번째 열(평균)의 최대값을 구함
> ❷ DMAX(G16:K26,5,L22:L23) : [G16:K26] 영역에서 성별이 '남'인 [L22:L23]인 조건에 만족한 데이터의 5번째 열(평균)의 최대값을 구함
>
> =ABS(❶−❷) : ❶−❷의 값을 양수로 표시

5 판매금액[D31:D38]

[D31] 셀에 =C31*HLOOKUP(A31&RIGHT(B31,1),$G$30:$J$32,3,FALSE)를 입력하고 [D38] 셀까지 수식을 복사한다.

> **함수 설명** =C31*HLOOKUP(A31&RIGHT(B31,1),$G$30:$J$32,3,FALSE)
>
> ❶ A31&RIGHT(B31,1) : [A31] 셀에 [B31] 셀에서 오른쪽부터 시작하여 1글자를 추출한 값을 연결하여 표시
> ❷ HLOOKUP(❶,$G$30:$J$32,3,FALSE) : ❶ 값을 [G30:J32] 영역의 첫 번째 행에서 찾아 같은 열의 3번째 행에서 정확하게 일치하는 값을 반환
>
> =C31*❷ : C31*❷의 결과를 표시

문제3 분석작업

1 부분합

정답

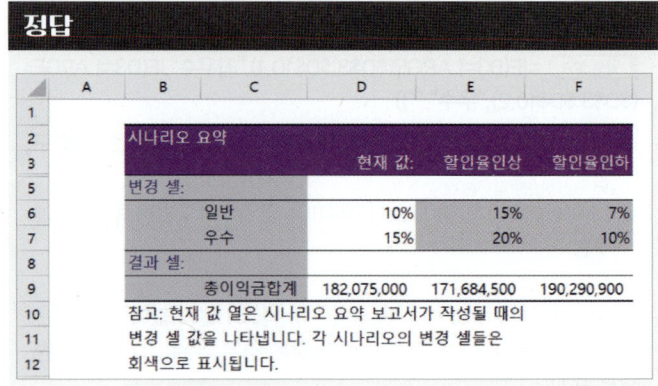

① [C3] 셀을 클릭한 후 [데이터]-[정렬 및 필터] 그룹의 [텍스트 오름차순 정렬]()을 클릭한다.

② [데이터]-[개요] 그룹의 [부분합]()을 클릭한 후 다음과 같이 지정하고 [확인]을 클릭한다.

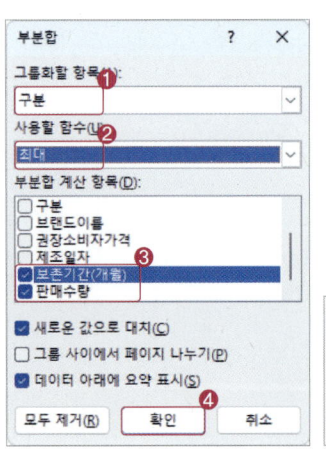

- 그룹화할 항목 : 구분
- 사용할 함수 : 최대
- 부분합 계산 항목 : '보존기간(개월)', '판매수량'

③ 다시 [데이터]-[개요] 그룹의 [부분합]()을 클릭한 후 다음과 같이 지정하고 [확인]을 클릭한다.

- 그룹화할 항목 : 구분
- 사용할 함수 : 평균
- 부분합 계산 항목 : 권장소비자가격
- '새로운 값으로 대치' 체크를 해제

④ [데이터] 탭의 [그룹 해제]-[개요 지우기]를 클릭한다.

2 시나리오

정답

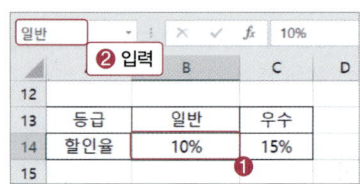

① [B14] 셀을 선택한 후 '이름 상자'에 **일반**을 입력하고 Enter 를 누른다.

② 같은 방법으로 [C14] 셀은 '우수', [G10] 셀은 '총이익금합계'로 이름을 정의한다.

> **기적의 TIP**
> 이름 정의를 잘못했을 때에는 [수식]-[정의된 이름] 그룹의 [이름 관리자]를 클릭하여 삭제할 이름을 선택한 후 [삭제]를 클릭한다.

③ [B14:C14] 영역을 범위 지정한 후 [데이터]-[예측] 그룹의 [가상 분석]-[시나리오 관리자]를 클릭한다.

④ [시나리오 관리자]에서 [추가]를 클릭한 후, [시나리오 추가]에서 시나리오 이름에 **할인율인상**을 입력하고 [확인]을 클릭한다.

⑤ [시나리오 값] 대화상자에 15%, 20%를 차례대로 입력하고 [추가]를 클릭한다.

⑥ 시나리오 이름에 **할인율인하**를 입력하고 [확인]을 클릭한 후 7%, 10%를 입력한 후 [확인]을 클릭한 후, [시나리오 관리자]에서 [요약]을 클릭한다.

⑦ [시나리오 요약] 대화상자의 결과 셀은 [G10] 셀을 클릭한 후 [확인]을 클릭한다.

문제4 기타작업

1 매크로

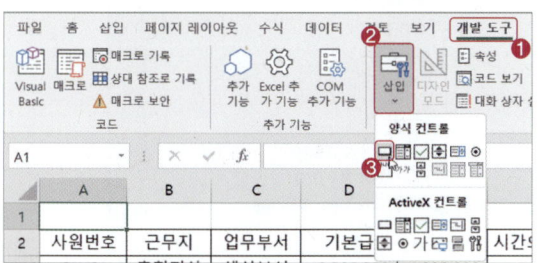

① [개발 도구]-[컨트롤] 그룹의 [삽입]-[단추(양식 컨트롤)](▭)을 클릭한다.

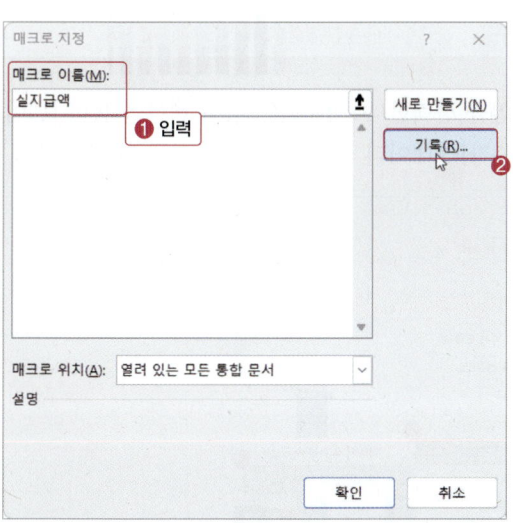

② 마우스 포인터가 '+'로 바뀌었을 때 [B16:C17] 영역에 드래그하면 [매크로 지정] 대화상자가 나타난다.

③ [매크로 지정]에 **실지급액**을 입력하고 [기록]을 클릭한다.

④ [매크로 기록]에 자동으로 '실지급액'으로 매크로 이름이 표시되면 [확인]을 클릭한다.

⑤ [I3] 셀에 =D3+E3+G3+H3을 입력한 후 [I14] 셀까지 수식을 복사한다.

⑥ 임의의 셀을 클릭한 후 매크로 기록을 종료하기 위해 [개발 도구]-[코드] 그룹의 [기록 중지](▭)를 클릭한다.

⑦ 단추에 텍스트를 수정하기 위해서 단추에서 마우스 오른쪽 버튼을 눌러 [텍스트 편집]을 선택한다.

⑧ 단추에 입력된 '단추 1'을 지우고 **실지급액**을 입력한다.

⑨ [삽입]-[일러스트레이션] 그룹에서 [도형]-[사각형]의 '직사각형(▭)'을 클릭한다.

⑩ 마우스 포인터가 '+'로 바뀌면 [E16:F17] 영역에 드래그한 후 **서식**을 입력한다.

⑪ '직사각형(▭)' 도형에서 마우스 오른쪽 버튼을 눌러 [매크로 지정]을 선택한다.

⑫ [매크로 지정]의 '매크로 이름'에 **서식**을 입력하고 [기록]을 클릭한다.

⑬ [매크로 기록]에 자동으로 '서식'으로 매크로 이름이 표시되면 [확인]을 클릭한다.

⑭ [A2:I2] 영역을 범위 지정한 후 [홈]-[스타일] 그룹의 [셀 스타일]에서 '파랑, 강조색1'을 선택한다.

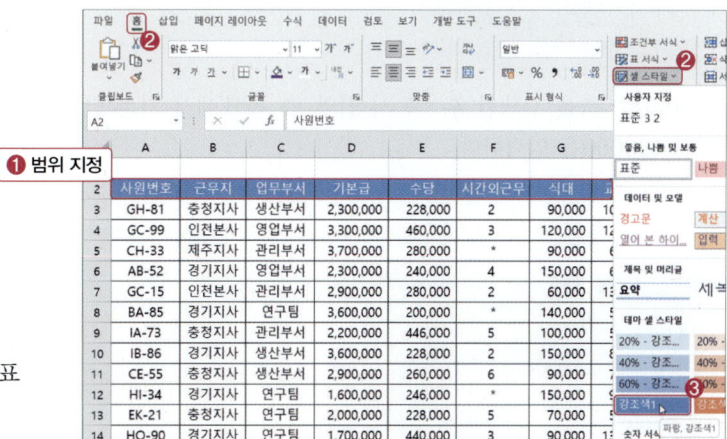

⑮ 매크로 기록을 종료하기 위해 [개발 도구]-[코드] 그룹의 [기록 중지](▭)를 클릭한다.

2 차트

정답

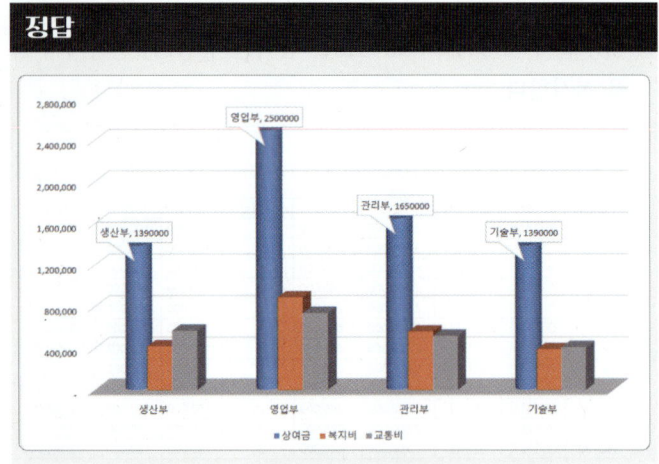

① 차트에서 마우스 오른쪽 버튼을 눌러 [차트 종류 변경]을 선택하여 '세로 막대형'의 '3차원 묶은 세로 막대형'을 선택하고 [확인]을 클릭한다.

② 차트에서 마우스 오른쪽 버튼을 눌러 [3차원 회전]을 선택한 후 '직각으로 축 고정'을 체크한다.

③ '상여금' 계열을 선택한 후 [데이터 계열 서식]의 '계열 옵션'에서 '원통형'을 선택한다.

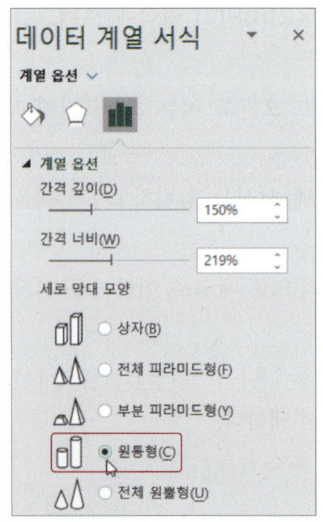

④ 세로(값) 축을 선택한 후 [축 서식]의 '축 옵션'에서 기본 단위 400000을 입력한다.

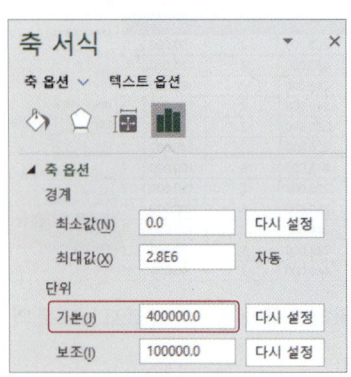

⑤ 세로(값) 축을 선택한 후 [축 서식]의 '축 옵션'에서 표시 형식에서 '회계'를 선택한 후 기호 '없음'을 선택한다.

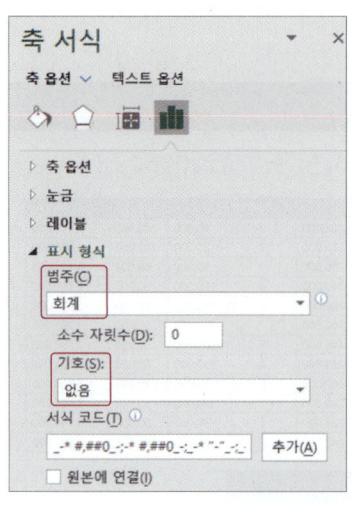

⑥ [서식]-[현재 선택 영역] 그룹에서 '밑면'을 선택한 후 '채우기'의 색은 '밝은 회색, 배경 2'를 선택한다.

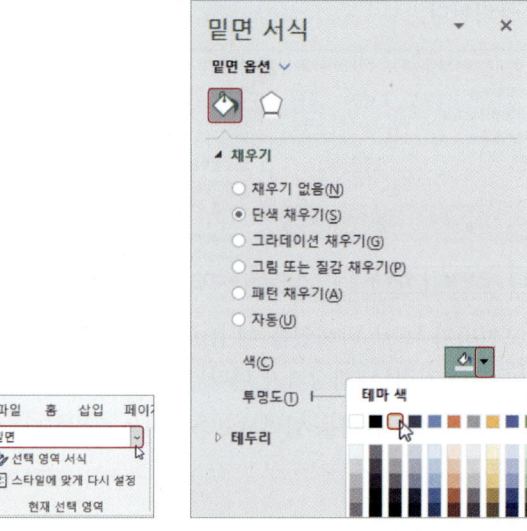

⑦ '상여금' 계열을 선택한 후 마우스 오른쪽 버튼을 눌러 [데이터 레이블 추가]-[데이터 설명선 추가]를 선택한다.

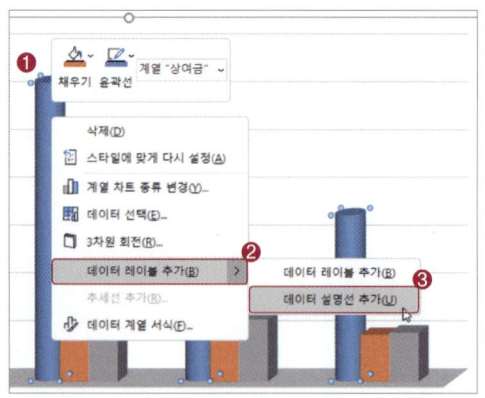

⑧ 차트 영역을 선택한 후 [차트 영역 서식]-[효과]의 '그림자'에서 '미리 설정'을 클릭하여 '오프셋: 오른쪽 아래'를 선택한다.

⑨ 차트 영역을 선택한 후 [차트 영역 서식]-[채우기 및 선]의 테두리에서 '둥근 모서리'를 체크한다.

상시 공략 문제 10회

작업파일: '26컴활2급(상시)₩상시공략문제'에서 '상시공략문제10회' 파일을 열어 작업하세요.

프로그램명	제한시간	풀이시간
EXCEL 2021	40분	분

수험번호 : _____

성 명 : _____

유의사항

- 인적 사항 누락 및 잘못 작성으로 인한 불이익은 수험자 책임으로 합니다.

- 화면에 암호 입력창이 나타나면 아래의 암호를 입력하여야 합니다.
  ○ 암호: 5454$3

- 작성된 답안은 주어진 경로 및 파일명을 변경하지 마시고 그대로 저장해야 합니다. 이를 준수하지 않으면 실격 처리됩니다.
  ○ 답안 파일명의 예: C:₩OA₩수험번호8자리.xlsm

- 외부데이터 위치: C:₩OA₩파일명

- 별도의 지시사항이 없는 경우, 다음과 같이 처리 시 실격 처리됩니다.
  ○ 제시된 시트 및 개체의 순서나 이름을 임의로 변경한 경우
  ○ 제시된 시트 및 개체를 임의로 추가 또는 삭제한 경우

- 답안은 반드시 문제에서 지시 또는 요구한 셀에 입력하여야 하며 다음과 같이 처리 시 채점 대상에서 제외됩니다.
  ○ 제시된 함수가 있을 경우 제시된 함수만을 사용하여야 하며 그 외 함수사용시 채점대상에서 제외
  ○ 수험자가 임의로 지시하지 않은 셀의 이동, 수정, 삭제, 변경 등으로 인해 셀의 위치 및 내용이 변경된 경우 해당 작업에 영향을 미치는 관련문제 모두 채점 대상에서 제외
  ○ 도형 및 차트의 개체가 중첩되어 있거나 동일한 계산결과 시트가 복수로 존재할 경우 해당 개체나 시트는 채점 대상에서 제외

- 수식 작성 시 제시된 문제 파일의 데이터는 변경 가능한(가변적) 데이터임을 감안하여 문제 풀이를 하시오.

- 별도의 지시사항이 없는 경우, 주어진 각 시트 및 개체의 설정값 또는 기본 설정값 (Default)으로 처리하시오.

- 저장 시간은 별도로 주어지지 않으므로 제한된 시간 내에 저장을 완료해야 하며, 제한 시간 내에 저장이 되지 않은 경우에는 실격 처리됩니다.

- 출제된 문제의 용어는MS Office LTSC Professional Plus 2021 기준으로 작성되어 있습니다.

대 한 상 공 회 의 소

문제1 기본작업(20점) 주어진 시트에서 다음 과정을 수행하고 저장하시오.

1 '기본작업-1' 시트에 다음의 자료를 주어진 대로 입력하시오. (5점)

	A	B	C	D	E	F	G
1	아로마 오일(AROMA OIL)						
2							
3	제품명	추출부위	추출방법	제조국	원료산지	가격	용량
4	앱솔루트 에센셜오일 티트리	잎, 줄기	수증기 증류법	영국	호주	18000	10ml
5	불가리아 클림텍 오렌지 스위트	과일껍질	냉압착법	불가리아	그리스	28000	30ml
6	불가리아 클림텍 페퍼민트	잎	수증기 증류법	불가리아	불가리아	108000	100ml
7	데일리더즌 캐리어 오일 호호바골든	열매	냉압착법	한국	독일/이스라엘	14800	100ml
8	데일리더즌 에센셜오일 라벤더	꽃봉우리	수증기 증류법	한국	스페인	9400	10ml
9	불가리아 클림텍 카모마일 저먼	꽃	수증기 증류법	불가리아	불가리아	60000	5ml
10	일랑일랑 꽃 오일	꽃	수증기 증류법	독일	독일	25000	5ml
11	바이오 & 바이오 캐리어 오일 로즈힙	씨	냉압착식	국내	안데스 지역(주로 칠레와 페루)	206000	1000ml

2 '기본작업-2' 시트에 대하여 다음의 지시사항을 처리하시오. (각 2점)

① [A1:H1] 영역은 '병합하고 가운데 맞춤'을 지정하고 셀 스타일 '제목 1', 행의 높이는 27로 지정하시오.

② [A4:A6], [A7:A9], [A10:A12], [A13:D13] 영역은 '병합하고 가운데 맞춤'을, [A3:H3] 영역은 채우기 색을 '표준 색 - 노랑'으로 지정하시오.

③ [D4:D12] 영역은 백분율 스타일로 소수점 이하 1자리까지 표시하고, '불량률'로 이름을 정의하고 '가운데 맞춤'을 지정하시오.

④ [F4:F13] 영역은 사용자 지정 표시 형식을 이용하여 1000 단위 구분 기호와 1000의 배수, 숫자 뒤에 '천개'를 붙여 공백을 채워 오른쪽 맞춤으로 [표시 예]와 같이 표시하시오.
  [표시 예 : 9800000 → 9,800천개]

⑤ [A3:H13] 영역은 '모든 테두리(田)'를 적용하여 표시하고, [H13] 셀은 대각선(×) 모양의 테두리를 적용하시오.

3 '기본작업-3' 시트에 대하여 다음의 지시사항을 처리하시오. (5점)

[A4:G15] 영역에서 2024년 차량판매량이 2022년 차량판매량 보다 많은 행 전체에 글꼴 색을 '표준 색 - 빨강', 글꼴 스타일을 '굵게'로 지정하는 조건부 서식을 작성하시오.
▶ 단, 규칙 유형은 '수식을 사용하여 서식을 지정할 셀 결정'을 사용하고, 한 개의 규칙으로만 작성하시오.

문제2 계산작업(40점) 주어진 시트에서 다음 과정을 수행하고 저장하시오.

1 [표1]에서 수업출석[B4:E13]이 3회 이상이면 '이수', 그 외는 공백을 이수여부[F4:F13] 영역에 표시하시오. (8점)
- ▶ IF, COUNTBLANK 함수 사용
- ▶ 출석은 '○'로 표시됨

2 [표2]에서 합계[L3:L12]의 순위가 1이면 1위, 2이면 2위, 3이면 3위, 나머지는 공백으로 순위[M3:M12]에 표시하시오. (8점)
- ▶ IFERROR, CHOOSE, RANK.EQ 함수 사용

3 [표3]의 박스재고[C17:C25]를 일사용량[D17:D25]로 나눠 일수와 나머지를 일수(나머지)[E17:E25]에 표시하시오. (8점)
- ▶ [표시 예 : 일수는 정수로 표시하고 일수가 10이고, 나머지가 8이면 → 10(8)]
- ▶ INT, MOD 함수와 & 연산자 사용

4 [표4]에서 지점코드[G17:G26]과 코드표[M23:N26]을 이용하여 지역[K17:K26] 영역에 표시하시오. (8점)
- ▶ 지점코드의 세 번째 문자가 'E'이면 '강동', 'W'이면 '강서', 'S'이면 '강남', 'N'이면 '강북'
- ▶ HLOOKUP, VLOOKUP, MID, LEFT, RIGHT 함수 중 알맞은 함수들을 선택하여 사용

5 [표5]에서 대리점명이 '강남지점'에 해당한 스마트폰의 평균을 내림하여 소수 이하 1자리로 계산하여 [C42] 셀에 표시하시오. (8점)
- ▶ [A41:A42] 영역에 조건을 입력
- ▶ ROUNDDOWN, ROUNDUP, DAVERAGE, DSUM 함수 중 알맞은 함수들을 선택하여 사용

문제3 분석작업(20점) 주어진 시트에서 다음 과정을 수행하고 저장하시오.

1 '분석작업-1' 시트에 대하여 다음의 지시사항을 처리하시오. (10점)

[정렬] 기능을 이용하여 '경기도 아파트 거래 현황' 표에서 '규모'를 '대형-중형-소형' 순으로 정렬하고, 동일한 규모인 경우 '세대수'의 셀 색이 'RGB(255, 192, 0)'인 값이 위에 표시되도록 정렬하시오.

2 '분석작업-2' 시트에 대하여 다음의 지시사항을 처리하시오. (10점)

[목표값 찾기] 기능을 이용하여 '전자제품 판매현황' 표에서 순이익의 합계[I14]가 100,000,000이 되려면 이익률[H16]이 얼마나 되어야 하는지 계산하시오.

문제4 기타작업(20점) 주어진 시트에서 다음 과정을 수행하고 저장하시오.

1 '매크로작업' 시트의 [표]에서 다음과 같은 기능을 수행하는 매크로를 현재 통합 문서에 작성하고 실행하시오. (각 5점)

① [A2:C17] 영역에 모든 테두리를 적용하는 매크로를 생성하여 실행하시오.
- ▶ 매크로 이름 : 테두리
- ▶ [개발 도구] → [삽입] → [양식 컨트롤]의 '단추(▭)'를 동일 시트의 [E2:F3] 영역에 생성하고, 텍스트를 "테두리"로 입력한 후 단추를 클릭할 때 '테두리' 매크로가 실행되도록 설정하시오.

② [A2:C2] 영역에 채우기 색 '표준 색 – 녹색', 글꼴 스타일 '굵게'로 적용하는 매크로를 생성하여 실행하시오.
- ▶ 매크로 이름 : 서식
- ▶ [도형] → [사각형]의 '사각형: 둥근 모서리(▢)'을 동일 시트의 [E5:F6] 영역에 생성하고, 텍스트를 "서식"으로 입력한 후 도형을 클릭할 때 '서식' 매크로가 실행되도록 설정하시오.
- ※ 셀 포인터의 위치에 상관없이 현재 통합 문서에서 매크로가 실행되어야 정답으로 인정됨

2 '차트작업' 시트의 차트에서 다음 지시사항에 따라 아래 〈그림〉과 같이 차트를 수정하시오. (각 2점)

※ 차트는 반드시 문제에서 제공한 차트를 사용하여야 하며, 신규로 작성 시 0점 처리됨

① 행/열 전환을 하고 차트 제목은 [B2] 셀과 연동되도록 설정하시오.
② 세로(값) 축은 '값을 거꾸로'로 표시하고, 기본 단위는 2000으로 지정하시오.
③ 차트 스타일은 '스타일 6'로 지정하시오.
④ 그림 영역의 채우기 색은 질감 '양피지'로 지정하고, '현역'은 데이터 레이블을 표시하고 글꼴 색은 '흰색, 배경1'로 지정하시오.
⑤ 차트 영역의 테두리 스타일은 '너비(2pt)', '둥근 모서리'로 지정하시오.

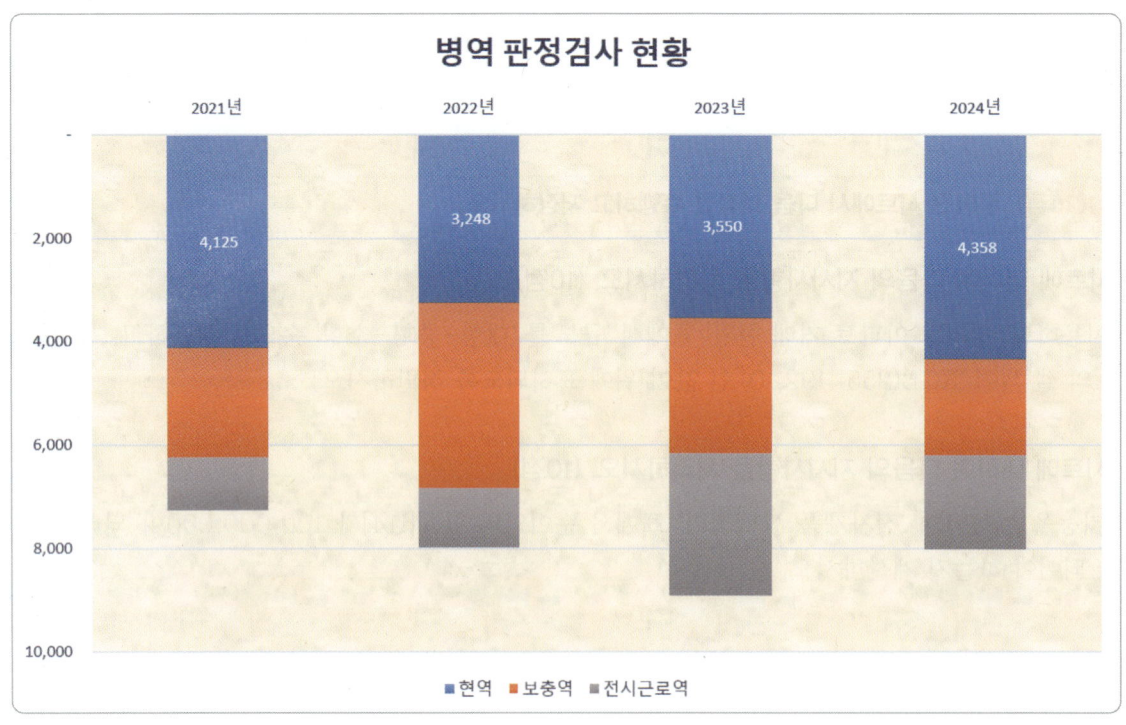

정답 & 해설 상시 공략 문제 10회

문제1 기본작업

1 자료 입력

정답

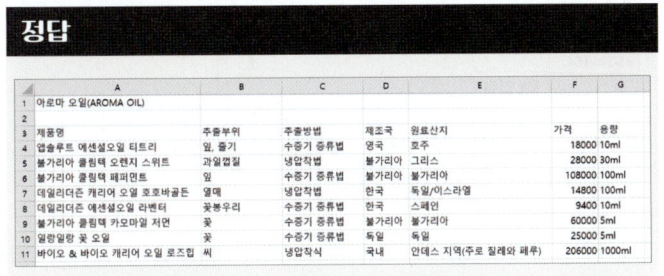

[A3:G11] 셀까지 문제를 보고 오타 없이 작성한다.

2 서식 지정

정답

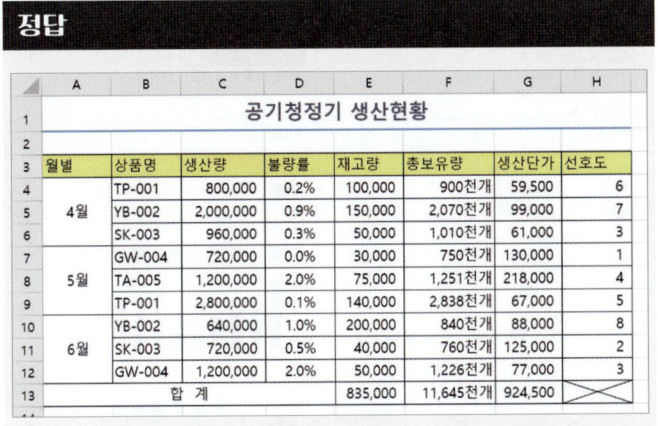

① [A1:H1] 영역을 범위 지정한 후 [홈]–[맞춤] 그룹에서 [병합하고 가운데 맞춤](圖)을 클릭한 후 [홈]–[스타일] 그룹에서 '셀 스타일'에서 '제목 1'을 선택한다.

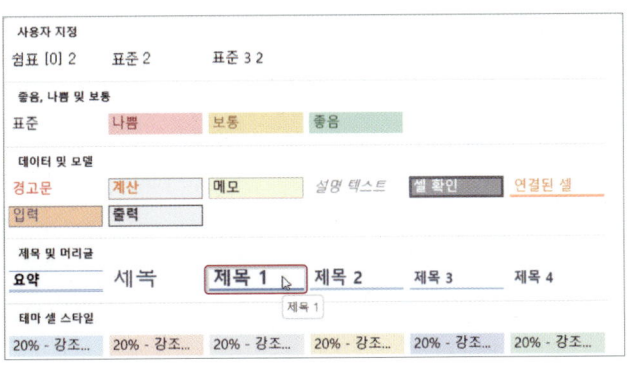

② 1행 머리글에서 마우스 오른쪽 단추를 클릭하여 [행 높이]를 클릭하여 27을 입력한다.

③ [A4:A6], [A7:A9], [A10:A12], [A13:D13] 영역을 범위 지정한 후 [홈]–[맞춤] 그룹에서 [병합하고 가운데 맞춤](圖)을 클릭한다.

④ [A3:H3] 영역을 범위 지정한 후 [홈]–[글꼴] 그룹에서 [채우기 색](◇▾) 도구에서 '표준 색 – 노랑'을 선택한다.

⑤ [D4:D12] 영역을 범위 지정한 후 Ctrl + 1 을 눌러 [표시 형식] 탭에서 '백분율'을 선택하고 소수 자릿수를 '1'로 지정하고 [확인]을 클릭한다.

⑥ [D4:D12] 영역을 범위 지정한 후 '이름 상자'에 **불량률**을 입력하고 [홈]–[맞춤] 그룹에서 [가운데 맞춤](≡)을 클릭한다.

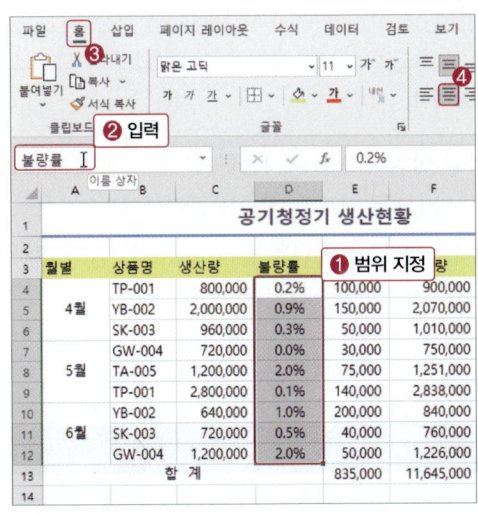

⑦ [F4:F13] 영역을 범위 지정한 후 Ctrl+1을 눌러 [표시 형식] 탭의 '사용자 지정'에 * #,##0,"천개"를 입력하고 [확인]을 클릭한다.

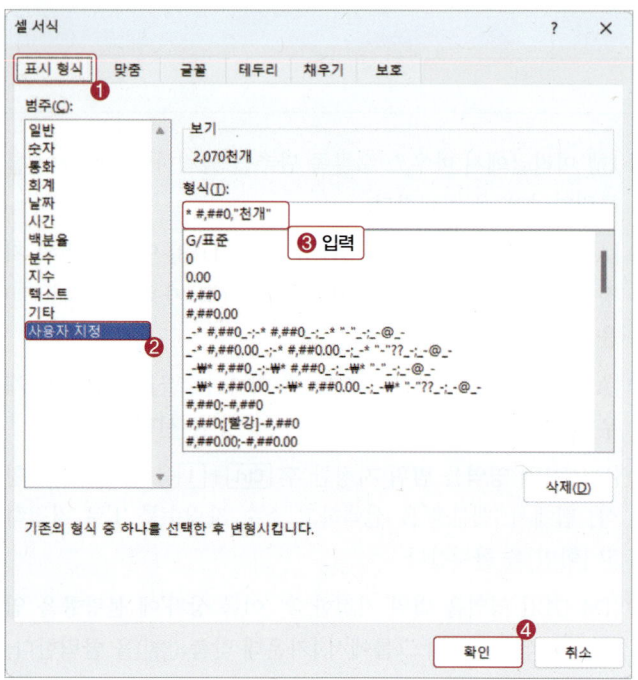

> 📌 기적의 TIP
>
> * #,###,"천개" 도 가능하다.

⑧ [A3:H13] 영역을 범위 지정한 후 [홈]-[글꼴] 그룹에서 [테두리](⊞▾) 도구의 [모든 테두리](⊞)를 클릭한다.

⑨ [H13] 셀을 선택한 후 Ctrl+1을 눌러 [테두리] 탭의 대각선(◩, ◪)을 각각 클릭한 후 [확인]을 클릭한다.

3 조건부 서식

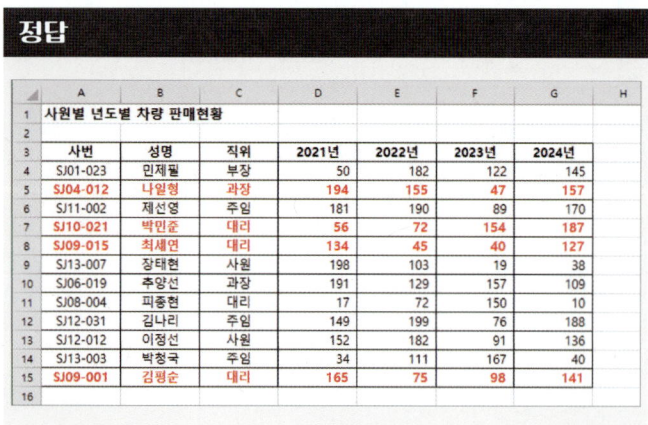

① [A4:G15] 영역을 범위 지정한 후 [홈]-[스타일] 그룹의 [조건부 서식]-[새 서식 규칙]을 클릭한다.

② '▶ 수식을 사용하여 서식을 지정할 셀 결정'을 선택하고, =$G4>$E4를 입력하고 [서식]을 클릭한다.

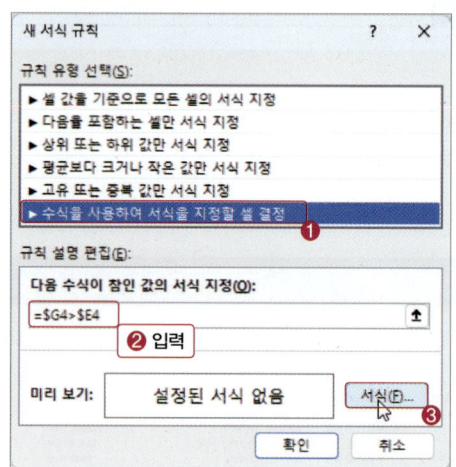

③ [글꼴] 탭에서 '굵게', 색은 '표준 색 – 빨강'을 선택하고 [확인]을 클릭하고 [새 규칙]에서 [확인]을 클릭한다.

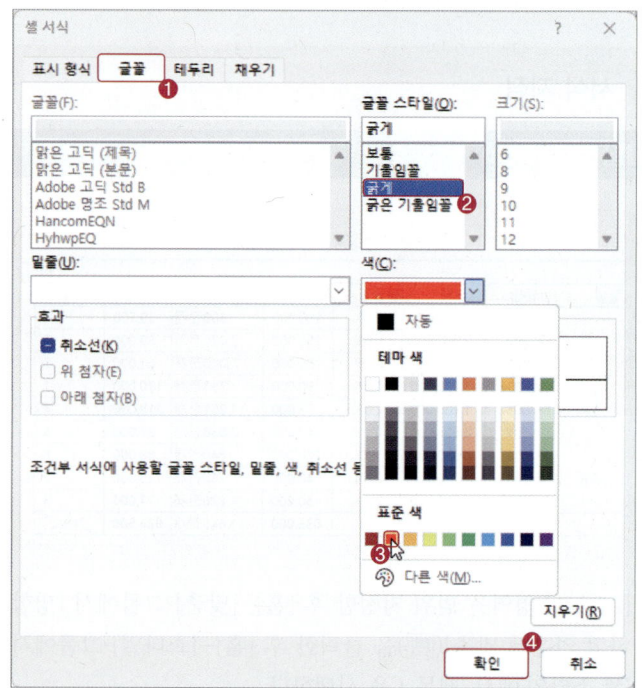

문제2 계산작업

정답

[표1] 교양수업 이수현황

학번	수업출석				이수여부
	1회	2회	3회	4회	
2025001	O	O		O	이수
2025002			O	O	
2025003	O		O	O	이수
2025004		O		O	
2025005	O	O	O	O	이수
2025006		O	O		이수
2025007	O		O	O	이수
2025008	O	O			
2025009	O	O	O	O	이수
2025010		O		O	

[표2] 양궁 1세트 결과

선수명	1차	2차	3차	합계	순위
안산	10	10	10	30	1위
발렌시아	8	9	10	27	
보아리	10	9	9	28	3위
우지아신	7	8	10	25	
오시포바	10	10	9	29	2위
강채영	10	8	9	27	
브라운	9	9	9	27	
쿠마리	8	9	9	26	
아나고즈	9	8	7	24	
바베린	7	9	8	24	

[표3] 포장박스 사용계획표

박스종류	작업코드	박스재고	일사용량	일수(나머지)
BIG-01	22B001	1,500	85	17(55)
MID-01	22B002	1,500	58	25(50)
SML-01	22B003	1,500	95	15(75)
BIG-02	22B004	850	29	29(9)
SML-02	22B005	1,150	65	17(45)
MID-02	22B006	950	55	17(15)
SML-03	22B007	1,700	80	21(20)
BIG-03	22B008	850	45	18(40)
MID-03	22B009	950	63	15(5)

[표4] 지점별 판매현황

지점코드	판매량	단가	매출액	지역
A-E-01	150	50,000	7,500,000	강동
A-W-01	140	50,000	7,000,000	강서
A-S-01	155	50,000	7,750,000	강남
A-E-02	120	50,000	6,000,000	강동
A-N-01	135	50,000	6,750,000	강북
A-W-02	105	50,000	5,250,000	강서
A-S-02	152	50,000	7,600,000	강남
A-W-03	95	50,000	4,750,000	강서
A-N-02	85	50,000	4,250,000	강북
A-E-03	75	50,000	3,750,000	강동

<코드표>

코드	지역
E	강동
W	강서
S	강남
N	강북

[표5] 제품판매현황

대리점명	판매원	스마트폰	태블릿	워치
강북지점	최은영	45	15	15
강남지점	김성철	35	25	21
강서지점	김진혁	28	18	8
강북지점	이진아	32	21	16
강남지점	진성우	41	19	24
강서지점	이민우	25	8	16
강서지점	김철민	15	13	20
강남지점	박사랑	36	24	17
강북지점	김봉수	28	17	16

<조건>

대리점명	강남지점 판매원들의 스마트폰 판매 평균
강남지점	37.3

1 이수여부[F4:F13]

[F4] 셀에 =IF(COUNTBLANK(B4:E4)<=1,"이수","")를 입력하고 [F13] 셀까지 수식을 복사한다.

> **함수 설명** =IF(COUNTBLANK(B4:E4)<=1,"이수","")
> ❶ COUNTBLANK(B4:E4) : [B4:E4] 영역의 공백의 개수를 구함
>
> =IF(❶<=1,"이수","") : ❶의 값이 1 이하이면 '이수', 그 외는 공백으로 표시

2 순위[M3:M12]

[M3] 셀에 =IFERROR(CHOOSE(RANK.EQ(L3,$L$3:$L$12),"1위","2위","3위"),"")를 입력하고 [M12] 셀까지 수식을 복사한다.

> **함수 설명** =IFERROR(CHOOSE(RANK.EQ(L3,$L$3:$L$12),"1위","2위","3위"),"")
> ❶ RANK.EQ(L3,$L$3:$L$12) : [L3] 셀의 값을 [L3:L12] 영역에서 순위를 구함
> ❷ CHOOSE(❶,"1위","2위","3위") : ❶의 값이 1이면 '1위', 2이면 '2위', 3이면 '3위'로 표시
>
> =IFERROR(❷,"") : ❷의 값에 오류가 있을 때 공백으로 표시

3 일수(나머지)[E17:E25]

[E17] 셀에 =INT(C17/D17)&"("&MOD(C17,D17)&")"를 입력하고 [E25] 셀까지 수식을 복사한다.

> **함수 설명** =INT(C17/D17)&"("&MOD(C17,D17)&")"
> ❶ INT(C17/D17) : [C17]/[D17] 의 결과 값의 몫을 정수로 표시
> ❷ MOD(C17,D17) : [C17]을 [D27] 셀로 나눈 나머지를 구함

4 지역[K17:K26]

[K17] 셀에 =VLOOKUP(MID(G17,3,1),$M$23:$N$26,2,FALSE)를 입력하고 [K26] 셀까지 수식을 복사한다.

> **함수 설명** =VLOOKUP(MID(G17,3,1),$M$23:$N$26,2,FALSE)
> ❶ MID(G17,3,1) : [G17] 셀에서 왼쪽에서부터 시작하여 3번째부터 시작하여 1글자를 추출
>
> =VLOOKUP(❶,$M$23:$N$26,2,FALSE) : ❶의 값을 [M23:N26] 영역의 첫 번째 열에서 찾아 2번째 열에서 정확하게 일치하는 값을 반환

5 판매 평균[C42]

① [A41:A42] 영역에 **대리점명, 강남지점**을 입력한다.
② [C42] 셀에 =ROUNDDOWN(DAVERAGE(A29:E38,3,A41:A42),1)를 입력한다.

> **함수 설명** =ROUNDDOWN(DAVERAGE(A29:E38,3,A41:A42),1)
> ❶ DAVERAGE(A29:E38,3,A41:A42) : [A29:E38] 영역에서 대리점명이 강남지점[A41:A42] 조건에 만족한 데이터의 3번째 열(스마트폰)의 평균을 구함
>
> =ROUNDDOWN(❶,1) : ❶의 값을 내림하여 소수점 이하 1자리까지 표시

문제3 분석작업

1 데이터 정렬

정답

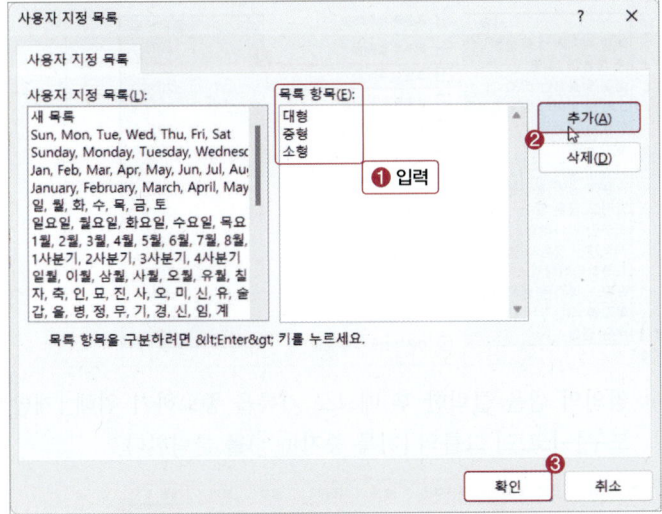

① [A3:I21] 영역을 범위 지정한 후 [데이터]-[정렬 및 필터] 그룹에서 [정렬](🔲)을 클릭하여 '규모', '사용자 지정 목록'을 선택하고, **대형, 중형, 소형**을 입력하고 [추가]를 클릭하고 [확인]을 클릭한다.

② [기준 추가]를 클릭하여 '세대수', '셀 색', RGB(255, 192, 0), '위에 표시'를 선택하고 [확인]을 클릭한다.

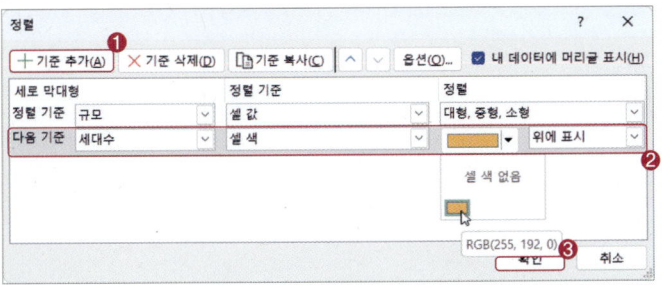

2 목표값 찾기

정답

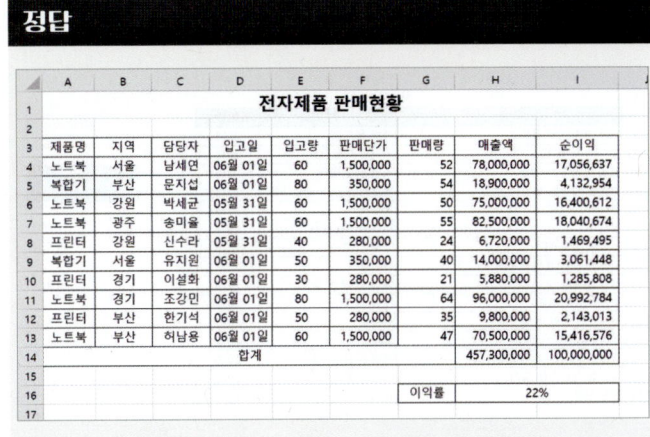

① [I14] 셀을 선택한 후 [데이터]-[예측] 그룹에서 [가상 분석]-[목표값 찾기]를 클릭한다.

② [목표값 찾기]를 다음과 같이 지정하고 [확인]을 클릭한다.

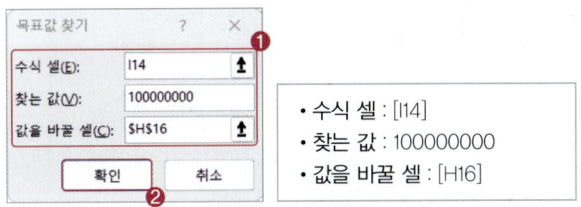

- 수식 셀 : [I14]
- 찾는 값 : 100000000
- 값을 바꿀 셀 : [H16]

③ [목표값 찾기 상태]에서 [확인]을 클릭한다.

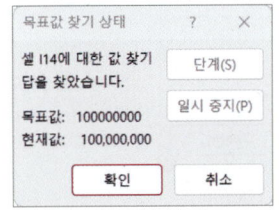

문제4 기타작업

1 매크로

정답

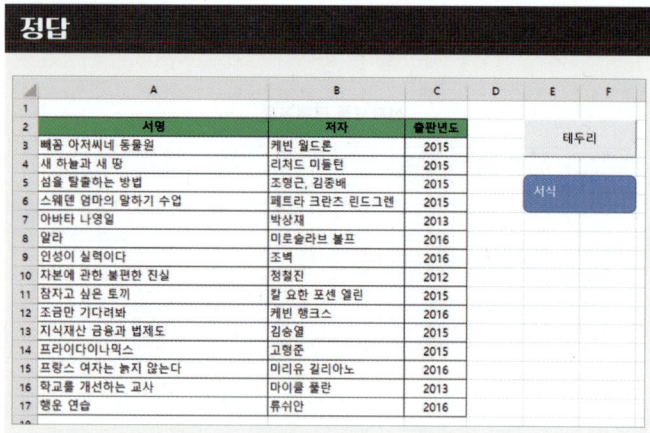

① [개발 도구]-[컨트롤] 그룹의 [삽입]-[단추(양식 컨트롤)](▭)을 클릭한다.

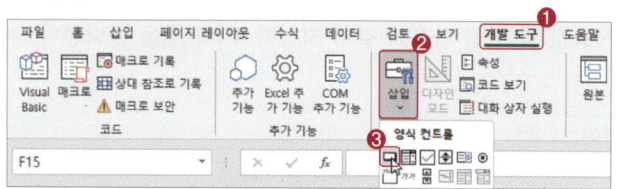

② 마우스 포인터가 '+'로 바뀌었을 때 [E2:F3] 영역에 드래그하면 [매크로 지정] 대화상자가 나타난다.

③ [매크로 지정]에 **테두리**를 입력하고 [기록]을 클릭한다.

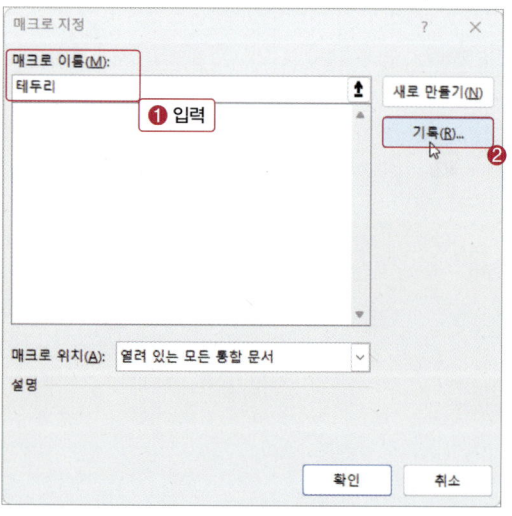

④ [매크로 기록]에 자동으로 '테두리'로 매크로 이름이 표시되면 [확인]을 클릭한다.

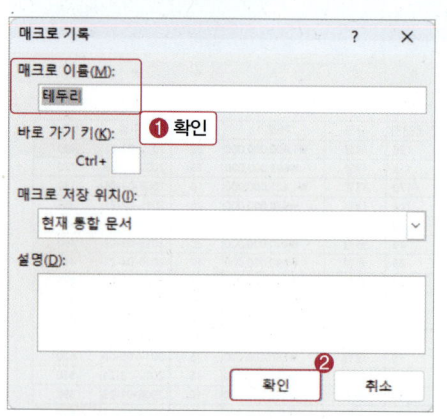

⑤ [A2:C17] 영역을 범위 지정한 후 [홈]-[글꼴] 그룹에서 [테두리](▦ ▾) 도구의 [모든 테두리](▦)를 클릭한다.

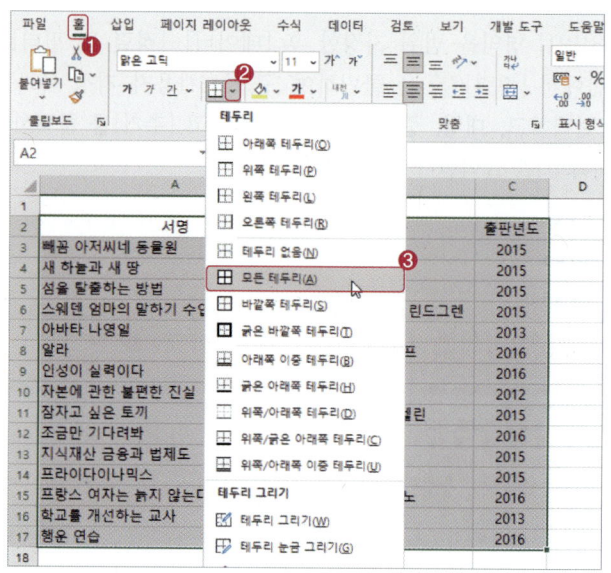

⑥ 임의의 셀을 클릭한 후 매크로 기록을 종료하기 위해 [개발 도구]-[코드] 그룹의 [기록 중지](▭)를 클릭한다.

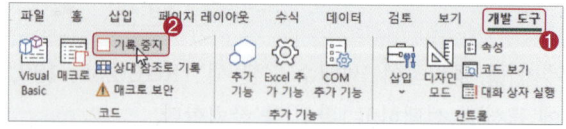

⑦ 단추에 텍스트를 수정하기 위해서 단추에서 마우스 오른쪽 버튼을 눌러 [텍스트 편집]을 선택한다.

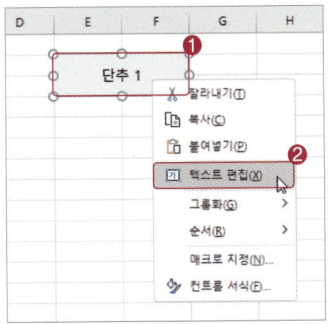

⑧ 단추에 입력된 '단추 1'을 지우고 **테두리**를 입력한다.

⑨ [삽입]-[일러스트레이션] 그룹에서 [도형]-[사각형]의 '사각형: 둥근 모서리(□)'을 클릭한다.

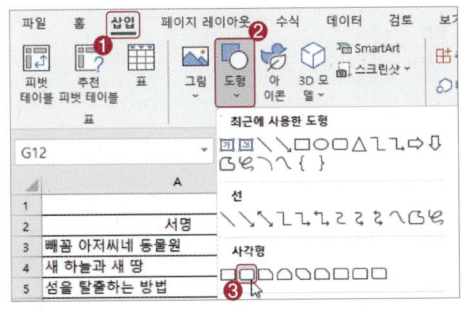

⑩ 마우스 포인터가 '+'로 바뀌면 [E5:F6] 영역에 드래그한 후 **서식**을 입력한다.

⑪ '사각형: 둥근 모서리(□)' 도형에서 마우스 오른쪽 버튼을 눌러 [매크로 지정]을 선택한다.

⑫ [매크로 지정]의 '매크로 이름'에 **서식**을 입력하고 [기록]을 클릭한다.

⑬ [매크로 기록]에 자동으로 '서식'으로 매크로 이름이 표시되면 [확인]을 클릭한다.

⑭ [A2:C2] 영역을 범위 지정한 후 [홈]-[글꼴] 그룹에서 글꼴 스타일 '굵게', [채우기 색](🎨)을 클릭하여 '표준 색-녹색'을 선택한다.

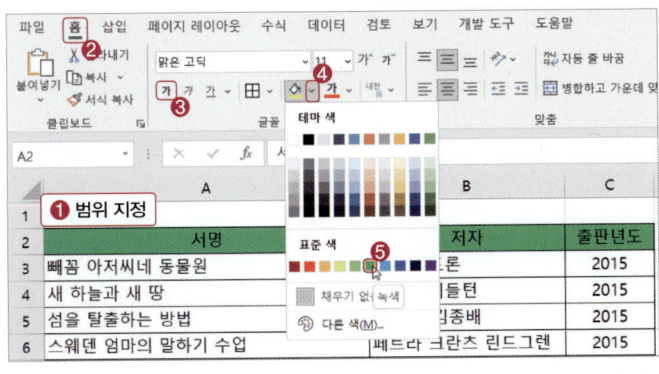

⑮ 매크로 기록을 종료하기 위해 [개발 도구]-[코드] 그룹의 [기록 중지](□)를 클릭한다.

2 차트

정답

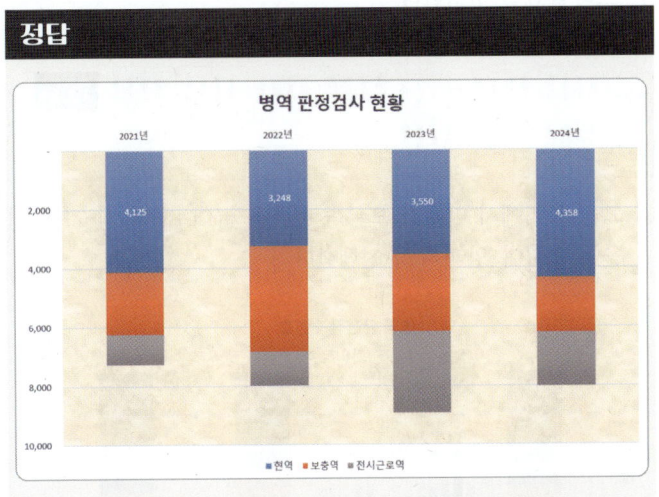

① [차트 디자인]-[데이터] 그룹에서 [행/열 전환]을 클릭한다.

② [차트 요소](⊞)-[차트 제목]을 선택한 후 '차트 제목'을 선택한 후 수식 입력줄에 =를 입력하고 [B2] 셀을 클릭하고 Enter 를 누른다.

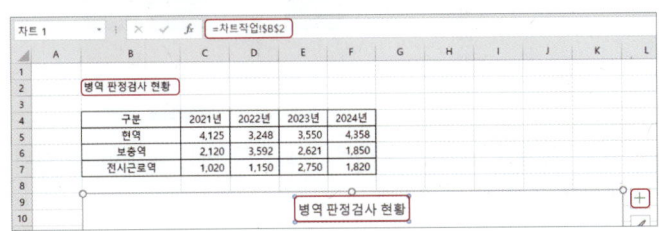

③ 세로(값) 축을 선택한 후 마우스 오른쪽 버튼을 눌러 [축 서식]을 선택한 후 '축 옵션'에서 '단위' 기본에 2000을 입력하고, '값을 거꾸로'를 체크한다.

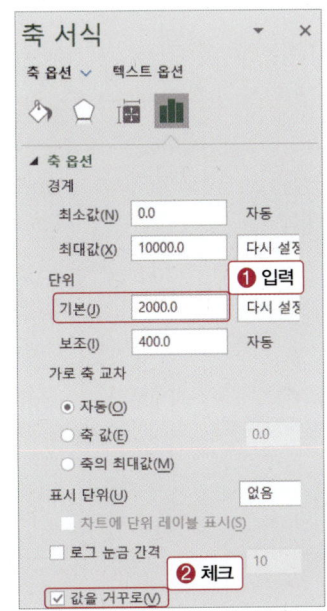

④ 차트를 선택한 후 [차트 디자인]-[차트 스타일] 그룹에서 '스타일 6'을 선택한다.

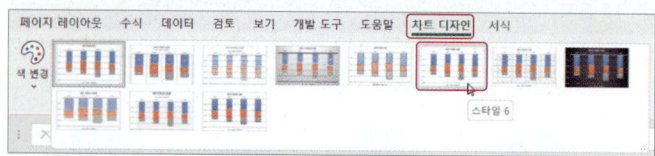

⑤ 그림 영역에서 마우스 오른쪽 버튼을 눌러 [채우기]- [질감]을 클릭하여 '양피지'를 선택한다.

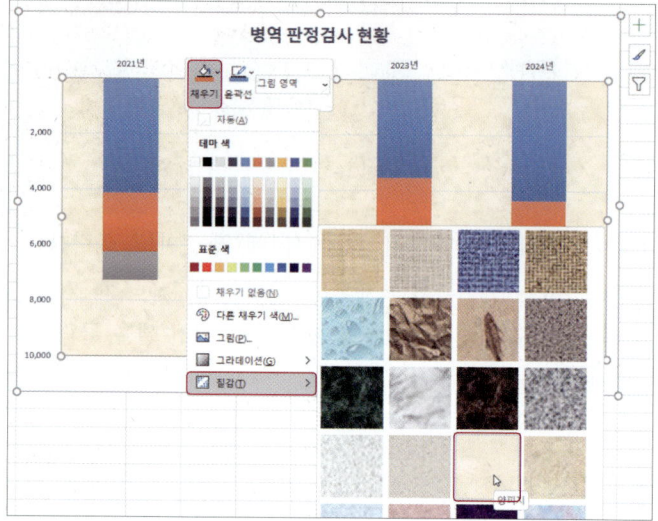

⑥ '현역' 계열을 선택한 후 마우스 오른쪽 버튼을 눌러 [데이터 레이블 추가]를 클릭한다.

⑦ '데이터 레이블'을 선택한 후 [홈]-[글꼴] 그룹의 [글꼴 색] (가▼) 도구를 클릭하여 '흰색, 배경1'을 선택한다.

⑧ 차트 영역을 선택한 후 [차트 영역 서식]-[채우기 및 선]의 테두리에서 너비는 2를 입력하고, '둥근 모서리'를 체크한다.

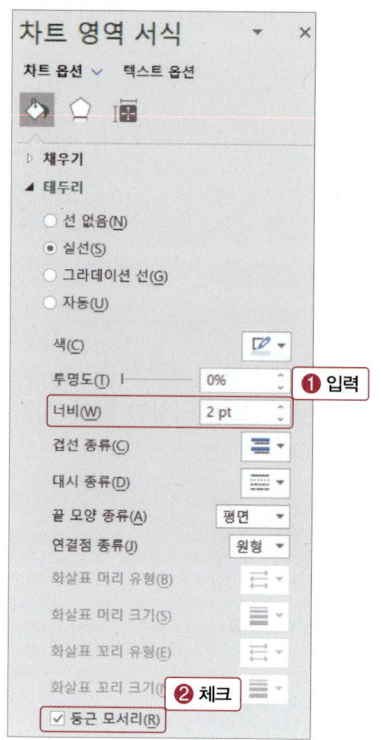

계산작업 문제

CONTENTS

- 계산작업 문제 01회
- 계산작업 문제 02회
- 계산작업 문제 03회
- 계산작업 문제 04회
- 계산작업 문제 05회
- 계산작업 문제 06회
- 계산작업 문제 07회
- 계산작업 문제 08회
- 계산작업 문제 09회
- 계산작업 문제 10회

계산작업 문제 01회

작업파일: '26컴활2급(상시)₩계산작업문제'에서 '계산작업' 파일을 열어 작업하세요.

[표1] 문화센터 수강일

구분	이름	수강일자	요일
학생	정재윤	2025-09-07	주말반
학생	김진산	2025-09-11	평일반
학생	박다울	2025-09-04	평일반
일반	장하은	2025-09-13	주말반
일반	황현조	2025-09-19	평일반
일반	김예지	2025-09-08	평일반
일반	황린	2025-09-25	평일반

[표2] 학년별 동아리 지원 현황

학생명	학년	관현악부	독서클럽	밴드부
전서윤	3학년	O		O
민지수	1학년		O	O
정혜성	2학년	O		O
윤여운	1학년	O	O	
강소라	3학년		O	O
김채연	1학년		O	O
이진희	2학년	O	O	
박소율	3학년		O	O
최나영	2학년		O	O
공수지	3학년	O		

관현악부에 지원한 3학년 학생수: 2

[표3] 문화센터 등록자 인적사항

성명	성별	주민등록번호	프로그램	기간
이주호	남자	950208-1******	피아노	3개월
민지은	여자	030504-4******	드럼	6개월
김서은	여자	960209-2******	바이올린	3개월
박정환	남자	040904-3******	포크기타	6개월
황성현	남자	011014-3******	보컬	3개월
정소희	여자	941017-2******	난타	6개월
구현우	남자	880409-1******	색소폰	3개월
최사랑	여자	031124-4******	일렉기타	6개월
성미란	여자	980106-2******	첼로	6개월
장정호	남자	020807-3******	피아노	3개월

[표4] 센터등록 현황

성명	성별	회원ID	이메일주소
이주호	남자	Juho1	Juho1@naver.net
민지은	여자	JEMIN	JEMIN@daum.com
김서은	여자	Seo91	Seo91@naver.net
박정환	남자	jhpark	jhpark@daum.com
황성현	남자	hwang5	hwang5@daum.com
정소희	여자	dance1	dance1@naver.net
구현우	남자	hyunw	hyunw@daum.com
최사랑	여자	lovechoi	lovechoi@naver.net
성미란	여자	mimi	mimi@daum.com
장정호	남자	tiger2	tiger2@naver.net

[표5]

선수명	소속팀	개인점수
조현우	서울	85
김혁진	부산	89
민준수	광주	92
성도경	서울	87
곽승호	광주	92
서현국	부산	91
이정현	광주	89
박정호	서울	95
공필승	부산	95

전체 평균 - 서울 평균: 1.555555556

1 [표1]에서 수강일자[C3:C9]의 요일의 값을 이용하여 월~금은 '평일반', 토~일은 '주말반'으로 요일[D3:D9] 영역에 표시하시오. (8점)

- ▶ WEEKDAY 함수는 '월요일'이 '1'로 반환되는 방식을 이용
- ▶ IF, WEEKDAY 함수 사용

2 [표2]에서 학년이 3학년에 해당하는 관현악부의 학생수를 [K13] 셀에 표시하시오. (8점)

- ▶ 조건은 [M12:M13] 영역에 입력
- ▶ DCOUNTA 함수 사용

3 [표3]의 주민등록번호[C13:C22]를 이용하여 성별[B13:B22] 영역에 표시하시오. (8점)

- ▶ 주민등록번호의 8번째 숫자가 1 또는 3이면 '남자', 2 또는 4이면 '여자'로 표시
- ▶ IF, OR, MID 함수 사용

4 [표4]에서 이메일주소[J17:J26] 영역에서 @앞에 입력된 글자만을 추출하여 회원ID[I17:I26] 영역에 표시하시오. (8점)

- ▶ [표시 예 : Juho1@naver.net → Juho1]
- ▶ MID, SEARCH 함수 사용

5 [표5]에서 개인점수[C26:C34]의 평균에서 소속팀이 '서울'에 해당한 평균값을 뺀 차이값을 [D34] 셀에 표시하시오. (8점)

- ▶ AVERAGE, DAVERAGE 함수 사용

해설

1 요일[D3:D9]

[D3] 셀에 =IF(WEEKDAY(C3,2)<=5,"평일반","주말반")를 입력하고 [D9] 셀까지 수식을 복사한다.

> **함수 설명** =IF(WEEKDAY(C3,2)<=5,"평일반","주말반")
>
> ❶ WEEKDAY(C3,2) : [C3] 셀의 요일 번호를 숫자로 반환(월은 1, 화는 2, 수는 3, 목은 4… 로 반환됨)
>
> =IF(❶<=5,"평일반","주말반") : ❶의 값이 1~5는 '평일반', 그 외는 '주말반'으로 표시

2 관현악부에 지원한 3학년 학생수[K13]

[M12:M13] 영역에 다음과 같이 조건을 입력한 후, [K13] 셀에 =DCOUNTA(G2:K12,I2,M12:M13)를 입력한다.

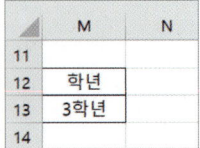

> **함수 설명**
> [G2:K12] 영역에서 [M12:M13] 영역의 조건을 만족하는 데이터를 [I] 열에서 공백이 아닌 셀의 개수를 구함

3 성별[B13:B22]

[B13] 셀에 =IF(OR(MID(C13,8,1)="1",MID(C13,8,1)="3"),"남자","여자")를 입력하고 [B22] 셀까지 수식을 복사한다.

> **함수 설명** =IF(OR(MID(C13,8,1)="1",MID(C13,8,1)="3"),"남자","여자"
> ❶ MID(C13,8,1)="1" : [C13] 셀에서 8번째부터 시작하여 1글자를 추출한 값이 '1'과 같은지 비교
> ❷ MID(C13,8,1)="3" : [C13] 셀에서 8번째부터 시작하여 1글자를 추출한 값이 '3'과 같은지 비교
> ❸ OR(❶,❷) : ❶ 또는 ❷ 중에 하나라도 TRUE 값이 있다면 TRUE 값이 반환
>
> =IF(❸,"남자","여자") : ❸의 값이 TRUE이면 '남자', 그 외는 '여자'로 표시

4 회원ID[I17:I26]

[I17] 셀에 =MID(J17,1,SEARCH("@",J17,1)-1)를 입력하고 [I26] 셀까지 수식을 복사한다.

> **함수 설명** =MID(J17,1,SEARCH("@",J17,1)-1)
> ❶ SEARCH("@",J17,1) : '@'를 [J17] 셀에서 첫 번째 시작위치부터 찾아서 위치 값을 구함
>
> =MID(J17,1,❶-1) : [J17] 셀에서 첫 번째 시작하여 ❶-1 값의 위치까지 값을 구함

5 전체 평균 - 서울 평균[D34]

[D34] 셀에 =AVERAGE(C26:C34)-DAVERAGE(A25:C34,C25, B25:B26)를 입력한다.

> **함수 설명** =AVERAGE(C26:C34)-DAVERAGE(A25:C34,C25,B25:B26)
> ❶ AVERAGE(C26:C34) : [C26:C34] 영역의 평균값을 구함
> ❷ DAVERAGE(A25:C34,C25,B25:B26) : [A25:C34] 영역에서 소속팀이 '서울'에 해당하는 개인점수의 평균값을 구함

계산작업 문제 02회

작업파일: '26컴활2급(상시)\계산작업문제'에서 '계산작업' 파일을 열어 작업하세요.

	A	B	C	D	E	F	G	H	I	J	K	L	M
1	[표1]		교양과목 학점						[표2]		리듬체조 경기성적		
2	학생명	중간시험	기말시험	학점					선수명	소속팀	개인전	단체전	총점
3	서정훈	95	85	A ❶					송수진	서울	48	47	95
4	김영서	85	80	B					양아영	경기	50	48	98
5	민하림	100	95	A+					민초희	강원	43	42	85
6	정수정	95	85	A					김여진	서울	45	46	91
7	유진산	65	50	F					곽서진	강원	41	39	80
8	방소연	75	70	C					김정미	경기	49	45	94
9	최수현	80	90	B					최미영	강원	39	48	87
10									조정린	서울	42	38	80
11	학점평가기준표								박서연	강원	48	45	93
12	시험평균	0 이상	60 이상	70 이상	80 이상	90 이상	95 이상		장아름	서울	34	39	73
13		60 미만	70 미만	80 미만	90 미만	95 미만	100 이하		경기/강원팀의 개인전 우수자 총점 평균			❷	90.0
14	학점	F	D	C	B	A	A+						
15													
16	[표3]		특별상여금 지급 현황						[표4]		세계 주요 공항코드		
17	사원명	소속팀	인사평가	기본급	특별상여금		<특별상여금 지급비율표>		국가	공항코드	공항명		공항코드(공항명)
18	지현우	마케팅	A	3,500,000	2,100,000 ❸		인사평가	지급비율	Korea	icn	incheon		ICN(Incheon)
19	마영택	마케팅	S	3,000,000	3,000,000		S	100%	UK	lhr	London-heathrow		LHR(London-Heathrow)
20	전미영	마케팅	C	3,500,000	350,000		A	60%	UAE	dxb	dubai		DXB(Dubai)
21	장미선	마케팅	A	3,000,000	1,800,000		B	30%	Germany	ber	berlin		BER(Berlin)
22	이동성	마케팅	B	4,000,000	1,200,000		C	10%	Canada	yyz	pearson		YYZ(Pearson)
23	김정호	제조	C	3,000,000	300,000				Brazil	gru	sao-paulo		GRU(Sao-Paulo)
24	민영란	제조	S	3,500,000	3,500,000				China	pvg	pudong		PVG(Pudong)
25	성장현	제조	X	4,000,000	평가오류				USA	lax	Los-Angeles		LAX(Los-Angeles)
26	공세훈	제조	A	3,000,000	1,800,000				Australia	syd	sydney		SYD(Sydney) ❹
27	최선율	제조	B	3,500,000	1,050,000								
28													
29	[표5]		전동킥보드 이용요금 계산										
30	킥보드번호	운행시작	운행종료	이용요금계산 ❺									
31	KB-21001	11:10	11:40	3,000									
32	KB-21002	10:15	10:55	4,000									
33	KB-21003	9:20	11:20	12,000									
34	KB-21004	14:15	16:15	12,000									
35	KB-21005	10:00	13:30	21,000									
36	KB-21006	17:00	18:10	7,000									
37	KB-21007	15:45	17:05	8,000									
38	KB-21008	18:30	20:20	11,000									
39													

❶ [표1]의 중간시험, 기말시험의 평균값을 이용하여 학점평가기준표[B12:G14] 영역을 참조하여 학점[D3:D9] 영역에 표시하시오. (8점)

▶ 시험 평균 : (중간시험 + 기말시험) /2
▶ 시험 평균이 95 이상이면 A+, 90 이상이면 A, 80 이상이면 B, 70 이상이면 C, 60 이상이면 D, 0 이상일 경우 F로 표시
▶ HLOOKUP, AVERAGE 함수 사용

2 [표2]에서 소속팀[J3:J12]이 '서울'이 아니면서 개인전[K3:K12] 성적이 40 이상인 총점의 평균을 [M13] 셀에 표시하시오. (8점)

- ▶ 평균은 반올림하여 소수점 이하 1자리로 표시
- ▶ ROUND, AVERAGEIFS 함수 사용

3 [표3]의 인사평가[C18:C27]와 특별상여금 지급비율표[G19:H22]를 참조하여 특별상여금을 계산하여 [E18:E27] 영역에 표시하시오. (8점)

- ▶ 특별상여금 = 기본급 × 지급비율
- ▶ 값에 오류가 있을 때에는 '평가오류'로 표시
- ▶ IFERROR, VLOOKUP 함수 사용

4 [표4]에서 공항코드[K18:K26]는 대문자, 공항명[L18:L26]은 첫 글자만 대문자로 [표시 예]와 같이 공항코드(공항명) [M18:M26] 영역에 표시하시오. (8점)

- ▶ [표시 예 : 공항코드(icn), 공항명(incheon) → ICN(Incheon)]
- ▶ UPPER, PROPER 함수와 & 연산자 이용

5 [표5]에서 운행시작[B31:B38], 운행종료[C31:C38] 시간을 이용하여 이용요금계산[D31:D38] 영역에 표시하시오. (8점)

- ▶ 이용요금은 10분당 1,000원
- ▶ HOUR, MINUTE 함수 사용

해설

1 학점[D3:D9]

[D3] 셀에 =HLOOKUP(AVERAGE(B3:C3),$B$12:$G$14,3,TRUE)를 입력하고 [D9] 셀까지 수식을 복사한다.

> **함수 설명** =HLOOKUP(AVERAGE(B3:C3),$B$12:$G$14,3,TRUE)
> ❶ AVERAGE(B3:C3) : [B3:C3] 영역을 평균을 구함
>
> =HLOOKUP(❶,$B$12:$G$14,3,TRUE) : ❶의 값을 [B12:G14] 영역의 첫 번째 행에서 값을 찾아 3번째 행에서 값을 찾아옴

2 총점 평균[M13]

[M13] 셀에 =ROUND(AVERAGEIFS(M3:M12,J3:J12,"<>서울",K3:K12,">=40"),1)를 입력한다.

> **함수 설명** =ROUND(AVERAGEIFS(M3:M12,J3:J12,"<>서울",K3:K12,">=40"),1)
>
> ❶ AVERAGEIFS(M3:M12,J3:J12,"<>서울",K3:K12,">=40") : [J3:J12] 영역에서 '서울'과 같지 않고, [K3:K12] 영역에서 40 이상인 [M3:M12] 영역을 평균을 구함
>
> =ROUND(❶,1) : ❶의 값을 반올림하여 소수점 이하 1자리까지 표시

3 특별상여금[E18:E27]

[E18] 셀에 =IFERROR(D18*VLOOKUP(C18,$G$19:$H$22,2, FALSE),"평가오류")를 입력하고 [E27] 셀까지 수식을 복사한다.

> **함수 설명** =IFERROR(D18*VLOOKUP(C18,$G$19:$H$22,2,FALSE),"평가오류")
>
> ❶ VLOOKUP(C18,$G$19:$H$22,2,FALSE) : [C18] 셀의 값을 [G19:H22] 영역의 첫 번째 열에서 값을 찾아 2번째 열에서 정확하게 일치하는 값을 찾아옴
>
> =IFERROR(D18*❶,"평가오류") : [D18]*❶의 값에 오류가 있을 때는 '평가오류'를 표시

4 공항코드(공항명)[M18:M26]

[M18] 셀에 =UPPER(K18)&"("&PROPER(L18)&")"를 입력하고 [M26] 셀까지 수식을 복사한다.

> **함수 설명** =UPPER(K18)&"("&PROPER(L18)&")"
>
> ❶ UPPER(K18) : [K18] 셀을 대문자로 표시
> ❷ PROPER(L18) : [L18] 셀은 첫 글자만 대문자로 표시
>
> =❶&"("&❷&")" : ❶(❷) 형식으로 표시

5 이용요금계산[D31:D38]

[D31] 셀에 =(HOUR(C31-B31)*60+MINUTE(C31-B31))/10*1000를 입력하고 [D38] 셀까지 수식을 복사한다.

> **함수 설명** =(HOUR(C31-B31)*60+MINUTE(C31-B31))/10*1000
>
> ❶ HOUR(C31-B31) : [C31-B31] 계산한 시간에서 시(HOUR)만 추출함
> ❷ MINUTE(C31-B31) : [C31-B31] 계산한 시간에서 분(MINUTE)만 추출함
>
> (❶*60+❷)/10*1000 : ((1시간은 60분이라서 *60) + (분))을 구한 값에 10분당 1000원씩 계산하기 위해서 /10으로 계산

계산작업 문제 03회

작업파일 : '26컴활2급(상시)₩계산작업문제'에서 '계산작업' 파일을 열어 작업하세요.

	A	B	C	D	E	F	G	H	I	J	K	L
1	[표1]	단체전 최종점수				[표2]	마라톤 결과					
2	소속팀	성명	연령	점수		가슴번호	연령	기록				
3	GER	K. 미셸	25	55		1199	31	2시간12분				
4	ROC	G. 스베틀라나	23	54		2776	36	2시간08분				
5	KOR	A. 산	20	50		3584	29	2시간11분				
6	GER	U. 리사	33	55		1731	23	2시간14분				
7	KOR	J. 민희	22	56		3024	32	2시간09분				
8	ROC	O. 엘레나	28	53		2176	32	2시간16분				
9	KOR	K. 채영	25	54		1749	27	2시간13분		가장 빠른 기록		❷
10	GER	S. 카롤라인	20	53		1188	32	2시간10분		2시간8분38초		
11	ROC	P. 크세니아	32	51		2425	24	2시간15분				
12						3104	31	2시간17분				
13	조건											
14	소속팀	팀 KOR 평균 점수		53.33 ❶								
15	KOR											
16												
17	[표3]	키즈카페 이용 현황				[표4]	청약가점 현황					
18	이용자	나이	입장시간	퇴장시간	이용요금	가입자	무주택기간	부양가족수	청약통장 가입기간	가점등급		
19	김지우	8	11:00	12:30	9,000	김호명	28	30	15	A		
20	민송희	7	11:00	12:30	9,000	정우진	30	25	14	B		
21	정현수	9	11:10	13:10	12,000	성경호	28	20	16	B		
22	박종성	10	11:10	13:40	15,000	장수호	18	30	15	B		
23	임우주	8	11:30	13:30	12,000	민지수	26	20	12	C		
24	강나희	8	11:40	13:50	13,000	염의지	32	35	17	A		
25	곽민준	7	11:50	14:00	13,000	이정우	20	15	10	D		
26	장사랑	6	11:50	14:30	16,000	박마음	16	25	15	C		
27	최성수	9	12:00	14:00	12,000 ❸	최수형	26	30	16	A ❹		
28												
29	[표5]	월간 초과근무시간 현황				<가점등급표>						
30	지점명	매니저명	시급	초과근무시간	월지급액	가점	0 이상 40 미만	40 이상 50 미만	50 이상 60 미만	60 이상 70 미만	70 이상	
31	강남점	이주형	15,000	18	270,000	가점등급	E	D	C	B	A	
32	대학로점	송선우	18,500	24	444,000							
33	명동점	민채윤	16,500	15	247,500							
34	강남점	장하나	18,500	9	166,500							
35	명동점	공민선	15,000	12	180,000							
36	대학로점	박서은	18,500	14	259,000							
37	강남점	김정우	16,500	10	165,000							
38	대학로점	박윤서	15,000	21	315,000							
39	명동점	정현성	16,500	15	247,500							
40												
41	지점명	초과근무시간	❺									
42	강남점	37										
43	명동점	42										
44	대학로점	59										

❶ [표1]에서 소속팀이 'KOR'인 점수의 평균을 반올림하여 소수점 이하 2자리까지 [D14] 셀에 표시하시오. (8점)

- ▶ 조건은 [A14:A15] 영역에 입력
- ▶ [표시 예 : 101.276 → 101.28]
- ▶ ROUND, DAVERAGE 함수 사용

② [표2]에서 기록[H3:H12]이 가장 빠른 선수의 기록을 찾아 [J10] 셀에 표시하시오. (8점)
- ▶ [표시 예 : 2:11:46 → 2시간11분46초]
- ▶ HOUR, MINUTE, SECOND, SMALL 함수와 & 연산자 사용

③ [표3]의 입장시간[C19:C27]과 퇴장시간[D19:D27]을 이용하여 이용요금을 계산하여 [E19:E27] 영역에 표시하시오. (8점)
- ▶ 이용요금은 10분당 1,000원으로 계산
- ▶ HOUR, MINUTE 함수 사용

④ [표4]의 무주택기간, 부양가족수, 청약통장 가입기간을 이용하여 가점을 계산하여 〈가점등급표〉를 참조하여 가점등급[K19:K27] 영역에 표시하시오. (8점)
- ▶ 가점 = 무주택기간 + 부양가족수 + 청약통장 가입기간
- ▶ 가점등급은 가점이 0 이상 40 미만이면 'E', 40 이상 50 미만이면 'D', 50 이상 60 미만이면 'C', 60 이상 70 미만은 'B', 70 이상은 'A'
- ▶ HLOOKUP, SUM 함수 사용

⑤ [표5]를 이용하여 지점명[A31:A39]별 초과근무시간[D31:D39] 합계를 계산하여 [B42:B44] 영역에 표시하시오. (8점)
- ▶ SUMIF, SUMIFS, COUNTIF, COUNTIFS 함수 중 선택하여 사용

해설

1 평균 점수[D14]

① [A14:A15] 영역에 조건을 입력한다.

② [D14] 셀에 =ROUND(DAVERAGE(A2:D11,D2,A14:A15),2)를 입력한다.

함수 설명 =ROUND(DAVERAGE(A2:D11,D2,A14:A15),2)

❶ DAVERAGE(A2:D11,D2,A14:A15) : [A2:D11] 영역에서 [A14:A15] 영역의 조건을 만족하는 D열에서 평균을 구함

=ROUND(❶,2) : ❶의 값을 반올림하여 소수점 이하 2자리까지 표시함

② 가장 빠른 기록[J10]

[J10] 셀에 =HOUR(SMALL(H3:H12,1))&"시간"&MINUTE(SMALL(H3:H12,1))&"분"&SECOND(SMALL(H3:H12,1))&"초"를 입력한다.

> **함수 설명** =HOUR(SMALL(H3:H12,1))&"시간"&MINUTE(SMALL(H3:H12,1))&"분"&SECOND(SMALL(H3:H12,1))&"초"
>
> ❶ SMALL(H3:H12,1) : [H3:H12] 영역에서 첫 번째 빠른 기록을 가져옴
> ❷ HOUR(❶) : ❶에서 '시' 부분만 추출함
> ❸ MINUTE(❶) : ❶에서 '분' 부분만 추출함
> ❹ SECOND(❶) : ❶에서 '초' 부분만 추출함
>
> =❷&"시간"&❸&"분"&❹&"초" : ❷시간❸분❹초 형식으로 표시

③ 이용요금[E19:E27]

[E19] 셀에 =(HOUR(D19-C19)*60+MINUTE(D19-C19))/10*1000를 입력하고 [E27] 셀까지 수식을 복사한다.

> **함수 설명** =(HOUR(D19-C19)*60+MINUTE(D19-C19))/10*1000
>
> ❶ HOUR(D19-C19) : [D19-C19] 계산한 시간에서 시(HOUR)만 추출함
> ❷ MINUTE(D19-C19) : [D19-C19] 계산한 시간에서 분(MINUTE)만 추출함
>
> (❶*60+❷)/10*1000 : ((1시간은 60분이라서 *60) + (분))을 구한 값에 10분당 1000원씩 계산하기 위해서 /10으로 계산

④ 가점등급[K19:K27]

[K19] 셀에 =HLOOKUP(SUM(H19:J19),$H$30:$L$32,3,TRUE)를 입력하고 [K27] 셀까지 수식을 복사한다.

> **함수 설명** =HLOOKUP(SUM(H19:J19),$H$30:$L$32,3,TRUE)
>
> ❶ SUM(H19:J19) : [H19:J19] 영역의 합계를 구함
>
> =HLOOKUP(❶,$H$30:$L$32,3,TRUE) : ❶의 값을 [H30:L32] 영역의 첫 번째 행에서 값을 찾아 3번째 행에서 값을 찾아옴

⑤ 초과근무시간[B42:B44]

[B42] 셀에 =SUMIF($A$31:$A$39,A42,$D$31:$D$39)를 입력하고 [B44] 셀까지 수식을 복사한다.

> **함수 설명**
>
> [A31:A39] 영역에서 [A42] 셀(강남점)을 찾아 같은 행의 [D31:D39] 셀의 합계를 구함

계산작업 문제 04회

작업파일 : '26컴활2급(상시)\계산작업문제'에서 '계산작업' 파일을 열어 작업하세요.

[표1] 차량판매 현황

영업사원명	근무년수	2023년	2024년	비고
민정호	9	45	42	★
정우진	16	51	60	
한성준	8	28	34	
김수철	12	45	55	
오희연	9	42	58	★
민종선	7	35	39	
박성훈	6	40	43	★

[표2] 차량5부제 / <운행제한 요일표>

차량번호	운휴일		끝번호	요일
2하2005	금요일		1	월요일
3다7709	목요일		2	화요일
2부2893	수요일		3	수요일
8더5562	화요일		4	목요일
4머8681	월요일		0	금요일

[표3] 빌딩 입주기업 하계휴가 일정표

기업명	휴가시작일	일수	출근일
케이전자	2025-07-26	5	2025-08-01
미래유통	2025-08-02	7	2025-08-12
나라기업	2025-08-16	4	2025-08-21
월드비전	2025-08-02	5	2025-08-08
스카이무역	2025-07-26	7	2025-08-05
정호정공	2025-08-02	4	2025-08-07
합동상사	2025-08-02	5	2025-08-08
영남기업	2025-07-26	4	2025-07-31
사랑재단	2025-08-09	5	2025-08-15

[표4] 청약 가입자 현황

신청순서	가입자	가입지역	청약가입일자	가입코드
1	김호명	seoul	2006-03-05	1Se2006
2	정우진	busan	2007-04-06	2Bu2007
3	성경호	ulsan	2005-10-13	3Ul2005
4	장수호	incheon	2011-04-05	4In2011
5	민지수	daejeon	2010-08-02	5Da2010
6	염의지	seoul	2011-04-05	6Se2011
7	이정우	incheon	2009-10-04	7In2009
8	박마음	busan	2007-02-10	8Bu2007

[표5] 선택과목 평균

학년	영역구분	선택과목명	평균	2학년 사탐 최대최저
2	사탐	윤리	90.51	90.51(최저75.24)
3	과탐	생명과학	78.16	
2	사탐	역사	75.24	
2	과탐	물리학	86.45	
3	과탐	화학	65.89	
2	사탐	일반사회	84.32	
3	사탐	윤리	90.12	
2	과탐	지구과학	78.56	
2	사탐	지리	79.58	
3	사탐	일반사회	91.54	
3	과탐	물리학	89.41	
3	사탐	역사	85.32	
2	과탐	화학	89.54	
2	사탐	일반사회	75.95	
2	과탐	생명과학	78.54	

① [표1]에서 근무년수가 10년 미만이고, 2023년과 2024년 중에서 40 이상이 1회 이상이면 '★' 그 외는 공백으로 비고 [E3:E9] 영역에 표시하시오. (8점)

▶ IF, AND, COUNTIF 함수 사용

② [표2]에서 〈운행제한 요일표〉를 참조하여 차량번호[G3:G7]의 마지막 숫자가 1 또는 6이면 '월요일', 2 또는 7이면 '화요일', 3 또는 8이면 '수요일', 4 또는 9이면 '목요일', 5 또는 0이면 '금요일'로 운휴일[H3:H7] 영역에 표시하시오. (8점)

▶ VLOOKUP, MOD, RIGHT 함수 사용

③ [표3]의 휴가시작일[B13:B21]에 일수[C13:C21]을 더하여 출근일[D13:D21]에 표시하시오. (8점)

▶ WORKDAY 함수 사용

④ [표4]의 신청순서[F13:F20], 가입지역[H13:H20], 청약가입일자[I13:I20]을 참조하여 가입코드[J13:J20]을 표시하시오. (8점)

▶ 가입코드는 신청순서, 가입지역은 왼쪽 2글자를 첫 글자만 대문자, 청약가입일자의 년도를 연결하여 표시
▶ [표시 예] : 신청순서1, 가입지역 seoul, 청약가입일자 2006-03-05 → 1Se2006
▶ PROPER, LEFT, YEAR 함수와 & 연산자 사용

⑤ [표5]를 이용하여 학년이 2학년이고 영역구분이 사탐에 해당한 평균의 최대값과 최소값을 [표시 예]와 같이 [E26] 셀에 표시하시오. (8점)

▶ [표시 예 : 최대값 85.05, 최소값 60.12 → 85.05(최저60.12)]
▶ 조건은 [A24:B25] 영역을 참조
▶ DMAX, DMIN 함수와 & 연산자 사용

해설

1 비고[E3:E9]

[E3] 셀에 =IF(AND(B3<10,COUNTIF(C3:D3,">=40"))>=1),"★"," ")를 입력하고 [E9] 셀까지 수식을 복사한다.

> **함수 설명** =IF(AND(B3<10,COUNTIF(C3:D3,">=40"))>=1),"★","")
>
> ❶ COUNTIF(C3:D3,">=40") : [C3:D3] 영역에서 40 이상인 셀의 개수를 구함
> ❷ AND(B3<10,❶>=1) : [B3] 셀의 값이 10보다 작고 ❶의 값이 1이상이면 TRUE 값이 반환
>
> =IF(❷,"★","") : ❷의 값이 TRUE이면 '★', 그 외는 공백으로 표시

2 운휴일[H3:H7]

[H3] 셀에 =VLOOKUP(MOD(RIGHT(G3,1),5),$J$3:$K$7,2,FALSE)를 입력하고 [H7] 셀까지 수식을 복사한다.

> **함수 설명** =VLOOKUP(MOD(RIGHT(G3,1),5),$J$3:$K$7,2,FALSE)
>
> ❶ RIGHT(G3,1) : [G3] 셀에서 오른쪽에서 1글자를 추출
> ❷ MOD(❶,5) : ❶의 값을 5로 나눈 나머지 값을 구함
>
> =VLOOKUP(❷,$J$3:$K$7,2,FALSE) : ❷의 값을 [J3:K7] 영역의 첫 번째 열에서 찾아 정확하게 일치하는 값을 2번째 열의 값을 찾아옴

3 출근일[D13:D21]

[D13] 셀에 =WORKDAY(B13,C13)를 입력하고 [D21] 셀까지 수식을 복사한다.

> **함수 설명**
> [B13] 셀의 날짜에 평일 일수로 [C13] 셀의 값을 더한 날짜를 구함

4 가입코드[J13:J20]

[J13] 셀에 =F13 & PROPER(LEFT(H13,2)) & YEAR(I13)를 입력하고 [J20] 셀까지 수식을 복사한다.

> **함수 설명** =F13 & PROPER(LEFT(H13,2)) & YEAR(I13)
>
> ❶ LEFT(H13,2) : [H13] 셀에서 왼쪽에서부터 시작하여 2글자를 추출
> ❷ PROPER(❶) : ❶의 값을 첫 글자는 대문자로 표시
> ❸ YEAR(I13) : [I13] 셀의 년도를 구함

5 2학년 사탐 최대최저[E26]

[E26] 셀에 =DMAX(A24:D39,D24,A24:B25)&"(최저"&DMIN(A24:D39,D24,A24:B25)&")"를 입력한다.

> **함수 설명** =DMAX(A24:D39,D24,A24:B25)&"(최저"&DMIN(A24:D39,D24,A24:B25)&")"
>
> ❶ DMAX(A24:D39,D24,A24:B25) : [A24:D39] 영역에서 [A24:B25] 영역의 조건을 만족하는 데이터의 [D]열에서 최대값을 구함
> ❷ DMIN(A24:D39,D24,A24:B25) : [A24:D39] 영역에서 [A24:B25] 영역의 조건을 만족하는 데이터의 [D]열에서 최소값을 구함
>
> =❶&"(최저"&❷&")" : ❶(최저❷) 형식으로 표시

계산작업 문제 05회

작업파일: '26컴활2급(상시)₩계산작업문제'에서 '계산작업' 파일을 열어 작업하세요.

	A	B	C	D	E	F	G	H	I	J
1	[표1]	매출분석				[표2]	동아리 활동 현황			
2	대리점명	사원명	매출금액	순위		성명	동아리명	가입일	활동일수	
3	서울	민정호	23,545,850			민지희	테니스	2018-03-05	2,030	
4	대전	정우진	34,545,721	3위		성미진	배드민턴	2019-04-15	1,624	
5	서울	한성준	45,689,420	1위		김성훈	탁구	2020-05-24	1,219	
6	대전	김수철	12,587,120			최민정	테니스	2018-02-22	2,041	
7	서울	오희연	32,123,480			김창훈	탁구	2019-07-12	1,536	
8	부산	민종선	42,189,420	2위		이수현	테니스	2021-01-01	997	
9	대전	박성훈	32,978,140			김광림	탁구	2020-12-20	1,009	
10	서울	최우성	21,487,450			최미정	배드민턴	2020-05-04	1,239	
11										
12	대리점명		대전점 합계							
13	대전		80,111,000							
14										
15	[표3]	2학기 성적표				[표4]	청약가입현황			
16	성명	중간고사	기말고사	평균	비고	성명	청약통장가입기간	청약금액	결과	
17	전서윤	78	95	86.5	면담	김호명	12	9,000,000		
18	민지수	89	79	84	면담	정우진	8	10,000,000		
19	정혜성	92	94	93		성경호	10	12,000,000	평균보다큼	
20	윤여운	88	91	89.5		장수호	9	7,000,000		
21	강소라	65	78	71.5	면담	민지수	11	11,000,000	평균보다큼	
22	김채연	95	82	88.5		염의지	13	10,000,000	평균보다큼	
23	이진희	96	89	92.5		이정우	7	6,000,000		
24	박소울	82	75	78.5	면담	박마음	5	7,000,000		
25	최나영	76	65	70.5	면담					
26	공수지	64	75	69.5	면담					
27	전연승	96	90	93						
28										
29	[표5]	안전교육 참석 현황								
30	참석자명	1회차	2회차	3회차	4회차	이수여부				
31	마영택		O		O					
32	전미영	O	O	O	O	이수				
33	장미선		O		O					
34	이동성	O	O	O		이수				
35	김정호	O	O		O	이수				
36	안진성	O								
37	기소영	O	O		O	이수				
38										

① [표1]에서 대리점명이 대전에 해당한 매출금액의 합계를 백 단위에서 올림하여 [표시 예]와 같이 [C13] 셀에 표시하시오. (8점)

▶ [A12:A13] 영역에 조건을 입력하여 사용
▶ [표시 예 : 79,812,320 → 79,813,000]
▶ DSUM, DAVERAGE, ROUNDUP, ROUNDDOWN 함수 중 알맞은 함수 사용

② [표2]에서 가입일[H3:H10]에서 오늘 날짜까지 활동일수를 계산하여 [I3:I10] 영역에 표시하시오. (8점)

▶ DAYS, TODAY 함수 사용

③ [표3]에서 평균이 전체 평균의 중간값 이하이면 '면담', 그 외는 공백으로 비고[E17:E27] 영역에 표시하시오. (8점)

▶ IF, MEDIAN, MODE.SNGL, STDEV.S 함수 중 알맞은 함수 사용

④ [표4]에서 청약통장가입기간이 전체 청약통장가입기간 평균보다 크고, 청약금액이 전체 청약금액 평균보다 큰 경우 '평균보다큼'을 표시하고, 그 외는 공백으로 [J17:J24] 영역에 표시하시오. (8점)

▶ IF, AND, AVERAGE 함수 사용

⑤ [표5]를 이용하여 안전교육 3회 이상이면 '이수', 그 외는 공백을 이수여부[F31:F37] 영역에 표시하시오. (8점)

▶ 안전교육을 이수한 부분에 'O'가 표시됨
▶ IF, COUNTBLANK 함수 사용

해설

① 대전점 합계[C13]

[A12:A13] 영역에 다음과 같이 조건을 입력한 후, [C13] 셀에 =ROUNDUP(DSUM(A2:D10,C2,A12:A13),-3)를 입력한다.

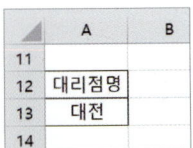

함수 설명 =ROUNDUP(DSUM(A2:D10,C2,A12:A13),-3)

❶ DSUM(A2:D10,C2,A12:A13) : [A2:D10] 영역에서 [A12:A13]의 조건을 만족하는 데이터의 C열 매출금액의 합계를 구함

=ROUNDUP(❶,-3) : ❶의 값을 백의 자리에서 올림하여 표시

2 활동일수[I3:I10]

[I3] 셀에 =DAYS(TODAY(),H3)를 입력하고 [I10] 셀까지 수식을 복사한다.

> **함수 설명** =DAYS(TODAY(),H3)
> ❶ TODAY() : 오늘 날짜를 구함
>
> =DAYS(❶,H3) : [H3]의 날짜부터 오늘 날짜까지의 일수를 구함

※ 실습하는 날짜에 따라 결과가 다름

3 비고[E17:E27]

[E17] 셀에 =IF(D17<=MEDIAN($D$17:$D$27),"면담","")를 입력하고 [E27] 셀까지 수식을 복사한다.

> **함수 설명** =IF(D17<=MEDIAN($D$17:$D$27),"면담","")
> ❶ MEDIAN($D$17:$D$27) : [D17:D27] 영역의 중간값을 구함
>
> =IF(D17<=❶,"면담","") : [D17] 셀의 값이 ❶의 값 이하이면 '면담', 그 외는 공백으로 표시

4 결과[J17:J24]

[J17] 셀에 =IF(AND(H17>AVERAGE($H$17:$H$24),I17>AVERAGE($I$17:$I$24)),"평균보다큼","")를 입력하고 [J24] 셀까지 수식을 복사한다.

> **함수 설명** =IF(AND(H17>AVERAGE($H$17:$H$24),I17>AVERAGE($I$17:$I$24)),"평균보다큼","")
> ❶ AVERAGE($H$17:$H$24) : [H17:H24] 영역의 평균값을 구함
> ❷ AVERAGE($I$17:$I$24) : [I17:I24] 영역의 평균값을 구함
> ❸ AND(H17>❶,I17>❷) : [H17] 셀의 값이 ❶보다 크고 [I17] 셀의 값이 ❷보다 크면 TRUE 값이 반환
>
> =IF(❸,"평균보다큼","") : ❸의 값이 TRUE이면 '평균보다큼', 그 외는 공백으로 표시

5 이수여부[F31:F37]

[F31] 셀에 =IF(COUNTBLANK(B31:E31)<=1,"이수","")를 입력하고 [F37] 셀까지 수식을 복사한다.

> **함수 설명** =IF(COUNTBLANK(B31:E31)<=1,"이수","")
> ❶ COUNTBLANK(B31:E31) : [B31:E31] 영역의 빈 셀의 개수를 구함
>
> =IF(❶<=1,"이수","") : ❶의 값이 1이하이면 '이수', 그 외는 공백으로 표시

계산작업 문제 06회

작업파일 : '26컴활2급(상시)\계산작업문제'에서 '계산작업' 파일을 열어 작업하세요.

[표1] 급여현황

사원명	소속팀	직위	기본급	상여금
민선아	재무팀	선임	3,300,000	1,155,000
최민지	마케팅팀	팀장	4,500,000	1,575,000
여서연	홍보팀	주임	2,800,000	980,000
김성원	마케팅팀	선임	3,300,000	1,155,000
강호성	마케팅팀	책임	3,900,000	1,365,000
성나영	홍보팀	선임	3,400,000	1,190,000
이정훈	마케팅팀	주임	2,700,000	945,000
정호성	재무팀	책임	3,800,000	1,330,000

상여금이 1,300,000원 보다 크면서, 평균기본급이상인 사원수 : 3명 ❶

[표2] 자동차 주행 기록

소속	선수명	출발시간	도착시간	주행기록 ❷
노원마스터	강소라	15:24:32	16:18:24	0:55:52
강남자동차	정민지	15:55:24	16:11:55	0:16:31
강동마스터	한여선	13:35:33	14:43:37	1:10:04
강북자동차	김소희	14:18:16	17:49:02	3:30:46
서초마스터	이정후	14:32:41	14:59:21	0:28:40
사당자동차	최인선	17:12:29	18:28:21	1:15:52
용산자동차	박성훈	14:58:02	15:15:32	0:17:30

[표3] 택배 요금표

	서울	수도권	타지역	제주도
서울	5,000	5,000	6,000	9,000
수도권	5,000	5,000	6,000	9,000
타지역	6,000	6,000	5,000	9,000
제주도	9,000	9,000	9,000	5,000

출발지	도착지	택배요금 ❸
서울	타지역	6,000

[표4] 실비보험 청구 구비서류

기본공제액 : 8,000

환자명	환자ID	공단부담금	본인부담금	구비서류 ❹
최영호	C09121	154,800	98,500	영수증
민백훈	C10122	12,540	5,600	
안영미	C08231	252,400	152,400	진단서
정호환	C09873	85,760	35,680	영수증
김선영	C08620	198,500	125,000	진단서
이미선	C07320	8,590	3,500	
최은수	C20003	105,700	102,000	영수증
우서연	C21921	198,560	124,500	진단서
박민준	C08201	985,600	86,420	영수증

[표5] 인사평가결과

사번	성별	점수
C0702	여	91.2
C0703	여	95.4
C0704	남	92.4
C0705	여	89.3
C0706	여	88.7
C0707	남	93.1
C0708	여	89.4
C0709	남	88.7
C0710	여	94.1
C0711	남	79.5

성별	평균 ❺
남	88.5
여	91.4

1　[표1]에서 상여금이 1,300,000보다 크고, 기본급이 기본급의 전체 평균 이상인 사원수를 계산하여 [표시 예]와 같이 [E12] 셀에 표시하시오. (8점)

- ▶ [표시 예 : 2 → 2명]
- ▶ COUNTIFS, AVERAGE 함수와 & 연산자 이용

2　[표2]에서 소속[H3:H9], 출발시간[J3:J9], 도착시간[K3:K9]를 이용하여 주행기록[L3:L9]을 계산하시오. (8점)

- ▶ 주행기록 = 도착시간 - 출발시간
- ▶ 소속의 오른쪽 세 글자가 "마스터"이면 주행기록에 2분을 추가할 것
- ▶ IF, TIME, RIGHT 함수 사용

3　[표3]의 택배요금표에서 출발지와 도착지 번호를 찾아 [표3]의 택배요금표에서 값을 찾아 [E23] 셀에 표시하시오. (8점)

- ▶ INDEX, MATCH 함수 사용

4　[표4]에서 본인부담금에서 기본공제액을 뺀 차액이 100000 이상이면 '진단서', 차액이 1000 이상이면 '영수증', 그 외는 공백을 구비서류[L15:L23] 영역에 표시하시오. (8점)

- ▶ IFS 함수 사용

5　[표5]를 이용하여 성별별 점수의 평균을 올림하여 소수점 이하 1자리로 [F33:F34] 영역에 표시하시오. (8점)

- ▶ ROUNDUP, AVERAGEIF 함수 사용

해설

1 사원수[E12]

[E12] 셀에 =COUNTIFS(E3:E10,">1300000",D3:D10,">="&AVERAGE(D3:D10))&"명"를 입력한다.

함수 설명 =COUNTIFS(E3:E10,">1300000",D3:D10,">="&AVERAGE(D3:D10))&"명"
❶ AVERAGE(D3:D10) : [D3:D10] 영역의 평균을 구함

=COUNTIFS(E3:E10,">1300000",D3:D10,">="&❶)&"명" : [E3:E10] 영역에서 1,300,000보다 크고, [D3:D10] 영역의 값이 ❶의 값 이상인 셀의 개수를 구한 후에 '명'을 붙여서 표시

2 주행기록[L3:L9]

[L3] 셀에 =IF(RIGHT(H3,3)="마스터",(K3-J3)+TIME(,2,),K3-J3)를 입력하고 [L9] 셀까지 수식을 복사한다.

> **함수 설명** =IF(RIGHT(H3,3)="마스터",(K3-J3)+TIME(,2,),K3-J3)
>
> ❶ RIGHT(H3,3) : [H3] 셀에서 오른쪽에서 3글자를 추출함
> ❷ (K3-J3)+TIME(,2,) : [K3-J3] 값에 2분을 더함
>
> =IF(❶="마스터",❷,K3-J3) : ❶이 마스터와 같으면 ❷, 그 외는 [K3-J3] 셀의 결과 값을 표시

3 택배요금[E23]

[E23] 셀에 =INDEX(B17:E20,MATCH(C23,A17:A20,0),MATCH(D23,B16:E16,0))를 입력한다.

> **함수 설명** =INDEX(B17:E20,MATCH(C23,A17:A20,0),MATCH(D23,B16:E16,0))
>
> ❶ MATCH(C23,A17:A20,0) : [C23] 셀의 값을 [A17:A20] 영역에서 상대적인 위치 값을 구함
> ❷ MATCH(D23,B16:E16,0) : [D23] 셀의 값을 [B16:E16] 영역에서 상대적인 위치 값을 구함

4 구비서류[L15:L23]

[L15] 셀에 =IFS(K15-$L$13>=100000,"진단서",K15-$L$13>=1000,"영수증",TRUE,"")를 입력하고 [L23] 셀까지 수식을 복사한다.

> **함수 설명** =IFS(K15-$L$13>=100000,"진단서",K15-$L$13>=1000,"영수증",TRUE,"")
>
> ❶ K15-$L$13 : (본인부담금 - 기본공제액) 값을 구함
>
> =IFS(❶>=100000,"진단서",❶>=1000,"영수증",TRUE,"") : ❶의 값이 100000 이상이면 '진단서', ❶의 값이 1000 이상이면 '영수증', 그 외는 공백으로 표시

5 평균[F33:F34]

[F33] 셀에 =ROUNDUP(AVERAGEIF($B$27:$B$36,E33,$C$27:$C$36),1)를 입력하고 [F34] 셀까지 수식을 복사한다.

> **함수 설명** =ROUNDUP(AVERAGEIF($B$27:$B$36,E33,$C$27:$C$36),1)
>
> ❶ AVERAGEIF($B$27:$B$36,E33,$C$27:$C$36) : [B27:B36] 영역에서 [E33] 셀의 값을 찾아 같은 행의 [C27:C36] 영역의 평균값을 구함

계산작업 문제 07회

작업파일 : '26컴활2급(상시)₩계산작업문제'에서 '계산작업' 파일을 열어 작업하세요.

[표1] 1학기 등록현황

등록번호	학생명	주민등록번호	성별
Y2100201	최진영	980405-13XXXX	남
Y2100202	민호진	010612-34XXXX	남
Y2100203	박사랑	020804-41XXXX	여
Y2100204	김미영	020505-42XXXX	여
Y2100205	주진수	991228-15XXXX	남
Y2100206	안수연	010130-42XXXX	여
Y2100207	강나영	980607-21XXXX	여
Y2100208	이수영	011218-42XXXX	여

[표2] 청소년문학상 수상내역

참가자명	문장력	참신성	총점	수상내역
인지선	92	89	181	장려상
정수현	89	96	185	동상
박민주	92	98	190	금상
최소현	96	93	189	은상
연정훈	88	91	179	장려상
강미소	91	89	180	장려상
송소희	89	93	182	장려상
이정연	97	98	195	대상
김선	94	94	188	동상

<수상내역 표>

순위	수상
1	대상
2	금상
3	은상
4	동상
6	장려상

[표3] 직업체험관 이용현황

체험일자	학생명	희망직업	성별	근무처	체험관 닉네임
06월 20일	정우진	chef	남	종로	종로CHEF
06월 20일	최민혁	dancer	남	강남	강남DANCER
06월 20일	정여진	doctor	여	대전	대전DOCTOR
06월 20일	공서연	engineer	여	울산	울산ENGINEER
06월 20일	성정훈	farmer	남	충주	충주FARMER
06월 20일	김현수	rider	남	송파	송파RIDER
06월 20일	민지우	nurse	여	인천	인천NURSE
06월 20일	안정연	teacher	여	강서	강서TEACHER
06월 20일	서정희	soldier	여	철원	철원SOLDIER
06월 20일	이정훈	fisher	남	남해	남해FISHER

[표4] 추석선물세트 주문현황

주문코드	주문일자	가격	세트분류
FR0903A	2025-09-03	56,000	과일세트
MT0905B	2025-09-05	98,000	고기세트
HS0905A	2025-09-05	36,000	기타세트
MT0908C	2025-09-08	78,000	고기세트
RS0908B	2025-09-08	45,000	기타세트
FR0910C	2025-09-10	45,000	과일세트
FR0910B	2025-09-10	55,000	과일세트
SR0913A	2025-09-13	42,000	기타세트

[표5] 볼링동아리 현황

학생명	성별	학년	평균점수
정우진	남	1학년	75
최민혁	남	2학년	128
정여진	여	3학년	142
공서연	여	1학년	135
성정훈	남	2학년	132
김현수	남	1학년	110
민지우	여	3학년	154
안정연	여	2학년	104
서정희	여	1학년	125
이정훈	남	3학년	175
전인지	여	3학년	163
한혜진	여	2학년	142
권상우	남	3학년	172

<수준표>

평균점수	수준
80	초보
110	중급
145	고급

학년별 볼링수준

학년	평균수준
3학년	고급
2학년	중급
1학년	중급

1 [표1]의 주민등록번호[C3:C10]의 8번째 숫자가 1 또는 3이면 '남', 2 또는 4 이면 '여'를 성별[D3:D10] 영역에 표시하시오. (8점)

▶ CHOOSE, MID 함수 사용

2 [표2]의 총점[I3:I11]의 순위를 구하여 <수상내역 표>를 참조하여 수상내역을 찾아 [J3:J11] 영역에 표시하시오. (8점)

▶ 순위가 1등은 '대상', 2등은 '금상', 3등은 '은상', 4~5등은 '동상', 6등부터는 '장려상'으로 표시
▶ VLOOKUP, RANK.EQ 함수 사용

3 [표3]의 근무처와 희망직업의 공백을 제거하고 대문자로 연결하여 체험관 닉네임[F15:F24] 영역에 표시하시오. (8점)

▶ [표시 예 : 근무처가 '종로'와 희망직업 ' chef' → 종로CHEF]
▶ UPPER, TRIM 함수와 & 연산자 사용

4 [표4]의 주문코드[H15:H22]의 왼쪽의 2글자가 'FR'이면 '과일세트', 'MT'이면 '고기세트', 그 외는 '기타세트'를 세트분류[K15:K22] 영역에 표시하시오. (8점)

▶ IFS, LEFT 함수

5 [표5]의 학년별 평균점수의 평균값을 구하여 <수준표>를 참조하여 [G34:G36] 영역에 평균수준을 표시하시오. (8점)

▶ 평균값이 80 이상 110 미만이면 '초보', 110 이상 145 미만이면 '중급', 145 이상이면 '고급'으로 표시
▶ VLOOKUP, AVERAGEIF 함수 사용

해설

1 성별[D3:D10]

[D3] 셀에 =CHOOSE(MID(C3,8,1),"남","여","남","여")를 입력하고 [D10] 셀까지 수식을 복사한다.

> **함수 설명** =CHOOSE(MID(C3,8,1),"남","여","남","여")
> ❶ MID(C3,8,1) : [C3] 셀의 8번째부터 시작하여 1글자를 추출
>
> =CHOOSE(❶,"남","여","남","여") : ❶의 값이 1이면 '남', 2이면 '여', 3이면 '남', 4이면 '여'

2 수상내역[J3:J11]

[J3] 셀에 =VLOOKUP(RANK.EQ(I3,$I$3:$I$11),$L$6:$M$10,2,TRUE)를 입력하고 [J11] 셀까지 수식을 복사한다.

> **함수 설명** =VLOOKUP(RANK.EQ(I3,$I$3:$I$11),$L$6:$M$10,2,TRUE)
> ❶ RANK.EQ(I3,$I$3:$I$11) : [I3] 셀의 값을 [I3:I11] 영역에서 순위를 구함
>
> =VLOOKUP(❶,$L$6:$M$10,2,TRUE) : ❶의 값을 [L6:M10] 영역의 첫 번째 열에서 찾아 2번째 열에서 값을 찾아옴

3 체험관 닉네임[F15:F24]

[F15] 셀에 =E15&UPPER(TRIM(C15))를 입력하고 [F24] 셀까지 수식을 복사한다.

> **함수 설명** =E15&UPPER(TRIM(C15))
> ❶ TRIM(C15) : [C15] 셀의 공백을 제거
> ❷ UPPER(❶) : ❶의 값을 대문자로 표시
>
> =E15&❷ : [E15] 셀과 ❷을 연결하여 표시

4 세트분류[K15:K22]

[K15] 셀에 =IFS(LEFT(H15,2)="FR","과일세트",LEFT(H15,2)="MT","고기세트",TRUE,"기타세트")를 입력하고 [K22] 셀까지 수식을 복사한다.

> **함수 설명** =IFS(LEFT(H15,2)="FR","과일세트",LEFT(H15,2)="MT","고기세트",TRUE,"기타세트")
> ❶ LEFT(H15,2) : [H15] 셀에서 왼쪽에서부터 2글자를 추출함
>
> =IFS(❶="FR","과일세트",❶="MT","고기세트",TRUE,"기타세트") : ❶의 값이 'FR'이면 '과일세트', ❶의 값이 'MT'이면 '고기세트' 그 외는 '기타세트'로 표시

5 평균수준[G34:G36]

[G34] 셀에 =VLOOKUP(AVERAGEIF($C$28:$C$40,F34,$D$28:$D$40),$F$28:$G$30,2)를 입력하고 [G36] 셀까지 수식을 복사한다.

> **함수 설명** =VLOOKUP(AVERAGEIF($C$28:$C$40,F34,$D$28:$D$40),$F$28:$G$30,2)
> ❶ AVERAGEIF($C$28:$C$40,F34,$D$28:$D$40) : [C28:C40] 영역에서 [F34] 셀의 값을 찾아 같은 행의 [D28:D40] 영역의 평균값을 구함
>
> =VLOOKUP(❶,$F$28:$G$30,2) : ❶의 값을 [F28:G30] 영역의 첫 번째 열에서 값을 찾아 2번째 열에서 값을 추출함

계산작업 문제 08회

작업파일 : '26컴활2급(상시)\계산작업문제'에서 '계산작업' 파일을 열어 작업하세요.

	A	B	C	D	E	F	G	H	I	J	K	L	M
1	[표1]		1학기 평가결과					[표2]		반찬 만들기 실습 일정		<코드별 실습요일>	
2	학과코드	성명	중간평가	기말평가	출석점수	결과 ①		반찬코드	분류	실습요일 ②		끝번호	요일
3	T1	오민수	70	65	72			D4207	김치반찬	수요일		1	월요일
4	T2	정지영	95	95	95	장학생		C0105	밑반찬	월요일		2	화요일
5	S2	남궁연	85	85	71			B3702	국/찌개	화요일		3	수요일
6	S1	백석희	90	95	100			D4508	찜요리	목요일		4	목요일
7	T2	서은혁	60	55	60			C0916	조림요리	화요일		5	월요일
8	D2	강이수	100	90	95	장학생		B2104	무침요리	목요일		6	화요일
9	T1	신경숙	90	95	89			A2013	죽	수요일		7	수요일
10	T1	이문영	85	80	65			A1011	나물	월요일		8	목요일
11													
12	[표3]		동호회 멤버					[표4]		꽃배달 주문현황			
13	성명	성별	주민등록번호	생년월일				상품코드	주문자	상품명	구분 ④		
14	고재경	남	920222-104****	1992년02월22일 ③				M-120	이민수	순간	분재		
15	구혜란	여	851019-225****	1985년10월19일				N-082	김병훈	비앙카	화분		
16	김비승	여	991111-222****	1999년11월11일				S-035	최주영	러브 블라썸	꽃상자		
17	김상균	남	000105-357****	2000년01월05일				M-072	길미라	하이라이트	분재		
18	김양미	여	820202-215****	1982년02월02일				S-141	나태후	사랑데이	꽃상자		
19	김연규	남	970920-179****	1997년09월20일				N-033	전영태	첫사랑	화분		
20	김영숙	여	011211-465****	2001년12월11일				M-037	조영선	빛이나	분재		
21	공익균	남	810409-145****	1981년04월09일				A-028	박민혜	비올레타	코드오류		
22	김자윤	여	921121-262****	1992년11월21일									
23	김주현	여	020521-447****	2002년05월21일				<구분표>					
24								상품코드	S	N	M		
25	[표5]		회원 관리 현황					구분	꽃상자	화분	분재		
26	회원코드	구매횟수	총결제액	고객등급 ⑤									
27	MV-501	5	1,760,000	일반									
28	MV-502	12	4,230,000	일반									
29	MV-503	24	7,800,000	골드									
30	MV-504	8	2,820,000	일반									
31	MV-505	11	3,880,000	일반									
32	MV-506	22	7,750,000	골드									
33	MV-507	16	5,640,000	일반									
34	MV-508	27	9,510,000	MVG									
35	MV-509	24	8,450,000	MVG									
36	MV-510	18	6,340,000	골드									

① [표1]에서 중간평가, 기말평가의 합이 190 이상이고, 출석점수 90 이상이면 '장학생', 그 외는 공백으로 결과[F3:F10] 영역에 표시하시오. (8점)

▶ IF, AND, SUM 함수 사용

② [표2]의 반찬코드[H3:H10]의 마지막 숫자를 이용하여 <코드별 실습요일> 표를 참조하여 실습요일을 [J3:J10] 영역에 표시하시오. (8점)

▶ VLOOKUP, RIGHT 함수 사용

③ [표3]에서 주민등록번호[C14:C23]에서 하이픈(-)의 다음 문자가 2 이하이면 '19', 그 외는 '20'을 년도에 붙여서 생년월일을 [D14:D23] 영역에 표시하시오. (8점)

▶ [표시 예 : 920222-104**** → 1992년02월22일]
▶ IF, MID, LEFT 함수와 & 연산자 사용

④ [표4]의 상품코드[H14:H21] 왼쪽의 한 글자를 이용하여 〈구분표〉를 참조하여 구분[K14:K21] 영역에 표시하시오. (8점)

▶ 상품코드의 'S'로 시작하면 '꽃상자', 'N'으로 시작하면 '화분', 'M'으로 시작하면 '분재'로 표시
▶ S, N, M으로 시작하지 않는 경우에는 '코드오류'로 표시
▶ IFERROR, HLOOKUP, LEFT 함수 사용

⑤ [표5]의 총결제액[C27:C36] 영역의 순위를 구하여 고객등급을 [D27:D36] 영역에 표시하시오. (8점)

▶ 순위가 1~2등은 'MVG', 3~5등은 '골드', 그 외는 '일반'으로 표시
▶ CHOOSE, RANK.EQ 함수 사용

해설

1 결과[F3:F10]

[F3] 셀에 =IF(AND(SUM(C3:D3)>=190,E3>=90),"장학생","")를 입력하고 [F10] 셀까지 수식을 복사한다.

함수 설명 =IF(AND(SUM(C3:D3)>=190,E3>=90),"장학생","")
❶ SUM(C3:D3) : [C3:D3] 영역의 합계를 구함
❷ AND(❶>=190,E3>=90) : ❶의 값이 190 이상이고, [E3] 셀의 값이 90 이상이면 TRUE 값이 반환

=IF(❷,"장학생","") : ❷의 값이 TRUE 이면 '장학생', 그 외는 공백으로 표시

2 실습요일[J3:J10]

[J3] 셀에 =VLOOKUP(RIGHT(H3,1),$L$3:$M$10,2,FALSE)를 입력하고 [J10] 셀까지 수식을 복사한다.

함수 설명 =VLOOKUP(RIGHT(H3,1),$L$3:$M$10,2,FALSE)
❶ RIGHT(H3,1) : [H3] 셀에서 오른쪽에서 한 글자를 추출

=VLOOKUP(❶,$L$3:$M$10,2,FALSE) : ❶의 값을 [L3:M10] 영역의 첫 번째 열에서 찾아 2번째 열에서 정확하게 일치하는 값을 찾아옴

3 생년월일[D14:D23]

[D14] 셀에 =IF(MID(C14,8,1)<="2","19","20")&LEFT(C14,2)&"년"&MID(C14,3,2)&"월"&MID(C14,5,2)&"일"를 입력하고 [D23] 셀까지 수식을 복사한다.

> **함수 설명** =IF(MID(C14,8,1)<="2","19","20")&LEFT(C14,2)&"년"&MID&MID(C14,3,2)&"월"&MID(C14,5,2)&"일"
>
> ❶ MID(C14,8,1) : [C14] 셀에서 8번째부터 시작하여 1글자를 추출
> ❷ LEFT(C14,2) : [C14] 셀에서 왼쪽에서 2글자를 추출
> ❸ MID(C14,3,2) : [C14] 셀에서 3번째부터 시작하여 2글자를 추출
> ❹ MID(C14,5,2) : [C14] 셀에서 5번째부터 시작하여 2글자를 추출
>
> =IF(❶<="2","19","20")&❷&"년"&❸&"월"&❹&"일" : ❶의 값이 문자 2이하이면 '19❷년❸월❹일', 그 외로 '20❷년❸월❹일' 으로 표시

4 구분[K14:K21]

[K14] 셀에 =IFERROR(HLOOKUP(LEFT(H14,1),$I$24:$K$25,2, FALSE),"코드오류")를 입력하고 [K21] 셀까지 수식을 복사한다.

> **함수 설명** =IFERROR(HLOOKUP(LEFT(H14,1),$I$24:$K$25,2,FALSE),"코드오류")
>
> ❶ LEFT(H14,1) : [H14] 셀에서 왼쪽에서부터 1글자를 추출
> ❷ HLOOKUP(❶,$I$24:$K$25,2,FALSE) : ❶의 값을 [I24:K25] 영역의 첫 번째 행에서 찾아 2번째 행에서 정확하게 일치하는 값을 찾음
>
> =IFERROR(❷,"코드오류") : ❷의 값에 오류가 있다면 '코드오류'로 표시

5 고객등급[D27:D36]

[D27] 셀에 =CHOOSE(RANK.EQ(C27,$C$27:$C$36),"MVG","MVG","골드","골드","골드","일반","일반","일반","일반","일반")를 입력하고 [D36] 셀까지 수식을 복사한다.

> **함수 설명** =CHOOSE(RANK.EQ(C27,$C$27:$C$36),"MVG","MVG","골드","골드","골드","일반","일반","일반","일반","일반")
>
> ❶ RANK.EQ(C27,$C$27:$C$36) : [C27] 셀의 값이 [C27:C36] 영역에서 몇 등인지 순위를 구함
>
> =CHOOSE(❶,"MVG","MVG","골드","골드","골드","일반","일반","일반","일반","일반") : ❶의 값이 1이면 'MVG', 2이면 'MVG', 3이면 '골드', 4이면 '골드', 5이면 '골드', 6이면 '일반', ……으로 10등까지 표시

계산작업 문제 09회

작업파일: '26컴활2급(상시)\계산작업문제'에서 '계산작업' 파일을 열어 작업하세요.

	A	B	C	D	E	F	G	H	I	J
1	[표1]	온라인 요리 수강 현황				[표2]	가구제품 구매등록 현황			
2	과목	분류	결제방법	총수강료		제품코드	가구명	가격	기타	구매등록일
3	디자인케이크	제과제빵	카드	1,250,000		220628D	독서실 책상	369,000	E0(친환경)	2022-06-28
4	건강쿠키	제과제빵	현금	1,000,000		210405B	헤이즐 침대	745,000	E0목재	2021-04-05
5	혼밥요리	한식	카드	1,340,000		210513S	3인 소파	1,860,000	패브릭	2021-05-13
6	쌀베이킹	제과제빵	카드	1,090,000		230122B	수납형 침대	419,000	E0(친환경)	2023-01-22
7	나만의커피	음료	현금	1,290,000		191230D	5단 책상세트	499,000	E0(친환경)	2019-12-30
8	매일반찬	제과제빵	카드	1,150,000		201206C	알렉스 의자	189,000	헤드레스트포함	2020-12-06
9	홈샌드위치	한식	카드	1,320,000		241210D	그로잉 책상	149,000	책상단품	2024-12-10
10	홈칵테일	음료	현금	1,330,000		220312B	침대 프레임 SS	315,000	E0(친환경)	2022-03-12
11	제과제빵 카드 수강료 합계			3,490,000		241223D	슬라이딩책장	249,000	E0(친환경)	2024-12-23
12										
13	[표3]	반려견 간식 판매현황				[표4]	한가위 선물세트 판매현황			
14	간식명	분류	판매수량	통조림 비율		선물세트명	판매량			기타
15	닭가슴살 캔	통조림	121	42%			22년	23년	24년	
16	페디그리 캔	통조림	88			곶감 세트	186	198	193	편차큼
17	굿프랜드	개껌	104			한과 세트	184	187	192	
18	헬로도기	통조림	82			멸치 세트	188	187	197	편차큼
19	연근오리칩	비스킷	79			조미김 세트	187	188	193	
20	덴탈라이프	개껌	93			사과/배 세트	191	190	194	
21	퍼피프랜드	통조림	113			굴비 세트	190	191	193	
22	말티즈 펫웤	육포	90			갈비 세트	186	188	205	편차큼
23	우유껌	개껌	103							
24	칼슘본 사사미	비스킷	85							
25										
26	[표5]	도서 할인 가격								
27	출판일	도서명		정가	판매가					
28	2021-06-08	완전한 행복		15,800	14,220					
29	2020-07-08	달러구트 꿈 백화점		13,800	12,420					
30	2019-10-04	부의 인문학		13,500	12,015					
31	2014-11-17	미움받을 용기		14,900	12,963					
32	2016-02-22	미라클모닝		12,000	10,560					
33	2021-04-28	소크라테스 익스프레소		18,000	16,200					
34	2021-04-28	미드나잇 라이브러리		15,800	14,220					
35	2020-06-30	기분이 태도가 되지 않게		14,000	12,600					
36	2015-11-24	사피엔스		22,000	19,360					
37	2018-10-20	이기적 유전자		20,000	17,800					
38										
39	<할인율표>									
40	출판	2013년 이상	2015년 이상	2018년 이상	2020년 이상					
41	연도	2015년 미만	2018년 미만	2020년 미만						
42	할인율	13%	12%	11%	10%					

1 [표1]에서 분류가 '제과제빵'이고, 결제방법이 '카드'인 총수강료의 합계를 [D11] 셀에 표시하시오. (8점)

▶ SUMIFS 함수 사용

2 [표2]의 제품코드[F3:F11]의 왼쪽의 6글자를 이용하여 구매등록일을 [J3:J11] 영역에 표시하시오. (8점)

▶ 제품코드의 왼쪽 6글자는 년도(2자리), 월(2자리), 일(2자리)를 표시
▶ 년도에 2000을 더하여 표시
▶ DATE, LEFT, MID 함수 사용

3 [표3]에서 분류가 '통조림'에 해당한 판매수량의 비율을 [D15] 셀에 표시하시오. (8점)

▶ 통조림비율 = '통조림'의 합계/전체 합계
▶ SUMIF, SUM 함수 사용

4 [표4]에서 선물세트명별 22~24년 판매량의 표준편차 값이 전체 판매량의 표준편차 값보다 크면 '편차큼', 그 외는 공백으로 기타[J16:J22] 영역에 표시하시오. (8점)

▶ IF, STDEV.S 함수 사용

5 [표5]에서 출판일의 년도를 이용하여 〈할인율표〉를 참조하여 할인율을 찾아 정가에서 할인율을 뺀 금액을 판매가 [E28:E37] 영역에 표시하시오. (8점)

▶ 출판년도가 2013년~2015년 미만은 13%, 2015년~2018년 미만은 12%, 2018년~2020년 미만은 11%, 2020년 이상은 10% 할인
▶ HLOOKUP, YEAR 함수 사용

해설

1 수강료 합계[D11]

[D11] 셀에 =SUMIFS(D3:D10,B3:B10,"제과제빵",C3:C10,"카드")를 입력한다.

함수 설명

[B3:B10] 영역에서 '제과제빵'이고, [C3:C10] 영역에서 '카드'인 데이터의 같은 행의 [D3:D10] 영역에서 합계를 구함

2 구매등록일[J3:J11]

[J3] 셀에 =DATE(2000+LEFT(F3,2),MID(F3,3,2),MID(F3,5,2))를 입력하고 [J11] 셀까지 수식을 복사한다.

> **함수 설명** =DATE(2000+LEFT(F3,2),MID(F3,3,2),MID(F3,5,2))
> ❶ LEFT(F3,2) : [F3] 셀에서 왼쪽의 2글자를 추출
> ❷ MID(F3,3,2) : [F3] 셀의 왼쪽에서 3번째에서 시작하여 2글자를 추출
> ❸ MID(F3,5,2) : [F3] 셀의 왼쪽에서 5번째에서 시작하여 2글자를 추출
>
> =DATE(2000+❶,❷,❸) : 년(2000+❶), 월(❷), 일(❸)을 넣어 날짜 형식으로 표시

3 통조림 비율[D15]

[D15] 셀에 =SUMIF(B15:B24,"통조림",C15:C24)/SUM(C15:C24)를 입력한다.

> **함수 설명** =SUMIF(B15:B24,"통조림",C15:C24)/SUM(C15:C24)
> ❶ SUMIF(B15:B24,"통조림",C15:C24) : [B15:B24] 영역에서 '통조림'을 찾아 [C15:C24] 영역에서 합계를 구함
> ❷ SUM(C15:C24) : [C15:C24] 영역의 합계를 구함

4 기타[J16:J22]

[J16] 셀에 =IF(STDEV.S(G16:I16)>STDEV.S($G$16:$I$22),"편차큼","")를 입력하고 [J22] 셀까지 수식을 복사한다.

> **함수 설명** =IF(STDEV.S(G16:I16)>STDEV.S($G$16:$I$22),"편차큼","")
> ❶ STDEV.S(G16:I16) : [G16:I16] 영역의 표준편차를 구함
> ❷ STDEV.S($G$16:$I$22) : [G16:I22] 영역의 표준편차를 구함
>
> =IF(❶>❷,"편차큼","") : ❶의 값이 ❷ 보다 클 경우 '편차큼'을 표시하고, 그 외는 공백으로 표시

5 판매가[E28:E37]

[E28] 셀에 =D28*(1-HLOOKUP(YEAR(A28),$B$40:$E$42,3, TRUE))를 입력하고 [E37] 셀까지 수식을 복사한다.

> **함수 설명** =D28*(1-HLOOKUP(YEAR(A28),$B$40:$E$42,3,TRUE))
> ❶ YEAR(A28) : [A28] 셀에서 연도를 구함
> ❷ HLOOKUP(❶,$B$40:$E$42,3,TRUE) : ❶의 값을 [B40:E42] 영역의 첫 번째 행에서 값을 찾아 3번째 행에서 값을 추출함
>
> =D28*(1-❷) 또는 D28-D28*❷ 으로 작성해도 계산의 결과는 동일

영진닷컴

공공언어 활용능력 2급

국어능력인증시험 대비 이기적 공부법

기적의 적중률, 여러분의 참여로 완성됩니다

기출 복원 EVENT

영진닷컴 쇼핑몰
30,000원
전원 지급
N Pay
네이버페이 포인트 쿠폰
최대 20,000원

기출 복원하기 ▶

1 이기적 수험서로 공부하고 시험에 응시했다면 누구나 참여 가능

2 응시일로부터 7일 이내 복원 문제만 인정(수험표 첨부 필수!)

3 중복, 누락, 허위 문제는 당첨 대상에서 제외

※ 이벤트별 혜택은 변경될 수 있으므로 자세한 내용은 해당 QR을 참고해 주세요.

01 컴퓨터 일반

✔ 운영체제의 목적(성능 평가 요소)

성능 평가 요소

- **신뢰도**: 주어진 문제를 얼마나 정확하게 처리하는가의 정도
- **처리 능력**: 일정 시간 동안 처리하는 일의 양으로 시스템의 생산성을 나타내는 단위
- **사용 가능도**: 시스템을 얼마나 빠르게 사용할 수 있는가의 정도
- **응답 시간**: 컴퓨터 시스템에서 결과가 얻어질 때까지의 시간

✔ 한글 Windows의 특징

그래픽 사용자 인터페이스(GUI)	마우스로 아이콘이나 메뉴를 사용하여 명령을 내려 작업 수행 가능
선점형 멀티태스킹 (Preemptive Multi-Tasking)	운영체제가 CPU를 미리 선점하여 각 응용 소프트웨어의 CPU 사용을 통제하고 관리하여 높은 안정성으로 원활한 멀티태스킹(다중 작업) 가능
PnP(Plug & Play)의 지원	컴퓨터에 장치를 연결하면 자동으로 장치를 인식하여 장치 드라이버를 설치하므로 새로운 주변 장치를 쉽게 연결 가능
핫 스왑(Hot Swap) 지원	컴퓨터의 전원이 켜져 있는 상태에서 시스템에 장치를 연결하거나 분리 가능
64비트 지원	32비트의 최대 메모리는 버전과 상관없이 4GB이지만, 64비트는 최대 메모리가 버전에 따라 달라서 Windows 10 Home은 128GB, Pro와 Education은 2TB, Enterprise는 6TB까지 지원되므로 처리 속도가 빠름 (32비트 프로세서는 x86, 64비트 프로세서는 x64로 표시).
NTFS 지원	파일 및 폴더에 대한 액세스 제어를 유지, 디스크 관련 오류의 자동 복구 기능, 대용량 하드디스크 지원 및 보안 강화(사용 권한, 암호화), 하드디스크의 공간 낭비를 줄이고 시스템의 안정성 향상, 최대 255자의 긴 파일 이름 지원과 공백 사용, 최대 파일 크기는 16TB이며 파티션(볼륨)의 크기는 256TB까지 지원됨

에어로 피크(Aero Peek)	작업 표시줄 오른쪽 끝의 [바탕 화면 보기]에 마우스 포인터를 위치시키면 바탕 화면이 일시적으로 나타나는 것(⊞+,)으로 [바탕 화면 보기]를 클릭하면 모든 창이 최소화되면서 바탕 화면이 표시되고 다시 클릭하면 모든 창이 나타남(⊞+D)
에어로 스냅(Aero Snap)	창을 화면의 가장자리로 끌면 열려 있는 창의 크기가 조정되는 기능 (⊞+←, →, ↑, ↓)
에어로 쉐이크(Aero Shake)	창의 제목 표시줄을 클릭한 채로 마우스를 흔들면 현재 창을 제외한 열린 모든 창이 순식간에 사라졌다가 다시 흔들면 원래대로 복원되는 기능(⊞+Home)

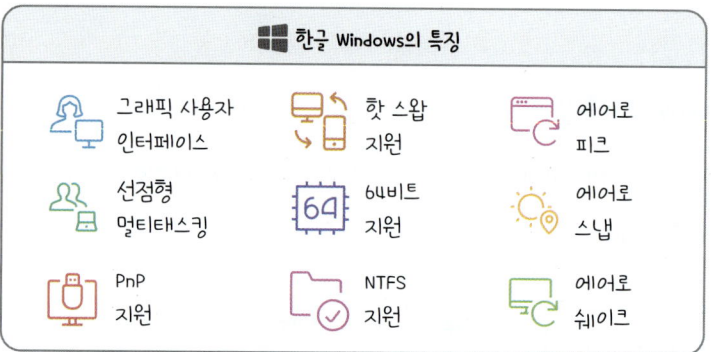

✓ 기능키

바로 가기 키	기능
F2	선택한 항목 이름 바꾸기
F3	파일 탐색기에서 파일 또는 폴더 검색
F4	파일 탐색기에서 주소 표시줄 목록 표시
F5	활성창 새로 고침(Ctrl+R)
F6	창이나 바탕 화면의 화면 요소들을 순환
F10	활성 앱의 메뉴 모음 활성화

✔ ⊞를 이용하는 기능

바로 가기 키	기능
⊞	시작 화면 열기(Ctrl + Esc)
⊞ + D	바탕 화면 표시 및 숨기기
⊞ + E	파일 탐색기 열기
⊞ + L	PC 잠금 또는 계정 전환
⊞ + M	모든 창 최소화
⊞ + Shift + M	바탕 화면에서 최소화된 창 복원
⊞ + R	실행 대화 상자 열기
⊞ + T	작업 표시줄의 앱을 순환(Enter 를 누르면 실행)
⊞ + U	접근성 센터 열기
⊞ + Pause	시스템 속성 대화 상자 표시
⊞ + +	돋보기를 이용한 확대
⊞ + −	돋보기를 이용한 축소
⊞ + Esc	돋보기 끝내기

✔ 바로 가기 아이콘의 기능

작업하려는 프로그램(앱)을 더 빠르고 간편하게 실행시킬 수 있는 기능이다.

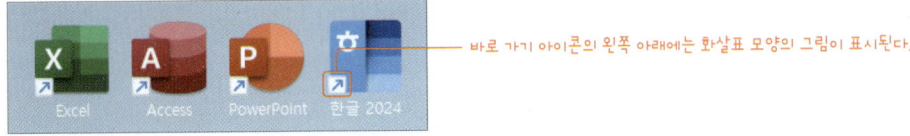

바로 가기 아이콘의 왼쪽 아래에는 화살표 모양의 그림이 표시된다.

✓ 바로 가기 아이콘(Shortcut Icon)의 특징

- 바로 가기의 확장자는 '.lnk'다.
- 바로 가기는 여러 개 만들 수 있다.
- 바로 가기를 삭제해도 원본 프로그램에는 영향을 미치지 않는다.
- 바로 가기는 실행 파일, 파일, 드라이브, 폴더, 프린터 등 모든 개체에 대해 만들 수 있다.

✓ 레지스트리(Registry)

- Windows에서 사용하는 환경 설정 및 각종 시스템과 관련된 정보가 저장되어 있는 계층 구조식 데이터베이스이다.
- 레지스트리 키와 레지스트리 값을 추가 및 편집하고, 백업으로부터 레지스트리를 복원한다.
- 레지스트리에 이상이 있을 경우 Windows 운영체제에 치명적인 손상이 생길 수 있다.
- 레지스트리는 Windows의 부팅 이외에 응용 프로그램 실행에도 참조되며, 레지스트리 편집기를 이용하여 Windows 등의 프로그램 환경을 설정할 때도 사용된다.
- 레지스트리는 IRQ, I/O 주소, DMA 등과 같은 하드웨어 자원과 프로그램 실행 정보와 같은 소프트웨어 자원을 관리한다.

실행 방법 1	[시작(⊞)]-[Windows 시스템]-[실행]에서 열기란에 "regedit"를 입력하고 [확인]을 클릭
실행 방법 2	[실행] 열기란에 "msconfig"를 입력한 다음 [시스템 구성]의 [도구] 탭에서 [레지스트리 편집기]를 선택한 후 [시작]을 클릭

✓ 파일 탐색기의 기본

- 파일 탐색기는 사용자가 사용할 수 있는 시스템에 장착된 모든 디스크 드라이브 및 폴더 관리 등 시스템의 전반적인 정보를 갖는다.
- 파일 탐색기는 새로운 폴더의 생성과 자료의 이동, 복사, 삭제 등의 작업을 손쉽게 할 수 있는 파일 관리 프로그램이며 계층적 디렉터리 구조를 갖고 있다.
- 왼쪽에 탐색 창이 표시되며 오른쪽에는 폴더 내용 창이 표시된다.
- 파일 탐색기가 열리면서 기본적으로 표시되는 [즐겨찾기]는 자주 사용하는 파일과 폴더, 가장 최근 사용한 파일과 폴더를 표시하므로 이를 찾기 위해 여러 폴더를 검색할 필요가 없다.
- [즐겨찾기]에 표시된 폴더에서 마우스 오른쪽 단추를 클릭하고 [즐겨찾기에서 제거]를 선택하면 즐겨찾기에서 제거된다.
- [파일]-[폴더 및 검색 옵션 변경]을 클릭, [폴더 옵션] 창의 [일반] 탭에서 [파일 탐색기 열기]를 '즐겨찾기'에서 '내 PC'로 변경할 수 있다.
- 클라우드 서비스인 OneDrive가 파일 탐색기에 포함되어 표시되며 바로 파일을 공유할 수 있다.

실행 방법 1	작업 표시줄에서 [파일 탐색기](📁)를 클릭함
실행 방법 2	[시작(⊞)를 클릭함)]-[Windows 시스템]-[파일 탐색기]를 클릭함
실행 방법 3	[시작] 단추(⊞)에서 마우스 오른쪽 단추 클릭한 후 [바로 가기 메뉴]에서 [파일 탐색기(E)]를 클릭함
실행 방법 4	[시작(⊞)]-[Windows 시스템]-[실행](⊞+R)에서 'explorer'를 입력하고 [확인]을 클릭함
실행 방법 5	⊞+E
실행 방법 6	⊞+X, E

✓ 파일(File)

- 컴퓨터에서 사용되는 자료 저장의 기본 단위이며 파일명과 확장자로 구성된다.
- 파일명은 255자까지 사용 가능하며 공백 포함이 허용되고 확장자는 그 파일의 성격을 나타낸다.
- *, ?, :, /, \, <, >, ", | 등은 폴더명이나 파일명으로 사용할 수 없다.

✓ 폴더(Folder)

- 서로 관련 있는 파일들을 저장하는 장소로 파일들을 효율적이고 체계적으로 관리할 수 있다.
- 폴더의 구조를 볼 수 있는 폴더 창이나 바탕 화면, 파일 탐색기에서 새 폴더의 생성 및 삭제가 가능하다.
- 폴더는 바로 가기 아이콘, 복사나 이동, 찾기, 이름 바꾸기, 삭제 등 파일에서 가능한 작업을 할 수 있다.
- 동일한 폴더 안에 같은 이름의 파일은 존재할 수 없다.

✓ 파일 복사 방법

리본 메뉴	• 항목을 선택한 후 [홈] 탭-[구성] 그룹-[복사 위치]에서 [위치 선택]을 클릭, [항목 복사]에서 복사할 위치를 선택 후 [복사]를 클릭함(새 폴더 생성 가능) • 항목을 선택한 후 [홈] 탭-[클립보드] 그룹에서 [복사], 붙여넣기를 할 폴더 선택 후 [붙여넣기]를 클릭함
바로 가기 메뉴	항목을 선택한 후 바로 가기 메뉴에서 [복사], 붙여넣기를 할 폴더 선택 후 [붙여넣기]를 클릭함
바로 가기 키	항목을 선택한 후 Ctrl+C를 눌러 복사한 후 붙여넣기를 할 곳으로 이동하여 Ctrl+V를 누름
같은 드라이브	Ctrl을 누른 상태에서 마우스 왼쪽 버튼으로 드래그 앤 드롭
다른 드라이브	아무 키도 누르지 않거나 Ctrl을 누른 상태에서 마우스 왼쪽 버튼으로 드래그 앤 드롭

✔ 파일 이동 방법

리본 메뉴	• 항목을 선택한 후 [홈] 탭-[구성] 그룹-[이동 위치]에서 [위치 선택]을 클릭, [항목 이동]에서 이동할 위치를 선택 후 [이동]을 클릭함(새 폴더 생성 가능) • 항목을 선택한 후 [홈] 탭-[클립보드] 그룹에서 [잘라내기], 붙여넣기를 할 폴더 선택 후 [붙여넣기]를 클릭함
바로 가기 메뉴	항목을 선택한 후 바로 가기 메뉴에서 [잘라내기], 붙여넣기를 할 폴더 선택 후 [붙여넣기]를 클릭함
바로 가기 키	항목을 선택한 후 Ctrl+X를 눌러 잘라내기 후 붙여넣기를 할 곳으로 이동하여 Ctrl+V를 누름
같은 드라이브	아무키도 누르지 않거나 Shift를 누른 상태에서 마우스 왼쪽 버튼으로 드래그 앤 드롭
다른 드라이브	Shift를 누른 상태에서 마우스 왼쪽 버튼으로 드래그 앤 드롭

✔ 휴지통

- 작업 도중 삭제된 자료들이 임시로 보관되는 장소로, 필요한 경우 복원이 가능하다.
- 드라이브마다 따로 휴지통 설정이 가능하다.
- 복원시킬 경우, 경로 지정을 하지 않아도 자동으로 원래 위치로 복원한다.
- 휴지통 내에서의 파일의 실행 작업과 항목의 이름 변경은 불가능하다.
- 휴지통의 바로 가기 메뉴의 [이름 바꾸기]나 F2를 이용하여 '휴지통' 자체 이름을 변경할 수 있다(단, 휴지통 안에 있는 파일의 이름은 변경할 수 없음).
- 휴지통의 폴더 위치는 C:\$Recycle.Bin이다.

✔ 휴지통에 보관되지 않고 완전히 삭제되는 경우

- 파일 탐색기의 [홈] 탭-[구성] 그룹-[삭제]에서 [완전히 삭제]로 삭제한 경우
- 플로피 디스크나 USB 메모리, DOS 모드, 네트워크 드라이브에서 삭제한 경우
- 휴지통 비우기를 한 경우
- Shift+Delete로 삭제한 경우
- [휴지통 속성]의 [파일을 휴지통에 버리지 않고 삭제할 때 바로 제거]를 선택한 경우 자동 삭제됨
- 같은 이름의 항목을 복사/이동 작업으로 덮어쓴 경우

✔ 명령 프롬프트

- 대·소문자 상관없이 MS-DOS 명령이나 기타 명령을 실행할 수 있다.
- [명령 프롬프트] 창에서 복사할 내용이 있을 때 왼쪽의 조절 메뉴 단추( )를 클릭한 다음 [편집]-[표시](Ctrl+M)를 클릭하면 마우스로 드래그하여 범위를 설정할 수 있으며, Enter를 눌러 복사하면 메모장이나 워드프로세서 등에서 붙여 넣을 수 있다.
- [명령 프롬프트] 창에서 "exit"를 입력하고 Enter를 누르거나 [닫기] 단추( )를 클릭하면 [명령 프롬프트] 창이 종료된다.

실행 방법 1	[시작( )]-[Windows 시스템]-[명령 프롬프트]를 클릭함
실행 방법 2	[실행](+R)에서 'cmd'를 입력하고 [확인]을 클릭함

✔ 기본 프린터

- 프로그램에서 사용할 프린터를 지정하지 않고 인쇄 명령을 선택했을 때 컴퓨터가 자동으로 문서를 보내는 프린터이다. 즉, 인쇄 시 프린터를 따로 지정하지 않아도 설정되는 기본 프린터로 곧바로 인쇄된다.
- 현재 인쇄를 담당하는 기본 프린터의 프린터 아이콘에는 표시가 나타난다.
- 기본 프린터는 한 대만 지정할 수 있으며, 기본 프린터로 설정된 프린터도 제거할 수 있다.
- 기본 프린터는 로컬 프린터와 네트워크로 공유한 프린터 모두 설정이 가능하다.
- 기본 프린터로 지정하고자 하는 프린터를 선택한 다음 Alt를 누른 뒤 [파일]-[기본 프린터로 설정]을 클릭하여 지정하거나 바로 가기 메뉴에서 [기본 프린터로 설정]을 클릭하여 지정할 수 있다.

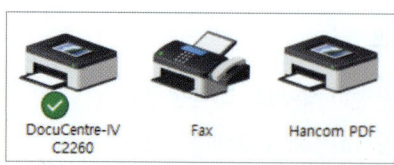

✓ 인쇄 관리자 사용

- 인쇄가 실행될 때 인쇄 작업 내용을 보려면 작업 표시줄의 알림 영역에 프린터 모양의 아이콘을 더블 클릭하여 인쇄 관리자 창을 연다. 인쇄가 완료되면 아이콘은 사라진다.
- 인쇄 관리자는 인쇄 대기열에 있는 문서의 인쇄 순서를 변경할 수 있으며, 취소 및 일시 중지 등의 작업을 수행할 수 있다.
- 현재 인쇄 중인 문서가 인쇄가 완료되기 전에 다른 문서의 인쇄가 있을 경우 인쇄 대기열에 쌓이게 된다.
- 인쇄 작업에 들어간 것도 중간에 강제로 종료시킬 수 있다.

✓ 설정의 개념

- Windows 운영체제의 작업 환경에 도움이 되는 여러 가지 컴퓨터 시스템의 환경 설정 작업 및 변경을 수행하는 기능을 제공한다.
- 데스크톱 PC 외 태블릿이나 터치 환경에서도 쉽게 사용할 수 있다.
- [시스템 설정], [장치 설정], [전화 설정], [네트워크 및 인터넷 설정], [개인 설정], [앱 설정], [계정 설정], [시간 및 언어 설정], [게임 설정], [접근성 설정], [검색 설정], [개인 정보 설정], [업데이트 및 보안 설정] 등을 지원한다.

실행 방법 1	[시작](⊞)-[설정]
실행 방법 2	⊞+I 를 누름
실행 방법 3	[시작] 단추(⊞)에서 마우스 오른쪽 버튼을 클릭한 다음 [설정]을 클릭함
실행 방법 4	⊞+X, N 을 누름
실행 방법 5	[작업 표시줄]-[작업 표시줄 설정]-[홈]

✓ 앱 및 기능

- 앱을 가져올 위치를 선택할 수 있다.
- [선택적 기능]에서 앱을 제거하거나 관리할 수 있으며 기능을 추가할 수도 있다.
- [앱 실행 별칭]에서 명령 프롬프트에서 앱을 실행하는 데 사용되는 이름을 선언할 수 있으며 동일한 이름을 사용하는 경우 사용할 앱 하나를 선택한다.
- 앱을 이동하거나 수정 및 제거할 수 있으며 드라이브별로 검색, 정렬 및 필터링이 가능하다.

✓ 기본 앱

- 메일, 지도, 음악 플레이어, 사진 뷰어, 비디오 플레이어, 웹 브라우저와 같은 작업에 사용할 앱을 선택한다.
- [파일 형식별 기본 앱 선택], [프로토콜별 기본 앱 선택]으로 기본 앱을 선택할 수 있으며 [앱별 기본값 설정]이 가능하다.
- Microsoft에서 권장하는 기본 앱으로 돌아가려는 경우 [Microsoft 권장 기본값으로 초기화]에서 [초기화] 버튼을 클릭한다.

✓ 디스플레이

- 야간 모드를 '끔'과 '켬'으로 설정할 수 있다.
- [야간 모드 설정] : 지금 켜기/끄기, 강도 조정, 야간 모드 예약이 가능하다.
- [배율 및 레이아웃] : 텍스트, 앱 및 기타 항목의 크기 변경(100%(권장), 125%, 150%, 175%), 고급 배율 설정, 디스플레이 해상도, 디스플레이 방향(가로, 세로, 가로(대칭 이동), 세로(대칭 이동)) 등을 설정할 수 있다.
- [여러 디스플레이 연결], [고급 디스플레이 설정], [그래픽 설정] 등의 설정이 가능하다.

✓ 개인 설정

[배경], [색], [잠금 화면], [테마], [글꼴], [시작], [작업 표시줄] 등을 설정할 수 있다.

✓ 시스템 정보

- [정보] : PC가 모니터링되고 보호되는 상황(바이러스 및 위협 방지, 방화벽 및 네트워크 보호, 웹 및 브라우저 컨트롤, 계정 보호, 장치 보안 등)에 대해 알 수 있다.
- [장치 사양] : 디바이스 이름, 프로세서(CPU), 설치된 RAM, 장치 ID, 제품 ID, 시스템 종류(32/64비트 운영체제), 펜 및 터치 등에 대해 알 수 있다.
- [이 PC의 이름 바꾸기] : 현재 설정되어 있는 PC의 이름을 변경할 수 있으며, 변경 후 시스템을 다시 시작해야 완전히 변경된다.
- [Windows 사양] : 에디션, 버전, 설치 날짜, OS 빌드, 경험 등을 알 수 있다.
- [제품 키 변경 또는 Windows 버전 업그레이드] : 정품 인증 및 제품 키 업데이트(제품키 변경), Microsoft 계정 추가를 할 수 있다.

실행 방법 1	[설정]-[시스템]-[정보]를 클릭
실행 방법 2	[시작] 단추(⊞)에서 마우스 오른쪽 버튼을 클릭한 다음 [시스템]을 클릭
실행 방법 3	⊞ + Pause

✓ 사용자 계정 정보

계정에 대한 사용자 정보(계정 이름, 계정 유형)를 알 수 있으며 [사진 만들기]에서 카메라나 찾아보기로 사용자 사진을 만들 수 있다.

계정 유형	
표준	관리자
컴퓨터에 설치된 대부분의 소프트웨어를 사용할 수 있으며, 다른 사용자나 컴퓨터의 보안에 영향을 주지 않는 시스템 설정을 변경할 수 있음	컴퓨터에 대한 모든 제어 권한을 가지며 컴퓨터를 완전하게 제어할 수 있으며, 모든 설정을 변경하고 컴퓨터에 저장된 모든 파일 및 프로그램에 액세스할 수 있음

✓ 네트워크 명령어

- 네트워크 관련 명령어는 명령 프롬프트에서 실행할 수 있다.
- [시작(⊞)]-[Windows 시스템]-[명령 프롬프트]를 클릭하거나 [실행] 열기란에 'cmd'를 입력하고 [확인]을 클릭한다.

ipconfig	사용자 자신의 컴퓨터 IP주소를 확인하는 명령
ping	네트워크의 현재 상태나 다른 컴퓨터의 네트워크 접속 여부를 확인하는 명령
tracert	네트워크에 연결된 컴퓨터의 경로(라우팅 경로)를 추적할 때 사용하는 명령
nslookup	• URL주소로 IP주소를 확인하는 명령 • DNS의 동작 여부를 확인하는 명령

✓ 취급 데이터에 따른 컴퓨터의 분류

분류	디지털 컴퓨터	아날로그 컴퓨터
취급 데이터	셀 수 있는 데이터(숫자, 문자 등)	연속적인 물리량(전류, 온도, 속도 등)
구성 회로	논리 회로	증폭 회로
주요 연산	사칙 연산	미적분 연산
연산 속도	느림	빠름
정밀도	필요한 한도까지	제한적(0.01%까지)
기억 장치/프로그램	필요함	필요 없음

★ **하이브리드 컴퓨터** : 디지털 컴퓨터와 아날로그 컴퓨터의 장점만을 조합한 컴퓨터

✓ 자료의 표현(자료의 크기)

크기		
크기 ↓ 큰 순서	비트(Bit)	컴퓨터에서 자료를 표현하고 처리하는 기본 단위
	니블(Nibble)	4비트로 구성되며, 2^4(16)개의 정보를 표현할 수 있음
	바이트(Byte)	바이트는 8비트이며, 1바이트는 2^8(256)개의 정보를 표시함
	워드(Word)	컴퓨터에서 한 번에 처리할 수 있는 데이터의 양
	필드(Field)	여러 개의 워드가 모여 구성되며 항목이라고도 함
	레코드(Record)	연관된 여러 개의 필드가 모여 구성되며 하나의 완전한 정보를 표현할 수 있는 최소 단위
	파일(File)	연관된 여러 개의 레코드가 모여 구성되며 프로그램을 구성하는 단위로서 컴퓨터에 정보를 저장하는 단위로 사용됨
	데이터베이스(Data Base)	상호 관련된 파일들을 모아 완전한 정보로서 구성된 데이터 집단

✓ 문자 데이터 표현 방식

BCD 코드 (2진화 10진)	• Zone은 2비트, Digit는 4비트로 구성 • 6비트로 2^6=64가지의 문자 표현이 가능 • 영문자의 대소문자를 구별하지 못함
ASCII 코드 (미국 표준 코드)	• Zone은 3비트, Digit는 4비트로 구성 • 7비트로 2^7=128가지의 표현이 가능 • 일반 PC용 컴퓨터 및 데이터 통신용 코드 • 대소문자 구별이 가능 • 확장된 ASCII 코드는 8비트를 사용하여 256가지 문자를 표현
EBCDIC 코드 (확장 2진화 10진)	• Zone은 4비트, Digit는 4비트로 구성 • 8비트로 2^8=256가지의 표현이 가능 • 확장된 BCD 코드로 대형 컴퓨터에서 사용되는 범용 코드
유니코드 (Unicode)	• 2바이트 코드로 세계 각 나라의 언어를 표현할 수 있는 국제 표준 코드 • 한글의 경우 조합, 완성, 옛 글자 모두 표현 가능 • 16비트이므로 2^{16}인 65,536자까지 표현 가능 • 한글은 초성 19개, 중성 21개, 종성 28개가 조합된 총 11,172개의 코드로 모든 한글을 표현

✓ 제어 장치(CU)

프로그램의 명령을 해독하여 각 장치에 보내고 처리하도록 지시하는 역할을 담당한다.

구성 장치	기능
프로그램 카운터(Program Counter)	다음에 수행할 명령어의 번지(주소)를 기억하는 레지스터
명령 해독기(Instruction Decoder)	수행해야 할 명령어를 해석하여 부호기로 전달하는 회로
번지 해독기(Address Decoder)	명령 레지스터로부터 보내온 번지(주소)를 해석하는 회로
부호기(Encoder)	명령 해독기에서 전송된 명령어를 제어에 필요한 신호로 변환하는 회로
명령 레지스터(IR : Instruction Register)	현재 수행 중인 명령어를 기억하는 레지스터
번지 레지스터 (MAR : Memory Address Register)	주소를 기억하는 레지스터
기억 레지스터 (MBR : Memory Buffer Register)	내용(자료)을 기억하는 레지스터

✓ 연산 장치(ALU)

산술 논리 장치라고도 하며, 연산에 필요한 자료를 입력받아 산술 연산 및 논리 연산을 수행한다.

구성 장치	기능
가산기(Adder)	2진수 덧셈을 수행하는 회로
보수기(Complementor)	뺄셈을 수행하기 위하여 입력된 값을 보수로 변환하는 회로
누산기(ACCumulator)	중간 연산 결과를 일시적으로 기억하는 레지스터
데이터 레지스터(Data Register)	연산에 사용될 데이터를 기억하는 레지스터
프로그램 상태 워드(PSW) (Program Status Word)	명령어 실행 중에 발생하는 CPU의 상태 정보를 저장하는 상태
인덱스 레지스터(Index Register)	유효 번지를 상대적으로 계산할 때 사용하는 레지스터
베이스 레지스터(Base Ragister)	유효 번지를 절대적으로 계산할 때 사용하는 레지스터

✓ 주기억 장치

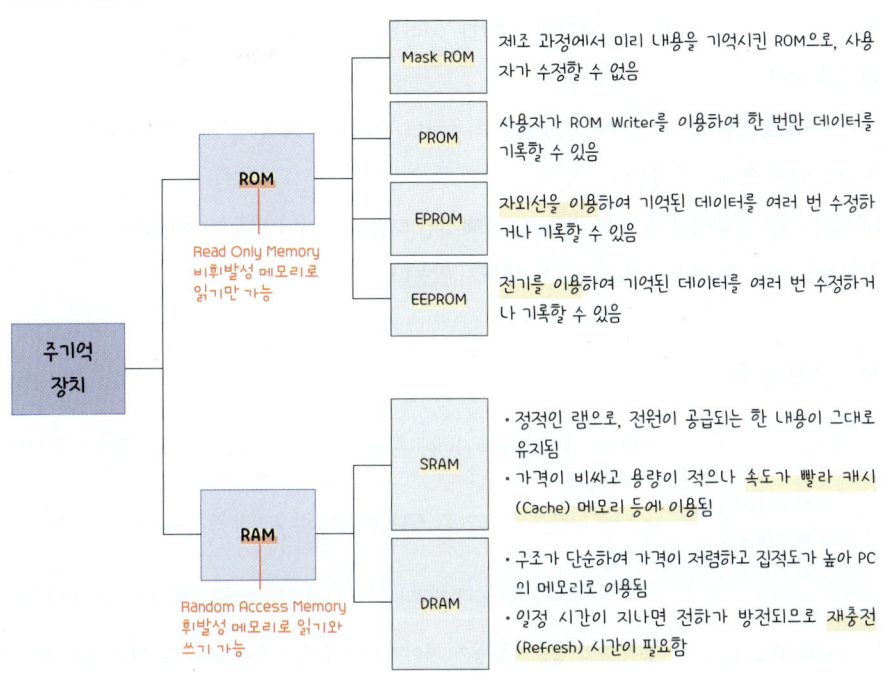

✓ 펌웨어(Firmware)

- 하드웨어와 소프트웨어의 중간적인 특성을 지닌다.
- ROM에 소프트웨어를 저장한 것으로 하드웨어 교체 없이 소프트웨어 업그레이드만으로 시스템의 성능을 높이기 위한 목적으로 사용된다.

✓ SSD(Solid State Drive)

- 하드디스크를 대체할 무소음, 저전력, 소형화, 경량화, 고효율의 속도를 지원하는 반도체 보조 기억 장치이다.
- 기억 매체로 플래시 메모리나 DRAM을 사용하나 DRAM은 제품 규격이나 휘발성, 가격 등의 문제로 많이 쓰이지는 않는다.
- HDD보다 외부로부터의 충격에 강하며, 기계적인 디스크가 아닌 반도체 메모리에 데이터를 저장하므로 배드 섹터(Bad Sector)가 생기지 않는다.

✓ 기타 기억 장치

캐시 메모리 (Cache Memory)	• CPU와 주기억 장치 사이에 존재하는 고속 메모리로서 메모리 참조의 국한성에 기반을 둠 • 빠른 처리 속도의 CPU와 상대적으로 느린 주기억 장치 사이의 병목 현상을 해결함 • CPU가 찾고자 하는 데이터가 L1 캐시에 없을 때 다음으로 L2 캐시에서 찾음
버퍼 메모리 (Buffer Memory)	동작 속도, 접근 속도 등에 차이가 나는 두 장치 사이에 위치하여 두 장치 간의 속도 차이를 줄일 때 사용하는 임시 기억 장치
가상 메모리 (Virtual Memory)	보조 기억 장치를 주기억 장치처럼 사용하여 주기억 장치 용량의 기억 용량을 확대하여 사용하는 방법
플래시 메모리 (Flash Memory)	• 전기적 성질을 이용하여 데이터의 기록 및 삭제를 수행할 수 있는 비휘발성 메모리 • 디지털카메라, MP3 Player 등 디지털 기기에서 널리 사용함
연관 메모리 (Associative Memory)	데이터를 가져올 때 주소 참조가 아닌 내용 일부를 이용하여 데이터를 읽어오는 메모리

✔ 저작권에 따른 소프트웨어

구분	설명
상용 소프트웨어 (Commercial Software)	돈을 받고 판매하는 소프트웨어로 허가 없이 사용하면 안 됨
공개 소프트웨어(Freeware)	개발자가 무료로 자유로운 사용을 허용한 소프트웨어
셰어웨어(Shareware)	일정 기간이나 일정한 기능을 무료로 사용할 수 있는 소프트웨어로 구매하면 기간이나 기능에 제한 없이 사용할 수 있음
알파 버전(Alpha Version)	베타 테스트를 하기 전에 제작 회사 내에서 테스트할 목적으로 제작하는 프로그램
베타 버전(Beta Version)	정식 버전의 소프트웨어가 출시되기 전 프로그램에 대한 일반인의 평가를 수행하고자 제작한 소프트웨어
데모 버전(Demo Version)	프로그램의 홍보를 위해 정식 소프트웨어의 일정한 기능만을 제공하는 소프트웨어
번들 프로그램(Bundle Program)	특정한 소프트웨어나 하드웨어를 구매하였을 때 끼워 주는 소프트웨어
패치 프로그램 (Patch Program)	판매되거나 공개된 프로그램의 기능 향상을 위하여 프로그램의 일부분을 빠르게 수정하기 위한 프로그램
애드웨어(Adware)	광고가 소프트웨어에 포함되어 이를 보는 조건으로 무료로 사용할 수 있는 소프트웨어
트라이얼 버전(Trial Version)	상용 소프트웨어를 일정 기간 사용해 볼 수 있는 체험판 소프트웨어

✔ 컴파일러와 인터프리터의 차이점

구분	컴파일러	인터프리터
번역 단위	프로그램 전체를 한 번에 번역	프로그램의 행 단위 번역
번역 속도	전체를 번역하므로 느림	행 단위 번역이므로 빠름
해당 언어	FORTRAN, COBOL, PL/1, PASCAL, C, C++, JAVA 등	BASIC, LISP, SNOBOL, APL, 파이썬 등
목적 프로그램	생성함	생성하지 않음
실행 속도	빠름	느림

✓ 웹 프로그래밍 언어

HTML	홈페이지를 작성하는 데 사용되는 생성 언어로, 문자뿐만 아니라 화상이나 음성, 영상을 포함하는 페이지로 표현할 수 있는 구조화된 언어
DHTML	동적 HTML로 스타일 시트(Style Sheets)를 도입하여 텍스트의 폰트와 크기, 색상, 여백 형식 등 웹 페이지 관련 속성을 지정할 수 있음
VRML	작성된 가상 현실 모델링 언어(VRML) 파일을 웹 서버에 저장하여 입체적인 이미지를 갖는 3차원의 가상적 세계를 인터넷상에 구축하는 언어
자바	• 자바의 원시 코드를 고쳐 쓰거나 재컴파일할 필요가 없으므로 기종이나 운영체제와 무관한 응용 프로그램의 개발 도구로 각광을 받고 있음 • 특정 컴퓨터 구조와 무관한 가상 바이트 머신 코드를 사용하므로 플랫폼이 독립적이고 바이트 머신 코드를 생성함
ASP	• Windows 환경에서 동적인 웹 페이지를 제작할 수 있는 스크립트 언어 • HTML 문서에 명령어를 삽입하여 사용하며, 자바 스크립트와는 달리 서버 측에서 실행됨
PHP	• 웹 서버에서 작동하는 스크립트 언어로, UNIX, Linux, Windows 등의 환경에서 작동함 • C, Java, Perl 등의 언어와 문법이 유사하고, 배우기가 쉬워 웹 페이지 제작에 많이 사용되며 다양한 데이터베이스와 연동할 수 있음
JSP	• ASP, PHP와 동일하게 웹 서버에서 작동하는 스크립트 언어 • Java의 장점을 그대로 수용하였기 때문에 강력한 기능을 제공함 • 자바 서블릿 코드로 변환되어 실행되며 여러 운영체제에서 실행 가능 • HTML 문서 내에서는 <% … %>와 같은 형식으로 작성됨

✓ Windows에서 PC 관리

1) 디스크 검사

- 파일과 폴더 및 디스크의 논리적, 물리적인 오류를 검사하고 수정한다.
- 잃어버린 클러스터, FAT, 오류 등 디스크의 논리적인 오류 및 디스크 표면을 검사하여 실제 드라이브의 오류나 불량 섹터를 검사한다.
- CD-ROM과 네트워크 드라이브는 디스크 검사를 할 수 없다.
- 디스크 드라이브가 사용 중일 때 [디스크 검사]를 실시하면 바로 실행하지 않고 컴퓨터를 다시 시작할 때 검사가 이루어지도록 예약된다.

2) 디스크 정리

- Windows에서 디스크의 사용 가능한 공간을 늘리기 위하여 불필요한 파일들을 삭제하는 작업이다(디스크의 전체 크기와는 상관없음).
- 디스크 정리 대상에 해당하는 파일은 임시 파일, 휴지통에 있는 파일, 다운로드한 프로그램 파일, 임시 인터넷 파일, 오프라인 웹 페이지 등이다.

3) 드라이브 조각 모음 및 최적화

- 디스크에 단편화되어 저장된 파일들을 모아서 디스크를 최적화한다.
- 비율이 10%를 넘으면 디스크 조각 모음을 수행해야 한다.
- 단편화를 제거하여 디스크의 수행 속도를 높여 준다.
- 처리 속도 향상에는 효율적이나 총용량이 늘어나지는 않는다.
- CD-ROM 드라이브, 네트워크 드라이브, Windows가 지원하지 않는 형식의 압축 프로그램 등은 디스크 조각 모음을 할 수 없다.

✓ IP주소(IP Address)

- 인터넷에 연결된 컴퓨터의 고유한 주소이다.
- IPv4 주소 체계 : 32비트를 8비트씩 4부분으로 나누어 각 부분을 점(.)으로 구분하며, 10진 숫자로 표현하고 각 자리는 0부터 255까지의 숫자를 사용한다.
- IPv4의 32비트 주소 체계로는 전 세계의 증가하는 호스트에 주소를 할당하기 어렵기 때문에, 1994년부터 개발하기 시작한 128비트의 주소 체계 IPv6이 사용된다.
- IPv6 주소체계 : 128비트를 16비트씩 8부분으로 나누어 각 부분을 콜론(:)으로 구분한다.
- IPv6은 IPv4와 호환이 되며 16진수로 표기, 각 블록에서 선행되는 0은 생략할 수 있으며 연속된 0의 블록은 ::으로 한 번만 생략이 가능하며 지원되는 주소 개수는 약 43억의 네제곱이다.
- IPv6 주소 체계는 일대일 통신의 유니캐스트(Unicast), 일대다 통신의 멀티캐스트(Multicast), 일대일 통신의 애니캐스트(Anycast)와 같이 할당되므로 주소의 낭비 요인을 줄일 수 있다.

✓ 도메인 네임(Domain Name)

- 숫자로 구성된 IP주소를 사람들이 기억하고 이해하기 쉽도록 문자로 바꾸어 표현한 것으로 전 세계적으로 고유하게 존재해야 한다.
- 알파벳과 숫자 및 한글을 사용할 수 있다.
- 단어와 단어 사이는 dot(.)으로 구분한다.
- 인터넷에 연결된 컴퓨터를 네 자리로 구분된 문자로 표현한다.
- 사용자가 도메인 네임을 입력하면 도메인 네임 시스템(DNS)이 IP Address로 번역(매핑)해 준다.
- 국내 도메인은 KISA에서 관리하지만 전 세계 IP주소는 ICANN이 총괄해서 관리한다.

✓ 전자우편(E-mail)

POP 서버	수신된 전자우편의 헤더와 본문을 모두 PC로 전송할 때 사용되는 프로토콜
SMTP 서버	한 컴퓨터에서 다른 컴퓨터로 전자우편 메시지를 전송할 때 사용되는 프로토콜
IMAP 방식	전자우편의 제목을 읽을 때 해당 내용을 전송하기 위해 사용하는 프로토콜
MIME	웹 브라우저가 지원하지 않은 각종 멀티미디어 파일의 내용을 확인하고 실행시켜 주는 프로토콜

✓ 파일 전송 프로토콜(FTP)

- 파일 전송 프로토콜로, 파일을 전송하거나 받을 때 사용하는 서비스이다.
- 파일 전송은 바이너리(Binary) 모드와 아스키(ASCII) 모드로 구분된다.
- 바이너리(Binary) 모드는 그림 파일, 동영상 파일이나 실행 파일의 전송에 이용되고, 아스키(ASCII) 모드는 아스키 코드의 텍스트 파일 전송에 이용된다.
- 파일의 업로드나 다운로드 서비스를 제공하는 컴퓨터를 FTP 서버, 파일을 제공 받는 컴퓨터를 FTP 클라이언트라고 한다.
- 계정(Account) 없이 FTP를 사용할 수 있는 서버를 Anonymous FTP 서버라 한다. 일반적으로 Anonymous FTP 서버의 아이디(ID)는 Anonymous이며 비밀번호는 자신의 E-Mail 주소로 설정한다.

✓ 인터넷 관련 용어

용어	설명
VoIP	인터넷 프로토콜을 이용하여 데이터뿐 아니라 음성을 함께 전송할 수 있도록 지원하는 프로토콜
블루투스 (Bluetooth)	무선 기기(이동 전화, 컴퓨터, PDA 등) 간 정보 전송을 목적으로 하는 근거리 무선 접속 프로토콜로 IEEE 802.15.1 규격을 사용하는 PANs(Personal Area Networks)의 산업 표준
지그비 (Zigbee)	저가, 저전력의 장점이 있는 무선 매쉬 네트워킹의 표준임. 반경 30 m 내에서 데이터를 전송(20~250kbps)하며, 최대 255대의 기기를 연결함
텔레매틱스 (Telematics)	통신망을 통해 확보된 위치 정보를 기반으로 교통 안내, 긴급 구난, 물류 정보 등을 제공하는 이동형 정보 활용 서비스
IPTV (Internet Protocol Television)	컴퓨터 모니터와 마우스 대신 텔레비전 수상기와 리모콘을 이용하여 초고속 인터넷을 사용하는 것으로 정보 검색, 온라인 쇼핑, 홈뱅킹, 동영상 콘텐츠 등의 다양한 인터넷 서비스를 제공받을 수 있음
IoT (Internet of Things)	• 인간 대 사물, 사물 대 사물 간에 인터넷으로 연결되어 정보의 소통이 가능한 사물 인터넷 기술 • 개인별 맞춤형 스마트 서비스를 지향하여 정보 보안 기술의 적용이 중요 • 개방형 아키텍처로 스마트 센싱 기술과 무선 통신 기술을 융합한 실시간 송수신 서비스 제공
메타버스 (Metaverse)	1992년 닐 스티븐슨이 출간한 소설 『스노 크래시』에서 사용한 인터넷 신조어로 현실과 가상을 연결, 실제 생활과 연결된 3차원의 가상 세계나 현실감 있는 4차원 가상 시공간을 의미하는 것으로 가상 자아인 아바타(Avatar)를 사용함
블록체인 (Block Chain)	데이터 분산 처리 기술을 이용한 '공공 거래 장부'로 비트코인, 이더리움 같은 가상 암호 화폐가 탄생한 기반 기술이며 거래할 때 발생할 수 있는 불법적인 해킹을 막는 기술
핀테크 (FinTech)	• 핀테크는 Finance(금융)와 Technology(기술)의 합성어 • SNS나 모바일 플랫폼, 빅 데이터 등의 IT를 토대로 하는 금융서비스를 의미 • 실생활에서 핀테크의 활용 분야는 모바일 뱅킹이나 앱 카드, 다수의 개인으로부터 자금을 모으는 크라우드 펀딩(Crowd Funding), 투자 자문을 수행하는 로보 어드바이저(Robo Advisor) 등이 있음
LPWA (Low Power Wide Area)	IoT(사물인터넷) 디바이스에서 사용되는 저전력 광역 무선 네트워크 기술로 소량의 데이터를 장거리로 전송할 수 있는 기술

✓ 그래픽 데이터의 표현 방식

비트맵 (Bitmap)	• 이미지를 점(Pixel, 화소)의 집합으로 표현하는 방식(래스터(Raster) 이미지라고도 함) • 고해상도를 표현하는 데 적합하지만 파일 크기가 커지고, 이미지를 확대하면 계단 현상이 발생함 • 다양한 색상을 이용하기 때문에 사실적 이미지 표현이 용이함 • Photoshop, Paint Shop Pro 등이 대표적인 소프트웨어임 • 비트맵 형식으로는 BMP, JPG, PCX, TIF, PNG, GIF 등이 있음
벡터 (Vector)	• 이미지를 점과 점을 연결하는 직선이나 곡선을 이용하여 표현하는 방식 • 그래픽의 확대/축소 시 계단 현상이 발생하지 않지만, 고해상도 표현에는 적합하지 않음 • Illustrator, CorelDraw 등이 대표적인 소프트웨어 • 벡터 파일 형식으로는 WMF, AI, CDR 등이 있음

✓ MPEG(Moving Picture Experts Group)의 규격

MPEG-2	• 디지털 TV, 대화형 TV, DVD 등 고화질과 고음질이 필요한 분야의 압축 기술 • 디지털로 압축된 영상 신호의 데이터 구조를 정의한 것으로 상업 수준의 디지털 방송 및 DVD 영상에 주도적으로 사용함
MPEG-4	• 멀티미디어 통신을 위해 만들어진 영상 압축 기술 • 낮은 전송률(매초 64Kbps, 19.2Kbps)로 동영상을 보내고자 개발된 데이터 압축과 복원 기술 • 동영상의 압축 표준안 중에서 IMT-2000 멀티미디어 서비스, 차세대 대화형 인터넷방송의 핵심 압축 방식으로 비디오/오디오를 압축하기 위한 표준
MPEG-7	• 인터넷상에서 멀티미디어 동영상의 정보 검색이 가능함 • 정보 검색 등을 효율적으로 사용하기 위한 콘텐츠 저장 및 검색을 위한 표준
MPEG-21	MPEG 기술을 통합한 디지털 콘텐츠의 제작, 유통, 보안 등 모든 과정을 관리할 수 있는 규격

✓ 정보 통신망의 종류

근거리 통신망(LAN)	자원 공유를 목적으로 전송 거리가 짧은 학교, 연구소, 병원 등의 구내에서 사용하는 통신망으로 WAN보다 속도가 빠름
도시 통신망(MAN)	도시 또는 지역으로 연결한 통신망
광역 통신망(WAN)	원거리 통신망이라고도 하며, 하나의 국가 등 매우 넓은 네트워크 범위를 갖는 통신망
부가 가치 통신망(VAN)	특정 서비스를 제공하는 통신망(Network)으로, 일반적인 공중 네트워크에서는 쉽게 찾을 수 없는 정보나 서비스를 유료로 제공하는 통신망

✓ 네트워크 관련 장비

허브(Hub)	근거리 통신망에서 여러 대의 단말기를 접속하는 장치
스위칭 허브(Switching Hub)	여러 대의 컴퓨터를 연결하는 장치로, 더미 허브(Dummy Hub)와는 달리 노드가 늘어나도 속도에는 변화가 없음
라우터(Router)	• 랜을 연결하여 정보를 주고받을 때 송신 정보에 포함된 수신처의 주소를 읽고 가장 적절한 통신 통로를 이용하여 다른 통신망으로 전송하는 장치 • 서로 다른 프로토콜로 운영되는 인터넷을 접속할 때 꼭 필요한 장비
게이트웨이(Gateway)	서로 다른 네트워크를 상호 접속하거나 다른 프로토콜을 사용할 때 변환 작업을 수행하는 장치
리피터(Repeater)	디지털 방식의 통신 선로에서 전송 신호를 재생시키거나 출력 전압을 높여 전송하는 장치
브리지(Bridge)	• 두 개의 근거리 통신망(LAN) 시스템을 이어주는 접속 장치 • 양방향으로 데이터의 전송만 해줄 뿐 프로토콜 변환 등 복잡한 처리는 불가능함 • 네트워크 프로토콜과는 독립적으로 작용하므로 네트워크에 연결된 여러 가지 단말의 통신 프로토콜을 바꾸지 않고도 네트워크를 확장할 수 있음

✓ 컴퓨터 범죄

1) 인터넷 부정행위

스니핑(Sniffing)	네트워크 주변을 지나다니는 패킷을 엿보면서 계정과 패스워드 등의 정보를 알아내는 행위
스푸핑(Spoofing)	어떤 프로그램이 정상적으로 실행되는 것처럼 속임수를 사용하는 행위
웜(Worm)	자기 스스로 계속하여 복제함으로써 시스템의 부하를 증가시켜 시스템을 다운시키는 프로그램
트랩 도어(Trap Door, Back Door)	특정한 시스템에서 보안이 제거된 비밀 통로
트로이 목마 (Trojan Horse)	시스템에 불법적인 행위를 수행하기 위하여 다른 프로그램의 코드로 위장하여 특정한 프로그램을 침투시키는 행위. 대표적인 프로그램으로 백오리피스가 있음
DDoS (Distributed Denial of Service)	해킹 프로그램을 이용하여 여러 사용자의 컴퓨터가 특정 사이트에 대용량의 패킷을 연속적으로 보내도록 하여 해당 사이트의 시스템을 마비시키는 방식

2) 데이터 보안 침해 형태

가로막기	데이터의 정상적인 전달을 가로막아서 수신측으로 데이터가 전달되는 것을 방해하는 것으로 정보의 가용성이 저해됨
가로채기	전송한 자료가 수신지로 가는 도중에 몰래 보거나 도청하는 행위로서 정보의 기밀성을 저해함
변조/수정	전송된 데이터를 원래의 데이터가 아닌 다른 내용으로 수정하여 변조시키는 행위로 정보의 무결성이 저해됨
위조	사용자 인증과 관계되어 다른 송신자로부터 데이터가 송신된 것처럼 꾸미는 것으로 정보의 무결성이 저해됨

✓ 암호화(Encryption) 기법

비밀키 (대칭키, 단일키) 암호화	• 송신자와 수신자가 서로 동일(대칭)한 하나(단일)의 비밀키를 가짐 • 암호화와 복호화의 속도가 빠름 • 알고리즘이 간단하고 파일의 크기가 작음 • 사용자가 많아지면 관리할 키의 수가 늘어남 • 대표적인 방식은 DES가 있음
공개키 (비대칭키, 이중키) 암호화	• 암호화키와 복호화키가 서로 다른(비대칭) 두 개(이중키)의 키를 가짐 • 암호화와 복호화의 속도가 느림 • 암호화는 공개키로, 복호화는 비밀키로 함 • 알고리즘이 복잡하고 파일의 크기가 큼 • 암호화가 공개키이므로 키의 분배가 쉽고, 관리할 키의 개수가 줄어듦 • 대표적인 방식으로는 RSA가 있음

02 스프레드시트 일반

✓ 파일 열기(Ctrl + O)
- 암호가 설정된 통합 문서의 경우 암호를 입력해야만 해당 문서를 열 수 있다.
- Shift 나 Ctrl 을 이용하여 여러 개의 파일을 선택한 다음 [열기] 단추를 클릭하면 선택한 파일들이 모두 열린다.

✓ 파일 저장(Ctrl + S, Shift + F12)
- 새 통합 문서를 처음 저장할 경우 [파일]-[저장]을 실행한 다음 [다른 이름으로 저장] 대화 상자에서 저장 위치와 파일 이름, 형식 등을 지정한다.
- 한 번 이상 저장한 문서를 다른 이름으로 저장할 경우 [파일]-[다른 이름으로 저장]을 실행한 다음 이름을 변경해서 저장하면 된다.
- 저장 옵션 : [다른 이름으로 저장] 대화 상자에서 [도구]-[일반 옵션]을 클릭한 후 다음과 같은 저장 옵션을 설정할 수 있다.

백업 파일 항상 만들기	백업 파일의 확장자는 '*.xlk'가 됨
열기 암호	문서를 열 때 물어볼 암호를 지정함. 열기 암호가 지정된 파일은 암호를 모르면 문서를 열 수 없음
쓰기 암호	쓰기 암호를 모르더라도 파일은 열 수 있지만 수정한 내용은 같은 이름으로 저장할 수 없음
읽기 전용 권장	문서를 열 때 읽기 전용으로 열 것인지 물어봄

✓ 워크시트 기본

워크시트 탭 구성	기본적으로 1개의 워크시트(Sheet1)가 생성되며 사용자가 새로운 시트를 추가하거나 삭제할 수 있음
워크시트의 최대 개수	[파일]-[옵션]-[Excel 옵션]-[일반]에서 최대 255개까지 변경할 수 있음
워크시트의 셀 크기	1,048,576행과 16,384(XFD)열
워크시트 확대/축소 범위	10~400%

✓ **워크시트의 선택**

연속된 워크시트의 선택	Shift 를 누른 채 클릭함
떨어져 있는 워크시트의 선택	Ctrl 을 누른 채 클릭함
모든 시트 선택	[시트] 탭에서 마우스 오른쪽 단추를 클릭한 후 [모든 시트 선택]을 클릭함

✓ **워크시트 그룹**
- 여러 개의 시트를 선택하면 제목 표시줄의 파일 이름 옆에 [그룹] 표시가 나타난다.
- 여러 개의 시트를 선택하고 데이터 입력 및 편집 등의 명령을 실행하면 그룹으로 설정된 모든 시트에 동일하게 명령이 실행된다.

✓ **워크시트 추가**
- 새로 삽입하는 워크시트는 현재 선택된 시트 바로 앞에 삽입되며, 이름은 'Sheet + 일련번호' 형식으로 자동 설정된다. 단, [새 시트] 단추를 이용하는 경우는 마지막에 새로운 시트가 삽입된다.
- 두 개 이상의 인접하지 않은 시트를 선택한 상태(다중 선택)에서는 새 워크시트를 삽입할 수 없다. 단, [새 시트] 단추를 이용하는 경우는 가능하다.

✓ **시트 보호**
- [홈]-[셀]-[서식]-[시트 보호]를 실행하거나 [검토]-[보호]-[시트 보호]를 실행한다.
- 시트에 작성되어 있는 내용이나 개체, 시나리오를 보호하도록 설정하는 기능이다.
- 보호할 대상으로는 내용, 개체, 시나리오가 있으며, 암호를 입력할 수 있다.
- 시트 보호를 해제하려면 [홈]-[셀]-[서식]-[시트 보호 해제]를 실행하거나 [검토]-[보호]-[시트 보호 해제]를 실행한다. 암호를 지정하여 보호한 경우 보호를 해제할 때 암호를 입력해야 한다.

✓ 통합 문서 보호

- 통합 문서를 보호하는 것으로 시트에 관련된 작업을 할 수 없게 만든다.
- 보호할 대상으로는 구조가 있으며, 암호를 입력할 수 있다.
- [검토]-[보호]-[통합 문서 보호]-[구조 및 창 보호]를 실행한다.

✓ 데이터 입력

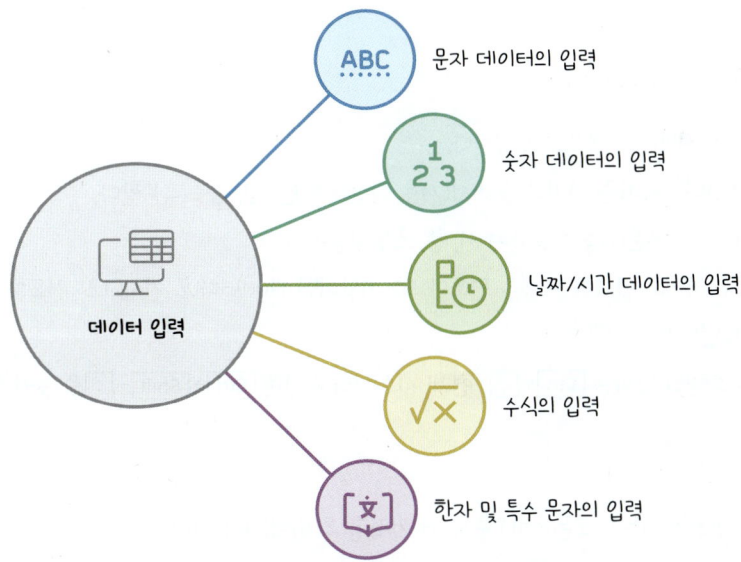

1) 문자 데이터의 입력

- 한 셀에 두 줄 이상의 문자열을 입력할 때는 Alt + Enter 를 누르고 입력한다.
- 범위로 설정한 모든 셀에 동일한 데이터를 입력할 때는 Ctrl + Enter 를 누른다.
- 숫자를 문자열로 입력해야 할 때는 작은따옴표(')를 숫자 앞에 붙인다.

2) 숫자 데이터의 입력

- 기본적으로 셀의 오른쪽으로 정렬된다.
- 숫자로 사용될 수 있는 문자에는 0부터 9까지의 수와 + - ( ) , / $ % . E e 가 있다.
- 분수의 경우 중간에 공백을 입력한다(예) 0 2/3).
- 음수 앞에는 - 기호를 입력하거나 괄호( )로 묶는다.
- 입력한 숫자가 열 너비보다 길면 지수 형식이나 '#####'로 표시되므로 열 너비를 늘려서 숫자를 정상적으로 표시한다.

3) 날짜/시간 데이터의 입력

- 기본적으로 셀의 오른쪽으로 정렬된다.
- 날짜 데이터 : 하이픈(-)이나 슬래시(/)를 이용하여 연, 월, 일을 구분한다.
- 시간 데이터 : 콜론(:)을 이용하여 시, 분, 초를 구분한다.
- 연도를 두 자리로 입력하는 경우 연도가 30 이상이면 1900년대로 인식되고, 연도가 29 이하이면 2000년대로 인식한다.
- 현재 시스템의 날짜는 Ctrl + ;, 현재 시스템의 시간은 Ctrl + Shift + ;을 눌러 입력한다.

4) 수식의 입력

- 수식을 입력할 때는 = 또는 +기호를 먼저 입력한 후 입력해야 한다.
- [수식]-[수식 분석]-[수식 표시]를 선택하면 셀에 입력한 수식이 그대로 표시된다.
- 바로 가기 키 : Ctrl + ~

5) 한자 및 특수 문자의 입력

- 한자 : 한글 한 글자를 입력한 후 한자를 누르면 화면 하단에 해당 한글에 대한 한자 목록이 표시된다.
- 특수 문자 : 한글의 자음을 입력하고 한자를 눌러 목록에서 원하는 특수 문자를 선택한다.

✓ 데이터 수정

- F2를 누르거나 셀을 더블클릭, 또는 수식 입력줄에서 마우스로 클릭하여 커서를 표시한 후 데이터를 수정하고 Enter를 누른다.
- [파일]-[옵션]-[Excel 옵션]-[고급]에서 '셀에서 직접 편집 허용'의 체크를 해제하면 F2를 누르거나 마우스를 더블클릭하여 셀의 내용을 수정할 수 없다.

✓ 데이터 삭제

내용 지우기	[홈]-[편집]-[지우기]-[내용 지우기]를 클릭하거나 Delete를 눌러 셀에 입력된 내용만 지움
서식 지우기	[홈]-[편집]-[지우기]-[서식 지우기]를 선택하여 셀에 적용된 서식만 지움
모두 지우기	[홈]-[편집]-[지우기]-[모두 지우기]를 선택하여 셀 내용과 서식, 메모 등을 한 번에 지움

✓ 채우기 핸들을 이용한 연속 데이터 입력

문자 데이터	데이터가 복사됨
숫자 데이터	• 1개의 셀을 드래그하면 데이터가 복사됨 • 2개의 셀을 범위로 설정하여 드래그하면 두 셀의 차이 값만큼 증가함 • Ctrl을 누른 채 드래그하면 1씩 증가함
혼합 데이터 (문자+숫자)	문자는 복사되고 숫자는 1씩 증가함. 숫자가 2개 이상 섞여 있을 경우 마지막 숫자만 1씩 증가함
날짜/시간 데이터	날짜는 1일 단위로, 시간은 1시간 단위로 증가함
사용자 지정 목록 데이터	[파일]-[옵션]-[Excel 옵션]-[고급]-[사용자 지정 목록 편집]에 등록된 순서에 따라 데이터가 채워짐

✔ 데이터 찾기(Ctrl + F , Shift + F5)

[홈]-[편집]-[찾기 및 선택]-[찾기]를 실행하여 데이터를 검색한다.

찾을 내용	• 시트에서 찾고자 하는 내용을 입력하며 +, -, #, $ 등과 같은 특수 문자도 찾을 수 있음 • *, ? 와 같은 와일드카드 문자를 사용할 수 있음
범위	시트인지 통합 문서인지 검색 범위를 지정함
찾는 위치	'수식', '값', '메모'로 검색 위치를 지정함
기타 검색 조건	대/소문자 구분, 전체 셀 내용 일치, 전자/반자를 구분함

✔ 메모 입력(Shift + F2)

- 메모는 셀에 입력된 내용에 대한 보충 설명을 기록할 때 사용하며, 모든 셀에 입력할 수 있다 (셀 이동 시 메모도 따라 이동됨).
- 메모를 입력할 셀을 선택하고 [검토]-[메모]-[새 메모]나 바로 가기 메뉴의 [메모 삽입]을 실행한 후 셀에 부가적인 설명을 입력한다.
- 메모가 입력된 셀의 오른쪽 상단에 빨간 삼각형이 표시되며, 마우스 포인터를 해당 셀로 가져갔을 때 메모 내용이 화면에 나타난다.
- 셀에 입력된 데이터를 삭제해도 메모가 삭제되지 않으므로 메모를 삭제하려면 [검토]-[메모]-[삭제]를 선택하거나 바로 가기 메뉴에서 [메모 삭제]를 선택한다.
- 바로 가기 메뉴의 [메모 서식]에서 메모 서식 변경이 가능하다.

✔ 윗주 입력

- 셀 데이터의 보충 설명으로, 문자 데이터에만 설정할 수 있다.
- [홈]-[글꼴]-[윗주 필드 표시/숨기기]-[윗주 편집]을 실행하여 윗주를 입력한다.
- [홈]-[글꼴]-[윗주 필드 표시/숨기기]를 실행해야 표시된다.
- 윗주가 표시되는 만큼 행의 높이도 조절된다.
- 윗주의 수평 맞춤 방식과 글꼴 서식을 변경할 수 있다.
- 윗주에 입력된 내용은 내용 전체에 대해서만 서식을 변경할 수 있다.
- 셀의 데이터를 삭제하면 윗주도 함께 사라진다.

✓ 셀 서식

1) [표시 형식] 탭

일반	설정된 표시 형식을 엑셀의 기본값으로 되돌림
숫자	숫자의 소수점 이하 자릿수, 1000 단위 구분 기호 등을 지정함
통화	• 숫자 앞에 통화 기호를 붙이고 천 단위마다 쉼표(,)를 삽입함 • 통화 기호의 종류와 소수점에 맞추어 열이 정렬됨
회계	• 숫자 천 단위마다 쉼표(,)를 삽입함 • 통화 기호를 지정했을 경우 셀 시작 부분에 통화 기호를 표기함 • 통화 기호와 소수점에 맞추어 열이 정렬됨
날짜	날짜의 표시 형식을 지정함
시간	시간의 표시 형식을 지정함
백분율	숫자에 100을 곱한 후 뒤에 % 기호를 지정함
분수	숫자를 분수로 표시함
지수	• '1E + 11'과 같이 숫자를 지수 형식으로 표시함 • 소수점 이하 자릿수 지정이 가능함
텍스트	입력 데이터를 텍스트 형식의 문자 데이터로 처리함
기타	우편 번호, 전화 번호, 숫자(한자), 숫자(한자-갖은자), 숫자(한글) 등을 특수 서식으로 표시함
사용자 지정	사용자 서식 코드를 이용하여 표시 형식을 지정함

2) [맞춤] 탭 - 텍스트 조정

자동 줄 바꿈	• 셀에서 텍스트를 여러 줄로 표시함 • 바꿀 줄의 수는 열 너비와 셀 내용 길이에 따라 달라짐
셀에 맞춤	• 선택한 셀의 모든 데이터가 열에 맞게 표시되도록 글꼴의 문자 크기를 줄임 • 열 너비를 변경하면 문자 크기가 자동으로 조정됨
셀 병합	• 선택한 두 개 이상의 셀을 하나의 셀로 결합함 • 병합된 셀의 셀 참조는 처음에 선택한 범위에서 왼쪽 위에 있는 셀 • 연속적인 위치의 여러 셀을 병합하는 경우 가장 위쪽 또는 왼쪽의 셀 데이터만 남고 나머지는 모두 지워짐

✓ 사용자 지정 서식

[홈]-[셀]-[서식]-[셀 서식]을 실행하고 [셀 서식] 대화 상자의 [표시 형식] 탭에서 [사용자 지정]을 선택하여 서식을 사용자가 직접 지정하여 사용할 수 있다.

1) 숫자 서식

#	유효 자릿수만 나타내고 유효하지 않은 0은 표시하지 않음 예) ##.## : 345.678 → 345.68
0	유효하지 않은 자릿수를 0으로 표시함 예) 000.00 : 45.6 → 045.60
?	소수점 왼쪽 또는 오른쪽에 있는 유효하지 않은 0 대신 공백을 추가하여 소수점을 맞춤
,	• 천 단위 구분 기호로 쉼표를 삽입함 • (쉼표) 이후에 더이상 코드를 사용하지 않으면 천 단위 배수로 표시함 예) #,###, : 1234567 → 1,235
[글꼴 색]	각 구역의 첫 부분에 지정하며 대괄호 안에 글꼴 색을 입력함 예) [빨강](#,###) : -1234 → -(1,234)
[조건]	대괄호 안에 조건을 지정하고 조건이 맞는 경우 해당 서식을 적용함 예) [>100]##.000 : 325.8 → 325.800

2) 날짜 서식

연도	• yy : 연도를 끝 두 자리만 표시함(예) 09) • yyyy : 연도를 네 자리로 표시함(예) 2026)
월	• m : 월을 1에서 12로 표시함(예) 8) • mm : 월을 01에서 12로 표시함(예) 08) • mmm : 월을 Jan에서 Dec로 표시함(예) Aug) • mmmm : 월을 January에서 December로 표시함(예) August)
일	• d : 일을 1에서 31로 표시함(예) 5) • dd : 일을 01에서 31로 표시함(예) 05)
요일	• ddd : 요일을 Sun에서 Sat로 표시함(예) Wed) • dddd : 요일을 Sunday에서 Saturday로 표시함(예) Wednesday) • aaa : 요일을 월에서 일로 표시함(예) 수) • aaaa : 요일을 월요일에서 일요일로 표시함(예) 수요일)

3) 문자열 서식

*	• * 뒤에 문자를 셀 너비만큼 채워서 나타나게 함 • 사용 형식 : *0#,##0
@	• 문자 뒤에 특정한 문자열을 함께 나타나게 함 • 숫자의 경우 @ 코드를 적용하면 숫자는 문자열의 성질이 됨 • 사용 형식 : @닷컴

✔ 조건부 서식

- 특정한 규칙을 만족하는 셀에 대해서만 각종 서식, 테두리, 셀 배경색 등의 서식을 설정한다.
- [홈]-[스타일]-[조건부 서식]에서 선택하여 적용한다.
- 여러 개의 규칙이 모두 만족될 경우 지정한 서식이 충돌하지 않으면 규칙이 모두 적용되며, 서식이 충돌하면 우선 순위가 높은 규칙의 서식이 적용된다.
- 규칙으로 설정된 해당 셀의 값들이 변경되어 규칙을 만족하지 않을 경우 적용된 서식이 해제된다.
- 규칙의 개수에는 제한이 없다.
- 서식이 적용된 규칙으로 셀 값 또는 수식을 설정할 수 있다. 규칙을 수식으로 입력할 경우 수식 앞에 등호(=)를 반드시 입력해야 한다.

✔ 연산자

산술 연산자	• 숫자의 계산에 사용되는 연산자 • 더하기(+), 빼기(-), 곱하기(*), 나누기(/), 백분율(%), 거듭제곱(^)
비교 연산자	• 값을 비교하여 참(True) 또는 거짓(False)과 같은 논리값을 계산하는 연산자 • = (같다), <> (같지 않다), <= (이하), >= (이상), < (작다), > (크다)
텍스트 연산자	• 문자열을 연결할 때 사용하는 연산자 • &(문자열 연결)
참조 연산자	• 참조할 셀 영역을 지정할 때 사용하는 연산자 • 콜론(:) : 연속적인 셀 영역을 지정함 • 쉼표(,) : 연속적이지 않은 셀 영역을 지정함 • 공백 : 두 범위가 교차하는 셀 영역을 지정함

✓ 셀 참조

상대 참조	참조하는 셀과 수식이 입력되는 셀과의 관계를 상대적으로 나타내어 참조하는 것으로 단순히 셀의 주소만을 입력하는 것(예) F2)
절대 참조	셀 참조를 입력한 후 다른 셀로 복사해도 참조하고 있는 셀의 주소가 절대로 변경되지 않고 항상 고정되는 형태의 셀 참조(예) $F$2)
혼합 참조	수식에서 $A1과 같이 열만 절대 참조하는 경우와 A$1과 같이 행만 절대 참조하는 경우가 있음(예) $F2, F$2)
다른 워크시트의 셀 참조	• 셀 주소 앞에 워크시트 이름을 표시하고 워크시트 이름과 셀 주소 사이는 느낌표(!)로 구분함(예) =A5*Sheet2!A5) • 워크시트 이름이 공백을 포함하는 경우 워크시트 이름을 작은따옴표(' ')로 감쌈(예) =A5*'성적 일람'!A5)
다른 통합 문서의 셀 참조	• 통합 문서의 이름을 대괄호([ ])로 둘러싸고, 워크시트 이름과 셀 주소를 입력함(예) =A5*[성적 일람표.xlsx]Sheet1!A5) • 통합 문서의 이름이 공백을 포함하는 경우 통합 문서와 시트 이름을 작은따옴표(' ')로 감쌈(예) =A5*'[성적 일람표.xlsx]Sheet1'!A5)
3차원 참조	• 통합 문서의 여러 워크시트에 있는 같은 위치의 셀이나 셀 범위를 참조함 • 예를 들어 "=SUM(Sheet1:Sheet5!A1)"은 Sheet1에서 Sheet5까지 포함되어 있는 모든 워크시트의 [A1] 셀의 합계를 구함 • 배열 수식에는 3차원 참조를 사용할 수 없음

✓ 수식의 오류값(수식을 계산할 수 없을 때 셀에 표시됨)

####	데이터나 수식의 결과를 셀에 모두 표시할 수 없을 경우
#VALUE!	• 수치를 사용해야 할 장소에 다른 데이터를 사용하는 경우 • 함수의 인수로 잘못된 값을 사용한 경우
#DIV/0!	0으로 나누기 연산을 시도한 경우
#NAME?	• 함수 이름이나 정의되지 않은 셀 이름을 사용한 경우 • 수식에 잘못된 문자열을 지정하여 사용한 경우
#N/A	• 수식에서 잘못된 값으로 연산을 시도한 경우 • 찾기 함수에서 결과값을 찾지 못한 경우
#REF!	셀 참조를 잘못 사용한 경우
#NUM!	숫자가 필요한 곳에 잘못된 값을 지정한 경우
#NULL!	교점 연산자(공백)를 사용했을 때 교차 지점을 찾지 못한 경우

✓ 수학/삼각 함수

- =SUM(인수1, 인수2) : 인수의 합계를 구함
- =SUMIF(검색 범위, 조건, 합계 범위) : 검색 범위에서 조건을 검사하여 조건을 만족할 경우 합계 범위에서 대응하는 셀의 합계를 계산
- =SUMIFS(합계 범위, 셀 범위1, 조건 1, 셀 범위2, 조건2,…) : 조건이 여러 개일 경우, 셀 범위1에서 조건1이 만족하고 셀 범위2에서 조건2가 만족되면 합계 범위에서 합을 산출하며, 조건은 최대 127개까지 지정 가능
- =ROUND(수1, 수2) : 수1을 반올림하여 자릿수(수2)만큼 반환함
- =ROUNDUP(수1, 수2) : 수1을 무조건 올림하여 자릿수(수2)만큼 반환함
- =ROUNDDOWN(수1, 수2) : 수1을 무조건 내림하여 자릿수(수2)만큼 반환함
- =ABS(수) : 수의 절대값(부호 없는 수)을 구함
- =POWER(수1, 수2) : 수1을 수2만큼 거듭제곱한 값을 구함
- =INT(수) : 수를 가장 가까운 정수로 내린 값을 구함
- =MOD(수1, 수2) : 수1을 수2로 나눈 나머지 값(수2가 0이면 #DIV/0! 오류 발생)을 구함

✓ 날짜/시간 함수

- =WEEKDAY(날짜, 반환값의 종류) : 날짜의 요일 번호를 반환
- =DAYS(종료 날짜, 시작 날짜) : 두 날짜 사이의 일수를 계산
- =EDATE(시작 날짜, 전후 개월 수) : 시작 날짜를 기준으로 전, 후 개월 수를 반환
- =EOMONTH(시작 날짜, 전후 개월 수) : 시작 날짜를 기준으로 전, 후 개월의 마지막 날을 반환
- =WORKDAY(시작 날짜, 전후 주말/휴일 제외 날짜 수, 휴일) : 시작 날짜의 전후 날짜 수(주말, 휴일을 제외한 평일)를 반환

✓ 통계 함수

- =MAX(수1, 수2, …) : 인수 중에서 최대값을 구함
- =MIN(수1, 수2, …) : 인수 중에서 최소값을 구함
- =AVERAGE(수1, 수2, …) : 인수로 지정한 숫자의 평균을 구함
- =AVERAGEA(수1, 수2, …) : 수치가 아닌 셀을 포함하는 인수의 평균값을 구함
- =AVERAGEIF(조건 범위, 조건, 평균 범위) : 조건을 만족하는 셀들의 평균을 구함
- =AVERAGEIFS(평균 범위, 셀 범위1, 조건1, 셀 범위2, 조건2, …) : 여러 조건을 만족하는 셀들의 평균을 구함
- =COUNT(인수1, 인수2, …) : 인수 중에서 숫자의 개수를 구함
- =COUNTA(인수1, 인수2, …) : 공백이 아닌 인수의 개수를 구함
- =COUNTBLANK(검색 범위) : 지정한 범위에 있는 공백 셀의 개수를 구함
- =COUNTIF(검색 범위, 조건) : 검색 범위에서 조건을 만족하는 셀의 개수를 구함
- =COUNTIFS(셀 범위1, 조건1, 셀 범위2, 조건2, …) : 여러 조건을 만족하는 셀의 개수를 구함
- =RANK.EQ(인수, 범위, 방법) : 범위 안에서 순위를 구함
- =VAR.S(수1, 수2, …) : 분산을 구함
- =STDEV.S(수1, 수2, …) : 표준편차를 구함
- =MEDIAN(수1, 수2, …) : 인수 중 중간값을 구함
- =MODE.SNGL(수1, 수2, …) : 주어진 수 중 가장 많이 발생한 값을 구함
- =LARGE(배열, k) : 인수로 주어진 숫자 중 k번째로 큰 값을 구함
- =SMALL(배열, k) : 인수로 주어진 숫자 중 k번째로 작은 값을 구함

✓ 문자열(텍스트) 함수

- =LEFT(문자열, 개수) : 문자열의 왼쪽부터 지정한 개수만큼 문자를 추출함
- =RIGHT(문자열, 개수) : 문자열의 오른쪽부터 지정한 개수만큼 문자를 추출함
- =MID(문자열, 시작 위치, 개수) : 문자열의 시작 위치에서부터 지정한 개수만큼 문자를 추출함
- =REPLACE : 시작 위치의 바꿀 개수만큼 텍스트1의 일부를 다른 텍스트2로 교체함
- =SUBSTITUTE : 텍스트에서 찾을 위치의 텍스트를 찾아서 새로운 텍스트로 대체함
- =LEN : 텍스트의 길이를 숫자로 구함
- =CONCAT : 텍스트를 연결하여 나타냄
- =VALUE : 숫자 형태의 텍스트를 숫자로 변경함

✓ 논리 함수

- =IF(조건식, 값1, 값2) : 조건식이 참이면 값1, 거짓이면 값2를 반환함
- =IFS(조건식1, 참인 경우 값1, 조건식2, 참인 경우 값2, ……) : 하나 이상의 조건이 충족되는지 확인하고 첫 번째 TRUE 조건에 해당하는 값을 반환하며 여러 중첩된 IF문 대신 사용할 수 있고 조건은 최대 127개까지 줄 수 있음

✓ 찾기/참조 함수

- =VLOOKUP(값, 범위, 열 번호, 방법) : 범위의 첫 번째 열에서 값을 찾아 지정한 열에서 대응하는 값을 반환함
- =HLOOKUP(값, 범위, 행 번호, 방법) : 범위의 첫 번째 행에서 값을 찾아 지정한 행에서 대응하는 값을 반환함
- =CHOOSE(검색값, 값1, 값2, …) : 검색값이 1이면 값1, 2이면 값2, 순서로 값을 반환함
- =INDEX(범위, 행, 열) : 범위에서 지정한 행, 열에 있는 값을 반환함
- =MATCH(검색 자료, 배열, 검색 유형) : 찾고자 하는 자료값과 일치하는 배열 요소를 찾아 상대 위치(몇 번째 행) 또는 열을 표시함

✔ D(DATABASE) 함수

- =DSUM(데이터베이스, 필드, 조건 범위) : 조건을 만족하는 필드의 합계를 구함
- =DAVERAGE(데이터베이스, 필드, 조건 범위) : 조건을 만족하는 필드의 평균을 구함
- =DCOUNT(데이터베이스, 필드, 조건 범위) : 조건을 만족하는 필드의 개수(수치)를 구함
- =DCOUNTA(데이터베이스, 필드, 조건 범위) : 조건을 만족하는 모든 필드의 개수를 구함
- =DMAX(데이터베이스, 필드, 조건 범위) : 조건을 만족하는 필드의 최대값을 구함
- =DMIN(데이터베이스, 필드, 조건 범위) : 조건을 만족하는 필드의 최소값을 구함

✔ 정렬 기능

- 정렬 방식에는 오름차순과 내림차순이 있으며, 셀 값에 따라 정렬이 수행된다. 공백(빈 셀)은 정렬 순서와 관계없이 항상 마지막으로 정렬된다.
- 정렬의 기준은 64개까지 지정할 수 있다.
- 특정한 셀 범위를 설정하고 정렬을 실행하면 해당 범위만 정렬된다. 셀 범위를 지정하지 않고 정렬을 실행하면 현재 셀 포인터를 기준으로 인접한 데이터를 모든 범위로 자동 지정한다.
- 머리글 행에 있는 필드명은 정렬에서 제외할 수 있다.

오름차순 정렬	숫자-기호 문자-영문 소문자-영문 대문자-한글-빈 셀(단, 대/소문자 구분하도록 설정했을 때)
내림차순 정렬	한글-영문 대문자-영문 소문자-기호 문자-숫자-빈 셀(단, 대/소문자 구분하도록 설정했을 때)

✔ 자동 필터(Ctrl + Shift + L)

- 표를 선택하고 [데이터]-[정렬 및 필터]-[필터]를 클릭해서 실행한다.
- 자동 필터를 이용하여 추출한 데이터는 항상 레코드(행) 단위로 표시된다.
- 같은 열에 여러 개의 항목을 동시에 선택하여 데이터를 추출할 수 있다.
- 두 개 이상의 필드(열)에 조건이 지정된 경우 『그리고(AND)』 조건으로 필터된다.
- 선택된 열의 형식에 따라 열의 내용이 문자일 경우는 텍스트 필터, 열의 내용이 숫자일 경우에는 숫자 필터가 표시된다.

✓ 고급 필터
- 필터의 결과를 다른 위치로 복사할 수 있다.
- [고급 필터]를 실행하기 전에 필터 조건을 워크시트에 먼저 입력해야 한다.
- 기준 범위에 사용된 필드 이름은 목록에 있는 필드 이름과 같아야 한다.
- 조건 입력 시 같은 행에 입력된 조건은 '그리고(AND)'로 결합되고 다른 행에 입력된 조건은 '또는(OR)'으로 결합된다.
- 한 필드에 3개 이상의 조건을 지정할 수 있다.
- 중복되지 않게 고유 레코드만 추출할 수 있다.
- 수식이 포함된 논리식을 이용하여 레코드를 검색함
- [데이터]-[정렬 및 필터]-[고급]을 선택하여 [고급 필터] 대화 상자를 실행한다.

✓ 부분합
- 워크시트에 입력된 자료들을 그룹별로 분류하고 해당 그룹별로 특정한 계산을 수행하는 기능이다.
- 부분합 기능은 실행하기 전 기준이 되는 필드가 반드시 오름차순이나 내림차순으로 정렬되어 있어야 한다.
- 부분합이 실행되는 개요 기호가 표시되므로 보다 편리하게 각 수준의 데이터를 살펴볼 수 있으며 이를 기초로 편리하게 차트를 작성할 수 있다.
- 많은 양의 데이터 목록에서 다양한 종류의 요약을 만들 수 있다.
- [데이터]-[개요]-[부분합]을 선택하여 [부분합] 대화 상자를 실행한다.

✓ 데이터 표
- 워크시트에서 특정 데이터를 변화시켜 수식의 결과가 어떻게 변하는지 보여 주는 기능이다.
- 복잡한 형태의 상대 참조/혼합 참조 수식을 더 편리하게 작성할 수 있다.
- 데이터 표를 실행한 후에 계산식이나 변화값이 바뀌면 표 내용도 갱신된다.
- 데이터 표의 결과는 일부분만 수정할 수 없다.
- [데이터]-[예측]-[가상 분석]-[데이터 표]를 선택하여 [데이터 표] 대화 상자를 실행한다.

✓ 피벗 테이블/피벗 차트

- 많은 양의 자료를 효율적으로 분석하고 요약하는 기능으로 피벗 차트를 함께 작성할 수 있다.
- 피벗 테이블 보고서는 각 필드에 다양한 조건을 지정할 수 있으며, 일정한 그룹별로 데이터 집계가 가능하다.
- 합계, 평균, 최대값, 최소값, 표준편차, 분산 등의 값을 구할 수 있다.
- 피벗 테이블은 행 레이블, 열 레이블, 보고서 필터 필드, 값 필드로 구성된다.
- 원본 데이터를 변경하고 피벗 테이블에 반영하려면 [모두 새로 고침]을 실행해야 한다.
- 피벗 테이블과 피벗 차트를 함께 만든 후 피벗 테이블을 삭제하면 피벗 차트는 일반 차트로 변경된다.

✓ 목표값 찾기

- 수식에서 원하는 결과값은 알고 있지만 그 결과값을 계산하기 위해 필요한 입력값을 모를 경우 사용한다.
- 변수를 하나만 지정할 수 있어서 결과에 영향을 미치는 변수가 하나일 때만 사용한다.
- [데이터]-[예측]-[가상 분석]-[목표값 찾기]를 선택하여 [목표값 찾기] 대화 상자를 실행한다.

✓ 시나리오

- 워크시트에 입력된 데이터의 값이 변함에 따라 그 결과를 분석하고 예측하는 기능이다.
- [데이터]-[예측]-[가상 분석]-[시나리오 관리자]를 선택하여 작성한다.
- 변경 요소가 되는 값의 그룹을 변경 셀이라고 하며, 하나의 시나리오에 최대 32개까지 변경 셀을 지정할 수 있다.
- 결과 셀은 변경 셀 값을 참조하는 수식으로 입력되어야 한다.
- 주로 수식에서 참조되고 있는 셀의 값을 변경시켜서 수식의 결과가 어떻게 변하는지 살펴보는 용도로 사용한다.
- 분석 내용을 시나리오 요약 또는 시나리오 피벗 테이블 보고서로 만들 수 있다.

✓ 차트 종류

종류	설명
꺾은선형	• 시간이나 항목에 따라 일정한 간격으로 데이터의 추세나 변화를 표시 • 데이터 계열 하나가 하나의 선으로 표시됨
원형	• 전체에 대한 각 값의 기여도를 표시 • 항목의 값들이 합계의 비율로 표시되므로 중요한 요소를 강조할 때 사용 • 항상 한 개의 데이터 계열만을 가지고 있으므로 축이 없음 • 데이터 계열 요소 하나만 선택한 다음, 바깥쪽으로 드래그하여 조각을 분리 가능
분산형 (XY 차트)	• 데이터의 불규칙한 간격이나 묶음을 보여 주는 것으로, 데이터 요소 간의 차이점보다는 큰 데이터 집합 간의 유사점을 표시하려는 경우에 사용 • 각 항목이 값을 점으로 표시함 • 두 개의 숫자 그룹을 XY 좌표로 이루어진 한 계열로 표시(XY 차트라고도 함) • 3차원 차트로 작성할 수 없음 • 가로축은 항목 축이 아닌 값 축 형식으로 나타남
표면형	• 두 개의 데이터 집합에서 최적의 조합을 찾을 때 사용 • 표면형 차트는 데이터 계열이 두 개 이상일 때만 작성 가능
방사형	• 많은 데이터 계열의 합계 값을 비교할 때 사용 • 항목마다 가운데 요소에서 뻗어 나온 값 축을 갖고, 선은 같은 계열의 모든 값을 연결함 (가로, 세로축 없음) • 3차원 차트로 작성할 수 없음
혼합형	• 여러 열과 행에 있는 데이터를 혼합 차트로 그릴 수 있음 • 특히 데이터 범위가 너무 광범위할 경우 데이터를 쉽게 이해할 수 있도록 두 개 이상의 차트 종류를 결합함 • 보조 축과 함께 표시되므로 차트 분석이 용이하고 쉬움
이중 축	• 이중으로 값 축을 나타낼 수 있는 차트로 데이터 계열 간 차이가 많은 경우나 데이터 계열이 두 가지 이상일 때 사용 • 이중 축으로 나타낼 데이터 계열을 선택한 다음 바로 가기 메뉴의 [데이터 계열 서식]을 선택

  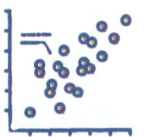   

✓ 매크로

- 자주 사용하는 명령, 반복적인 작업 등을 매크로로 기록하여 필요할 때마다 바로 가기 키(단축키)나 실행 단추를 클릭하여 쉽고, 빠르게 작업을 수행할 수 있다.
- 매크로는 Visual Basic 언어를 기반으로 한다.
- 매크로는 통합 문서에 첨부된 모듈 시트로 하나의 Sub 프로시저로 기록된다.
- Sub로 시작하고 End Sub로 끝난다.

✓ 매크로 기록하기

[보기]-[매크로]-[매크로 기록]을 실행한다.

매크로 이름	• 기본적으로는 매크로1, 매크로2와 같이 붙여짐 • 첫 글자는 반드시 문자이어야 함 • 매크로 이름에 공백이나 기호 문자를 사용할 수 없음
바로 가기 키	• 기본적으로 Ctrl 이 지정되어 있음 • 매크로 실행 바로 가기 키가 엑셀의 바로 가기 키보다 우선하여 수정 가능 • 매크로 기록 시 바로 가기 키는 지정하지 않아도 됨
매크로 저장 위치	• 매크로 저장 위치를 현재 통합 문서, 새 통합 문서, 개인용 매크로 통합 문서 중에서 선택함 • 작성한 매크로를 엑셀을 실행할 때마다 모든 통합 문서에서 사용하려면 저장 위치를 개인용 매크로 통합 문서(Personal.xlsb)로 지정함
설명	매크로에 대한 설명이 필요한 경우에만 입력하며, 비주얼 편집기 창에서 보면 작은따옴표(')로 시작함

✓ 반복 제어문

주어진 조건을 만족할 때까지 특정 부분을 반복, 처리하는 명령이다.

For 구문 (For~Next)	• For 문 안의 지정 횟수만큼 명령문을 반복 실행 • 변수의 값이 특정한 값에 도달할 때까지 변수를 증가시키거나 감소시키면서 특정한 명령문을 반복하여 실행
Do While문 (Do While ~ Loop)	반복 전에 조건을 판단하므로 처음 조건식이 거짓인 경우 명령문은 한 번도 실행되지 않음
Do Until 구문 (Do Until ~ Loop)	• 조건식이 거짓일 경우 수행되므로 조건이 참일 때 반복을 중지 • 반복 전에 조건을 판단하므로 처음 조건식이 참인 경우 명령문은 한 번도 실행되지 않음

자격증은 이기적!

합격입니다.

이기적 강의는
무조건 0원!

이기적 영진닷컴

공부하다가
궁금한 사항은?

이기적 스터디 카페

MEMO

MEMO

혜택과 이벤트 한 번에 확인하기 TALK

이기적 카카오톡 채널

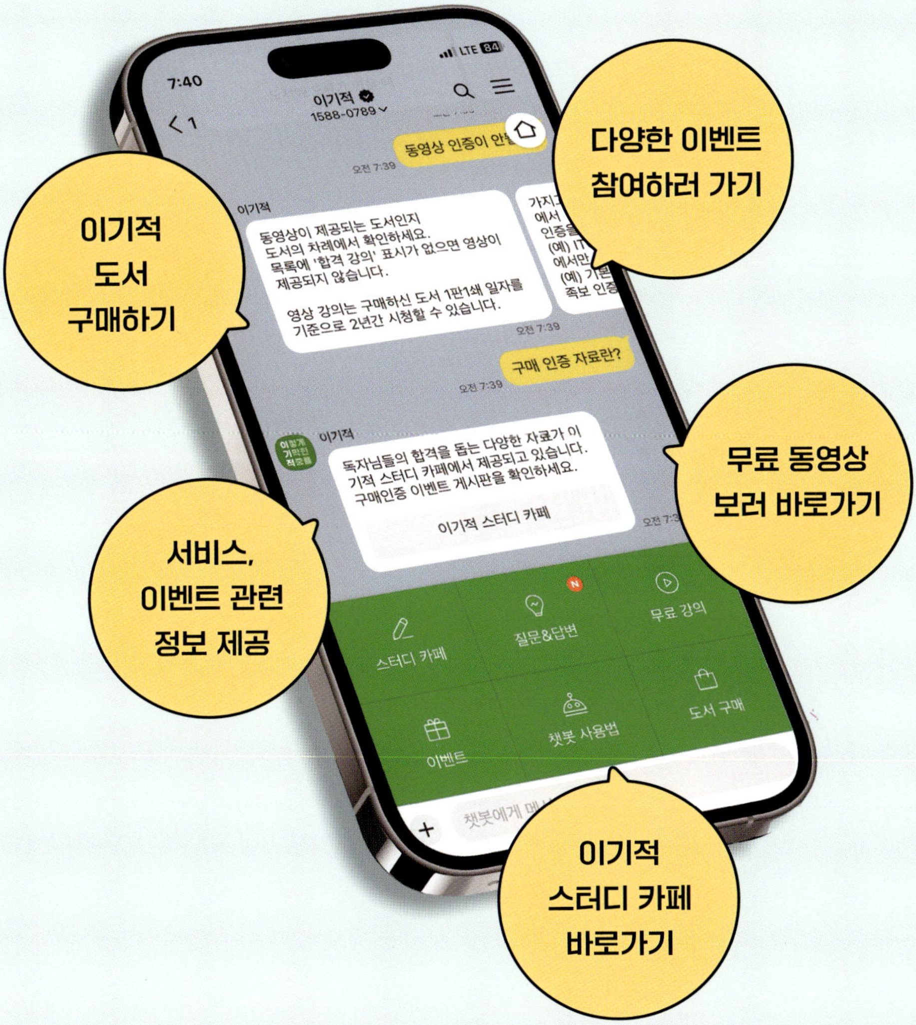

이기적

"이" 한 권으로
합격의 "기적"을 경험하세요!

계산작업 문제 10회

작업파일: '26컴활2급(상시)\계산작업문제'에서 '계산작업' 파일을 열어 작업하세요.

[표1] 사무실 근무현황

사원명	결근	지각	조퇴	비고
박성령	0	1	1	
지우진	0	2	0	
민서라	1	2	1	주의
정아영	0	2	1	
안영재	0	0	1	
이석훈	2	1	1	주의
김우희	1	2	0	
박초은	0	1	2	
성미령	1	1	2	주의
최성훈	0	2	1	

[표2] 모의고사 성적표

학생명	성별	영어	수학	국어	평균
전성훈	남	85	90	88	87.7
민서윤	여	94	88	92	91.3
강한나	여	80	78	92	83.3
정채희	여	90	92	85	89.0
이중환	남	96	89	91	92.0
김선영	여	75	96	85	85.3
이서연	여	80	87	75	80.7
박중훈	남	90	93	87	90.0
최희정	여	87	78	92	85.7
남학생 최고-최저 평균차이					4.4

[표3] 직원 근무시간 집계

근무일	근무시간	초과근무시간	초과근무누적합계
02월 01일	145	10	
02월 02일	160	25	
02월 03일	150	25	보통
02월 04일	160	30	보통
02월 05일	155	35	과다
02월 06일	170	40	과다
02월 07일	165	45	경고

[표4] 가전제품 판매현황 (단위:천원)

제품코드	제품명	판매량	판매금액
WAS-20	세탁기A	100	75,000
DRY-20	건조기B	100	80,000
WSM-15	세탁기C	100	85,000
WAS-30	세탁기A	125	93,750
WSM-25	세탁기C	110	93,500
DRY-40	건조기B	125	100,000
WAS-40	세탁기A	105	78,750

<제품 단가표>

제품번호	단가
WAS-A	750
DRY-B	800
WSM-C	850

[표5] 신입사원 연수평가결과

사원명	연수점수	평가등급	소속팀평가	총점
전수민	90	A	인사팀=15점	114
이규진	89	B	영업팀=10점	106
임지호	78	C	개발팀=20점	102
서민준	92	A	인사팀=15점	116
고우람	89	C	개발팀=20점	113
민설현	92	B	영업팀=10점	109
최중호	88	C	개발팀=20점	112
박정환	94	A	영업팀=10점	113
김민지	87	D	인사팀=15점	104

<가산비율표>

평가등급	A	B	C	D
가산비율	10%	8%	5%	2%

1 [표1]에서 결근, 지각, 조퇴가 1회 이상 모두 있다면 '주의', 그 외는 공백으로 비고[E3:E12] 영역에 표시하시오. (8점)
- IF, COUNTIF 함수 사용

2 [표2]에서 남학생의 평균의 최고 점수와 최저 점수의 차이값을 올림하여 소수점 이하 1자리로 [L12] 셀에 표시하시오. (8점)
- 조건은 [H2:H3] 영역을 참조
- ROUNDUP, DMAX, DMIN 함수 사용

3 [표3]의 초과근무시간[D17:D23]의 누적 초과근무시간의 합이 50 이상이면 '보통', 120 이상이면 '과다', 200 이상이면 '경고', 50 미만이면 공백으로 초과근무누적합계[D17:D23] 영역에 표시하시오. (8점)
- IF, SUM 함수 사용

4 [표4]의 제품코드[G17:G23]의 왼쪽의 4글자와 제품명[H17:H23]의 마지막 문자를 조합하여 제품번호를 만들어 〈제품 단가표〉를 참조하여 판매금액[J17:J23] 영역에 표시하시오. (8점)
- 판매금액 = 판매량 × 단가
- VLOOKUP, LEFT, RIGHT 함수와 & 연산자 사용

5 [표5]의 연수점수[B27:B35]에 가산비율과 소속팀평가[D27:D35]를 더하여 총점[E27:E35] 영역에 표시하시오. (8점)
- 가산비율은 평가등급이 'A'이면 10%, 'B'이면 8%, 'C'이면 5%, 'D'이면 2%
- 소속팀평가는 '인사팀=15점'에서 15를 의미함
- 총점 = 연수점수 × (1 + 가산비율) + 소속팀평가 점수
- HLOOKUP, MID 함수 사용

해설

1 비고[E3:E12]

[E3] 셀에 =IF(COUNTIF(B3:D3,">=1")=3,"주의","")를 입력하고 [E12] 셀까지 수식을 복사한다.

> **함수 설명** =IF(COUNTIF(B3:D3,">=1")=3,"주의","")
>
> ❶ COUNTIF(B3:D3,">=1") : [B3:D3] 영역에서 1 이상인 셀의 개수를 구함
>
> =IF(❶=3,"주의","") : ❶의 값이 3이면 '주의', 그 외는 공백으로 표시

2 평균차이[L12]

[L12] 셀에 =ROUNDUP(DMAX(G2:L11,6,H2:H3)−DMIN(G2:L11,6, H2:H3),1)를 입력한다.

> **함수 설명** =ROUNDUP(DMAX(G2:L11,6,H2:H3)−DMIN(G2:L11,6,H2:H3),1)
>
> ❶ DMAX(G2:L11,6,H2:H3) : [G2:L11] 영역에서 [H2:H3] 조건에 만족한 데이터를 6번째 열(평균)의 최대값을 구함
> ❷ DMIN(G2:L11,6,H2:H3) : [G2:L11] 영역에서 [H2:H3] 조건에 만족한 데이터를 6번째 열(평균)의 최소값을 구함
>
> =ROUNDUP(❶−❷,1) : ❶−❷의 값을 올림하여 소수 이하 1자리까지 표시

3 초과근무누적합계[D17:D23]

[D17] 셀에 =IF(SUM($C$17:C17)>=200,"경고",IF(SUM($C$17: C17)>=120,"과다",IF(SUM($C$17:C17)>=50,"보통","")))를 입력하고 [D23] 셀까지 수식을 복사한다.

> **함수 설명** =IF(SUM($C$17:C17)>=200,"경고",IF(SUM($C$17:C17)>=120,"과다",IF(SUM($C$17:C17)>=50,"보통","")))
>
> ❶ SUM($C$17:C17) : [C17] 셀부터 시작하여 [C17] 셀까지 합계를 구함(수식을 복사하면 [C17] 셀은 고정이 되어 있어서 [C17:C18], [C17:C19], … 으로 누적 합계를 구함)
>
> =IF(❶)=200,"경고",IF(❶)=120,"과다",IF(❶)=50,"보통",""))) : ❶의 값이 200 이상이면 '경고', 120 이상이면 '과다', 50 이상이면 '보통', 그 외는 공백으로 표시(50부터 비교하면 '보통', '공백'만 표시되고, 120과 200은 50보다 크거나 같은 값이라서 모두 '보통'으로 표시됨)

4 판매금액[J17:J23]

[J17] 셀에 =VLOOKUP(LEFT(G17,4)&RIGHT(H17,1),$L$18: $M$20,2,0)*I17를 입력하고 [J23] 셀까지 수식을 복사한다.

> **함수 설명** =VLOOKUP(LEFT(G17,4)&RIGHT(H17,1),$L$18:$M$20,2,0)*I17
>
> ❶ LEFT(G17,4) : [G17] 셀에서 왼쪽에서부터 4글자를 추출함
> ❷ RIGHT(H17,1) : [H17] 셀에서 오른쪽에서부터 1글자를 추출함
> ❸ VLOOKUP(❶&❷,$L$18:$M$20,2,0) : ❶&❷의 값을 [L18: M20] 영역의 첫 번째 열에서 찾아 2번째 열에서 정확하게 일치하는 값을 찾아옴
>
> =❸*I17 : ❸(단가)*[I17] 판매량

5 총점[E27:E35]

[E27] 셀에 =B27*(1+HLOOKUP(C27,$H$27:$K$28,2,FALSE))+ MID(D27,5,2)를 입력하고 [E35] 셀까지 수식을 복사한다.

> **함수 설명** =B27*(1+HLOOKUP(C27,$H$27:$K$28,2,FALSE))+MID(D27,5,2)
>
> ❶ HLOOKUP(C27,$H$27:$K$28,2,FALSE) : [C27] 셀의 값을 [H27:K28] 영역의 첫 번째 행에서 찾아 2번째 행에서 정확하게 일치하는 값을 찾아옴
> ❷ MID(D27,5,2) : [D27] 셀에서 5번째부터 시작하여 2글자를 추출함
>
> =B27*(1+❶)+❷ 또는 =B27+(B27*❶)+❷로 계산이 가능함

이기적 강의는
무조건 0원!
이기적 영진닷컴

공부하다가
궁금한 사항은?
이기적 스터디 카페